Edition Akzente
Herausgegeben von
Michael Krüger

Jürgen Manthey

Wenn Blicke
zeugen könnten

Eine psychohistorische Studie
über das Sehen in Literatur
und Philosophie

Carl Hanser Verlag

ISBN 3-446-13855-2
2. Auflage 1984
Umschlag: Klaus Detjen
unter Verwendung eines Bildes aus der
Schule des Piero della Francesca
Satz: LibroSatz, Kriftel
Druck und Bindung: Pustet, Regensburg
Printed in Germany

Das Auge vollbringt das Wunder, der Seele
das zu öffnen, was nicht Seele ist, die glückselige Welt der Dinge und ihren Gott, die
Sonne . . .

Merelau-Ponty[1]

Sehen ist ein göttlicher Akt.

Feuerbach[2]

Aber ist die Welt denn ein Guckkasten? Zu
sehen sind diese Dinge freilich schön; aber sie
zu seyn ist etwas ganz Anderes.

Schopenhauer[3]

Inhalt

Einleitung

I

In Storms Novelle »Der Schimmelreiter« – wer hätte sie je daraufhin gelesen – ist ständig von *Augen,* vom *Blick,* vom *Sehen* die Rede. Als Hauke Haien, der Held der Erzählung, seiner späteren Frau, der Deichgrafentochter Elke Volkert, zum erstenmal begegnet, steht sie vor dem Haus und blickt aufs Meer hinaus. Ihm fallen ihre »großen Augen« auf, und er wundert sich, was sie da draußen sieht. Als sie hört, daß Hauke in die Dienste ihres Vaters treten will, läßt sie

ihre Blicke an ihm herunterlaufen: ›Du bist noch so was schlanterig, Hauke!‹ sagte sie; ›aber uns dienen zwei feste Augen besser als zwei feste Arme!‹

An Hauke werden seine »scharfe(n) Augen« herausgestellt, mit denen er »alles sieht«. Von beiden wird außerdem gesagt, sie seien »geborene Rechner«. Im ›Eisboseln‹, wobei es auf Augenmaß, gewissermaßen auf die *Mathematik* im Blick ankommt, übertrifft Hauke alle Mitspieler.

Andere Umstände, wenn sie nicht auf sein Einzelgängertum, auf seinen Hang zum Grübeln verweisen, betreffen Haukes Herkunft. Sein *Vater* ist der »klügste Mann im Dorf«. Auch er beschäftigt sich zeitlebens mit Berechnungen, mit angewandter *Geometrie.* Von einer Mutter ist ebensowenig die Rede wie von Geschwistern. Von Hauke, diesem Vaterkind, heißt es, er sei »kein Held den Frauen gegenüber«. Und doch erobert er das begehrteste Mädchen im Dorf, die reichste Erbin. Er ist ganz schnell überall der erste, seinem eigenen Vater ist er schon früh über. Seit dessen Tod ist sein Ehrgeiz auf das Höchste, das Deichgrafenamt, gerichtet, ja am Vater, an seinen »letzten Worten«, richtet sich dieser Ehrgeiz aus. Alle anderen, mit Ausnahme seiner Frau und einem älteren, väterlich auftretenden Verwandten der Frau, betrachtet Hauke als seine Feinde:

Eine Reihe von Gesichtern ging vor seinem inneren Blick vorüber, und sie sahen ihn alle mit bösen Augen an; da faßte ihn ein Groll gegen diese Menschen . . .[1]

Die Beziehung der Eheleute hat etwas auffällig Symbiotisches, alle anderen Ausschließendes. Sie ist auch, im Hinblick auf den *natürlichen* Nachwuchs, ausgesprochen *unfruchtbar*. Erst im neunten Ehejahr wird doch noch überraschend ein Kind geboren, es ist schwachsinnig. Zusammen mit den Eltern kommt es zuletzt in der Sturmflut um.

Was bleibt, ist der neue Koog, der ›Hauke Haien-Koog‹. Bis in die Gegenwart des Erzählers reicht der *Ruhm* des Erbauers. Diese *Unvergänglichkeit des Werkes* in Verbindung mit dem Namen seines Urhebers lag, so wird uns zu verstehen gegeben, im Interesse des Vaters.

Er hinterließ ein Erbe, das außer in letzten *Worten* in Land bestand, das er selbst für verdientes Geld erworben hatte. Auch der alte Deichgraf, durch Vermittlung seiner Tochter, hat Hauke sein Vermögen an Land vermacht. Er selbst, Hauke, denkt jedoch in Generationen und in den Dimensionen des Gemeinnutzes. Das väterliche Erbe ist dazu nur das »Sprungbrett«.[2]

Hauke ist also ein Mann, wie Francis Bacon ihn meinte, als er schrieb:

Das Fortbestehen durch Fortpflanzung ist den Tieren gemein; jedoch Gedächtnis, Verdienst und edle Werke sind dem Menschen angemessen.

Weiter schreibt Bacon, daß die

edelsten Werke und (kulturellen) Grundlagen stets von kinderlosen Männern hervorstammen, die sich mit geistigen Abbildern auszudrücken suchten, wo ihre Körper versagten; es ist die Sorge um die Nachkommenschaft bei denen am stärksten, die keine Nachkommen haben.[3]

An dieser Stelle einen Autor, den 350 Jahre und eine gattungsmäßige Kluft vom Verfasser des »Schimmelreiter« trennen, zu zitieren, hat Methode. Es verweist darauf, daß Literatur und Philosophie für lange Zeit den gleichen Gegenstand bearbeitet haben, daß dieser Gegenstand mit dem Mythos identisch ist und daß ein zeitlicher wie formbedingter Abstand den Faktor einer noch zu erläuternden Bezüglichkeit nicht außer Kraft setzt.

So knüpft denn schon Bacons tendenziöse Unterscheidung

zwischen animalischer Fortpflanzung und geistiger Weitervermittlung projektiv verwendeter Innenbilder an eine entsprechende Stelle bei Platon an, die im »Symposion« steht und die in dieser Arbeit noch eine Rolle spielen wird (s. Kap. 1).

Wir stehen also vor dem Problem der Überlieferung in einer literarischen Kultur, die, möchte man meinen, sich im Zitat regeneriert, die sich erneuert, indem sie sich auf älteste Zeugnisse beruft. Es ist im Rahmen einer uns vertrauten Lesart klar, daß es dabei um die Weitergabe von Mitteilungen mit Vorschriftencharakter geht. Moralphilosophische Schriften – und dazu gehören auch Bacons Essays, die damit an die Seite (wenn auch eine Stufe höher) der beliebten Manierenbücher der gleichen Zeit zu stellen sind – haben eine besondere Vorliebe für die verbürgte Sentenz. Wahrheit ist, was schon in einer anderen Schrift gestanden hat.

Doch muß vor falschen Schlußfolgerungen gewarnt werden. Die Neigung zum Zitat – oder gibt es gar eine Lust am Zitieren? – erschöpft sich nicht in der Reproduktion eines Wortlauts, und wenn, dann nimmt der neue Kontext mit diesem eine bedeutende Veränderung vor.

Die ›Wiederkehr des Immergleichen‹, hier von gleichen Motiven und Metaphern, trägt im Spielraum des formalen Spektrums, in dem sie sich vollzieht, ein Ewigkeitsgedanke, den schon Platon an jener Stelle im »Symposion« auf die »Fortpflanzung« bezieht, die ein »Immerwährendes und Unsterbliches« bezweckt, nämlich das fortdauernde Bestehen der menschlichen Gattung. Analog dazu sieht er einen in die Seele verlagerten – wir sagen heute: sublimierten – »Zeugungsdrang« Dichtungen und staatliche Einrichtungen hervorbringen, beides nebeneinander und aus der gleichen »Zeugungskraft«, aus einem »gewaltigen Trieb . . ., berühmt zu werden und einen unsterblichen Namen auf ewige Zeiten sich zu erwerben«. Ein Trieb, wie er sich in jeder Form von »Liebe« bemerkbar macht.[4]

Das Verständnismodell hat seither an Gültigkeit über das Analogische hinaus gewonnen. Es ist, vor Freud, Nietzsche gewesen, der daran erinnert hat, »daß wir zu keiner andren ›Realität‹ hinab oder hinauf können als gerade zur Realität unsrer Triebe«.[5] Gäbe es also für die Einverleibung fremden Wissens in die eigenen Texte, gäbe es für die anverwandelnde Erkenntnisnutzung ein stärkeres Motiv, eine subjektnähere Erklärung – die *Liebe* zur Weisheit etwa?

Mag das, wie Colli im Hinblick auf Platon feststellt, ein Zeichen von Niedergang sein,[6] so leugnet die Antike jedoch nicht den libidinösen Beziehungscharakter, unter dem sich das Subjekt seine Gegenstände in Selbstobjekte verwandelt. Der Ruhm, in dem die Ethik bei den Alten ihren Köder ausgelegt hat, nimmt den Anspruch auf Selbstgeltung ernst und erfüllt ihn mit der Legitimation einer persönlichen Transzendenz – im Gedächtnis der anderen.

Haben wir es, seit Platon, mit einem kulturellen Typ zu tun, der etwas liebt, was er nicht hat – das Wissen anderer, die Weisheit seiner Vorgänger? Im »Symposion« ist das die wesentliche Eigenschaft des Eros.[7]

Colli ist nicht der einzige, der Platons Dialoge der Literatur zurechnet.[8] Der Philosoph, ein Liebhaber der Weisheit (was immer das heißt), ist der Protagonist eines Werks, das durch ihn der Liebe gewidmet ist, einer Liebe, sagen wir einmal, mit nach oben verdrehten Augen.

Im Mittelpunkt dieses Werks steht *ein* Buch, das alle anderen wie ihr Wesen zusammenfaßt, die »Politeia«. Es befindet sich, und zwar in der Reihenfolge der Entstehung wie in der Bedeutung, in der *Mitte* zwischen den anderen Dialogen des Autors. Im Mittelpunkt der »Politeia« wiederum – und auch das ist sinnbezüglich wie texträumlich zu verstehen – stoßen wir auf eine Fabel, die den Gehalt der übrigen Teile des Buches rafft, indem sie sie in der Form aufhebt, transponiert in ein Gleichnis: das Höhlengleichnis.

Berichtet wird darin von einem Protagonisten, dem Philosophen, der aus einer Höhle aufsteigend die Sonne erblickt, von der Überfülle des Lichts geblendet wird, sich allmählich an die Helligkeit draußen gewöhnt und nun für eine Weile in die Sonne sieht. Danach kehrt er in die Höhle zu den anderen zurück und ist erneut, beim Übertritt in eine nunmehr ungewohnte Dämmerung, für einige Zeit blind.

Das ist die Geschichte.

Daß der Autor inmitten eines im übrigen auf Diskursivität angelegten Textes diese *bildliche Darstellung* plaziert und daß diese einen *Mythos* wiederholt; daß er die Einkleidung und *Ver-hüllung* eines erst zu deutenden, zu *enthüllenden* Sinns an dieser Stelle vornimmt und daß er dazu im Symbol einen Ort wählt, den, wie er wissen mußte, seine Leser assoziativ mit dem Mutterleib in Verbindung bringen würden; daß ferner in dieser – in der Parabel sowohl verborgenen wie offengelegten – wahren Begebenheit aus dem romanhaft erlebten Inneren eines Subjekts ein nicht durch leibliche Kinder ausgewiesener, also lediger, demnach typmäßiger *Sohn* die Hauptrolle spielt und daß dessen einzige Beziehungsform, gerichtet auf ein Objekt, im *Sehen* besteht, das dazu gleich zweimal durch die Einwirkung von etwas *Drittem*, das sich außerhalb der Höhle befindet, gestört, ausgeschaltet und verändert wiederhergestellt wird – *das ist das Thema dieser Arbeit.*

Der Bogen, der sich dabei spannt, stützt sich nicht auf die Pfeiler einer herkömmlichen Einfluß-Komparatistik. Die Texte werden wieder näher an das Körper-Selbst der Autoren herangebracht, als Erweiterungen, gleichsam als Abschälungen ihrer Person aufgefaßt. Das ist nicht zu verwechseln mit dem Vorgehen beim Erstellen einer Biographie. *Wenn* sich am Ende doch von einer Biographie des Platonschen Philosophen sprechen läßt, dann in dem Sinne der Geschichte eines in den Werken sich auslebenden Typus, der sich auch nur in ihnen fortpflanzt (siehe oben). Sein Vorkommen ist allerdings Legion und nicht auf die Texte Platons beschränkt. Es reicht von den Vorläufern in der Mythologie (Teiresias bzw. Aktaion) und Literaturgeschichte (Solon) bis zu den Roman-Protagonisten bei Peter Handke.

In seinen Ausdehnungen dringt das Selbst in keinen menschenleeren Raum vor. Es gibt unter Lebenden kein Beziehungsvakuum. Bevor noch Sprache verfügbar wird, findet schon ein Austausch von Blicken statt. Epikurs hintersinniger Spruch, daß wir einer für den anderen Theater sind, und daß dies groß genug ist für jeden (den Bacon in seinem Essay »Of Love« *zitiert*), bezieht seine Gültigkeit aus dieser elementaren Intersubjektivität.[9]

Daß die Liebe sich zuallererst der Augen bedient, wiederholt sich die Antike in einem fort, ein Wissen, das Freud ihr später bestätigt hat. Bacon nimmt den Neid gleich noch hinzu:

sie beide bringen heftige Wünsche zum Ausdruck; sie fügen sich in den Rahmen von Einbildungen und Eingebungen bereitwillig ein; und sie bedienen sich des Auges besonders . . . [10]

Liebe und Neid sind für Bacon sehr ähnliche Leidenschaften, vor denen er die Leser warnt. Sie stehen über den Schautrieb miteinander in Verbindung, der in das Verhältnis zu seinen Objekten leicht jene Grausamkeit einfließen läßt, die uns bei Bacon an anderer Stelle verblüfft. Wieder spricht er durch das Zitat, diesmal aus Lukrez' »De rerum natura«:

Es ist ein Vergnügen, an der Küste zu stehen und die Schiffe im Meer kämpfen zu sehen; ein Vergnügen am Fenster eines Schlosses zu stehen und eine Schlacht zu sehen und die Abenteuer dort unten; aber kein Vergnügen ist vergleichbar dem, auf dem festen Grund der Wahrheit zu stehen und die Irrtümer, Wanderungen, Nebel und Stürme im Tal unten zu sehen. [11]

Die *Lust des Zuschauers* an Irrtümern, Schmerzen und Untergängen der anderen ließe sich durch zahllose Beispiele spontanen Voyageurtums bei Unglücksfällen weiter belegen. Das Szenarium spektakulär erlittener Gewalt hat jedoch noch eine andere Bedeutung für den Betrachter. So ist aufschlußreich, daß in Orwells »1984« den Gedanken an *ganz besonders* unerträgliche Schmerzen die gleiche Vorstellungsfolge begleitet: das Schlachtfeld, der Schiffsuntergang, die Folterkammer (wohinein die Abweichung von der ›Wahrheit‹ der anderen führt). [12] Dem Wunsch, Zuschauer zu sein, liegt der Wunsch zugrunde, *nur* Zuschauer sein zu dürfen (statt selbst vom Schmerz Betroffener). Er verweist auf ein *ganz besonders* empfindliches Verhältnis zur *Gewalt*. Bei Lukrez wird das bereits deutlich ausgesprochen, wenn als »wohlige Wonne« bezeichnet wird, nicht

daß ein andrer sich quält, sondern zu merken, weil süß es ist, welcher Leiden zu ledig. [13]

(Aktaions Stoßseufzer bei Ovid, nur noch sehen und nicht mehr fühlen müssen, gehört ebenfalls hierher.)

Offenbar geht auch die Liebe zur Weisheit durch die Augen. Der Philosoph ist mit ganzer Seele der ἰδέα, einem verhimmelten Objekt der Schaulust, ergeben. Verfolgt ihn eine *ganz besonders* hartnäckige Vorstellung von der Gewalt, leidet er Schmerzen (vielleicht nicht unbedingt körperliche), denen er sich durch Betrachtung, durch den Abstand des Schauenden zu entziehen hofft?

»God's theatre« nennt Bacon unsere Welt und knüpft auch damit an Platon an.[14] Er liefert in diesem Zusammenhang bereits, und man sieht ihn darin Adam Smith, wenn nicht Lacan vorwegnehmen, eine Erklärung der durch akkumulierte Zuneigung in den Blicken der anderen zustandegekommenen modernen *Persönlichkeit*: Der große (= der bekannte) Mann ist groß in der Meinung der anderen, und er setzt diese Meinung an die Stelle einer eigenen Meinung von sich. Bacon urteilt darüber noch als Moralphilosoph: Er verwirft das Glück, das eine solche ausgeborgte, öffentliche Person darüber empfindet, gibt unwissentlich in der Sache aber schon Lacan recht, der unser Begehren erst im Begehren des Anderen/der anderen aufgehen, aufblühen sieht.[15]

Befriedigt nicht auch die Autorität eines Zitats, als die Stimmen-Konserve des Anderen, das Begehren in einem solchen Sinne?

Die Beliebtheit gewisser Bilder, Metaphern, *Mythen,* ja, ihre Unentrinnbarkeit für den Schreibenden, ist vor diesem Hintergrund zu sehen, Gewiß hat Orwell das Katastrophen-Tableau irgendwann einmal zur Kenntnis genommen, er könnte, wenn nicht Lukrez, Bacon gelesen haben. Doch was besagt das schon, denn dort ist viel zu lesen. Warum bewahrt es sich in ihm als im Bild abgeschlossene (das heißt: verschlossene) Erfahrung und taucht in dem Augenblick auf, da sein Protagonist Winston in vorweggenommener Todesangst an seinen einzigen Freund (Einbildung) und Schmerzbereiter (Wirklichkeit) O'Brien denkt?

Die alte Motivforschung also in einem neuen Licht?

Bacon zitiert Epikur, Lukrez. Zu ihnen mag bei ihm auf der rationalen Ebene eine Affinität, eine Koinzidenz der Skepsis gegenüber der Metaphysik bestanden haben. Doch bei Platon fand er nur die »Vergötterung des Irrtums«.[16]

Bei der Übernahme Platonscher Motive muß es sich also um eine andere Form der Anknüpfung handeln. Sicherlich gibt es eine kulturelle Logik in jeder Überlieferung, der sich, wer metaphorisch spricht, nicht entziehen kann. Wäre Bacon jedoch, hätte Platons »Symposion« nicht zuvor seine Version von der Geschichte des Eros so eindrucksvoll gestaltet, darauf verfallen, Demokrits Atomlehre in diese mythische Fabel zu kleiden?[17] Fordert besonders die mit Kritik beobachtete Autorität zur Adaption, zur Vereinnahmung eines ›Erbes‹ und zu seiner ›Vermehrung‹ in der Veränderung durch die Angleichung heraus?

Das Beispiel Nietzsches, sein mal ehrfürchtiger, mal aggressiver ›Appetit‹ auf die Gedanken anderer, aber auch Marx' so kritisch wie obsessive Fixierung an die Werke seiner Vorgänger sprechen dafür.

II

Bacon, den Begriff ›Wahrheit‹ zu definieren suchend, erhellt ihn an seinem Gegenteil, der Falschheit. Für diese findet er das Gleichnis von einer Legierung, wie sie für Geldmünzen benutzt würde. Von da ist er mit einem Satz bei der Schlange – die uns auch noch als Phallus-Symbol begegnen wird.[18]

Kierkegaard, lebend vom hinterlassenen Geld des Vaters und sich auch sonst in dessen Schuld, in dessen Schatten wähnend, mit 42 den Tod erleidend in dem Augenblick, da das väterliche Erbe verzehrt ist, bringt sein Erscheinen in der Welt ironisch mit dem Falschgeld in Verbindung, das im Jahr seiner Geburt vermehrt aufgetaucht ist in Kopenhagen.[19] *Warum?*

Jesus, der nach dem Zeugnis des Johannes-Evangeliums »im Namen des Vaters« spricht, der einmal sagt, sein Vater »sei größer als alles« und im nächsten Atemzug: »Ich und der Vater sind eines«, Jesus wird verraten an die falschen Väter seines Volkes und des Diesseits überhaupt, der Welt – für Geld. Judas, der Falsche, zu dem Jesus aber eine besondere Beziehung hat, wie wir wissen, war der Schatzmeister der Jünger-Gruppe, er hatte den Beutel, wie es heißt.[20] »Geld ist der Gott der Welt«, so steht es bei Kierkegaard und bei Marx.

Wie die Münze eine Rückseite hat, so ist das Geld im Umlauf der Symbole die Kehrseite des in der Identifizierung bejahten Vater-Bildes. Die Kehrseite bedeutet Abgewandtheit, schließt aber auch die Möglichkeit des Umwendens, das die Münze suggeriert, ein. Es ist nicht die vollständige, endgültige Negation.

Die Münze eignet sich also schon deswegen, die Ambivalenz der Vater-Beziehung auszudrücken, abgesehen davon, daß sie in der Gesellschaft der Tauschenden allgegenwärtig ist wie es die Mythologie Gott nachsagt.

Als Sinnbild der Falschheit tritt das Geld vor allem in Verbindung mit dem Gold auf. Doch davon untrennbar ist gleich das Auge, das z. B. das Mischungsverhältnis zwischen Gold und Silber in der Währung, das den Tauschverkehr korrumpiert, nicht erkennt. Bacon beklagt, als er davon spricht, ein Faktum und bestätigt zugleich einen beliebten Fälschlichkeits-Topos. Es ist der gleiche Autor, der auch Salomos abschätzige Sentenz über den Reichtum zitiert. In ihr wird der Reiche daran erinnert, er habe von seinen Schätzen ja nur »the sight of it in his eyes«. [21]

Die Weisheit der Alten wird nicht müde, uns vor unseren eigenen Augen zu warnen. Was aber heißt es, wenn z. B. Jesus (bei Johannes) sagt:

Ich bin zum Gericht auf die Welt gekommen, auf daß, die da nicht sehen, sehend werden, und die da sehen, blind. [22]

Welches Tribunal fällt, in Gottes Namen, solche paradoxen Sprüche, die offenbar nur den Sinn haben, daß *jeden* ein Urteil trifft? Wofür aber werden wir bestraft, an den Augen eine Umkehr um jeden Preis zu erleiden in dem, was wir sehen oder nicht sehen wollen?

Es ist da eine Instanz, die zu wissen vorgibt, was gut ist, es zu sehen, oder schön.

Wie Platons »Symposion« veranschaulicht, ist in der lebendigen Welt zunächst alles relativ. Die einzelnen Regionen Griechenlands, die Stadtstaaten, sie alle haben unterschiedliche Vorstellungen vom Wirken des Eros, sprich: von der Liebe:

Mit jeder Handlung nämlich verhält es sich so: an und für sich ist sie zu verrichten weder schön noch häßlich. [23]

Erst durch die Beziehung einer Handlung »zu etwas« wird festgesetzt, ob sie als schön oder häßlich anzusehen ist. In der Praxis ist dieses »etwas« ein Mensch, den man liebt, dem man folglich gefallen will. Wodurch man ihm gefällt, bestimmt ein Gesetz, dem auch der andere gehorcht mit den Sinnen und das im

Konsens zwischen allen entstanden ist: Ein Schönheitsbegriff, den die jeweilige Gesellschaft hervorbringt. Nicht nur das. Der einzelne hat die Wahl: Es gibt einen gewöhnlichen und einen himmlischen Eros. Nur der himmlische zählt für Platon.

Der Kompaß des einzelnen, der ihm anzeigt, ob er dem himmlischen Eros folgt, ist die Scham. Je mehr ich mich schäme, wenn ich der körperlichen Liebe Ausdruck gebe, desto schöner ist mein Liebesausdruck. Mein Handeln im Blickfeld des anderen wird vom Begehren abgeleitet. Das heißt: Ich sehe mich die ganze Zeit den anderen vom anderen her gesehen lieben. Ein geheimes Gericht, das sich auf Gerechtigkeit gründet, wacht darüber, daß der andere immer auch der Andere ist, d. h. daß jeder für den anderen der Andere ist. So kontrollieren wir uns, wenn wir uns lieben.

Durch Jahrhunderte sprechen die Augen der Liebenden von diesem doppelten Verhältnis im Begehren – in dem die schöne Liebe die häßliche unterdrückt, ohne sie je ganz ausschalten zu können. So ist im folgenden von dieser Sprache, aufgewirbelt von Blicken, die zur Sprache werden mußten, die Rede. Was hierzu zu sagen ist, basiert auf der Vorstellung von dem »zweifachen Eros« bei Platon.

Schönheit, diese so weitgehend vom Auge definierte Wirklichkeitsannahme, gewonnen ausschließlich am menschlichen Körper, hat bei Platon die Scham zur Voraussetzung, d. h. das *Gesetz*. Sie ist ganz Sache des Subjekts, sein schwer wägbares Hinzutun zu einem Objekt, also dessen *Mehrwert*. Als Domäne des himmlischen Eros, also eines Sehens, das sich selbst immer schon in den Augen eines anderen sieht, erweist sich Ästhetik als die eigentliche Arena eines von der Schaulust gelenkten Begehrens.

Dabei spielen Identifizierungswünsche eine beträchtliche Rolle, Wünsche, die sich im archaischen Klima, in dem sie ihre symbolisierte Gestalt annehmen, sich mit Vorliebe des Ausdrucks bedienen, die der Schautrieb zur Verfügung hat.[24] Das Gesicht, diese erogene Zone des Schautriebs, verhält sich dabei zur totalen Erscheinung – die sich hinter den Kulissen des sinnlich Wahrnehmbaren noch fortsetzt – im Sinne eines Substituts, es ist eine Metynomie.

Das Wesentliche, so können wir sagen, ist, daß z. B. Orwells

Protagonist Winston trotz aller existenzbedrohenden Irrtümlichkeiten, die den Äußerungen des Gesichtssinns innewohnen, an einem Orientierungsgestus festhält, der sich auf sie beruft. Dabei tritt zurück, wer von beiden festsetzt, was Wahrheit ist, aber natürlich trägt der Wahrheitsbegriff, den die Vater-Imago kreiert, den Sieg davon.

Storms Hauke Haien bedient sich der väterlichen Wahrheit auf eine entschieden konfliktlosere Weise. Seine Geometrie ist von dessen Geometrie, *nur größer*. Hauke überflügelt den Vater damit an gesellschaftlicher Geltung: Er ist dessen Vergrößerung, oder anders, der Sohn sorgt, wenn auch hinter dem Paravent liebevollen Gedenkens, während der ganzen Geschichte für die Verkleinerung des Vaters, indem er selbst immer größer wird.

Hauke hat offensichtlich keine Probleme mit dem himmlischen Eros. Sein Sehen steht ganz im Dienst der Rationalität, einer gesellschaftlich nützbar gemachten. Der Blick, in dem er sich mit dem seiner Frau trifft, ist ganz auf Ferne, auf Beobachtung, auf Berechnung angelegt. So ist die Verbindung, wie gesagt, auch nicht fruchtbar, was die Fortpflanzung der Körper betrifft.

Zudem irrt auch Hauke Haien, und er verliert seine Existenz dabei. Könnte es sein, daß, wo immer dem Sehen Vorrang eingeräumt wird, die Einladung an den Tod stets schon erfolgt ist?

III

Ich rede, was ich von meinem Vater gesehen habe,

läßt Jesus sich kurz vor seinem Tode vernehmen, sowie:

Wer mich sieht, sieht den, der mich gesandt hat.[25]

»Kann doch der Sohn nicht als Sohn erkannt werden, es werde denn auch der Vater erkannt«, heißt es später entsprechend bei Cusanus. Eine »engere Verbindung« als die zwischen Vater und Sohn gibt es nicht, es ist die größtmögliche Ähnlichkeit, in ihr *allein* wird der Schöpfer *sichtbar*. Wenn Cusanus vom Verhältnis des göttlichen Sohnes zu seinem Vater sagt, »diese Abbildlichkeit ist ohne Vermittlung dem Urbild verbunden«, dann, weil in Gott Vater »Sehen und Gesehenwerden« zusammenfallen: »das Sein der Geschöpfe ist sowohl dein Sehen als dein Gesehenwerden«.[26]

Ein Priester unserer Tage, der *gescheitert* ist, liefert Sätze über die Gründe für sein Ausscheiden aus dem Priesteramt, die für die meisten Leser seiner Geschichte unbegreiflich sein müssen. Danach sieht es so aus, als habe er sein Kirchenamt aufgegeben, weil er durch die Liturgiereform von 1963 der Gemeinde beim »Messelesen« plötzlich das Gesicht zukehren sollte. Was hatte ihn überhaupt dazu gebracht, Priester zu werden:

Die Stufen zum Altar führen weg von den Anderen. Und hinauf, zu einer überlegenen Position. Dorthin habe ich gelangen wollen, um endlich allein zu sein mit der Hostie, allein zu sein mit dem Zentrum der Macht in alle Ewigkeit. Starrer pharaonengleicher Unsterblichkeitswille, Absonderungswille dreht den Schlüssel im Schloß des Panzerschranks über dem Altar. Wie Geld werden die Hostien behandelt bis auf den heutigen Tag.

Dann noch näher heran an den Kern der *heiligen Handlung*:

Gleichwohl geschieht es dann und wann, daß für Augenblicke ich mir vorkomme, als ob ich mit den Augen in die Hostie eindringen, in sie einsinken würde, zusammen mit dem Gefühl, mich in einer Wölbung zu befinden. Diese Empfindungen habe ich wirklich. Ich möchte sie ungern unterdrücken. [27]

Die Deutlichkeit – die der Autor selbst peinlich findet – des Bedürfnisses, sich qua Blicke mit dem Leib der Hostie zu vereinen, verträgt nicht, daß die anderen dabei zusehen. Dennoch ist der Wunsch unabweislich stark, die Handlung unter ihren Augen zu vollziehen, allerdings mit dem Rücken zu ihnen.

Das ist, hier im Symbol eines religiösen Rituals, die Bewegung, die sich mit der Geste, mit der sie sich zu wissen gibt, zugleich zurücknimmt, die sich enthüllt und verhüllt, beides auf einmal, beides in einer Einheit, in einer Figur.

Im Mittelpunkt so mancher Texte erstarrt diese Bewegung zu einer sprachbildlichen Struktur, in der das Geheimnis sowohl gewahrt wie verraten werden soll. Hermeneutik erhält von hierher ihren ursprünglichen Sinn. Denn was verschlüsselt ist, wendet sich durchaus an ein lesendes Auge, das versteht, was es liest.

Der Priester, den sein Begehren in unüberwindliche Schwierigkeiten mit der Kirche brachte, hatte es, als er die Weihe bekam, ausschließlich auf das »Messelesen« abgesehen, er betont das in seinem Rechtfertigungsbericht.[28] Das Buch der Bücher in den Händen, vor den Augen, ist er der einzige, doch nicht allein. Er ist der typische ›Einsame in der Menge‹.

Noch einmal sei an Winston in Orwells »1984« erinnert, der im Doppelbett liegend *das Buch* liest. Das Zimmer über dem Antiquitätenladen umschließt ihn, so meint er jedenfalls, wie ein Tabernakel. Die Geliebte entzieht sich auch dieser für Winston bedeutungsvollen Handlung durch Schlaf. Die Welt, in der Winston lebt, kehrt in diesem Buch wieder, teilweise nichts als gespiegelt, d. h. unverändert. Winston fühlt sich jedoch lesend *dazugehörig*, als Mitglied eines Geheimordens. Durch das Lesen in einem Buch, das O'Brien geschrieben, an dem er wenigstens mitgeschrieben hat, wird ihm die Wirklichkeit zur Wahrheit.

Althusser/Balibar sprechen einmal davon, daß »Marx ein begnadeter Leser war«. Die Defizite in den Werken von Adam Smith, ihre Unwahrheit sozusagen, habe dieser sich mit dessen irgendwie beeinträchtigter Fähigkeit, zu sehen, erklärt:

dieser habe nicht *gesehen*, was er doch deutlich vor Augen hatte; . . . In dieser Argumentation wird die ganze Schwäche des Begriffssystems, womit die Erkenntnis vollzogen wird, auf eine psychologische Schwäche des ›Sehens‹ reduziert. Und wenn die Abwesenheit des *Sehens* das *Versehen* erklären, dann bedingen notwendigerweise die Gegenwärtigkeit und Schärfe des Sehens die Richtigkeit des *Gesehenen*, die verifizierten Erkenntnisse.[29]

Wenn man hinzunimmt, daß Nietzsche sich durch Störungen seiner Sehfähigkeit, die er sein Leben lang beklagt hat, zuletzt über die Bücher anderer triumphieren sieht, dann sind wir inmitten eines Feldes, in dem dem Wissenserwerb ein ganz eigenes Wahrheitskriterium vorgeschrieben ist. Gehört zum Sehen der Irrtum immer schon dazu, vielleicht nicht gleich aus physiologischen Gründen, aber doch aus psychogenen? Geht es also auch bei modernen Autoren, die im Anschluß an Ruskin oder Husserl auf ein »reines« oder »unmittelbares« Sehen Wert legen, gar nicht um die richtige Erkenntnis, sondern um eine systematischere Ablenkung von dem, was das Subjekt längst weiß?

Die Beschwichtigung, die in Lukrez' Katastrophenblick liegt, wird an einer Stelle bei Ernst Jünger deutlich auf die Bedrohung durch eine tötende Gewalt bezogen, wenn es dort heißt:

... es ist etwa so, als ob ich einen nahen Gegenstand nicht deutlich sehen möchte und die Augen auf die Ferne einstelle, während ich auf ihn blicke. [30]

So vermied wahrscheinlich der Blick in die Ferne, aufs Meer hinaus, den Nietzsche an Epikur so bewundert, nichts anderes als eine bedrohliche Nähe. [31]

Was diese Bedrohlichkeit ausmacht, kehrt mit dem Blick aus der Tiefe der Vergangenheit des Subjekts, aus der Schicht primärer Erlebnisse, ständig herauf. Der Vereinigungswunsch, der das Subjekt beherrscht und der zunächst auf ein ursprüngliches Objekt gerichtet war, erfüllt sich seit der ödipalen Krise in der Identifizierung mit einem Dritten, dem Anderen und projiziert darin das eigene, größere Selbst. Von dieser Konstellation sind alle Symbole, die das Schreiben (in dem sich zum Auge die Hand dazufindet) transponiert, transportiert, erfüllt bis in den Zwang, sich ihrer Bedeutung durch ihre Fortpflanzung, sprich: Wiederholung, unendlich zu versichern.

Die Sehmetapher, die im Zentrum eines archaischen Ausdrucksverlangens steht, kolportiert so unentwegt das Zivilisationsschicksal des Subjekts, wenn sie daran erinnert, welchem ursprünglichen Beziehungsklima sie sich verdankt. Ständig gezwungen, zu konstatieren, daß nicht mehr Gold ist, was dem Auge glänzt, ging der Blick den Weg mit, den in der Ökonomie das Gold zum Geld zurückgelegt hat, und wie Marx einmal die Logik als das Geld des Geistes bezeichnet hat, so können wir das Sehen das Geld der Sinne nennen.

Geld, das hierzulande immer noch bei Hochzeiten als Münze vom Bräutigam vor der Kirche verstreut wird, ist nach wie vor mehr als das, was es kaufen kann. So tragen die Zeichen den Mythos, von dem sie sich herschreiben, weiter in unsere Mitte. Sie tun dies, wenn sie in der literarischen Symbolisierung aufgespürt werden, aufgrund eines Willens, der sich in jedem schreibenden Subjekt erneuert.

Fassen wir also zusammen: Wo wir in der Literatur (in der Philosophie) auf den Gestus des Visuellen stoßen, haben wir es mit einem Sehen zu tun, das den Anforderungen des Schautriebs unterliegt. *Das* jedoch ist der Grund, warum uns die Sehmetaphorik den Sehakt gleichsam in der Struktur einer doppelten

Bewegung überliefert. Da dem Auge, was es ursprünglich sehen möchte, verwehrt ist, wählt es zum Ersatz einen Gegenstand, ja unter bestimmten Umständen die Gegenstandslosigkeit, um dem Schautrieb in der Form des Begehrens unverfänglich Genüge zu tun.

»Denn zuerst die Schaulustigen scheinen mir insgesamt solche zu sein, weil es ihnen Freude macht, etwas zu erfahren«, schreibt Platon. [32] Die Verbreitung der Sehmetapher, ihr Vorkommen in fast allen wichtigen Werken der Weltliteratur an zentraler Stelle, erklärt sich damit – und bringt den tendenziell enzyklopädischen Charakter dieser Arbeit hervor.

Sie macht dabei über Strecken noch einmal Gebrauch von dem »Parallelismus der individual- und völkerpsychologischen Erscheinung« im Hinblick auf das Verzeichnis mythologischer Überlieferungen und ontogenetischer Datierungen. Es »wünscht das Kind eigentlich *zu sehen*, woher es gekommen ist«. Jedoch die »frühe Abdrängung der Schaulust von ihren eigentlichsten Objekten und Zielen« [33] – Erfahrungen mit dem Elternverhalten – bringt auf einer substitionellen Ebene Objektivierungen hervor, die den ursprünglichen Anspruch keineswegs in verkleinertem Maßstab zum Vorschein bringen. Überdeterminierungen haben vielmehr noch in den Phantasmen modernster Autoren die Tendenz, die Erde selbst in ein anthropomorphes, ein menschengemäßes Superobjekt zu verwandeln. Namentlich die Verdrängungen der Schaulust haben hier ihr Feld an kompensatorischen Megalomanien.

Mit Vorliebe kreisen Blicke und Einbildungskraft, die für so manchen Erkenntniskritiker denn auch zusammengehören, [34] um Aus- und Einbuchtungen der Erdoberfläche, um Berg und Höhle. Eine Stelle in Ernst Jüngers »Heliopolis«, ziemlich am Anfang und verblüffend unvermittelt *im Zitat* (!) eingeblendet, gibt mit gebannter Erregung davon Zeugnis, welche Anziehungskraft ein Bergmassiv auf den Betrachter ausüben kann. Es lohnt die Beschreibung im Wortlaut nachzulesen.

Die »smaragdgrünen Türme« wecken »Erinnerungen aus Kinderzeiten«, und als der Wanderer an einen Krater in ihrer Mitte tritt, der »wie ein grüner Kelch geschnitten« ist »im Schoß der grünen Berge«, stellt sich das Bild der »Liebesgöttin« ein, die sich rüstet zur »Umarmung«. Wie dem, der hier allein ist, zumute ist, mag ein Abschnitt aus der auch sprachlich mit Juwelen zu blenden suchenden Darstellung zeigen:

Das Glück durchdrang mich wie den erhörten Freier, der in die Kammer der Geliebten tritt; die Ruhe und die Gewißheit des Besitzes erfüllten mich. Der Abstieg durch die innere Spindel glich der lustvollen Umdrehung eines Kaleidoskopes, dessen Muster sich stets verdichteten. Und immer üppiger begann sein Ziel zu leuchten: der Augengrund.

»Augenfarbig« hatte der Chronist schon zuvor die Edelsteine genannt. Nun ist das Ziel des Abstiegs ein Objekt, das am Grunde eines Kraters einem Auge gleicht!

Kurz vorher hatte es noch geheißen:

Als ich die Zinne erstiegen hatte, stand die Sonne am Zenith. [35]

Das Auge aus dem Schlamm hervorzuziehen ist nach Platon die Aufgabe des Philosophen. [36] Er ist einer, der so aufstieg zur Begegnung mit der Sonne an hoher Stelle und der danach zurückkehrte in die Tiefe, in die Höhle. Er ist der Prototyp, dessen Wiederkehr im folgenden beschrieben wird, seine Metamorphose gehört zum Thema der Arbeit.

IV

Die Entscheidung für einen Untersuchungsgegenstand, der dermaßen den Korpus der literarischen Überlieferung ins Auge faßt, bestimmt auch die Form dieser Arbeit, die ihre Beispiele in einem Verhältnis zueinander plaziert, das sie für sich sprechen und immer auch die Hauptthese bekräftigen läßt. Diese lautet dahin, daß auch der moderne Autor den Mythos fortschreibt, in dem die Spannung zwischen Verdrängung und Wiederkehr des Verdrängten ein für allemal Gestalt angenommen hat.

Mit einer zentralen Metapher – das Auge, das trotz Sehverbot sieht –, inmitten eines Feldes wiederkehrender Symbole (wie Stadt, Berg, Höhle, Geld, Kreis, Bild etc.), kauft sich der Schreibende immer wieder ein in die Ökonomie eines sprachlichen Systems, das durch diese Form der Partizipation erhalten wird. Das wiederzugeben, ist Platons Grundfigur der Teilhabe des Kleineren im Größeren tauglich wie kaum eine, jede Psychologie der Intersubjektivität wird sich ihrer bedienen können. Insofern ist jeder Schreibende immer auch ein Zitierender, schreibt er wie der Erzähler in Kierkegaards »Tagebuch des Verführers« das bereits vorliegende Buch noch einmal (vgl. Kap. 10).

Kierkegaard ist vielleicht auch die einzige Autorität, die zur Rechtfertigung der Anlage dieser Arbeit angerufen werden kann. In einem Brief schreibt er einmal:

> Meine Interessen sind nicht alle einem subordiniert, sondern alle coordiniert. [37]

Zwar ist *alles* hier zu dem einen Thema (das Sehen in der Literatur und was es zur Sprache bringt), aber in Beiträgen, die einander nebengeordnet sind. Das entspricht dem Verhältnis der Texte zueinander unter dem Gesichtspunkt ihrer inneren Gleichzeitigkeit, womit nur noch einmal hervorgehoben ist, daß Einflüsse nicht von Lektüre ausgehen, sondern durch sie hindurch. Was die Autoren im einzelnen gelesen haben, ist dabei nicht so wichtig, das große Buch der Sprache kennen sie alle.

Das alles handelt auch von Platon, aber nicht etwa so, daß immer von ihm unmittelbar die Rede wäre; eher so, daß, was auf ihn folgte bis jetzt, sich in den Bildern, die unendlich aus ihm hervorzugehen scheinen, gespiegelt ausnimmt. Wer vom Sehen spricht in der Weise, die hier verfolgt wird, ist in eine Schule gegangen, in der Platon zu früher Stunde Lehrer gewesen ist.

Also noch einmal die Geschichte des Platonismus? Wenn, dann doch wohl so, daß sie selbst seine Antipoden und Widersacher einschließt. In dem, emotional gesehen, geringen Abstand zwischen dem Subjekt der Schaulust und seinem Objekt ist kein Raum für abweichende Lehrmeinungen, geschweige für Kontroversen.

Textstellen stehen so in dieser Arbeit, daß sie sich gegenseitig erhellen. Oft ist darunter eine Platon-Stelle. Eine Chronologie wäre keine sinnvolle Anordnung gewesen. Die Themenstellung erlaubt es, die Welt des literarischen Ausdrucks einmal als geschlossenes Theater zu zeigen, in dem seit Platon immer das gleiche Stück läuft, inszeniert von den verschiedenen Regisseuren in verschiedenen Zeiten.

Da die Anordnung also die Struktur des Einen-im-Anderen abbildet, in der sich Überlieferung trotz ihres zeitlichen Gefälles dem an einem Punkt ihr gegenüberstehenden Rezipienten präsentiert, ließ sich die üblicherweise geforderte Trennung nach Wissenschaftssektoren mit ihren jeweiligen Zuständigkeiten nicht in Reinform wiederholen. Das schreibende Subjekt, der Gegenstand dieser Arbeit, läßt sich nicht isolieren, schon die Produktion von Literatur, nicht erst deren Rezeption, ist ein kommunikativer Akt. Wir müssen also da mitschöpfen, wo der Autor geschöpft hat. Soziologie und Psychologie sind Hilfsmittel zum Verständnis dieses Vorgangs.

Da der Verfasser weder Soziologe noch Psychologe ist, mußte er manches aus diesen Disziplinen zitieren, einiges wörtlich, um der These von einer Wiederkehr der immer gleichen sprachlichen Impulse in einer – was die hier angehende Hauptfrage betrifft – gleichen, nur immer gleicher werdenden Gesellschaft seit der griechischen Polis alles Spekulative zu nehmen. Es nutzt z. B. nichts, wenn Nietzsche hinter Platon zurückgeht und Homer zitiert. Er verfällt dort ausgerechnet auf eine Stelle, die das Motto abgeben könnte für unsere Geschichte der platonischen Liebe hier. Die Stelle bei Homer lautet:

herzlich lieb' ihn die Muse und gab ihm Gutes und Böses; denn die Augen entnahm sie und gab ihm süßen Gesang.

Dazu Nietzsches Kommentar:

Das ist ein Text ohne Ende für den Denkenden: Gutes und Böses gibt sie, das ist *ihre* Art von herzlicher Liebe! Und jeder wird es sich besonders auslegen, warum wir Denker und Dichter unsre *Augen* darangeben *müssen*. [38]

Fürwahr, ein Text ohne Ende. Seine Umschrift (in dieser Arbeit) läßt die Sicht, von der er handelt, gelegentlich aufscheinen in der Einsicht, in die sie schon bei Nietzsche übergegangen war:

Willst du ein allgemeines gerechtes Auge werden? So mußt du es als einer (werden), der durch *viele* Individuen gegangen ist und dessen letztes Individuum alle früheren als Funktionen braucht. [39]

V

Das Buch ist die gekürzte und überarbeitete Fassung meiner Habilschrift, die ich im Juli 1982 der Gesamthochschule/Universität Essen im Fach »Allgemeine und Vergleichende Literaturwissenschaft« vorgelegt habe.

1. Das Buch am Anfang unserer Geschichte

Platons »Politeia« (Der Staat)

I. Der Sohn und seine Stellung im Vaterland

Sagt, wo findet sich die Gerechtigkeit,
welche Liebe mit sehenden Augen ist.

Nietzsche[1]

Kann man die Gerechtigkeit sehen?

Ob man die Gerechtigkeit denn sehen könne, wird in der »Politeia« gefragt, und die Antwort geben eine Reihe von gedanklichen Konstruktionen, die diesen zentralen Begriff der Staatslehre Platons anschaulich machen sollen.[2]

Zur Einleitung seines Erklärungsversuchs, »warum die Gerechtigkeit besser sei als die Ungerechtigkeit«, benutzt Sokrates dazu an einer Stelle ein Analogon.[3] Wir, denen der ›Scharfblick‹ fehle, Funktion und Bedeutung dieses Begriffs direkt aufzufassen, befänden uns in der Situation der Kurzsichtigen: Große Entfernung und kleine Buchstaben machen einen Text für sie unleserlich. Doch da kann die Entdeckung, daß die gleichen Schriftzeichen »anderwärts größer und an Größerem« wiederkehren, die Lösung bedeuten. In der Stadt, denn sie ist mit diesem ›Größeren‹ gemeint, ist »wohl mehr Gerechtigkeit und sie ist leichter zu erkennen« als im ›Kleineren‹, d. h. im einzelnen Menschen. Danach sind Rückschlüsse auf diesen möglich, weil beide dem gleichen Organisationsschema unterliegen.

Bei diesem Veranschaulichungsmodell handelt es sich um eine für Platon grundlegende Strukturdemonstration: Proportionalität bestimmt den inneren Zusammenhang des Kosmos, der in eine sichtbare und eine unsichtbare Hälfte zerfällt.

In welcher Hälfte aber liegt die von Platon angesprochene Stadt?

Gegliedert wie der Himmel, den ein nicht mehr Erkennbares, das höchste Gute, krönt, gipfelt ihr Bestehen in einem nicht mehr sinnlich Wahrnehmbaren, der Gerechtigkeit. Das gleiche Verhältnis wiederholt sich auf der Ebene der personalen Inkarnation: Wie in der überirdischen Sphäre ein Gott heraustritt an einer selbst dieser Sphäre übergeordneten Stelle, so erlangt der Philosoph den Status eines über die Sinnestätigkeit hinaus erkenntnisfähigen, besonderen einzelnen.

Das Beispiel, das Platon gewählt hat, bezieht sich auf einen Wahrnehmungsgegenstand, der einmal kleiner, einmal größer ist: Es ist von Buchstaben die Rede. Der sie betrachtet, wird kurzsichtig genannt. Er bedarf, um sie zu »erkennen«, einer Hilfestellung, von der zunächst nicht klar ist, woher sie kommt. Handelt es sich nur um größere Buchstaben, oder ist damit eine Vergrößerung gemeint, die in der Addition bestimmter Buchstaben die Schrift und schließlich einen Text zum Ergebnis hat? Und was heißt, daß sie im Zusammenhang mit einem »Größeren«, der Stadt, leserlich würden?

Wir entnehmen der Argumentation Platons, daß in der Stadt (= Gesellschaft) mehr Gerechtigkeit anzutreffen ist als im Individuum. Demnach stammt die Gerechtigkeit nicht aus dem Individuum selbst, sondern aus der Tatsache des Vorhandenseins wenigstens noch anderer Individuen. Das Individuum, das ursprünglich auf Trieben gegründet ist, die ›gerechtes‹ Verhalten nicht vorsehen, vollzieht sie lediglich nach. Gerechtigkeit gehört einer intersubjektiven Dimension an, die die Stadt objektiviert. Was bedeutet, daß die Gerechtigkeit an ihr sichtbar wird?

»Sagt, wo findet sich die Gerechtigkeit, welche Liebe mit sehenden Augen ist«, läßt Nietzsche Zarathustra fragen.[4]

Ist Gerechtigkeit gemeinhin eine Sache der nicht-sehenden, der blinden Augen, oder verdankt sie sich einem Sehen, das ohne Liebe auskommt? Ist dies die Forderung nach einer Gerechtigkeit, die es noch gar nicht gibt und die auf Liebe beruhen müßte, die sich nicht blind machen läßt?

Platons Stadt – wie sie ihr Endstadium erreicht, braucht hier nicht nachvollzogen zu werden – ist gekennzeichnet durch Bewohner, die im Hinblick auf das Gemeinwesen gesonderte einzelne sind, die als Spezialisten verschiedene Waren produzieren. Durch die strikt funktionalistische Scheidung nach dem Modell einer arbeitsteilig handwerklichen Wirtschaft definiert sich ein Siedlungskollektiv überhaupt erst als Stadt. Dieses Stadium erreicht die Stadt bereits in ihrer ersten Phase. In ihr ist auch schon berücksichtigt, daß angesichts der Vereinzelung ihrer Individuen und der Isolierung ihrer Klassen der Austausch, der vor allem ein Austausch von Gütern und Dienstleistungen ist, ebenfalls einer Gruppe von Spezialisten zur Ausführung übertragen ist: *den Händlern.*

Sowohl wegen der »Zufuhr von auswärts« wie um sich für die Produzenten »des Kaufs und Verkaufs wegen dienstleistend auf dem Markt« aufzuhalten, sind sie für die Stadt unentbehrlich. Mehrfach und ausschließlich im Zusammenhang mit ihrer Funktion wird in diesem Teil des Buches das Wort »mitteilen« verwendet.

Mit der Stadt, und nur deswegen läßt Platon sich auf ihr der Polis abgeschautes Organisationsmodell so ausführlich ein, entstehen zugleich »ihre Gerechtigkeit und Ungerechtigkeit«.

Erst der Städte bewohnende Mensch bedarf der Gerechtigkeit, nur er ist zu ihr fähig. Gerechtigkeit entspricht als menschliche Tugend dem göttlichen Guten, ein Gemeinwesen auf ihrer Grundlage wird denn »auch wohl vollkommen gut sein«. Der Mensch ist nicht von Natur aus gut, Natur und Gesetz sind daher Gegensätze.

Gerechtigkeit ist, so lautet die abschließende Definition im vierten Buch, »daß jeder das Seinige verrichtet«. In seinen Erläuterungen hält sich Sokrates erneut eng an das Beispiel des Handwerkers, der »seiner Natur nach« Spezialist sei. »Einmischerei« in das Geschäft eines anderen ist für die Stadt »der größte Schaden«, ist daher »Frevel«. Sokrates geht so weit zu sagen: »Dies also ist die Ungerechtigkeit.«[5]

Warum legt Platon so großen Wert auf die Parzellierung des gemeinschaftlichen Lebens, das er auf der anderen Seite nicht aufzuheben trachtet? Welches Interesse hat er an dem extremen Partikularismus der vielen, deren Vereinzelung betont, deren Überlebenschance als einzelne zugleich geleugnet wird?[6]

Platon hat die verschiedenen Formen des Wachstums im Sinn, die mit der Stadt zusammenhängen: die Expansion der Stadt nach außen, aber auch die Zunahme von Ansprüchen einzelner innerhalb des Gemeinwesens. Diese Ansprüche stören das Gleichgewicht zwischen den Gruppen.

Platon läßt die Diskussion über die Gerechtigkeit im Umkreis eines Ethos beginnen, das noch ganz dem Pragmatismus der aus dem Aberglauben heraustretenden oligarchischen Schicht verpflichtet ist. Gerechtigkeit sei, so der reiche Kephalos am Anfang, niemandem Geld schuldig zu bleiben. Wenigstens im Angesicht des Todes, d. h. in der Furcht vor einem ungewissen Jenseits mit seiner konventionell verbürgten Strafandrohung, sei es angebracht, seine Schulden zu bezahlen. Reichtum, das diesen Ausgleich zuletzt ermöglicht, erscheint daher als die geeignetste Vorbedingung für die Gerechtigkeit.[7]

Sokrates wird im folgenden seine Vorstellung von Gerechtigkeit diesem engen, klassenbedingten Standpunkt zu entwinden wissen. Die Bedeutung, die die Wahl einer solchen Ausgangs-Konstellation für den Disput hat, beschränkt sich jedoch keineswegs auf den gesuchten Anlaß, den sie dem auf Unterscheidung bedachten Sokrates billigerweise liefert. Sie gibt vielmehr den realen Ort wieder, an dem ein Gespräch über Gerechtigkeit im Athen zu Anfang des 4. Jahrhunderts zu beginnen hatte, auch wenn es in der Absicht, sich aus ihm zu entfernen, geführt wurde.

Die angewachsene Macht der Händler drohte den Rahmen ihrer Klassenzugehörigkeit zu sprengen. Es ist der Unwillen über die Reichen in Athen (und anderswo), der Platon zur Abfassung seines Dialogs veranlaßt hat. Sie haben die Veränderungen, auf die darin mit einer Theorie reagiert wird, verursacht. In dieser Theorie, die ihnen mit der Schere der Verhältnismäßigkeit die Ausdehnung auf die qualitative Veränderung ihres Status beschneidet, sind die vermögenderen einzelnen weiterhin nichts als das quantitativ größere Kleinere.

In Wirklichkeit sind diese längst alles in der Polis. Sie können sich am Ende sogar einen halbherzigen Gerechtigkeitsbegriff leisten, freilich damit nur berücksichtigend, was man als Vermögender anderen mit Vermögen schuldig ist. Es ist die Ethik des Austauschs auf einer höheren Ebene, die Moral des geschlossenen Kreises, der nicht unterbrochenen Zirkulation.

Diesen Begriff muß Sokrates ihnen wegnehmen, will er zeigen, daß er nur Klassenbelange abdeckt. Indem er ihn wegnimmt, hält er ihn selbst in Händen.

Der Mensch ist nicht von Natur gerecht

Die Herkunft der Gerechtigkeit nicht aus der Natur der Menschen, sondern aus ihrem sozialen Verkehr, ist diesem Begriff auch noch in der Sokratischen Sublimierung anzumerken. Ein Indiz ist sein forcierter Rationalismus, der ihn einseitig auf *eine* Funktionszone innerhalb der Totalität menschlicher Wahrnehmungsmodalitäten bezieht: auf die Vernunft.

Der Text unterschlägt denn auch in keiner Weise, wie sehr das, was den eigentlich städtischen Charakter der Stadt, der Verkehr zwischen den einzelnen dort, sich dem agens *einer* speziellen Gruppe von Einwohnern verdankt, den Händlern. Ohne sie sind die einzelnen isoliert und offenbar auch stumm:

Wie sollen sie (die einzelnen) einander mitteilen, was jeder gefertigt hat, weshalb sie doch eigentlich die Gemeinschaft eingegangen sind und die Stadt gegründet haben? [8]

Der Warentausch wird also als der einzige Zweck der Stadtgründung angegeben. »Kauf und Verkauf« sind allein als die Kommunikationsweisen der städtisch gewordenen Menschen erwähnt. Weiter noch:

Hieraus wird uns also ein Markt und die Münze als bestimmtes Zeichen zum Beruf des Tausches entstehen. [9]

Es folgt eine genaue Charakterisierung der Bedeutung des Geldes als eines Zeichens und seiner Funktion im Kreislauf der Waren. Es sind also Tauschende, denen das Zeichensystem abverlangt wird, das die Vergleichbarkeit der zu tauschenden Objekte regelt und das darin gewissermaßen einen Zwitter aus Gegenstand und Gedanken in Umlauf bringt: als »Markt« ein wirklicher Ort und gleichzeitig ein vorgestellter Spielraum (in dem z. B. imaginierte, zukünftige Transaktionen stattfinden); als »Münze« konkretes Ding und abstrakter Wert in einem.[10]

Markt und Münze, als zentrale Einrichtungen der Vermittlung, sind Platon vor Augen, wenn er die Vernunft aus einem Tauschvorgang entstehen läßt, in dem einander entgegengesetzte Gefühle – Lust und Unlust bzw. Furcht – in Zahlung gegeben wurden. Der »rechte Tausch, um Tugend zu erhalten«, sei es nämlich *nicht*.

Lust gegen Lust und Unlust gegen Unlust und Furcht gegen Furcht auszutauschen, Größeres gegen Kleineres, wie Münze; sondern jenes die einzige rechte Münze ist, gegen die man alles dieses vertauschen muß, die Vernünftigkeit . . .[11]

Die Deutlichkeit, mit der hier ein Internstes der Platonschen Moralphilosophie einem Vergleich mit dem Prozeß der Warenzirkulation ausgeliefert wird, hat zweifellos etwas Verblüffendes, wenn man bedenkt, in welcher Losgelöstheit von solchen Erfahrungsanstößen uns diese Philosophie überliefert ist. Platons genau reflektierte Kenntnis des Warenverkehrs zeigt sich darin, daß er die Vernunft – dieses den Philosophen vor allen anderen auszeichnende, höchste Vermögen – wörtlich mit einer Münze vergleicht und zu den übrigen Kräften des Menschen in ein Verhältnis treten läßt, das völlig dem der Waren zum allgemeinen Äquivalent entspricht.[12] Ohne daß Gegenstände sich darauf beziehen, sind sie nicht kommensurabel.

Wie die Produzenten nicht direkt miteinander in Verbindung treten sollen (angeblich weil sie, mit der Produktion beschäftigt, es nicht *können*), so dürfen auch die Gefühle sich nicht unmittelbar begegnen, sondern immer nur in Beziehung auf ein Drittes, das sich dazwischenschaltet, die Vernunft:

... werden aber diese (Lust und Furcht) abgesondert von der Vernünftigkeit gegeneinander umgetauscht, eine solche Tugend dürfte wohl immer nur ein Schattenbild sein und in der Tat knechtisch ...[13]

Eine Marx-Stelle mag illustrieren, auf was für eine – auch metaphorisch – ergiebige Ader Platon da schon gestoßen ist:

Aus seiner Knechtgestalt, in der es (das Geld) als bloßes Zirkulationsmittel erscheint, wird es plötzlich der Herrscher und Gott in der Welt der Waren.[14]

Die Analogie – ob es mehr ist, wird sich zeigen – besteht darin, daß Platon einzelne Gefühle zu der *einen* Tugend, der Vernunft, in Beziehung setzt, wie Marx einzelne Waren zu dem als allgemeinem Äquivalent fungierenden Geld. Vernunft wie Geld erheben sich als Signifikanten über die ›Knechtsgestalt‹ von Gefühlen und Waren, denen sie erst ihre Bestimmung, ihren Wert mitteilen, als ihre ›Herren‹.

Wenn Marx wiederholt die Stellung des Geldes über den Waren polemisch mit der eines Gottes *über* den Menschen vergleicht,[15] so hat Platon die gleiche Struktureinsicht dazu veranlaßt, sein den einzelnen Polisbewohnern übergeordnetes Prinzip der Vernünftigkeit (= Gerechtigkeit) Gott zu nennen. Die *Macht* des Mittels, mit dem der Kaufmann über die einzelnen Warenproduzenten herrscht, kehrt wieder in der Allmacht der Vernunft, mit der der Philosoph über einzelne Gefühlsregungen und über die Gefühlsregungen der einzelnen restriktiv wachen wird.

Die Verteilung von Scham und Recht unter alle

Platon verfolgt den Vorgang der Stadtgründung noch an einer anderen Stelle, im »Protagoras«. Die städtische Existenz von Menschen ist so lange noch gefährdet, wie diese nur die »verarbeitende Kunst«, also die techne der handwerklichen Fertigkeiten, entwickelt haben. Bis dahin kann ein Kollektiv tätiger, an einem Ort versammelter einzelner jederzeit von »wilden Tieren ausgerottet« werden.

Man muß sich fragen, wieso gerade die Gefahr durch wilde Tiere in der Rekapitulation der gesellschaftsbildenden Momente im Prozeß der Geschichte einen so bedeutenden Platz einnehmen sollte, daß Platon auf sie die Notwendigkeit einer zusätzlichen und zugleich übergeordneten Kunst (techne) zurückführt. Er nennt diese techne »bürgerliche Kunst« und trifft damit jenes Zusätzliche in seinem Wesen, wenn er hinzufügt, daß sie zum »Kriege« gegen die Tiere diene, ja, daß die »kriegerische« Kunst von der bürgerlichen nur »ein Teil« sei.

Es hat über die Antike hinaus auf verschiedenen Ebenen des Fabelhaften das Tier dazu herhalten müssen, menschliche Eigenschaften und Verhaltensweisen zu symbolisieren, zumal solche, in denen sich Tierisches im Menschen bewahrt zu haben schien.[16] Ein Stück weiter im Text wird denn auch klar, gegen welche Ungeselligkeit sich dieses wehrhafte und gewaltsame Prinzip einer ›bürgerlichen‹ Kunst zu wenden hatte:

... wenn sie sich aber gesammelt hatten, so beleidigten sie einander, weil sie eben die bürgerliche Kunst nicht hatten, so daß sie wiederum sich zerstreuend auch bald wieder aufgerieben wurden.

Die Urfehde der Wünsche, die in den einzelnen einander entgegengesetzt sind, hintertreibt zunächst das Projekt einer gemeinschaftlichen Bewirtschaftung der Ressourcen. In unmißverständlicher Sprache – in der Verbindung nämlich von ›bürgerlich‹ und ›kriegerisch‹ – wird der gegen solche vollständige Triebfreiheit und ungehemmte Wunschentfaltung gerichtete gewaltsame Charakter einer ›Kunst über den Künsten‹ (wie die Gerechtigkeit einmal genannt wird) angegeben.

Platon geht, wie wir sahen, davon aus, daß die Bewohner der exemplarischen Stadt die »Gemeinschaft eingegangen sind« zum Zwecke einer Beziehung, die im Tausch und im Austausch über ihn besteht. Diese Gemeinschaft zu ermöglichen und aufrechtzuerhalten bedarf es offensichtlich eines Drucks auf die einzelnen, die neuerdings als nur noch produzierende und tauschende Partikulärs jedes ›natürlichen‹ Zusammenhalts entbehrten.

Zur Charakterisierung dieses Drucks greift Platon, wie so häufig in entscheidenden Momenten seiner Theoriebildung, auf die Version des Mythos zurück, um darin die Art des »Eingriffs schlechthin« (Lévi-Strauss) zugleich zu enthüllen wie zu verhüllen. Er erwähnt Zeus, der seinen Boten Hermes zu den Menschen schick, ihnen »Scham und Recht zu bringen«. Auf die Frage von Hermes, ob er denn beides »unter alle« verteilen solle, erhält dieser zur Antwort:

Unter alle, sagte Zeus, und alle sollen daran teilhaben; denn es könnten keine Staaten bestehen, wenn auch hieran nur wenige Anteil hätten, wie an anderen Künsten.[17]

Scham geht, kausal richtig, dem Recht voraus. Scham bezieht sich, als deren Inhibierung, auf die menschliche Schaulust. Recht erscheint also als das Ergebnis eines hemmenden Eingriffs von außen – auf die Ausübung der natürlichen Schaulust?

Inzesttabu und Reziprozität

Es gibt nur eine ›Kunst‹, die jene Universalität, die Zeus im Sinn hat, beanspruchen kann: das Inzest-Verbot. Dieses ist in der Tat die indoktrinierte Gesellschafts-Innovation, der erste Stein für die trennende Wand zwischen den einzelnen, aber auch für das Gebäude allen zuträglicher Soziabilität auf der Basis einer zwangvoll aufrechterhaltenen normativen Reziprozität.

Spätestens seit Lévi-Strauss wissen wir, wie gut sich Tausch-relation und Gewalttradition nicht nur vertragen, wie sie einander bedingen: »Das Inzestverbot ist weniger eine Regel, die es untersagt, die Mutter, Schwester oder Tochter zu heiraten, als vielmehr eine Regel, die dazu zwingt, die Mutter, Schwester oder Tochter anderen zu geben.«

Das *Verbot*, bestimmte Frauen als sexuelle Objekte anzusehen, das am Anfang aller Tauschbeziehungen zu stehen scheint, ist demnach nur die Kehrseite des *Gebots*, diese als Tauschobjekte zu behandeln. Die Exogamieregel, der Zwang, Frauen nach außen, an Mitglieder anderer Gruppen zu verheiraten, unterbindet – als »Eingriff schlechthin« – die naturwüchsige Promiskuität und bringt eine auf unterscheidendem Wissen beruhende, erlernbare, *kulturelle* Verhaltensform hervor, die die Bereitschaft zum Trieb-verzicht voraussetzt.[18]

Die Geschichte der durch das Tabu eingeschränkten Liebes-wahl ist uns überliefert als die Tragödie der Söhne. Sie steht im

Zentrum des Mythos, sie prägt einen Großteil der Literatur bis heute. Auch die Philosophie nimmt von ihr ihren Ausgang. Man ginge allerdings fehl, wollte man das Fixativ, mit dem sich das symbolisierende Geschehen seinem Sujet verhaftet weiß, auf der Ebene einer thematischen Wiederkehr vermuten. Gerade auf diesem Gebiet geschieht alles, das Fatum mit Entwürfen zu überspielen, in denen physiognomisch die Miene der Zwanglosigkeit gewahrt bleibt.

»Der Staat« – eine Angelegenheit zwischen Vätern und Söhnen

Das scheint, auf den ersten Blick, auch in der »Politeia« der Fall zu sein. Bekanntlich geht Platon im Modell des ›idealen‹ Gemeinwesens davon aus, »daß im vollkommen eingerichteten Staat die Weiber gemeinsam sein müssen«.[19]

Das klingt nach freizügigster Partnerwahl und Berücksichtigung promiskuitiver Wunschvorstellungen im Subjekt. Bei näherem Hinsehen erweist es sich jedoch als sozialer ›Eingriff‹ in das Beziehungsgeflecht familialer Intimität und unkontrollierter Privatsphäre zugunsten einer öffentlich überwachten und zentral gelenkten Zuchtwahl.

Vergessen wir bei dem im Vordergrund stehenden Aspekt des staatspolitisch Zweckdienlichen nicht, daß wir es mit einem Gemeinwesen zu tun haben, das schon deswegen ›ideal‹ ist, weil es in der Wirklichkeitsform eines Buches Gestalt annimmt. Daher ist es nicht so wichtig, das Geschlechterverhältnis unter dem Gesichtspunkt einer konstruktiven Gesellschaftsutopie zu sehen, als vielmehr den Entstehungs- und Austragungsort für das Platonsche Beziehungsmodell im Auge zu behalten: die Gedanken- und Gefühlswelt des Autors.

Die »Politeia«, dieses Buch der Bücher Platons und über ihn hinaus der westlichen Denktradition, ist in allen seinen wichtigen, formativen Bestandteilen die Beschreibung eines Verhältnisses zwischen Vater und Sohn. Hiervon sind auch die analytischen Kapitel – die Kritik an den verschiedenen Staatsformen der Antike – mit ihrer quasi soziologischen Argumentation keine Ausnahme.

So ist der Übergang von der Timokratie zur Oligarchie, des verpönten Staates der Reichen, gekennzeichnet vom Überhandnehmen verarmter Söhne, die ihren Vater »am Staat wie an einer Klippe scheitern« sahen. Auch die Timokratie war entstanden durch die Versäumnisse von Vätern, die sich ihren öffentlichen Aufgaben entzogen. (Dazu übrigens von den Müttern angestiftet.) Die Demokratie gar ist gekennzeichnet durch die Umkehrung aller ›natürlichen‹ Hierarchien, d. h. der Vater bemüht sich nun, dem Sohn ähnlich zu werden, statt umgekehrt: Nicht der Sohn muß den Vater, der Vater muß den Sohn fürchten.

Eine interessante Version begegnet uns in der Erzählung vom Wesen des Tyrannen. Da er aus dem Volk hervorgegangen ist, erscheint dieses als sein Vater. Nachdem der Tyrann sich zuerst durch Steuervergünstigungen bei den Massen eingeführt hat, stellt sich heraus, daß »er sowohl als seine Zechgenossen, Freunde und Freundinnen vom Väterlichen erhalten werden müssen«. Die Gleichsetzung von Volk und Vater wird ein ganzes Kapitel lang aufrechterhalten, und die Verurteilung der Tyrannei gipfelt in der Anklage, daß der Alleinherrscher gegenüber seinem Vater, d. h. dem Volk, Gewalt anwendet. Offenbar kann sich Platon das Volk, dem hier einmal der positive Teil zufällt, in dieser Rolle nur als Vater vorstellen, dem ein mißratener Sohn entstanden ist.

Der Tyrann, der seinen Vater – sowie seinen älteren Bruder – getötet hat, wird nie in den Himmel aufgenommen. Tausend Jahre können das Gedächtnis an eine solche Tat nicht auslöschen. Die vom Vater ausgehende Autorität ist der Struktur nach die Ordnung, die dem gerechten Stadtstaat in allem zugrunde liegt. Selbst die Verfehlungen der Väter geben den Söhnen nicht das Recht, sich auf vermeintliche Vorbilder unter den Göttern berufend, jene zur Rechenschaft zu ziehen.

Als die »größte Unwahrheit« von allen, als »Fälschung« gibt er das Mythologem von Kronos aus, der, von seiner Mutter Gaia dazu angestiftet, seinen Vater Uranos kastriert. Daß dieser Tat der unterstellte Haß des Vaters auf die eigenen Kinder vorausgegangen sei, wie es bei Hesiod geschildert wird, erscheint als besonders unglaubwürdig. Doch selbst »wenn es wahr wäre«, sollte es den Söhnen »am liebsten verschwiegen bleiben«. [20]

Die Würde des pater familias bleibt gewahrt, das Vaterrecht ist unangefochten. Die ödipal motivierte Revolte des Sohnes wird ins Reich der »Märchen« verwiesen.

Vaterliebe und Vaterland

So eindeutig Platon Partei für die väterliche Autorität nimmt, deren ursprünglichen Wirkungsbereich, die Familie, scheint er ihr dennoch entziehen zu wollen. Die Gründe dafür könnten auf gesellschaftspolitischem Gebiet zu suchen sein. Es wäre dann so, daß Sokrates eine Erweiterung und Übertragung des Verwandtschaftsbegriffs aus dem ursprünglichen Sippenzusammenhalt auf ein generelleres Zusammengehörigkeitsraster im Auge hat. Die Abschaffung der Familie im engeren Sinn, die Vorstellung, »daß im vollkommen eingerichteten Staat die Weiber gemeinsam sein müssen«, ist demnach von der Absicht inspiriert, die Vater-Kind-Beziehung auszuweiten auf eine der Verwandtschaft homologe größere Gemeinschaft. Die angestrebte Einigkeit wird erzielt, indem alle auf geheime Weise miteinander verbunden sind:

Denn an jedem, den er nun antrifft, wird er entweder einen Bruder oder eine Schwester oder einen Vater oder eine Mutter oder deren Nachkommen oder Voreltern anzutreffen glauben.

Dergleichen ist durch die Regelung erreicht, daß ein Ehemann alle Kinder, die zwischen dem 7. und 10. Monat nach seinem Geschlechtsverkehr in der Stadt geboren werden, als seine Söhne oder Töchter anerkennt. Die biologische Grundlage der Familie ist somit unsicher geworden, wenn nicht aufgehoben, Eltern und Kinder stehen zueinander in einem bloßen Nenn-Verhältnis. Verwandtschaft gibt es nur noch dem Namen nach, aber das, was »das Gesetz vorschreibt gegen Väter, was Scheu betrifft und Dienstbeflissenheit und Gehorsam gegen Eltern«, behält in diesem vergrößerten Verband mit seinen übertragenen Verwandtschaftsbeziehungen unveränderte Gültigkeit.

Das patriarchalische Regiment ist so auf die Gesamtheit des Staates ausgedehnt und durch die einseitige Gewaltandrohung sanktioniert:

Denn jedem Älteren wird aufgetragen sein, allen Jüngeren vorzustehen und sie im Zaum zu halten.[21]

Mittel der Einschüchterung sind »Furcht und Scham«.

Als Folge der vom fortgeschrittenen Handelskapitalismus aufgezwungenen Konkurrenz zwischen den einzelnen Poleis hat im Innern der Polis der Staats- den Familienegoismus abgelöst. Die zur Nation erweiterte Gruppe tritt einer anderen ausschließlich im Tauschverkehr gegenüber. Die Gewaltgrundlage dieser Beziehung hat sich durch die größer gewordenen Einheiten, zwischen denen die Beziehungen stattfinden, verstärkt. Die Gewalt ist nach innen – schon angesichts der beträchtlich gestiegenen Zahl Unfreier – wie nach außen gefragter denn je zur Aufrechterhaltung eines immer abstrakter begründeten und weniger direkt empfundenen Zusammenhangs der einzelnen.

Das Einheitsgefühl in der vergrößerten, über die Sippe hinaus verallgemeinerten Gruppe erscheint in Platons Darstellung als die vergesellschaftete Gemütlichkeit der alten Verwandtschaftsbeziehungen. Die emotional regulierte Interdependenz von Familienangehörigen soll hinübergenommen werden in ein als Staat propagiertes Beziehungs*mittel*, in ein nur noch funktionell ausgewiesenes Gemeinwesen.

Es ist dies das vollendet ausgebildete Gemeinwesen, das Marx mit der Region des selbstherrlich gewordenen Geldes angegeben hat.[22] Es fällt Platon nicht etwa bloß kein besseres Symbol ein für die in dessen Zentrum ›herausgetretene‹ Macht des Äquivalents als der Vater. Es gibt zur Gewährleistung des innerlich gewordenen Funktionalismus kein anderes. Nicht nur entspricht das Bild des *einen* Vaters, der auf die vielen austauschbaren Weiber und eine Vielzahl von Kindern kommt, der Rolle des *einen* Geldäquivalents über alle Waren. Die unentwegt von Sokrates herbeigeredete Notwendigkeit zum Verzicht der einzelnen auf die zu entfaltende Totalität ihrer Bedürfnisse geht nicht zufällig einher mit der Werbung für eine minuziös programmierte Erziehung, die in all ihren geschilderten Etappen das Eindringen der väterlichen Kontrolle in den seelischen Apparat der Zöglinge zum Ziel hat.

So sehr uns die Notwendigkeit der Erweiterung des Verwandtschaftsclans zum Staatsverband aus den historischen Voraussetzungen der griechischen Polis entgegenzutreten scheint, es bleibt andererseits für den symbolisierten Zusammenhang eines vom Verfasser logifizierten Phantasmas, das die »Politeia« ja ist, die Tatsache, daß in diesem die unmittelbare, persönliche Beziehung eines Sohnes zu einem wirklichen, leibhaftigen Vater nicht vorkommt, ausgespart ist. An ihre Stelle tritt beim Philosophen die Unterwerfung unter ein abstraktes, höheres Prinzip: die Vernünftigkeit, die in einem Gott personifiziert wird.

Platons Behandlung des Gegentypus zum Philosophen – des Tyrannen – verrät, welchem intimen Konfliktbereich sich diese Vater-Entwirklichung in der Überhöhung der väterlichen Attribute zu göttlichen verdankt.

Die Kehrseite des Philosophen: der Tyrann

Das eigentliche Verhängnis für den Staat ist der an die Macht gelangte Usurpator, der die Alleinherrschaft ausübende Tyrann. Platon beginnt das 9. Buch der »Politeia« mit der Bemerkung, daß sein Fall einer eingehenderen Untersuchung bedarf und daß es dabei gelte, auf die unterschiedlichen Begierden des Menschen zu sprechen zu kommen.

Der Tyrann ist von einem »sparsamen Vater erzogen, der nur die auf den Erwerb gerichteten Begierden in Ehren hielt«. Durch Verführung von außen kommt es dahin, daß schließlich »Eros als der drinnen hausende Tyrann alles in der Seele regiert«. Der tyrannische Mensch verschleudert das väterliche Erbe und wendet sich zuletzt gewalttätig gegen die eigenen Eltern.

Als frevelhafte Umkehrung des Eltern-Kind-Verhältnisses aus der alten Väterordnung wird die Abschüttelung des auferlegten Triebverzichts durch den revoltierenden Sohn denunziert. Sein Vergehen erscheint folgerichtig als das Zusammengehen von sexueller Freizügigkeit mit dem Verstoß gegen das gesellschaftskonstituierende Gebot, das dem Sohn die erwidernde, die ihn dem Vater gleichstellende Gewalt untersagt. Kronos, das hat Platon für sich und für die Legitimität seines Staatsgedankens klargestellt, kann eben nicht von der potentiellen Gewalttätigkeit des eigenen Vaters zu seiner Tat veranlaßt worden sein.

Auch hier, wie in der ganzen Theorie der »Politeia«, die ständig individuelle und gesellschaftliche Strukturen in ihrer wechselseitigen Bedingtheit begreift und darstellt, ist die einzelne und innerlich vollzogene Revolte nur das ›Kleinere‹, das sich ›größer und am Größeren‹ wiederholt. Sobald es ihrer nämlich viele werden, die den Gehorsam aufkündigen, werden diese einem Herrscher an die Macht verhelfen, »der selbst in seiner Seele den größten und stärksten Tyrannen hat«. Platon behält den Parallelismus bei, wenn er die Anrüchigkeit der in die Politik übergewechselten Selbstüberhöhung und ihre Personifizierung an der Spitze des Staates beweist, indem er die Gewalt gegen den Vater mit der Gewalt gegenüber dem »Vaterland« vergleicht.

Vom Charakter der für die Geschichte der Polis so bedeutsamen Erscheinung des Tyrannen hat sich als Reflex von historischer Wahrheit erhalten, daß die auf »Speise und Trank und Liebessachen« ausgehende Begehrlichkeit zusammentrifft mit der Sucht nach Reichtum, »weil vorzüglich durch Geld die Begierden dieser Art befriedigt werden«. Der Tyrann, und das ist so »der Geldliebende und Gewinnsüchtige«, vereitelt das Platonsche Idealverhältnis der vergesellschafteten Menschen, weil er die auf Reziprozität zielende Gesetzlichkeit aus der alten restriktiven Ordnung ignoriert, außer Kraft setzt. Der Tyrann ist demnach auch bei Platon durchaus die politische Kehrseite, die politische Spielart des im Ökonomischen tonangebend gewordenen Kaufmanns. Es ist dessen Gesellschaftsmoral, die als eine der aristokratischen entgegengesetzte sich erweist:

Und der Gewerbsmann wird sagen, in Vergleich mit dem Geldschaffen sei die Lust an der Ehre oder den Kenntnissen gar nichts wert, ausgenommen, wenn etwas der Art Geld bringt. [23]

So ist festzuhalten die enge Verbindung von Reziprozitätsgebot und Promiskuitätsverbot, aus der sich die einseitige väterliche Justiz zu rechtfertigen hat. Der Bruch mit den Auflagen zum Triebaufschub, der hier dem unmißverständlich als Sohn hingestellten Repräsentanten einer individuelleren Auffassung von Selbstverwirklichung zugeordnet ist, erscheint im gesellschaftlichen Kontext als die Verletzung der patriarchalischen Tradition, die von Platon auf das rigideste zur Desavouierung der Sohnes-

bestrebung in ihr Recht eingesetzt wird. (Die mitleiderheischen-
den Hinweise auf das Alter und die Hinfälligkeit der Eltern sind
nur für uns ein Abglanz von Eingeständnis, wie anachronistisch
diese Tradition längst geworden war.)

Der Tyrann ist der Mensch der nicht berechenbaren Leidenschaften. Historisch entspricht dem im Hinblick auf die Religion
z. B., daß der Tyrann regelmäßig »Beförderer neuer emotionaler
Kulte, so namentlich des Dionysoskults«, war.[24] Seine psychische
Konstitution – seine Seele ist von Wahnsinn umstellt, heißt es[25] –
entspricht nicht der gebotenen Wachheit und Rationalität, die
als das innere Medium der äußeren Gewalt fungiert.

Der Inzest am Boden der Träume

Der Nährboden seiner Begierden ist die Schicht, die den Traum
mit »seinen ruchlosen Gesichten« speist.

Platon weiß durchaus, daß es »Vergnügungen und Begierden«
gibt, die »in allen Menschen entstehen«. Doch werden diese
Triebwünsche »von den Gesetzen und den besseren, mit Vernunft
verbundenen Begierden im Zaum gehalten«.

Platon registriert jedoch auch, daß sich »Spuren« der verdrängten Begierden bei einigen »stärker und häufiger« erhalten.
Es zeigt sich, in welch bemerkenswerter Einsicht in die Zusammenhänge des Triebgeschehens Platon seine Vernünftigkeitsideo-
logie betreibt, wenn er gleich zu Beginn des 9. Buches die Gefahr
beim Namen nennt, vor der sein eigentlicher Held, der Philosoph, am meisten geschützt werden muß. Auf einmal ist wieder
»das Tierische und Wilde« im Gespräch, gegen das im »Protagoras« die »bürgerliche Kunst« mobilisiert worden war. Aus den
Träumen, wenn die Vernunft »im Schlummer liegt«, kann es
jederzeit hervorbrechen. Im »Schlaf entstehen« Begierden, heißt
es da, in denen das durch Verdrängung scheinbar gebändigte
»Tierische« das zentrale Verdikt des Inzesttabus mißachtet und
sich auf das verbotene Objekt der ursprünglichen Liebeswahl, die
Mutter, richtet:

Du weißt, wie es dann, als von aller Scham und Vernunft gelöst und entblößt, zu allem fähig ist. Denn es unternehmen, sich mit der Mutter zu vermischen, wie es ja meint, macht ihm nicht das mindeste Bedenken . . . [26]

Dieses »Du weißt« zu Beginn des Zitats ist einer der wenigen Stellen, an denen der Dialog sich wirklich einmal auf das Wissen der anderen einläßt, es zur Grundlage einer Verständnisgemeinsamkeit macht, um freilich in einer mitschwingenden Schuldsuggerierung den Ausgangspunkt zu wählen für den aufs Allgemeine zielenden Mißbilligungsvorsatz.

Wer sich über die Hintergründe des Platonschen Vernunftsrigorismus Gedanken macht, kann an diesem Hinweis im Text auf Traumgeschehen und Inzestselbstverständlichkeit keinesfalls vorübergehen. Es ist noch das Wenigste, daß er erklären hilft, warum so manche Klugheit in diesem Buch sich je nach Bedarf wieder außer Kraft setzt. So die durchaus richtige Begründung für das ›Entstehen‹ des Tyrannen aus »väterlicher Knickerei«, will sagen: aus übergroßen Verzichtdruck, der auf den Sohn ausgeübt wird.

Gott entsteht aus der Angst des Sohnes – wovor?
(Kierkegaard)

Man sollte sich durch das Aufgebot an Argumenten zur Rechtfertigung des Vätervorrechts nicht täuschen lassen: Der Dialog, der die Gesprächspartner und die Zuhörer von der Gerechtigkeit der patriarchalischen Gesellschaftsordnung *überzeugen* soll, ist aus der Sicht des Sohnes geführt.

Wir müssen uns vorstellen, daß ihm eine andere Zwiesprache vorausgegangen ist, eine wie die zwischen Abraham und Isaak: Gott segnet den Samen des Vaters – und durch ihn alle Völker der Erde –, als dieser sich bereit gezeigt hat, seinen eigenen Sohn zu opfern. [27]

In der Version, die Kierkegaard seiner »Lobrede auf Abraham« voranschickt, bezeichnet Isaaks Reaktion auf die Eröffnung, daß er geopfert werden soll, die Stelle sehr genau, an der die Furcht vor dem bedrohlichen, wirklichen Vater sich in die Liebe zu dem rettenden, überwirklichen Gott verwandelt:

»Gott im Himmel, erbarm dich meiner, Gott Abrahams, erbarm dich über mich; habe ich keinen Vater auf Erden, so sei du mein Vater!«

Das innere Band, unauflöslich zwischen leiblichem und überhöhtem Vater geknüpft, tritt in jenem »Gott Abraham« hervor, mit dem der Ausruf des erschrockenen Sohnes verrät, in welchem Medium die Verklärung vor sich geht: in der Angst des Sohnes. Kierkegaard, dieser letzte, schon moderne, schon individualpsychologisch reflektierende Prophet des alttestamentarischen Monotheismus, dieser neben Kafka bedeutendste Urheber einer Poesie des Verschwindens in dem selbstprojizierten Bild des eigenen omnipräsenten Vaters – Kierkegaard rechnet noch die Glaubensrettung des Sohnes dem Vater als Verdienst an: Indem Abraham sich verstellt und die von Gott angeordnete Tötung als *seine* Tat dem Sohn gegenüber ausgibt, ermöglicht er erst das Vertrauen Isaaks in Gott.[28]

Gleichwohl fehlt eine soziogenetische Erklärung nicht. Sie verbindet das biblische Paradigma mit einer historischen Ursprungsschicht, die auf die Zeit der Einführung des Ackerbaus zurückverweist. Hing das Überleben der Gruppe davon ab, daß ein Älterer, Erfahrener, über die Arbeitskraft der Jüngeren verfügen konnte, waren das Gewaltmonopol des Vaters und der Verzicht der Söhne auf eine eigene Familiengründung plausible Korrelate. Zur Teilhabe an den Frauen der Gruppe gelangten die Söhne nur, wenn sie sich mit dem Vater und seiner Rolle identifizierten. So verlagerte sich alles, was mit der Triebbefriedigung zusammenhing, auf eine irreale innere, bildhafte Ebene. Wer diese Ordnung nicht akzeptierte, ging gänzlich leer aus: »Er gebiert den Wind; aber derjenige, der arbeiten will, gebiert seinen eigenen Vater.«

Wie wahr: Die Arbeit, die dem Sohn gleich in doppelter Hinsicht abgefordert wird, einmal als Feldarbeit, einmal als Sublimierungsarbeit, muß von diesem ganz allein geleistet werden. Er muß den Vater, der seine Wünsche aufnimmt und für ihn stellvertretend erfüllt, selbst hervorbringen. Das ist seine Form der Zeugung, die aufgrund der eigenen psychischen Aufnahmebereitschaft und wegen des Resultats, das ein neues Wesen ist, als Geburt vorstellbar wird. Danach kann er, was ihm auf Leben und Tod abverlangt ist, wie Kierkegaard loben – freilich immer eingedenk der tief eingegrabenen Ambivalenz, die keiner Vaterbeziehung abgeht:

Dann ließe sich wohl über Abraham sprechen; denn das Große kann nie schaden, wenn es in seiner Größe aufgefaßt ist; es ist wie ein zweischneidiges Schwert, welches tötet und rettet. Wenn das Los auf mich fiele, davon zu reden . . .

Nun, der Philosoph bei Platon ist einer, auf den dieses Los fiel. Er ist *überzeugt* von der Richtigkeit des väterlichen Prinzips. Das heißt, die Gesichtspunkte eines anderen, Größeren, Klügeren, Stärkeren sind in ihn eingegangen, er hat sie zu seinen eigenen gemacht. Das meint Erkenntnis. So führt er auch den Dialog, damit der Gesprächspartner *überzeugt* wird, sich zu eigen macht, was vorher so nicht in ihm war, für das, sonst könnte er nicht *überzeugt* werden, aber eine Empfänglichkeit vorhanden ist. Das macht die Rolle des Sokrates verständlich, der sich selbst als nichts weiter denn empfänglich präsentiert. Sein vorgebliches Nichtwissen ist der simulierte gemeinsame Ausgangspunkt, an ein Wissen zu gelangen, für das auch er nicht Urheber, sondern nur Vermittler ist. Es ist das für den Sohn nie vollständig eigene, außer ihm begründete, nur partiell zugängliche Wissen des Vaters. Sokrates gibt sich den Anschein des Bruders, aber es ist der Bruder, aus dem der nicht körperlich anwesende, der unsichtbare, der tote Vater spricht.[29] Das Band der Verständigung, die beiderseits vorausgesetzte Empfänglichkeit, ist das gemeinsame Schuldgefühl.

Philosophie und die Aura des (toten) Vaters

Es ist Whitehead nur beizupflichten, der bekanntlich das Aperçu geprägt hat, daß die europäische Philosophie aus nichts anderem bestehe als aus den »Fußnoten zu Platon«.[30] Man wird die enorm raum-zeitliche Ausbreitung der einen, auf Platon zurückgehenden Erkenntnisstruktur, die auch dem ästhetischen Wahrheitsbegriff lange als Grundlage diente, letztlich mit der erwähnten Art von Empfänglichkeit und ihren immer allgemeiner werdenden gesellschaftlichen Prämissen in Verbindung zu bringen haben.

Man mag, was an Platons »Politeia« soziologische Bestandsaufnahme ist, im Vordergrund sehen;[31] man mag politischem Wunschdenken einen größeren Anteil daran einräumen oder aber die Synthese von beidem für das Ingenium dieses Werks halten: der Platonsche Staat setzt, wenn er zu einer vollkommenen Ausbildung gelangen soll, den auf einen Partialbereich seiner Anlagen und Bedürfnisse eingeschränkten Menschen voraus. Der weitaus größte Teil der Argumente, die Sokrates vorbringt, ist der Begründung von erzieherischen Maßnahmen gewidmet, die einen in diesen Zustand einsichtigen Bürger hervorbringen sollen.

Es fällt nicht schwer, in dem Philosophen, der zur herausgehobensten Stellung im Staat aufzusteigen berechtigt ist, den Sohn wiederzuerkennen, der die Strenge der sich selbst auferlegten Versagung der Stärke des für ihn tabuisierten Wunsches anpaßt. Diesem Wunsch, der im Schlaf, d. h. bei nachlassender Kontrolle des durch 30 Jahre gepäppelten Bewußtseins, immer noch die gleiche Richtung auf das ursprünglich begehrte Objekt, die Mutter, anzeigt, gilt ein Aufwand an Philosophie – so nennen wir hier einmal mit Absicht die posierende Wissenschaft –, der ungeheuer ist. Er stammt restlos aus dem Philosophen selbst.

Halten wir fest, daß der Tyrann der ins Zentrum des Staates gelangte Triebegoismus ist, der die dort angesiedelte väterliche, den freien libidinösen Verkehr unterbindende Gewalt durch die Anwendung von Gegengewalt ausschaltet. *Gesellschaftlich* personifiziert er dabei die Tendenz zur ungehemmten Ansammlung von Reichtum, dem er durch Maßlosigkeit und verschwenderischen Verbrauch zugleich entgegenwirkt, so daß er, was er an politischer Macht verkörpert, bald wieder aufgeben, d. h. seinen Platz dem nächsten Tyrannen räumen muß. Er verhält sich so nicht anders als das Kapital, dem er zum Zuge verhilft und das umgekehrt ihn ermöglicht. Nicht anders ist die historische Rolle des Tyrannen zu verstehen. Er steht damit für die den neuen Verhältnissen innewohnende Kraft der absoluten Diskontinuität und des ständigen Wechsels (Werdens) ein. Er ist das zum Repräsentanten gewordene Prinzip der Promiskuität und darin der ungehorsame, der entratene Sohn.

Der Zusammenhang zwischen dieser Art von Ungehorsam und der Unbotmäßigkeit, mit der das Geld die Werte der alten Väterordnung außer Kraft setzt, ist von Platon auf den Tyrannen selbst hergestellt (vgl. Solon-Kapitel).

Der ›gute‹ Sohn hingegen erkennt die Macht des Vater-Prinzips, das auf einen überpersönlichen, sozialen Gegenstand, den Staat, übertragen worden ist, an und identifiziert sich mit ihm.

Die enge Verbindung, die das Begehren des Sohnes mit der Machtaura des (toten) Vaters eingegangen ist, entspricht einer Fixierung an infantilere Ausprägungen der Trieborganisation. Der Verzicht auf die eigene Geschlechtlichkeit läßt den Sohn sich mit allen Insignien der phallisch signifizierten Oberhoheit väterlicher Alleingeltung versehen. Der schuldbewußte Sohn gibt seine leiblichen Wünsche auf, er transzendiert sie und vereinigt sie mit der von ihm selbst zur geistigen Autorität stilisierten und verallgemeinerten Allmacht des vorher in seinen Wünschen getöteten Vaters.

Freud und der zu Gott erhöhte tote Vater

Für Freud ging aus der psychoanalytischen Forschung mit einer »ganz besonderen Nachdrücklichkeit« hervor, »daß Gott im Grunde nichts anderes ist als der erhöhte Vater«. Doch muß, damit dieser »Gott seine Stelle hinter den verstorbenen Vätern« einnehmen kann, der tatsächliche Vater, wenigstens dem Wunsch des Sohnes nach, vorher getötet worden sein. Wenn die »Erhöhung des einst gemordeten Vaters zu Gott« die Sehnsucht ausdrückt, »dem Vater gleich zu werden«, dann steht dem auf der realen Ebene ein tiefes Schuldgefühl des Sohnes im Wege. Die »ambivalente Einstellung«, die Überlagerung von Tötungswunsch und Identifikationssehnsucht, kehrt wieder in der Konstellation, die den Vater in der Wirklichkeit auszuschalten sucht, um ihn zur geistigen Autorität schlechthin aufzuwerten.

Identifizierung als »die ursprüngliche Form der Gefühlsbindung an ein Objekt« ist auf »regressivem Wege zum Ersatz für eine libidinöse Objektbindung« geworden, und dies »gleichsam durch Introjektion des Objekts ins Ich«. Diese Triebstruktur – die Freud z. B. für die Bereitschaft sogenannter »Massenindividuen« zur Unterordnung unter einen »Führer« verantwortlich macht – erscheint an einem gesellschaftlichen Durchschnittstyp, der von Platon als der handwerkliche Spezialist generalisiert, zum Prototyp des städtisch kommunizierenden Menschen erklärt und für seinen Idealtyp des Spezialisten, den Philosophen, zum Vorbild gewählt wird. [32]

Die durch den typischen Göttersohn Hermes – dem stets jungen – im Namen des Vatergottes Zeus allen Menschen auferlegte und durch Furcht und Scham befestigte Verhaltensweise berücksichtigt die immer wieder beschworene Organisation, in der jeder einzelne sich nur auf »das Seinige« beschränken, das Allgemeine, *alle* Betreffende aber einem besonderen einzelnen überlassen soll, der, »größer und am Größeren«, seinerseits »das Seinige verrichtet«. Als der *eine* Spezialist der »bürgerlichen Kunst« ist er den *vielen* Spezialisten der »verarbeitenden Künste« in der Weise überlegen, in der er ihnen den politischen Verkehr untereinander überhaupt erst ermöglicht.

Er hat damit eine Funktion, wie sie der Händler im Umkreis des Warenverkehrs ausübt: Dieser bezieht sich auf das über ihm als einzelner Person stehende Kapitalinteresse und richtet in dessen Namen den Verkehr zwischen den produzierenden Parteien aus.

Genauso nimmt der Philosoph auf eine politische Gewaltquelle, die über die eigene Person und ihre unmittelbaren Bedürfnisse gestellt ist, Bezug und bringt das in ihr beschlossene Reziprozitätsgebot als Gerechtigkeit zur Geltung.

Jedesmal ist also ein außerhalb des Individuums begründeter, gebieterischer Einfluß im Spiel, der als Summe aus den Interessen der einzelnen abstammt, sie aber in abstrakter, bloß noch logisch zu vermittelnder Form gegen die spontane und absolute Wahrnehmung dieses Interesses durch die einzelnen selbst wendet.

Der einzige Vater übrigens, der in der »Politeia« leibhaftig auftritt, ist Kephalos. Es ist aufschlußreich, wie er sich als tatsächlicher, wirklicher Vater, indem er sich in den Dialog einführt, in ihm entbehrlich macht. Seine Ausschaltung erfolgt – wie alles in diesem Buch – auf zwei Ebenen zugleich. Als echter Vater des Polemarchos präsentiert er sich schon von vornherein als hinfälliger Greis, den nur noch die Gedanken an den eigenen Tod beschäftigen. Er befindet sich also – raffiniert, was diese Plazierung durch den Autor betrifft – weder noch richtig im Diesseits, um den versammelten Söhnen als konkrete, willensautarke Hausvater-Erscheinung gefährlich zu werden (ohnehin findet die Begegnung im Haus des Sohnes statt); noch ist er andererseits schon im Jenseits, wo er sich für die Vorstellung der Anwesenden im Bereich der zu verklärenden, zu überhöhenden Autorität aufhielte, deren Äußerungen für die Söhne von einer nicht zu ignorierenden, quasi gesetzlichen Verbindlichkeit gewesen wären.

Er ist also praktisch ein Nichts, der total annullierte, der restlos beseitigte pater familias. Den Ton kann daher Sokrates allein angeben, den wir als princeps inter pares kennenlernen, der hier mit den anderen als seinesgleichen spricht, jedoch mit der Überlegenheit des in die »bürgerliche Kunst«, die Gerechtigkeit, Eingeweihten; und das heißt mit der Stimme eines von Gott, dem Gesetzgeber, selbst Beauftragten.

Kephalos ist jedoch nicht nur als biologischer Fall der weiteren Nichtbeachtung durch die Söhne ausgeliefert – er verschwindet denn auch nach dem Proömion spurlos aus dem Dialog –, er vertritt zudem als Geldmann Ansichten, die von ihm nur dargelegt werden, damit sie im folgenden, und zwar für die Folge der ganzen »Politeia«, von Sokrates als falsche enthüllt werden können. Damit sind nicht bloß alle Gründe, die *für* eine oligarchische Gesellschaftsverfassung vorgebracht werden könnten, ausgeschaltet und lediglich zum Ausgangspunkt einer *überzeugenden* Widerlegung degradiert. Es ist damit auch zu verstehen gegeben, daß das väterliche Prinzip, das Sokrates im Zusammenhang mit seinem Vernunftskunstwerk, dem Staat, zu vertreten gesonnen ist, sich mit der Stellung eines *wirklichen* Vaters und Familienrepräsentanten nicht verträgt.

Sokrates' Absicht und deren Ausführung ist also eine vollendete Tötung in dem psychoanalytischen Sinn, wie er uns hier immer auch mitbeschäftigt. Und die Anmaßung in den Vater-Elogen, die sich anschließen, ist psychisch gleichfalls vorprogrammiert, denn:

Die Versöhnung mit dem Vater ist umso gründlicher, weil gleichzeitig mit diesem Opfer der volle Verzicht auf das Weib erfolgt, um dessenwillen man sich gegen den Vater empört hat. Aber nun fordert auch das psychologische Verhängnis der Ambivalenz seine Rechte. Mit der gleichen Tat, welche dem Vater die größtmögliche Sühne bietet, erreicht auch der Sohn das Ziel seiner Wünsche gegen den Vater. Er wird selbst zum Gott neben, eigentlich an Stelle des Vaters.[33]

Das ist die grundsätzliche psychische Struktur, die uns hier angeht, und die weit über den immanenten Geltungsbereich der Schriften Platons hinaus – man kann sagen: Philosophie- und Literaturgeschichte gemacht hat.

So ist auch im Zusammenhang mit dem Verhältnis des Philosophen zu *seiner* Wahrheit die Frage angebracht, wie denn Platon selbst als Verfasser von Büchern, in denen er vor allem Sokrates das Wort führen läßt, zu diesem sich verhalte. Wenn Popper den Unterschied zwischen beiden darin sieht, daß Platon den sokratischen Skeptizismus (›Ich weiß, daß ich nichts weiß‹) durch seinen eigenen Wissensbegriff ersetzt und zu einem Herrschaftsinstrument künftiger Eliten ausbildet, so ist die Konstellation, ohne daß Popper das zum Ausdruck bringen wollte, richtig beschrieben: Platon, der seltsamerweise – möchte man meinen – nie selbst in den Dialogen als sprechende Person auftritt, bedient sich ständig der Stimme des toten, des in einem vorsätzlichen und gewaltsamen Akt getöteten Sokrates, dessen Sterben durch einen Augenzeugenbericht im Werk Platons präsent ist. Er tritt auf in der legendären Aura eines zum *ersten* Moralphilosophen, zum Systembegründer gemachten, herausgestellten, ›überhöhten‹ Rhetorikers, der Sokrates in dieser ›Einmaligkeit‹ keineswegs gewesen ist.[34]

Als Schreibender inkarniert Platon den in seinen Büchern wie Gott sich nur sprechend kundtuenden Sokrates, dem seinerseits in den Mund gelegt ist, daß die Schrift ohne die Autorität des gesprochenen Vaterworts dahinter nichts bedeute.[35]

Man mag davon ausgehen, daß diese Strategie zur Durchsetzung der eigenen, platonschen Ansichten angesichts der Strukturen, nach denen die Meinungsbildung in der Polis erfolgte, als didaktisch motiviertes Verfahren sich anbot. Doch entspricht das Verhältnis zwischen dem Autor und der durch keine eigenen Schriften überlieferten Stimme des Sokrates, die erst durch das Werk des Platon *unvergänglich* geworden ist, vollständig dem Bedürfnisschema, wie wir es bisher für den Sohn, der »selbst zum Gott neben, eigentlich an Stelle des Vaters« werden möchte, charakteristisch fanden; und das nicht darauf beschränkt war, dem Vater asketisch in die projizierte Abgeschiedenheit seiner geistig gewordenen Existenz nachfolgen zu wollen. Vielmehr ist wesentlich die Vorstellung von der Selbstverwirklichung in einem Vater, der als getöteter, d. h. sterblicher Vater überwunden und als zeitloser, d. h. (vornehmlich im Ruhm) unsterblicher Vater durch diesen Sohn wiedergeboren, wiederverkörpert wird.

Sokrates – ein schwieriger Focus?

Bezeichnenderweise ist die personale Stelle, die den Anfang der Philosophie als einer moralischen Disziplin markiert, also eine Hohlstelle. *Alles* wird in den Begründungen und Schlußfolgerungen zu einem Denken auf ethischer Grundlage an Sokrates orientiert. Die historische Figur mit diesem Namen bleibt jedoch die große Unbekannte in einer Rechnung, in der immer nur das Resultat festgestanden zu haben scheint. »So geschichtlich hell die Epoche ist, in der er gelebt hat«, schreibt Olof Gigon, »so undurchdringlich dunkel ist der Raum, den er als Philosoph eingenommen haben muß.«[36]

Die Ähnlichkeit dieses ›Vaters der Philosophie‹ mit einem Phantom gibt zu denken über die Unfähigkeit des Gelehrtengeschlechts, die *Erscheinung* des Sokrates besser *im Auge* zu behalten. Ist dessen angebliche Häßlichkeit nur die nachträgliche Ausrede vor der besonderen *Ansehnlichkeit* eines Mannes, die sie nicht ertragen haben? Oder hat dort, von wo aus zu uns seit zweieinhalbtausend Jahren *im Namen* des Sokrates gesprochen wird, nie eine tatsächliche, konkrete Person geredet?

»Jede Philosophie«, sagt Nietzsche, »*verbirgt* auch eine Philosophie; jede Meinung ist auch ein Versteck, jedes Wort auch eine Maske.«[37]

Über welche ›Philosophie‹ blicken wir, wenn wir diesen schwierigen Focus des moralischen Rationalismus in der Gestalt des Sokrates ins Auge fassen, hinweg?

II. Das Kunstwerk des
Staates und der projektive Blick

Das Gesicht – der ›köstlichste‹ der Sinne

Gegenüber dem Wandel in der Stadt soll der Philosoph bei Platon »das sich immer gleich und auf dieselbe Weise Verhaltende fassen können«. [38] Er wird unter dem Wechsel der Beständige sein, und er wird dazu einer Wahrnehmungsweise bedürfen, mit der er das Sich-Bewahrende im Prinzip wird *fassen* können.

Sokrates gelangt über die übliche rhetorische Brücke zu der Feststellung, daß in dieser Sache einem »scharf sehenden« Einwohner gegenüber einem »Blinden« der Vorzug zu geben sei. Und er, der als Sprachrohr einer über die Antike hinaus wirksamen kunstfeindlichen Doktrin Berühmtheit erlangte, führt nun als vorbildlich die Art des Augenmerks an, das die Maler auszeichnet, die nämlich »auf das Wahrhafteste sehen und von dorther«, wo sie etwas sehen, »alles, auf das genaueste achtgebend, übertragen« in jene Bildlichkeit, die ihr Metier ist.

Das steht, gehalten neben die Verurteilung der Malerei im 10. Buch, nur scheinbar in einem Widerspruch dazu. Gemeinsam ist beiden Äußerungen, und dies sogar als Angelpunkt der Platonschen Erkenntniskritik überhaupt, daß dem Sehen unter den Wahrnehmungsmodi ein besonderer Status zugebilligt wird. Das »Vermögen des Sehens und Gesehenwerdens« sei »bei weitem am köstlichsten gebildet«, heißt es einmal. [39] Die Gleichnisse, die sich wie Stufen auf das unter ihnen ›höchste‹ im Mittelpunkt der »Politeia«, das Höhlengleichnis, zubewegen, haben sämtlich mit den Eigenschaften des Gesichtssinns und seinem Verhältnis zur Wahrheit zu tun.

Daß das Gesicht »auf das schönste sieht«, verdankt es dem Licht der Sonne, die als ein Gott bezeichnet wird:

Das Gesicht ist nicht die Sonne, weder es selbst noch auch das, worin es sich befindet, und was wir Augen nennen. – Freilich nicht. – Aber das sonnenähnlichste, denke ich, ist es doch unter allen Werkzeugen der Wahrnehmung. – Bei weitem. – Und auch das Vermögen, welches es hat, besitzt es doch als einen von jenem Gott ihm mitgeteilten Ausfluß. – Allerdings. [40]

Bis dahin, müßte man meinen, haben auch die Maler teil an den Vorzügen der Gegenstandsvermittlung über das Sehen und Gesehenwerden. Ihre Sehfähigkeit wird denn ja auch nicht bestritten, und im letzten Teil, unter den Einwendungen gegen den Wahrheitsanspruch einer mimetischen Kunst, zählt gerade das ›Täuschende‹ in der Ähnlichkeit eines Bildes mit dem gezeigten realen Gegenstand zu den Kriterien der Ablehnung durch Sokrates. [41]

Halten wir fest: Das Sujet eines Bildes *darf* nicht den Eindruck erwecken, der Betrachter habe den Gegenstand selbst vor Augen. (Daß dies, auch aufgrund der Gesetze der Perspektive, gar nicht sein *kann*, halten wir an dieser Stelle für eine Rationalisierung.)

Wer *will* es denn so, daß das Darzustellende und die Darstellung durch etwas Dazwischenliegendes getrennt sind, und wodurch?

Sokrates will es. Es gibt kein ›natürliches‹ Gebot, das auf eine Unterscheidung dringt.

Sokrates führt an, daß nur ein »Wissender« angeben könne, »was gute und schlechte Flöten sind«. Der »Nachbildner«, so lautet der Vorwurf, habe keine »richtige Vorstellung von dem, was er nachbildet, was Güte und Schlechtigkeit anlangt«. [42] Sein Werk ist daher »nur ein Spiel«, d. h. kein »Ernst«.

Einmal abgesehen davon, daß die Ausdrücke ›Güte‹ und ›Schlechtigkeit‹ hinüberweisen – und hinüberweisen *sollen* – in einen Bereich, in dem ihnen ein Flair des Moralischen anhaftet, so ist der Bildner bereits angehalten, von einer Sache eine ›richtige‹ Vorstellung zu haben. In der Vorstellung aber ist die ursprüngliche, spontan gewonnene Anschauung so schon nicht mehr enthalten, erst recht, wenn es unter angeblich falschen nur eine ›richtige‹ gibt.

Wovon uns der Anblick erspart bleiben soll

Verurteilt wird nicht *die* Kunst, sondern nur eine im Ausdruck mimetische Kunst, die in der Abbildung ihrer menschlichen Modelle nicht weit genug von deren Gefühlshabitus abrückt.

Platon wirft einer solchen Kunst vor, daß sie der Leidenschaftlichkeit nicht nur bei den Menschen Vorschub leistet, sondern sogar die Götter ihnen anheimgegeben unterstellt. Von den »Märchen«, die die Mütter und Kinderfrauen ihren Schützlingen erzählen, sind daher die meisten zu verwerfen. Am verwerflichsten sind der Mythos von Kronos' Rache an seinem Vater, ferner die Sage von der durch ihren Sohn gefesselten Hera und des vom Vater hinabgestürzten Hephaistatos: Fabeln von einer gewaltsamen Veränderung des als harmonisch anzusehenden Eltern-Kind-Verhältnisses. [42a]

Im idealen Staat sollen Themen aus dem Umkreis des Chthonischen wie des ungezügelt Emotionalen verboten sein: die Darstellung der Unterwelt; des lauten Ausdrucks von seelischem Schmerz; des sinnlichen Wohlgefallens an Speisen und Getränken; der Unbeherrschtheit in der Liebeswahl und der Geldgier. Den Wehrmännern wird untersagt, in mimetischen Veranstaltungen »ein Weib« nachzuahmen, einerlei, ob »sie sich einbildet, glückselig zu sein, oder sie sich in Unglück und Trauer und Jammer befindet«. Ebensowenig sind zugelassen »eine Kranke aber gar Verliebte oder Gebärende«. Verpönt sind auch Männer im Zustand des Rausches oder Wahnsinnige. [42b]

Sokrates' »größte Anklage« gegen »Homeros oder einen andern Tragödiendichter« richtet sich gegen die kritiklose Einstellung zum »Geschlechtstrieb« und zu allem, »was es der Begierde Angehöriges oder der Lust und Unlust Verwandtes in der Seele gibt«. Die »dichterische Nachbildung«, so heißt es wörtlich, »nährt und begießt alles dieses, was doch sollte ausgetrocknet werden, und macht es in uns herrschen«.

Auch hierbei ist es vor allem der *Anblick* der leidenschaftlich (schamlos) agierenden Darsteller, wodurch für die »Wohlgesinnten« die größte Gefahr entsteht. [43] Der Gesichtssinn, gerade *weil* er mit »köstlicheren Banden« (als alle anderen Sinne) an sein Wahrnehmungsobjekt geknüpft zu sein scheint, ist daher das Medium für die von Platon propagierte »Kunst der Umlenkung«, diesen wichtigsten Bestandteil des Erziehungsprogramms in der »Politeia«. [44]

Die sinnlich wahrnehmbaren Dinge aus einem bestimmten menschlichen Bereich und die Bilder hiervon sollen sich nicht gleichen, sollen ganz verschiedene Seinsformen verkörpern. Begründet wird das an Gegenständen, wie sie in einem als »weibisch« bezeichneten Klima anzutreffen sind: ungehemmte Emotionen, ausgehend vom Geschlechtstrieb, der dank der Tragödien seine Macht über die Zuschauer auch im Angesicht eines Kunst genannten Vorgangs ausüben kann, ja, besonders durch ihn. Die Tragödien sprechen so eine Sprache mit den Träumen, an deren Boden wir die Bedenkenlosigkeit lauern sahen, ›sich mit der Mutter zu vermischen‹. Bezeichnend, daß in offenbar unabweisbarer Metonymie an diesen Urgrund aller Wünsche das Organ der Schaulust – als das »im barbarischen Schlamm vergrabene Auge« – vermittelt wird. [45]

Überall ist das Auge dabei.

Fragt sich, warum es, wenn es zuletzt gar nichts mehr sieht, immer noch so heißen muß.

Keine Ähnlichkeit der Bilder mit – im weitesten Sinne – Mutterbildern ist erwünscht. [46] Im Zusammenhang mit der »Blutschuld« des von Trieben beherrschten Tyrannen war auch von »ruchlosen Gesichten« die Rede. Die Mutter als erstes Liebesobjekt übersteht, wegen der davon ihren Ausgang nehmenden Kastrationsängste, die Metamorphosen ihres Erscheinungsbildes für den gefühlsambivalenten Adoleszenten nicht nur als ›gute‹ Imago. Die Projektionen, mit denen das Phantasma sich der verschlingenden Aspekte einer angeblich ›bösen‹ Mutter zu erwehren sucht, sind im Mythos Legion.

Nietzsche, der seine beträchtliche Identifikationsenergie immer wieder auf eine Reihe von Über-Vätern richtete, stand unter der bedrohlichen Angstspannung, die von einer starken, von ihm selbst als ›dionysisch‹ gefeierten Fusionslust im Hinblick auf das verdrängte, frühe Objekt herstammte. So verstand er den ganzen Aufwand an mythologischer Erfindung als einen bannenden Versuch, damit »die Schrecken und Entsetzlichkeiten des Daseins . . . dem Anblick entzogen« blieben, und wenn er die Geschichten von Prometheus, Ödipus und Orestes anführt, dann wissen wir Bescheid, *welche* Schreckensbilder gemeint sind. [47]

In dieser Verbildlichung werden auch für Platon zu deutlich die rekogniszierbaren Momente eines zurückliegenden, innerlich absolvierten Dramas enthalten gewesen sein, als daß er ihnen in der äußeren Vergegenständlichung der Göttererzählung à la Homer oder Hesiod wiederbegegnen mochte. Die Zwiegesichtigkeit des Mythos, der die menschliche Leidenschaft auf göttliches Maß streckte – die Maske, die die Physiognomie des Opfers tilgte wie verewigte –, dieser Poesie einer ins Kosmologische getriebenen ›Lust und Unlust‹ tritt Platon daher *dort* mit einer Poetologie entgegen, die sich zu jeder Poesie verhält wie die bürgerliche Kunst zu den übrigen Künsten.

Eine Kunst *über* der Kunst sucht er zu rechtfertigen, eine gleich zwiefache Kunst: Als Ästhetik erhebt sie das Kunst*gesetz* über die Kunst der Anschauung. Der Gegenstand kehrt in ihr in doppeltem Abstand zu sich selbst wieder, als Reflex noch des Reflexes, als Idee.

Die Inversion, die die Idee (was, übersetzt, ja immer noch das Gesehene bedeutet)[49] gegenüber dem sinnlich Wahrgenommenen zeitlich und rangmäßig vorwegzunehmen sucht, kann uns über den wahren Verlauf dieser »Umlenkung« genannten Prozedur und ihren psychogenen Gehalt nicht irreführen: Natürlich war das ›Abbild‹ zuerst da, und was es zeigte, forderte die moralische Sicht auf sein Sujet erst heraus.

Nicht zuviel ›Kunst‹ ist also der Ausgangspunkt für die denkwürdige ästhetische Theoriebildung Platons. Daß zuwenig Kunst zur Anwendung kommen könnte, ist seine Sorge (wobei dieses wünschenswerte *mehr* in einem qualitativen Sinn zu verstehen ist).

In der Orthodoxie des darin proskribierten Realitätsverlusts erweist sich diese doppelt sichergestellte Unähnlichkeit mit jeder lebendigen Natur ja nicht unempfindlich gegenüber dem repräsentativ Wirklichen. Im Gegenteil: In ihr erwehrt sich ein Übermaß an Empfindlichkeit ein für allemal der verwechselbaren Erscheinungsweise von symbolisierten und tatsächlichen Verlaufsebenen.

Die Ähnlichkeit zwischen Vater und Sohn (Sonne und Auge)

Für den Maler, den Platon im Sinn hat und den er auch weiter so nennt, ist nur noch das die »schönste Zeichnung« (»ein herrliches Gemälde«), was Maß an einem »göttlichen Urbild« (»Vorbild«) genommen hat.[50]

Nach dieser Kunstauffassung gibt es nur *eine* Ähnlichkeit: die zwischen Vater und Sohn. Sie erscheint in den hierzu nicht abreißenden Gleichnissen zunächst als die zwischen Sonne und Auge.

Die Sonne als Vatersymbol gehört zur ältesten und hartnäckig sich erneuernden Überlieferung.[51] Und es ist, im Unterschied zu dem polyarchen Götterhimmel der frühen Griechen, der sich über *jedem* von ihnen erhob, später und woanders stets der eine Besondere, der über Licht – »jenem von Gott ihm mitgeteilten Ausfluß« – an ihrer Allmacht partizipiert.

»Dann werden die Gerechten leuchten wie die Sonne in ihres Vaters Reich«, heißt es z. B. im Neuen Testament, und im Alten: »Die Lehrer aber werden leuchten wie des Himmels Glanz . . .«[52]

Die Selbsterhöhung zur Gott-Partnerschaft im Dialog mit der täglich zu ihm *herauf*steigenden Sonne bezeichnet das Selbstgefühl Nietzsches, der seinen Zarathustra gleich als erstes »vor die Sonne hin« treten läßt mit den Worten: »Du großes Gestirn! Was wäre dein Glück, wenn du nicht die hättest, welchen du leuchtest! – Zehn Jahre kamst du heraus zu meiner Höhe: du würdest deines Lichtes und dieses Weges satt geworden sein, ohne mich . . .«[53]

Schreber rühmte sich, daß die Sonne zu ihm spreche und daß er sie beschimpfe, aber auch ihren ›Blick‹ aushielte.[54]

Schon im zweiten Jahrtausend v. Chr. belegen die Grabsprüche der Ägypter die stereotype Gegenüberstellung zwischen einem Sterblichen, der *sieht*, und einer vergöttlichten Vatergestalt. So kann sich ein im Jenseits Angelangter z. B. an Osiris folgendermaßen wenden:

O du Widder mit großer Autorität –
siehe, da bin ich, um dich zu schauen!
Ich habe die Unterwelt geöffnet und
meinen Vater Osiris geschaut,
ich habe die Finsternis beseitigt, ich
bin sein Sohn, den er liebt.[55]

Die Sonne als Gott ist bei Platon in dem Reigen der Vergleiche, mit dem sich der Kreis um das geheimnisvolle Zentrum einer allerletzten Wahrheit schließt, einmal auch ein »Sprößling«. Dessen »Vater« erscheint als die höchste moralische Instanz, die Idee des Guten (agathon). Die Gleit- und Wandlungsfähigkeit dieses Signifikanten – und die Schiene, auf der er wie von selbst ins Gleiten kommt – wird deutlich, wenn Platon den ›Sprößling‹ im selben Satz auch noch »Zins« nennt, den Vater also über diese metaphorische Brücke mit dem *Kapital* gleichsetzt.

Die Beschreibung *des Vaters selbst* will er dagegen lieber »ein andermal entrichten«. Er tut es nie. Natürlich nicht. Das Höhlengleichnis wird gleich darauf in das Zentrum der Darlegungen rücken, was für ein schwieriger Gegenstand dieser ›Vater‹ für das Auge tatsächlich ist: Wer seiner mit voll aufgerichtetem Blick ansichtig zu werden versucht, wird erst einmal geblendet.[56]

Wir werden nicht umhin können, an jenes *Phantom* zu denken, als das der Phallus in der Phantasiewelt des kindlichen Sohnes eine alles überragende Rolle spielt: *Unsichtbar*, ist er gleichwohl in seiner körperlichen Abwesenheit für die Vorstellung immer präsent.[57]

Sehen und Identifikation

Dem Gesichtssinn haftet aus der Natur von Abläufen, in denen die sexuelle Lust zuallererst auf optischem Wege stimuliert wird, eine besondere Anfälligkeit an, Winke, die ihm hierin Halt gebieten, nicht übersehen zu können. Das hat den Nachteil – oder, wie das Subjekt insgeheim meint, den Vorteil –, daß die Sprache, in der dem Gesichtssinn Auflagen gemacht werden, den Gegenstand, dem diese Auflagen gelten, auch beim Namen nennen muß. Und da diese Auflagen, wegen der Natur der Sache, ständig erneuert werden müssen, bleibt jener Gegenstand, der ja eigentlich eliminiert werden soll, unausgesetzt für das Gespräch präsent. Es zeigt sich auch hier, daß das Unbewußte keine Negation kennt.

So sollte man sich erklären, wieso bei Platon die abstrahierende Erkenntnis, die ja gerade den Sehvorgang ersetzen soll, so nahe an dessen Modalitäten herangerückt erscheint; wieso gar in einem hartnäckigen analogischen Verfahren das *Denkbare* und das *Sichtbare*, als die verschiedenen Objekte zweier unterschiedlicher Wahrnehmungsweisen, in einer unauflöslichen Klammer miteinander verbunden bleiben. (Es ist ja auch richtig, daß sie so aufeinander verweisen, sind sie doch, außer für das zur Abstraktion gezwungene Subjekt, *eine* Sache.)

Die am Ausgang der Ödipus-Krise stattfindende Identifizierung mit dem Vater bedient sich in den zahllosen Symbolisierungen des Mediums einer vielsagenden visuellen Gebärde, in der ein Jüngerer meist zu einem Älteren aufblickt. Da Identifikation als die Introjektion des Wesens (= der Eigenschaften) des phantastisch ins Jenseits beförderten und dort im Glanz wiedererstandenen Vaters sich vorzustellen ist, bietet sich für diese geistige Einvernahme auf der Ebene der Darstellung das Fluidum einer wunschgeladenen gegenseitigen Ansichtigkeit an. Aus der Beibehaltung der archaischen Gewohnheit, orale und visuelle Bedürfnisse miteinander zu verquicken, entsteht die Affinität des Sehvorgangs für den Ausdruck einer Gefräßigkeit, die, ihrer körperlichen Unausführbarkeit einsichtig, nichts von ihrer psychischen Heftigkeit eingebüßt hat, wenn sie dem Subjekt nun gewissermaßen aus den Augen springt.

Die Eindringlichkeit des Blicks in Beziehung auf das Wesen des Anderen ist natürlich die Replik auf die durchdringenden Blicke, die man vorher von diesem empfangen zu haben meint. Nur selten, etwa im Falle des Anti-Platonisten Lukrez, wagt es ein Grieche, das Göttergesicht über sich eine »schaurige Fratze« zu nennen und die eigenen »sterblichen Augen dagegen aufzuheben«.[58]

Sonst aber erscheint es in Geschichten und Gedichten weitaus häufiger als Glück, wenn es heißen kann, ein Sohn sei »dem Vater aus den Augen geschnitten« (wie in C. F. Meyers »Gustav Adolfs Page«). Bereits »Das Totenbuch der Ägypter« berücksichtigt diese offenbar erregende Nachbarlichkeit zwischen Vereinigungsvorstellung und Schneidephantasien in dem Bild eines Spruchverfassers, der angesichts des *verletzten* Sehorgans von Horus sagen kann: »Ich bin inmitten seines Auges.«[59]

Die Doppelstatur des Staates als dem ›bürgerlichen‹ Kunstwerk beruht auf der Produktivität eines projektiven Blicks, der vornehmlich dort, wo nichts ist, etwas zu sehen bestrebt ist. (Wie Hamlet seinen Vater als Geist sieht.)

In der Ähnlichkeit mit einem Größeren, Mächtigeren an dieser Stelle, den die Vorstellungskraft dazu eigens hervorbringt, eröffnet sich die Dimension des Überdauernden, Bewahrenden, des Kulturellen. Der Philosoph, der die »Idee des Guten erblickt«, wird so auch das Beständige ›fassen‹ können. [60]

Es durchläuft die älteste Überlieferung eine Gebräuchlichkeit der Veranschaulichung zu diesem Doppelgänger-Motiv, in dem ein Vater aus dem Jenseits (Hades, Himmel) dem Sohn das Reich verspricht. Aeneas bei Vergil, Scipio bei Cicero und noch einmal bei Petrarca werden sich die Zusicherung ihrer Stellung im besseren, größeren Staat von ihren abgeschiedenen Vätern geben lassen (Scipio in einem Traum). Jedesmal ist das Vermächtnis die Verheißung eines Sehens, das die Grenzen von Körper und Zeit übersteigt. (Auffallend sind auch bei den Herrichtungen des Odysseus für die Wiedereroberung seines Königreiches Bezüglichkeiten, die diese Heimkehr mit der Bedeutung des Sehens und Gesehenwerdens für den Helden verbinden). [61]

Das Subjekt nimmt die eigene erwünschte größere Gestalt (Ideal-Ich) in einer Imago vorweg. Die Identifizierungs- und Verklärungsphantasien erweisen alle dem Ort und der Art ihres Entstehens, dem ›Spiegelstadium‹, Reverenz, indem sie die Levitation des Selbst ganz eine Sache der Augen sein lassen.

Welche lebendige Kraft des Schöpferischen, die in Wahrheit eine verbildlichende Kraft ist, hierbei wirksam wird, kann am besten eine Stelle in Kierkegaards Ironie-Abhandlung zeigen, wo die Autorität eines großen Toten auf einmal sich für den Blick materialisiert. Beschrieben wird dort ein Kupferstich (ein Bild!) mit dem Grab Napoleons unter zwei hohen Bäumen, zwischen denen, »indem das Auge den diesen Raum umreißenden Konturen folgt«, der Verstorbene sichtbar wird: »Das Auge, das ihn einmal gesehen, sieht ihn nun mit einer fast beängstigenden Unentrinnlichkeit jederzeit.« [62]

Kierkegaard bringt das Beispiel, um Sokrates aus dem Nichts seiner historisch unsicheren Existenz heraus Gestalt geben zu können, als respektable Fata Morgana des im Bild versinnlichten Geistes – eine treffende Umschreibung der Seinsweise des Sokrates im Dialog Platons.

In Sophokles' »König Ödipus« hören wir Jokaste zu ihrem Sohn sagen: »Wohl ist ein helles Auge dir des Vaters Grab.«

Worauf Ödipus erwidert: »Ein helles wahrlich. Doch es schreckt die Lebende.«[63]

Die ›Lebende‹, das ist die eigene Mutter. Man beachte die Zusammenziehung von totem Vater, Blick und Zuflucht auf der einen Seite sowie von Mutter und Angst auf der anderen. Bei Seneca wird Ödipus sagen: »Ich will zurück in meines Vaters Reich, doch ist mir angst vor meiner Mutter.«[64]

Fern dem Vaterland meint Ödipus, es »bleibet stets kein süßrer Anblick, als der Eltern Augen schauen«. (So hat zur Fixierung des Exiltopos offenbar immer schon mehr beigetragen als das augenblickliche, reale Erleiden der Verbannung. Dante hat im Exil das Hohe Lied der Augensehnsucht gedichtet, die »Divina Commedia«. Karl Roßmann in Kafkas »Amerika«, so werden wir noch sehen, drückt sich, über das *Bild* der Eltern gebeugt, in gleicher Lage auf verblüffend gleiche Weise aus wie Ödipus.[65])

Man wird hier vielleicht eine Bemerkung Bachofens einfügen können, die er im Kommentar zu einer Erzählung aus den Sagengeschichten Athens macht:

Aus der Eiche wird Zeus im Bilde erkannt, das Weib allein ist an sich sichtbar und gegeben.[66]

Nehmen wir das für die Angabe von Gründen, warum der verwehrten (und hinfort ängstigenden) sichtbaren Leiblichkeit der Mutter gegenüber der Sohn den Blick des Vaters sucht und diesen dazu erst einmal im Bilde hervorbringt.

In den Annalen, die der psychologisch geschulte Sachverstand hierüber angelegt hat, begegnet uns diese Form der Produktivität als Symbolbildung.[67] Aber nirgends kommt der psychoanalytische Diskurs dem Ausdruck des Mythos nahe, der den »Verlust der Mutterbilder« an dieser Stelle in den siegreichen Formen einer Selbsttranszendenz alle Horizonte sprengen läßt, und dies *im und unter dem Namen des Vaters* (mit welcher Genugtuung Hamlet den Geist seines Vaters Hamlet nennt!).

Platon zwingt seinen Protagonisten im Höhlengleichnis, in die Sonne zu sehen. Als Folge ist er vorübergehend zweimal geblendet: einmal beim Aufstieg aus der Höhle, das zweite Mal bei der Rückkehr in sie. Das ›Sehen‹ geht danach nicht mehr vom körperlichen Auge aus. Es ist dies die eigentliche ›Umlenkung‹, und das Gewaltsame hieran wird durch Veranschaulichungen umschrieben, in denen frühkindlich-orale Bedürfnisse mit Eigenheiten der visuellen Kommunikation zusammengebracht sind.

Auch fehlt nicht, den Kastrationsängsten dieser Phase angemessen, der Hinweis auf den radikalen Charakter der Kur und das dazugehörig assoziierte Instrumentarium. Soll einer – der hier immer der künftige Philosoph ist – auf den rechten Weg gebracht werden, ist es für Geschmacks- wie Gesichtssinn am besten,

wenn sie von Kindheit an gehörig beschnitten und was dem Werden und der Zeitlichkeit Verwandte ihr ausgeschnitten worden wäre, was sich wie Bleikugeln an die Gaumenlust und andere Lüste und Weichlichkeiten anhängt . . . und das Gesicht der Seele nach unten wendet . . .[68]

Die besondere Hervorhebung von Gaumenlust, Gesicht und Schneiden (!) verweist die ganze Veranstaltung in jenen Bezirk psychischer Anspannung, den wir mit seinem nachträglichen Einfluß und seinen typischen Festlegungen des Gefühlstimbres bereits charakterisiert haben: der von oraler Aggression und archaisch fixierten Triebformen der Schaulust beherrschte Lebensabschnitt frühkindlicher Kastrationsängste und ihren Reaktionsbildungen.

Dieses oralsadistische Detail findet sich in einem zentralen Kapitel der »Politeia« und dort im Mittelpunkt von Darlegungen zu einem Erziehungsmodell, die auf die Explikation der zwei Arten des Sehens hinauslaufen.

Etwas »auf das schärfste sehen« zu können und zu wollen , ist die Voraussetzung »bei denselben Menschen«, ob sie den Blick nun »nach unten« richten, oder ob sie ihn nach oben »zu dem Wahren hinwenden«. Es ist die Alternative, die der Maxime unterliegt, daß die Befreiung von der infantilen Schaulust mit der ›Spezialisierung‹ auf das gegenstandslose Sehen erkauft wird.

Die Analogie zwischen dem Auge des Körpers und dem Auge der Seele ist an dieser Stelle keine bloß äußere. Sie bildet die formale Grundlage eines auf ständigen Vergleich und beziehungsreiche Konfrontation angelegten Kapitels der »Politeia«. Unermüdlich und ausschließlich wird das eine durch das andere charakterisiert, beides erscheint – und soll so erscheinen – als zweigeteilte Einheit und vereinheitlichte Duplizität. Dieses Zusammenbringen und im Fortschreiten des Diskurses dialektisch sowohl Verbundene wie Getrennte von Erkenntnisvermögen und visueller Wahrnehmung ist ein durchgängiges Strukturphänomen aller der hauptsächlichen Argumentation gewidmeten Abschnitte.

Geht die Tendenz auch insgesamt auf Läuterung, auf Sublimierung der Schaulust, so ist die eine, gemeinsame Triebgrundlage dennoch unverkennbar. Das dem Auge wie der Seele »innewohnende Vermögen« – Sehen und Denken sind obendrein beide als »Vermögen« isologe Fähigkeiten – erweist sich als die Substantialität der einen Anlage des Schautriebs, dem man das Sehen sowenig beizubringen braucht wie der Vernunft das Erkennen, dem man es aber auch ebensowenig auszutreiben vermag. Doch kann man ihm ein anderes, abstraktes Objekt unterschieben, worauf sich Auge und Vernunft durch den verschiedenen Gegenstand unterscheiden. Erziehung, durch die das seelische »Vermögen kann umgewendet werden«, verhindert, daß jenes »nicht sehe, wohin es solle« – und es soll eben nach oben sehen, bis es »das Anschauen des Seienden und des glänzendsten unter dem Seienden aushalten lernt«.[69]

Gewiß ist der Unterschied zwischen Sehvermögen und Erkenntnisfähigkeit gravierend, und er gereicht dem gesamten Begriffsverständnis der Platonischen Ideenlehre zur Grundlage. Aber er ist dies doch letztlich in der Übertreibung einer durch das Medium des Ichs vermittelten Berührungsangst, die auch noch das visuell Wahrzunehmende entgegenständlichen möchte, um es sich in dieser Entgegenständlichung endlich ganz einverleiben und als Objekt bewahren zu können.

Das ist das gemeinsame Band zwischen Schautrieb und Wißtrieb, und wir werden noch weiter sehen, wie es gerade die Spezialität des Platonischen Denkmodells ausmacht, die Produktivität dieser spannungsvollen Verbindung zu erhalten, sie einer zur Wissenschaft reformierten Kunst zugute kommen zu lassen und dem Postulat der Rechtsnormen in der Geschlossenheit des Ästhetischen, als Synkretion von *nomos* und *poiesis,* jene Verbindlichkeit zu verschaffen, die die letztlich moral-indifferente Epistemologie des Parmenides versäumt hatte.[70]

An dieser Stelle der »Politeia« wird einmal mehr deutlich, wie es das Organ des Sehvermögens ist, das diese Perspektive eröffnet, das sie aber genauso auch gefährdet:

> Oder hast du noch nie auf die geachtet, die man böse, aber klug nennt, wie scharf ihr Seelchen sieht und wie genau es dasjenige erkennt, worauf es sich richtet, daß es also kein schlechtes Gesicht hat, aber dem Bösen dienen muß und daher, je schärfer es sieht, um desto mehr Böses tut.[71]

Wir wissen ja, was dieses »Seelchen« da sieht, und warum es desto böser ist, je »schärfer es sieht«.

Man wird dieser Obsession, das Höhere kontinuierlich am Niederen zu explizieren, die ständige Bewegung hin zum Höheren abnehmen können. Man wird dieser Darstellung aber auch entnehmen müssen, wie nahe dies für den Autor lag und wie recht es ihm war, daß, wenn von dem einen die Rede war, auch das andere immer mit zur Sprache gebracht wurde.

Das »in barbarischem Schlamm vergrabene Auge der Seele zieht sie gelinde hervor und führt sie aufwärts« – die Dialektik ist gemeint. Zu häufig wird der dialektisch verfahrenden Vernunft die Rettung der Modalitäten der visuellen Introjektion aufgetragen, als daß man sich in der Absicht täuschen lassen könnte: Damit die Visualität weiter auf ihre Kosten kommt, muß sie sich jeder sinnlich gegebenen Gegenständlichkeit versagen.

Die Aura des Kunstwerks und der Blick (Benjamin)

Benjamin hat (im Anschluß an Freud) Ausführungen über die Beziehung zwischen Bewußtsein und Schock gemacht. Es handelt sich dabei um jene »Reizbewältigung«, die wir bei Platon ein vollständiges System der Wahrnehmungskontrolle und -abwehr hervorbringen sehen. Benjamin stößt bei Valéry auf eine Stelle, wo dieser im Hinblick auf Baudelaire von dessen »Staatsraison« spricht. Der Kontext macht deutlich, daß damit nichts anderes als jene bannende Autorität gemeint sein kann, mit der Platon seinem Philosophen mit dem Bewußtseinskunstwerk des Staates beispringen wollte, zum Zwecke der »Emanzipation von Erlebnissen« (mit Benjamin zu reden). Dabei wird ein Satz formuliert, der bemerkenswert ist: »Es haben ihm (Baudelaire) Leerstellen vorgeschwebt, in die er seine Gedichte eingesetzt hat.«[72]

Später, im gleichen Text, kommt der Autor auf die Aura zu sprechen. Es heißt da: »Der Angesehene oder angesehen sich Glaubende schlägt den Blick auf. Die Aura einer Erscheinung erfahren, heißt, sie mit dem Vermögen belehnen, den Blick aufzuschlagen.«[73] Die Machtausstrahlung von Gegenständen, deren magische Anziehung Benjamin aus dem Kult, aus der Verehrung göttlicher Kräfte also herleitet, gerät ihm unversehens in den Bannkreis des Blicks. Die »Belehnung« eines Objekts durch die Poesie besteht darin, daß dies »seinen Blick aufschlägt« (wie übrigens auch für Hegel das Kunstwerk Augen zu haben scheint[74]). Ist das immer schon der Gegenblick, der jedoch – so traumhaft geht es in der Kunst zu – kein blickendes Gegenüber mehr hat?

Die Entgegensetzung einer Kunst, die sich nicht an Gemälden, sondern an der Fotografie orientiert, lebt zu einem nicht geringen Teil von der Hoffnung auf Emanzipation in solchen Bildern, die sich der Machtinsistenz des Blicks entwunden zu haben scheinen, in denen ein »Ausstellungswert« den »Kultwert« allmählich ablöst. Bezeichnend, daß dafür »eine letzte Verschanzung« angenommen wird: »und dies ist das Menschenantlitz«.[75]

Dies ist in der Tat die schwierige Stelle im Zusammenhang mit jeder repressionsfreien Anschauung. Die leeren Stellen, an die Baudelaire seine Gedichte setzt, die Augen, denen der Blick verlorengegangen zu sein scheint – vor welchem Mimikry des Blicks im Blick flammt hier die ›Liebe‹ eines Dichters auf?

Der Elan, mit dem Benjamins Aufsatz einem befreiten, einem demokratischen Kunstwerk zustrebt, stammt noch aus dem subversiven Traum von einer visuellen Gegenkultur zur sprachlichen, wie ihn die Anfänge des Films begleiteten. Als es nämlich so schien, als würden die beweglichen Bilder der Aura des Worts, der Aura der Macht, entrinnen können. Doch wohin sollten sie eigentlich laufen, wenn nicht zurück, um auf dem Band der Erinnerung wieder dort anzulangen, wo aller Trug herrührt. (Nietzsches Begeisterung für den Trug in »Die Geburt der Tragödie« und der dionysische Abgrund: Es ist, als sollten sie die gleiche Stelle besetzen, sich dort ineinander verbeißen, sich ineinander bewahren.[76])

2. Solon oder das Gesetz der Mitte

Annäherungen an den Philosophen

I. Der Impersonator
des allgemeinen Äquivalents

> Eine Tafel der Güter hängt über jedem
> Volk. Siehe, es ist seiner Überwindungen
> Tafel; siehe, es ist die Stimme seines Willens
> zur Macht.
>
> *Nietzsche* [1]

Der Gott und seine Schreiber

Die Tafeln, auf denen Solon seine Gesetze inmitten Athens *sicht-
bar* macht, sind die älteste schriftliche Partitur der Gerechtigkeit.
»Hier findet sich«, heißt es bei Schadewaldt, »zum erstenmal das
Bedürfnis, das bisher mündlich gesprochene Recht zu kodifizie-
ren als ein fest vor Augen stehendes. Das heißt, es kommt zu einer
wirklichen Gesetzgebung, die aufgeschrieben wird.«[2] (Wie »eine
Tafel« nimmt der Maler-Philosoph bei Platon den Staat »zur
Hand«.[2a])

Ist das das Buchstabenarrangement, das Platon den Kurzsichtigen vor Augen hält, ist das die Gerechtigkeit, die man *sehen*
kann? Und was ist das für ein ›Bedürfnis‹, die Gesetze als ›fest vor
Augen stehende‹ zum Blickpunkt *aller* zu machen, ist es das
Bedürfnis aller oder nur das des Gesetzgebers?

Platons von Buch zu Buch fortschreitende Geschichte vom
Philosophen ist die infinitesimale Monographie eines Typs, des-
sen erster Name in der Geschichte Solon lautet und der doch für
Platon so wenig wie für uns der Name einer geschichtlichen
Person ist, sondern der Name für einen persönlichen Mythos, der
sich in der Literatur erhalten hat als der moderne Mythos vom
Künstler, vom Weisen und Politiker. Es ist der Mythos von der
Macht, die im Namen ›von etwas‹ ausgeübt wird; es ist der

Mythos von der Ausübung der Macht, die sich, paradox, als Unterwerfung unter eine andere Macht versteht.

Solon ist für Platon als Gesetzgeber zugleich Künstler. Nach der Schöpfungsgeschichte des »Timaios« ist seine »Erzählung und Gesetzgebung« als die traditionsbegründende Leistung gefragt. Dabei taucht Solon selbst auf als Chronist im Zusammenhang mit der Geschichte der legendären Insel Atlantis, und es wird da wie an einer anderen Stelle, wo Solons Bedeutung als Dichter herausgestellt ist, seine Verbindung zur ägyptischen Überlieferung betont. [3]

Am Mythos der Ägypter können wir bis zu den ältesten schriftlichen Zeugnissen zurückverfolgen, wie die Figur, die es uns hier angetan hat, bereits auf dieser Stufe der Symbolbildung ständig wiederkehrt. Auffallend schon in dem Stadium, das »Das Totenbuch der Ägypter« belegt, ist immerhin der deutlich artikulierte Wunsch, sich *schreibend* (deswegen auch Grab*sprüche* mit ins Jenseits nehmend) einem Vatergott anzugleichen:

O Ältester, der auf seinen Vater blickt,
du Sekretär des THOT – . . .

Siehe, ich bin ein Schreiber –
hole mir den Ausfluß des Osiris,
daß ich damit schreibe! [4]

Als ›Ausfluß‹ der Sonne – gemeint ist das Licht – begegnet uns diese Aura später bei Platon, der die Schrift im übrigen als eine ägyptische Errungenschaft behandelt und damit den Schriftgott Theut (Thot) bei König Thamos erscheinen läßt: Ein Weiser, ein Erfinder, der seine Dienste anbietet – und abgewiesen wird. [5]

Solon allein vor Kroisos

»Güter wünsche ich mir; doch ungerechte Schätze gewinnen/ Möchte ich nicht.« [6] Das ist aus einem Gedicht Solons und als Motto für dessen soziales Selbstverständnis passend. Solon, den

Platon als seinen Vorfahren ausgibt,[7] ist schon ganz der bürgerliche Held der Polis. Man beobachte ihn nur in der Rolle des Reisenden, wie er vor dem mächtigen Lydier-König Kroisos erscheint. Kroisos ist für die Antike der sprichwörtliche Mann, der noch, mit Marx zu sprechen, »an dem sinnlichen, handgreiflichen Geldsack festhält und daher an den absoluten Wert der edlen Metalle . . . glaubt.«[8] Solon ist da schon von anderer Denkungsart. Er macht den Königen das Privileg, Gold zu horten, streitig. ›Streitig‹ ist hier nur ein bildlicher Ausdruck. Solon ist kein Kämpfer. Sein Habitus ist nicht der des Ritters, sondern der des Weisen.

Weise ist, wer gelassen ist, es vielleicht sein muß, weil er die Dinge nicht ändern kann, weil er lernen mußte, stets beide Seiten einer Sache im Auge zu behalten. Solons Mut vor Königsthronen erwächst ihm nicht aus physischer Überlegenheit, nicht aus der autonomen Verfügung über ein waffenfähiges Gefolge. Er tritt allein vor Kroisos in der Souveränität des Wissenden, der seine Erfahrung gemacht hat mit der Fatalität einer unbewaffneten, unsichtbaren Kraft, die dem einzelnen immer voraus und stets überlegen ist und auch die geschlossenen Hoftore überwindet, wie es in einem seiner Gedichte heißt. Doch anders als das unbeeinflußbare Gesetz der Naturabläufe, von dem Solon, wie Plutarch behauptet, nichts verstand, ist das Wirken dieser Kraft nicht mit dem einmaligen Akt einer Einsicht in die reproduktive Mechanik des Immergleichen beizukommen. Die divinatio wird vielmehr zur retrospektiven Gewißheit: Erst am Ende unseres Lebens werden wir wissen, welcher Konstellation von Zufällen wir unseren Besitzstand zu verdanken haben werden. Solons Analyse der Unbeständigkeit des Glücks im Zeichen des Warencharakters aller Glücksgüter, verbunden mit dem Hinweis auf den mittleren Standort des Künders dieser ungewohnten Wahrheit, ist das bemerkenswerte Manifest eines neuen politischen Selbstbewußtseins, wie es so nur im Umkreis der griechischen Polis entstehen konnte:

König der Lydier! Gott hat den Griechen mittelmäßige Glücksgüter gegeben, aber eine gewisse freimütige und gemeine Weisheit, die nicht königlich ist, nicht glänzend, die von unserm mittelmäßigen Zustande herkommt, die da einsieht, daß das menschliche Leben beständig mancherlei Zufällen unterworfen ist, und daher keinen Stolz über gegenwärtige Glücksgüter zuläßt, die auch die Glückseligkeit eines Mannes, welche durch die Zeit verändert werden kann, nicht bewundert. Denn die ungewisse Zukunft hat für jeden Menschen mannigfaltige Schicksale: wem aber Gott seine Glückseligkeit bis ans Ende erhält, den nennen wir glücklich. Aber einen Mann glücklich nennen, der noch lebt, und allen Gefahren des Lebens ausgesetzt ist, heißt eben so unsicher und ohne Grund loben, als einen Fechter noch während dem Fechten als Sieger preisen.[9]

Solon läßt den reichsten Mann der Welt nach dieser Rede einfach auf seinen Goldziegeln sitzen, er »begab sich hinweg«, heißt es bei Plutarch, »und hatte den Krösus zwar mißvergnügt, aber nicht klug gemacht«.

Die hier angesprochene Klugheit ist zu diesem Zeitpunkt nur in Griechenland zu haben. Durch sie ist Solon dem Potentaten alten Stils, dem das Gold wegen seiner »ästhetischen Eigenschaften« noch die »positive Form des Überflusses und Reichtums« ist, um ein ganzes Zeitalter voraus.

»Gold entweicht von Menschen zu Menschen«, dichtet Solon, gedenkend der neuerlich auf die Zirkulation eingespielten Edelmetallverhältnisse. Der zeitlos scheinende Glanz des Königsschatzes hat auf einmal ein empfindliches Gewissen bekommen, vor dem er bestehen muß: die ungewisse Zukunft. Nicht Heere, die Gesetze der ursprünglichen Akkumulation sind gegen Kroisos aufgeboten, und so muß dieser sich von Solon, einem für solche Weisheiten berühmten Griechen, sagen lassen:

Der Reiche ist nur dann glücklicher als der, welcher ausreichend zu leben hat, wenn er seinen Reichtum bis an sein Lebensende in Ruhe genießt.[10]

Undenkbar die Vorstellung, ein Monarch könnte sein Lebensgefühl auf diese Weise ausdrücken, seine Herrschaft auf solcher Grundlage begreifen.

Kroisos *glaubt* bei Lukian, daß sein Gold ihn sogar Apollo, dem Gott, überlegen sein läßt.[11] Solon *weiß*, daß »das Geld als Gold und Silber ... durch jedes andere Zeichen ... ersetzt weren kann«.[12] Reich kann nur der bleiben, der sich von seinen Schätzen trennt. Dieses Paradoxon klärt sich durch die Wirkungsweise des Handelskapitals auf. Denn nur, wenn das Geld in der Praxis der ständig stattfindenden Tauschtransaktionen seine Funktion ausübt, ist es für seinen Besitzer ein Wert, erhält oder vermehrt es seinen Reichtum:

Die Bestimmung des Geldes dagegen ist es, in der Zirkulation zu bleiben als Rad; als *perpetuum mobile* seinen Umlauf stets von neuem zu beginnen. [13]

Solon ist über die alte Prestige-Auffassung vom Gold, das sicher in der Schatzkammer ruht, längst hinaus. Es ist in dem, was er sagt, schon so viel vom Standpunkt des funktionell agierenden Kaufmanns, der Solon ja auch war, daß es belanglos erscheinen mag, ob er, um zu seinen Gesinnungen zu gelangen, gleichzeitig ein Mann des ›Volkes‹ war oder nicht. Einige antike Quellen scheinen uns das suggerieren zu wollen. (Er war eher auf der Seite des Adels.) »Auch schiebt er immer insgesamt die Schuld an der Zwietracht den Reichen zu«, heißt es bei Aristoteles, der allerdings auch erwähnt, daß Solon im Streit zwischen Reichen und Armen »gegen beide und für beide« gewesen sei. [14]

Solon als Vermittler

Solon, aus aristokratischem Geschlecht, aber kein Mann des ererbten großen Landbesitzes, war als Kaufmann weit herumgekommen. Er wurde 594 v. Chr. in Athen zum Archonten gewählt, weil man von ihm eine Politik des Ausgleichs zwischen den zerstrittenen Parteien erwartete. Ältere wie neuere Darstellungen nennen ihn daher den »Schlichter«, den »Wieder-ins-Lot-Bringer«, den »mediator (diakates)«, und er selbst hat sich nicht anders gesehen, wie seine Dichtungen bezeugen:

Ich stellte nun mich hin, den starken Schild haltend um beide,
Ließ nicht ungerecht eine Partei siegen allein.

Oder in einer anderen Zeile:

Doch ich in ihrer Mitte stand so wie ein Grenzstein. [15]

Der bei Plutarch im Hinblick auf Solon erwähnte »mittelmäßige Zustand« scheint denn jenes Reservat zu sein, in dem sich spezifisch griechisches Denken als politische Philosophie entwickelte:

Dieses Denken bildete angesichts der Vielzahl der Poleis und der Schwäche der monarchischen und priesterlich-theologischen Instanzen eine ›dritte Position‹ zwischen den heftig streitenden Parteien aus. [16]

Man wird, was hier als abhelfende Virtuität angesprochen ist, allerdings auch als die den Streit verursachende Kraft einzuschätzen haben. Was Solon »repräsentativ« macht als Agenten eines zwischen den Fronten auferstandenen, mit den materiellen Kategorien jeweiliger Klassenloyalität nicht faßbaren, ›dritten‹ Interesses, das liegt bereits in dem beschlossen, was die neue Situation, was aber auch ihn selbst als gefragte Persönlichkeit heraufgeführt hatte. Denn es gibt für die von ihm ausgeübte Vermittlung ein Vorbild in der Funktion des Geldes selbst, das im vorherrschend gewordenen Handelsverkehr eben diese Bedeutung eines unbeteiligten, unproduktiven, d. h. nicht produzierenden, Dritten hat:

Der Handelskapitalismus ist im Anfang bloß die vermittelnde Bewegung zwischen den Extremen, die es nicht beherrscht, und Voraussetzungen, die es nicht schafft.

Es ist jenes ›Dritte‹, das, von beiden Extremen verschieden, zunächst nur deren Verhältnis ausdrückt, für sich selbst aber nichts ist. [17]

Solons Wirken fällt in eine Zeit, da in Athen die Geld-Ökonomie ein schnell dominierend gewordener, aber gänzlich neuer gesellschaftlicher Faktor war. Es heißt, Solon habe von der neuen Ökonomie in Athen mehr verstanden als andere ›Weise‹. In diesem Zeitalter der »großen Umwälzungen«, waren Kenntnisse gefragt, die er aufgrund seiner Tätigkeit als Handeltreibender den bodenständigen Schichten voraus hatte. Seine vielen Reisen als Kaufmann werden denn auch in allen Quellen immer wieder hervorgehoben. [18]

So hätte Solon nur als Impersonator des gewöhnlichen Geschäftsverlaufs aufzutreten und diesen in lediglich bewußtloser Manier auf das politische Erfordernis des Tages zu übertragen brauchen, um den bloß Habenden und blind Wollenden gegenüber von unerreichbarer Überlegenheit zu sein. Die Vermittlung zwischen den Extremen war seine zweite, gesellschaftliche Natur, und von dieser Natur waren auch die Bewegungen, denen er ihre

Gesetzmäßigkeit abzumerken gelernt, die er sich bewußt zu machen verstanden hatte. Es handelte sich um Vorgänge von so unwiderstehlicher wie ungreifbarer Insistenz, daß es, wie gesagt, nichts half, das Hoftor vor ihnen zu verschließen.

Wie ein größerer Schatten der leiblichen Hand des Kaufmanns, die den Gewinn einstreicht, wirke immer noch eine »invisible hand« mit, wird Adam Smith über 2000 Jahre später feststellen. Sie verbürgt, über die Intention des einzelnen hinausgehend, die Intentionalität von Handlungen im Hinblick auf das Ganze einer Gesellschaft. Sie ist das Wesen der Tätigkeit von Handeltreibenden.[19]

Der Tyrann als Vorläufer des allgemeinen Äquivalents

Es ist die Beziehung zwischen aufkommender Geld-Ökonomie und neuem Bewußtsein gerade in letzter Zeit häufiger diskutiert worden. Für uns hier ist ein Anhaltspunkt von Bedeutung: Es besteht ein zumindest zeitlicher Zusammenhang zwischen den Veränderungen gesellschaftlich organisierter Gewalt und der Einführung des Geldes als Mittel des Ausgleichs zwischen zwei nach sozialen Gesichtspunkten unterschiedenen Bevölkerungsgruppen. Herrschaft und Münze erfahren in diesem Prozeß eine Abwandlung ihrer ursprünglich religiösen Bedeutung:

Münzgeld und Tyrannis erscheinen gemeinsam ... als Ergebnis einer tiefgreifenden Krise des 7. Jahrhunderts, in dem – begleitet von Unruhen – die griechische Stadt ihre endgültige Gestalt anzunehmen beginnt.[20]

Es ist für dieses Zusammenspiel eine Erklärung gesucht worden, die auf dem Primat des Gesellschaftlichen, des Politischen in den frühen Handlungstheorien der Griechen beruht. Danach ist Geld zuerst

das Instrument zur Bewertung einer gerechten gesellschaftlichen Entlohnung, das dazu bestimmt ist, die Gegenseitigkeit gesellschaftlicher Beziehungen auf der Basis der Gerechtigkeit zu gewährleisten.[21]

Gegenüber der Einschätzung des Geldes als »Instrument des Handels« geht diese Hypothese auf den ursprünglich religiösen Charakter der geprägten Metalle zurück und wertet es bei seiner ersten Verwendung im Zusammenhang mit der Polis als »Wertmesser sozialer Gerechtigkeit«.[22]

Das Münzwesen, das für Griechenland erstmals im Korinth des 7. Jahrhunderts nachweisbar ist, wurde demnach von den ›Tyrannen‹ zum Zwecke der Umverteilung eingeführt, so, wie es Aristoteles später am Beispiel des Peisistratos beschrieben hat: Durch Erhebung von Abgaben bei den Vermögenden und entschuldende Maßnahmen bei den verarmten bzw. enteigneten Bauern suchte dieser nach einem Ausgleich. In der Tat haben die Autokraten – »Unter den Tyrannen des 6. Jahrhunderts vollzog sich der entscheidende Übergang zur klassischen *Polis*« – den Einfluß des Erb-Adels zurückgedrängt, wo immer sie an die Macht kamen. Andererseits: »Die Tyrannen selbst waren in aller Regel Emporkömmlinge mit beträchtlichem Reichtum«, die jedoch, um zur Herrschaft zu gelangen und sie zu behalten, als Interessenverwalter der ärmeren Schichten auftraten.[23]

Daß sie zumeist den »neuerworbenen Landbesitz und jüngeren Reichtum« repräsentierten, nennt auch die Prämissen ihres Aufstiegs: Das Vorhandensein eines bedeutenderen und dadurch erst die Besitzverhältnisse neugestaltenden Handels ist bereits die Voraussetzung ihrer Macht, auch dann, wenn dieser Handel bis dahin noch ohne den ›Wertmesser‹ eines allgemeinen Äquivalents hatte auskommen müssen. Daß sie selbst vermögend waren, ist möglicherweise ihre eigentliche »Klugheit« gewesen: Indem sie die Zirkulation geprägter Metalle (Münzen) erzwangen, haben sie den Warenverkehr auf eine neue, am Ende für alle Warenbesitzer vorteilhafte Stufe angehoben, selbst wenn diese »Handelsfunktion« des Geldes nicht dessen »ursprüngliche gewesen« sein sollte.

Es ist an dieser Ursprungshypothese des Geldes interessant, daß sie das erste gleichzeitige Auftreten von Gerechtigkeitsidee und Münzwesen im Zusammenhang mit der gewaltsamen Intervention eines einzelnen erwähnt. Als Geburtshelfer der monetären Zirkulation tritt ein Usurpator auf den Plan, der seinerseits ein Novum in der politischen Geschichte Griechenlands ist. Sucht man nach einer gemeinsamen Bedeutung, so stößt man auf die Tatsache, daß der Tyrann zwar die absolute Macht in der Polis beansprucht, daß dies jedoch nicht mehr auf der Basis der älteren Legitimation aus dem erblichen Königtum und dem unveräußerlichen Landbesitz geschieht. Der Tyrann verkörpert die neue Erfahrung, daß politische Gewalt ablösbar ist vom bisherigen Machthintergrund feudaler Kontinuität. Er selbst hat dem Prinzip der Beliebigkeit, der Austauschbarkeit von Personen im Hinblick auf deren Herrschaftsberechtigung politisch zum Durchbruch verholfen.[24]

Dem entspricht, daß die Sachen, mit denen Menschen überwiegend zu tun haben, Güter, Grundstücke, Gebrauchsgegenstände, deshalb beweglicher geworden sind im Zeichen ihrer, theoretisch gesehen, allgemeinen Zugänglichkeit als Tauschgegenstände (bzw. als deren Herkunfts- und Produktionsstätten). Der Modus ihrer Erreichbarkeit bedarf nun einer Verkehrsform, die frei ist von der Einschränkung durch das Geburtsprivileg, der aber auch nicht lange mit dem autokratischen Regulativ gedient ist. Dieses bleibt gegenüber einem objektiveren, vom Charakter des Warenverkehrs selbst angeregten Mittel, unzulänglich, menschlich willkürlich und vom Voluntarismus des ständigen Eingriffs von oben abhängig. Der Tyrann betreibt daher, indem er sich selbst, d. h. seine politische Erscheinungsweise, auf den Güterumschlag überträgt, eine für die Polis entscheidende Entwicklungshilfe – und gleichzeitig seine eigene Abschaffung.[25] Er zwingt – wieviel er davon selbst weiß, werden wir nie erfahren – die neue Verkehrsweise, ihre Eigengesetzlichkeit hervorzukehren. Er ist die Initialzündung, der gewaltsame Anstoß für die Selbständigkeit des Geldes als ›Rad der Zirkulation‹. Das sich selbst regulierende Warenverhältnis ist zu diesem Zeitpunkt bereits fertig ausgebildet und bedarf, um sich einem an dieser Stelle aufdrängenden Bild nicht auszuweichen, wie ein Automat nur noch der Münze.

In dieser strukturellen und historischen Notwendigkeit werden Tyrann und Geld für einen wichtigen Augenblick lang zu Synonymen, sind sie zwei Seiten einer Medaille. Lassen wir an dieser Stelle unberücksichtigt, daß das System als Moderator des Ausgleichs anfällig bleibt für seine eigene Regression. Die häufige Wiederkehr des Moments, an dem die Willkür der Verteilung die Willkür als Person wiedererstehen ließ, ist der Beweis. Ohnehin verschwindet die Gewalt ja nicht aus dem Vorgang, der hier erörtert wird. Und ohnehin ist die Gewalt keine Angelegenheit zwischen ›Kräften‹, sondern zwischen Menschen.

Noch einmal: Solon vor Kroisos

Wir folgen Solon noch einmal vor den Thron des auf seinem Gold sitzengebliebenen Kroisos. Wir können die Münze, die Solon gewissermaßen ihm gegenüber personifiziert, dazu von ihren zwei Seiten betrachten.

Das Gold, als das Königsmetall der Antike aus stammesgeschichtlicher Zeit, war bei Kroisos bereits in den Händen eines Herrschers, der mit dieser symbolischen Häufung seiner Einzelmacht nicht mehr in die Zeit paßte – wenigstens aus der Sicht der Polis nicht. In ihm provozierte die Herrschaftsform eines abgelösten, eines abgeschafften Zeitalters die neuen Gesellschaften entlang der griechischen Mittelmeerküste. Die geschichtliche Sage greift daher diesen bedrohlichen Aspekt auf: Bei Herodot kommt Solon zu Kroisos, als dieser als Eroberer von Territorien und Versklaver von Völkern auf der Höhe seiner Macht ist.[26]

Man kann, gibt man der Konfrontation eine Deutung im Rahmen des psychoanalytischen Registers, in Solon, der in der Rolle eines waffenlos, d. h. *gewaltlos* auftretenden Weisen erscheint, den typischen ›Sohn‹ sehen, der das Selbstbewußtsein eines ›realen Vaters‹ in der Herabsetzung des seine Macht symbolisierenden Goldes zu zerstören sucht. Was er ihm dafür bietet, ist der Hinweis auf eine ungewisse Zukunft. Es ist die Ungewißheit der Zukunft aller Könige.

Die Kehrseite derselben Münze – ihr sind die Insignien aus einem anderen Register aufgeprägt – zeigt einen Solon, der mit *Bewußtsein* den neuen Verwendungszweck des Goldes ins Feld führt: Dies drückt als Geld eine *Funktion* in Beziehung auf *alle* in der Gesellschaft aus und nicht mehr die *Substanz* der Macht eines *einzelnen.* (Wie Hermes die Scham unter alle verteilt hatte!)

In beiden Fällen wird die Auflösung, Abschaffung einer unmittelbaren, konkreten, sichtbaren Machtinstanz zugunsten einer abstrakten, vermittelten, unsichtbaren vollzogen oder nachvollzogen.

Von Solon ist bekannt, daß er sich weigerte, die ihm von den Athenern angetragene Rolle des Alleinherrschers zu übernehmen.[27] Auch in der Gesetzgebung wie in seiner Dichtung erscheint die politisch zugelassene Gewalt an keiner zentralen Stelle als personale, leibhaftige. Statt dessen ist auffällig häufig von Zeus und einer von ihm ausgehenden Vergeltungsdrohung die Rede. (Vergeltung wofür?)

Es ist, als hätte er dorthin, wo ein Vakuum an sichtbarer Substantialität der Macht bestand, ein unsichtbares Prinzip plaziert, das er dann auf der Ebene der Zeichen versinnlichte: in der Personifikation des einen, monotheistisch gestärkten Gottes sowie in den schriftlich fixierten, zum Blickpunkt aller gemachten Gesetze.

Dem zunehmend gewaltsamer gewordenen Einfluß des Mittels – das sich auf der Zeichenebene der Verkehrsform des Handelns als Geld ausdrückte – hatte auf politischem Gebiet das Hervortreten des Tyrannen entsprochen. Als Institution, erst recht als Individuum, war ihm und seiner Herrschaftsweise keine Dauer beschieden.

Auch die politische Amtsführung des Solon blieb zunächst Episode. Aber sie führte, auch wenn sie beim ersten Ansatz scheiterte, eine neue Form der Herrschaft herauf. Solon verstand sich selbst nur noch als personifizierter Hebel, als vermenschlichtes Mittel. Das war seine ›Klugheit‹. Die allgemeine Sache des Gemeinwesens wurde nie zu *seiner* Sache, dergestalt, daß ihm die Expansion der ökonomischen und politischen Verhältnisse Athens bloß dem Expansionsbedürfnis seiner *Person* angemessen erschienen wäre.

Entspricht diese politische Form nicht der neuerlichen Macht des Mittels, das über die Extreme, d. h. über die Produzenten ein absolutes Regiment ausübt und das jede persönliche Herrschaft dem Einsichtigen auf die Dauer illusorisch macht?

Doch derselbe Solon, der auf die ihm angetragene Tyrannis nicht eingeht, erläßt andererseits Gesetze, für die er über die Zeit seiner persönlichen Amtsführung hinaus Verbindlichkeit beansprucht.

»Hier findet sich zum erstenmal das Bedürfnis«, schreibt Schadewaldt, »das bisher mündlich gesprochene Recht zu kodifizieren als ein fest vor Augen stehendes. Das heißt, es kommt zu einer wirklichen Gesetzgebung, die aufgeschrieben wird.«[28]

Welche Macht verkörpert Solon?

Es zeigt sich, daß Solon auf zwei verschiedenen Ebenen zugleich in Erscheinung tritt: einmal als konkrete, leibhaftige Person, deren öffentlicher Habitus offenbar so auffallend, so neu ist, daß sich die Legende daran knüpft. Ihre Weisheit ist, daß sie die Vergänglichkeit dieser Person unter ihren gesellschaftlichen Bedingungen verkündet. Ihre metaphorische Kürzel ist der Fechter, ihre Existenzweise der Kampf. Doch kämpft sie nicht mehr um die Ehre des Sieges, sondern um den Gewinn, bzw. um den Erhalt des Reichtums – der, als Errungenschaft des Individuums, kein dauerhaftes Gut ist.

Bei John Locke etwa kann man nachvollziehen, wie diese Eigenschaft des Reichtums, dessen Entstehung sich dem Wirken des Individuums verdankt, zugleich auch dessen Unterwerfung unter den Formalismus eines allgemeinen Interesses, dem das Individuum gleichgültig ist, zur Folge hat. Als Ergebnis einer für dieses Interesse notwendigen Zinspolitik, der Locke das Wort redet, können alle, die z. B. ihr Geld in Grundstücken angelegt haben, gehörige Verluste erleiden. Jedoch,

es wird für das Königreich ohne Belang sein, wer von uns gewinnt oder verliert.[29]

Einerlei also, wer das Geld zuzeiten in Händen hat, nur sein Umlauf, die Struktur seiner Wirkungsweise auf *nationaler* Ebene ist wichtig.

Als Legislator tritt Solon auf *dieser* Ebene in Erscheinung. Hier ist er nicht jemand, der *sich* als Person durchsetzt, sondern der allgemeinverbindliche Gesetze erläßt, hinter denen er selbst verschwindet. In ihnen steckt nicht die Willkür eines persönlichen Herrschaftsanspruchs, sie bedeuten den Kodex eines gesellschaftlich Gesetzmäßigen, das in dem Gesetzgeber als einem Subjekt zu seinem Bewußtsein gekommen ist.

Wenn die Einführung des Geldes in den Tauschverkehr und die Einführung der Schrift in die Gesetzgebung historisch zusammenfallen, jedenfalls für die Polis, und hier für Athen; und wenn an der gleichen Stelle die Inaugurierung eines neuen subjektiven Herrschaftsmodus zu beobachten ist – dann muß man fragen, ob es etwas Gemeinsames gibt, worauf sich alle drei Phänomene beziehen lassen.

»Die Schrift gelangt nicht zur Macht«, schreibt Derrida, »von vornherein ist sie in ihr und ist sie ein Teil davon.«[30] Solon ist der einzige Grieche, dem Nietzsche z. B. abnimmt, daß er keine »persönliche Macht« angestrebt habe. Solon habe zugunsten seiner Gesetzgebung darauf verzichtet, jedoch, fügt Nietzsche hinzu, »Gesetzgeber sein ist eine sublimierte Form des Tyrannentums«.[31] Es ist die Form des typischen Sohnes.

Die Projektionen der Geschichtsschreiber haben dem auf die Alleinherrschaft verzichtenden Solon denn auch Züge gegeben, die manches aufnehmen von den Erlösungsmythen, wie sie sich im Zusammenhang mit Sohnesgottheiten gebildet haben. Das Unverständnis der Athener, die anwachsende Verstimmung beider Parteien, die Verdrängung Solons schließlich durch den Tyrannen Peisistratos – das rückt den bedeutenden Gesetzgeber der griechischen Volksherrschaft in das Licht eines rätselhaften Idealisten, der seine eigene Person zum Opfer bringt. Offenbar haben ihn auch die Zeitgenossen schon so gesehen, wenn man Solons Gedicht »Gegen die Vorwürfe meiner Feinde« dafür als Zeugnis nehmen kann.

Nun, Solon hatte, im Sinne Platons, ›das Seinige‹ gegeben, nämlich das Gesetz. Nur eins von beidem war möglich: die persönliche Machtstellung, der Sohn, der selbst zum Vater wird; oder die Entrückung des Vaters in eine transpersonale Sphäre und die Identifikation mit ihm als dem Symbol der Allmacht, und das heißt die äußere Beibehaltung der Rolle des Sohnes. Die Weigerung, die Machtposition des – ausgeschiedenen, ausgeschalteten – Vaters zu übernehmen, zog in der Realität allerdings nach sich, daß Solon als Person vor den zur Machtkulminierung drängenden gesellschaftlichen Potentialen schließlich das Feld räumen mußte.

Als Politiker, als Archont an der Spitze Athens stehend, scheut Solon nicht den Pakt mit einer Autorität, die eigentlich einem vergangenen und durch ihn selbst als abgeschlossen markierten Zeitalter angehört: den Pakt mit dem höchsten Symbol männlicher Zeugungskraft und allgegenwärtiger Machtvollkommenheit des mythischen Zeitalters, mit Zeus. (Nicht anders wird später auch Platon verfahren.) Ja, durch Solon beginnt eine ganz neue Ära des Aufstiegs für diesen Gott, in der er und sein Sohn Apollo aus der polytheistischen Kosmogonie heraustreten und zum veranschaulichten, personifizierten Mittelpunkt einer neuerdings zentralistisch gedachten Weltordnung avancieren.

In einem Gedicht Solons, »Das Walten der Gottheit«, erscheint Zeus wie der Gott der Juden als der alles sehende, alles ahndende Beherrscher des Weltalls:

Also waltet die Sühne des Zeus! Zwar zürnt er nicht jählings,
Gleich dem sterblichen Mann über ein jedes Vergehen.
Dennoch bleibt ihm durchaus nicht verborgen, wer böse Gedanken
Hegt im Gemüt, und zuletzt wird der Verbrecher enthüllt. [32]

Es sind an diesem Zeus, den Solon hier anspricht – immer in der dritten Person übrigens –, alle jene Züge herausgestellt, die diesen von einem menschlichen, leibhaftigen, realen Herrscher unterscheiden. Bemerkenswert dabei ist, daß ihm der Verzicht auf die »jählings«, die spontan geäußerte Leidenschaft, d. h. die Bereitschaft und Fähigkeit zum Triebaufschub, als besondere, göttliche Tugend nachgesagt wird. Im Prinzip der Selbstbeherrschung, wie es das Inzestverbot dem Menschen an ursprünglicher Stelle der gesellschaftsbildenden Evolution abverlangt hat, erscheint Zeus vollständig als die Projektion des Wesens des Menschen als gesellschaftliches Wesen – auch, wenn er sich in dieser Eigenschaft, wie es die zweite Zeile des Zitats nahelegt, vom »sterblichen Mann« unterscheidet: Wie sonst wäre jener Gott sein versinnbildlichtes und dazu aus ihm selbst herausgetretenes, sein entäußertes Wesen; und doch zeigt es, daß dieses Wesen ein von außen Eingedrungenes, Fremdes ist, das das Subjekt in seinen Grenzen nicht zu bergen weiß, sondern zurückgibt an die ihm übergeordnete Sphäre des Symbols. Als Wesen behält es bei, was es als Ausdruck der verinnerlichten Gewalt schon im Menschen selbst besessen hatte: die Fähigkeit, jede Gedankenregung, jede Wunschvorstellung, die sich gegen die internalisierte ›Gehorsamsregel‹ kehrt, sogleich wahrzunehmen. Das eigene Erschrecken darüber objektiviert sich im Bezug auf eine äußere Angstquelle als verallgemeinertes; zu Recht, ist es doch gesellschaftlicher, also allgemeiner Herkunft.

Das Gesetzeswerk Solons

Wenn man sich das Gesetzeswerk vergegenwärtigt, mit dem Solon zu dem legendären Begründer einer Polis-Verfassung wurde, so scheint dessen quasi moderne Zielsetzung ganz im Widerspruch zu dieser älteren, religiösen Auffassung von Gerechtigkeit in ihrer transzendentalen Herleitung zu stehen.

Von Solon stammen z. B. Bestimmungen über die Mitgift der Braut, das Erbrecht der Töchter sowie zum Verbot der Geschwisterehe, Regelungen, die – mit Lévi-Strauss zu reden – einem »Eingriff schlechthin« entsprechen. Solon schafft die persönliche Schuldhaftung ab und macht den Grundbesitz dem freien Erwerb zugänglich. Er führt eine neue Kalenderordnung ein, so daß man sagen kann: »Die Erinnerung an den König als Schöpfer der Ordnung und der Jahreszeiten ist ausgelöscht.«[33]

Er reformiert das System der Maße und Gewichte, legt auch schon das Wertverhältnis der einzelnen Waren zueinander fest. Er untersagt die laute Totenklage und den besonderen Aufwand beim Grabschmuck, Maßnahmen, die an ähnliche Auflagen Platons erinnern: Die chthonischen Mächte sollen aus den als konstitutiv angesehenen Einflüssen aus dem Kultus zurückgedrängt werden.

Auf Falschmünzerei steht die Todesstrafe. Dagegen – und darüber haben sich schon die Zeitgenossen gewundert – erläßt Solon kein Gesetz gegen den Vatermord. Dafür verlangt er von den Vätern, daß sie ihre Söhne eine techne (eine Kunst im Sinne eines Handwerks oder Gewerbes) lernen lassen sollen. Die Begründung hierfür liefert den Beweis, wieweit die neue Wirtschaftsweise in Athen zur Zeit Solons schon dominierte, geht das Gesetz doch davon aus, daß »die Handelsleute zur See aber denjenigen nichts zu geben pflegten, die ihnen keine anderen Waren dagegen geben konnten«.[34]

Die Förderung von Spezialisten in der Polis ist eine Beförderung der ökonomischen Unabhängigkeit der Söhne. »Jeder, der Kraft und Willen hatte, konnte sich emporarbeiten«, schreibt Ernst Curtius und übertreibt allerdings in der deutlichen Voreingenommenheit des 19. Jahrhunderts mit seinem industriezeitalterlichen Gründerelan und Karriereoptimismus.

Andererseits läßt Solon den bis dahin dem Adel vorbehaltenen Apollo-Kult in eine allen zugängliche ›Staatsreligion‹ umwandeln. Die Wirkung der Neugliederung der verschiedenen Kulte unter den Primat des einzigen ist tiefgreifend, zumal angenommen wird, daß gleichzeitig eine »neue Zählung, Ordnung und Gliederung, also eine neue Constituierung der attischen Bürgerschaft stattgefunden habe«.[35]

Die Bevorzugung des Zeus-Sohnes Apollo und die ›Demokratisierung‹ des ihm gewidmeten Gottesdienstes läßt noch einmal an den von Zeus angewiesenen Hermes denken, im Augenblick der Staatsgründung Recht und Scham unter *alle* zu verteilen.

Man kann sagen, daß die Solon zugeschriebene Gesetzgebung einer zunehmenden Partikularisierung in den realen, ökonomischen Verhältnissen Rechnung trägt, ihr aber auf einer abstrakten, politischen Ebene ein allgemeines und zentralistisches Element entgegensetzt. Es ist das, worin erstmals so etwas wie *Staat* in Erscheinung tritt.[36] Die wirkliche und die politische Person sind nicht mehr unbedingt identisch. Die neue, *staatliche* Logik geht von einer abstrakten Einheit aus. Sie überläßt den einzelnen auf der realen Ebene seinem ungewissen Schicksal, und zwar theoretisch *jeden* einzelnen, und sichert den Bestand eines zum Gemeinwesen erklärten Nexus von politisch verstandenen und darin als für alle verbindlich autorisierten Verkehrsformen. Das heißt, Solon legt seiner Legislation einen Bürger zugrunde, der in einer Doppelgestalt existiert: einmal als konkrete, in sich selbst begrenzte Person und einmal als Teil eines – in den Augen dieser Person – unendlichen, überpersönlichen Ganzen.

Insgesamt, und das ist der uns interessierende Aspekt an ihr, sorgt die Gesetzgebung Solons für die tendenziell monotheistische Aufwertung eines nicht-lebendigen, eingebildeten, überhöhten Herrscher- und Vatersymbols vor dem Hintergrund einer Einschränkung solcher Autorität, die in der leibhaftigen Person realer Herrscher und Väter in Erscheinung tritt.

Das zeigt nicht zuletzt die von Solon legislatorisch berücksichtigte Auflösung der alten Form der Besitzwahrung. Solon führt die Möglichkeit ein, bei Ausbleiben von Kindern das Vermögen durch Testament auch an Nichtverwandte weiterzugeben. Im Zusammenhang mit der grundsätzlichen Veräußerbarkeit des Grundbesitzes vermehrt das den Bestand an frei verfügbarem Land und Vermögen, wodurch die absolute Macht des Hausvaters zurückgedrängt, sein Monopol auf Unterhaltungszuweisung gebrochen war.

Gott und Geld – Solon als Erlöser

Erwähnen wir, daß Schadewaldt vorschlägt, das griechische Wort »theos« mit »Macht« zu übersetzen.[37] Welche Macht ist gemeint?

Augustinus hat in seinem »De civitate Dei« dem Beinamen ›Pecunia‹ des Jupiter (= Zeus) ein eigenes Kapitel gewidmet. Seine Absicht ist dabei nicht nur eine Predigt gegen den schnöden Mammon. Gefährlicher scheint ihm das zu sein, was er als die subversive Verwandlungsfähigkeit des *einen* Signifikanten erkennt. So mokiert er sich über einen Gewährsmann, der die Omnipotenz des Geldes mit dem Namen Gottes – und umgekehrt – angemessen ausgedrückt fand.[38]

Später wird Marx diese Isologie der Symbole Gott und Geld immer wieder hervorheben. (Wie fruchtbar wäre es, die Denkformen, die Marx benutzt, einmal nicht auf ihre instrumentelle Plausibilität hin zu untersuchen, sondern auf ihre integrative Aura gegenüber ältesten epistemologischen Traditionen. Wenn es z. B. heißt, daß die »göttliche Kraft des Geldes« zu einer »Verkehrung und Verwechslung aller menschlichen und natürlichen Qualitäten« geführt habe, dann zehrt solche negative Theologie noch ganz von dem Topos der verkehrten Welt.[39])

Mit Solon hatte das empirische Stadium der Herrschaft des Geldsignifikanten begonnen, der die Herrschaftsform des Vater- und Phallussignifikanten in einem umfassenderen Geltungsbereich *auf alles* ausdehnte. Das machte ihn zu einem totalen Signifikanten, nach dessen Flöte nun auch die anderen tanzen mußten, selbst wenn sie vor diesem dagewesen waren. Sie waren durch ihn gestärkt, allgegenwärtig, etabliert.

Der Kaufmann verkörpert nicht nur die wachsende Macht des unsichtbaren ›Mittels‹, des absoluten Äquivalents. Er ist dem Bewußtsein von den weitgehend bewußtlosen Abfolgen der Tauschakte auch näher als alle anderen, indem sich für ihn und durch ihn zuerst deren ›Zufälligkeit‹ aufhebt.

Das ist, in diesem Stadium von Solons Auftreten in Athen nach Einführung des Geldäquivalents, sein Avantgardismus, seine Überlegenheit – die er, wir müssen immer wieder auf diesen Punkt zurückkommen – anders einsetzt als seine Vorläufer, Könige und Tyrannen.

Es scheint, daß ihm diese Überlegenheit nicht zu dem gleichen Selbstbewußtsein verhalf wie jenen, daß sie vielleicht weniger leicht oder auf einer ganz anderen Ebene zustande kam – daß sie ihm nicht in den Schoß fiel. Solon, darin den Übergang zur Philosophie markierend, die namentlich Platon als »das Schwerste« bezeichnet hat, stöhnt denn auch rechtschaffen unter den neuen Anforderungen:

Am allerschwersten ist in den Blick zu bekommen das unsichtbare Maß der Erkenntnis, das von allem einzig und allein die Grenzen angibt.[40]

Wer wollte widerstehen, da mit Marx nachzuhelfen:

Im unsichtbaren Maß der Werte lauert das harte Geld . . .[41]

Solon tritt vorübergehend an die Stelle eines solchen für den Blick schwierigen Maßes, aber so, daß er dies nicht ist, sondern es nur inkarniert.

Die Überlieferung hebt an Solon die Züge eines Mannes hervor, der dem Geheimnis der Zirkulation auf die Spur gekommen ist und der daraus seine Weisheit, ein politischer Vermittler sein zu können, ableitet.

Das mit seinem unveräußerlichen Glanz sprechende Gold

hatte die Herrschaft der Könige unmittelbar, ungeteilt zwischen Anschauung und Bedeutung, verkündet. Dem Geld-Mittler, diesem neuen Beherrscher der Polis, der alles in Extreme verwandelt und zu Parteien entzweit hatte, fehlten sämtliche äußeren Attribute des Machttotalitärs. Seine Autorität bedurfte, um sinnlich wahrnehmbar zu sein, der Inkarnation.

(Beim Vergleichen der Waren reicht die Abstraktion hin; beim wirklichen Austausch muß die Abstraktion wieder vergegenständlicht, symbolisiert, durch ein Zeichen realisiert werden. Marx)

Zugleich war dem als Selbstzweck aus der Zirkulation herausgetretenen und im Reichtum ›unfruchtbar‹ gewordenen Geld ein Vermittler vonnöten, der die Ansprüche aus der Zirkulation gegenüber dem zum Souverän aufgestiegenen Mittel geltend machte und ihn an seine produktive Verpflichtung erinnerte (die zunächst keine der moralischen, sondern der technischen Art war):

Die Unvergänglichkeit, die das Geld erstrebte, indem es sich gegen die Zirkulation setzte, sich ihr entzog, erreicht das Kapital, indem es sich gerade dadurch erhält, daß es sich der Zirkulation preisgibt.[41]

Solon tritt in dieser doppelten Funktion in Erscheinung, d. h. er ist der typische ›Erlöser‹. Er ist Repräsentant der Reichtum bildenden Gesellschaft *und* Ingenieur des Ausgleichs, der im *Prinzip* allen Zugang zum Reichtum verschafft. Das heißt, er ist gegen den Reichtum, weil er für das Kapital ist. Die Macht dieses neuen Souveräns in den total, allbeherrschend gewordenen Austauschverhältnissen verträgt sich nicht nur mit der Vatermacht im Rahmen des Patriarchats, es dehnt diese noch aus auf den größer gewordenen, zur Gesellschaft erweiterten inneren Raum gemeinschaftlichen, besser: untereinander abzustimmenden Handelns.

Solon und das Prinzip der Partialität

Das Novum gegenüber der selbstverständlichen Erhöhung der Könige (und Tyrannen) über die anderen – daß Solon sich also *nicht* selbst zur Personifizierung des Gesetzes erklärt –, steht im Einklang mit der Neuartigkeit einer Erfahrung, die nun auch der

Wohlhabende machte: Abhängig von Vermögensgrundlagen, die in den Metamorphosen des Kapitals unvorhersehbare Abenteuer zu bestehen hatten, blieb er zeitlebens, wie es als Bild Solon in den Mund gelegt ist, in der Lage eines Fechters, d. h. in der Lage eines potentiellen Verlierers. Die Legende – mit ihr haben wir es zu tun, auch wenn dieser eine historische Version ihres Gehalts vorausgeht – stattet Solon mit dem Bewußtsein von der *gesellschaftlichen* Vergänglichkeit des Individuums *vor* dessen natürlicher aus.

Das Innovatorische und auf Platons Philosophen Vorausweisende an Solon ist, daß er in einer solchen Situation ›das Seinige‹ tut. Er strebt weder die Verkörperung einer allgemeinen noch der persönlichen Totalität an, nicht die symbolische Wiederkehr des Kosmos in dem Einen, nicht eine Homologie der eigenen Stellung in der Polis zu der des Weltenschöpfers. Er bleibt der eine Spezialist mit dem besonderen Wissen, ein funktionaler Teil des Ganzen. Er ist das Bewußtsein in dem Körper eines endlosen und gestaltlosen Begehrens.

Er ist dabei, als der Politiker neuen Stils, auch wenn er ein höchstes Amt bekleidet, nur noch partiell sein eigenes Selbst. Seine Weisheit richtet sich auf den Ausgleich zwischen den anderen, auf die Klugheit des Mittels, sie ist nicht Ausdruck einer repräsentativen Totalität. Wie der Philosoph bei Platon nur *eine,* und zwar ausschließlich in Verbindung mit dem gesellschaftlichen Ganzen, produktiv zu sehende Eigenschaft von sich verkörpert – die Vernunft –, so inkarniert Solon eine sowohl über sich selbst als endliche Totalität hinausgehende wie dahinter zurückbleibende Fähigkeit. In ihr hat er teil an der Substanz eines außer ihm Gegebenen, Größeren, Allgemeinen. In diesem bildet sich das Gesetz, nicht in dem Anspruch des einzelnen.

Diese Reduzierung des Gesamtstrebens einer Person auf *eine* ihrer Möglichkeiten wird von Freud im Zusammenhang mit dem Begriff der »Versagung« diskutiert. Der Grund, warum solche Personen die damit verbundene »Entbehrung der libidinösen Befriedigung« ertragen, »ohne an ihr zu erkranken«, hat mit der Versatilität der »sexuellen Triebregungen« zu tun, von denen die »eine für die andere eintreten« kann. Der »Sexualtrieb, aus vielen Komponenten, Partialtrieben, zusammengesetzt«, geht bereitwillig auf die Bedingungen ein, die dem Subjekt von außen her vorgeschrieben sind: Er (es) reagiert mit der Regression »auf eine frühere Phase der Sexualorganisation« und überläßt das »Genitalprimat« quasi einer Organisation außerhalb seiner selbst. Das heißt, die Trieborganisation verharrt auf der Stufe partialer Objektbeziehungen *vor* deren Zusammenfassung und Ausrichtung auf das *eine* Objekt und Ziel der letzten, der genitalen Entwicklungsstufe. [42]

Eine Eigenschaft der Partialtriebe kommt dem Subjekt besonders gelegen, sich damit in einem der Metonymie anheimgegebenen Ambiente, wie es der Polis-Wirklichkeit entsprach, *wie* zu Hause zu fühlen:

> Ferner zeigen die Partialtriebe der Sexualität, ebenso wie die aus ihnen zusammengefaßte Sexualstrebung, eine große Fähigkeit, ihr Objekt zu wechseln, es gegen ein anderes, also auch gegen ein bequemer erreichbares, zu vertauschen; diese Verschiebbarkeit und Bereitwilligkeit, Surrogate anzunehmen, müssen der pathogenen Wirung einer Versagung mächtig entgegenwirken. [43]

Der auf Partialität – ein Teil steht *für* das Ganze, der einzelne partizipiert am Ganzen, ohne es zu *sein* – beruhenden gesellschaftlichen Existenzweise in der Polis, die Solon für uns repräsentiert, kommt dies entgegen. In der Austauschbarkeit der Objekte der inneren Triebwirklichkeit im Zeichen der ›Versagung‹ wiederholen sich die äußeren Verkehrsformen, die dem auf ständige Disponibilität der Gegenstände gerichteten Interesse Rechnung tragen.

Das Subjekt wird immer mehr zum Ort sozialer (statt sexueller) Wünsche. Die Aufgeschlossenheit der Partialtriebe, sich auf Surrogate für das ursprüngliche Objekt einzulassen, sich in einer Welt der Substituierungen einzurichten, entspricht einem Vorgang und seinem Resultat, der von Freud ›Sublimierung‹ genannt worden ist. [44]

Der ›herausgetretene‹ Partialtrieb: die Schaulust

Für den infantil sehnsüchtigen, den ›phantastischen‹ Sohn, der nicht bis zur genitalen Endstufe seiner Libidoentwicklung gelangt ist, sind solche Wunschäußerungen bezeichnend, die das Sexualgeschehen und seine Sublimierung auf der Ebene der Partialtriebe fixiert zeigen. Als verschiedene ›Spezialisten‹, wenn man die an einzelne, nicht zusammenhängende erogene Zonen gebundenen Partialtriebe einmal so nennen wollte, bedürfen sie für den Verkehr nach außen, also bei der Objektwahl, eines Vermittlers, d. h. eines einzelnen, herausgehobenen (›transzendierten‹) Partialtriebs, der stellvertretend der Sexualität zu einer kommunikativen, über die autoerotische Befriedigung hinausgelangenden ›Verkehrsweise‹ verhilft.

Ein Partialtrieb, der im Unterschied zu den anderen von vornherein die Eigenschaft hat, sich auf ein Objekt – zuerst am eigenen Körper, dann aber außer diesem – zu beziehen, ist der *Partialtrieb der Schaulust.* Er ist geeignet, die sexuellen Energien zu sammeln, zu bündeln und mit der ihm eigenen ›Körpersprache‹ zum Ausdruck zu bringen. Unter bestimmten Umständen, denen Freud nachsagt, es seien die einer »perversen Sexualität«, wird die Libidoorganisation eines Individuums von *einem* Partialtrieb beherrscht. [45]

Da es sich beim Schautrieb um einen ›herausgetretenen‹ Partialtrieb – und nicht um die in der genitalen Sexualität kulminierende Vereinigung aller Triebe – handelt, kann dieser das in der Genitalität zentrierte Triebverhalten auch nur nachahmen, deren Funktion stellvertretend und mit seinen spezifischen Mitteln ausüben. Das heißt, so Freud, das Auge wird sich wie ein Genital gebärden, aber es wird nie eines sein können. (Es ist darin wie das aus der Zirkulation ›herausgetretene Geld‹, das auch die Ware nachahmt, indem es sie in ihrem Wert darstellt, sie aber nicht *ist.* [46])

Es entspricht dem generellen Partikularismus auf seiten der Polis-Bewohner – durch die ihnen eingeräumte und gleichzeitig genommene Aussicht auf die jeweilige Totalität von einzelnen als einzelne –, daß sie auf der Ebene ihrer Wünsche und Wahrnehmungen über die Stufe der Partialtriebe und deren promiskuitives Ausdrucksbedürfnis nicht hinwegkommen.

Was die einzelnen (Triebe) latent bedrohlich macht, macht sie aber auch gefügig. Der Partialtrieb der Schaulust kennt keine Grenzen in der Wahl und kein Maß in der Zahl seiner Objekte.

Andererseits ist er ›ansprechbar‹, weil immer schon angesprochen.

Vor dem »Bild des Allsehenden« stehend, spricht Cusanus einmal eine Erfahrung aus, die hier weitergegeben werden soll (die in dieser Arbeit ständig weitergegeben wird): »Es drängt sich mir auf, daß dein Blick rede; denn dein Reden ist nichts anderes als dein Sehen. Sind doch ›dein Sehen‹ und ›dein Reden‹ Ausdrücke von gleicher Ordnung.«[47]

Beides, Empfänglichkeit für den Blick und Empfindlichkeit für die Rede, hat einen gemeinsamen Ort: das Unbewußte.

Das neue Sehen der Polis-Bewohner

Daß sich in der Polis ein Areal zugerichteter Partialität und Funktionalität herausgebildet hatte, das sich bis in den Wahrnehmungsbereich fortsetzte, zeigen deutlich Wandlungen im Erscheinungsbild der Visualität, wie es die griechische Sprache in der Zeit verzeichnet.

Homer benutzt z. B. noch zehn verschiedene Verben, wenn er – für ihn unterscheidbare – visuelle Vorgänge beim Menschen beschreibt. Bis zum 5. Jahrhundert sind einige davon jedoch aus der lebendigen Sprache der Griechen wie auch aus ihrer geschriebenen Prosa verschwunden. Es sind die Verben, die für ein affektives, nicht-zweckgerichtetes Sehen stehen, ein Sehen, das »nicht so sehr eine Funktion des Auges, sondern das »Strahlen des Auges, das ein anderer wahrnimmt«, bedeutet. Der sehnsüchtige Blick hinaus aufs Meer; das Sehen analog zu der durchdringenden Kraft der Sonnenstrahlen; die durch die optische Wahrnehmung von bestimmten Gegenständen ausgelöste innere Bewegung, die dabei zugleich *sichtbar* wird; das ins Weite Hinaus-Schauen; das angstvoll ahnungsvolle Voraus-Sehen – das Visuelle stellt bis dahin stets Gefühlsbezüge dar, verschiedene »›Gesten‹ des Sehens«.

Aus alledem kann man zu dem scheinbar paradoxen Schluß kommen, daß die Zeitgenossen Homers »noch nicht sehen konnten«. Das Hervortreten einzelner Körperorgane und ihrer Tätigkeit gehört der Erfahrung einer späteren Zeit an. Ein Beispiel für diesen Partikularismus des Selbstverständnisses vom Körper und seinen Funktionen ist das Auftauchen des erstmals in der zweiten Hälfte des 5. Jahrhunderts belegten Verbs ϑεϱετυ. Es heißt ›zuschauen‹, etwas ›von draußen betrachten‹:

Das ist keine Geste des Sehens, auch keine Emotion beim Sehen . . ., überhaupt kein anschaulicher oder affektiver Modus des Sehens, sondern eine Intensivierung der eigentlichen und wesentlichen Funktion des Sehens. Betont wird die Tätigkeit, daß das Auge einen Gegenstand wahrnimmt.[48]

Der Schritt geht also von einem Einbezogensein in die konkrete Anschaulichkeit der Dinge hin zu einem distanzierenden, ausscheidenden, aktiven Habitus des Visuellen.

Der Begriff ›Nus‹

Ähnlich ist die Entwicklung des für den griechischen Rationalismus zentralen Begriffs νόος (Nus) und des dazugehörigen Verbs νοεῖυ (noein). ›Noein‹ bedeutet bei Homer ›einsehen‹, ›durchschauen‹, »ja weithin läßt es sich mit ›sehen‹ übersetzen«. Es handelt sich gewissermaßen um eine »geistige Wahrnehmung, die mit dem Sehen verbunden ist . . ., es bedeutet: eine klare Ansicht von etwas gewinnen«.[49] Die Affinität zum Sehvorgang ist offensichtlich, und in keinem Fall steht ›Nus‹ bei Homer bereits für Verstand oder verstandesmäßiges Schließen, vielmehr für ein räumliches und zeitliches *Weitersehen*. Diese Bedeutung ergibt sich im Kontext der Homerischen Epen aus der Notwendigkeit, eine bestimmte Situation zu erkennen, d. h. eine Gefahr zu bemerken, zwischen Freund und Feind plötzlich zu unterscheiden. Daß im Augenblick der Gefahr eine sichtbare Gegenstandsoberfläche – ein Mensch, dem man seine Absichten nicht *ansieht* – ›durchdrungen‹ werden, eine Einsicht blitzartig erfolgen muß, impliziert bei diesem Übergang von der bloßen Wahrnehmung zum instinktiven Fassen eines rettenden Plans die intensive Nähe des ›Nus‹ zu emotionalen Vorgängen, und das in ihrer ambivalenten Bedeutung für die Beurteilung einer Situation. Erfolgt die Reaktion auf eine Bedrohung von außen immer gefühlsmäßig, so stört andererseits zu viel Gefühl (Angst, Habgier etc.) das durchschauende Erfassen der Lage und die entsprechende Eingabe eines Handlungsimpulses. Daher ist von vornherein die Richtung des aktiven ›Nus‹ die intellektuelle, eines allzu starken Gefühls sich erwehrende Komponente angelegt, so sehr auch im vorsokratischen Denken die Vergegenwärtigung von nicht unmittelbar gegebenen, fernen Objekten im ›Nus‹ noch intuitiv erfolgt.[50]

In dem zunehmend rationalen Klima der Polis – dem selbst Sokrates, der nach Bergson lieber Orientale als Grieche gewesen wäre, erliegt[51] – wächst die Voraussetzung, aber auch die Notwendigkeit, dem aus dem Umkreis der sinnlichen Wahrnehmung ›herausgetretenen‹ subjektiven Abstraktionsvermögen auf der Seite des Objekts ein Strukturpendant gegenüberzustellen. Es ist Zeit, dem Erfahrungsprinzip des allgemeinen ›Eins über Vieles‹ eine moralische Ausdehnung zu geben.

Solons Behandlung der Homerischen Gleichnisse von einer elementaren Natur führt in diese deutlich kausale Zusammenhänge ein, in denen der Nemesis-Charakter des außermenschlichen Geschehens hervorgehoben und auf die Taten der einzelnen Individuen bezogen wird.[52]

Solons Verschwinden im Ruhm

Solons Stellung in seiner Zeit hatte darin bestanden, daß er sich in ihr immer wieder zum Verschwinden brachte: in der Funktion des Mittlers, im Gesetz, in der Fremde, in der Legende, in der Dichtung. Noch der, der am meisten dafür gesorgt hat, daß der Augenblicklichkeit seiner Erscheinungsweise Dauer beschieden war, brachte ihn damit zum Verschwinden: Platon, im Philosophen.

Er ist selbst dabei noch der Impersonator des monetären Äquivalents in dessen Beziehung zum Warenumlauf, denn, wie Marx schreibt, in diesem

erscheint das Geld nur verschwindend, oder seine Substanz besteht nur darin, daß es fortwährend als dies Verschwinden erscheint, als dieser Träger der Vermittlung.[53]

Auch als Politiker hatte Solon es vorgezogen, aus Athen zu verschwinden.

»Die hohe und reine Seele Solons spricht glücklicherweise noch in einigen Gedichten zu uns«, resümiert Wilamowitz-Moellendorff, »er dankt es dieser seiner Muse, daß sein Gedächtnis überhaupt erhalten blieb.« Ein anderer berühmter Altertumsforscher, Ernst Curtius, spricht dagegen bereits von Solons Gesetzgebung als von einem »mit reifem Bedacht geschaffenen Kunstwerk«.[55]

Die Fremde, in die Solon, angeblich für zehn Jahre, geht, mag für die Athener das Fremdsein gewesen sein, das er ihnen gebracht, das er ihnen jedenfalls nicht genommen hatte. Für uns ist dieses Exil ein Topos für seine zeitlich unbegrenzte Anwesenheit in Athen, für die er die körperliche Präsenz opfern mußte. Die Leichtigkeit, mit der er dem Peisistratos in der Legende Platz macht – die Überlieferung scheint diesen Zug hervorheben zu wollen –, könnte auf die Genugtuung verweisen, nun im Ruhm weiterhin und gar auf unvergängliche Weise anwesend zu sein.

Die Gelassenheit, mit der Solon auf sein Amt verzichtet, ist nicht zu trennen von der Tatsache, daß er mit den öffentlich aufgestellten Tafeln indirekt im Zentrum der Aufmerksamkeit der Athener, und dort sogar für ihre Augen, als Blickpunkt des ganzen Gemeinwesens, verblieb.

Ist das das Gemeinsame an der Schrift der Gesetze und der Schrift der Dichtungen, die Solon von nun ausschließlich verfassen wird? Anders: Ist der Staat – wie ja auch Platon ihn später aus Gesetzen hervorgehen läßt, die nur noch als Buch, als Dichtung, existieren – mit dem Kunstwerk durch ein Bedürfnis verwandt, mit dem einer der neuen Einzelnen (und darin deren Repräsentant) zugleich sein Verschwinden *und* seine Omnipräsenz bewerkstelligt?

Der Staat wie die Kunst ließen diese Existenzweise zu, ja, sie ließen nur noch diese zu, daß einer als lebendige Entität nicht alles und alles sofort sein konnte; daß er die Teilung schmerzlich vollziehen mußte und schließlich wollte im Gefühl für die eigene, körperliche Partialität und die kompensatorische Totalität in einem Dasein fern der physischen Präsenz am realen Ort, fern der lebendigen Gegenwart.

Simulation der Zeugung durch den Sohn

Der Sohn als Sohn hat keine Zukunft. Sein *natürliches* Schicksal ist sein Verschwinden. Entweder in dem durch seine Zeugungsfähigkeit definierten Vater, der er selbst wird; oder in seiner Fortsetzungslosigkeit, Folge der eigenen Zeugungshemmung oder -verweigerung.

Es sei denn . . .

Es sei denn, er behält die *Vorstellung* der Zeugung – als vaterspezifischer Tätigkeit – bei und realisiert sie in der Weise, die der Partialität, auf der seine psychische Organisation beruht, entspricht. Auf das triebökonomische Schema bezogen heißt das: Das Organ des Partialtriebs der Schaulust übernimmt stellvertretend die Rolle des Organs der eigentlichen Geschlechtsreife, des männlichen Genitals. Oder auch: Das Auge verhält sich zum Penis wie der Sohn zum Vater. Und wie der Vater leibliche Nachkommen zeugt, so *zeugt* der Sohn ›Sprößlinge‹, die sich der Schaulust verdanken: schöne, dem Gesichtssinn gefällige Gegenstände.

In ihnen setzt sich auch die endliche Existenz des typischen – d. h. in der Frage der körperlichen Zeugung gehemmten – Sohnes unendlich fort, sowohl zeitlich wie im Einklang mit der Reproduzierbarkeit von Objekten, denen ihr Charakter als Surrogat die ›Reihung‹ von vornherein vorschreibt. [56] Mit anderen Worten: Der Sohn erlangt die Unsterblichkeit des Künstlers, der diese Wesenseigenschaft mit den Göttern gemeinsam hat.

Platon wird denn auch diese Art von Fortpflanzung als die dem Philosophen angemessene erkennen und benennen. Wie sehr sie eine Angelegenheit des sublimierten Schautriebs ist – dem es immer um Sehen *und* Gesehenwerden zu tun ist –, das zeigt sich daran, daß er ausnahmsweise einmal die sonst wegen ihrer anschauungslüsternen Kunst verketzerten Dichter Homer und Hesiod als Beispiele heranzieht:

Und jeder sollte lieber solche Kinder haben wollen als menschliche, wenn er auf Homeros sieht und Hesiodus und die anderen trefflichen Dichter, nicht ohne Neid, was für Geburten sie zurücklassen, die ihnen unsterblichen Ruhm und Angedenken sichern, wie sie selbst auch unsterblich sind. [57]

Die eigene Fortdauer über den leiblichen Tod hinaus wird von der zeitlosen Gültigkeit der Kunstwerke abhängig gemacht. Und jenes ›nicht ohne Neid‹ ist ein Indiz für die den *Blicken* und ihrem Produktionsmodus anheimgegebene Begründung einer Ahnenreihe, die alle leiblichen Geschlechter überdauert. Das Begehren möchte den Beneideten ihre ständige Präsenz unter den Augen der anderen wegnehmen, sich an ihre Stelle als besonders ›Angesehene‹ setzen. So ist der Neid denn auch lateinisch als invidia (videre = sehen) ein seit jeher dem Gesichtssinn zugeschriebenes Laster, eine gleichsam vergiftete Schaulust. [58]

Der (neben Shakespeare) große englische Barde der petrarkistischen ›umgelenkten‹ Augenlust, John Donne, dichtet also noch völlig im Einklang mit dieser platonischen Fruchtbarkeitsvorstellung, wenn er in eins seiner Gedichte die zwei Zeilen aufnimmt:

Bilder in unsere Augen zu bekommen
War unsere ganze Zeugung. [59]

II. Sehen – das Geld der Sinne

Vom Geschlechtsteil des Geldes

Euripides hat in seinem Hippolytos, der die bekanntesten Verhaltensgenera der nach dem orphischen Gelübde Lebenden als ironischer Prototyp auf sich vereint, auch einen Fall von ›Versagung‹ beschrieben. An die Stelle libidinöser Befriedigung ist bei ihm ein gesellschaftlicher Vorgang getreten, so, wie in der Sublimierung das Subjekt sich auf die höher gestellten sozialen Ziele – anstelle der ›selbstsüchtigen‹ sexuellen – hin organisiert hat. Den Fortpflanzungsakt wünscht Hippolytos sich nun durch einen Kaufakt ersetzt, der Frucht geschlechtlicher Vereinigung zieht er deren metallurgisches Äquivalent vor, wenn er sich etwa in einem Stoßseufzer an Zeus wendet:

»War es dein Plan, daß Menschenart sich mehrt,
Ganz ohne Frauen sollte das geschehen.
In deinen Tempeln müßte man um Geld,
Mit Gold, mit Eisen oder Erzgewicht,
Der Kinder Samen kaufen . . .«[60]

Vermehrung nicht durch Beteiligung der körperlichen Liebe, sondern durch den Einsatz des den Tausch in Fortsetzung (Fortpflanzung) haltenden Geldes. Wir werden noch sehen, wie dieses Symbol immer wieder auf dem Wege liegt, wenn das Subjekt der Sache selbst noch in der Vorstellung auszuweichen gedenkt; und wie der Kreislauf des Lebens fürs Phantasma in die Zirkulation der Waren übergeht, wenn am geheimsten Ort der Wünsche der Andere seinen Katalog ausgelegt hat.

Die merkwürdige Osmose, der sich eine literarische Kultur verdankt, sei hier noch belegt mit einem Beispiel für die so rätselhafte wie tatsächliche Verbreitung *eines* Jargons, in dem das Unbewußte seinen auf immer gleiche Art verschlüsselten Ausdruck findet, der jedoch schon darin, daß er sich wiederholt, einen Schlüssel mitliefert:

Wie ›erklären‹ wir wohl, daß Rilke in den »Duineser Elegien« in einer Inversion des hyppolyteischen Stoßseufzers dem Geld nachsagt, daß es sich »anatomisch vermehrt«? Ja, er spricht sogar von einem »Geschlechtsteil des Geldes«.[61]

Oder: Was lanciert das Geld ausgerechnet in eine Liebes-Elegie von John Donne, in der Mund und Vagina der Geliebten zu Geldbörsen geworden sind, überwacht von dem richtungweisenden *Blick* eines Bankiers?[62]

Oder: Wieso werden in einem Vermählungsgedicht von Gryphius Liebe und Geld am Schluß besonders als Gegensatz herausgestellt?[63]

Hier gelangte die Topos-Forschung alten Stils längst an ihre Grenzen, zeigen sich die Bildvorstellungen des Dichtenden doch nicht an den literarischen Kanon allein gebunden. Die Kette reicht durch diesen hindurch bis zu dem Urgrund der Sprache, auf dem das Subjekt aus dem Anlaß des gehemmten Liebesvollzugs am ehesten auf den Vaterschatten stoßen muß.

Es gehört nun einmal zu den Bedingungen des dichterischen Sprechens, daß traumatische Inhalte des Unbewußten durch substituierende Bildformeln zugleich aufgerufen und entschärft werden. Die Umstände, unter denen sich etwa für Kellers ›grüner Heinrich‹ Väter in Geld und Geld in Väter verwandeln, ergeben sich eher aus dieser inneren Erfahrung des Protagonisten denn aus seiner äußeren Abhängigkeit vom Elternhaus – wenn auch von daher das Stichwort für die spezifische Symbolwahl gekommen sein mag.

Das Geld macht, wenn es in Assoziation zu Vorstellungen vom Liebesvollzug in Erscheinung tritt, in der Regel auf Hemmungen und Trennungen hierbei aufmerksam. Dem Geld fällt seine weitreichende Symbolqualität als Gegenstand im Zentrum unserer täglichen Aufmerksamkeit zu, schon im Rahmen der Warenzirkulation hat es seinen materiellen Eigenschaften eine immaterielle *Bedeutung* aufgesetzt. Mit dieser Bedeutung verweist es noch hinüber in andere, strukturgleiche, isomorphe Systeme einer Signifikantenordnung, in der jeweils ein allgemeines Äquivalent aus der zirkuitiven Berührung der Werte und Gefühle herausgetreten ist: der Vater, der Phallus, das Kapital.

Was es den Waren gegenüber ausrichtet, die durch diesen Zwischenkörper getrennt einander nicht mehr direkt begegnen, das macht es auch den Wünschen plausibel als Hemmnissymbol

in jenem ›Dritten‹, auf den das Subjekt seine erste und nachwir-
kendste Trennungserfahrung zurückführt. Sie markierte den
Eintritt in die ›symbolische Ordnung‹.

Für Marx ist die Welt der Tauschbeziehungen diese symbolische Ordnung par excellence, zumal, wie es bei ihm heißt,»das
materielle Geld als bloßes Tauschmittel selbst symbolisch ist«.
Damit das Geld als allgemeines Äquivalent aus der Zirkulation
heraustreten kann, müssen die Gegenstände zuerst darin unterbrochen werden, sich unmittelbar aufeinander zu beziehen. Ihrem neuen Verhältnis im Warenverkehr geht daher voraus, daß
»jede der Waren einem Dritten gleich, d. h. sich selbst ungleich«
gesetzt wurden. Oder:

Sie (die Ware) muß mit einem dritten Ding ausgetauscht werden, das
nicht selbst wieder eine besondere Ware ist, sondern das Symbol der Ware
als Ware, des Tauschwerts der Ware selbst.[64]

Marx und Lacan

Die Sprache vollzieht den Einbruch dieses Dritten hier noch
wahrheitsgemäß als den eines Gegenstandes, eines ›Dings‹, und
verweist damit ehrlich weiter auch nach unten, während das Ich
mit der diskursiven Folgerichtigkeit seiner adaptiven Absichten
nach oben strebt, in die Höhe einer neuen Semantik.

Vom Geld, das zum»Zeichen seiner selbst« geworden ist, heißt
es ebenfalls bei Marx: »Seine Selbständigkeit ist nur Schein.«[65]

Unsere Lebensverhältnisse sind deswegen nur dem Scheine
nach Verhältnisse, die unseren Bedürfnissen entsprechen.[66] Marx
begründet den Schein mit einer Dialektik, die verblüffend an das
sartre-lacansche Subjekt-Konzept erinnert. Da jeder aufgrund
vorgestellter Bedürfnisse des anderen produziert, produziert er
nur»dem Schein nach«. Jeder dringt dazu begehrlich-gedank-
lich in den anderen ein, um *aus diesem heraus* den Entschluß für die
eigene Produktion zu treffen. So nehmen sich die Subjekte als
Objekte wahr, und ihr Begehren konstituieren sie aus dem Begehren des anderen. Sie begehren so tatsächlich ›im Schein‹, im
Widerschein des Begehrens eines anderen, das sie auch nur ahnen
und so antizipieren können.

Das sollte uns allerdings an jenes »Dazwischentreten eines Scheins, der an Stelle des Habens rückt«, denken lassen, von dem Lacan im Zusammenhang mit dem Phallus spricht, dessen Erscheinungsweise für das Subjekt er an anderer Stelle das »Phallusphantom« nennt. Darauf geht zurück, »daß die Zeugung dem Vater zugesprochen werden kann allein vermittels der Wirkung eines puren Signifikanten«. [67]

Die Aufhebung des Scheins erfolgt, jedenfalls für den frühen Marx, in einer narzißtischen Impression, die darin fast wörtlich an ähnliche Stellen bei Rousseau anschließt: »Unsere Produktionen wären ebenso viele Spiegel, woraus unser Wesen sich entgegenleuchtet.« Wie die utopische Dimension bei Marx überhaupt auffällig eine andere Form des *Sehens* ist: »Das Auge ist zum menschlichen Auge geworden«, d. h. das Subjekt und sein Bild sind eins, jeder ›tut‹ nun »wirklich das, als was der andere ihn anschaut«. [68]

Fetischismus und Geld

Lukian – immerhin im zweiten Jahrhundert nach Christi – stellt die Wirkungsform des als Geld fungierenden Goldes in der ihm eigentümlichen Weise heraus, wenn er die in der Antike vielkolportierte Geschichte des Solon vor Kroisos dialogisiert und dazu zwei Chargen den unsichtbaren Wert des Edelmetalls erörtern läßt:

Charon: Das glänzende Blaßrötliche dort ist also, was man Gold nennt? Es ist mir lieb, daß ich das Ding endlich einmal zu *sehen* bekomme, wovon ich immmer so viel reden höre.
Merkur: Ja, lieber Charon, das ist das so hochgepriesene Gut, das soviel Unheil in der Welt anrichtet.
Charon: Ich kann nicht *sehen*, was daran Besonderes sein soll, außer daß es diejenigen, die es tragen, schier zu Boden drückt. [69]

Lukian nennt das Gold »die Seele allen Verkehrs zwischen den Menschen«, und sein Witz lebt von dem Kontrast, der zwischen dem niederdrückenden Gewicht des Metalls und dessen alle anders gewichteten Verhältnisse ›aufhebenden‹ Wirkung besteht. Zugleich aber stellt sein Dialog eine Beziehung zu jener anderen

Ebene her, auf der das ›hochgepriesene‹ wie ›unheilvolle‹ Gut wieder einmal als ›Ding‹ angesprochen wird. Endlich, sagt einer, bekäme er es zu *sehen,* doch mit den Augen kann er nicht ausmachen, wieso der betreffende Gegenstand etwas ›Besonderes‹ sein soll.

Marx bringt dieses Geheimnis auf eine Formel, in der sich eine Schlußfolgerung gewissermaßen im Kreise dreht:

Das Rätsel des Geldfetischs ist daher nur das sichtbar gewordene, die Augen blendende Rätsel des Warenfetischs. [70]

Das Rätsel bleibt somit ein Rätsel. Die einzige Richtung, die in dem Hinweis liegt, ist die, daß das Rätsel aus dem Unsichtbaren ins Sichtbare übertritt und dort die *Augen blendet.*

Bisher, sahen wir, hatte das Numinose diese Wirkung gehabt: Der Philosoph wurde am Ausgang der Höhle vom göttlichen Licht überwältigt, was als Blendung nach dem Blick in die Sonne versinnbildlicht erscheint. Das hindert den Philosophen jedoch nicht daran, weiterhin zu ›sehen‹, wenn auch, wie gesagt, mit nichtkörperlichen Augen, d. h. mit Augen, die dort etwas erkennen, wo andere *nichts* sehen.

Das gleiche Verhältnis einer zwiespältigen Objektfixierung durch den Schautrieb begegnet uns allerdings im Fetischismus. Auch da nimmt der Wunsch, zu sehen, auf zwei Wahrheiten gleichzeitig Rücksicht, d. h. das frühe Identifikationsverlangen bringt zwangvoll eine »doppelte Vorstellung der Mutter« hervor: »sie wird wahrgenommen als Besitzerin und als Nicht-Besitzerin eines Penis«. [71] Die Überlagerung von Verleugnungs- und Ersetzungsstrategien gegenüber einem immer schon phantastischen Organ haben ihren Austragungsort vollständig in das Vollzugsorgan der Schaulust verlegt:

»Der visuelle Körperkontakt mit einer weiblichen Person (Mutter oder Schwester) begünstigt die Bedeutung dieser Identifizierung ...« [72]

Der Schaulust (»dem zentralen Element der fetischistischen Perversion«) zahlt sogar noch der Analytiker Marx seinen Tribut, indem er ausgerechnet den »Fetischcharakter der Ware und sein Geheimnis«, also den mysteriösen Wertcharakter eines Gegenstandes in der Vorstellung von Produzenten und Käufern, anhand eines Seh-Vergleichs erläutert.[73] Dergleichen bestätigt, vor Freud, die Erfahrung mit der kompensatorischen Produktivität menschenmöglicher Sehakte, denen zugrunde liegt, daß sie einem ›Ding‹ ausweichen, das den Blick anzieht und durch ihn ängstigt, das aber auch mit dem Blick selbst identifiziert werden kann; und die diesen Gegenstand nach dem stets subjektiven Erlebnis einer *Blendung* nun *ausblenden* und dabei doch die *blendenden* Eigenschaften, d. h. einen geheimnisvollen *Glanz* diesem weiter zusprechen (zusehen, müßte es heißen):

Mit eigenen Augen sehen, trägt zur ›Wertverschiebung‹ bei, von der Freud später als von der ausschlaggebenden Komponente bei der Schaffung des fetischistischen Objekts spricht, denn dieses *Sehen* bewirkt eine Mutation unserer Sinneswahrnehmungen . . .[74]

Es gibt keinen Partialtrieb, dessen Eigenschaften ihn mehr prädestinierten, sich der Surrogatwelt des Scheins zu attachieren, als der Partialtrieb der Schaulust. Dem kommt bereits die Psychologie seiner täglichen Praxis entgegen, wie auch Groddeck in einem Aufsatz zu zeigen versucht hat:

Schon das Werkzeug, mit dem wir sehen, das Auge, ist dieser Notwendigkeit des Verdrängens gemäß eingerichtet.[75]

So kann denn auch das Subjekt mit Hilfe des Gesichtssinns der einschneidendsten Hemmung seiner Triebentfaltung am besten begegnen, ist doch, wie Lacan sagt, »der Schautrieb der Trieb, der am vollständigsten den Begriff der Kastration umgeht«.[76]

Ist das Sehen nicht selbst schon ein Surrogat, wenn es die lustvolle körperliche Berührung in zunehmendem Maße nicht mehr vorbereitet, sondern immer schon *ersetzt*?

An kaum einer Stelle ist die Verbindung zwischen Warenökonomie und Trieborganisation so deutlich wie beim Fetischismus. Seine Phänomenologie ist voller Ausprägungen für die Besetzungsneigung des Gesichtssinns und die besondere Eignung des Geldes, dieser Besetzung als Objekt zu dienen. Auf die omnipräsenten Potentialitäten des Geldes spricht das Subjekt immer auch wegen seiner Erfahrungen mit einem nur halbwirklichen Organ an, dem es analoge Fähigkeiten beimaß und dem es sich ausgeliefert, unterlegen sah. Zu ihm unterhält es jedoch mit der Ambivalenz von Neugier und Furcht ein unauflösliches Verhältnis. Ihm kann es nur in dem so geschwinden wie persevierenden Zur-stellesein mit eigenen Simulacren begegnen, Simulacren jener Vorgabe des (gefährdet) Authentischen im Feld der Erfahrungen mit der Kastrationsdrohung: mit *Bildern.*

Die ästhetische Ersatzbildung, die in der Neuzeit den Fetisch-charakter ihrer Objekte ja immer weniger leugnet, verrät auch eine verdeckte, gleichwohl öffentlich goutierte Einbeziehung des Geldes in die Sphäre der überspringenden Besetzungen; eines sowohl Irritation wie Befriedigung hervorrufenden Zwischenkör-pers, den, wie wir an Kellers Protagonisten im »Grünen Hein-rich« sehen werden, ein Kunstbegehren den ästhetischen Gegen-ständen gleichwertig und mit ihnen kompatibel erachten kann. (Keller, der einem gemäßigten Liberalismus anhing, wußte sich diesem Befunde seines Romans jedoch bis zum Schluß nicht recht zu stellen.) (S. Kap. 15.)

Blendung und Ästhetik (Nietzsche)

Der eine, gleichsam der deutsche Weg einer ausschließlich nega-tiven Besetzung das Geldes – ohne den positiven Aspekt auf das Geld als eines Zivilisations-Vektors wie in den Theorien von Adam Smith und Adam Ferguson[77] – wird am kompromißlose-sten von zwei Autoren eingeschlagen, die sonst nicht viel gemein-sam haben: Marx und Nietzsche. Die bürgerliche Gesellschaft erscheint beiden als das verlorene Paradies, das Geld als ihr falscher Messias.

Kein Autor hat das Objekt der Ersatzbildung unter solchen inneren Kämpfen (die er selbst mit einem äußeren Krieg asso-ziiert) einzig in das Einzugsgebiet ästhetischer Geltungsansprü-che und Gültigkeitskategorien dirigiert wie Nietzsche und dort mit einer rigiden Theorie verschlossen, deren sowohl dogmati-scher wie polemischer Charakter schon auf die nächste Theorie verweist.

Das Erregungspotential, das zu dieser Ordnung in ihrer immer noch gewaltsamen Begründung und Rechtfertigung hinlenkt, bleibt in Nietzsches einziger zusammenhängender poetologi-schen Schrift, »Die Geburt der Tragödie«, die ganze Zeit über spürbar. Was im ›Dionysischen‹ als gefährlich, ja, tödlich aufbricht und die Auslöschung des principio individuationis in Aussicht stellt, das ist von jener Mischung aus Verlockung und Grauen, mit dem das Unbewußte der Muttererscheinung und ihren Attributen ein heimliches und unschlüssiges Andenken bewahrt. (Nicht von ungefähr taucht in »Die Geburt der Tragödie« das Dionysische ständig im Wortfeld von Mutter, Urmutter, Mutterschoß, Geburt sowie Urlust, Urfreude, Urheimat, Urbild auf, ganz zu schweigen von der Gleichsetzung des Dionysischen mit dem Ur-Einen.)

So sehr Nietzsche immer wieder eine »Unerschrockenheit des Blicks« fordert, so beredt ist sein erstes Buch in den *Wiederholungen* zur Beschwörung des Apollinischen. Es ist ein dem Augenblick der Kunstschöpfung (der *Geburt* der Tragödie) gleichzeitiger, unentbehrlicher, wesentlicher Faktor, der das Überleben des Subjekts erst garantiert, indem er den Schein, die symbolische Ordnung einführt, indem er für den Kunstcharakter sorgt. Das Apollinische bezeichnet die illusionsbildende, die heilsam täuschende *Anschauung* (die für Nietzsche auch auf der Ebene des Sprachlichen zugegen ist), die im entscheidenden Moment einspringende Verbildlichung, die rettende Erfindung der visuellen Einbildungskraft. In ihr tritt etwas an die Stelle, wo eine augenverschließende Befürchtung nichts wahrnimmt als das Gefühl einer Abgründigkeit, in die hinab der Sturz bevorsteht. Den Zwiespalt des Helden der Tragödie spricht der Text unmißverständlich als das Drama aus, als das es der vom Schautrieb geleitete Protagonist erfährt und sogleich auf die Zuschauer überträgt:

Er schaut mehr und tiefer als je und wünscht sich doch erblindet.

Noch deutlicher tritt das ›Rätsel‹ des die Augen anziehenden wie ›blendenden‹ Fetischs an einer Stelle hervor, wo der Autor dem Tragödienzuschauer mit einem »bohrenden Blick« für die »innere bewegte Welt der Motive« (des Dramas) ausstattet. Die apollinischen Schleier, die ein ›Mehr‹ verheißen, wo ein ›Nichts‹ sich aufgetan hat, bewahren den Blick vor der gefürchteten Wahrheit, durch sie hindurch bleibt er jedoch in deren Bann:

Die hellste Deutung des Bildes genügte uns nicht: denn dieses schien ebensowohl etwas zu offenbaren wie zu verhüllen; und während es mit seiner gleichnisartigen Offenbarung zum Zerreißen des Schleiers, zur Enthüllung des geheimnisvollen Hintergrundes aufzufordern schien, hielt wiederum gerade jene durchleuchtete Allsichtigkeit das Auge gebannt und wehrte ihm, tiefer zu dringen.

Und noch einmal beschwörend:

Verstehen wir doch jetzt, was es heißen will, in der Tragödie zugleich schauen zu wollen und sich über das Schauen hinauszusehnen . . . [73]

Verstehen wir also.

3. Ursprüngliches Objekt und durchkreuztes Blickfeld

Die Mutter im Einzugsgebiet der Scham

Im Vorfeld der Mutter: die Metonymie

Je mehr, was wir hier ständig beziehungsreich nachvollziehen, darauf hinausläuft, daß Sohn und Vater gar nicht zwei getrennte Personen sind – und wenn, daß uns ihr Gegensatz *in* einer begegnet –, desto notwendiger wird es, den Zweck dieser Selbstverdoppelung zu verfolgen und das Ziel, dem solche psychischen Manipulationen gelten, und sei's auch nur von ferne, deutlicher werden zu lassen.

Wie immer stößt, wer hier nach Erklärungen sucht, zunächst auf das Repertoire mythisch gehaltener Veranschaulichungen, die jeder modernen, psychoanalytischen Klarstellung zuvorkommen. Und nicht nur der psychoanalytischen. Die Literatur verdankt jenem Ziel und seiner Schwierigkeit für das Subjekt ihre Existenz und die Vielfalt ihrer Formen. Roland Barthes spricht davon, wenn er schreibt:

> Der Schriftsteller ist jemand, der mit dem Körper seiner Mutter spielt . . .: um ihn zu glorifizieren, zu verschönern oder um ihn zu zerstückeln, ihn bis zur Grenze dessen zu bringen, was vom Körper erkannt werden kann.[1]

Wir kennen die geistesgeschichtliche Episode mit Namen Kierkegaard als ein eindrucksvolles Kapitel aus dem Buch exemplarischer Vatergeschichten, wir sind vielleicht erstaunt, wenn wir bei ihm den von seinem Vater Abraham zur Tötung weggeführten Isaak auf einmal im Lichte seiner Bindung an die Mutter sehen.

Ein »Stimmung« überschriebenes Proömion zu Kierkegaards »Lobrede auf Abraham« schildert in vier Variationen Auszug und Heimkehr von Vater und Sohn. Der Abschied von der Gattin bzw. Mutter Sara steht am Beginn der vier Wiederholungen, von denen jede auch mit einem abgehobenen Abschnitt endet, in dem jeweils eine Elegie auf die Entwöhnung angestimmt ist. Der erste dieser vier Abschnitte lautet:

Wenn das Kind entwöhnt werden soll, dann schwärzt die Mutter ihre Brust; es wäre ja auch herzlos, daß die Brust lieblich aussähe, wenn das Kind sie nicht bekommen darf. So glaubt das Kind, die Brust habe sich verändert; aber die Mutter, sie ist dieselbe geblieben, ihr Blick ist zärtlich und behutsam wie immer. Wohl dem, der nicht schrecklichere Mittel benötigt, um das Kind zu entwöhnen![2]

Im zweiten Abschnitt »versteckt die Mutter wie eine Jungfrau den Busen« vor dem Sohn; im dritten ist die Rede von der gemeinsamen Trauer, die Mutter und Sohn über die Trennung hinweg verbindet; im vierten dann heißt es:

Wenn ein Kind entwöhnt werden soll, dann hat die Mutter eine kräftigere Speise zur Hand, damit das Kind nicht umkommt.

Blick und Hand sind hier noch Attribute *eines* Leibs, der Schnitt, der durch diesen Leib bereits gegangen ist und der beide in zwei entgegengesetzte Pole auseinandergebannt hat, erscheint in einem *zeitlichen* Kontinuum überbrückt: Der Sohn bleibt Kostgänger (wenn auch gleichsam von längerer *Hand*) der Mutter, in der so vieles noch einmal beschwichtigt Platz hat.

Doch scheint sich Welt immer mehr im Vorfeld (in das die Hand weiter hineinreicht) dieses Leibes abzuspielen. Hier hat die Metonymie ihre erste und vielleicht größte Stunde, hier zeigt sich ihr Wesen, hier entsteht ihre Notwendigkeit.

Die Brust ist die Mutter, und sie ist auch schon (pejorativ) diese Welt. Sie ist noch ursprüngliches und tendenziell schon ablösbares Objekt. Sie ist, nach Bedarf, noch alles und schon Substitution. Sie ist außen, davor, so daß sich an ihr abreagieren läßt, was sich nicht schon auf das Ganze richten soll: »So glaubt das Kind, die Brust habe sich verändert . . .« Indem es das glaubt, bewahrt es sich die Mutter als das, was sie einmal gewesen sein soll. Dabei entrückt es sie, um sagen zu können, vielleicht für immer: »aber die Mutter, sie ist dieselbe geblieben, ihr Blick ist zärtlich und behutsam wie immer«.

Wir könnten den Weg bis zu diesem Punkt – bis zu diesem Blick

– noch einmal durch das Material der Entwicklungspsychologie zurücklegen und würden dann feststellen, daß die Metonymie eine Grundform und daß der Blick der Angelpunkt jeder emotionalen Ordnung am Anfang ist:

Die wichtigsten Interaktionen zwischen Mutter und Kind liegen gewöhnlich im visuellen Bereich: Das Kind bietet seinen Körper der Mutter dar, und sie reagiert darauf mit einem Aufglänzen des Auges.[3]

Der Mythos, klug und wesentlich wie stets, hat dieses ›Aufglänzen‹ in den Widerschein einer nie ganz erlöschenden Glücksreminiszenz hineingenommen. Helios, bei Homer der männliche Gott der Sonne, erhält bei Hesiod die Titanin Theia, auf deutsch »die Göttliche«, zur Mutter.[4] Für Pindar, bei dem Theia nur ein Name von vielen für die *eine* Göttliche ist, ist *sie* der Ursprung des Lichts, ihr Sohn Helios erhält erst von ihr seine Lebenskraft, sein Wesen. Alles Glänzende im Dasein des Menschen, das Gold (!) wie der Ruhm (!), sind der Abglanz ihrer »Glanzsubstanz, die noch hinter der Sonne liegt«.[5] So ist es nicht so abwegig, den Namen Theia eventuell aus dem griechischen Verb ›theaomai‹ (= sehen) abzuleiten.[6]

Jede Irritation im Feld der frühkindlichen, prädestiniert visuellen Kommunikation zwischen Mutter und Kind prägt das spätere Wahrnehmungsverhalten des Subjekts. Wenn es die Mutter etwa nicht über sich bringt, ihren Körper dem Kind für seine narzißtischen Besetzungen ›darzubieten‹,

dann werden die visuellen Interaktionen überbesetzt, und das Kind versucht, durch das Anschauen der Mutter und das Angeschautwerden durch sie nicht nur die narzißtischen Befriedigungen zu bekommen, die der visuellen Modalität entsprechen, sondern es versucht auch die Enttäuschungen im Bereich des (oralen und taktilen) Körperkontakts auszugleichen.[7]

Damit bliebe ein übertriebener Wunsch, zu sehen – und gesehen zu werden –, genetisch und für immer im Bannkreis des Mutterkörpers, der sich dem Kind gleich in metonymer Verkürzung präsentiert und den Einstieg in den endgültigen, symbolisierenden Wirklichkeitsbezug gleich ohne Alternative dazu läßt. (Von da an ist jeder Infant ein kleiner Vico: Er nimmt nur wahr, was er vorher dank seiner Phantasie selbst hervorgebracht hat.)

Was in diesem Stadium größter visueller Aufgeschlossenheit sich einprägt an Abbruch einer einmal eingeschlagenen Gefühls-richtung und wie das Auge, gleichsam als Subjekt im Subjekt, ihn vollzieht, darüber gibt wie kaum sonst ein literarisches Zeugnis Rilkes achte Elegie im Zyklus der »Duineser Elegien« Rechen-schaft. Schon die ersten vier Zeilen stellen den Abbruch als Umbruch dar: dem vom Tier zum Menschen. Dieser ist seither ein insgesamt beklagenswertes Geschöpf:

Mit allen Augen sieht die Kreatur
das Offene. Nur unsere Augen sind
wie umgekehrt und ganz um sie gestellt
als Fallen, rings um ihren freien Ausgang.[8]

Das ist die einschneidende ›Umlenkung‹, die auch den Blick umwendet, nach innen vornehmlich, auf der Flucht vor den Blicken der anderen (des Anderen). Die »große Bedeutung des visuellen Moments für die Identitätsbildung« macht verständ-lich, warum durch die Situierung des Subjekts in einem Blickfeld über dessen Selbstgefühl entschieden ist.

Wahrnehmung und Begehren (Merleau-Ponty, Husserl, Lacan, Sartre)

Merleau-Ponty hat das »Gesichtsfeld« eines Menschen als etwas von vornherein Gegebenes charakterisiert, »auf Grund einer ur-sprünglichen Übereinkunft . . . und ohne Bemühung meiner-seits«. Mit anderen Worten und auf die visuelle Wahrnehmung bezogen: »Sehen ist etwas Vorpersönliches.« Der Sehakt hat daher seine äußeren Begrenzungen wie auch seine immanente Vorgefaßtheit, »in bestimmten Anblicken des Seins einen Sinn zu entdecken«. Eine zusammenfassende Definition lautet denn auch: »Sehen ist sonach *an ein bestimmtes Feld gebundenes Denken,* und dies ist es, was wir je Sinn nennen.«[9]

Das besondere Interesse für die Bedeutung des Sehens im Zusammenhang mit der Bewußtseinsbildung teilt Merleau-Ponty mit Husserl. Für Husserl ist das Sehen die Dimension der menschlichen Urteilsbildung schlechthin:

Das *unmittelbare ›Sehen‹,* nicht bloß das sinnliche, erfahrende Sehen, sondern das *Sehen überhaupt als originär gebendes Bewußtsein welcher Art immer,* ist die letzte Rechtsquelle aller vernünftigen Behauptungen. [10]

Wer urteilen kann, wer urteilen will und *muß*, existiert allerdings in einem Ambiente bereits gefällter Urteile, auch über ihn selbst. Die Konsistenz des Subjekts steht ja nicht fest, bildet sich aus immer neuen Akten des Wahrnehmung, worauf schon Merleau-Ponty – vor Lacan – hingewiesen hat. [11]

Die psychoanalytische Erfahrung besagt: »Die Kastrationsangst durchzieht wie ein Faden alle Etappen der Entwicklung.« Eingeordnet in das phänomenologische Feld der Wahrnehmung ergibt sich für das Subjekt daraus eine Schwächung aus den ›vorpersönlichen‹ Gegebenheiten, die bedeuten, daß es »die Präexistenz eines Blicks« gibt – »ich sehe nur von einem Punkt aus, bin aber in meiner Existenz von überall her erblickt«.

Daß Merleau-Ponty sich schon selbst vom »Feld der Wahrnehmung« auf das »Feld des Begehrens« begeben habe, deutet Lacan an: »Beim Sehen befinden wir uns nicht länger auf der Ebene des Anspruchs, sondern auf der Ebene des Begehrens, das sich an den Anderen richtet.«

Das Begehren ist die Wirklichkeit unserer Wünsche, die auf den Phallus Bezug nimmt, d. h.: »es geht um das Verhältnis zum Phallus, sofern der Phallus einen Ausfall bedeutet hinsichtlich dessen, was an Realem in Absicht des Geschlechts erreicht werden könnte«:

Weil wir es im Innersten unserer Erfahrung des Unbewußten mit diesem Organ zu tun haben – das beim Subjekt bestimmt ist durch die im Kastrationskomplex organisierte Insuffizienz – können wir auch erfassen, in welchem Maße das Auge von einer ähnlichen Dialektik erfaßt ist. [12]

Sartres Phänomenologie des Blicks zeigt uns, wie das Subjekt dem Signifikanten aus der abgedunkelten Welt des Unbewußten im Licht des sozialen Geschehens begegnet – als Blick:

Aber die Gegenwart der Anderen in seinem erblickenden Blick kann nicht dazu beitragen, die Welt zu verstärken, sie entweltet sie im Gegenteil, denn gerade sie bewirkt, daß mir die Welt entgeht. [13]

Im Feld des Sehens etabliert sich denn auch die eigentliche

Wirklichkeit des Subjekts, das ständig die Wünsche, die Erwartungen des Anderen einbezieht:

Das Subjekt ist nicht voll da, es ist ferngesteuert. In Abänderung meiner Formel für das Begehren – *das Begehren des Menschen ist das Begehren des Andern* – möchte ich sagen, daß es sich hier um eine Art Begehren *nach* dem Andern (désir *à* l'Autre) handelt, an dessen Ende das *Zu-sehen-Geben* (le donner-à-voir) steht. [14]

Schautrieb und Scham

In diesem Feld unentwirrbarer, unsichtbarer Linien, die das Begehren zieht, entsteht auch die schwerwiegendste Identitätsstörung, die bezeichnenderweise ständig auf den Gesichtssinn und seinen nicht an der Oberfläche bleibenden Ausdruck Bezug nimmt: die *Scham*. So heißt es bei Freud:

Die Macht, welche der Schaulust entgegensteht und eventuell durch sie aufgehoben wird, ist die Scham. [15]

Für Sartre erfolgt durch sie die endgültige Niederlage des Subjekts, das sich selbst nur noch als Objekt versteht:

Die reine Scham ist nicht das Gefühl, dieser oder jener tadelnswerte Gegenstand zu sein; sondern überhaupt *ein* Gegenstand zu sein, das heißt, mich in jenem degradierten, abhängigen und starr gewordenen Gegenstand, der ich für Andere geworden bin, *wiederzuerkennen*. [16]

In der Reaktion des Subjekts liegt eine weitreichende Konsequenz:

Der Beschämte möchte die Welt zwingen, ihn nicht anzusehen, seine Exponiertheit nicht zu bemerken. Stattdessen muß er seine Unsichtbarkeit wünschen. [17]

Karl Kerényi hat einen interessanten Beitrag veröffentlicht, in dem er den Bedeutungen der griechischen termini im Wortfeld ›Scham‹ nachgeht: aidós, sèbas und thémis. [18] Dabei ist auffallend die enge Verbindung aller dieser Ausdrücke zum Sehen, und zwar zum Sehen der »widerspruchsvollen, zugleich anziehenden und zurückstoßenden Nacktheit der Geschlechtsorgane«.

Bedenkenswert, wie uns in diesem Zusammenhang immer wieder das Phänomen einer Transparenz begegnet, das Zurückweichen eines bestimmten Gegenstandes vor dem körperlichen Auge in eine Sphäre des Unsichtbaren, des ›geistig Geschauten‹. Stammt die zur Idee sublimierte Wirklichkeit der platonschen Erkenntnistheorie letztlich aus dem Bedürfnis eines ›Beschämten‹, der sich die Unsichtbarkeit wünscht und der diese Eigenschaft auf das außer ihm Gegebene überträgt? Der Schautrieb, der das Subjekt ja immer zu einem Sehenden und gleichzeitig Gesehenen prädestiniert, macht das nicht nur möglich, sondern, als die *eine* Qualität der Wahrnehmung, verbindlich.

Weiter ist aufschlußreich, wie sich ein Rechtsempfinden, also die Codes für den *richtigen* Verhaltensausdruck, aus dem visuellen Kontakt vor allem mit dem mütterlichen Körper, und da vorzüglich mit dessen metonymer Abgekürztheit, der *Brust,* herleitet.

Das Verbot, zu sehen, drängt das Gesehene (bzw. zu sehen Begehrte) dorthin ab, wo es sich mit der Aura des Verbotenen zugleich die Vorstellung von einer ›höheren‹ Ordnung einhandelt. So kann ausgerechnet ein Ehebett »durchsichtig« werden, »sichtbares Zeichen einer unsichtbaren Ordnung«. Wie naheliegend, gerade hier den Ursprung für das unsichtbare Gesetz zu suchen! Und wie psycho-logisch dazu, daß ein tabuisierter Vorgang sich durch das Interdikt als unsichtbarer fortsetzt. Das Subjekt kann seine Triebsubstanz nicht zum Verschwinden bringen, es kann sie lediglich, wie der Schmuggler seine Konterbande, der Aufmerksamkeit entziehen, sie verteilen auf das ganze Einzugsgebiet seiner Wahrnehmungen und so, auch vor sich selbst, verbergen.

Lassen wir es uns hier nicht entgehen, daß Platon seine Abneigung gegenüber der – für Griechenland neuen – perspektivischen Malerei ausgerechnet an einem Bettgestell veranschaulicht. Stammt seine folgenschwere Idiosynkrasie gegen die Uneingeschränktheit der Blickpunkte auf einen Gegenstand, der ein Bett ist, am Ende aus diesem privaten Bezirk? Will er, indem er den Perspektivismus bekämpft, dem Sehen seine Promiskuität austreiben?

Es ist höchst bedeutsam, daß Platon den Begriff des Rechts stets deutlich auf die Scham bezieht. [19] Das für wünschenswert gehaltene Verhalten des Bürgers im Staat hat sich dabei öffentlich, unter den Augen der anderen zu konstituieren. In einer bemerkenswerten Episode im 10. Buch der »Politeia« stellt er den Vorgang heraus. Der normative Charakter dieser Form von Öffentlichkeit wird in positiver Bewertung der Privatsphäre entgegengesetzt und für das Bedürfnis nach persönlichem Gefühlsausdruck als einschränkende, disziplinierende Institution empfohlen. Als Beispiel wählt Platon bezeichnenderweise den Fall eines Vaters, der seinen Sohn durch den Tod verloren hat:

Nun sage mir aber dieses von ihm, glaubst du, daß er stärker gegen die Betrübnis ankämpfen und ihr entgegenstreben wird, wenn von seinesgleichen gesehen, oder dann, wenn er in der Einsamkeit es nur mit sich selbst zu tun hat? – Bei weitem wohl mehr, sagte er, wenn er gesehen wird. – In der Einsamkeit aber, meine ich, wird er vielerlei vorbringen, worüber er sich schämen würde, wenn ihn einer hörte, und vielerlei tun, worüber er nicht möchte von einem betroffen werden. [20]

Was nicht ›sichtbar‹ werden darf, sind private Regungen, Regungen einer vom Gefühl ergriffenen Einzelseele. Öffentlichkeit, definiert als imaginäres Arrangement zur Hervorrufung von Scham durch die Supposition, im Blickpunkt aller anderen zu stehen, richtet sich repressiv gegen die neben der Liebe stärkste Form der Emotion, gegen seelischen Schmerz, gegen Trauer. Deren Gefährlichkeit besteht darin, einen einzelnen *ganz* auszufüllen, zum Ausdruck einer auch das Gefühl einschließenden Gesamterscheinung von Persönlichkeit zu werden, die ihr gesellschaftliches Wesen, nämlich immer nur partiell vorhanden und auf das Ergänztwerden von außen angewiesen zu sein, verleugnet. Die Unfähigkeit zu trauern, hervorgehend aus der Einsamkeit des Trauernden, dem sich die anderen emotional verweigern, der nicht als der, der er in diesem Augenblick ist, zu ihnen zurückkehren kann, sondern nur als deren Spiegelbild, und als solches verfolgen sie ihn zuletzt bis an den geheimsten Ort seiner selbst: an den Ort des Gewissens.

Die Passage ist aufschlußreich dafür, wie weit die Vergesellschaftung, als Platon dies schrieb, bereits gediehen und in das Innere der Polis-Bewohner vorgedrungen war. Sie zeigt darüber hinaus, daß der zur Bedingung gemachte Status der Partialität, daß organisierte Selbstbeschränkung und sektionalisierter Ehrgeiz sich einer Kategorie von Reprozität bedienen, die sich als gegenseitige Kontrolle, als Austausch von Mißbilligungen, als Ausgleich von Verzichtleistungen versteht. Diese Art von negativer Demokratie hat den durchweg pejorativen Begriff von Masse im Topos des Pöbels mit etabliert und über Jahrhunderte hin bis ins 19. und 20. Jahrhundert an der ausschließlich mißgünstigen Version des Vergleichs und des Angleichens orientiert. Es ist der Anteil des Schautriebs und seiner Ambiguität, seine Affinität für den Ausdruck des ›Neids‹ auch an dieser ideologischen Konstellation nicht zu unterschätzen.

Vereinigungsphantasien und visueller Sadismus

In dem griechischen Wort thémis gelangt die Vorstellung, daß das zur Scham angehaltene Subjekt, wenn es sich nicht entsprechend verhält, »in ein bestimmtes Bild der Welt nicht hineinpaßt«, vollends in die Rechtssphäre. Zusammen mit nómos deckt der Begriff all das ab, was wir mit Schicklichkeit, mit Gesellschaftsnorm meinen. Der Begriff war zuerst da, dann ging er über auf die strengste der weiblichen Gottheiten Griechenlands, wurde ihr Name: Themis.

Am Ende gibt uns Kerényi, dieser Winckelmann des 20. Jahrhunderts, dann doch Statuen statt Menschen zu sehen, wenn er die Anforderungen ausgerechnet dieser Göttin an den einzelnen mit einer mütterlichen Weltordnung in Einklang bringt. Ihm scheint »die entblößte Brust der Mutter den ganzen mütterlichen Weltaspekt« dieser Ordnung zu repräsentieren.[21] Dabei bleibt unberücksichtigt, auf welche Gefühle gegenüber der Mutterbrust eine so unnachsichtige Themis ihre Herrschaft denn gründet.

Spätestens seit Melanie Klein wissen wir, welche destruktiven Tendenzen in den Triebäußerungen auf frühkindlicher Stufe vorherrschend sind, wie sie in einem »oralen Sadismus« gipfeln, der ein »Fressen und Zerstören« auf die Mutterbrust richtet und dabei sogleich auch den Schautrieb einbezieht. Es ist fortan »das Auge, bzw. der Blick als sadistische Waffe« im Einsatz, generell: »Sehr häufig sind mit dem Triebziel des Ansehens auch sadistische Impulse verbunden«, und dabei bleibt es meistens. Libidinöses Sehen ist in solchen Fällen Ausdruck einer Phantasie, »in den Mutterleib oral-zerstörerisch eindringen zu wollen«, was als Ausführungsmöglichkeit dem Schautrieb übertragen wird.[22]

Der »orale Neid« setzt sich auf der Ebene der zwiespältigen Schaulust fort und bezieht sich auf ihr angstvoll (weil die Vergeltung befürchtet wird), aber auch phantasievoll auf den Vorgang der koitalen Vereinigung der Eltern. Entsprechend der Entwicklungsstufe kann er jedoch nur als orale Einverleibung des väterlichen Penis durch die Mutter vorgestellt werden.[23]

Der Schautrieb bringt so als seinen »Ableger« den Wißtrieb hervor. Das Auge möchte nun dem Penis dorthin folgen, um zu *sehen,* welche Zerstörungen er angerichtet hat in der Mutter.

Wenn das Auge also, wie Freud einmal sagt, sich wie ein Genital gebärdet,[24] dann wird vor diesem Hintergrund begreiflich, warum das Subjekt eine Neigung zu »archaischen Sehformen« bewahrt, warum »im Ziel des Schautriebs gewisse Züge des Sadismus und der Einverleibung« regelmäßig beibehalten werden.[25] Und warum die intellektuelle Strebung der erogenen Lokalizität der Schaulust und ihren Entgegensetzungen so hartnäckig verhaftet bleibt.

Weil, wie Lacan sagt, »jedes menschliche Begehren auf der Kastration beruht, übernimmt das Auge eine bösartige, aggressive Funktion«.[26] Somit »würde also die Angst vor den Augen anderer die Angst vor den Genitalien, besonders vor denen des Vaters entsprechen«.[27] In der Scham käme die Umkehrung zum Ausdruck, wie dies die bilaterale Ausprägung des Schautriebs jederzeit ja nicht nur zuläßt, sondern mitbedingt: »Die ›Angst vor dem Gesehenwerden‹ ist also: Angst davor, daß der Blick anderer sich auf das eigene Genital richtet, ist daher Kastrationsangst.«[28]

Das Auge als Genitalsymbol (Shakespeare, Dante, Donne)

Wir werden uns also nicht damit zufriedengeben können, daß die von der europäischen Literatur zwischen Minnesang und Petrarkismus aufgegriffene, übertragene und standardisierte Augensprache sich nur im Rahmen eines festen, tradierten Kanons ausbreitet. Wie kommt sie denn, ausgerechnet in den Jahrhunderten eines breiten Übergangs von der höfischen zur städtischen Kultur, zu diesem exponierten Platz im Kanon? Die vielsagenden Augenpaare in den Dichtungen Calvacantis, Dantes, Boccaccios, Petrarcas, John Donnes, Shakespeares, Sir Philip Sidneys – der deutsche Autor, der hier am weitesten mithalten kann, ist Heinrich von Morungen –, um nur einige zu nennen, sprechen alle eine Sprache, die eine Topos-Statistik à la Curtius nicht in ihrem Sinn und in ihrer Bedeutung (für das schreibende und das lesende Subjekt) erfaßt.

Es ist ja auffällig, daß in diesen Zwiesprachen nicht nur liebliche Blicke gewechselt werden, und es ist immer auch dabei zu überlegen, ob das weibliche Auge, das da ständig auf Protagonisten, Erzähler und Leser gerichtet ist, und das meist einen Bewerber (im Text) auf Distanz hält, als das weibliche Genital oder als der darin eingeschlossene Penis des Vaters gefürchtet wird. Spürbar bleibt eine Spannung ängstlicher Hoffnung, die sich oralvisueller Bestrebung und der Verständigung darüber verdankt.

In Shakespeares »As You Like It« gibt es einen bezeichnenden Part, in dem eine Heldin namens Phöbe das vermeintlich Tödliche ihres Blickes zu dementieren sucht:

Ich möchte keineswegs dein Henker sein;
Ich fliehe dich, um dir kein Leid zu tun.
Du sagst mir, daß ich Mord im Auge trage;
's ist artig in der Tat und steht zu glauben,
Daß Augen, diese schwächsten, zartsten Dinger,
Die feig ihr Tor vor Sonnenstäubchen schließen,
Tyrannen, Schlächter, Mörder sollen sein.
Ich seh' dich finster an von ganzem Herzen:
Verwundet nun mein Aug', so laß dich's töten.
Tu doch, als kämst du um! so fall doch nieder!
Und kannst du nicht: pfui! schäm dich, so zu lügen,

Und sag nicht, meine Augen seien Mörder.
Zeig doch die Wunde, die mein Aug' dir machte.
Ritz dich mit einer Nadel nur, so bleibt
Die Schramme dir; lehn dich auf Binsen nur,
Und es behält den Eindruck deine Hand
Aug einen Augenblick; allein die Augen,
Womit ich auf dich blitzte, tun dir nichts,
Und sicher ist auch keine Kraft in Augen,
Die Schaden tun kann.[29]

Eine andere Version, eine regelrechte Vergewaltigung durch
Blicke, findet sich in Dantes Gedicht »Cosi nel mio parlar voglio
esser aspro«. Von den Augen der geliebten Frau wie von Mord-
waffen in die Enge gedrängt, mobilisiert das Gedicht in sieben
Strophen ein ganzes Arsenal von Haß- und Abwehrreaktionen,
die in der sechsten Strophe darin gipfelt, daß eine Überwältigung
der Geliebten auf der Blickebene vorgestellt – dargestellt wird.
Hier nur der Schluß des Gedichtes:

Selbst in die Augen, draus die Funken fahren,
Die mein schon hingemordet Herz entzünden,
Starrt' ich recht fest und nah hinein,
Zur Rache dafür, daß sie vor mir flieht.
Und dann – dann schenkt' ich ihr den Liebesfrieden.[30]

Der Höhepunkt des Gedichtes fällt mit dem Höhepunkt des
Liebesaktes zusammen, durch den vorgehaltenen Blick verliert
das Crescendo der gewalttätigen Leidenschaft offensichtlich seine
Anstößigkeit für den Leser.

Natürlich gibt es Beispiele auch für den Ausdruck anderer
Erwartungen, anderer Genugtuungen. Hier sei nur John Donnes
bekanntes Gedicht »The Good-Morrow« angeführt, in dem die
Vereinigung mit der Geliebten, das mehr als körperliche Eins-
Sein mit ihr, die coincidentia oppositorum zweier Seelen, in den
sich überkreuzenden Reflexen der zwei Gesichter, die sich im
Auge des Gegenüber spiegeln, symbolisiert wird:

Mein Gesicht erscheint in deinem Auge, deins in meinem,
und wahre schlichte Herzen ruhen in den Gesichtern . . .

Es gibt bei Donne genügend Beispiele für die durchdringende
Kraft des Blicks. In »The Sunne Rising« blickt die Sonne zur

Irritation der Liebenden noch durch die Vorhänge. Aber bei Donne überwiegt die Wendung, in der sich das, was ihn anblickt, in einen Spiegel seiner selbst verwandelt. Das gilt sogar für ein Eingeständnis seines Erblickt- und Durchblicktwerdens durch das Auge Gottes, der Sonne, und noch anderer, *aller* Augen, wenn am Ende der Passage, auf gut lacanisch, aus diesem Erblicktwerden sein Bewußtsein von sich selbst herausspringt:

Gott hat mich oft in meiner übelsten Unreinheit gesehen, und wenn ich das Auge des Tages ausschließe, die Sonne, und das Auge der Nacht, die Kerze und die Augen der ganzen Welt, durch Vorhänge, Fenster und Türen, er sah mich doch gnädig an, indem er mich sehen machte, daß er mich sah.[31]

Die Schönheit der inneren Körperteile (Augustinus)

Der sich hierin aufrichtende Blick durchdringt jedoch in der scheinheiligen Hingabe an ein ›interesseloses Wohlgefallen‹ weiter die Hüllen der körperlichen Materie. In der Kunst, die sich seit Platon Philosophie nennt – was *Liebe* zur Weisheit, also zum Wissen, heißt –, dringt das Auge in unschuldsvoller Mimikry unentwegt dorthin vor, wo das ursprüngliche Objekt vom Gesetz bewacht, das Begehren von der Vernunft sanktioniert und die Poesie von der Reflexion, ihrer Spiegelung in der Poetologie, beglaubigt wird. Der so sieht, ist immer auch der betrogene Betrüger:

Generell ist das Verhältnis zu dem, was man sehen möchte, ein Verhältnis des Trugs. Das Subjekt stellt sich als etwas anderes dar, als es ist, und was man ihm zu sehen gibt, ist nicht, was es zu sehen wünscht.[32]

Dieser Satz und seine Wahrheit trifft auch auf das Sehen mit dem geistigen Auge zu. Was heißt da denn noch Wissen, und Sokrates ist daher richtig beraten, wenn er sein Wissen als Nicht-Wissen ausgibt. Freilich steckt auch darin noch die List (der Trug), so doch mit Hilfe der anderen – wohlgemerkt: der anderen – an den heiligen Ort des Wissens zu gelangen – und auch das ist ein Selbsttrug bei dieser Art von Veranstaltung, die kein Ende hat seit Anfang an.

Ein Psychoanalytiker der ersten Stunde bezieht die Idee und ihren Strahlenkranz im Bild der menschlichen Denkgegenstände auf die Fixierung an das ursprüngliche Objekt durch den Blick:

Die intellektuelle Anschauung besteht eigentlich in dem unmöglichen Verlangen eines dem visuellen Typus angehörigen Individuums, sein eigenes Unbewußtes, das Geheime, Verbotene zu sehen.

In der Vorstellung von einem »Absoluten« kehre »die eigene mütterliche Tiefe« wieder, die der infantile »Schautrieb, den das Verbotene zu schauen reizt«, nun mit den Augen der Seele sucht.[33]

Augustinus, immerhin, zeigt noch einmal an – bevor die Bü-ßerkittel des Mittelalters dergleichen für Jahrhunderte zudek-ken –, was da eigentlich im Kunstwerk dem Dunkel der eigenen Empfindungen entrissen und als Schönheit außen, im Lichte einer augenfrommen Ästhetik, zu besichtigen ist. Eine Stelle in »De civitate Dei« verrät das ganze Geheimnis des Zusammen-hangs zwischen göttlicher Harmonielehre, begehrtem Objekt und menschlichem Blick. Am Körper, heißt es da, sei das auf Zahlenverhältnissen beruhende »Gleichmaß der Teile so schön und ansprechend, daß man zweifelt, ob bei seiner Erschaffung mehr der Nutzen oder die Schönheit maßgebend war«.

Das gilt jedoch nicht nur für die sichtbaren Teile des Körpers, im Gegenteil. Gerade sie, die durch keine äußere »Zier« das Auge zu bestechen suchen, bestehen vor einer wichtigeren Instanz:

Könnte man sie erkennen, würde auch bei den inneren Körperteilen, an denen keine Zier bemerkbar ist, die Schönheit der vernunftgemäßen Anordnung so erfreuen, daß sie nach dem Urteil des Geistes, dem noch die Augen dienen müssen, aller den Augen wohlgefälligsten Formschön-heit noch vollzogen werden müßte.[34]

Natürlich können nur die Augen, die dem Geist ihre Neugierde abgetreten haben, hier weiter eindringen und das Zu-sehen-Begehrte schön finden, indem sie es vernünftig nennen.

Das Sichöffnende als Wesen des Kunstwerks (Heidegger)

Daß die Höhle Platons – als sinnbildliche Körperhöhle – der geheime innere Raum sei, den das Kunstwerk umschließt, das ist die Grundlage der Kunstwerk-Betrachtungen des letzten überzeugten Platonikers der Neuzeit. In Heideggers »Der Ursprung des Kunstwerks« finden wir die Begründungen für das Wesen des »Werks« auf eine von dieser Stelle immer wieder angezogene und darin bereits anzügliche Weise jenes ursprüngliche Objekt umkreisen, das die ästhetische Wahrnehmung für ihn im Sehen ›entbirgt‹ und im Entbergen für sich selbst kreiert.[35]

Idea (ιδέα) und Eidos (ειδος) bedeuten *das, was zu sehen ist*. Im 7. Buch, in Platons eigenem Kommentar zum Höhlengleichnis, wird die Idee einmal »Herrscherin« genannt. Heidegger übersetzt »Herrin«:

sie selbst ist Herrin, indem sie Unverborgenheit (dem Sich zeigenden) gewährt und zugleich Vernehmen (des Unverborgenen).[36]

Es komme auf die »Richtigkeit des Blickens« an, konstatiert Heidegger. ›Unverborgenheit‹ und ›Richtigkeit‹, das ›Schöne‹ und das ›rechte Blicken‹ zusammen konstituieren erst die Wahrheit:

Das Unverborgene muß einer Verborgenheit entrissen, dieser im gewissen Sinne geraubt werden.

Daher das erhebende Gefühl aller vermeintlichen Sieger im Wahrheitskampf, ein Gefühl, das sie erhebt über alle anderen! Heidegger hat den Erkenntnisvorgang ganz in diesen Gegensatz hineingespannt und als »Entbergen« gekennzeichnet. Die »in sich offene Verschließung der Höhle« ist der geeignete Ort, im Gleichnis die »Zweideutigkeit« des Wahrheitsobjekts zu veranschaulichen:

Als Unverborgenheit ist sie (die Wahrheit) noch ein Grundzug des Seienden selbst. Als Richtigkeit des ›Blickens‹ aber wird sie zur Auszeichnung des menschlichen Verhaltens zum Seienden.

Die Idee hat also die Eigenschaften jenes Gesehenen, in dem das ursprüngliche Objekt sich dem Blick zeigt als *Bild*. In ihm ist eine Wahrheit verborgen, die erst ein *richtiges Sehen* wahrzunehmen imstande ist. Auch die zweite Schicht (in der Epistemologie Heideggers die »Zweideutigkeit«) ist vorhanden, die höchste Idee des Guten als die ermöglichende Instanz, die einem Ideenobjekt zu seiner Erscheinungsweise (als Bild) und einem Subjekt zu seiner Blickweise (als ästhetischer) verhilft: Das ist der psychologische Hintergrund einer Beziehung, die das höchste und einzige Gesetz ›sieht‹, indem sie es (mit-)denkt, um sich so jenseits der Körper und der Sinne mit dem begehrten Objekt vereinigen zu können.

Wir müßten uns, hätten wir nicht schon so viele Seiten an Einschlägigem hinter uns, darüber verwundern, daß im Zentrum der Abhandlung Heideggers ein mythisches Arsenal analog zur Höhle sich befindet, das für ihn die totalisierende Benennung »Erde« verdient. Was Kunst hervorbringt, ist ihm als »notwendige Seinsbestimmung« eine sichtbar gemachte unsichtbare Erde. [37] In sie einzudringen, ist der Ratio nicht möglich:

Sie (die Erde) zeigt sich nur, wenn sie unentborgen und unerklärt bleibt. Die Erde läßt so jedes Eindringen in sie an ihr selbst zerschellen.

Hier fällt der Kunst die Aufgabe zu, etwas, zu dem wir nicht unmittelbar vordringen können, das sich aber *zeigen* will, als Verborgenes zu entbergen:

Die Erde ist das wesenhaft sich-Verschließende. Die Erde herstellen heißt: sie ins Offene bringen als das sich Verschließende.

Durch das »Werk« öffnet sich die Erde in die Welt. Von der Welt, im Gegensatz zur Erde, wird gesagt:

Sie duldet als das Sichöffnende kein Verschlossenes. Die Erde aber neigt dahin, als die Bergende jeweils die Welt in sich einzubeziehen und einzubehalten.

Wir stellen das hier hin zum Nachdenken darüber, welche Funktion diese Struktur im Rahmen einer Metaphysik hat, die sich darin ein letztes Mal gegen die Philosophie als Magd von Soziologie und Psychologie wendet. Der Kreis, der sich in einen zweiten Kreis öffnet, der den ersten umschließt und in dieser Abschließung als die »zwei Wesenszüge im Werksein des Werks« zu sehen gibt, etwas, was auf immer verborgen ist, als Verborgenes aber in der Schönheit ›scheinen‹ will: Nicht zufällig sieht Heidegger sich an Nietzsche anknüpfen, an dessen Begriff von Wahrheit, die nur im Subjekt selbst, in seiner Beziehung zu *seinem* Objekt aufscheint, für einen ›Augenblick‹ und nur für es selbst.

Die für jedes Subjekt einmalige Wahrheit (Nietzsche)

Das Exklusive des Vorgangs ist gewahrt, der Philosoph ist dazu ausersehen aufgrund seiner Besonderheit, die er sich als die Besonderheit seiner eigenen Verdrängungsleistung aneignet. In dieser Attitüde das verstockte Festhalten an der Einmaligkeit der Beziehung zu dem Mutterobjekt zu erkennen, erlaubt, noch Nietzsches Wahrheitsbegriff auch in diesem Sinne zu verstehen: Wahrheit ist nichts Generalisierbares, der allgemeinen Teilhabe Preisgegebenes, sie entsteht erst im jeweiligen einzelnen Akt der »Entbergung«, immer wieder neu, immer wieder ausschließlich in Beziehung auf das *eine* zu »entbergende« Subjekt. Das Besonderheitspathos, das Nietzsches Werk durchzieht, zeigt, welchen Wert der Autor auf seine herausgehobene Erkenntnisbeziehung, auf seine *einmalige* Stellung gegenüber dem Erkenntnisobjekt legt. Welche Versagung er dafür zu erbringen bereit war, welche Selbstwandlung er vollzogen hat, das ist dem Gestus dieses Polemikers und Abgrenzers à tout prix allenthalben eingeprägt.

Nietzsche bezeichnet die angeblich wahre Welt jenseits der den Sinnen gegebenen Realität als eine »moralisch-optische Täuschung«. Zu fragen bleibt, *warum* das Subjekt sich selbst so täuschen will (muß).[38]

Nietzsche versteht den Satz aus der Bergpredigt, ›wenn dich dein Auge ärgert, so reiße es aus‹, wohlwissend »mit Nutzanwendung auf die Geschlechtlichkeit gesagt«. Er hat sie, können wir sagen, entsprechend befolgt.

Am Ende, ganz am Ende, erstirbt der Ergründungselan auch dieses einsamen Wahrheitssuchers:

Heute gilt es uns als eine Sache der Schicklichkeit, daß man nicht alles nackt sehn, nicht bei allem dabei sein, nicht alles verstehen und ›wissen‹ wolle ... Man sollte die *Scham* besser in Ehren halten, mit der sich die Natur hinter Rätsel und bunte Ungewißheiten versteckt hat.

Und dann, ganz nahe heran:

Vielleicht ist die Wahrheit ein Weib, das Gründe hat, *ihre Gründe nicht sehn zu lassen?* . . . Vielleicht ist ihr Name, griechisch zu reden, *Baubo?* [39]

Baubo ist griechisch die Vulva, die uns von einer entsprechend ausgestatteten Figur *gezeigt* wird: Aufforderung, Abschrekkung . . . die beiden Wahrheitspole an einem Organ.

4. Die Liebe, die blind macht

Weitere Annäherungen an den Philosophen
(Aktaion und Teiresias)

> Alles voraussehen, ohne daß man etwas ge-
> sehen hat, führt zu einer sinnlosen metaphy-
> sischen Utopie.
>
> Comte[1]

Sokrates und die Göttin Bendis

Der antifeministischen Tendenz der »Politeia« läuft nicht zuwider, daß Sokrates, bevor er seine Gesprächspartner trifft, in
Peiraeius einer Feier zu Ehren der Göttin Bendis beigewohnt hat.
Er war dort in Begleitung des Glaukon, »dem Sohn des Ariston«
– wie er mit Söhnen ja am liebsten Umgang hat – »teils um die
Göttin anzubeten, dann aber wollte ich zugleich auch das Fest
sehen«. Man will »gegen Abend« noch einmal dorthin zurückkehren, um einen Fackelzug zu Pferde, »der Göttin zu Ehren«,
sowie eine »Nachtfeier« zu erleben, »die sehr lohnen wird zu
sehen«.[2]

Diese Absicht gerät offenbar über dem Gespräch im Hause des
Polemarchos in Vergessenheit. Nur noch einmal wird der Name
der Bendis beiläufig genannt, für den Dialog selbst scheint ihre
Erwähnung zu Beginn des Proömions folgenlos.[3]

Immerhin, es hat also auch dieses Werk seine Göttin am Eingang. Darüber hinaus erfahren wir, daß Sokrates zu ihr ›gebetet‹
hat.

Nachtfeier und Fackelzug zu Pferde markieren ein Vorhaben
zur Ausgrenzung des Chthonischen.

Das jedoch ist der Themenkreis der »Politeia«.

Die Art der Veranstaltung, für die Sokrates Interesse bekundet, wird erst recht deutlich, wenn wir erfahren, an was für eine
Göttin er sich da im Gebet wendet.

Bendis, inzwischen unter die Staatsgottheiten aufgenommen,

war eine thrakische Jagdgöttin gewesen wie Artemis und wurde dieser auch gleichgesetzt. Zu deren Zügen gehört eine auffällige Rigidität in der Überwachung der Jungfräulichkeit ihres weiblichen Gefolges, Verfehlungen bestraft sie mit der Verwandlung der Schuldigen in Tiere. Bezeichnend, daß sie das Liebespaar Atalante und Hippomenes nach deren geschlechtlicher Vereinigung in ein Löwenpaar verwandelt und vor ihren Wagen spannt: Löwen galten als keusch lebende Tiere. Als Dreijährige soll sie sich, auf den Knieen ihres Vaters Zeus sitzend, ewige Jungfräulichkeit und das »Amt der Lichtbringerin« gewünscht haben.[4] Wenn man will, kann man ihren herbeigewünschten Beistand bei der Geburt in diesem Sinne deuten: Sie war zuständig für das, was nach der Lust kam, den Schmerz. Als Ehestifterin war sie gleichfalls nicht die Beförderin der Ausschweifung, sondern der Beschränkung, sah sie auf die Einhaltung der (exogamen) Regel.

Von der »Göttin des Draußen«[5] hatte sie – und warum wohl gerade sie! – derweil einen interessanten Weg in die Stadt zurückgelegt. Aus der Beschützerin der »einsamen Wege«, dem außergesellschaftlichen Ort, war sie, als ›Artemis Agoraia‹, die Schutzpatronin des belebtesten Ortes, der Handelsstätten, »vor allem des Marktverkehrs«, geworden. Zu ihr, »die im Kreis des Marktes als Landesbeschützerin thront«, betet z. B. der Chor in Sophokles' »König Ödipus«.[6]

Wir sehen auch hier, wie sich der Doppelstatus, Verbot und Gebot, Inzesttabu und exogame Heiratsregel, dieser einen sinnbildlichen Erscheinung einprägen. Ihre Rigidität als Ahnderin geschlechtlicher Lust macht Artemis automatisch zur Überwacherin der gesellschaftlichen Normativität, die vom Markt, dem Drehpunkt des städtischen Verkehrs, ihren Ausgang nimmt.

Zu der Eigenschaft als Schutzgöttin der Stadt und des Staates – es »werden selbst Staatsverträge in ihrem Namen geschlossen« –[7] übernimmt die Vielseitige auch die Aufsicht bei der Initiation der Jugendlichen, überwacht vor allem die musische Erziehung und macht schließlich »auch die letzte große Wandlung mit, die Apoll (ihren Bruder) zum Gott des Sonnenlichtes werden ließ«. Sie erscheint nun als Lichtbringerin, als die sie später in der römischen Diana fortlebt.[8] Diese »letzte große«

Wandlung findet im 5. Jahrhundert vor Chr. statt.[9] Es ist der Zeitraum, in dem das Gespräch der »Politeia« anzusetzen ist. Das Vielschichtige und Widersprüchliche ihrer Erscheinung als Domina – eine mütterliche Gottheit ist sie nie –[10], der man mit den Augen verfiel und deren Strenge man suchte wie auch fürchtete, ihre Unerreichbarkeit als göttliche Jungfrau sowie die Betonung des Geschwisterlichen in ihrer Beziehung zu Apollo[11] – das alles machte Artemis für ihre zwiespältigen Verehrer, zu denen als später Mythopoet Heine zählte,[12] geeignet, als »Kultgenossin« an der Seite der strengen Themis, der Göttin des Gesetzes und der Gerechtigkeit, verehrt zu werden. Ihr Standbild fand daher neben dem der Themis auf den Marktplätzen Aufstellung. In dieser Aura und in dieser Bedeutung ging die thrakische Göttin Bendis voll auf:

Themis heißt die fremde Göttin willkommen und reicht ihr als neuer Kultgenossin die Symbole des gemeinsamen Kults. Auch mit Eunomía, der seit Hesiod und Solon so hochgeachteten Göttin der ›Wohlgesetzlichkeit‹, hatte sie auf der Agora von Athen einen Tempel. Eines der Bergwerke Athens im Laurion trug ihren Namen.[13]

In den Bergwerken Laurions wurde das Silber gewonnen, das zur Münzprägung benötigt wurde. Die ersten Münzen zeigen übrigens ein Porträt der Artemis.[14]

Der Kreis schließt sich, und er schließt sich an dieser Stelle noch einmal um Sokrates. Natürlich kann er die Göttin im Verlaufe des Gesprächs ›vergessen‹: Es ist, was sie ja nur verkörpert, in ihm. Sie ist das, was in das Seelenleben dieses einen, berühmten Atheners eingeprägt ist und was im darauffolgenden aus ihm wieder hervortreten wird.

Aktaion und Teiresias

Die Literatur hat seit der Antike der Erscheinung der strengen Göttin – als Artemis, als Diana – wie keiner sonst die Treue bewahrt. War ihre Statue in den Zentren des Handels Wahrzeichen und Dekorum einer Öffentlichkeit gewesen, die sich auf ›Scham und Recht‹ berief, so überlebte ihr Andenken in der literarischen Überlieferung unter dem Gesichtspunkt einer individualpsychologischen Erfahrung, für die sich das Schicksal *Aktaions* zum stets aktuellen Sujet einer nicht abreißenden Erzählwiederholung anbot. Aktaion, der die nackte Artemis/Diana im Wald beim Bad in einer Quelle überrascht, wird von dieser zuerst mit Blendung, dann mit dem Tod bestraft. Bei Ovid hat der erste Teil der Exekution eines Schaulustigen diesen Wortlaut:

Aber sie nahm, was sie hatte: sie schöpfte vom Wasser und goß es/ Über des Mannes Gesicht und sagte, mit rächenden Spritzern/ Ihm die Haare besprengend, die Unheil verkündenden Worte:/ ›So, nun erzähle, du habest mich ohne Umhüllung gesehen,/ Wenn du es noch zu erzählen vermagst!‹ [15]

Die Dichter sind dennoch nicht müde geworden, von dem Ereignis zu *erzählen*, und wir werden noch sehen, in welcher unveränderten Gestalt das Motiv auch moderne Autoren erreicht. [16] Klossowski hat der Episode noch einmal ein ganzes Buch gewidmet. [17]

Von dem Roman »Diana« des Spaniers H. J. De Monte-Major hat eine ganze Literatur ihren Ausgang genommen. Die »schöne Gestalt und keusche Holdseligkeit der Hirtin Diana« erscheint dem deutschen Bearbeiter des Romans als die Personifizierung des Mondes (in diesem Sinne wird noch Kellers ›grüner Heinrich‹ seine Erfahrung mit der Göttin machen), den die Sonne »bald freundlich/ bald neidisch ansihet«, weil der Mond immer – auch nachts – zu *sehen* ist: so hat sie »vielleicht die Veränderung dieses Liechts zu bedeuten«. [18] So weit weg rückt dieser Betrachter die strahlende Schönheit eines nackten Frauenkörpers, um dann auf ihn die Angstneugier zu projizieren, die das gewichtige Thema der Elternvereinigung zum Angelpunkt des gestirnten Universums macht. »Diese Vereinigung wird aber vom Kinde als besonders furchterregend und bedrohend gefunden«, hatte es bei Melanie Klein geheißen. [19] Das Licht der Sonne, das den Mondkörper durchdringt und zum Leuchten bringt: die Entrückung und Verklärung des Vorgangs bringt die Scheu und die Faszination des Beobachters in eins zum Ausdruck.

Mit der Entdeckung und dem Trauma der Elternvereinigung ist das Subjekt in der getrieben sprachlichen Rekapitulation seiner Zustände, seiner Maßnahmen und Zielsetzungen, seiner Idiosynkrasien auf die gravierendste Weise befaßt. Sie bestimmt die Struktur seiner Symbolisierungen zutiefst und nachhaltig, und die Mythologie ist ein gehöriges Reservoir an Wiederholungen des Immergleichen in solchen Bildern, wie sie zur Unkenntlichkeit für das Bewußtsein ständig entworfen, gestaltet, geliebt und gefürchtet werden. Subjekt dieser unerschöpflichen Produktion ist das Unbewußte, dem innewohnt, daß es heraus will mit dem, was es birgt an Gewolltem und in der Verdrängung nicht Verlorenem. Es ist ein Fall – und wir sehen die Spiegel der Bildwelt allenthalben auf dieses bevorzugte Objekt der inneren Wahrnehmung gerichtet –, wie der des Philosophen bei Platon, der heraussoll aus der Höhle (und will) und der wieder in sie zurückmuß, auf Anweisung des Autors, dabei gleich zweimal geblendet, wie es heißt, einmal bei seinem Aufstieg und noch einmal bei der Rückkehr.

Aktaion, der die gefürchtete Wahrheit in der Gestalt einer so schönen wie prüden Göttin mit eigenen Augen gesehen hat, wird diesen Anblick, diesen Augenblick, nicht überleben. Es ist, für den Mythos, die Erfindung einer anderen Figur nötig, um die Überlebenschancen eines von der Mutter-Imago zu Tode erschreckten Jünglings glaubhaft zu machen: *Teiresias,* der als Blinder, doch gleichwohl ›Sehender‹ überall dabei ist, wo die Götter einen Sterblichen bestrafen. Er ist es, der den Ausgang der Tragödie gleich voraus*sieht* – außer wohl in »Die Bakchen« des Euripides, wo er an der Seite des alt und einfältig gewordenen Kadmos dem Dionysos entgegentappt. Hat er sich von diesem die Wiederherstellung seiner körperlichen Sehfähigkeit erhofft?[20]

Man wird an dieser Stelle an den Blitzstrahl des Zeus denken, von dem in diesem Stück ebenfalls die Rede ist. Mit ihm hat der höchste der Götter und Vater des Dionysos dessen Mutter, die sterbliche Königstochter Semele, vernichtet. Der grelle Schein, in dem die Maßnahme eines göttlichen Vaters gegen seine irdische Geliebte gehüllt ist, taucht die Wirklichkeit des Sohnes in ein Licht, in dem nichts mehr ist wie es vorher war. Es ist das Licht, in dem schließlich alles Sichtbare nur noch als Erkennbares auszumachen ist.

Die Welt der Wahrnehmungen hat sich unter dem Blitz der

Dialektik in eine Gegend entfärbt, aus der die Mütter und die liebeswilligen Frauen ausgerottet sind, und damit auch Sinnlichkeit, Anschaulichkeit als weibliche, als Mutter-Attribute. In diesem Licht erscheint alles auf eine einheitliche Farblosigkeit reduziert, in ihm haben die monochromen Objekte nur noch die Umrisse von Gegenständen, wie sie sich in einer ausschließlich geistigen Beleuchtung zeigen. Die Körperwelt kehrt auf der photographischen Platte der Reflexion als deren Negativ wieder.

Teiresias, der *weiß*, wo andere *sehen*, ist für Platon denn auch derjenige, der die höchste Tugend als »wirkliches Ding« (!) tatsächlich »wahrnimmt«. Zweifellos ist er das Urbild, der archaische Vorläufer des Philosophen, seine mythologische Variante.[21]

Diana – im Licht mit Apollo vereint (Giordano Bruno)

Wenn Schiller den ›naiven‹ Dichter »streng und spröde, wie die jungfräuliche Diana« nennt, dann ahnen wir nicht nur, was für ein Naturbegriff da am Werk ist, wir sind auch geneigt, hinzuzusetzen: und der ›sentimentalische‹ Dichter ist *wie* Aktaion.[22]

Für Platon leitet sich der Name der Göttin von artemés, für ›rein, unversehrt‹, ab. Ein »Wunder der Augen« ist sie für alle ihre gefühlsgespaltenen Verehrer.[23]

In Apuleius' »Der goldene Esel« war die Szene zwischen Artemis und Aktaion schon zum Tableau einer mittelständischen Heimkunst heruntergekommen.[24]

Für Giordano Bruno ist Diana dagegen die sichtbare Gestalt, in der die unsichtbare, göttliche Wahrheit dem Menschen erscheint. Der Ausgangspunkt, Brunos Wahrheits-Metaphorik, ist im Rückgriff auf Platon gewählt: Das Erkenntnisziel erscheint im Bild der Sonne, in die der Mensch nicht schauen kann. Diese steht für Apollo, den Gott des ›absoluten Lichts‹.[25]

Die Wahrheit ist für Giordano Bruno ein »unzugängliches Ding, wie ein Gegenstand, der nicht nur unbegreiflich, sondern auch nicht zu vergegenständlichen ist«.

Es gibt vor allem *einen* ›Gegenstand‹, dem diese Eigenschaften aus dem innerfamilialen Verkehr her anhaften: dem Phallus, der bekanntlich ein ›Phantom‹ ist und bleibt, ein ›Ding‹, das so nur in der Vorstellung des Sohnes existiert.

Diese »höchste und vorzüglichste Wesensgestalt« wird mit Apollo gleichgesetzt, der nicht mit Blicken eines leiblichen Auges zu fixieren ist. Der Vergleich mit der Sonne, die die Blicke anzieht, ihnen ihren eigenen Anblick jedoch verwehrt, stammt, wie gesagt, von Platon, der daraus in dem berühmten Höhlengleichnis seine Konsequenzen gezogen hat. Die Plausibilität des Vergleichs ergab sich aus jeder individuellen Erfahrung seither jedoch immer wieder neu.

Die »imaginäre Funktion des Phallus« im Zentrum der auf Symbolisierung gerichteten Strebungen konnte einfach kein *einleuchtenderes* Pendant in der Objektwelt finden als die im Mittelpunkt des Kosmos stehende Sonne, als ein für die Augen schon in physiologischer Hinsicht schwieriger Gegenstand. Bruno läßt diesen von Apollo personifizieren und in einer echt pantheistischen Vorstellung in »die Welt, das Universum« eingedrungen sein, als »die Natur, die in den Dingen ist, das Licht, das in der undurchsichtigen Materie ist, jenes nämlich, das in der Finsternis leuchtet«.

Dieser *sichtbare* Kosmos, in dem der unsichtbare Apollo den Augen zugänglich wird, dem das Licht untrennbar verbunden ist wie der »Schatten«, nennt Bruno *Diana*. Sie ist der Leib, mit dem sich die »Wesensgestalt«, die im Text der Bezeichnung ›Ding‹ nicht ausweicht, *vereinigt* hat.

Es ist dies die Vereinigung zweier göttlicher Geschwister, der Kinder des höchsten Gottes im Olymp, Zeus. In ihnen kommt der Gegensatz der Geschlechter zur Einheit, und der, der sie sich vorstellt, Bruno, zu seiner mystisch zugleich gesteigerten wie kaschierten Begeisterung.

Für Bruno geht Aktaion als Körper zugrunde, weil er, Diana sehend, zum Seher geworden ist – »Aktaion bedeutet den Verstand«. Das heißt, er hat durch den Anblick der Nacktheit eines weiblichen Körpers, der der verbotene und daher in der Regel verhüllte Teil der Natur ist, sein Augenlicht eingebüßt. Er ist bestraft, indem er geblendet ist. Er hat – die Augen sind in gängiger Metonymie nur das beliebteste pars pro toto wie immer – sein in sinnlicher Wahrnehmung hervortretendes Körperselbst durch einen partiellen Tod eingebüßt.

Es ist der Tod seiner körperlichen Wünsche.

Von nun an ist er lediglich ›Verstand‹. Doch ausgesprochen schwer fällt Bruno der Abschied von dem eigentlichen Objekt einer, wie es scheint, nicht totzukriegenden Penetranz des Schautriebs:

Selten gibt es, meine ich, einen Aktaion, dem vom Schicksal gewährt ist, Diana nackt zu schauen und dahin zu kommen, daß die schöne Liebesgestalt der Natur ihn ganz verzaubert, und der dann, durch die beiden Augen, durch die er den Glanz göttlicher Güte und Schönheit wahrgenommen, in den Hirsch verwandelt wird und fortan nicht mehr Jäger, sondern gejagtes Wild ist. [26]

Nimmt man das Ganze als ein Detail aus der Urszene, so ergibt sich sein erotischer Gehalt von selbst: »Die Jagd gewann ihre wirtschaftliche Bedeutung wohl erst für die vertriebenen Söhne, für die auch die Koitussymbolik des Jagens eine erhöhte Wichtigkeit besaß.« [27]

Giordano Bruno, unter den Renaissance-Philosophen einer der Verzücktesten in Beziehung auf den Schautrieb, verherrlicht jedoch mit diesem zugleich auch seine Unterdrückung/Bestrafung im Pathos des gefeierten Untergangs eines von der Wahrheitserkenntnis überwältigten Visionärs. Wie deutlich die *eigentliche* Wahrheit durch den Schleier der Sublimierung hindurch die Konturen einer Frauenschönheit bewahrt – in die die ›Wahrheit‹ als ›unzulängliches Ding‹ *eingedrungen* ist –, können wir nur immer wieder zur Kenntnis nehmen. Wie weit Bruno auch, indem er die Schöpfungswahrheit eines männlichen Gottes (Apollo) in einem als göttlich gepriesenen Frauenleib (Diana) inkorporieren ließ, über Platon hinausging: Sein Aktaion, der seinen ›Höhepunkt‹ als ein Subjekt der Schaulust erfährt, bleibt bei ihm doch ein platonischer Fall.

Einsamkeit als die Einmaligkeit des Sohnes in Beziehung zur Mutter

Wir sollten uns nicht entgehen lassen, daß Apollo und Diana Geschwister sind, außerdem Götter. Die Schwester als Mutterabspaltung ist uns aus der psychoanalytischen Literatur geläufig, und nur die Götter waren bei den Griechen von der Beachtung des Inzest-Verbots dispensiert.

Aktaion ist im Mythos stets der Jugendliche, der Sohn. Und er ist allein. Bei Ovid hat er sich von einer Gruppe Gleichaltriger entfernt, für Bruno ist er der Auserwählte, der Eingeweihte: »Siehe, so hob ich mich weg und floh und weilte in der Einsamkeit.«[28]

Wenn er ein Initiierter, ein Wiedergeborener ist, warum bleibt er dann für sich? Initiation bedeutet in allen Gesellschaften den Übergang aus dem prägenitalen, bewußtlosen Zustand, d. h. aus der für jedes kindliche Empfinden *einmaligen* Beziehung zu der *einen* und *einzigen* Mutter, in das Bewußtsein der Zugehörigkeit zur *Gruppe* der geschlechtsreifen, erwachsenen Männer.

Aktaion dagegen gleicht einem Jüngling, der bei Parmenides vor der Göttin erscheint und von ihr auf den Weg, der »wahrlich fernab liegt vom Verkehr der Menschen«, gelobt wird.

Ist er also derjenige, der die Initiation nicht bestand, der gebunden blieb an die *eine?* Der demnach bis zur genitalen Stufe nicht vordrang, zur eigenen männlichen Identität nicht fand? Dann verweigerte sich in ihm, dem Solipsisten, die in die Gesellschaft hineinführende Entwicklung. Seine Partizipation an der *einen* Wahrheit, sein besonderes Wissen also, wäre der Versuch zur Beibehaltung des singulären, ursprünglichen, symbiotischen Verhältnisses der Dyade. Freilich um den Preis, auf die Genugtuung der sinnlichen Schaulust zu verzichten, dem Blick seine Freiheiten zu wehren – nicht mehr »das ziellose Auge umherzulenken«, wie es bei Parmenides heißt.[29]

Was Aktaion bei Giordano Bruno geschieht, nämlich die Erlösung aus dem »Leibeskerker der Materie«, verrät im Bezug auf die Negation des in der Sublimierung weiter benannten Ziels, was es zu verdrängen gilt und was sich dafür gewinnen läßt. Die Sprache ist wie stets eine Matritze, die dem in sie eingenisteten Begehren einen scheinheilig unverfänglichen Ausdruck verleiht, damit es in dieser Gestalt besser das Bewußtsein passiert. Dieser Ausdruck aber ist gerade das für die tatsächliche Richtung des Begehrens Entlarvende.

Der an den Augen mit Blindheit bestrafte und dadurch gewandelte, geläuterte Aktaion ist nun von »gewöhnlichen Begierden unberührt«. Er braucht daher »nach seiner Diana nicht mehr durch Ritzen (!) und Fenster zu spähen«. Aktaion ist es, der in der Wiedergeburt der Vergeistigung – der ein leiblicher Tod vorausgeht – »die trennenden Wände niederreißt und angesichts der ganzen Weite des Horizonts ganz Auge wird«.

Das, was er schaut, wird als ein »Ganzes« und »Einziges« gepriesen und erscheint als die »wahre Wesenheit im Sein aller Dinge«. Die Erhaltung eines Ganzen bzw. die Rückkehr zum Anblick der in ihm vereinigten Teile (Elternteile) ist nur noch dem von der sinnlichen Wahrnehmung geläuterten Schauen (gr. theoria) möglich. [30]

Diesem zum Universum erweiterten Objekt des seinerseits omnipräsent gewordenen Subjekts als Auge geht voraus, daß Aktaion bereit ist, das unmittelbar gegebene Objekt, auf das sich die Liebeswahl des Schautriebs dauernd beziehen möchte, aufzugeben und, symbolisiert durch den körperlichen Tod, in neuer, geistiger Gestalt wiederzugewinnen.

Was Aktaion hinter sich hat, seinen *partiellen* Tod, unterschlägt der Mythos keineswegs. Ebensowenig übrigens der Text Platons, den es durchaus konstituiert in der tief in ihn eingegrabenen Arbeitsspur, *Erziehung* genannt, die eine Schleifspur ist und auf die Vexation des Marsyas weist. Das Abschinden der Haut, noch dazu durch den Licht-Gott Apollo, gehört in das gleiche Arsenal der Bestrafungen und Opfer, das zur Ahndung des Kardinalvergehens den Verlust der Sehfähigkeit bereithält. [31]

Das, was Bruno hier an Aktaion vollziehen läßt, ist, abgesehen von der Form, in der es geschieht, nicht seine Erfindung. Vielleicht ist es deswegen angebracht, noch einmal daran zu erinnern, daß die Begründung für die Unverwüstlichkeit gewisser Topoi, für die Beständigkeit bestimmter Strukturen in einer tieferen Schicht zu suchen ist denn in dem Staub, den einer von seinem Vorgänger vorfindet und in den er seine Buchstaben schreibt.

Die Geschichte von Aktaion und Artemis ist so oft erzählt worden, daß man sich die Elemente, die zu ihrer perseverierenden Gültigkeit beigetragen haben, näher ansehen sollte. Man kann dazu auf eine Art Ur-Geschichte zurückgreifen, in der Aktaion auch schon vorkommt, aber noch nicht in der verklärten idealisierten Gestalt wie bei Giordano Bruno. Im Gegenteil. An Aktaion wird negativ exemplifiziert, was dort ein anderer, berühmterer antiker Prototyp der Versagung als Auszeichnung für sich verbuchen kann: *Teiresias* – zu dem Aktaion sich verhält wie der Tyrann zu dem Philosophen bei Platon.

Die Rede ist von einem Gedicht des Kallimachos, einem griechischen Dichter des 3. Jahrhunderts vor Christi. In dem Hymnos, in dem zu Beginn das Schnauben blutiger Rosse die Seelenauffahrt aus dem »Phaidros« und somit den ganzen symbolischen Zauber dramatischer Triebbändigung anklingen läßt, ergeht an die »städtebeschützende« Pallas (Athene) die Einladung zum Bade. Bei der Gelegenheit wird ein Ureinwohner Griechenlands ermahnt:

> Du aber Pelasger,
> lenke ja nicht den Blick dreist auf die Badende hin![32]

Warum der Verweis hier auf das frühe, ländliche Griechenland im Zusammenhang mit dem Verbot, zu sehen? Ist es von diesem Verbot, das die ›Stadt‹ erst geschaffen hat, denn bis dahin noch verschont? Der Bezug zwischen der Göttin und der Stadt ist deutlich, wie Pallas den Beinamen Athene ja erhält, weil sie als Gründerin (und Beschützerin) Athens gilt.

Welche Vorstellung von Triebaufschub mit ihrer Erscheinung verbunden ist, das zeigt der erste Gesang der »Ilias«. Die Stelle sei hier kurz erläutert. Pallas erscheint dem vor Zorn erregten Achilleus in dem Augenblick, als dieser sich mit dem Schwert auf Agamemnon stürzen will. Weil sie beide »liebte«, wie es heißt, tritt sie (wie Solon?) zwischen die streitenden Parteien. Dabei nimmt nur Achilleus sie wahr:

und schrecklich erstrahlten ihm ihre Augen.

Unerschöpflich und von den ältesten Quellen her belegt ist das Spiel mit dem Blick und seiner einschüchternden Wirkung. Die Göttin ist denn auch eine Erscheinung, die ganz diesem einen und seinem Inneren angehört, ein Präzedenzfall von Gewissen hier am Anfang des Gründungsepos der europäischen Literatur. Wenn wir erfahren, was sie verlangt und was sie gewährt, ermessen wir den bedeutenden Gehalt dieser Stelle erst richtig:

Doch auf! laß ab vom Streit und ziehe nicht das Schwert mit der Hand!
Aber freilich, mit Worten halte ihm vor, wie es auch sein wird. [33]

Pallas – vergessen wir nicht: die »Städtebeschützende« – verlangt den Verzicht auf die *Tat* und gibt das *Wort* frei für die *Gefühle* gegenüber dem Kontrahenten. Stadt und Literatur, Zivilisation und Sprache gehen hier aus *einem* Moment des Triebaufschubs hervor.

Während bei Kallimachos die badende Göttin vom Dichter aufgefordert wird, sich zu zeigen (»so komm doch heraus!«), wird im gleichen Augenblick über ihre körperliche Erscheinung die Hülle der Abschweifung geworfen (»Euch will ich inzwischen erzählen«), die auch noch als Erzählung in der Erzählung jeden Verdacht auf Augenzeugenschaft zu zerstreuen sucht (»Nicht ich, andere berichten es so«).

Doch dann wird in dieser Einkleidung, in dieser erzählerischen Distanzierung, die Göttin, was der Sinn der Sache ist, noch entblößt.

Der Kunstgriff ist merkwürdig, und so sollten wir ihn uns merken als Strukturtopos, dem wir noch wiederbegegnen werden; als ein beliebtes Schema, die *eigentliche* Geschichte als Geschichte in der Geschichte zu erzählen, als Theater im Theater zu inszenieren. Es ist, um hier schon *etwas* von dem Tiefsinn dieser poetischen Veranstaltungsart zu verraten, jene »Höhle hinter der Höhle«, von der Nietzsche einmal spricht, die sich offenbar am besten dadurch *verstecken* läßt, indem sie sich als Höhle *in* der Höhle, d. h. in der Mitte des Blickfeldes, *präsentiert*. Damit ist die Ambiguität des Betrachters, der ständig etwas mit den Augen sucht, was seinen Blicken entzogen sein sollte, auf vorbildliche Weise getroffen.

Die Geschichte bei Kallimachos läuft, worauf sonst, auf die

Bestrafung des Teiresias hinaus. Der Jüngling ist, wie Aktaion mit seinen Hunden, »vom Durst gepeinigt« der Badenden zu nahe gekommen. Der Schrei der erblickten Göttin hallt seither wider in dem Abgrund, der sich in dem Frevler bis unter die Stirn auftat:

Pallas geriet in Zorn und sagte ihm: »Sohn des Eueres,
ohne dein Augenlicht wirst du dich entfernen von hier.
Welch ein Daimon führte dich auf den Weg des Verderbens?«

Später, im Gespräch mit der Mutter des Jungen, zieht Pallas sich geschickt auf die Rolle zurück, die ihr auch heute noch im Familiendreieck die scheinheilige Geste hin auf den, dem sie vorgeblich unterlegen ist, erlaubt:

Nicht *ich* machte den Jungen dir blind.
Nicht Athene trachtet Kindern die Sehkraft zu rauben.
Schon des Kronos Gesetz hatte es deutlich bestimmt . . .

Bedenken wir, daß auch das, und offenbar alle Literatur, die Sicht des Sohnes wiedergibt. Sie unterstellt die geheime Bereitschaft der Mutter, die, wäre nur Kronos nicht, auf die Wünsche des Sohnes schon einginge.

An dieser Stelle, und das macht den Hymnos zum Lehrgedicht für uns, teilt sich das Bild von der männlichen Hälfte der Menschheit. Es gibt kein Zurück hinter die frevelnde Tat – die in einem *Blick* auf eine *nackte* Göttin besteht –, es gibt kein Zurück hinter die Schuld.[34]

Es gibt nur den Weg des Tyrannen und den Weg des Philosophen.

Der Tyrann heißt Aktaion. Auch er wird erwähnt in dem Gedicht des Kallimachos, das voraussetzt, daß der Leser/Zuschauer seinen Fall kennt.

Pallas macht dazu eine Aussage von außerordentlicher Weitsicht, die auch von bemerkenswerter Einsicht in das Wesen kulturell bedingter Askese zeugt:

Wie viele Brandopfer werden Autonoe und Aristaios
künftig noch darbringen, heiß flehend, ihr einziger Sohn
möge, der junge Aktaion, *nur* mit Erblindung bestraft sein!

Die Veranschaulichung der Triebnatur, deren tierische Manifestation dem Jüngling an der Schwelle zum Mannsein, und das ist seine Metamorphose zum *menschlichen* gleich *gesellschaftlichen* Sein, zum Verhängnis wird, spricht für sich. Sie spricht noch weiter aus der feinsinnigen Nuance, die Ovid der Fabel abgewinnt, wenn bei ihm nach der Verwandlung des Aktaion dessen eigene Hunde, jeder einzeln, beim Namen genannt werden: menschliche Namen, ihnen von Menschen gegeben, die diese aber nicht zu Menschen, d. h. (gegenüber dem Gesetz) gehorsamen Wesen machen.[35]

Aktaion bei Kallimachos gelingt nicht dies: daß er, einmal blind, nun erst eigentlich zu sehen beginnt. Darauf weist Pallas die Mutter des Teiresias hin, indem sie diesem, der sein gewöhnliches Augenlicht verlor, eine besondere Fähigkeit des Sehens verleiht:

> Ich werde
> dir zuliebe ihn noch kostbar beschenken und reich,
> will zum Propheten ihn machen, verherrlicht von späten Geschlechtern,
> dessen Befähigung kein anderer Seher erreicht.[36]

Was verrät nicht alles die Tatsache, daß das Gespräch unter den zwei Frauen über den Kopf des Sohnes hinweg stattfindet; daß zwischen der leiblichen Mutter und der Göttin – die diese selbst in der Verdrängungs- und Verklärungsform aus der phantastischen Sicht des Sohnes ist – restriktiv geregelt wird, was für den Jungen und sein Fortleben im Geist der Nachfahren gut ist:

Das heißt, daß die verbotene Mutter ihre Rechte nicht wirklich verliert: sie kehrt wieder in Gestalt des Familiengeschlechts, der Ahnenreihe, der Art, die erhalten bleiben, deren Wissen fortleben soll.[37]

Teiresias und der unendliche Triebaufschub

Dazu ist Enthaltsamkeit nötig, die Enthaltsamkeit von der geschlechtlichen Beziehung zu der Mutter ist. (Für Saint-Preux in Rousseaus »La Nouvelle Héloïse« ist das die schmerzhafte Lektion, die dieser das ganze Buch hindurch beigebracht bekommt; noch dazu von der Geliebten selbst, die mit Mutter-Strenge auf die Vergeistigung des Verhältnisses dringt und auf dem Sterbebett den Wunsch ausspricht, daß Saint-Preux sich ihrer Familie anschließen soll.[38])

Teiresias, der geblendete, d. h. der symbolisch kastrierte, d. h. der sich der Geschlechtlichkeit enthaltende Sohn, ist für uns der Archetyp des Philosophen, der sein eigenes Begehren sublimiert zu der Begabung, anderer Leute Zukunft zu erkennen, sie vorauszusehen. Er repräsentiert für diese anderen den unendlich verzögerten Triebaufschub, die absolute Bereitschaft, von sich selbst und von dem Augenblick mit seinen unmittelbaren Genugtuungen abzusehen. Er lebt in einer immer wieder und für immer hinausgeschobenen Gegenwart, die in der verheißenen Zeitlosigkeit des Ruhms die Erfüllung einem Später überläßt, bei dem er physisch nie anlangen kann. Das ihm äußere, gesellschaftliche Sein, das Gesellschaftssein, ›die anderen‹ haben von ihm und seinem Begehren vollständig Besitz ergriffen. Er ist nichts als ein Prospekt auf das, was von ihm sein *wird*: im Hades ein Schatten bei Verstand, bei den Lebenden ein Geist vom Geist der Toten.[39]

Auf einer anderen Ebene, auf der, die die verhaltenere Sprache des Soziologen erfaßt, erscheint dieses Ergebnis forcierter Triebkontrolle als »Langsicht«, ein Produkt der arbeitsteiligen Gesellschaft (à la Platons »Politeia«):

Diese Langsicht auf Natur und Menschen gewinnen die Menschen erst in dem Grade, indem die fortschreitende Funktionsteilung und die alltägliche Verflechtung in längere Menschenketten den Einzelnen an eine solche Langsicht und eine größere Zurückhaltung der Affekte gewöhnen.[40]

Interessant ist, daß dieser Haltung ein Weltgefühl entspricht, wonach alles, was auch geschieht, sich auf den, »der es sieht«, zu beziehen scheint.

Höchste Genugtuung besteht nun in dem Angesehenwerden durch die anderen. Noch einmal: Hieß Ruhm nicht auch Ansehen? Es ist die passive Form des Schautriebs, die in der Vorstellung vom Ruhm ihr Teiresias-Syndrom ausbildet: Wie Teiresias ohne Augen, d. h. ohne einen realen Gegenstand wahrzunehmen, *sieht*, so wird der Berühmte, ohne selbst real, d. h. ohne noch am Leben zu sein, von der Nachwelt *gesehen werden*.

Bei Dante landen die Seher, darunter Teiresias, im sogenannten »malebolge«, dem vierten Kreis des »Inferno«. Ihre Strafe ist, daß sie mit nach hinten verdrehtem Gesicht rückwärtsgehen müssen. Dabei vergießen sie Tränen, die ihnen den Rücken hinab in die »Spalte« (lo fesso) des Gesäßes fließen. Der Blick in die Zukunft steht nur Gott zu. Die Bestraften sind zur Stummheit verurteilt, ihre Augen geben nichts als Tränen her (tacendo e lagrimando). Gesicht und Geschlecht sind einander entgegengesetzt. Statt der flüchtigen Anmaßung, mit dem Schicksal anderer zu spielen, nun ewige Trauerarbeit in Anbetracht des Zurückliegenden. Die Sekretion der Augen, der enthemmte Erguß dieses genitalen Symbols, erreicht die »Spalte« im Kurzschluß eines Vorgangs, der auf den eigenen Körper beschränkt bleibt und der sich, da es die Spalte des Gesäßes ist, als die Verkehrung der natürlichen Sexualität zu erkennen gibt. Dantes Erwähnung der Ovidschen Anekdote von der Verwandlung des Teiresias in eine Frau unterstreicht neben dem Aspekt der Geschlechtslosigkeit auch den der Zweigeschlechtlichkeit, der narzißtischen Funktion des Körpers in der Homosexualität. Diese ist eine Form der unfruchtbaren Selbstgeschlechtlichkeit, ein unendlicher, trauriger Fluß von einem Organ zum anderen am eigenen Körper. Der Blick des Dichters bewegt sich in seiner Spur: »Als dann mein Blick an ihnen niederglitt . . .«[41]

Dante weint selbst häufig auf seinem Weg durch das »Inferno« – erstmals beim Anblick des durch Lancelot-*Lektüre* verführten Ehebrecherpaares Paolo und Francesca! Kein anderes Werk der Weltliteratur lebt so von den an den Schautrieb geknüpften Leidenschaften und ihren Sublimierungen. Die Ängste, die schon beim Eintritt in das Werk dem Autor zu schaffen machen, kehren in einer seltsamen Projektion wieder, als Dante dem Florentiner Ciacco begegnet. Er erkennt ihn nicht:

> Die Angst, in der du lebtest,
> hat dich vielleicht gelöscht in meinem Geiste,
> so daß mir scheint, ich hab dich nie gesehen.[42]

›L'angoscia‹ steht im Original, was mehr ist als ›paura‹, nämlich

Todesangst. Die Angst *des Anderen* löscht sein Bild aus dem Gedächtnis des Betrachters! Dessen Blick – auch hier ist er kurz davor, in Tränen auszubrechen – wandert auf dem Leidensweg der Sünder, immer wieder sehend und fühlend sich mit ihnen identifizierend. Ein schönes Beispiel für die osmotische Durchlässigkeit zwischen Innenwelt und Außenwelt und für das nach Subjekt und Objekt Ununterschiedene des dichterischen Gestaltungsmaterials. Es ist des Autors eigene Angst natürlich, die von diesem Blick und seinen Gegenständen – in die die Angst und die in die Angst immer schon eingedrungen sind – loskommen möchte, ringend um eine andere, freiere Art des Sehens, wie sie der Leser im 3. Teil des Buches, dem »Paradiso«, dann auch kennenlernen wird.

Aktaion und Teiresias bei Ovid: der Blick, die Sprache des geängstigten Zuschauers

Das Schicksal Aktaions in der Version des Ovid bringt genau diese Sehnsucht zum Ausdruck: nur noch gefühllos zu *sehen*, nicht mehr emotional *beteiligt* zu sein. So macht uns der Autor zu Zeugen der Geburt des *Zuschauers* aus der Tragödie schmerzlich gewordener Empfindung. Es ist genetisch nur zu plausibel, wenn dieser Wunsch im Angesicht eines Gegenstandes aufkommt, der der nackte Körper einer schönen, strengen Göttin ist.

Dante ist es vergönnt, auf dem Weg durch das Inferno immer, wenn er will, zu *reden*. Beatrice, Tränen in den Augen, hat ihm dazu Vergil an die Seite gegeben, den dessen »schmucke Worte« (parola ornata) hierfür empfohlen haben.[43]

Bei Ovid zielt die Bestrafung des Jünglings durch die Göttin darauf ab, daß er, nachdem er sie gesehen, zum Verstummen gebracht wird. Sprache ist Teilnahme: Der durch seine (Mutter-) Fixierung Isolierte löste sich vielleicht mit ihrer Hilfe doch noch aus dem Todesbann.

Es wird geschildert, wie Aktaion sich von der Jagdgesellschaft, mit der er aufgebrochen ist, entfernt. Es ist dies natürlich die höfisch-akklimatisierte Gruppe von Gleichaltrigen, in die der Jüngling der Initiationsregel nach gehört – und der er sich damit entzieht. Allein im Wald, erblickt er Diana nackt in einer »von Wassern triefenden Grotte«. [44] Sie bestraft den seinem Schautrieb hemmungslos Hingegebenen, indem sie ihm, durch die Verwandlung in einen Hirsch, die Sprache nimmt.

Aktaion ist jedes agens der Entäußerung genommen, was sich noch darin bekundet, daß »er an Stelle der Arme die Blicke, die stummen« hebt. Die Gefährten, die dies ja schon nicht mehr sind, bedauern, »daß er lässig versäume zu sehen, wie ihm Beute geworden« – die als das gejagte Wild doch längst er selber ist. Wenn er jenen auch nicht antworten kann, für sich selbst ist er ebensowenig stumm wie der in einen Esel verwandelte Held des Apuleius. Als erlebte Rede ist ihm die Sprache jetzt ausschließlich als innere, nach außen abgesperrte Realität zur Qual, in der das Bewußtsein die Fessel des Leibes erfährt. Aus ihr möchte der Betroffene sich durch eine neue, teilnahmslose Art des Sehens lösen, die, gegenüber der ins tödliche Verderben führenden der unvermittelten Schaulust zu Beginn der Szene, die Rettung wäre:

›Ach! er ist da – o wäre er ferne! Der eigenen Hunde
Grimmiges Treiben, er sähe es lieber, als selbst es zu spüren.‹

Aktaions Todesangst ist die tödliche Angst des Tormanns bei Peter Handke. Beide sind eingesperrt in den Käfig ihrer lautlosen Rede, und ebenso lautlos verlassen ihre ständig weit geöffneten Augen (bei Handke hat die ganze Geschichte in ihnen Platz) die Blicke, »die stummen«. [45] (Bei Homer verstummt und erblindet der Sänger Thamyris. Er hat die Musen in prahlerischem Vergleich herausgefordert: ›Sehen‹ und ›Reden‹ sind ›Ausdrücke einer Ordnung‹. [46]

Elterneinheit und die Schau des Asketen

Ovid versieht die Wiedergeburt des erblindeten Teiresias als Seher mit dem zusätzlichen Detail, daß dieser zwei sich paarende Schlangen mit dem Stock erschlagen hat. Er wird daraufhin zur Frau, bis er, durch die gleiche Tat acht Jahre später, sich in einen Mann zurückverwandelt. [47] Man ahnt, welchem Vorgang er in die Quere gekommen und was in ihm seither verquer ist, wenn man weiß, daß Schlange und Stock gleichermaßen Phallussymbole sind. (Heine nennt im »Atta Troll« die Menschen *aufrechtgehende* Schlangen, die das ganze Tierreich unterworfen haben: eine Phallokratie, veranschaulicht mit den Mitteln der Fabel. [48]) Und es ist ausgerechnet Teiresias, der dem Ödipus weissagt, diesem Königs*sohn,* der den dramatischen Übergang zum Bewußtsein der Zweigeschlechtlichkeit im Mythos zu symbolisieren hat und der sich selbst blendet. [49]

Bei Herodot erblindet der *Sohn* des Ägypterkönigs Sesostris, Pheros, als der »in einem frevelnden Übermut die Lanze genommen und mitten in die Strudel« eines Flusses geschleudert hatte. Sehend wird er erst wieder nach 10 Jahren, nachdem er die Augen mit dem Urin einer Frau gewaschen hat, die ihrem Mann treu gewesen ist. Alle untreuen Frauen werden dagegen verbrannt. [50]

Die anti-feministische Pointe dieser sinnigen Anekdote paßt ins Bild einer psychogenen Vorliebe für Lichtbezüglichkeiten aller Art, die auch den Feuertod als Möglichkeit zur »Vereinigung mit dem höheren Lichtprinzip« betrachtet, und die ausgerechnet Frauen, denen ihre Promiskuität vorgehalten wird, diesem ›Reinigungsopfer‹ unterwirft. [51]

Vereinigungswunsch und Vereinigungstrauma stehen bei diesen Phantasmagorien Pate. Die Angstsehnsüchte der Ablösungskrise beschwören regressiv das Einheitsparadies der allerersten Kindheit, die Schiller träumerisch und falsch »die einzige unverstümmelte Natur« des Menschen nennt. [52] Den verwirrenden, von Schuldgefühlen überlagerten Libidoschüben des Adoleszenten setzt dessen Ich sein Askesekonzept entgegen. Ablösung heißt u. a. Auflösung der Elterneinheit, Erfahrung und Eingeständnis der Zweigeschlechtlichkeit. Darin lauert immer auch das Bild einer Version hiervon, die sich dem Subjekt als ›besonders furchterregend und bedrohlich‹ eingeprägt hat. Die bekannten Wiedergeburtsmythen lassen sich alle auf diese »Pubertätsaskese« beziehen, die Initiationsriten in den frühen Gesellschaften verbürgen, daß, was den einzelnen innerlich bedrängt, äußerlich zu Recht bestehen darf. [53]

An den meisten dieser Riten ist auffallend, daß sie mit restriktiven Auflagen für den Schautrieb verbunden sind. [54] Die psychoanalytische Literatur belegt immer wieder, wie Angstphantasien sich ausgerechnet in selbstauferlegten Einschränkungen der Sehfreiheit niederschlagen, oft ist dergleichen

zweifach determiniert: durch die Idee der Bestrafung für verbotenes Schauen und durch die Verschiebung der Kastrationsangst vom Genitale auf das Auge.[55]

Die Blendung, der Verlust des Augenlichts entspricht einem »symbolischen Ersatz der Selbstentmannung, d. h. der dem Inzest adäquaten Selbstbestrafung«. Auf dieser Stufe, die von »Regressionen, Rückwendungen gegen die eigene Person« gekennzeichnet ist, erfolgt die Abfuhr der sexuellen Erregung häufig in andere Körperteile oder Körperfunktionen. Das Sehorgan und seine Funktionen bieten sich hierfür besonders an, denn,

die Augen nehmen nicht nur die für die Lebenserhaltung wichtigen Veränderungen der Außenwelt wahr, sondern auch die Eigenschaften der Objekte, durch welche diese zu Objekten der Liebeswahl erhoben werden.[56]

Dante und das ›Neue Leben‹ des Sehenden

Auch Dante ergeht es auf seiner Jenseitswanderung nicht anders als Teiresias bei Kallimachos: Er wird blind. Er ist nun

Wie einer, der hinschaut und gern ein wenig
Die Sonnenfinsternis erkennen möchte,
Und weil er sehen will, gar nichts mehr kann sehen . . .

Das ist analog ›gesehen‹ zum Schicksal des Philosophen in Platons Höhlengleichnis. Das Licht, das den zum Paradies geleiteten Dante so vollständig blendet, stammt von der Erscheinung des Apostels Johannes. Bemerkenswert ist das Arrangement der Szene, die dies veranschaulicht: Im Mittelpunkt steht »die Herrin« – Beatrice –, die durch die gleißende Aura des Johannes nicht »vom aufmerksamen Schauen« abgehalten wird, und es ist der Apostel, den sie hierbei fixiert. Offen bleibt im Text, wer die Worte an Dante richtet, dem an dieser Stelle die Augen den Dienst versagen:

>Warum blendest
Du dich, etwas zu sehen, was hier nicht wirklich?<

Im Original steht »che qui non ha loco« – »was hier keinen Ort
hat« –, ist das nicht deutlicher im Ausdruck der Ambiguität, die
dem Gegenstand in den Augen des Betrachters anhaftet?
Er blendet sich selbst, um diesen Gegenstand zu sehen:

Da ich nichts sehen konnte und doch nahe
Bei ihr und in der Welt des Glücks weilte!

Es bedarf dieses Paradoxons, will das Subjekt dem ursprünglichen Objekt, auf das es durch die Strebungen des Schautriebs
eingestimmt ist, nahe bleiben. Und das will es sozusagen um
jeden Preis, auch um den des Verlusts der Sehkraft. Ein Sehen
ohne Beteiligung der körperlichen Augen zehrt dennoch immer
noch von den Köstlichkeiten aus den Genugtuungen, die das
triebbesetzte Sehen verheißt. Ein neues Sehen ist geboren – und
ist doch auf das alte Ziel gerichtet:

Nein, durch die Sehkraft, die in mir gewachsen
— Beim Schauen, ward die einzige Erscheinung
Verändert, während ich mich selbst gewandelt. [57]

Freuds Kulturbegriff und die psychogenen Sehstörungen

Freud spricht einmal von den »hysterisch Blinden«. Auf sie trifft
zu, was Dante im Resultat seiner Selbstmanipulation als besonderes, gesteigertes, wenngleich augenloses Sehen herausstellt: »Sie
sind fürs Bewußtsein blind, im Unbewußten sind sie sehend.«
Durch Freud wissen wir, daß der Schautrieb im Bereich des
Vorlustgeschehens beim Menschen eine besondere Bedeutung
behält, denn der »optische Eindruck bleibt der Weg, auf dem die
libidinöse Erregung am häufigsten geweckt wird« – auf dem sie
ebenso häufig wohl auch frustriert wird. Das Kind ist hierin
zunächst völlig ungehemmt, es ist »vor allem schamlos«. Es hat
nicht nur Vergnügen an der Entblößung der eigenen Geschlechtsteile, es ist voller »Neugierde, die Genitalien anderer
Personen zu sehen«.

Gerade aber die »mit der Kultur fortschreitende Verhüllung des Körpers hält die sexuelle Neugierde wach«. Sie führt zu neurotischen Symptombildungen. Das Ich, diese gegen die Kräfte des Es gerichtete Agentur im Subjekt, kommt gegen »die sexuelle Schaulust, wegen ihrer übergroßen Ansprüche« mittlerweile, nicht auf, denn das Auge hat sich »ganz dem verdrängten sexuellen Trieb zur Verfügung gestellt«. Das Ich reagiert darauf so, daß es »jetzt überhaupt nichts mehr sehen will« und daher die psychogene Blindheit verhängt.[58]

Wenn das Ich, indem es lieber gar nichts sieht als mit erotischer Zielsetzung, die Objekte kindlicher Schaulust so endgültig mit dem Bann belegt, dann ist dieses Ich deswegen noch lange nicht frei. Es bleibt als Agentur der Verdrängung ständig negativ an den Schautrieb und das Spezifische seines Begehrensausdrucks gebunden, ja, es kommt nicht einmal darum herum, dessen Art der Objektwahl zu respektieren, sie beizubehalten und auf einer anderen, ›höheren‹ Ebene dem ihm enthaltenen Lustversprechen ausgeliefert zu bleiben.

Schautrieb und Wißtrieb

Eine Kulturgeschichte der Visualität müßte sich immer auch auskennen in den Grenzbereichen, in denen sich der Blick ins Nichtsichtbare verliert, müßte das genetische Syndrom einer weitergehenden Spaltung auf jenen Gegenstand beziehen, dem das Subjekt nur treu bleiben kann, indem es ihn verleugnet.

Wir fanden das Zwangvolle des Wissensdrangs beim Kleinkind an die Modi der Introjektion geknüpft; wir haben ›Eindringlichkeit‹ und ›Polemik‹ in dem archaischen Klima des frühesten Triebgeschehens gedeihen sehen. Nichts geht später verloren davon. Der chemische Grundsatz vom Erhalt der Materie gilt auch für den Stoffwechsel der Psyche.

Im Begriff der »interesselosen Anschauung«, in der für Kant das Ästhetische definiert ist, ist gerade die Betonung der Interesselosigkeit ein Indiz, was für einem ursprünglichen Interesse sie abgewonnen wurde. In der rettenden Distanz bleibt die Kontinuität einer freudigen Bezüglichkeit gewahrt, im ästhetischen

Genuß erhält sich das Lustvolle der erfüllenden Einstimmung. [59]

Dem Wunsch nach *Bewahrung* sieht denn auch Hans Jonas den Gesichtssinn wie keinen anderen willfährig sein:

Alle anderen Sinne leben von der Veränderung und berichten Veränderung . . .

Snell hatte schon Begriffe, Ideen für die Griechen aus den Modalitäten des Sehvorgangs hergeleitet. Jonas unterstellt dem Gesichtssinn, ein ideales Medium für die den Wünschen innewohnende Transzendenz zu sein:

In der sichtbaren Anwesenheit von Objekten kann der Beschauer zur Ruhe kommen und ein erweitertes Jetzt genießen. [60]

Daß dies die Erweiterung ist, die das Subjekt dem Triebaufschub verdankt, daran wäre hier zu erinnern.

Für Freud ist der Wißtrieb unter den Umständen der infantilen Sexualforschung entstanden, er »arbeitet« – das schließt für uns an die Aussagen Melanie Kleins an – »mit der Energie der Schaulust«. Karl Abraham hat versucht, die innere Lokazität des Übergangs genauer zu bestimmen:

Die primitive kindliche Neugierde will diese Organe oder Vorgänge *sehen*; das Verlangen, von ihnen zu *wissen*, läßt bereits auf eine Eindämmung der Schaulust schließen.

Noch einmal fällt von daher ein Licht auf den Verhaltenstopos des ›Zuschauers‹:

An die Stelle aktiver sexueller Leistungen tritt dann ein verstärkter Drang zum tatenlosen Schauen aus der Ferne. [61]

Daß »alle Menschen von Natur ein Verlangen nach Wissen« haben, damit beginnt Dantes »Convivio« und bezieht sich darin auf Aristoteles, der seine »Metaphysik« mit dem Satz einleitete:

Alle Menschen streben von Natur nach Wissen; dies beweist die Freude an den Sinneswahrnehmungen, denn diese erfreuen an sich, auch abgesehen von dem Nutzen, und vor allem, anderen Wahrnehmungen mittels der Augen. [62]

Die Natur, die dabei beschworen wird, gibt uns mittlerweile

keine Rätsel mehr auf, besonders, wenn in ihr sich die ›Freude‹ an der sinnlichen Wahrnehmung mit dem Mittel des Auges verbindet und zur Erklärung des Wissensdrangs herhalten muß.

Dante, der in seiner »Commedia Divina« eine Jenseitswanderung unternimmt, sich also dort aufhält, wo sich das eigentlich Unsichtbare, weil nicht zu sehen Gegebene (aus den bekannten Gründen) befindet, ist ständig darum bemüht, das mit den Augen Wahrgenommene in *Wissen* zu überführen. Darauf zielen alle seine unaufhörlich gestellten Fragen an die Begleiter, die dieses Wissen verkörpern, erst als Vater (Vergil), dann als Mutter-Geliebte (Beatrice).

Leonardo da Vincis Triebspaltung und
ihr ›verräterischer‹ Ausdruck

Eindrucksvoll hat Freud am Fall Leonardo da Vinci ausgeführt, in wie enger und in wie problematischer Verbindung Wißtrieb und Schautrieb das künstlerische Schaffen dieses Künstlers geprägt haben.[63]

Es gibt – um dazu über Freud hinaus ein bezeichnendes Detail, das uns dienlich sein kann, beizusteuern – die Zeichnung eines menschlichen Embryos in der Gebärmutter von der Hand Leonardos, das den vollausgebildeten Fötus zeigt, allerdings eingehüllt in die Plazenta einer Kuh. Ausgerechnet an diesem Gegenstand versagt die Beobachtungsverläßlichkeit eines wegen seiner genauen Anatomiestudien sonst berühmten Künstlers, weicht dieser offenbar vor der Selbstvergewisserung durch den Augenschein zurück!

Zu einer der Zeichnung hinzugefügten Einzelheit heißt es in der Bildlegende einer neueren Veröffentlichung dieser Skizze: »Schließlich, ohne jeden Bezug, ein Diagramm binokularen Sehens.«[64]

Für uns ist dieser Mangel an Bezug der eigentliche Bezug: Er zeigt, wie eng zusammengehörig das Innere des weiblichen Körpers und der Schautrieb sind, und wie die hier schon häufig genug erläuterte Hemmung gerade diesen Zusammenhang verdrängt, ihn mit einer letzten Zeichenbewegung – die im Diagramm das *Wesen* des menschlichen Sehvorgangs festhält! – dann aber doch noch, nur *scheinbar* flüchtig und beiläufig, aufdeckt.

Leonardos überschwengliches Lob des menschlichen Auges, seine wiederholte theoretische Beschäftigung mit den Gesetzen der Visualität sind bekannt; überliefert ist aber auch sein Ausspruch: »Von Natur aus verlangen die guten Menschen zu *wissen*.«[65]

Die Bedeutung von Sehen und Wissen
für König Ödipus

Über die Beifügung des Adjektivs »gut« in diesem Satz möchte man doch noch einen Augenblick nachdenken. Es sei dieses Nachdenken in eine Überlegung zum Fall des »König Ödipus« gekleidet.

Hat das Sehen in diesem Stück des Sophokles deswegen eine so große und so umstrittene Bedeutung und endet das Stück mit der Selbstblendung des mittlerweile ›wissenden‹ Helden, weil der König, obwohl er, wie Hölderlin sagt, ein drittes Auge hat,[66] nicht sehen *konnte*, daß Jokaste seine Mutter, Laios sein Vater war? Daß er das überhaupt hätte sehen *sollen*, ist eine gesellschaftliche Erfindung, wie wir wissen, und das Tödliche daran geht zurück auf das rigideste Gesetz, mit dem die universelle Gesellschaft ihr Fortbestehen sichert. Es scheint, daß so auffällig viele Verstellungsrollen in Mythologie und Literatur – denken wir nur an Fieldings »Tom Jones«[67] – mit diesem Dilemma zu tun haben: daß man das Gesetz nicht sehen kann. Deswegen ist Ödipus, will er künftig überleben, darauf angewiesen, zu wissen.

Nichts anderes steckt hinter dem immensen Lerneifer des Philosophen bei Platon – was ja nur wieder auf einen besonders stark ausgeprägten Schautrieb bei diesem schließen läßt. Und Leonardos wissender Mensch wird darum *gut* geheißen – hier gleich im doppelten Wortsinne –, weil er, nun wissend statt sehend, gehorsam jenes Gesetz befolgt. Die Moral – Platon hat sie bei Anaxagoras mit dessen Vorliebe für das Optische bezeichnenderweise vermißt[68] – hat eben hier ihren Ursprung.

5. Optik und Moral

Die Quadratur des Gesichtskreises

Und es *ist* ein Kopenhagener, das merken
Sie schon, ein Mann vom Lande ist er nicht;
er hat eine ganz eigene Art zu sehen, so
bestimmt, so beobachtend, so abschätzend
und so ein bißchen spöttisch.

Kierkegaard [1]

Handelsmetropole und Kunstzentren

Es liegt am Wesen der Stadt, daß ihr Weichbild – in dem die
Standbilder der strengen Göttinnen stehen – dem Menschen so
leicht als Sinnbild erscheinen konnte. Es fehlt aber auch im
Fluidum der historischen Stadt nicht an Wahrzeichen für den
Zusammenhang von repressiv erzeugter Partialität und visueller
Kultur. Reziprozität ist in ihr zunehmend Blicktausch, Kommu-
nikation Mitteilung, die über ein Drittes vermittelt den anderen
erreicht. (›Mitteilung‹ stand für Platon im Mittelpunkt der durch
Markt und Geld gekennzeichneten Stadt.)

Dieses Dritte tritt in einem öffentlichen Bereich in der Form
von Bildern in Erscheinung. Es sind Bilder, die sich von ihrem
sakralen Hintergrund und ihrer bloß ornamentalen Funktion
losgelöst haben. Bilder sind in Blütezeiten des städtischen Han-
delsverkehrs außerordentlich beliebt gewesen (Athen, Florenz,
Venedig, die Städte in den Niederlanden, London). Gombrich
spricht davon,

daß es in der ganzen Geschichte der Kunst kein aufregenderes und
interessanteres Schauspiel gibt als eben jenes Erwachen der griechischen
Malerei und Bildhauerkunst in der Zeit zwischen dem sechsten und dem
Ende des fünften Jahrhunderts vor Christi. [2]

Es ist auch die Zeit, in der die Polis entsteht, in der in Griechenland eine »Umwälzung« der gesellschaftlichen Verhältnisse stattfindet. [3]

Die neue, mimetische Kunst, die an die Stelle der magisch inspirierten trat, beruhte nicht zuletzt auf Beobachtungsgenauigkeit, und: »Beobachtung setzt einen Zweck voraus.«[4] Gombrich spricht von einer »vollständigen Umwälzung in der Funktion der Kunst« im Zeichen des griechischen Rationalismus, die erst im 4. Jahrhundert v. Chr. abgeschlossen ist.[5] Die Entdeckung der Perspektive, von Licht und Schatten, erfolgen in einem Sehraum, der den Sehraum der Stadt in deren Mitte wiederholt: im Theater (Skenographie). Es ist dies die Bühne auf der Bühne des städtischen Lebens, die Höhle in der Höhle, das ›Kleinere‹ im ›Größeren‹. Auf dieser Schaufläche innerhalb des städtisch konturierten Blickfeldes, in dem alle sich befinden, sahen die Griechen die Dinge »mit anderen Augen, weil ihre Einstellung eine andere geworden war«.[6]

Nicht, daß Descartes die Erfahrungen, die seinem Denkansatz zugrunde liegen, erst oder gar ausschließlich in den Jahren in Amsterdam gemacht hat, aber er fühlte sich doch mit diesen Erfahrungen dort besonders ›zu Hause‹ (während er, an den Hof der schwedischen Königin Christine versetzt, nach einem Jahr zugrunde ging).[7] Die Entkörperlichung und Entsinnlichung von Beziehungen, die seinem Denken entgegenkam, fand er hier unter den Bedingungen einer formalisierten Intersubjektivität, in der Zwecke verfolgt wurden, die nicht die seinen waren:

Ich ziehe mich also in die Einsamkeit zurück und will ernst und frei diesen allgemeinen Umsturz aller meiner Meinungen vornehmen.[8]

Amsterdam war sicherlich die dem Athen Solons ähnlichste Stadt ihrer Zeit. In ihr standen zwei Dinge in Blüte: der Handel und die Malerei. Huizinga schreibt:

Die Geister unsres siebzehnten Jahrhunderts müssen einen wahren Hunger und Durst nach der Abbildung gehabt haben.

Er schreibt ferner mit Blick auf die Literatur der Epoche:

Der niederländische Dichter ist im allgemeinen vorwiegend visuell veranlagt gewesen. Er sah die Dinge wie der Maler sie sah.

Auch ging die Malerei einen eigenen, nur auf diesen gesellschaftlichen Raum und ihre Bedingungen beschränkten Weg, d. h. sie entfaltete sich »in einem belangreichen Sinn abseits vom Stil der Zeit«.

Im allgemeinen werden solche sporadischen, aber auch kontinuierlicheren Entwicklungen mit dem Freiheitsklima der Stadt (›Stadtluft macht frei‹) in Verbindung gebracht, und auch Huizinga deutet die Ursachen für die Blüte der niederländischen Malerei in dieser Richtung. Wir kommen da zu ganz anderen Ergebnissen.[9]

Die Stadt brachte ihren Bewohnern, einem Teil ihrer Bewohner, eine Liberalität, in der die Freisetzung geistiger Energien umgekehrt reziprok war zu der Entfaltung ihrer Totalität, die die körperlichen Freiheiten einzuschließen gehabt hätte. Es braucht nur an die extrem puritanischen, calvinistischen Züge (die auch Huizinga nicht verborgen geblieben sind) der bürgerlich gewordenen Gesellschaften zu Beginn der Neuzeit erinnert zu werden. Solche Tendenzen reichen bis zu Rousseau. Durch sie kam – und das wäre ebenfalls im Sinne Rousseaus gewesen – das gerade erst aufgelebte Theaterwesen in England (ausgerechnet die Kunst des Schauspiels war hier hervorgetreten) vorübergehend ganz zum Erliegen. Huizinga erwähnt, daß die Leidenschaft für Bilder in den Niederlanden unter den Angehörigen des Mittelstands verbreitet war, daß die meisten Maler ungebildete Kleinbürger gewesen und geblieben sind.[10] Dasselbe weist Peter Burke für die italienischen Maler der Renaissance nach.[11] Waren die ›Freuden‹ des Sehens eine Sache des ›kleinen Mannes‹? Nahm er als *Sehender* teil am Leben der Gesellschaft seiner Zeit, in der Wissenschaft, Rationalität und Kalkül immer stärker den Ton angaben? War sein Sehen der Ausdruck dafür, daß er den ›höheren‹ Code akzeptiert hatte und nun auf *seiner* Ebene befolgte?

Vergegenwärtigen wir uns, daß die großen Dichter der Renaissance in Italien nicht nur – wie offenbar auch die des 17. Jahrhunderts in Holland – ›vorwiegend visuell veranlagt‹ waren; daß sie sich immer auch oder sogar vorrangig als Wissenschaftler verstanden – Dante, Boccaccio, Petrarca sind nur die berühmtesten Beispiele –; daß bei ihnen am Anfang das Interesse des Forschers, des Humanisten, gestanden hatte; meist, indem sie in alten, antiken Schriften nach den Texten gesucht hatten, die für ihre geistigen Aspirationen die Körper abgeben konnten. (Und was sind das für Körper!) Ihr Schreiben war zu einem großen Teil Auseinandersetzung, die in Übersetzung bestand.

Dabei darf man sich über das Aufblühen der Sehmetaphorik und, im Zusammenhang damit, der Liebesthematik keine falschen Vorstellungen über die Bedeutung der wirklichen Körper für diese emphatische Literatur machen (in der das Aktaion-Motiv von allen das beliebteste war).

Der Schönheit zeugende Eros (Ficino)

Die Liebe, für die Ficino in seinem großen Kommentar zu Platons »Symposion« so hingerissen eintritt, bleibt weiterhin im Bannkreis eines göttlichen Lizentiats, d. h. sie wird dort ausgeübt, wo eine höchste Autorität ihr einen Spielraum läßt. Vom menschlichen »Zeugungsvermögen« ist in dem Text zwar die Rede, aber es ist dabei an die Imagination, an die Hervorbringung künstlicher Gebilde in dem einzigen Freiraum (in den der Gott ja längst gefolgt war), der Seele, gedacht. Auch Ficino entkommt nicht den Anschauungen einer auf ›Liebesspaltung‹ basierenden Einstellung zum Eros:

Wenn nun die Schönheit des menschlichen Körpers unseren Augen sich darstellt, so bringt ihr unser Geist, die erste Aphrodite in uns, als einem Abbild der göttlichen Herrlichkeit, Verehrung und Liebe entgegen und erhebt sich oftmals durch sie zu jener. Die Zeugungskraft hingegen sucht eine der angeschauten ähnliche Form hervorzubringen. [11]

Alles liegt im Lichte, aber es ist weiter ein himmlisches, ein göttliches Licht. Alles nimmt einen ästhetischen Charakter an, wenn es gut ist. Die Schaulust geht emphatisch zusammen mit dem ihr entgegengesetzten Gesetz, der Sittlichkeit. (Wie Nietzsche sagt: »Wenn die Macht gnädig wird und herabkommt ins Sichtbare: Schönheit heiße ich solches Herabkommen.« [12])

Vom Opportunismus des Augenscheins (Macchiavelli)

Macchiavelli geht hierin noch weiter. Er benutzt die in dieser Verbindung steckende Möglichkeit, um sie im Sinne seines Machtfunktionalismus einzusetzen. Er empfiehlt dem Fürsten, sein Verhalten nach dem Augenschein einzurichten. In dem einzigen, gesellschaftlichen Ausstellungsraum menschlicher Tableaus ist eine Tugend, was durch *äußere* Glaubwürdigkeit hervorsticht:

> Denn die Menschen urteilen im Ganzen mehr nach den Augen, als nach dem Gefühle. Die Augen hat jeder offen; wenige haben richtiges Gefühl. Jeder sieht, was du zu sein scheinst; wenige merken, wie du beschaffen bist, und die wenigen wagen es nicht, der Stimme des großen Haufens zu widersprechen, dem der Glanz großer Würde immer für einen Grund der Bewunderung gilt.

Sind das die Freiheiten der Welt, die auch die visuelle Kultur hervorgebracht hat? Ist das eine Welt, in der die körperliche Liebe, in der die Gefühle *wirklich* zu ihrer Erfüllung kommen?

Objekte der Augenlust im Klima kalkulierbarer Affekte

Wer einmal auf das Areal spätmittelalterlicher Straßenanlagen am Beispiel von Dantes Florenz gestoßen ist, wie es noch heute besteht, dem mag sich des Dichters übersteigerter Ausdruck der Augenlust in der Beziehung auf Beatrice (wenn sie ihm wirklich einmal äußerlich so nahe gewesen sein soll, wie er behauptet) aus diesem Widerspruch zwischen der sich dem Blick aufdrängenden Präsenz einer Person des anderen Geschlechts und ihrer körperlichen Unerreichbarkeit erklären. Wie aber begreifen wir die Strenge seines Verzichts, das Andauern seiner Verehrung über ihren Tod hinaus, die Intensität ihrer Verklärung in seiner Erinnerung? Warum haben es ihm dabei besonders ihre Augen angetan – bloß, weil ein bereits eingeführter Katalog literarischer Topoi ihn auf ein beliebtes Motiv festlegte? Wie war dies – übrigens erst vor kurzem – dazu geworden?
  Man hat die Vorliebe für gemalte Blder in den italienischen Stadtstaaten im 15. Jahrhundert auf die Konditionierungen des

kaufmännisch geschulten Blicks zurückgeführt.[13] Das verbindet zwei durchaus vergleichbare Phänomene jedoch lediglich äußerlich.

Die Erziehung zum Augenmaß, hinter der das Interesse steht, eine Transaktion spontan vorzunehmen und dabei günstig abzuschneiden, d. h. unterschiedliche Waren nach Gestalt und Gewicht auf *einen* Blick in ihrer Kommensurabilität zu erfassen, läßt sich zur angewachsenen Nachfrage nach Ölbildern im gleichen Zeitraum durchaus in Beziehung setzen. Doch eine Epoche, die neben der Blüte der Malerei auch eine besonders theoretische Neugier kennzeichnet – nicht zuletzt auch im Hinblick auf die Gesetze der Optik und Physiologie des Sehens –, wird durch die Tatsache, daß in ihr ein pragmatisches Verhältnis zwischen Maß und Blick herrscht, nicht hinreichend beschrieben. Der Kursanstieg für gemalte Bilder und fürs Geld, wenn letzteres denn der geheime Bezugspunkt für die neue, ästhetisch ambitionierte Schaulust in ihrer demokratischen Verbreitungsform sein soll, sie verbindet zwar eine gemeinsame Geschichte, sogar ein gemeinsamer Ursprung. Doch was ist der Charakter dieser Ähnlichkeit, welches Glied verbürgt den verwandtschaftlichen Grad ihrer Beziehung, welches Dritte stiftet ihre Vergleichbarkeit?

Daß das ästhetische Sehen mit dem auf Abschätzung beruhenden Sehen einhergehen könnte, ist so abwegig nicht. Geht das einnehmend Pittoreske der englischen Dörfer nicht vielleicht darauf zurück, daß ihre Häuser seit Jahrhunderten Ware sind? Sie haben alle schon viele Male den Besitzer gewechselt und müssen immer attraktiv sein, eine Verlockung für den potentiellen Käufer, und das ist theoretisch jeder. Ihre anhaltende Schönheit verdanken sie, daß sie, bevor sie ihren jeweiligen Bewohner fanden, *gesehen,* mit dem Blick des Begehrens betrachtet worden sind. So kommt die Schönheit zu ihrer Rolle, im Bordell des pausenlosen Wechsels die Ewigkeit darstellen zu müssen.

Der Spanier Gracián unterstellt seinen Zeitgenossen ein noch nie dagewesenes Ausmaß an Berechnung. Wenn er dabei auf die Bedeutung der Augen zu sprechen kommt, dann, weil er in ihren Fähigkeiten das Remedium vor der Verstellung der anderen erblickt, nicht jedoch, weil er das Auge bereits als das epochale Subjekt der neuen rationalen Geschichte der Intersubjektivität bezeichnen wollte – und ist mit seinem Vertrauen in die besonderen Eigenschaften des Gesichtssinns doch selbst der beste Beweis für die beginnende Universalität dieser Geschichte:

Wir leben in einer Zeit, in der man seine Augen öffnen und damit nicht genug, mit hundert Augen seinen Weg gehen muß; noch niemals bedurfte es so vieler Aufmerksamkeit wie jetzt, wo so viele hintergründige Absichten bestehen und keiner mit seiner offenen Absicht heraustritt. [14]

Wer oder was beherrscht dieses Gelände, in dem alles zu einer Angelegenheit der Blicke geworden zu sein scheint, der verschlingenden wie der genießenden, der bemessenden wie der wachsamen?

Es sind nicht die Freiheiten, die die Stadt mit sich bringt, es sind die Einschränkungen, die sie ihren Bewohnern auferlegt, was zum Derangement der Sinne geführt und den Gesichtssinn an die Spitze in der neuen Hierarchie der Sinnesorgane gebracht hat.

Das Auge erhält nun eine ganz spezifische Bedeutung:

Es wird ähnlich und vielleicht noch stärker als das Ohr zum Vermittler von Lust, gerade weil die unmittelbaren Befriedigungen des Lustverlangens in der zivilisierten Gesellschaft durch eine Unzahl von Verboten und Schranken eingeengt sind. [15]

Daß das Netz im Zeichen einer ›unter alle‹ verteilten, quasi selbsttätigen, inneren Zwangseinrichtung zur Aufrechterhaltung des gesellschaftlichen Status immer enger, aber auch immer feiner geknüpft worden war, zeigt das interessante Kapitel der sogenannten Manierenbücher in der Renaissance, das Norbert Elias behandelt hat, in denen sich die Kinder u. a. ermahnt finden, »das, was sie sehen, lediglich mit den Augen zu berühren«.

Daß mit der Affektregelung, in der der einzelne sich durch Selbstzwang an die von zentralen Gewaltmonopolen beherrschten Räume akklimatisiert, auch die Beziehung der sinnlichen Wahrnehmung zu ihren Gegenständen eine andere wird, läßt sich am Beispiel einer neuen Natur-Sicht spätestens seit dem 16. Jahrhundert belegen. Je mehr sich außerstädtisches Gebiet von einer Zone der Bedrohung in ein Areal der Erholung verwandelt, desto ästhetischer wird die Einstellung zur Natur:

Sie wird – gemäß der steigenden Bedeutung, die das Auge mit der wachsenden Affektdämpfung als Vermittler der Lust erlangt – in hohem Maße zu einem Gegenstand der Augenlust . . .

Doch wie stets, so zeigt sich auch hier, daß die ins Ästhetische entbundene Lust nicht Ausdruck einer ungehemmten, und das heißt, ungetrübten Lust ist:

Wie die Natur nun in höherem Maße als früher zur Quelle einer durch das Auge vermittelten Lust wird, so werden auch die Menschen nun für einander in höherem Maße zur Quelle einer Augenlust oder umgekehrt auch zur Quelle einer durch das Auge vermittelten Unlust, zu Erregern von Peinlichkeitsgefühlen verschiedenen Grades. Die unmittelbare Angst, die der Mensch dem Menschen bereitet, hat abgenommen und im Verhältnis zu ihr steigt nun die durch Auge und Über-Ich vermittelte, die innere Angst. [16]

Die bürgerliche Gesellschaft, das Geld und der Selbstzwang

Der König, sagt Pascal, brauche die Einbildung nicht, er habe die Macht. [17] Das ist in dem Augenblick nur noch bedingt richtig, spielt an auf eine Machtausprägung, die sich verdächtig üppig und verdächtig im Vordergrund entfaltet, dort, wo sich der Hof für die anderen wie eine Bühne öffnet. Die »absolute Monarchie« ist, wie Marx bemerkt, »selbst schon Produkt des bürgerlichen Reichtums«, bedarf zu ihrer illustren Zurschaustellung »des Reichtums in Form des Geldes«. [18]

Schon die Verhöflichung des Adels, die noch im Mittelalter eingesetzt hat, findet zu einer Zeit statt, für die auch die ›Wiederentdeckung‹ des Geldes, d. h. seine Wiedereinführung in den Tauschverkehr, sich registrieren läßt. Die Herausbildung der ersten, großen Bühnenform öffentlichen Lebens, als die man den Hof bezeichnen könnte, ist eine Entwicklung, die sich jedenfalls »nur im Zusammenhang mit einer Verstärkung des Auftriebs bürgerlicher Schichten vollzieht«. [19]

Wie schon in der Antike die Einführung des Geldäquivalents bemerkenswert prompte und weitreichende Auswirkungen hatte, so ist auch dort, wo am Ende des Mittelalters, als »Arbeitsdifferenzierung und Austausch komplizierter und lebhafter werden«, das Geld plötzlich und alle Lebensbereiche tangierend zur Stelle. Die »Renaissance des Handels« im 11., 12. Jahrhundert ist gekennzeichnet von einer neuen Differenzierung der Gesellschaft, die *verschiedene* Ursachen hat, aber *eine* Tendenz hervorbringt:

Der Einzelne wird gezwungen, sein Verhalten immer differenzierter, immer gleichmäßiger und stabiler zu regulieren.

Der Druck, der auf den einzelnen stärker wird, nimmt dabei immer mehr den Weg von außen nach innen, das heißt:

Die durch gesellschaftliche Sanktionen gestützten Verbote werden dem Individuum als Selbstzwang angezüchtet.

Es ist denn auch dieser

Selbstzwang, den die bürgerlichen Funktionen, den vor allem das Geschäftsleben verlangt und produziert, noch stärker als der, den die höfischen Funktionen erfordern.

So nimmt, wie unter den Verhältnissen des Platonischen Gemeinwesens, die *Erziehung* der einzelnen die Richtung auf »eine besonders strenge Disziplinierung der Sexualität«. Elias spricht vom »Vorrücken der Scham- und Peinlichkeitsgrenze«, die für die bürgerlich inaugurierte Gesellschaft der beginnenden Neuzeit typisch ist. Die Ausbreitung der »soziogenen Scham« steht unter dem Eindruck der bedrohenden und bestrafenden Maßregeln für »gesellschaftlich unerwünschte Trieb- und Lustäußerungen«. Hier sind die Einschränkungen der Freiheiten, die die Stadt gegenüber dem Leben im Feudalismus mit sich bringt, ›für alle‹ spürbar und von einer Tendenz, die nicht auf ihre Verminderung, sondern auf ihre Intensivierung hinausgeht. [20]

Die englischen Moralphilosophen des 18. Jahrhunderts haben diesen nach innen verschobenen Schauplatz äußerer Zwänge zum Ausgangspunkt einer umfassenden Gesellschaftstheorie genommen, in der eine durch das Geld regulierte Intersubjektivität den menschlichen Partialcharakter des einzelnen bestimmt. Gerade dieser jedoch erscheint als das non plus ultra der menschheitlichen Evolution, indem an der gesellschaftlichen Funktionsteilung die pazifizierenden Begleiterscheinungen herausgestellt werden. [21]

In England, wo ohne den Einfluß der katholischen Kirche die Naturwissenschaften sich hatten entfalten können, trat zu der Malerei noch eine andere Art der Beschäftigung mit den Objekten der visuellen Wahrnehmung hervor: die Optik. Besonders nach der Erfindung des Fernrohrs hatte sich eine wahre Leidenschaft für die Erkundung der Gesetze des Himmels wie auch des Sehens verbreitet.

Steckte hinter dieser aufbrechenden Neugier für bis dahin ›unsichtbare‹ Gegenstände – und das waren die Planeten als physikalische *Körper* gewesen – allein ein nutzbringendes Interesse, wie es die neuen bürgerlichen Tätigkeiten kennzeichnete (und wenn, welches)? Wir müßten nicht bei Freud in die Schule des Blicks gegangen sein, um nicht bereits in dem beliebten Hantieren mit dem zylindrisch geformten, länglichen Gegenstand zur optischen Vergrößerung entfernter Objekte *auch* eine anrüchigere und bezüglichere Freude mitwirken zu sehen als nur die, die der strenge Wissenschaftler zu empfinden wähnt.

(Wir werden noch bei Kafka einen Umgang mit diesem ›optischen Apparat‹ – denken wir auch an die Verwendung dieses Ausdrucks bei Freud – kennenlernen, der uns unseren Verdacht bestätigen kann.[22])

Abgesehen davon, was das Fernrohr *ist*, auch was es *vergrößert zeigt*, könnte den Forscherdrang durchaus noch aus den Quellen eines geheimeren Wißtriebs beflügelt haben. Wenn es den Himmel näher brächte, und zwar dem *menschlichen Auge*, was war denn vorher so eindrucksvoll und notwendig dorthin projiziert worden? Erinnert sei nur an die verschämte Behandlung des göttlichen Beischlafs durch Hera und Zeus in der »Ilias« und welche Rolle eine (goldene) Wolke am Himmel dabei spielte.

Die Form des optischen Geräts und das Bild in ihm: Sollten wir uns nicht doch und nicht schon wieder inmitten des Szenarios befinden, das das Kind in uns hinterläßt für den symbolisierenden Umgang mit den beiläufigsten Objekten unseres Alltags?

Auffallend ist das Interesse für das, was ›dort oben‹ wirklich zu sehen ist, nicht erst seit der Renaissance. Es begleitet die Philosophie seit Anaxagoras, wenn nicht noch länger, und stirbt auch im

Mittelalter nie ganz aus.[23] Für die meisten handelt es sich bei der Optik um eine Art Geometrie der Augenlust, die für das, was sich dem Sehenden so besonders aufdrängt, eine mathematische Gesetzmäßigkeit ausfindig machen soll.

Der Enthusiasmus für das Sehen bei Roger Bacon; die, noch einmal, mythologische Einkleidung dessen, was sich am Himmel für das Auge aufgetan hatte bei Giordano Bruno; die ausdauernde Beschäftigung Descartes' mit der Physik und Physiologie der Sehvorgänge, seine Schrift »La Dioptrique«, sein Interesse an neuen Aufschlüssen mit Hilfe verfeinerter optischer Gläser und die Aufzählung dessen, was er durch sie alles wird sehen können; der nie versiegende Streit zwischen idealistischer und empiristischer Philosophie (der sich im 18. Jahrhundert zuspitzt) über die besondere Leistung bzw. Unzulänglichkeit des Gesichtssinns – das alles sieht nach einem notorisch unbefriedigten und wachgehaltenen Begehren aus, das sich insgeheim vom Sehen etwas ganz anderes erwartete.[24]

Nun, im Zeitalter des Fernrohrs wie des Mikroskops, versprach man sich letzte Antworten: die Quadratur des Gesichtskreises.

Um die Wende vom 17. zum 18. Jahrhundert erschien in England eine optische Abhandlung nach der anderen. Darunter sind so berühmte wie Newtons »Optics« (1704) und Berkeleys »A New Theory of Vision« (1709).

»The eighteenth century opened with an outburst of visionism«, schreibt ein späterer Chronist.[25] Und Daniel Defoe erfaßt schon als Zeitgenosse die Bedeutung dieser neuen Dimension des Visuellen:

A generation have risen up, who solve the difficulties of supernatural systems, imagine a mighty vast Something, who has no form but what represents him to them as one Great Eye. This infinite Optick they imagine to be *Natura Naturans* . . . the soul of man therefore, in the opinion of these naturalists is one vast Optick Power . . . From hence they resolve all Beings to Eyes.[26]

6. Der unbeteiligte Zuschauer (The impartial spectator)

Der Autor als Produzent seines eigenen Ansehens
(Addison, Adam Smith, Kant)

Der unsichtbare, allsehende Autor (Addison)

Auf dieser Bühne und in diesem Augenblick ist die Ankunft eines für England bestimmten Götterboten zu verzeichnen, hat auch das Kapital, dieser »Gott in der Welt der Waren«,[75] seinen Hermes ausgeschickt. Er wird wie keiner vor ihm für die Verteilung von ›Recht und Scham unter alle‹ sorgen, in Form einer neuen Gesellschaftsmoral, einer neuen Poetologie und vor allem in der Form eines neuen Mittels der Verbreitung für beides: der täglichen, zum Verkauf bestimmten Zeitschrift. Von Joseph Addison ist die Rede. Das von ihm und Richard Steele herausgegebene Periodikum heißt »The Spectator«, der Zuschauer.

Der ersten Ausgabe, die 1711 erscheint, schickt Addison ein Editorial voraus, in dem er erwähnenswert findet, daß seine Mutter während ihrer Schwangerschaft geträumt habe, von einem Richter zu Bett gebracht worden zu sein.[1] Dergleichen eignete sich als die damals übliche, traum-emblematische Form der Schicksalsvoraussage, und der Schreiber gibt zu verstehen, daß ein bestimmter Charakterzug an ihm selbst sich auf dieses Omen beziehen lassen könnte. Er berichtet, daß er sich schon in seiner Schulzeit durch »tiefstes Schweigen« ausgezeichnet habe:

Ich sprach insgesamt kaum hundert Wörter; und erinnere mich nicht, mehr als je drei zusammenhängende Sätze in meinem ganzen Leben geäußert zu haben.

Weiter rühmt er sich eines »insatiable thirst after knowledge«, erwähnt den Tod des Vaters und eine dadurch zustande gekommene Reise nach Ägypten (»on purpose to take the measures of a pyramid«), um dann seine stumme Allgegenwart an den »most public places« von London einzubekennen. Dabei ist sein Verhalten das des typisch ›Einsamen in der Menge‹:

Kurz, wo immer ich eine Ansammlung von Menschen sehe, mische ich mich sogleich unter sie, obwohl ich außerhalb meines Clubs nicht einmal den Mund aufmache.

Von vielen ständig gesehen und für jedermann eine vertraute Erscheinung, doch niemals ansprechbar, ist er so, wie er sagt, zu einem »spectator of mankind« geworden. Er ist darin auch ganz der ›impartial spectator‹, der seine strenge Unparteilichkeit nach innen wie nach außen wahrt: Die Selbstkontrolle bewährt sich so zweckvoll in dem sozialen Rahmen, dem sie sich auch verdankt:

Ich habe nie leidenschaftlich Partei ergriffen und beschlossen, strikte Neutralität zwischen Whigs und Tories zu bewahren.

Und Addison fügt, im Hinblick auf das Programmatische des bevorstehenden Zeitschriften-Projekts, hinzu:

Kurz, ich habe zu allen Zeiten meines Lebens mich als Zuschauer (looker on) verhalten, was auch die Haltung ist, die ich in dieser Zeitung zu bewahren gedenke.

Die Optionen für die Vorzüge des Sehens gipfeln später in der Artikel-Serie »The Pleasures of Imagination«, die Addison in »The Spectator« 1712 veröffentlicht:

Unser Gesichtssinn ist der vollkommenste und herrlichste von allen unseren Sinnen. Er füllt den Geist mit der größtmöglichen Zahl von Vorstellungen, er tritt mit seinen Gegenständen über größte Entfernungen in Verbindung, und führt die anhaltendste aller Tätigkeiten aus, ohne von den Genugtuungen dabei zu ermüden noch sich zu sättigen. [2]

Man lese diesen Abschnitt als eine Übersetzung aus der Sprache des Begehrens, als Ausdruck des Begehrens, und man wird finden, daß darin sich alles wiederfindet, was den hier behandelten Prototyp bisher charakterisierte: Der Gesichtssinn willfährt dem Wunsch nach neutraler Distanz zu den jeweiligen Objekten, die gleichzeitig die angenehmste aller Beziehungen des Subjekts zu diesen ausmacht. Er ist der vollkommenste Sinn, d. h. er ist den anderen Sinnen überlegen, wie das Individuum, das gemeint ist, den anderen z. B. als Philosoph überlegen ist. Er ist die Quelle der meisten unserer Vorstellungen und erlaubt es, den Kontakt zu den Objekten in einer unermüdlichen, nie gesättigten Form aufrechtzuerhalten, einer Form, die durchaus für »action« genommen und zum Vergnügen des Subjekts ausgeübt wird; wenngleich es ein Vergnügen ist, das ein »proper« einschränken muß: Auf diese Art kapriziert sich die Introjektion auf einen Verlauf, der nur noch in der Vorstellung stattfindet.

Neutralität zwischen den politischen Parteien – nichts anderes hatte auch Solons epochaler Vermittler-Grundsatz angestrebt, analog zu der Stellung des Geldmittlers ›zwischen den Produzenten‹. Als Schriftsteller sieht Addison sich gleichfalls wie Solon als eine moralische, richterliche Instanz, die sich neuerdings auf die Bedingungen des Marktes einrichtet. Solon ist dabei Politiker, Addison ist Autor. Als solcher ist er Initiator einer auf Verkauf, auf Nachfrage basierenden Publikation, die die Periodizität der Warenproduktion imitiert, Schreiben dem täglichen Warenausstoß und Veröffentlichen dem Feilhalten der Waren anpaßt. Auf dem Sektor der Literatur ist er damit eines jener ›Glieder‹, von denen Adam Smith spricht, das die Macht des ›Kopfes‹ stärkt, dieses Zentrum der Nation, in dem das totale Mittel seine gesetzliche, seine politische Inkarnation erfährt.

Zur Bestimmung der Rolle und der Aufgabe des Schriftstellers in der Gesellschaft nach dem historischen Kompromiß zwischen Adel und Bürgertum von 1688/89 geht Addison auf die Vorstellung des Aristoteles zurück, der gesagt habe, die Welt sei

eine Kopie oder ein Transkript jener Vorstellungen, die im Geist des ersten Wesens sind. [3]

Von da leitet sich in einer Kette, die an die »chain of being« des Neo-Platonismus denken läßt, [4] die Bedeutung des Wortes ab. Sprache ist die letzte Kopie eines göttlichen Originals. Doch geht es Addison darum, den Schriftsteller von allen anderen Künstlern abzugrenzen. Diese vertrauen die göttlichen Ideen vergänglichem Material an, seien sie nun Bildhauer, Maler oder Architekten. Der Autor allein produziert für die Ewigkeit. Die Begründung ist in höchstem Maße interessant, modern, zeitgenössisch und – selbstbewußt.

Da die Welt bereits ein Buch ist, das Transkript göttlicher Weisheit, sind die Bücher der Autoren Transkripte dieser Welt als Buch. Sie verewigen dieses Weltbuch, *indem* sie es kopieren. Und nicht nur *einmal* bei der Abfassung ihrer eigenen Bücher. Die Möglichkeit der Vervielfältigung durch die neue Technik des Drucks und die neue Verbreitung durch den Markt ist erst das Medium, wodurch die Botschaft ihre dauernde Gültigkeit – »delivered down from generation to generation« – erhält:

Der Umstand, der den Schriftstellern einen Vorteil über all diese großen Meister verschafft, ist der, daß sie ihre Originale vervielfältigen können; oder sie können jedenfalls Kopien ihrer Werke herstellen, so viele sie wollen, und jede davon ist so wertvoll wie das Original. [5]

Das ist in der Tat eine bemerkenswerte, aus der Warenwelt abgeleitete Ästhetik plus Autorensoziologie, die in dem wesentlichen Punkt – die Abwertung des Originals gegenüber der Kopie – Benjamins »Der Autor als Produzent« vorwegnimmt. [6]

Die in der geistigen Atmosphäre der Epoche sich behauptende Philosophie des Neo-Platonismus – die Welt à la Plotin als stufenweise Emanationen Gottes – vertrug sich hervorragend mit dem Warengesichtspunkt, der die Produktionsverhältnisse beherrschte und der der *Wiederholung* einen ganz eigenen, sozialen Sinn unterschob.

Die Aufwertung des Schreibens – im Gegensatz zur Malerei – zur Dimension einer diesseitigen Ewigkeit durch die Unendlichkeit der möglich gewordenen Reproduktionen trägt außerdem dem besonderen Wunsch des Autors nach Berühmtheit Rechnung: Sein Name wird von Leser zu Leser, von Generation zu Generation überleben.

Auch eine andere Kette, die Kette der Tradition, die bis zu den frühen Schreibern Ägyptens zurückreicht, jenen, die den unsichtbaren Ausfluß des Gottes Osiris in ihrer Tinte sichtbar zu machen meinten, wird in dieser Poetologie erkennbar. Das ›erste Wesen‹, dessen Gesetz in der Sprache, in der Schrift inkarniert wird, hat im Autor sein Werkzeug zur Verbreitung und Befestigung der Gesetzesautorität. Der Schriftsteller ist ein Multiplikator der einen Moral, auf der die Gesellschaft beruht. Originalgenies wie Homer, Shakespeare oder Pindar sind daher nicht gefragt. Eine andere Klasse von »great geniuses« soll an ihre Stelle treten. Diese »second class« – »nicht, daß ich sie gegenüber der ersten zurücksetze« – sind jene, »die sich Regeln unterworfen haben«. Platon und Aristoteles werden als Vorbilder genannt. So propagiert Addison immer wieder Disziplin und Gesetzlichkeit bei der Abfassung von Texten:

Methode ist von Vorteil für ein Werk, im Hinblick auf beide, Autor wie Leser.

Sogar für das Gespräch im Kaffeehaus ist Methode erforderlich, jeder hat »seine Gedanken methodisch zu ordnen«.[7]

Fragen wir uns an dieser Stelle, was ein einzelner davon hat, wenn er sich als Sprachrohr einer Instanz außerhalb seiner selbst sieht, als Kopist eines gegebenen Gesetzestextes. Es ist die Frage, die uns durch diese Arbeit begleitet und die unser Augenmerk auf die Bedeutung des psychologischen Mechanismus der Identifizierung richtet. Nicht allein der enorm kulturbildende Aspekt dieser innerlichsten aller Integrationsvoraussetzungen ist wichtig. Wir verfolgen hier auch den Ursprung symbolisierender Gestaltung in ihrer subjektiven Erscheinungsweise, d. h. in ihrer Bedingtheit durch die Antriebselemente in einem einzelnen, der sich der ihm vermittelten Inhalte und Formen bedient, um dem starken Eindruck von außen als seinem Ausdruck Rechnung zu tragen.

Groß ist in den Augen Addisons die Aufgabe des Schriftstellers, und er wird durch sie selbst groß und unsterblich. Die hohe Selbsteinschätzung in diesem aktualisierten alten Konzept hat sich gleichwohl mit einem neuen egalitären Verständnis zu vertragen, dem diese Aufgabe nachzukommen hat. Wenn wir, in den Formulierungen Lacans, wissen, daß der Andere »als Ort des Signifikanten« zu gelten hat, daß der »Gesetzgeber« in diesem Anderen zu suchen ist – es »gibt keinen Anderen des Anderen«[8] –, dann finden wir bei Addison, daß er unter dem mit der Neuzeit fortschreitenden Zwang, den Anderen in dem konkreten anderen wahrzunehmen, ihn anzuerkennen als ihm gleichgestellten anderen, sich in der Achtung durch diesen bestätigt fühlt. Das geschieht bezeichnenderweise nicht im direkten Kontakt und Gespräch. Zwar hört er täglich »a thousand coffee-house debates«,[10] aber er selbst bleibt stumm. Er nennt sich einen stillen

Beobachter der anderen. Feedback ist die geschriebene Sprache, die Transkription der geltenden Moral in der Schrift. Der hohe Anspruch und die neue Ästhetik rationalisieren dabei immer auch eine neue Form des Vertriebs der Ware Wort als käufliche *Zeit*schrift.

Addison verkörpert das Gesetz auf seine Weise, die die der Anpassung an den Aufmerksamkeitsmodus der vielen, der anderen ist. Seine Wirkung als freiwilliger, selbsternannter Impersonator des Gesetzes verbindet politische Erziehung mit persönlicher Ansehnlichkeit, öffentliche Geltung mit innerster Befriedigung. Er erfüllt sich seine Wünsche, indem er sie mit den Erwartungen, die die Wünsche der anderen in einer offeneren Form sind, identifiziert sowie umkehrt. Das wird nur deshalb nicht als die Anmaßung, die es ist, verstanden, weil als gemeinsames Ziel aller Wünsche die Erfüllung des Gesetzes erscheint. Die Herausforderung und der entsprechende Reiz, der für das betreffende Subjekt darin liegt, besteht in der Vortäuschung – der das Subjekt selbst unterliegt –, die anderen nur im Namen des Gesetzes zu agitieren. Einem einzelnen, der sich als artikulierfähiger Inkarnator der Gesetzessubstanz zur Geltung bringt, dient dies dazu, daß er sich in und unter ihm selbst aufrichtet zu der maßlosen Größe einer öffentlich zustande gekommenen Persönlichkeit. Als Zünglein an einer unsichtbaren Waage, auf der das kolossale Gewicht des Gesetzes in Portionen ausgewogen und damit ›unter alle‹ verteilbar wird, ist er, wie gesagt, Hermes und Sokrates, jedenfalls der Bruder, der mit der Stimme des Vaters spricht, um auf *sich* aufmerksam zu machen.

Das alles geschieht auf einer öffentlichen Szene, auf der das Subjekt nur mit den Augen spricht, sonst bleibt es stumm. Addison sieht in den Kaffeehäusern und Plätzen, und er wird gesehen. Aber wie sieht er und wie will er, daß man ihn sieht? Sich selbst sieht er groß. Doch diese Größe entsteht erst, wenn er sich dort, an den öffentlichen Orten, als die überhöhte Autorität des *beliebten* Schriftstellers, auch des erfolgreichen, gesehen weiß. Diese Übergröße von sich selbst akkumuliert sich aus der Multiplikation der Blicke und der Anerkennung, die in ihnen liegt. Diesen Vorgang würde er stören, dieses Bild von sich in den Augen der anderen würde er zerstören, wenn er seiner anwesenden Leiblichkeit Ausdruck geben würde, wenn er den Mund auftäte. Nur als Blickender, als Zuschauer, kann er dieses Ansehen von sich gewährleisten. Nur mit der Schrift, als einer Sprache dessen, was größer ist und ihn erhöht, kann er sich überhaupt diese Ansehnlichkeit verschaffen. Der tote Vater des Moralgesetzes spricht aus seiner Zeit*schrift*. Wie Platon in seinen Texten als leibhaftige Person nie erscheint und die Autorität seiner Dialoge von dem toten Sokrates bezieht, so ist Addison unter seinen Zeitgenossen als Körper unsichtbar.

Er betont selbst immer wieder die »obscurity«, in der er so lange gelebt hat. Zur Rechtfertigung, daß er nun aus dem Dunkel als Autor heraustrete, beruft er sich wie seine Vorgänger und Doppelgänger auf die Philosophie. In der Vorschau auf die Gegenstände, die »The Spectator« behandeln wird, fehlt denn auch nicht der Vergleich mit Sokrates:

Es wurde von Sokrates gesagt, daß er die Philosophie vom Himmel geholt hat, damit sie unter den Menschen zu Hause sei; und ich habe den Ehrgeiz, daß von mir gesagt werde, ich hätte die Philosophie aus den Zimmern und Bibliotheken, den Schulen und Universitäten herausgeholt, damit sie in Clubs und Versammlungen, an Teetischen in Kaffeehäusern wohnen solle. [11]

›I shall be ambitious to have it said of me‹ – das ist das Eingeständnis des Wunsches, im Ruhm weiterzuleben; ›to have it said of me‹ – das legt den anderen die eigene Ewigkeit in den Mund. Kann er deswegen solchen Nachdruck auf die eigene Stummheit legen, weil die anderen ja für ihn sprechen und er aus den anderen (wie diese natürlich aus ihm)? Was sonst schreiben wir hier als die Geschichte des Egoismus, die Geschichte seines Ausdrucks im Altruismus, die Einbeziehung der anderen in den Geltungsanspruch des Subjekts. So ernst nimmt dieses sich zu jeder Zeit, und muß es sich nehmen, daß es das, was in es eingedrungen ist, als sich zu eigen gemachte Realität äußert und in der wiederholten Äußerung sich zu eigen macht.

Immerhin, bevor er in den unendlichen Diskurs der Moral, der Ausdrucksformation der anderen als geschlossener Gesellschaft eingeht und in ihm aufgeht – durchaus wie der Mond aufgeht im reflektierenden Licht der Sonne –, bricht Addison für einen Augenblick das Schweigen über sich selbst. Zur Begründung seines Vorhabens bietet er ein autobiographisches Resümee, aus dessen emblematischem Arrangement von trauteriner Gesetzes-repräsentanz, mündlicher Stummheit, unstillbarem Wissensver-langen, öffentlicher Konfliktscheu, durchgängigem Zuschauer-habitus und moralischer Schriftstellerei sich ein Charakterbild herauslesen läßt, das uns nur wieder bekannt vorkommen kann.

Die textuale Kombination fügt Bruchstücke einer Lebensge-schichte zusammen, die – wie gesagt: nur für einen Augenblick und im Vorfeld des eigentlichen Ausdrucksabenteuers – der spä-teren unendlichen Chiffrierung den Klartext gegenüberstellt. Da erscheinen denn in einer signifikanten Reihung: der Vater und der Richter (Addisons Vater war ›justice of peace‹, eine paradig-matische Identität also); der mütterliche Uterus (in dem das Kind ausgetragen wird) und das mütterliche Bett (an dem der Vater/Richter in Erscheinung tritt); die Reise nach dem Tod des Vaters und das Ausmessen (!) einer Pyramide (die real ein Kö-nigsgrab und symbolisch der Phallus des Vaters ist); dazu die Redelosigkeit des Sohnes und sein gefühlloses Interesse für Ge-genstände der Beobachtung und des Wissens: Wir sind wieder einmal im Bilde.

Es ist das Bild, in dem das ontogenetische Dreipersonenstück mit gleichsam rückwärtsgewandtem Blick nach vorn projiziert wird. Das Subjekt gleicht nach dem Ödipus-Drama jenen Se-her-Gestalten bei Dante, die, nach hinten sehend und trauernd, ständig vorwärtsgetrieben werden. Dantes Seher haben alle ›et-was‹ gesehen, was sie nicht sehen durften. Der Autor läßt sie in der Hölle dafür bestrafen. Oben, im Paradies, nachdem das eigene Selbst des Autors diese immanente Tragödie abgestreift hat, erwartet ihn eine ewige Zukunft, in der eine vermeintliche Vergangenheit sich dem vom Trieb gereinigten Auge nicht länger verweigert.

Was in dieses Bild störend eindringt, hat Addison unmißver-ständlich benannt. Für seine private, also leibliche Existenz möchte er weiter »obscurity« reklamieren. Niemand soll ihn so wahrnehmen, wie er dort ist, nämlich verletzlich:

denn die größte Pein, die man mir zufügen kann, ist es, wenn man mich anspricht oder mich anstarrt.[12]

›The greatest pain I can suffer‹ – damit schließt sich für uns der Kreis um den Gegenstand, den der gereinigte, d. h. der verdrängende Blick dauernd zu *übergehen* sucht:

Der Blick erscheint für uns allein in Form einer befremdlichen Kontingenz, Symbol dessen, was wir in unserem Gesichtskreis finden, gestoßen gleichsam durch unsere Erfahrung: jener konstitutive manque/Fehl der Kastrationsangst. Auge und Blick, dies ist für uns die Spaltung, in der sich der Trieb auf der Ebene des Sehfelds manifestiert.[13]

Mit Hilfe dieser Spaltung sieht Dante das Paradies. Addison, der Angehörige und Repräsentant eines Mittelstandes, der die Erde in ein Paradies der Gütergerechtigkeit verwandeln will – als ob das Wünschen sich mit dieser endlosen Reihung von Ersatzobjekten zufriedengeben würde –, erscheint dort nur als Sehender. Die Kehrseite des gleichen, eigenen Schautriebs, nämlich dabei auch gesehen zu werden, meint er mit seiner Selbstmanifestation, in der er sich nur als Bild (vom bekannten Autor in den Köpfen der anderen) gesehen wähnt, abspalten zu können. Wehe, wenn er dennoch einmal an seine leibhaftige Sichtbarkeit erinnert wird, d. h. wenn er ›is being talked to, and being stared at‹.

Die unsichtbaren Armen; der innere Zuschauer (Adam Smith)

Man könnte es bei diesem Aspekt auf die Autoren- und Produktionsästhetik des gewiß einflußreichsten Schriftstellers und Kritikers am Anfang des 18. Jahrhunderts in England belassen. Die Entstehung einer neuen bürgerlichen Literatur, die bald danach in Serie gehen wird – so, wie »The Spectator« es als Morallehre in populärer Fortsetzungslektüre vorgeführt hatte – ist ein Thema für sich. Doch hat ein Begriff, der zuerst bei Addison auftaucht, noch darüber hinaus Schule gemacht. Es ist die Vorstellung von einem »impartial spectator« in jedem von uns, über den der neue Modus einer moralimprägnierten Visualität in die gesellschaftliche Theoriebildung Einzug hält.[14]

Der Theoretiker des Marktes schlechthin, Adam Smith, kennt nur noch eine Form der Teilnahme der einzelnen am Schicksal der anderen und umgekehrt: Es ist dies die Beziehung von Sehenden untereinander. So beginnt sein Buch »The Theory of Moral Sentiments« schon mit dem programmatischen ersten Satz:

> Für wie selbstsüchtig der Mensch auch immer gehalten werden mag, es gibt offensichtlich Prinzipien in seiner Natur, die ihn Anteil nehmen lassen am Schicksal anderer, und sie verhelfen ihm zu der Glückseligkeit, die er notwendig braucht, obwohl er nichts sonst davon hat, als es (jenes Schicksal) zu sehen. [15]

Die Maxime enthält eine bemerkenswerte und vielleicht verräterische Doppeldeutigkeit, wenn man bedenkt, daß »fortune« sowohl Glück wie auch Vermögen bedeutet. Welche Trieberziehung eine sensualitistische Moralphilosophie mit derart anthropologischem Allgemeingültigkeitsanspruch bereits voraussetzt, wird deutlich, wenn man den zweiten Satz des Buches liest:

> Von dieser Art ist Mitleid und Barmherzigkeit, das Mitgefühl mit der Not anderer, wenn wir sie entweder sehen oder veranlaßt werden, oder wenn wir veranlaßt werden, sie uns lebhaft vorzustellen.

Dieser sensualistischen Moral kommt die enge Verbindung von Einbildungskraft und Sehen, wie sie allgemein im 18. Jahrhundert herausgestellt wurde, entgegen. Man muß diese insinuierte innere Teilnahme mit einem so altruitiv hochgesteckten Ziel neben die Tatsache halten, daß der Schauplatz, den Smith hier für eine durch Moral domestizierte Wahrnehmung beansprucht, noch vor kurzem mit Veranstaltungen besetzt war, die dem Zweck einer »durchs Auge befriedigten Grausamkeit« gelten. [16] Diese hatten auch keineswegs schon ganz dieses Feld geräumt. Was sind Ketzerverbrennungen und öffentliche Hinrichtungen für das Publikum denn anderes gewesen, wenn nicht Volksfeste zur Befriedigung des sadistischen Schautriebs.

Der brennende Scheiterhaufen, im Lichte der uralten Feuer-, Reinigungs- und Wiedergeburtsmysterien gesehen, erfährt hier, und zwar in der neuen, die Religion zurückdrängenden Stadt, eine perverse Besetzung. Rousseaus Eintreten für das Volksfest und darin gegen das Theater stellt sich unbewußt auch gegen diese beliebte Variante, oder es verdrängt sie.

Es zeigt sich ferner, daß die soziale Dichotomie unter dem Gesichtspunkt der Sichtbarkeit und der Unsichtbarkeit einer Klasse nicht erst das Produkt eines durch die modernen Medien gebildeten öffentlichen Bewußtseins ist. Adam Smith ordnet den Armen in der Gesellschaft die Scham zu, und unter diesem Aspekt nimmt er eine merkwürdige Übertragung vor: Die, die sich schämen, bleiben zugleich auch unbeachtet:

Der Arme dagegen schämt sich seiner Armut. Er fühlt, daß sie ihn entweder aus dem Gesichtskreis der Menschheit verbannt, oder daß diese, wenn sie ihn überhaupt wahrnimmt, keinerlei Mitgefühl für die Not und das Elend, das sie erdulden, aufbringt.[17]

Dem Armen bleibt, sagt Smith, »der heftigste Wunsch der menschlichen Natur unerfüllt«, nämlich von den anderen wahrgenommen zu werden. Die Nichtigkeit des Subjekts wird so bei ihm zu einer forciert sozialen Kategorie. Dabei wird der Arme zum sprichwörtlichen Mann in der Menge. Er bleibt, wie es sich Addison für seine private Person wünschte, unsichtbar:

Der Arme kommt und geht unbeachtet, und selbst inmitten einer großen Menge befindet er sich in der gleichen Dunkelheit, als sei er in seiner Hütte eingeschlossen.

Eigentlich ist es doch der Wunsch derer, die sich schämen, unsichtbar zu bleiben. Mangel an Aufmerksamkeit ist für sie keine Strafe, da sie sich eher jedem Status von Exponiertheit zu entziehen versuchen.

Scham, die innere Störung bei der Lustempfindung, die der Schautrieb vermittelt, erscheint bei Smith als Strafgericht, das die anderen, die Gesellschaft an dem einzelnen vollziehen, wenn er sich nicht mit den Mitteln des Reichtums ins Licht setzen kann:

Sie wenden die Augen von ihm ab,

heißt es. Dergleichen geht von der richtigen Annahme aus, daß das Subjekt eine von außen konstituierte Größe ist. Das höchste gesellschaftliche Gut ist die größtmögliche Aufmerksamkeit der anderen. Sie wird dem einzelnen aufgrund seiner sozialen Exponiertheit zuteil:

Der Mann von Rang wird dagegen von der ganzen Welt beobachtet. Jeder ist begierig, seinen Blick auf ihn zu richten.

Wie für Rousseau ist für Smith also Vergesellschaftung die Existenz im Spiegel und als Spiegel der anderen. Im Unterschied zu Rousseau gibt es für Smith allerdings kein extrapoliertes Natursein jenseits davon. Die Nichterfüllung der dialektischen Spiegelfunktion der Subjekte füreinander bedeutet nicht-sichtbares und damit schlechthin außer-gesellschaftliches Dasein. Und es gibt kein anderes als gesellschaftliches Dasein. Soziale Nonität besteht darin, für den Blick der anderen ausgelöscht zu sein und so der Teilnahme verlustig zu gehen.

So ist es nur logisch, daß sich die besondere gesellschaftliche Repräsentanz des Tüchtigen und folglich Wohlhabenden aus der Summe der Blicke der übrigen ergibt:

Kaum ein Wort, kaum eine Geste, die von ihm käme und die unbeachtet bliebe. In einer großen Versammlung ist er die Person, auf die alle ihre Augen richten.

Wir haben hier die Genese der neuen Persönlichkeit vor uns, wie sie für die bürgerliche Öffentlichkeit typisch sein wird. Ihr Ziel ist die Größe, die im Ansehen besteht – für Smith gleicht sie bezeichnenderweise

beinahe der abstrakten Vorstellung von einem vollkommenen und glückseligen Zustand.

Daß sich dieses Ansehen aus dem Angesehenwerden herleitet, sahen wir bereits bei Addison. Daß die Befriedigung darüber einem Begehren des Subjekts entspricht, wird von Smith deutlich genug ausgesprochen, der seine Sozialtheorie damit durchaus mit einer modernen Triebtheorie zu verbinden weiß:

Es ist genau der Zustand, den wir, in all unseren Tagträumen und Wunschphantasien, als das letzte Ziel unseres Begehrens uns ausgemalt haben. [18]

›The final object of all our desires‹ – Beachtung, Öffentlichkeit also ein Feld stiller wie zu stillender Triebansprüche in ihrer auf den Schautrieb bezogenen Form. Die ›Depersonalisation‹ der in diesem Feld von der Aufmerksamkeit Ausgeschlossenen erscheint unausgesprochen als Strafe für die von ihnen nicht geleistete Verschiebung, für die nicht zur »ambition« geläuterten Triebe.

Sehen, Gesehenwerden und Selbstzwang, wieder zeigen sie ihre für die neue Stadt typische Affinität. Hätten die Armen das

Gesetz – und das sind in der englischen Theorie immer deutlich ausgesprochen die Summe der anderen als der Andere – strenger auf sich bezogen, ihr Funktionieren im Sinne des Mechanismus der Vergesellschaftung wäre die Folge gewesen und damit die Herausstellung als erfolgreiche Bürger, als Repräsentanten einer nun für alle notwendigen Triebkontrolle. Denn das ist der Reiche implizit auch in diesem Sinne: Repräsentant des Selbstzwangs. Das macht ihn in der angelsächsischen Gesellschaft so unangreifbar, läßt ihn nicht als Tyrann erscheinen.

Hier wird sogar der Neid absorbiert. Der Reiche erscheint auch für die anderen nicht nur als dessen egoistisches Selbst. Er kommt durch alle zu seiner Geltung, empfängt die überhöhte Existenz aus zweiter Hand, erfährt die Wiedergeburt als Bild in der Vorstellung des Anderen. Er ist damit so wirklich und unwirklich wie der Phallus (des Vaters).

Umgekehrt existieren die anderen in jedem einzelnen als eine Erscheinung, die Smith, in Anlehnung an den Begriff bei Addison, »the impartial spectator« nennt. Bereits Hobbes hatte sich das Gewissen aus einem Wissen von einer Sache gedacht, in die sich zwei und mehr Menschen teilen. Im Gewissen respektieren wir daher die Meinung der anderen,

und deshalb nennt man auch das Gewissen ›Tausend Zeugen‹.[19]

Adam Smith konstatiert »selflove« als die Grundlage menschlichen Strebens, und darin ist, so wörtlich, jeder einzelne eine ganze Welt für sich. So sei es denn wahr,

daß jedes Individuum sich in seiner eigenen Brust natürlich der ganzen Menschheit vorzieht.

Wollte er danach aber wirklich seine Handlungen einrichten, seine Reaktion wäre dennoch ein schlechtes Gewissen, d. h.

er wagt es nicht, der Menschheit ins Gesicht zu sehen.

Wieder wird Triebverzicht und Selbsteinschränkung am Beispiel von Blickkontrolle und Sichtexponiertheit plausibel gemacht. Denn der einzelne wird lernen müssen, auf sich selbst mit den Blicken der anderen zu sehen, er sollte sich fortan nur noch selbst als *Gesehener sehen*:

Wenn er sich selbst in dem Licht betrachtet, von dem er sich bewußt ist, daß die anderen ihn betrachten, dann sieht er, daß für sie er nur einer aus der Menge ist, in keiner Hinsicht besser als irgendeiner aus ihr.[20]

Das ist die Fortsetzung von Descartes' ›ich denke mich *sehen*‹ als ein ›ich sehe mich bei meinen geheimsten Gedanken *gesehen*‹. (So hatte schon Sokrates bedauert, daß die Brust des Menschen nicht aus durchsichtigem Glas besteht, hinter der seine Gefühle für die anderen auszumachen sind.[21])

Ein gesellschaftliches Wesen (»something which other men can go along with«) wird einer erst sein, wenn er den »impartial spectator« in sich selbst über sein eigenes Verhalten wachen läßt. Dem Blick dieses unparteiischen, d. h. *nicht für die ursprünglichen Interessen des Subjekts* eintretenden Zuschauers in seinem eigenen Inneren, der an anderer Stelle auch »indifferent spectator« oder »impartial judge« genannt wird, hat das Individuum gerade das zu unterwerfen,

was von allen Dingen er den größten Wunsch hat zu tun.

Das ist vielsagend und gibt im Kontext immerhin so viel zu verstehen, daß es der größte Wunsch eines jeden einzelnen ist, alle anderen auszustechen. Wobei, das bleibt ungesagt. In der von Smith beschriebenen Gesellschaft hält ihn davon nichts anderes zurück als der Unwille der anderen, und das in der Form, daß

die Zuschauer mit ihrer Nachsicht endgültig am Ende sind.[22]

Hier gipfelt in protestantischer Ethik die christliche und davor platonische Ideologie, die den anderen im Subjekt selbst etabliert und dessen eigene Nichtigkeit zur Grundlage jeder Gemeinschaft macht. Will der einzelne größer erscheinen, kann er das nur als der Repräsentant der anderen, d. h. als Bild, das diesen anderen als öffentliches Versprechen im Ausgleich für die größtmögliche Triebverdrängung von sich selbst vor Augen ist. Die Scham der Armen stammt aus dem Schuldgefühl, daß sie es hieran haben fehlen lassen.

Es herrscht eine égalité der Triebversagung, denn darin ist jeder einzelne nun »one of the multitude in no respect better than any other«. Das gute Gewissen, das eine solche Gesellschaft hat, beruht auf diesem gleichen Anspruch, der an alle gestellt ist. Die

Reichen müssen nach dieser Auffassung sogar noch ›gleicher‹ sein, noch mehr Selbstkontrolle und Affektregulierung erbringen, wie sonst wäre ihre ›Tüchtigkeit‹, aus der ihr Wohlstand hervorgeht, zu erklären.

Der Tod der Einzeltotalität und die reine Anschauung (Kant)

Es gibt im 18. Jahrhundert selbst ein Bewußtsein davon, wie hoch der Preis ist, den der einzelne – jeder einzelne – auf dem Wege zur universalen bürgerlichen Gesellschaft zahlen muß. Vielen Äußerungen hört man an, daß sie den wahren und wahrhaft dramatischen Umständen der niedergekämpften Triebnatur abgemerkt sind.

Für Kant ist das Gute im Menschen das Resultat eines »Zwangs-Prinzips«, das er ausdrücklich bürgerlich nennt, wie ja schon bei Platon die entsprechende politische techne so hieß. Seine Anwendung hat die Menschheit nahezu der Ausrottung preisgegeben. [23]

Die Selbsterhaltung wird wie bei Platon vollständig auf die Ebene der vergesellschafteten Beziehungen verlegt, der Mensch als das einzige »mit einer moralischen Anlage begabte vernünftige Wesen« erreicht seine Bestimmung nur als Gattung. Gleichwohl bleibt ein »angeborener böser Hang« allenfalls »gebändigt«, jedoch »nicht vertilgt«:

Der eigene Wille ist immer in Bereitschaft, in Widerwillen gegen seinen Mitmenschen auszubrechen, und strebt jederzeit, seinen Anspruch auf unbedingte Freiheit, nicht bloß unabhängig, sondern selbst über andere ihm von Natur gleiche Wesen Gebieter zu sein; welches man auch an dem kleinsten Kinde schon gewahr wird . . . [24]

In dem Zusammenhang, in dem Kant so gegen den ›Willen zur Macht‹ argumentiert, steht ein Hinweis auf Rousseau:

Rousseau wollte im Grunde nicht, daß der Mensch wiederum in den Naturzustand zurück *gehen,* sondern von der Stufe, auf der er jetzt steht, dahin zurück *sehen* sollte. [25]

Zurück auf die »unbedingte Freiheit« des »kleinsten Kindes«? (Das Kind wird auch von Schiller mit der »unvernünftigen Natur« gleichgesetzt, die als »glücklichere Schwester« allein im »mütterlichen Hause« zurückbleibt: »Mit schmerzlichem Verlangen sehnen wir uns dahin zurück . . .[26])

Für Kant trennt den guten, d. h. vernünftigen Menschen der bürgerlich verfaßten Gesellschaft von seinen bösen, wilden Anfängen (ontogenetisch und phylogenetisch) seine »moralische Erziehung«. In keiner Weise will er, daß wir hinter sie zurück*gehen*. Doch ein Zurück*sehen* knüpft an den Gehalt unserer Bestimmung an, der sich als didaktischer Fingerzeig aus der Vergangenheit in die Zukunft weisend, unserer »Gedächtniskultur« eingeprägt hat. Der Gesichtssinn verbürgt, daß die ›moralische Erziehung‹ durch seinen Modus des Bezugs nicht unterbrochen wird, daß das Lernpensum ›rein‹ an die Zukunft gelangt. Für Kant ist der »Sinn des Gesichts« von allen Sinnen »der edelste«, weil ihm am wenigsten nachzusagen ist, er übertrage etwas von den Triebinhalten des ›rohen Naturzustands‹ oder drücke sie aus. Nach Ansicht Kants hat sich der Gesichtssinn

unter allen am meisten der Betastung, als der eingeschränktesten Bedingung der Wahrnehmungen, entfernt.

Damit kommt das Sehen

der *reinen Anschauung* (der unmittelbaren Vorstellung des gegebenen Objekts ohne beigemischte merkliche Empfindung) näher.[27]

So ist dem Wahrnehmungsmodus, mit dem wir ins Paradies des Anfangs zurück*sehen* möchten, auch in dieser von Kant so streng gereinigten Form etwas von dem ersten Glück geblieben, so daß der Gesichtssinn schon deswegen über alle anderen Sinne zu stehen kommt.

7. Unter den Blicken der Menge

Über eine neue Qualität von Einsamkeit
(Rousseau, Descartes)

Die Genesis der Gesellschaft aus dem Sehen und Gesehenwerden
(Rousseau)

Die bis dahin einzeln »in den Wäldern umherirrenden Menschen« werden bei Rousseau bekanntlich durch Naturkatastrophen einander nähergebracht, sie bilden Gruppen, schließlich Nationen. Die Rolle des Schautriebs ist für dieses Stadium wie auch für alles weitere ausschlaggebend:

Infolge des gegenseitigen Sehens kann man nicht mehr davon lassen, sich immer wieder zu sehen.

Doch liegt in dem, was für die Menschen ein ganz neues Glück ist, auch der Keim für dessen Verkehrung ins Gegenteil:

Jeder achtete den anderen und wollte seinerseits geachtet werden. Die öffentliche Achtung bekam Wert. Wer am besten sang oder tanzte, der Schönste, Stärkste, der Gewandteste, der Beredsamste wurde am meisten geschätzt. Das aber war der erste Schritt zur Ungleichheit und gleichzeitig zum Laster.

Auch bei Rousseau ergibt sich aus diesem Zusammenhang der Hinweis auf die Entstehung der Scham, ferner des Neids, als einem Laster, das mit dem Schautrieb in Verbindung zu sehen ist.[1]

Neid ist auch als »individia« bei Dante eine dem Gesichtssinn zugeschriebene und an ihm grausam bestrafte Sünde. Das erscheint manchem Leser der »Commedia Divina« vielleicht übertrieben. Aber es ist dieser Autor wieder einmal voraus, ist der Neid doch die Wurzel des Bruderzwists, jenes psychoanalytisch so aufschlußreichen Entzweiungs- und Entfremdungsmythos, der sich in der Literatur in offener oder auch verdächtig versteckter Form bis heute eingenistet hat:

Für Lacan verweist dergleichen zurück auf das Kleinkind,

das seinen an der Brust der Mutter hängenden Bruder anblickt, ihn anblickt *amare conspectu*, mit bitterbösem Blick, der ihn dekomponiert und auf es selbst wie Gift wirkt.[2]

Diese Art von Dekomposition haben wir bei öffentlichen Verhältnissen, in denen auf den Blick der anderen Bezug genommen wird, immer zu gewärtigen. Von ihm nehmen für Rousseau letztlich die gesellschaftlichen Normen ihren Ausgang; und sie sind es, die Autonomie und Natursein des Individuums vergiften:

Der Wilde lebt in sich selbst, der zivilisierte Mensch dagegen ist immer sich selbst fern, und kann nur im Spiegel der Meinung der anderen leben.[3]

Wie sehr Rousseau dabei selbst dem Blick der anderen verfallen ist, zeigt sich schon darin, daß er den Wunsch nach Achtung, den er auch den Wunsch nach *Be*achtung hätte nennen können, am Anfang der gesellschaftlichen Irritation überhaupt sieht. Wie aber kann aus (Be-)Achtung »Ungleichheit« und damit auch der Anfang aller gesellschaftlichen Laster werden?

Beachtung ist für die passive Schaulust oberstes Triebziel. Erreicht ein Subjekt sie nicht, weil ihm z. B. die bei den anderen gefragten Eigenschaften abgehen, muß es diese vortäuschen:

Man mußte sich um seines Vorteils willen anders zeigen als man wirklich war. Sein und Scheinen wurden zwei völlig verschiedene Dinge.

Zu der Hartnäckigkeit, außerhalb seines Selbst nach *einem* Punkt zu suchen, von dem *alles* Unheil seinen Ausgang nimmt, fügt sich für Rousseau die Erfahrung, daß das Fremde, Eingedrungene – und das ist doch eigentlich *der* Punkt – diesem Selbst zu seiner Konstituierung unentbehrlich ist:

. . . unser wahres *Ich* ist nicht ganz in uns. Kurz, der Mensch ist in diesem Leben so eingerichtet, daß er nie zum rechten Genuß seiner selbst ohne Zutun anderer gelangen kann.[4]

›Zum rechten Genuß seiner selbst‹, wohlgemerkt, und nicht bloß zum *Bewußtsein* von sich selbst, schon gar nicht zum Nutzen anderer!

Rousseaus Verhältnis zur Differenz von Subjekt und Objekt schwankt – wie es die Ambivalenz dem schautriebgesteuerten Verhalten aufprägt. So kann er sich auch dem Spiegel, vor dem sein ›wahres Ich‹ doch zu sich selber gefunden hatte, an anderer Stelle wieder verweigern:

Wenn die Menschen mich anders sehen wollen, als ich bin, was geht mich das an? Liegt mein wirkliches Wesen in ihren Blicken?[5]

Die infantil-trotzige Syntax und die zwei Fragezeichen scheinen allerdings weiter den Weg offenzuhalten für eine weniger anstrengende Abgrenzungsdisposition.

Wenn Rousseau das Eindringen der Repräsentanz (»der Schönste, Stärkste« etc.) in den Tanz, in Gesang und Rede als das gesellschaftsbildende und nicht bloß gesellschafts*ab*bildende Moment anführt, dann verlegt er den menschlichen Sündenfall ganz in die Sphäre institutionalisierter Scheinhandlungen. In ihr stehen sich Akteure und Zuschauer gegenüber. Ihr Verhältnis ist das von Sehenwollenden und Gesehenwerdenwollenden. Nichts darüber hinaus in ihrer Beziehung, oder was in ihr inhaltlich aufkommt, zählt. Dem gilt Rousseaus heftige Polemik gegen das Theater, immer im Vergleich mit dem Volksfest und zu seinen Gunsten. Dagegen dienen Spiele und Wettkämpfe der Erziehung zum Gemeinschaftsgeist. Deswegen sagt Rousseau von den Kindern in dem zu gründenden Staat,

ihre Spiele müssen immer öffentlich und gemeinschaftlich stattfinden, denn es geht hier darum . . . sie rechtzeitig an die Regel, an die Gleichheit, an die Brüderlichkeit und an den Wettkampf zu gewöhnen und daran, unter den Augen ihrer Mitbürger zu leben und deren öffentliche Anerkennung zu erstreben.[6]

Das Ambivalente in diesem Bild von einer künftigen Gemeinschaft entspricht den Eigenschaften des Schautriebs, dem hier Genüge getan wird, und so schleicht sich in dieses Tableau von einer positiven, einer reformierten Gesellschaft nicht nur die Wertschätzung des Autors für Vorgänge ein, die sich vor den Augen abspielen. Dort etabliert sich – wie bei Marx und aus den gleichen Gründen – der Widerspruch, daß die Glücksumstände eines anders arrangierten Sehens und Gesehenwerdens als gesellschaftliche möglich erscheinen sollen.

Die Egalisierung von Spiegelnden und Gespiegelten beim Volksfest, die vollständige Reziprozität unter den Bedingungen des Schautriebs, sie scheint noch einmal die Rückkehr zu jenem ersten Sehen, das bei Rousseau als phylogenetischer Casus behandelt wird, zu gewährleisten – und das ist davon gekennzeichnet, daß sich mit ihm »ein sanftes und liebliches Gefühl« in die Seele »schleicht«.

An anderer Stelle gibt auch ein solches Postulat nach schrankenloser Gleichstellung im gemeinsamen Blickfeld der Individuen etwas von seinem ursprünglichen Anlaß preis, enthüllt es seinen mythischen Kern. Es geht um die Gleichstellung zwischen Sohn und Vater:

Nach dem Gesetz der Natur ist der Vater nur so lange Gebieter des Kindes, als seine Hilfe diesem nötig ist: Über diesen Punkt hinaus werden sie gleich, und der vom Vater vollkommen unabhängige Sohn schuldet diesem nur Achtung, aber nicht Gehorsam. [7]

Auch hier, und zwar statt Inkorporierung des Gesetzes im lebenslangen Gehorsam, die distanzierende ›Achtung‹ – diesmal als reziprokes Deputat, das dem Älteren für seine Wohltaten an dem Jüngeren, und nur dafür ist der Ältere da, als Ausgleich zusteht. In dem »nur« schwingt mindestens ein ›bestenfalls‹; doch geht die Einschränkung weiter. Achtung verlegt das Verhältnis zwischen Vater und Sohn in das für jedes bessere Gefühl ohnehin Abgeschriebene, Öffentliche. Achtung ist die Hintertür, durch die dort die Repräsentation jederzeit eintreten kann. Es ist das Stichwort, auf das hin Ungleichheit und Laster, Schein und Lüge auf der Bühne der Gesellschaft erscheinen.

Andererseits scheint es nicht zu stören, daß auch das Volksfest zur Einübung einer »Regel« dienen soll und daß diese sich dem Vorgang appliziert, indem er unter dem Kontrollblick der anderen inszeniert wird. Ein solcher Blick hatte schon bei Platon den trauernden Vater dazu veranlaßt, sich aller Gefühlsbekundungen nach außen zu enthalten. Hatte Rousseau den Kindern in seinem idealen Staat nichts anderes zugedacht?

Darin ist Rousseau Kind seiner Zeit, daß er sich, wie Adam

Smith, eine Existenz außerhalb der Sichtbaren und ohne die anderen nicht vorstellen kann. Die Konstituierung des Subjekts als gesellschaftliches Molekül erfolgt unter ihrem Blick und *durch* ihn.

Diese Weisheit berücksichtigt auch die Lieblings-Assemblee dieses Philosophen, das öffentliche Fest, das als Alternative zum höfischen Schauspiel dennoch keineswegs auf dessen Funktion – die Konfirmierung sozialer Normativität – verzichtet:

> Nun sage man mir aber, wo junge Leute, die im Heiratsalter sind, Gelegenheit finden sollen, Gefallen aneinander zu finden, und wo sie sich mit mehr Anstand und Vorsicht sehen können als in einer Versammlung, wo die Augen aller unaufhörlich auf sie gerichtet sind und sie nötigen, mit größter Sorgfalt auf sich achtzugeben.[8]

Auch bei Rousseau gibt es immer wieder die zwei Realitäten des Blicks. Wie bettelt etwa Saint-Preux auf fast jeder Seite des Romans »La Nouvelle Héloïse« darum, von Julie ›gefühlvoll‹ angesehen zu werden, bzw. sie entsprechend ansehen zu dürfen. Er bettelt auch noch in der Vorstellung und in der Erinnerung, als Abwesender und Briefschreiber. Herrn de Wolmar, den Mann Julies, charakterisiert dagegen der empfindungslose Blick des Beobachters. In seinem Umkreis ist Saint-Preux – ohne daß er sich ihm entziehen könnte! – das Liebste, Julie, entzogen, bis sich durch ihren Tod die Perspektive auf die Vereinigung mit ihr – als körperlose – doch noch eröffnet. Aus dem Jenseits sieht sie auf ihre Lieben herab. Diesen, der Familie der Julie also, soll sich Saint-Preux schon einmal im Diesseits einfügen.[9]

Letztlich geht es um diese Vereinigung, um solches Dazugehören. Doch Saint-Preux ist die Welt ständig genommen unter dem Blick des älteren, sozial überlegenen de Wolmar.

Auf allen seinen Gefühlsverhältnissen lastet dieser Blick, nicht zuletzt auch im fernen Paris, wo er auf ein ganzes Arsenal zudringlicher Augenpaare stößt, die ihn daran zu hindern scheinen, das zu sehen, was er eigentlich sehen möchte. Andererseits, eingedenk der Ambivalenz des Schautriebs, sind auch sie nicht das, als was sie sich zu sehen geben: »Generell ist das Verhältnis des Blicks zu dem, was man sehen möchte, ein Verhältnis des Trugs.«[9a]

Nichts anderes stellt Rousseau fest, wenn er davon spricht, daß man sich ›um seines Vorteils willen‹ anders zeigt, seit das Wesen des Menschen in seiner Gesellschaftigkeit liegt. Man begreift schon so das Unbehagen dieses Autors angesichts einer derart trügerischen Realität, wie sie sich aus der Gegenseitigkeit der Wahrnehmung auf dem engeren Raum gesellschaftlicher Beziehungen für das Subjekt – und alle sind Subjekte – ergibt. Daß Rousseau das Fehlende und Verfehlte an Gesellschaft von hierher seinen Ausgang nehmen läßt, vermittelt an einen wie auch immer gewonnenen Befund das dazugehörige Maß an subjektiver Befindlichkeit. Rousseau hat, unwissentlich-wissentlich, mit dem Begriff Achtung das Moment des Begehrens in das ›Feld der Wahrnehmung‹ eingeführt und mit der kategorischen Einweisung des Vater-Sohn-Verhältnisses in das gleiche Feld den Zusammenhang zwischen väterlicher Autorität und Begehren hergestellt.

Die Selbstbehauptung des Sohnes erfolgt bei Rousseau stets in ostentativer Zurückweisung aller Absichten des Vaters, sogar seiner Zuneigung,

denn es ist viel gewisser, daß der Sohn sich selbst liebt, als es gewiß ist, daß der Vater den Sohn liebt, [10]

wie es im »Emile« heißt. Im Zusammenhang mit der für Rousseau so wichtigen Unterscheidung zwischen Selbstsucht (amour-propre) und Eigenliebe (amour de soi) wird die narzißtische Komponente der letzteren deutlich, ebenso dabei die Irritation durch den fremden Blick, wenn die Eigenliebe des Subjekts (»ein natürliches Gefühl«) mit dem »wahren Naturzustand«, und das heißt mit der *Abwesenheit anderer Zuschauer als sich selbst*, in Verbindung gebracht wird:

Da jeder Mensch als einzelner sich allein zum Zuschauer hat, der ihn beobachtet als das einzige Wesen im Universum, das sich für ihn interessiert, als der einzige Richter über seine eigenen Verdienste, kann unmöglich ein Gefühl in seiner Seele keimen, das seine Quelle in Vergleichen hat, die über seinen Horizont hinausgehen. Aus dem selben Grund könnte dieser Mensch weder Haß noch Rachsucht haben. [11]

Herr de Wolmar, der Ehemann der von Saint-Preux geliebten Julie, führt in seinem großen Geständnis gegenüber dieser (die davon sofort Saint-Preux brieflich Mitteilung macht) von sich all die Eigenschaften auf, die dazu im schärfsten Gegensatz stehen. Er rühmt sich seiner Gefühlskälte, seiner Leidenschaftslosigkeit, und er fügt hinzu:

Habe ich eine ausgeprägte Leidenschaft, so ist es die Lust am Beobachten . . . Die Gesellschaft ist mir angenehm zur Betrachtung, nicht, um ein Teil von ihr zu sein. Könnte ich die Natur meines Wesens ändern und zu einem lebendigen Auge werden lassen, so tauschte ich gern. [12]

Natürlich ist de Wolmar auch Liebhaber des Theaters und der Gemäldekunst. Viel früher, als noch überhaupt kein Anlaß bestand, dergleichen auf die Person de Wolmars zu beziehen, hatte Saint-Preux an Julie aus Paris geschrieben:

Ich halte es für eine Torheit, die Welt als ein bloßer Zuschauer studieren zu wollen.

Paris ist für Saint-Preux »die weite Wüste der Welt«, er fühlt sich »in der Menge allein«. [13]

Die bloße Wahrheit und der nackte Verstand (Descartes)

Descartes hatte, ein gutes Jahrhundert früher, aus Amsterdam von einer ähnlichen Isoliertheit berichtet und diese gleich mit den richtigen Ursachen in Verbindung gebracht:

Statt dessen ist in dieser großen Stadt, in der ich mich befinde, da es in ihr außer mir keinen Menschen gibt, der nicht Handel triebe, jeder derart auf seinen Nutzen bedacht, daß ich mein ganzes Leben hier bleiben könnte, ohne je von jemandem aufgesucht zu werden . . . [14]

Im »Discours de la methode« steht ferner der Satz:

Inmitten tätiger, andere nicht beachtender Bevölkerung in der Bequemlichkeit der Städte, und dennoch Wildnis. [15]

Der Grund für die Anonymität eines einzelnen in der Stadt ist die fehlende *Beachtung* durch deren Bevölkerung – derselbe Begriff also wie bei Rousseau, der die ›falsche‹ Gesellschaft auf ihn zurückführen wird. Wenn Descartes, im Gegensatz etwa zu Saint-Preux, über die fehlende Beachtung eher froh ist, dann nimmt er darin dennoch Rousseaus Einstellung vorweg. Auch für Descartes ist »Wildnis« die Umschreibung eines ihm bekömmlichen Ambientes und Zustands, da, wie Rousseau sagen wird, »der Wilde in sich selbst«, also natürlich, lebt; nur, daß Descartes dabei an die Einsamkeit des Städters, Rousseau an die des Landbewohners denkt. Es ist interessant, daß Descartes nicht im geringsten auf das aus ist, was man Gesehenwerdenwollen nennen könnte. Seine Devise lautet:

Der hat gut gelebt, der sich gut verborgen hat.[16]

Das ist immerhin aufschlußreich im Hinblick auf einen Mann, der der Begründer des modernen Subjekt-Begriffs ist und der hier seine Vorliebe für das Verschwinden, für das Unsichtbarwerden seiner eigenen Person bekundet. Ist das Verschwinden des Körpers im Denken – als sein Gedachtsein –, wie es die Reflexion des Descartes ununterbrochen vollzieht, etwas anderes?

Ganz ähnlich wie Descartes, wie Rousseau, und noch vor ihm, bezeichnet auch der deutsche Schriftsteller Gellert die Stadt als den Ort, an dem es sich am besten im Verborgenen leben läßt. Seine schwedische Gräfin weiß – übrigens gleichfalls aus Amsterdam – zu melden:

Wir lebten an dem volkreichsten Orte in der größten Stille.[17]

Die Aversion gegen die Stadt, die Saint-Preux mit nicht nachlassender Heftigkeit zum Ausdruck bringt – und die mit anderen Stellen im Werk Rousseaus korrespondiert –, hat bei diesem mit einer Spannung zu tun, die Descartes offenbar auch kennt, die er aber für sich anders auflöst:

Ich nehme also an, alles, was ich sehe, sei falsch.[18]

Das schreibt Descartes in seinen »Meditationen«, um an anderer Stelle darauf zurückzukommen:

Was sehe ich denn außer Hüten und Kleidern, unter denen auch Automaten stecken könnten?[19]

Es ist die gleiche Klage, die auch Saint-Preux unablässig vorbringt, sind ihm die Pariser doch

Larven und Trugbilder, die einen Moment lang das Auge erstaunen, und sobald man sie ergreifen will, verschwinden. [20]

Doch Descartes reagiert auf das, worunter auch Rousseau leidet, indem er die ihm entseelt, verdinglicht erscheinenden Menschen wie alle Dinge auf das Subjekt zurücknimmt. Dieses macht sich seine Objekte in einem alles andere ausschließenden Introjektionsakt zu eigen und verifiziert sie, als Objekte der Reflexion entgegenständlicht, ausschließlich in ihrer Beziehung zum eigenen Selbstbewußtsein. Läßt man einmal den gnoseologischen Aspekt und das Historische an ihm beiseite, so wird das Maßlose und Grenzenlose der Introjektion, der Einverleibung, in diesem Vorgang offensichtlich.

Doch anders als nach ihm Rousseau, versucht Descartes gar nicht erst, nach den Trugbildern vor seinen Augen zu »greifen«. Was er sieht, *denkt* er in eine subjektive, abstrakte und darin nur ihm eigene Sache um und verwandelt ihre Bestätigung durch diesen Akt in Selbstbestätigung:

Ich urteile aber, es seien Menschen. So erfasse ich also das, was ich mit den Augen zu sehen meinte, in Wahrheit nur durch das Urteilsvermögen, welches meinem Geiste innewohnt.

Ein auffälliges Interesse bei Descartes für die Gesetze der Optik unterstreicht, was in diesen Beispielen ohnehin deutlich wird: Die Vereinnahmung der Objekte durch die Reflexion, das die *gesamte*, totale Körperwelt in einen gegenstandslosen Gegenstand für den »geistigen Blick« überführt, ist eine Reaktionsbildung auf den maßlosen, grenzenlosen Appetit des Schautriebs.

Das ist das gleiche Syndrom, das sich das anschauliche Denken eines vor-rationalen Zeitalters im Teiresias-Mythos eingestand. Nun, in der Blütezeit des Rationalismus, ist es der *Zweifel*, der seinen Ausgang ausgerechnet von dem Wahrnehmungsvollzug nimmt, der der libidinösen Besetzung am stärksten unterliegt: der visuelle. Die über Teiresias verhängte Blindheit kehrt bei Descartes als der Zweifel über das Vorhandensein körperlicher Augen beim Subjekt wieder:

. . . es ist sogar möglich, daß ich nicht einmal Augen habe, um damit etwas zu sehen; ganz und gar unmöglich aber ist es, daß ich, wenn ich sehe oder (was ich nicht länger als verschieden setze) wenn ich denke, daß ich sehe – daß Ich selbst, der ich denke, nicht etwas sei.

Mit diesem von mir *gedachten* Sehen gewinne ich die Unabhängigkeit von der Zudringlichkeit des Körperlichen, ohne dabei die *von mir* bestimmte Beziehung zu den Gegenständen aufgeben zu müssen, die durch das Sehen vorgegeben sind. In der Selbstvergewisserung darüber, daß mir die Entgegenständlichung immer und restlos gelingt, daß mir die Fähigkeit dazu grundsätzlich zur Verfügung steht, hebe ich selbst die Unbestimmtheit des Subjekts auf, d. h. ich bin, wenn ich mich sehend *denke*. Mir gelingt es also, den Blick, der mich von außen trifft und der mich als Subjekt vernichtet, auf meinen eigenen Blick, der auf mich selbst gerichtet ist, zurückzunehmen. Es ist jenes »ich sehe mich mich sehen«, durch das ich die außer mir sichtbare Welt als meine Vorstellung in *meine* Welt überführe, in der ich als Subjekt aufgehe. [21]

Mit diesem Rückzug an den immateriellen Ort, den Descartes ›Geist‹ nennt und der vom einzelnen Subjekt aus gesehen alles Körperliche aufnimmt wie ein unendlicher Mantel – der Mantel, den *ich* ausbreite und in dem ich die ganze Welt mit nach Hause nehme! –, gewinnt der Solipsist auch jene imaginäre Identität mit sich selbst *und* der Welt, aufgrund derer er getrost seine Isolation in der Stadt mit der Einsamkeit in der Natur gleichsetzen kann. Er ist auf diese künstliche Weise überall allein:

Ich gehe jeden Tag mitten im Wirrwarr einer großen Bevölkerung mit ebensoviel Ruhe und Freiheit spazieren, wie Sie es in Ihren Alleen tun würden . . . Selbst das Geräusch ihres Gewerbes unterbricht meine Träumereien nicht mehr, als das irgendeines Baches es tun würde. [22]

Das genau gelingt dem Rousseauschen Protagonisten nicht, nicht so sauber. Auch er spürt in Paris den Zwang, auf die Reize und Anmutungen aus der Serie der Blicke um ihn herum mit Reflexion zu reagieren. Allein, die Elidierung des für die Augen Vorhandenen durch dessen freizügige Falsifizierung gelingt ihm nicht, nicht restlos, nicht spannungslos:

Ebensowenig könnte man abwechselnd bald sehen, bald nachdenken, weil das Schauspiel fortgesetzte Aufmerksamkeit verlangt, die den Gedanken unterbricht . . . (Es) bliebe kein anderes Mittel, als sein Leben in zwei große Hälften zu teilen, die eine, um zu sehen, die andre, um zu denken. [23]

Was er nur noch denken möchte und wissen, kann er nicht umhin, auch zu sehen. Eins aber stört das andere. Die Eindrücke aus der Sphäre des visuell Wahrgenommenen lassen sich nicht in abstrakte Verstandesobjekte auflösen. Das Denken bleibt beeinträchtigt durch die Anfälligkeit des Gesichtssinns für die Sensationen von außen.

Descartes' esoterischer Wissensbegriff aus der Pionierzeit der Subjektphilosophie hatte es noch leichter, sich über ›die anderen‹ hinwegzusetzen, indem dieser mit seinem Wissen »über das, was das Volk weiß, hinauskommen will«. Wir erkennen auch das wieder als die Beziehung zum Erkenntnisgegenstand, die sich deren (und dessen) Einmaligkeit als ewige subjektive Wahrheit bewahrt: wie Aktaion, der sich der Initiation entzieht, die Integration in die Gruppe verweigert, die Einsamkeit als Schicksal wählt.

So perfekt das System auch ist – und es muß perfekt sein, wenn es seinen Zweck erfüllen soll –, an einer Stelle gibt es dann doch kurz einen Blick unter das Lindenblatt frei. (Es verhält sich damit wie mit Leonardos scheinbar bezugloser Skizze des binokularen Sehens neben dem geöffneten Uterus.) Ein Klümpchen Wachs, heißt es in den »Meditationen«, so könnte es erscheinen, »werde durch das Sehen des Auges, nicht aber durch die bloße Einsicht des Geistes erkannt«. Nachdem Descartes dies wie immer dementiert hat, verrät ein Stückchen weit die Sprache, daß auch der ›Geist‹ weiter neugierig die alte, kindliche Spur verfolgt:

Wenn ich aber das Wachsstück von seinen äußeren Formen unterscheide und ihm gleichsam die Kleider ausziehe, um es nackt zu betrachten, so kann ich es in der Tat nicht ohne den menschlichen Geist wahrnehmen . . .

Diese Art von Entblößung nimmt das Subjekt im stillen, nur ihm zugänglichen Kämmerlein seiner inneren Wahrnehmung vor, wo es mit dem Erkenntnisgegenstand allein ist und ungestört seinen »geistigen Scharfblick« auf ihn richten kann. [24]

8. Hand vor Augen: Der Prioritätsstreit der Sinne
Die Geschichte vom edlen Blinden

Die Augen brannten mir, und ich legte das Gesicht in die Hände.

Handke[1]

Das Auge als Blindenhund der Urteilskraft

Was veranlaßt einen ›singulären‹ Dichter wie Rimbaud, dessen Erscheinen einer Mutation gleichkommt, wenigstens in der Legende, zu schreiben:

Ich sage, daß es nottut, *Seher* zu sein, sich *sehend* zu machen. Der Dichter macht sich *sehend* durch eine lange, gewaltige und überlegte *Entregelung aller Sinne* (dérèglement de tous les sens).[2]

Das Derangement der fünf Sinne, anhaltendes Ergebnis unserer Zivilisationsgeschichte, als die Entdeckung, die Losung eines späten einzelnen, als das Augenblicksfanal einer Kunst, die über die Geschichte triumphiert! Die ›lange, gewaltige und überlegte Entregelung‹, sie hat die Dichter doch schon die ganze Zeit *sehend* gemacht.

Im Sehen(-wollen) ist eine Impulsivität, die sich über die Geschichte hinwegsetzt. Das heißt, sie wird zur jeweils individuellen Geschichte eines Sehens, dem ›lange, gewaltige, überlegte‹ Anstrengungen vorausgegangen sind, sich sehend *zu machen*, nicht etwa es *zu bleiben*: sonst würde man nicht zum *Seher*.

Die Herrschaft eines der fünf Sinne über die anderen blieb nie unwidersprochen, aber würde sie sich je aufheben lassen? Namentlich der Tastsinn trat in Konkurrenz zum Gesichtssinn. Sprach er weniger *für* die anderen, d. h. statt ihrer?

In Balzacs »Physiologie du marriage« steht ein überschwengliches Lob der Hand. Auf mehr als zwei Seiten ist aufgeführt, was vom Handauflegen bis zum Handstreich die Vorstellung mit dem Organ verbindet, »das unsere sinnlichen Erregungen am unmittelbarsten überträgt«. Der Tastsinn könne am besten die anderen Sinne ›vertreten‹, kein anderer aber diesen. Das Ganze wird abgehandelt in einem Kapitel über das gemeinsame Schlafzimmer der Eheleute. Der Autor versucht dem Ehemann den Schrecken darüber, jede Nacht vielleicht den Beischlaf ausüben zu müssen, mit dem Hinweis auf die Aufgaben, die die Hand statt dessen übernehmen könnte, auszureden. Die Hand wird in diesem Zusammenhang ein »Gynometer« genannt, und dem Ehemann wird empfohlen, es zu »machen wie die modernen Schriftsteller, die mehr Vorreden als Bücher produzieren«.[3]

Die einzelnen Sinne haben schon sehr früh das Gespräch miteinander über das Gesamtwollen des Subjekts hinweg eröffnet. Der substitionelle Charakter, der in ihrem Funktionswettstreit steckt, setzt den Partialismus des Individuums fort, das in der Gesellschaft nur mehr als dasjenige, das ›das Seinige tut‹, als Teil des Ganzen gefragt und konstituiert ist. Schon der sensus communis des Aristoteles war eine funktionalistische Synthese, ein innerer Sinn, der die äußeren Sinneswahrnehmungen überwachte, auswertete. Ein Zentrum, das die analytische Ergiebigkeit der einzelnen Sinnestätigkeiten koordinierte, steigerte.

Ein Streit will schon in der Antike nicht mehr enden, und er lebt im 18. Jahrhundert in neuer Weise auf, ob denn der Gesichtssinn wirklich so herrlich sei, wie Platon ihn geschildert, ob seine Überlegenheit es nicht gar mit sich bringe, daß das Subjekt in dem, was an ihm Instinkt, Empfindung, Impuls sei, zu kurz komme.

Epikur, der einflußreichste Platongegner in der Antike, hatte mit einer provokativen Borniertheit, die an die middle class-Ideologie der späteren englischen Empiristen erinnert, der Spekulation über den Stellenwert der Sinnesdata, die das Auge übermittelte, die Spitze zu nehmen versucht. Ob die Sonne so groß sei, wie man sie sehe, eine Scheibe von einem Fuß Durchmesser also, oder nicht, sei ihm gleichgültig. Er begnüge sich damit, wie etwas aussehe.[4]

Hier schon, auch noch bei diesem Anti-Moralisten, sollte uns auffallen, daß es offenbar um die Seelenruhe geht in diesem Streit, nicht um eine vom Subjekt unabhängige Wahrheit.

Die naturwissenschaftliche Richtung, der auch Platon seine Kenntnisse verdankte,[5] hatte die Erkenntnissouveränität der Sinne erschüttert. Doch wenigstens dem Gesichtssinn mochte eine Philosophie, die die Moral dem Wahrheitskriterium des reinen Naturforschers entgegensetzte – Anaxagoras hatte die Sonne bloß einen glühenden Steinhaufen genannt[6] – eine Sonderstellung nicht absprechen. Als Einfallsöffnung für die Informationspartikel von außen blieb das Auge noch vor dem Ohr das privilegierteste Sinnesorgan. Als eine Art Blindenhund der Urteilskraft begleitete der Gesichtssinn die Vernunft aus der Himmelskunde in die Moralphilosophie, durch Geometrie und Physiognomik, von der Erkenntnistheorie – zurück in die Poesie.

Hier regte sich gelegentlicher Widerspruch, kritische Einsicht. Shakespeare z. B. läßt das Auge spüren, was es denn gerade, dem empfindlichen Subjekt zuliebe, nicht spüren will:

But thou, contracted to thine own bright eyes,
Feed'st thy light's flame with self-substantial fuel,
Making a famine where abundance lies,
Thyself thy foe, to thy sweet self too cruel . . .[7]

Die Narzißmus-Vorhaltung in diesen Zeilen trifft zusammen mit der Beobachtung, daß der Blickende, vom eigenen Auge als Wahrnehmender eingeschränkt, eine gegebene Fülle sich in einen Mangel verfälsche. An einer anderen Stelle der Sonette, wo das Auge offenbar nicht einmal das offen Sichtbare wahrnimmt, wird dieser reduktive, ausblendende Gestus des Sehenden mit seiner Situation als Liebender in Verbindung gebracht:

Thou blind fool, Love, what dost thou to mine eyes,
That they behold, and see not what they see?

Daß gerade eine Philosophie, die in diesem Ausmaß die Moral zum Prüfstein der Erkenntnis bestimmt hat, wie der Platonismus, an der Besonderheit des Schautriebs und seiner Versiertheit für (selbst-betrügerische Sinnesdata-Manipulationen) festhielt, sollte uns hier erst einmal nur zu denken geben. Die Beliebtheit des Blindheitstopos andererseits nimmt von daher zu, von wo dem Gesichtssinn seine Kälte, seine Ausdrucks-Ataraxie zuwächst.

Mit den Fingerspitzen sehen (Rousseau)

Rousseau gibt uns immer wieder zu verstehen, daß Sehen ohne Fühlen ein Unding sei. (Wir sehen an dieser Stelle einmal davon ab, daß es das Unglück von Saint-Preux in »La Nouvelle Héloïse« ist, auf einer bestimmten Verbindung von Sehen und Gefühl zu bestehen.) Im »Emile« sind die Einlassungen zu diesem Thema weniger verwickelt, weil sie sich mehr an die Theorie halten:

Sosehr der Tastsinn seine Bestätigung auf die nächste Umgebung des Menschen beschränkt, sosehr erstreckt der Gesichtssinn die seinige über ihn hinaus. Dies macht sie trügerisch; mit einem Blick umfaßt der Mensch die Hälfte seines Gesichtskreises. Wie soll man sich bei dieser Menge gleichzeitiger Eindrücke und der Urteile, die sie hervorrufen, in keinem einzigen täuschen?

Deshalb gehören zu dem Erziehungsprogramm Emiles ausgedehnte Nachtübungen, um diesem zu zeigen, daß wir »die Hälfte des Lebens über blind« sind, nämlich nachts:

Indessen beobachten wir, daß die Blinden ein viel sicheres und viel feineres Gefühl haben als wir, weil der Gesichtssinn sie nicht führt und sie folglich gezwungen sind, einzig und allein mit dem ersteren Sinn die Urteile zu erlangen, die uns der andere verschafft.

Darauf fußt das Wahrnehmungstraining, durch das Emile »das Sehorgan dem Hörorgan unterwerfen« lernen soll. Dabei ist von der »Heftigkeit« des Gesichtssinns die Rede, die der Tastsinn »sozusagen zügeln« müsse. Außerdem:

Wieviel Seheindrücke kann man doch durch Tasten gewinnen, selbst ohne etwas zu berühren!

Wie wahr das ist, werden wir noch sehen. Der Erzieher (und Erzähler) resümiert, welches Konditionierungsziel er verfolgt.

Ich für mein Teil will lieber, daß Emile Augen an seinen Fingerspitzen als im Laden des Lichtziehers habe.

Er kommt darauf immer wieder und immer ausführlicher zurück, schließlich auch, um aus der Affinität zwischen visueller Wahrnehmung und Verstandesfunktion dem Gesichtssinn seine spezifische Kälte zu bescheinigen:

Weil das Sehen unter allen Sinnen derjenige ist, von dem man die Urteile des Geistes am wenigsten absondern kann, so braucht man viel Zeit, um sehen zu lernen. Man muß lange Zeit den Gesichtssinn mit dem Tastsinn verglichen haben, um den ersten dieser beiden Sinne daran zu gewöhnen, uns eine genaue Vorstellung von den Gestalten und Abständen zu geben.[8]

Dergleichen steht erst einmal in der Tradition der empiristischen Wahrnehmungstheorien des 18. Jahrhunderts, wie sie letztlich auf John Locke zurückgehen. Dieser hatte u. a. erklärt:

The *idea of solidity* we receive by our touch . . .,[9]

was hieß: Die Festigkeit der Körper erfahren wir *nur* durch die Berührung.

In Deutschland ist es Herder, der sich über die Kälte des Gesichtssinns beklagt. Er setzt ihn, im Rahmen seiner Überlegungen »Über den Ursprung der Sprache«, gegenüber dem Gehör herab, sieht ihn zu einseitig der Vernunft attachiert, während der »Mittelsinn« des Gehörs der eigentliche »Entwicklungssinn« des Menschen sei:

Wie schwürig würde es einem solchen Geschöpf (ganz Auge), wenn es doch Mensch sein sollte, das, was es sähe, zu benennen, das kalte Gesicht mit dem wärmeren Gefühl, mit dem ganzen Stamme der Menschheit zu verbinden![10]

In Frankreich ist Diderot ein entschiedener Verfechter des Empirismus. Zu verläßlichen Wahrnehmungsresultaten gelangen wir nach seiner Ansicht vor allem durch den Tastsinn. Über das Auge urteilt er:

Wie trügerisch wäre dieses Organ, wenn sein Urteil nicht unaufhörlich vom Gefühlssinn berichtigt würde![11]

Noch für Freud ist das Sehen vom Tasten nicht zu trennen.[12] Und Ernst Bloch faßt den philosophischen Streit zwischen Visualisten und Haptualisten zusammen, um sich dabei auf die Seite der letzteren zu schlagen:

Das nüchterne Denken hat daher Eindrücke des Tastsinns allemal lieber aufgenommen und verarbeitet als des Auges, gar des schwärmend und brechend gewordenen, das gefühlvoll verschleierten. Das Tastbare wirkt wirklicher.[13]

Daß der Sehvorgang selbst emotionslos ist, das machte den Gesichtssinn für Platon erst recht geeignet, sich den Erfordernissen der Vernunfterkenntnis anzupassen und sich dem Reflexionsverlauf ständig und unauffällig zu verbinden. Das Auftreffen des Sehstrahls auf einen Gegenstand, von Platon als ein Hineinschneiden in die körperlich aufgefaßte Lichtaussendung verstanden, ist von keinerlei Lust- oder Schmerzauslösungen begleitet.[14]
Dem attachiert sich die Beobachtung der anatomischen Besonderheit, daß nämlich der Augapfel selbst empfindungslos ist, ausgeschlossen von dem Warnnetz nervlicher Lust- und Unlustreize im menschlichen Körper. Die Idealisten und Moralisten haben dergleichen seit jeher dem Gesichtssinn gutgeschrieben. Für Kant brachte sich das Auge damit, wie wir sahen, der »reinen Anschauung ... näher«. Nicht anders verhält es sich nach Ansicht Hegels:

Das Gesicht ist der ideale Sinn, der das Objekt aus sich herauswirft, sich nur theoretisch verhält. Anschauen fängt mit dem Licht an; daher ist Anschauen, als geistiges Tun, Sichverhalten, dasselbe wie Erkennen.[15]

Das ›Herauswerfen‹ des Objekts – so deutlich bleibt Sprache auch noch bei diesem Weltmeister der Abstraktion das unversiegbare Ausdrucksmittel über die Bewegungen, die der Körper vorschreibt, und gegen die sich Verdrängung so nachvollziehbar wendet.
Mit dem gleichen Hinweis auf die Gefühlsgleichgültigkeit des Auges begründet auch Hegels Gegner Schopenhauer noch einmal die Überlegenheit des Gesichtssinns:

Denn das Sehen ist gar nicht, wie die Affektion der anderen Sinne, an sich, unmittelbar und durch seine sinnliche Wirkung, einer Annehmlichkeit oder Unannehmlichkeit der *Empfindung* im Organ fähig, d. h. es hat keine unmittelbare Verbindung mit dem Willen ...[16]

Der Schotte Thomas Reid weiß den kontinentalen Idealismus mit der divinatorischen Erkenntnislehre eines Berkeley zu verbinden:

Of the faculties called *the five senses,* sight is without doubt the noblest . . .
Yea, we are wont to express the manner of the divine knowledge by *seeing,*
as that kind of knowledge which is the most perfect in us.[17]

». . . möglich, daß ich nicht einmal Augen habe« (Descartes)

Noch unter den alltäglichsten Gelegenheiten kommen den meisten die beiden gängigen Antipoden, Auge und Hand, in den
Sinn:

Mein Herr,
ich habe mir die Hand vor Augen gehalten, um zu sehen (!), ob ich nicht
schliefe, als ich in Ihrem Brief las . . .[18]

Das schreibt z. B. Descartes und gibt damit zu erkennen, daß
auch für ihn eine Ebene existiert, auf der ihm das Zusammenspiel
von Hand und Auge unentbehrlich ist, ja, wo er sich zu einer Art
›ich sehe meine Hand, ergo sum‹ herbeiläßt. Sonst jedoch ist
auffällig, wie stark er sich zu allen mit dem Gesichtssinn verbundenen Problemen manisch hingezogen fühlt. Unablässig drängt
sein Forschen und Sinnen zu dem Punkt hin und über ihn hinaus,
an dem die Gesichtseindrücke Zweifel in ihm wecken. Diese
gehen soweit, daß er einmal sagen kann: »es ist sogar möglich,
daß ich nicht einmal Augen habe . . .«[19]
  Überhaupt ist vorherrschend bei der Lektüre aller seiner
Schriften der Eindruck einer unter dem Zwang der Wiederholung erfolgenden Unterminierung des durch den Körper Gegebenen. Seinen weltanschaulichen Gegner Gassendi, einen Mate-
rialisten, nennt er bezeichnend »Herr Fleisch«. Dennoch bleiben
seine theoretischen Erörterungen – und sicher nicht nur wegen
des bequemen metaphorischen Fundus – paradigmatisch an die
Vorgänge des körperlichen Sehens fixiert. In allen Beschreibun-
gen und Beispielen tritt eine Vorliebe für das Visuelle hervor, mit
einer Neigung zur distanten Beobachtung, der man die Erleichterung anmerkt, daß sie den Gegenstand aus der Nähe sinnlicher
Betroffenheit fernhält:

Wenn es Vergnügen bereitet, die Früchte in Ihren Obstgärten wachsen zu
sehen und bis zu den Augen im Überfluß zu stehen, so glauben Sie mir,
daß es wohl ebenso viel bedeutet, Schiffe hier ankommen zu sehen –

die uns mit einer anderen Cargo an einen anderen Surplus an diesem Brennpunkt des Tauschs erinnern sollen.

In Descartes' »La Dioptrique« heißt es vom Sehen u. a., es sei »der universellste und edelste Sinn«. Wir wissen, daß Descartes dem Gesichtssinn seinen Boden dann quasi nach der anderen Seite entzogen hat, indem er davon ausging, daß wir nur sind, wenn wir uns sehend *denken*. Zur Veranschaulichung der Unterscheidungskriterien zwischen geistigen und körperlichen Kräften darf der Gesichtssinn in einem Vergleich dann doch einmal die Rolle einer körperlosen Verrichtung *spielen*, wenn es etwa heißt, Körper und Geist seien so verschieden »wie Hand und Auge«.

An einer Stelle von »La Dioptrique« stoßen wir allerdings auf eine Passage, in der Descartes dem Gesichtssinn als dem am wenigsten entbehrlichen Sinn plötzlich nach jener Richtung hin seine Bedeutung abspricht, die wir später bei Diderot oder Rousseau erneut eingeschlagen finden:

Jemand ist nachts unterwegs und orientiert sich mit Hilfe seines Stocks. Er denkt daraufhin an die Blinden, die sich in ihrer dunklen Welt »so perfekt und exakt« auskennen, »daß man sozusagen behaupten könnte, daß sie mit den Händen sehen . . .«. [20]

›Mit den Händen sehen‹ – es gibt keine treffendere Umschreibung für das Paradies.

Die Geschichte vom edlen Blinden (Diderot)

Ist ein solches Beispiel auch gewählt, um Gesicht und Gefühl einander näherzubringen als Übermittler körperlich *bleibender* Daten, so eröffnet dergleichen dennoch die Diskussion über die Vorzüge von Erkenntnissen, die durch Berührungsreize zustande kommen. Ein militanter Vertreter dieser Richtung ist Diderot. Er läßt sogar die neue empiristische Wissenschaft in der Rolle eines Blinden auftreten – und behauptet damit ihre Überlegenheit. [21]

Immer wieder wird der Gesichtssinn, dieser »Mathematiker unter den Sinnen«, aus seiner dominierenden Position an der Spitze der Sinnenhierarchie verdrängt. Er erscheint entweder als der »oberflächlichste Sinn«, oder das Auge wird auf eine noch raffiniertere Art deklassiert:

Das Auge führt uns. Wir sind der Blinde, das Auge ist der Hund, der uns führt. [22]

Die Überlegenheit des Tastsinns kommt schließlich vor allem den Blinden zugute in all diesen Beweisführungen:

Diejenigen, die keine Augen haben, sehen mittels des Gefühlssinns. Ein hervorragender Gefühlssinn könnte alle anderen Sinne ersetzen. [23]

Diderots Schrift »Briefe über die Blinden« zeugt von einer ganz besonderen Neugier für die Erfahrungen der Blinden, und man sollte darin nicht überlesen, daß der Autor selbst diese Neugier einmal mit seiner Neigung zum Moralisieren in Verbindung bringt.

Daß der Blinde den Schönheitsbegriff der Sehenden nicht kennt, aber auch nicht entbehrt, ist für Diderot ein Argument, das er den Nachplapperern im Gefolge einer idealistischen Ästhetik triumphierend entgegenhält. Hierher gehört auch, was sich für ihn schon mit einer rhetorischen Frage erledigen läßt:

Was bedeuten übrigens für einen Blinden ausdruckslose Augen, lebhafte Augen, geistvolle Augen usw.?

Damit ist die ganze, in petrarkistischen Formen erweiterte Blicksprache zur Liebesweckung und Liebeszähmung an einen Blinden verschwendet. Um wieviel wichtiger sind für die Erfahrungen auf diesem Feld die Hände, insbesondere zur Bewahrung der in der Liebe empfangenen Eindrücke von früher:

Wie köstlich wäre es für einen Liebenden, der sehr zärtlich geliebt hat, seine Hände über Reize gleiten zu lassen, die er dabei wiedererkennen würde, da die Illusion, die bei den Blinden viel stärker wirken muß als bei den Sehenden, solche Reize wiederbeleben würde!

Und es folgt der bemerkenswerte Satz:

Vielleicht würde er auch um so weniger Trauer empfinden, je mehr Freude ihm diese Erinnerung bereitete.

Es ist in diesem Andeuten von Beziehungen zwischen Berührung und Wiedererinnerung, zwischen Blindheit und Wiederbelebung vergangener Berührungsreize; und es ist in der Anspielung auf die Abnahme der Trauer unter der Freude über ein ertastetes Echo auf die Zärtlichkeiten von einst das Programm eines eminent sehnsüchtigen dyadischen Sensualismus enthalten.

Das wird noch unterstrichen durch die Anmerkungen Diderots über die Moral der Blinden. Er stellt fest, daß ein Blinder durch Strafandrohung (z. B. durch ein »dunkles Verließ«) nicht zu schrecken sei, und wenig später kommt er zu der überraschenden Schlußfolgerung, »daß Blinde im allgemeinen inhumaner sind«. Das ist ein verblüffender Befund in einem Text, der zuerst von einem bestimmten einzelnen, dann aber durch ihn hindurch von allen Blinden überhaupt ein vorwiegend vorteilhaftes Bild zu zeichnen versucht. Doch kommt uns dabei ein Hinweis zu Hilfe, durch den der Blinde, indem er eine wesentliche Regung des vergesellschafteten Subjekts vermissen läßt, dem Wilden ähnlich wird:

Er legt nicht viel Wert auf Schamgefühl.

Tatsächlich muß dies als der eigentliche Grund für die Gesetzes- und Moralgleichgültigkeit der Blinden gelten. Wichtig dabei für uns ist, daß ein unmittelbarer Zusammenhang zwischen dem Mangel an körperlicher Scham, dem Mangel an Gesetzesfurcht und dem Mangel an Humanität hergestellt wird.

Ausgangspunkt bleibt die Abwesenheit jeglichen Schamgefühls. Der Nicht-Sehende ist auch als Gesehener quasi blind, blind für die gesellschaftlichen Ansprüche an sein Verhalten in der Öffentlichkeit, blind für den Blick des (der) anderen. Damit – und das beweist einmal mehr die Anfälligkeit des Auges für die Botschaft des Gesetzgebers – lebt er in einem Zustand der Gesetzlosigkeit, der dem Naturzustand gleichkommt:

Er sieht – wie er offen gesteht – nicht ein, warum man einen Körperteil mehr bedeckt als den anderen, und noch weniger, aus welcher Verrücktheit man dabei gerade den Teilen den Vorzug gibt, die wegen des häufigen Gebrauchs und wegen der Unpäßlichkeiten, denen sie unterworfen sind, eigentlich unbedeckt bleiben sollten.[24]

Ungenannt bleibt, welche Körperteile da angesprochen sind.

Daß *der* Wilde nicht in Samoa, sondern in jedem Unbewußten haust, macht ihn so beliebt im Zeitalter der Vernunft.

Wir denken bei der Erwähnung des »Auge-Hand-Feldes« gewiß zuerst an die anthropologischen Determinanten eines ursprünglich als gleichgewichtig anzunehmenden Verhältnisses, das sich historisch zugunsten des Auges, des Sehens, verschoben hat. Wenn man sagen kann, es diene der Tastsinn zur Vergewisserung von Nähe, wobei wir Distanzlosigkeit dabei in Kauf nehmen (»Im Tasten empfinden wir in eins uns und das Objekt«), dann ist damit die Sphäre angegeben, in der dieser Sinn vor allem zu Hause ist: in der des dyadischen Objekt- und Selbstvertrauens.[25]

Die Emanzipation des Sehens als eines Fernsinns entspricht also bis zu einem Grad der natürlichen Entwicklung, in der sich die frühkindliche, affektive Gleichsetzung von Innen und Außen in einem immer schärfer konturierten Gegenüber von Subjekt und Objekt verliert. Die Bedingungen der Visualität, den allmählich vorherrschenderen Erfahrungen der Distanz Rechnung tragend, könnten daher Erwachsensein und Menschwerdung im erweiterten Radius der Gesichtsorientierung gut aufgehoben erscheinen lassen.

Denn was ist unter entwicklungspsychologischen Zusammenhängen eigentlich Wahrheit und was Illusion? Soll auf die Dauer zählen, was für die Wahrnehmung des Säulings zwar bestimmend und wirklich war, was sich im Rückblick jedoch als eine – zumal zeitlich – beschränkte, ja irrtümliche Wiedergabe der Subjekt-Objekt-Realität erweisen muß? Täuscht uns nicht eher das *Gefühl*, das das Glück eines begrenzten, nur gewährten und daher nie gesicherten Berührungskontakts als Grundlage von Besitzansprüchen, wenn nicht gar als Seinsgrund des Lebendigen überhaupt mißversteht? Ist da der distante, abschätzende, vergleichende Modus des Sehens nicht vielleicht doch die *realistischere*, weniger täuschungsvolle, weniger illusionsanfällige Verkehrsweise zwischen den zwei so irritierend mobilen und zueinander unbestimmten Größen, wie Subjekt und Objekt es nun einmal sind, auch wenn er auf das Gefühl und seine Anforderungen aus dem Fundus des Erinnerlichen so wenig eingeht – oder gerade deshalb?

Wir wissen, für welchen Typus diese Wahrheit unannehmbar

ist, und ihm gilt ja unsere Chronologie der Erscheinungen des Entzugs von dieser Wahrheit hier. Sie muß allerdings auch davon etwas aufnehmen, wie wichtig es zur Ausbildung der spezifisch menschlichen Intelligenz einmal gewesen ist, daß Hand und Auge sich zur Arbeit an der Überlebenschance des Individuums und am Zustandekommen seiner Überform, der Geschichte, vereinten.

Die Anthropologie rechnet den Perspektivismus – schon aus der Angewohnheit des Um-sich-Blickens bei den sich aufrichtenden Hominiden – zu den ganz zeitigen Habitualisierungen der wahrnehmenden Gattung. Darüber hinaus ist nachvollziehbar, wie der von der Fortbewegung entlastete Gebrauch der Hand zu einem Zusammenspiel von haptischer und visueller Orientierung führte, wodurch der frühe Mensch zu einer immer differenzierteren zerebralen Steuerung und so schließlich zu einer besonderen Präzisierung der haptischen und visuellen Koordinierungsfähigkeiten, mit den entsprechenden Rückmeldungen ans Gehirn, gelangen konnte. [26]

Drei Finger sind keine Hand (Platon)

Wenn Platon daher in der »Politeia« das Trügerische und Unzulängliche des Verhältnisses der Sinne zueinander wie zu ihren Gegenständen demonstrieren läßt; wenn er hierzu ausgerechnet das Auge und die Finger einer Hand – die Hand also in dem, was an ihr das einzelne, was Teil, was das Nicht-Ganze und Nicht-Eine ist – gegeneinander ausspielt, dann wiederholt er auch an diesen beiden menschlichen Evolutionswerkzeugen jene Scheidung, die die griechische Polis ökonomisch und politisch auf ganzer gesellschaftlicher Breite vollzogen hatte: die Differenzierung nach geistigen und körperlichen Kräften, die Trennung von Kopf- und Handarbeit. [27]

Für Platon hätte das Ins-Spiel-Bringen der Finger eine Gelegenheit sein können, gegenüber dem Irrlichtern des Blicks und der Sprunghaftigkeit seiner Interessen gerade an ihnen die stets greifbare und griffbereite Verläßlichkeit des kunstfertigen Handwerkers herauszustellen. Das ist jedoch nicht der Sinn des Exempels. Auch im gewünschten Staat mochten die Handwerker das bleiben, was schon Demokrit »sprachbegabtes Gerät« genannt hatte. [28]

Platons Argumentation verläuft denn auch in eine andere, in die entgegengesetzte Richtung.

Zuerst scheint es, als wolle Sokrates seinem Gesprächspartner die Gesetze der Perspektive und die ihnen zugrundeliegende Erfahrung der relativen Abhängigkeit der Objekterscheinung vom jeweiligen Subjektstandort vor Augen führen. Doch diesmal geht es nicht um eine Kritik an der Skenographie und der von ihr abstammenden Illusionskunst in der Malerei.

Auch, was die Länge, Stärke und Farbe eines Fingers betrifft, so entstehen dabei keine Probleme für den Gesichtssinn – *das* aber gerade ist der Grund, seine Meriten in Zweifel zu ziehen,

denn durch alles dieses wird die Seele nicht aufgefordert, die Vernunft weiter zu fragen, was wohl ein Finger ist; denn nirgends hat ihnen derselbe Anblick gezeigt, daß ein Finger auch das Gegenteil von einem Finger ist. [29]

Uns interessiert an diesem Beispiel nicht so sehr seine Bedeutung als memorierfähige Struktur des Platonschen Transzendentalismus. Deutlich ist daran die Übereinstimmung mit der Tendenz bei Descartes, alle Wahrheit aus der körperlichen Region in den Geltungsbereich eines zahlenmäßig zu bestimmenden Proportionalismus zu verlegen, wobei Descartes noch weitergeht, indem er jede Vermischung, jede Teilhabe des Körperlichen am Geistigen leugnet.

Gemeinsam ist neben dieser Stoßrichtung der Ausgangspunkt: Ein ausgeprägtes theoretisches Interesse für die Eigenschaften des Gesichtssinn schlägt sich in der Doppelstatur eines Denkmodells nieder, das der visuellen Wahrnehmung beständig Erkenntnisgewißheit abspricht, das aber weiterhin negativ an die Modalitäten ihres Vollzugs fixiert bleibt und diese nach dem Gesetz der Isomorphie auf die Vernunfterkenntnis überträgt. Der psychohistorische Hintergrund für die Hartnäckigkeit dieser Struktur ist uns mittlerweile gegenwärtig. Hier bietet sich jetzt an, dem gegensätzlichen Verhältnis von Auge und Hand über den Aspekt ihrer verdienstvollen evolutionistischen Kooperative hinaus eine

Mitwirkung am Zustandekommen jener drangvollen Transzendenz nachzusagen und in ihr die Reflexion eines Beziehungstopos zu sehen, der sich zuvor auf der Stufe des Symbols schon seine notorische Unschuldsmiene zugelegt hat.

Die Hand als mütterliches Symbol

Unter den unerschöpflichen Requisiten des Mythos erscheint die Hand besonders häufig als »das Symbol aller Naturarbeit«, und insofern »wird die Hand das Bild der Mütterlichkeit, die allen Dingen in der Tiefe der Erde ihre kunstreiche Ausbildung, mit der sie hervortreten, verleiht«. Die Mitwirkung der Finger veranlaßt die Vorstellung, bei diesem am wenigsten ruhenden Teil des Körpers an den Vorgang der Zeugung, der »Fingergeburt«, der Schöpfung zu denken, und darin »auch das männliche, aktive Zeugungsprinzip« für die Symbolausgestaltung heranzuziehen. Geburt, Tod, aber auch phallische Fruchtbarkeit sind vereint in der Fünfzahl der Finger, der drei männlichen und der zwei weiblichen, die die Ehe, die Vereinigung, bedeuten.[30]

Bei Rousseau stoßen wir auf eine charakteristische Vignette, in der im Ensemble der Elemente, die den Naturzustand bezeichnen sollen, auch die Hände, hier als »Hände der Natur«, nicht fehlen:

Man kann nicht über die Sitten nachdenken, ohne sich gern des Bildes der Einfachheit der Urzeiten zu entsinnen: ein schönes, allein von den Händen der Natur geschmücktes Gelände, dem man ohne Unterlaß die Augen entgegengewandt hält, und man fühlt Trauer, daß man sich davon entfernt.[31]

Die ganze Wahrheit über das Glück der Menschen in ihrem sogenannten Natursein ist erst die, die den Blick auf das zum Tableau erstarrte Schöpfungsarrangement miteinbezieht. Als Spiegelung im Auge ist diese Natur die aus der Perspektive des Subjekts ästhetisch vergegenständlichte Gefühlserfahrung im Zusammenhang mit einem Körper, der für Tast- wie Gesichtssinn *gleichermaßen* verfügbar war, und der einmal die Welt bedeutete. Dieses geflügelte Wort trifft auch den theatralischen Charakter der Veranstaltung, die mit infantilem Ganzheitsanspruch an das Objekt der Erinnerung an einen Augenblick als das ewig verlorene Goldene Zeitalter der Menschheit inszeniert (oder scheint es nicht nur verborgen, vielleicht hinter den Kulissen?).

Im »Emile«, das ein Buch über Sozialisation ist, erscheint die Hand entsprechend sozialisiert. Der junge, wohlhabende Mann erlernt das Handwerk eines Tischlers. Glücklicher Staatsbürger werde er nur sein als Besitzer von Grund und Boden, den er mit eigenen Händen bearbeiten müsse, erklärt ihm sein Erzieher, denn er trage »seine Hilfsquellen in seinen Armen«. Sophie reicht Emile die Hand – doch da ist der Erzieher zur Stelle und untersagt den Bund, dem, wenn er zuletzt doch noch geschlossen wird, ein anderes Unterpfand Dauer verleihen soll: der Verzicht auf Unmittelbarkeit, der Verzicht auf Berührung.[32]

Nein, auch bei Rousseau kommen die fünf Sinne nicht wieder zu ihrem natürlichen Einklang. In seinen unermüdlichen Urteilen über ihr Verhältnis zueinander bezieht eine hergebrachte subjektivierte Partialität nur ihre zeitgemäßen Positionen. Auge und Hand, sie bleiben Teile, die in das Schweigen des Ganzen hineinsprechen: Rousseau lauscht auf ihren Dialog und hört die Laute einer Ursprache heraus, die das Echo eines Ganzen abgeben, dieses aber nicht sind.

In den »Confessions« steht davon ein wirklicher Rest. In dem melancholischen Schatten der Erwähnung von Geburt und Tod – Rousseaus Mutter starb bekanntlich bei dessen Geburt – bleibt er möglicherweise unauffällig. Da heißt es nämlich von Rousseaus Amme Jacqueline, daß sie noch lebe, »gesund und kräftig«, und der Autor fügt hinzu:

Die Hände, die mir die Augen bei meiner Geburt öffneten, werden sie mir bei meinem Tode schließen können.[33]

Wie stellt sich die Berührung der Augen durch die Hand zu Beginn und zum Ende des Lebens dieses ganz in den Spannungsbogen einer Sehnsucht von dyadischer Ausdauer und Ausschließlichkeit!

Denkt man ferner an die Symbolqualität des Auges als eines ins Sichtbare und Sehende versetzten Genitals – als dessen gesellschaftlich mögliche, weil metaphorisch verschleierte Form der

Entblößung –, dann wird man die herbeigewünschte Bewegung der Hand zum Auge, die Kurve zwischen Geburt und Tod, die Bewegung, die diese begleitet, nicht mißverstehen können. Daß für Rousseau der Mensch als Arbeiter der Hand der Erde sein Auskommen entnimmt, in diese aber nicht eindringen darf, er wäre denn »verblendet«,[34] das alles nimmt teil an der Bedeutung der Hand im obigen Sinne und wirft die Frage auf, ob denn nicht auch der Dialog, den Platon die beiden für die Bedeutungssuche so exponierten Körperteile aufnehmen läßt, ein Gespräch ist zwischen zwei erogenen Zonen, die sich auf der Stufe einer von Partialtrieben beherrschten Sexualität miteinander verständigen – und wenn: worüber?

Was ist das Gegenteil von einem Finger?

Platon läßt Sokrates in der »Politeia« drei Finger einer Hand in die Höhe strecken, um an ihnen die Unterminierung des Einklangs zwischen *allen* Fingern, die zusammen jene Aufhebung der Partialität ausdrücken, vorzunehmen.

Jeder, der mit Platons Philosophie einigermaßen vertraut ist, wird zugeben, daß das Beispiel vom Finger, der als sein Gegenteil erscheinen soll und dazu in das Licht der Vernunfterkenntnis gehalten werden muß, ein parabolisches Vehikel für die zentrale Problemstellung dieser Philosophie ist. Wir müssen hier nichts ›übersetzen‹, nur die Verkehrung des Fingers in sein Gegenteil – und was ist das Gegenteil eines Fingers? – unter den Gesetzen Beachtung schenken, auf die unser Wünschen im Urfeld der Sozialisationen gestoßen ist und die es sich, wie alles in diesem Stadium, einverleibt, d. h. verleiblicht, zum Bestandteil einer symbolischen Physiologie gemacht hat.

Penis, Vereinigung, Sehen – das ist immer schon die schiefliegende Beziehungsfigur, mit der das Subjekt am Unten und Oben zugleich teilhat und die als das Goldene Dreieck dem Platonischen Wiederholungsferment sein abstraktes Warenzeichen verliehen hat. Die Transformität als Entmischung, die Hinüberrettung der Substanz gravierendster Erfahrung in die einzelnen Elemente dieser Erfahrung, die Auflösung ihres traumatischen Zusammenhalts in das nüchterne Zahlenverhältnis von Teilen und ihre proportionalisierende Zusammenfassung zu einem Formganzen – das übersteht der Finger nur als sein Gegenteil, d. h. als seine Abwesenheit, seine jedoch für immer markierte Absenz, die die Konturen eines Phantoms, eines ideellen Signifikanten bewahrt: des Phallus.

Zu dieser Optik bedarf es allerdings eines entsprechenden Blicks, einer dematerialisierenden Sehweise, die ihren ›Appetit‹ weiter von der Schaulust bezieht, die sich aber vor dem Multi-Perspektivismus der lebendigen Anschauung in eine starre Gebärde von sich identifizierender Ausschließlichkeit rettet.

Haben wir damit auch gleich eine ›Erklärung‹ für Platons Abneigung gegen das perspektivische Sehen? Merkwürdig immerhin, daß Nietzsche, kurz bevor er einmal »das *Perspektivische*, die Grundbedingung allen Lebens« nennt, Platons Dogmatismus erwähnt – gleichsam als Grundbedingung aller philosophischen »Irrtümer«.

Ausgerechnet an einem Bettgestell versucht ja Platon das Unzulängliche der Kunst als die Relativität des in ihr eingenommenen Blickpunkts vorzuführen. Erinnern wir uns, welche Rolle das Bett bei der Herausbildung des unsichtbaren Gesetzes, dem sich alles im Kosmos zu unterwerfen hat, an anderer Stelle gespielt hatte!

Ein weiterer Anlaß, sich kritisch auf den Perspektivismus zu beziehen, ist die Skenographie, die Bühnenmalerei. Die Bühne – wie die Höhle, wo ebenfalls Platons Sehkritik ansetzt – ist dem dyadisch gestimmten und ödipal verstimmten Subjekt unheimlich, weil sich vor diesem im Querschnitt geöffneten Körper leicht zwiespältige Erinnerungen an verbotene Wünsche einstellen. Noch einmal: Will Platon mit seiner Kampagne gegen die Perspektive und gegen die Kunst, die ihr inzwischen huldigte, dem Sehen seine Promiskuität austreiben? Im Namen des Gesetzes des Vaters?

(Wir sollten uns von dem ›hohen‹ Ausdruck in den Rationalisierungen unserer geistigen Väter nie davon abbringen lassen, so ›niedere‹ Beweggründe für ihr Denken anzunehmen.)

9. Das Kleine im Großen
Emanzipation als Identifikation
Rousseaus »Emile«

Die Figur, die Rousseau wie ein zeitiger Analytiker den ganzen Prozeß menschheitlicher Fehlentwicklung stellvertretend als reversiblen wiederholen und so die kranke Seele der Zivilisation zugleich kritisieren wie als heilbare behandeln läßt, ist Emile.

In dem Roman mit diesem Titel geht es die ganze Zeit darum, daß einer sich etwas zu erhalten sucht, was er gezwungen ist, aufzugeben. Das Subjekt ist bereit, dem Zwang nachzugeben; doch nicht so, wie man einem Hindernis ausweicht, sondern indem es sich in die Bedingungen des Zwangs selbst einlebt, sich mit seinen Wünschen in sie einschleicht, einnistet.

Die Wünsche entsprechen dem Zwang formal, danach behalten sie ihre Richtung bei als formalisierte Wünsche. Das sind Wünsche, die man in ihrer Ausdauer, Hinterlist und Rücksichtslosigkeit nicht unterschätzen darf. Und wieder trifft sie daher der Zwang, weil sie ja das Verbotene nicht unterlassen, sondern umgehen; weil sie das Verbotene sogar von der einen sichtbaren und überprüfbaren Stelle verlegt und wie die Schmuggler ihre Konterbande über das ganze Einzugsgebiet des Begehrens verteilt haben; wobei sie ihm eine andere Gestalt, ein anderes spezifisches Gewicht, eine andere Eigenschaft in Raum und Zeit gegeben haben. Solche Scheinheiligkeit bleibt nicht ohne Folgen, sie ruft neuen Zwang auf den Plan. Das Subjekt, das sich längst mit dem Zwang aufs innigste verbunden hat, kann nicht anders als jeden Schritt in dieses Labyrinth hinein in doppelter Absicht, in doppelter Gestalt auszuführen, als Sünder und Priester zugleich, als Verbrecher und Polizist. Als Sohn und Vater. Balzacs große, labyrinthische Geschichte von Lucien und Vautrin überträgt diese innere Konstellation auf die Gesellschaft zurück und macht sie dort zum Bewegungsgesetz für den säkularisierten Kampf zwischen Gott und Teufel (die in der bürgerlichen Gesellschaft identisch geworden sind). Deswegen ist auch die Frage so schwer zu beantworten, wer in der Gesellschaft denn eigentlich Macht ausübt: »Nicht weil sie alles umfaßt, sondern weil sie von überall kommt, ist die Macht überall.«[1]

Denken, sagt Nietzsche, sei »nur ein Verhalten« der »Triebe zueinander«.[2] Dem wäre hinzuzufügen: der Partialtriebe. Diese benutzen für ihr ›Denken‹ vor allem die Epistemologie des Schautriebs. Denn der ahmt am perfektesten nach, was jenseits der Ordnung der Partialtriebe herrscht: die Repräsentation. Deswegen wird Emiles Erziehung auch nicht dabei stehenbleiben, die Gefühle des Zöglings zu wecken. Die Krönung seiner Ausbildung zum Staatsbürger wird sein, daß die Hand, wonach sie sich auch ausstreckt, sich dem Blick und seiner Kontrolle unterwirft.

Rousseau hat seinen Roman nicht geschrieben, um diese Tendenz eines Erziehungsverlaufs zu kritisieren. Dennoch: die Geschichte der realen Stadt, so sehr sie auch zur Herrschaft dieses Blicks beigetragen hat, ist *eine* Sache, Romangeschichte eine andere. Es interessieren uns gleichwohl die Berührungspunkte, aber sie interessieren uns natürlich als das Verhältnis zweier Codes. Ausgehend von dem Code, den einer, der schreibt, wählt, verfolgen wir darin den Selbstausdruck des Begehrens eines Subjekts in der Konfrontation mit dem allgemeinen, umfassenderen, älteren ›größeren‹ Code der Gesellschaft, wobei sich bald zeigt, daß diese Konfrontation ein Mythos ist, eine Attitüde beinahe; daß der ›kleinere‹, der individuell gefundene Code, auch wenn er abweicht in den Begründungen seines Sinns, ständig den größeren meint, braucht, will, bestätigt.

Wie wir wissen, gibt das Subjekt das Objekt nicht auf. Es nimmt in sein Begehren dazu das auf, was dem Trieb von außen entgegenwirkt, um sogar mit seiner Hilfe die ursprüngliche Richtung beibehalten zu können. Die Richtung geht daher immer vom kleinen auf den großen Code.

Niemand schreibt einen Roman, gar vom Umfang eines »Emile« (oder »La Nouvelle Héloïse«), der nicht etwas wollte von den anderen. Wichtig ist also nicht die Einsamkeit, die den Protagonisten darin nachgesagt oder gepredigt wird, wichtig ist die Überlagerung und Durchdringung der Codes. Das heißt: Wieviel entnimmt der Roman-Code dem Gesellschafts-Code, in der Absicht, in diesen einzudringen, ihn schließlich vielleicht sogar ganz verdrängen, ersetzen zu können? Mit welchen Elementen in dem Gemeinschafts-Code verbündet er sich zur Erreichung dieses Ziels? Feststeht, daß es den individuellen Code ohne den allgemeinen nicht gäbe. Feststeht, daß selbst im Roman die Bäume der Wünsche nicht in den Himmel wachsen. Aber wenigstens können sie da in die anderen hinein und durch sie hindurch ihr Wachstum fortsetzen.

Diese anderen assoziiert Emile bzw. sein Erzieher stets mit dem Gesetz. So wird das Gesetz, das gegen bestimmte Wünsche verhängt ist, zum Gesetz dieser Wünsche.

Im großen Garten der Gesetze (und also der Wünsche), im Staat endet denn auch Emiles so hoffnungsvoller Alleingang der Gefühle – an der Seite seines Erziehers, mit dem er am Schluß unverwechselbar ist und der in ihm, Emile, *sein* Ziel erreicht – oder ist es umgekehrt?

Die Stimme, die aus dem »Emile« unermüdlich an unser Ohr dringt, die stärker und hartnäckiger ist als die des Erziehers oder gar Emiles, läßt sich auch dazu vernehmen, was ein Buch zu sein hat. Das geht, scheint's, völlig an dem vorbei, was Emile eigentlich will:

Seine Aufgabe ist nicht, Bücher zu schreiben, und wenn er jemals eines schreibt, so wird es nicht geschehen, um den Gewaltigen seine Aufwartung zu machen, sondern die Rechte der Menschheit durchzusetzen.[3]

Hat man Emile wirklich so weit von seinen Wünschen entfernt?

Emiles Lebensgeschichte bis zur Heirat wird in der Weitläufigkeit eines immensen pädagogischen Labors vor uns entrollt. Aber die Weitläufigkeit gilt nicht der Bewegungsfreiheit des Zöglings, sondern dem nachdrücklichen Echo der Stimme. Sie ist mit der des Erziehers weitgehend identisch, aber doch so, wie Freud einmal sagt, als er von der Identifizierung spricht, daß das »Über-Ich des Kindes eigentlich nicht nach dem Vorbild der Eltern, sondern des elterlichen Über-Ichs aufgebaut« wird.[4] Es ist bezeichnend, daß Emile nicht von seinen Eltern erzogen wird, sondern von einem Fremden. Er ist gleich direkt beim Über-Ich der Eltern in Pflege gegeben:

Ich betrachte Emile als Waise, wenn er auch noch Vater und Mutter hat,

bekennt der Erzieher zu Beginn des Romans.[5]

Emiles ungesetzliches Ebenbild, der ›Tyrann‹, der seiner Passion unrettbar ausgeliefert ist und folglich leer ausgehen muß, ist Saint-Preux in »La Nouvelle Héloïse«. Insofern verhält sich Saint-Preux zu Emile wie Werther zu Wilhelm Meister. Saint-Preux' Liebe zu Julie, die äußerlich an den gesellschaftlichen Schranken des Standesunterschiedes scheitert, wiederholt in ihrem emotionalen Ausdruck vollständig die Akte eines klassischen Dramas inzestuöser Leidenschaft.

Erfüllung findet diese Liebe im Tod der Geliebten. Der Liebhaber wird sich im Himmel mit der Toten wiedersehen. Auf der Erde entspricht dem die Aufnahme Saint-Preux' in die Familie der Verstorbenen. Ist dieser Platz in der Familie Trost und Ersatz für die körperlich unerfüllte Liebe eines umgedrehten Hippolyt? Oder ist in einer Familie nicht Platz für zwei, die Sohn und Mutter so ähnlich sind, weil ihr Verhältnis auf einer Zuneigung beruht, die mit der Funktion der Familie unvereinbar ist?

Wenn die Geschichte von »La Nouvelle Héloïse« Rousseaus eigenes Schicksal – das mutterlose Kind in einer durch Männer ›verunsicherten‹ Restfamilie – im wesentlichen nachspielt, dann wertet es eine glücklose Kindheit in das Verhältnis um, in dem ein junger Mann zu seiner Geliebten unglücklich ist. Diese ist zwar Mutter, aber nicht seine, und doch benimmt er sich, als wäre sie es. Julie erwidert seine Zuneigung, aber sie hält ihn auch von sich fern. Als er schließlich, nun Gefährte ihrer Kinder und Dialogpartner ihres Mannes, in ihrer Nähe leben darf, da geschieht das nur, damit ihr zum Tode führendes Leiden seinen brennend auf sie gerichteten Blicken unentwegt gestehen kann, daß sie um seinetwillen stirbt. Es gibt auch keine wirkliche Todesursache, nur die Wünsche dieses gebannten Zuschauers.

Und doch wird die ganze Zeit über auch deutlich, wie wohl er sich nicht bloß in ihrer Nähe, sondern im Ambiente ihres äußeren Status, unter den sozialen Zuständen ihres Lebens als verheiratete Frau und gehorsame Tochter, fühlt. Beinahe unabhängig von ihr, aber eben doch im Medium der Verschmelzung ihrer weiblichen Ausstrahlung mit der Kultur eines gesellschaftskonformen Hauswesens, entwickelt er in Clarens so etwas wie Heimatgefühle.

Die stehende Redensart, die Saint-Preux, dieser einzige von

der Bühne ausgeschlossene Mitspieler der Tragödie ständig im Munde führt, lautet, daß Sehen und Fühlen zusammengehören. Für ihn ja, für de Wolmar bekanntlich nicht.

Das trifft sich ›glücklich‹ mit der Auffassung Julies. Auch sie zieht sich nach ihrem »Opfer« auf die Ebene der Korrespondenz zwischen Blick und Emotion zurück. Ihre vielen Tränen sprechen hierbei eine deutlich weibliche Sprache. Schlüsselerlebnis ist für sie die Heirat mit de Wolmar gewesen. Als sie nach der Hochzeit erstmals an Saint-Preux schreibt, ist sie eine andere geworden. Die Eheschließung hat ihre sündigen Neigungen – sie hat sich schon als »Dirne« gesehen – gewandelt, ohne sie zu beseitigen. Sie hat sich ihrem Vater, der das Gesetz des Gesellschaftlichen geltend gemacht hat, unterworfen, nun ist sie ›frei‹:

Ich will treu sein, weil dies die erste Pflicht ist, welche die Familie und die ganze Gesellschaft zusammenhält.[6]

Eine »Donnerstimme« hat sie noch kurz vor dem »Untergang« erreicht und zurückgerissen. Auch die Hand ist ihr erschienen, die die Augen öffnet für den Blick, der nichts mehr so sieht, wie es – ist:

Ich sehe es, ich empfinde es; die hilfreiche Hand, die mich durch die Finsternisse geführt hat, ist dieselbe, die vor meinen Augen den Schleier des Irrtums wegzieht und mich wider meinen Willen mir selbst zurückgibt.[7]

›Wider meinen Willen‹ – das bleibt von ihrem/seinem Verlangen.

Man wird dies als Folie, die dem Geschehen im »Emile« unterlegt ist, im Auge haben müssen. Saint-Preux, ohne eine Erziehung bis auf die, die ihm die Geliebte, als es schon zu spät ist, zuteil werden läßt, überlebt zwar (im Gegensatz zu Werther), aber mit der Geliebten wird er erst im Jenseits vereint sein. Gab es nicht eine Möglichkeit, dieses Jenseits schon im Diesseits stattfinden zu lassen?

Emile wird durch einen, vom Erzieher bewußt eingesetzten, Schock davon abgebracht, sein Geschick von seinen Gefühlen zu Sophie und – das wird wörtlich gesagt – von ihrer Sterblichkeit abhängig zu machen. Dennoch, oder so erst, wird er sich mit Sophie zuletzt verbinden zur Ehe. Am Schluß sind, was der Erzieher will und was Emile will, eins geworden. Gesellschaftliches Ziel und Liebesziel sind identisch. An die Stelle der tyrannischen Leidenschaft, die keinen Unterschied macht zwischen Mutter und Geliebter, ist der Vertrag getreten. Er schließt Emile nicht aus (wie noch Saint-Preux), sondern als Vertragspartner ein. Emile bekommt seine Geliebte, aber unter der Bedingung, daß er sie aus den Händen des Gesetzgebers noch einmal in Empfang nimmt.

Rousseau sorgt dafür, daß wir uns das Mitleid mit Emile ersparen können. Denn der Gesetzgeber ist in diesem Fall – Emile selbst:

wie ein jeder Mensch, der dem Souverän gehorcht, nur sich selbst gehorcht.[8]

Der Souverän ist bekanntlich die Summe der Einzelwillen im Staat, der »allgemeine Wille«, das Volk. Eine Regierung, auch die eines Königs, hat sich ihm zu unterwerfen. Gesetz ist die verbindliche Anordnung, die von diesem ›allgemeinen Willen‹ ausgeht und sich »auf alle Glieder des Staates gleichermaßen bezieht«. (Man sieht, Hermes ist immer noch weiter unterwegs.) Wenn daher das Individuum »sozusagen mit sich selbst einen Vertrag schließt«,[9] bleibt es »sein eigener Richter«, sein eigener Herr:

Da sich die einzelnen Personen nur dem Souverän unterworfen haben und die souveräne Gewalt nichts anderes ist als der allgemeine Wille, werden wir sehen, wie ein jeder Mensch, der dem Souverän gehorcht, nur sich selbst gehorcht, und daß er im Gesellschaftsvertrag freier ist als im Stand der Natur.[10]

Worin denn besteht diese größere Freiheit? Nach wie vor sehen wir den Bürger zu seinesgleichen lediglich durch die Vermittlung eines »mittleren Körpers« in Beziehung treten, und das heißt, unter den Bedingungen des Sozialvertrags, mit sich selbst. Der einzelne erscheint als Vertragspartner des Staates auch für Rousseau in doppelter Gestalt,

nämlich als Glied des Souveräns gegenüber den einzelnen Personen und als Glied des Staates gegenüber dem Souverän.[11]

In den »Considérations sur le Gouvernement de Pologne« (1772) gibt Rousseau eine begeisterte Beschreibung dieser Wiedergeburt des Individuums als Staatsbürger. Dabei stellt er auch die Beziehung zwischen Erziehung und Staatsbürgerbewußtsein her:

Wenn man sie (die Menschen, J. M.) z. B. rechtzeitig darin übt, ihr Individuum nur durch seine Beziehungen zum Staatskörper zu betrachten und ihre eigene Existenz gleichsam nur als einen Teil der seinen zu erfassen, dann könnten sie dazu kommen, sich in gewisser Weise mit dem größeren Ganzen zu identifizieren, und sich als Glieder des Vaterlandes (membres de la patrie) zu fühlen und es mit jenem köstlichen Gefühl zu lieben, das jeder isolierte Mensch nur für sich selbst hat, und ihre Seele ständig zu diesem großen Gegenstand zu erheben und derart jene gefährliche Disposition (der Selbstsucht, J. M.), aus der alle unsere Laster hervorgehen, in eine hohe Tugend verwandeln. [12]

So geht, wie Iring Fetscher bemerkt, die Liebe zum Vaterland »auf eine – allerdings höhere Form – der Selbstliebe zurück«. [13]

Wir müssen hier nicht noch einmal der historischen Legende entgegentreten, Rousseau habe eine Rückkehr der Menschheit zum Naturzustand gefordert. Das ist zur Korrektur einer verbreiteten Meinung über die Substanz der Gesellschaftskritik dieses Philosophen schon anderswo deutlich geschehen. Uns interessiert auch mehr die Substanz eines Verhältnisses zwischen Individuum und Staat, in dem ein einzelner seinen Narzißmus, seine »Selbstliebe«, auf den »politischen Körper« überträgt. Vielleicht kommen wir der historischen Natur dieses Verhältnisses ja näher, wenn wir nur erst der Natur dieses einzelnen nahe genug gekommen sind.

Betrachten wir es einmal nüchtern: Eine Intersubjektivität, die auf Konvention beruht, wird von Rousseau zum freiwilligen, zum bewußten und gewollten Akt stilisiert, zu einem Vertragsabschluß, den nur einander Gleiche vornehmen können. Jedes Moment des dem einzelnen Übergeordneten wird diesem Akt unterworfen, Könige oder Beamte haben dem Volkssouverän, dem Kollektiv der Gleichen, zu dienen.

Natürlich gibt es hierfür historische Gründe, den Einfluß der Stunde auf die Rütli-Stimmung unter den »Gliedern der *Bürgerschaft*/membres de la *cité*«. [14] Doch was besagt der Vertrag denn, den Rousseau ihnen zur Unterschrift entwirft: Als lauter subjektive Partialitäten fordern die ›Glieder‹ darin für ihren Status, der der von Einzelposten in der Summe verschiedener Funktionen in einem Ganzen, dem Staat, ist, eine Verfassung: Das heißt, sie wollen nicht nur als Teile eines Ganzen betrachtet und behandelt werden, *sie wollen sich selbst auch so betrachten und behandeln dürfen.* Dazu wird ihnen, so verschieden ihre Stellung, ihre Funktion auch sei, ein Gemeinsames unterstellt: daß sie vor allem ein Interesse an sich selbst haben, ihre Selbstliebe.

Nach dieser Unterstellung wird, was allen damit gerade erst als die Schuld des Staates ausgezahlt worden ist, gleich wieder einkassiert. Dieser Einzug wird patriotisch motiviert. Die noch ›höhere‹ Liebe als die Selbstliebe ist die zum Vaterland, sie ist wenigstens »hundertmal lebendiger und köstlicher als die zu einer Mätresse«. [15] Mätressen sind typische Objekte der Liebeswahl für adlige Subjekte. Will Rousseau die Vorherrschaft des Adels denn im Bett brechen und nicht im Staat?

Veranschaulichen wir uns den Hergang ruhig weiter historisch unterm Gesichtspunkt der Gunst des Augenblicks. Das Individuum, das mit Rousseau die Nase in die Luft hob, witterte im politischen Wind, daß etwas heraufzog: die (formale) Freiheit-Gleichheit aller Wunschsubjekte. Das bedeutete für die bürgerliche Version des Subjekts unter den Bedingungen des ancien régime erst einmal: die Freiheit des eigenen Wunschsubjekts (und nicht weiter immer nur die des privilegierten, adligen).

Bevor jedoch diese Freiheit in der politischen Realität anbricht, schreibt Rousseau seinen »Discours sur l'Origine de l'Inégalité parmi les Hommes«, den »Contrat social«, den »Emile«. Darin beeilt sich einer, der aus einer Republik, aus Genf, kommt (wo, wie er selbst klagt, etwas zu viel aufs Geld, auf Profit, geachtet wird), dem Kauderwelsch der Wünsche eine gemeinsame Sprache zu stiften, in der jene Wünsche zu ihrer Grammatik kommen:

Die Selbstliebe ist stets gut und der Ordnung gemäß.

Man kann auf einmal syntagmatisch »Liebe und Ordnung« sagen, bald darauf sogar »Liebe zur Ordnung«. Und Rousseau setzt den Preis, den Ordnung verlangt, in der neuen Währung des Individuums fest, was so viel heißt wie: dieses soll *selbst* die Ordnung verlangen. [16]

Da haben wir die Autonomie des Bürgers.

Wir bekennen uns hier ja nicht zu der Vornehmheit des Wissenschaftlers, der – als Geste an die Götter? – einen weißen Fleck läßt in jeder seiner Untersuchungen, an den er, wenn er Literaturwissenschaftler ist, meistens den Autor des untersuchten Werks plaziert. Deswegen erkennen wir, wie Rousseau an einem bestimmten historischen Punkt, an der Schwelle einer auch im Politischen dominant werdenden bürgerlichen Kultur und, zumindest geistig, von einem ihrer Vorposten her, in den Eifer des Schreibenden verfällt, ein Vorfall, der, unter Brüdern, d. h. unter ›Gleichen‹, seine eigene Untersuchung wert ist. Sein Elan ist der eines Gesetzgebers, eines Solon, der sein Werk vom Ende her, von seiner Dichterberufung aus, in Gang setzt, aber das ist, wie wir sahen, keine Opposition, die in einem bestimmten Diskurs sich nicht aufhöbe. Sein Fall ist vergleichbar dem eines Platon, der seine »Politeia« verfaßte und der in seinem ganzen übrigen Werk den Gedankengang, den er darin verfolgt, nur immer weiter ausfächern, nur immer wieder den Bedingungen des Mediums der Überzeugung, dem Dialog, unterwerfen würde.

Wie immer sind Übergangszeiten, Perioden mit Schwellencharakter – für Platon gilt ja dasselbe, er steht nicht zuletzt am Beginn eines ganz neuen Naturverständnisses – Entwürfen in dieser Intensität und Massivität der *Wiederholung* günstig. Historisch entspringen sie der Unsicherheit schwächer gewordener Ordnungsvorstellungen und sind eine Antwort auf sie. Wer aber gibt diese Antwort, wer ist prädestiniert, sie zu geben?

Gewiß jemand, der die ›Schwäche‹ des Zeitalters auf der Ebene seiner psychischen Statur reproduziert, den eine analoge Unsicherheit im Hinblick auf sein Selbstwertgefühl charakterisiert, der, wenn er spricht, für viele, vielleicht für die Epoche spricht. Warum redet er dann stets als Einsamer, wenn er doch nur einer von vielen ist?

Wir müssen Rousseau dankbar sein – wie hätte er aber auch anders können –, daß er uns den »Emile« hinterlassen hat. So kennen wir nicht nur die Statuten, wir erleben auch ihre Ausführung. Im Roman wird beides zur Einheit, wird beides lebendig. Für die Person des Autors gilt dabei, was auch schon für Platon galt: Er ist unsichtbar, erscheint aber in der Inkarnierung jener staatsbürgerlichen Doppelgestalt als Emile und sein Erzieher (wie Platon sich von Sokrates und seinen Dialogpartnern inkarnieren ließ). Die Situation ist gegenüber der von Platon dargestellten also einseitiger, enger, aber auch intimer, intensiver.

Der Autor, ein Gesetzgeber also, der die Eigenschaften eines unsichtbaren Gottes annimmt!

Erzähler ist im Roman der Erzieher. Er wendet sich in *Ich*-Form an den Leser, manchmal redet er ihn an, meistens an ihn hin. Die dialektische Posse, die Sokrates mit seinen Gesprächspartnern aufführt, ist ein echter Dialog im Vergleich mit dem, was sich zwischen Emile und seinem Erzieher abspielt. Immerhin berücksichtigt die Konstellation, daß zur Indoktrination wenigstens zwei gehören. Damit ist die Einsamkeits-Floskel, auch wenn sie im Verlaufe des Romans weiter Verwendung findet, unglaubwürdig geworden. (Woher stammte denn auch sonst die Unausweichlichkeit des Romans, der nach den Traktaten geschrieben wurde.)

Der Erzieher spricht stets im Namen des »allgemeinen Willens«, er tut dies, wie gesagt, über Emile hinweg, der immerhin den Einzelwillen darstellt im Sinne eines pars pro toto, der also den Gesamtwillen des Souveräns *vertritt*. Und er spricht die ganze Zeit. Emile selbst bleibt stumm.

Als er dann endlich ›seine‹ Sprache gefunden hat, hat er eigentlich nur gelernt, »Vater« zu sagen.

Bis dahin, wenn im Roman der Väter gedacht wurde, geschah dies im Hinblick auf das Prekäre jeder Beziehung zu ihnen. Nicht als der »natürliche« Sohn eines im Lande ansässigen Staatsbürgers z. B. tritt Emile als dessen Nachfolger in den Vertrag ein, im »Alter der Vernunft« angekommen, hat er das Recht, den Vertrag zu kündigen oder sein Angebot anzunehmen, und sei es stillschweigend:

Er erwirbt das Recht, seinem Vaterlande genauso zu entsagen wie seinem väterlichen Erbe.

Hervorgehoben wird, daß das Volk *vor* dem König dagewesen sei, diese also nicht seine *Väter* sind. Auch das Gottesgnadentum erscheint als eine Usurpation und nicht als natürliche Erbfolge, die auf einen ersten Vater, den Schöpfer und Beherrscher der kosmischen Urszene, zurückgeht. Die Herrscher der Völker sind alles falsche Väter, in Wahrheit die ältesten Brüder, die sich die Vaterrolle angemaßt haben. So sei es fraglich, gibt der Erzähler zu bedenken,

ob die Kinder nach des Vaters Tod gehalten sind, ihrem ältesten Bruder oder irgendeinem anderen zu gehorchen, der für sie nicht die natürliche Zuneigung des Vaters haben wird.[17]

Emile legt auf das geerbte väterliche Vermögen keinen Wert. Geld erscheint als Substitut sowohl für die Zuneigung der Eltern wie für die eigene Arbeit zur Lebenserhaltung.

Das Reglement, dem Emile sich dann bei seinem Erzieher unterwirft, ist ihm durch keinerlei blutsverwandtschaftliche Fessel angeschmiedet, und ist doch strenger und unausweichlicher als jedes, das einer Bindung an die eigene Familie entspringt. Die Beziehung Emiles zu seinem Erzieher ist einerseits die zu einem Fremden, andererseits beruht sie auf Vertrauen, ja, Liebe. Sie umgeht also die Zudringlichkeiten aus den frühkindlichen Reminiszenzen mit den sie begleitenden Realängsten, behält aber mit der »Neuschöpfung einer überlegenen Instanz im Ich«, wie Freud lehrt, die innige Verknüpfung zu den Elternimagines, wie sie sich unter dem »Schicksal des Ödipuskomplexes« eingestellt hat, als Identifizierung bei. Diese habe man, schreibt Freud, »nicht unpassend mit der oralen, kannibalistischen Einverleibung der fremden Person verglichen«.[18]

Machen wir gleich darauf aufmerksam, daß jemand, der schreibt, sich nicht unähnlich verhält – daß Schreiben immer ein der Identifizierung naher Vorgang ist. Der Schreibende strebt darin »nach einer totalen Aggressivität und Teilnahme«, wie Julia Kristeva es formuliert hat, und es erweist sich der Schreibprozeß dabei als ein »zur Tätigkeit gewordenes Lesen«; dieses wiederum ist, auch etymologisch, ableitbar aus einer besonders gierigen, besitzergreifenden, introjizierenden Form des *Sehens*.[19]

So begleitet uns auch in diese Überlegungen hinein das Verhältnis von Hand und Auge; einer Hand, die sich den Bedingungen des Auges unterwirft beim Schreiben.

Von Emile wird jedoch gesagt, daß er wahrscheinlich nicht zu schreiben gedenke, und wenn, dann nicht, um sich mit den Mächtigen zu identifizieren. Er hat, am Beispiel der Blinden, mit den Fingerspitzen sehen gelernt. Den Part des Auges, das sich »vom Urteil des Geistes am wenigsten trennen« kann, wie es hieß, hat der Erzieher übernommen.

So sei jedenfalls »viel gewisser, daß der Sohn sich selbst liebt, als es gewiß sei, daß der Vater den Sohn liebt«: In diesem Satz hatte Emiles Mentor den Köder ausgelegt für seinen Zögling, der der Beseitigung aller Spuren von einer selbständigen Existenz des leiblichen Vaters innerlich erst zustimmen (die Spuren der kannibalistischen Mahlzeit tilgen) mußte, bis jener behaupten kann:

Ich bin Emiles wahrer Vater, ich habe ihn zum Menschen gemacht. [20]

Hier regt sich nun unabweisbar ein Verdacht, die auffallende Stummheit Emiles betreffend: Was verschweigt er uns eigentlich? Ist es nicht das Interesse des Infanten, die lebendige Vergangenheit ruhen zu lassen, den Vater als Person zu vergessen, den Eigenschaften des Vaters aber eine Zukunftsform zu geben, und wer, wenn nicht Emile selbst, ist denn diese Zukunftsform? Der Roman spricht von einer Wiedergeburt und führt an, jeder werde ja gleich zweimal geboren, »einmal zum Dasein und das andere Mal zum Leben«. Der Sohn verlebendigt das, was vor ihm schon da war und was durch den Tod des Vaters ihm zusteht. [21]

Es ist ein großer Augenblick im Leben des Heranwachsenden, wenn er dazu übergeht, sich selbst als die Zukunft des Vaters zu denken, ohne dessen Anwesenheit, aber dafür möglichst in der Inkarnation des universellen Gesetzes (wie er es als Kind im Vater verkörpert erlebte); möglichst in der Gestalt des künstlerischen Produzenten unendlicher, zeitloser Gegenstände (wie sich das Kind die Zeugung ohne Hinzunahme der – bei ihm ja noch nicht gegebenen – geschlechtlichen Voraussetzungen symbolisierte). Es ist die Zukunft als die Zukunft des Kindes, die Vorwärtsprojektion dessen, was gerade Vergangenheit geworden ist.

Es ist, wie man schon daraus sieht, ein Augenblick auch der großen Täuschungen. Dennoch ist die Größe der Empfindungen zu diesem Zeitpunkt wohl insgeheim das Sujet aller Literatur, letztlich auch der, die ihr Thema nicht in so machtvoller Sinnfälligkeit betreut, in der z. B. ein (lebender) Dante von einem (toten) Vergil bis ans Paradies heran-, aber nicht hinein*geführt* wird. Wie kam dem doch gelegen, daß jener Heide war und von den höchsten Beglückungen, die die christliche Kirche verhieß, ausgeschlossen bleiben mußte! Eine mutige Geste hin zur Antike und das Bekenntnis zu einer literarischen Vatergestalt berücksichtigen und befriedigen zugleich den Ausschließlichkeitsanspruch des Sohnes auf das *eine* Objekt, das *beide* wollen, und verkündet im Hinweis auf Abhängigkeit und Dankbarkeit die eigene Superiorität und Einmaligkeit. So tief reicht die Täuschung in das Subjekt hinein, oder ragt aus ihm heraus; so konstituierend ist sie als unverzichtbares Element seiner Ich-Strategien; so unauffällig geht sie in allen seinen Symbolisierungen und Rationalisierungen auf – und da beschwört die Dante-Forschung weiter die Aufrichtigkeit der Tränen, mit denen der neugierige Jenseitswanderer die Höllenqualen lauter namhafter Verstorbener kommentiert (als ob es darum ginge!). [22]

Das eine entwertet das andere nicht, es sind einfach die üblichen zwei Texte in einem.

Erstaunlich ist immerhin, wie ein Fremder in einem Buch, das Emile gewidmet ist – und das auch so heißt –, eigentlich die Hauptrolle spielen kann. Sich das zu erklären, macht nicht einfacher, scheint es, daß Emile sich zuletzt als sein »Kind« bezeichnet. [23] Nach so vielen negativen Sohn-Vater-Abschattierungen ist das ›positiv‹ gemeint. Wir wissen ja inzwischen, wie die Psyche die Verhältnisse, die für die äußere Wahrnehmung als die ›natürlichen‹ gelten, auf den Kopf stellt. Wir werden vielleicht am Ende daraus auf die ›Natur‹ dieses ominösen, im Roman omnipräsenten Fremden schließen können, wenn wir erst wissen, warum er nicht unter den falschen Vätern erscheint, d. h. den sich die Vaterrolle anmaßenden älteren Brüdern.

Interessant ist, wann Emile zum ersten Mal das Wort »Vater« über die Lippen bringt. Nach einer zweijährigen Reise, die der Erzieher zur Veranschaulichung seiner Staatsbürgerkunde angeordnet hatte, bittet Emile, kaum zurückgekehrt, seinen Mentor: »So kommen Sie also, geben Sie mir Sophie . . .« Kurz davor hat er sein erstes »mein Vater« artikuliert.

Als Hauptzweck der Reise wird genannt, daß Emile, der bis dahin ja nur zum Fühlen angehalten worden ist, ›sehen und beobachten‹ sollte. [24] Es ist dies die Wahrnehmungsebene des

Staatsbürgers, die Empfänglichkeit des Auges für die Botschaften des Gesetzes verbürgt eine Wiedergeburt in diesen. Noch nicht lange, da hatte Emile sich erst in Sophie verliebt, eine ebenfalls vom Erzieher gewollte und herbeigeführte Anbahnung, die er mit der Ankündigung seines Reiseplans abrupt unterbricht: Wie hätte er eine bestimmte Krankheit kurieren können, bevor sie noch ausgebrochen war.

Wir haben den Jüngling dann unter den endlosen Vorlesungen seines Lehrers über das Staatsrecht kaum noch bemerkt. Nur einmal wurde eine rhetorische Brücke zu ihm hin geschlagen, noch dazu im Konjunktiv (den Vortragenden *würde* es nicht verwundern, *würde* sein einziger Zuhörer ihn unterbrechen!), weil es Emile so scheinen könnte, daß jener das Staatsgebäude allzusehr aus dem »Holz« der Prinzipien statt aus dem Willen der Menschen errichte. Das Recht, so wird er beschieden, füge sich nun einmal nicht »in die Leidenschaften der Menschen«.[25]

Der Erzieher hatte sich den Vater Emiles (»im wahren Sinne«) im Zusammenhang mit dem Privileg genannt, für diesen die künftige Gattin aussuchen zu dürfen. Er hätte, wäre ihm dieses Recht nicht zugestanden worden, den Erziehungsauftrag nicht übernommen.

Auch der Roman wäre dann nicht geschrieben worden.

Die Wahl der Gattin Emiles ist die Krönung des Erziehungs-werks, die Verheiratung des Paars dessen Zielsetzung von Anfang an. Sogar die Abschweifungen in die Staatstheorie dienen diesem privaten Zweck: Ehestiftung ist der heimliche und heilige Sinn des rhetorisch aufwendigsten und philosophisch ehrgeizigsten Erziehungsromans der Aufklärung. Der Vertrag zur gesellschaft-lichen Gleichstellung aller Bürger im Staat wurde ersonnen und ausgearbeitet, damit ein Liebespaar die Grundlagen vorfindet, die Ewigkeit in ihre Gefühle, und das heißt: das Gesetz in die Liebe einzuführen.

Der Erzieher verspricht ihnen, wörtlich, das Paradies. Dafür erwartet er, daß sie als Sexualpartner einen ›mittleren Körper‹ zwischen ihren Leibern dulden.[26] Noch in der Umarmung sollen sie miteinander umgehen wie zwei Staatsbürger, auch auf dem Liebeslager herrscht der Vertragszustand. Die Liebe hat nur in ihrer öffentlichen Form, als Ehe, Bestand. Der Schwärmer der

Menschenferne, der Apologet der Landeinsamkeit, er kann sich die Dyade der dauerhaft Glücklichen nur unter den Augen der vielen vorstellen, und das eine wie das andere in *einem* Buch. Deswegen mußte aus dem Fühlenden inzwischen ein Sehender werden, und dessen Erscheinungsweise in der Intersubjektivität ist die des Gesehenen: Auf den Rängen der Intimsphäre haben die anderen (der Andere) Platz genommen.

An dieser Konstellation ist der Erzieher auf eine seltsam innige Weise beteiligt, zu der z. B. die ständige Präsenz seiner Person gehört. Während er gesteht, er nähere sich »dem Ende meiner Laufbahn«, legt er Wert auf die Feststellung, daß er sich zugleich die Achtung des Paares erworben habe. Auch betont er gerade jetzt, wie sehr die Freundschaft zwischen ihm und seinem Zögling über alles erhaben sei. Andererseits ist er ständig auch in der Nähe der jungen Braut, und er gibt sich selbst den Rat wie uns zur Beruhigung die Zusicherung:

Er (Emile) wird vielleicht meine Gewogenheit bei ihr nötiger haben als die ihre bei mir.

Eine Zeitlang sieht es so aus, als seien der Erzieher und Sophie das Paar. Mit Bangen verfolgt Emile die Blicke der zwei, ungewiß, welche Rolle ihm zugedacht sei, und seine Abhängigkeit wächst:

Emile, der stets Angst hat, mir zu mißfallen, ist niemals so folgsam gewesen.

Emile soll immer noch glauben, es geschehe alles um seinetwillen:

Sie (Sophie) erweist ihm in meiner Person tausend zärtliche Liebkosungen, die sie ihm selbst nicht geben würde . . .

Oder:

Das junge Mädchen überhäuft mich mit Freundschaftsbezeigungen.

Voller Genugtuung faßt der Erzieher die Situation schließlich zusammen:

So bin ich denn der Vertraute meiner beiden guten Leute und der Mittler ihrer Liebe[27] —

ihr »mittlerer Körper«, wie gesagt.

Doch der Erzieher ist an dem Charakter dieser Beziehung in noch ganz anderer Form beteiligt.

Lange bevor Sophie im Roman auftritt, hatte der Erzieher Emile eröffnet:

Wir wollen deine künftige Geliebte *Sophie* nennen.[28]

Sophie, die als Sophia bei den Griechen den gewöhnlichen Hergang des Erkenntnisverlaufs, vom zunächst Stofflichen zum Begriff zu gelangen, auf den Kopf gestellt gezeigt hatte; die zuerst ein Begriff (»Weisheit«) und *dann* eine Person, eine Göttin gewesen war; sie ist das vom Erzieher aus seinen Begriffen vom Wesen des weiblichen Anstands gezeugte, als total verfügbar gewünschte und als mittlere Summe aller Anlagen, die diesem Zweck dienen, im Kopf auf ein bestimmtes Begehren hin abgerichtete *Bild* einer Frau.

Hinter dem größten Einschnitt in die Erlebniswelt eines zur Arglosigkeit erzogenen Jünglings, seiner ersten Liebeswahl und dem neu erwachten Gefühl, diese auch körperlich vollziehen zu wollen und *zu können*, steckt also eine Hinterlist, die abgekartete Sache zwischen einem älteren Philosophen und seinen Wünschen, die er sich durch einen Jüngeren zu erfüllen gedenkt.

Der Kürze halber nehmen wir vorweg, wie Emile seine Gattin schließlich in Empfang nimmt: Unter den Augen seines nunmehr als Vater etablierten Brautführers, versteht sich:

Ich blicke Emile prüfend an. Seine feurigen Augen verschlingen die Reize seiner Gattin. Dies ist das einzige, worauf er begierig ist, und alle meine Reden kümmern ihn wenig. Ich lächle auch meinerseits und sage bei mir selbst: ›Ich will dich bald aufmerksam machen.‹

Worauf? Auf sich, auf den ›mittleren Körper‹, der seinerseits sich dem Zögling als väterlich verkleideter Voyeur nahebringt.

Der »entzückendste Anblick« ist für ihn, die »Blicke« von Neuvermählten zu »sehen«, die soeben »aus dem Hochzeitsbett aufstehen«:

in ihren matten und keuschen Blicken die Trunkenheit der süßen Freuden . . .[29]

Foucault schreibt:

In der Überwachung, genauer gesagt im Blick der Überwacher gibt es etwas, das der Lust zu überwachen und der Lust die Lust zu überwachen usw. nicht fremd ist.[30]

Die Macht, die von dem einen Objekt ausgeht, hatte Emile in dem Augenblick erfahren und bekannt, als sein Zustand der Verliebtheit erstmals öffentlich geworden ist. Während Sophie offen über ihren »Sieg« triumphiert, wünscht Emile seiner Person Unsichtbarkeit – aber nicht Blindheit, die Zeiten sind vorbei! –, weil er sich schämt:

Fahret hin, Freiheit, Naivität, Freimütigkeit! Verwirrt, verlegen, furcht-sam, getraut er sich nicht mehr, sich umzusehen, damit er nicht sieht, daß man ihn ansieht. Er schämt sich, daß er sich soll ausforschen lassen, und wünschte, er könnte sich vor aller Welt unsichtbar machen, damit er sich an ihr satt sehen könnte, ohne beobachtet zu werden.[31]

Am Sehen erkennt man den Sünder. So transparent einer alles haben will, so viel hat er zu verbergen. Das heißt immer, er hat die Strafe akzeptiert. Er sieht mit ihrer Hilfe jetzt sogar mehr: sich selbst mit den Augen der anderen.

Noch nach der Heirat präpariert der Erzieher Sophie, die von ihm ins Spiel gebrachte Automate, wenn auch ein letztes Mal. *Sie* habe dafür einzustehen, daß Emile auch *in* der Ehe zu seinem regelmäßigen Triebaufschub kommt; daß er so seine Liebe, sein entflammtes Gefühl, seine Erregung sich erhält. (Für wen eigent-lich?)

Der Rat ist in einschmeichelndes Seidenpapier gewickelt und mußte alle Leserinnen-Herzen seinerzeit entzücken: In der Ehe dürfe nicht die »Gewalt« des männlichen Triebcharakters die sexuellen Beziehungen bestimmen, sondern der Okkasionismus der Frau, die weibliche Caprice des ›gelegentlich‹. Das waren gleich wieder zwei Fliegen mit einer Klappe: Einmal hält es Emile vom Geschlechtsverkehr fern, zum anderen macht es mit einem so sublimen Begriff von den Manifestationen des weibli-chen Triebs den Frauen die unwiderstehlichste Liebeserklärung, indem es sie aufs höchste verklärt: Nur sie seien zur Triebbeherr-schung fähig.

Daß sie, Sophie, wenn sie erst Mutter geworden, ihr Bett dann für immer in das gemeinsame Schlafgemach verbringen lassen soll, das folgt nur der Logik, der das ganze Buch unterworfen ist: Nun sind die zum Glück gehörigen *Drei* endlich beisammen, und wie gemütlich-abgeklärt klingt nicht auch ein solcher Vorschlag! Und dabei beginnt das alte Spiel ja nur mit einem neuen Einsatz. Wieder wird ein Sohn den Zuschauerraum betreten. Zur Garantie seiner späteren Bühnenreife – denn bei Emile bezeichnete dieser Schritt einmal die entscheidende Wiedergeburt – wird noch vor seiner ersten Geburt der Vertrag mit dem Erzieher erneuert:

›Bleiben Sie der Lehrer junger Lehrer! Raten Sie uns, führen Sie uns; wir werden folgsam sein. Solange ich lebe, werde ich Ihrer bedürfen. Ich bedarf Ihrer jetzt mehr denn jemals, da meine Aufgaben als Mann anfangen. Sie haben die Ihrigen erfüllt; führen Sie mich, damit ich Ihrem Beispiel folge; und ruhen Sie aus: Es ist Zeit.‹ [32]

Jedes Wort ist hier ein goldenes Wort aus dem Register des double-talk.

Emile handelt damit seinem ungeborenen Sohn gegenüber wie der Schriftsteller Rousseau gegenüber den noch ungeborenen bürgerlichen Freiheiten: Er kommt ihm zuvor mit einem fertigen Vertrag, den er als Vater für ihn abschließt, bevor dieser noch, wie es im Roman eigentlich gefordert wird, für sich selbst über das Zuträgliche eines vertraglich vereinbarten Vatererbes befinden kann.

Wir übergehen die Einzelheiten bei der äußeren Herrichtung des Paares zu dessen innerer Entfremdung, auch durch die Eltern Sophies, die allerdings akzeptieren, daß es dem Erzieher obliegen soll, »die Liebenden im Zaum zu halten«. [33] Beträchtliche Aufmerksamkeit gilt der Frage, ob denn ein Kuß auf den Mund, die Hand oder bereits auf das Kleid Sophies dem Liebhaber den Weg in das Innerste eines Verhältnisses bahnt, in dem eine Berührung das Äußerste und Letzte wäre.

Der »Emile« ist ein Lehrbuch über das Zusammenspiel von Zwang und Selbstzwang, auf dem die bürgerliche Kultur so besonders beruht, schon, bevor sie die Spielregeln dafür politisch geltend machen konnte. Das leistet daher dieser Roman. Was die Choreographie der Annäherung an das andere Geschlecht, an den weiblichen Körper betrifft, so folgt er darin vollständig einer

Tendenz, die der unvergleichliche Jean Paul einmal so umschrieben hat:

Denn die Kultur schneidet dem Ausdruck der Liebe das Gebet des Körpers immer kleiner vor – diese hagere Gouvernante nahm uns erstlich den ganzen Körper dessen weg, den wir lieben – dann die Hand, die wir nicht mehr drücken dürfen – dann die Knöpfe und die Achseln, die wir nicht mehr berühren dürfen – und von der ganzen Frau gab sie uns nichts mehr zum Küssen zurück als (wie ein *Gewölle*) den Handschuh: – wir manipulieren einander jetzt alle von ferne.[24]

Der Diskurs des Rousseauschen Werks vollzieht sich wie vor ihm keiner im Rahmen der Philosophie und Literatur in größter Nähe zur Natur, in *verdächtiger* Nähe: Man kann sagen, er hat es ganz auf die Natur abgesehen. Eine der letzten Ermahnungen des Erziehers an Emile beschwört »die ewigen Gesetze der Natur und der Ordnung«.[25] So etabliert der Naturbegriff dieses Autors hinter dem Gesetz der Menschen ein noch allgemeineres Gesetz, eine noch unumstößlichere Ordnung. Es ist, als reichte das menschliche Gesetz nicht mehr aus, den Triebaufschub der einzelnen (und der einzelner Gewordenen) zu garantieren, als müßte es in eine Sphäre des sowohl Naturwüchsigen wie des Ewiggültigen hinein erweitert und überhöht werden, um weiterhin als Gesetz wirksam zu sein.

Es ist nicht wichtig, ob wir z. B. den »Emile« als die private Allegorie auf den öffentlichen Vertragszustand lesen, oder ob darin der Contrat social nur das Mittel zur Triebregelung in den privaten Beziehungen abgibt – wie man auch immer das ›Große‹ und das ›Kleine‹ zueinander ins Verhältnis setzt: *Ein* Ausgangspunkt regelt das Interesse an der Wiedererkennbarkeit einer Vermischungsstruktur, an der Nachvollziehbarkeit einer Durchdringungsbewegung, die offenbar alles Symbolisieren durchläuft und der wir in ihrer philosophisch ursprünglichsten Gestalt bei Platon begegnen.

Diesen Ausgangspunkt im symbolisierenden Subjekt selbst zu vermuten, heißt nicht, märchenhaften ich-psychologischen Mythenbildungen erliegen. Doch bleibt nachzufragen, was ein Subjekt, wie z. B. das mit Namen Rousseau, veranlassen könnte, die Gesetze eines prä- und transhistorischen Naturalismus aufzustellen und in ihnen das historische Gesetz zu naturalisieren. Alles Denken geht von den Trieben aus, wo aber geht es hin? Die Antwort, die Rousseau an einer Stelle des »Discours« gibt, könnte gar nicht deutlicher ausfallen:

Beginnen wir damit, in dem Gefühl der Liebe das Moralische vom Körperlichen zu trennen. Das Körperliche ist jene allen gemeinsame Begierde, die ein Geschlecht zur Vereinigung mit dem anderen treibt. Die Moral leitet diesen Trieb und richtet ihn ausschließlich auf ein Objekt allein oder gibt ihm wenigstens für dieses vorgezogene Objekt einen größeren Grad von Triebkraft. Indessen ist leicht zu sehen, daß die Liebesmoral ein künstliches Gefühl ist, das aus der Gewohnheit der Gesellschaft hervorgegangen ist.[26]

Gibt es eine bessere, einsichtigere, präziser formulierte Erklärung für die Richtung, die Denken, das seit Sokrates moralisches Denken ist, einschlägt, einschlagen will, einschlagen muß, weil es gilt, den Trieb weiter auf »ein Objekt allein« zu richten? Erreicht dergleichen nicht, daß die »Triebkraft« mit einem »größeren Grad« das Potential teleologischer Energie freisetzt, die in der Motorik der Wiederholung als das geistige perpetuum mobile für Forschung und Produktion unerschöpflich scheint?

Das ist der Sinn des Ratschlags an die jungen Leute, bis 20 die Keuschheit als natürliche, danach aber als künstliche Gabe zu betrachten, die ihnen jedesmal in die Wiege, auch in die zweite der Wiedergeburt, gelegt ist.[27] Überall, wo die Natur und das *eine* Objekt einander bis zur Identität drohen nahezukommen, tritt im »Emile« der ständige Ratgeber mutig am Gefahrenort auf, gibt einen Blick von beinahe medizinischer Interesselosigkeit auf die betreffende Stelle frei und trennt die zwei.

Fragt der »kleine Wildfang« (le petit étourdi) z. B. nach der Herkunft der Kinder, so soll ihm der Geburtsvorgang durchaus vor Augen geführt werden – aber eben zur Abschreckung.

Er erscheine als eine Art von »Pissen«, und dazu vermittle man die »begleitenden Vorstellungen von Schmerz und Tod« – was »die Einbildungskraft dämpft und die Neugier unterdrückt«. An anderer Stelle wird uns nämlich gesagt:

Der Gegenstand, den man vor die Augen stellt, erschüttert die Einbildungskraft.[28]

Deswegen wenden sich auch die Zeichen der Macht vor allem an die Augen!

Dem Gespräch über die Zeugung kann der Erzieher auf die Dauer kaum ausweichen, aber hier treibt er den größten rhetorischen Aufwand, um den Menschen vom Tier zu trennen, die Lust der Pflicht zu unterwerfen, der Versuchung mit »Schamhaftigkeit« zu begegnen und alle Gesetze, die dabei übertreten werden könnten, als »die Gesetze der Natur« auszugeben.

Und immer wieder mal hebt sich der Vorhang in dieser Inszenierung einer Kultur im Kostüm der Natur im falschen Moment und zeigt die wirkliche Natur:

Man hat die Liebe blind gemacht, weil sie bessere Augen hat als wir und weil sie Verbindungen sieht, die wir nicht wahrnehmen können.[29]

Natürlich deswegen. Denn sonst hieße es doch von unseren Beziehungen zu den Frauen: »die erste, die käme, wäre stets die liebenswürdigste«. Gerade die ›erste‹ und ›liebenswürdigste‹ aber darf es nicht sein!

Daher führt ein Vater auch seinen Sohn am besten unter die Syphilitiker – zur Abschreckung vor der Sexualität. Da solche Wirkungen tiefer gehen sollen, muß höher gezielt werden. Da im bürgerlichen Zeitalter die äußeren Zwänge schwächer werden, müssen sich die inneren verstärken,

und man spricht weit besser durch die Augen als durch die Ohren zum Herzen.[30]

Wen wundert es da, daß zuletzt Emile sich in einen alten Bekannten verwandelt? Ihm ist schießlich auch noch die Jagd verordnet worden. Sie beruht zwar ebenfalls auf einer Leidenschaft, ist aber geeignet, »eine gefährlichere Leidenschaft aufzuhalten«:

Die Jagd stählt sowohl das Herz als auch den Leib; sie gewöhnt an Blut, an Grausamkeit.

Ohne Übergang, als verstünde sich von selbst, gegen wen sich da Härte und Grausamkeit zu richten haben, erscheint das Urbild aller weiblich-mütterlichen Triebabweisung auf dieser Waldbühne und droht dem im ödipalen Sinne ambivalenten Initianten mit dem Schicksal Aktaions:

Man hat Diana zur Feindin der Liebe gemacht, und die Allegorie ist ganz richtig. [31]

Wir müssen nun zu dem Fazit kommen, daß wir in diesem seitenstarken und auf Argumente versessenen Komplott der Sittenstrenge gegen die Triebnaivität keinen Anschlag auf das Lebensglück Emiles zu sehen haben und keine Satire auf den Werdegang eines freizügigen Bürgers. Die Verdopplung des Protagonisten, das Zusammenspiel zur Kollation natürlicher wie politischer Eigenschaften *eines* Körpers, erscheine dieser nun *im kleinen* als das Individuum Emile oder *im großen* als der bürgerliche Staat – dergleichen entwirft ein Modell, in dem ein institutionalisierter (vertraglicher) Zustand vernünftig abgestimmter Interaktionen erreicht ist, der das Niveau der Intersubjektivität über das Beharren auf einseitiger, infantiler Wunscherfüllung hinaushebt. Die genitale Endstufe – Emile wird zuletzt Vater! – in der Entwicklung des einzelnen erscheint als die Basis einer positiven Gesellschaftsbildung. Diese wird phylogenetisch dem bloßen, zufälligen Natursein, ontogenetisch dem Kindsein übergeordnet.

Wir haben festgestellt, daß diesem Ideal der Roman in seinem Elan und in seinen vielen Details nicht nachkommt. Die dem Roman eigene Wahrheit, die ja, historisch gesehen, keine verblüffende ist, bekennt eine Beziehungsstruktur, in dem bei dem einzelnen, im Interesse des Ganzen, der letzte Entwicklungsschritt ausgeblieben ist. Der Diskurs des Romans handelt von dem Verkehr der Partialtriebe untereinander, er erschöpft sich, und das auch in einem wörtlichen Sinne, im Dialog zwischen Fühlen und Sehen, zwischen Teilen und Funktionen eines Körpers, und es ist ganz richtig, wenn an einer Stelle die Geburt des »moralischen Wesens« aus dieser Form des intercourse (Verkehrs) entsteht:

Die gesellschaftliche Beziehung der Geschlechter zueinander ist vortrefflich. Aus dieser Gemeinschaft entsteht eine sittliche Person, deren Auge die Frau und deren Arm der Mann ist, aber mit einer solchen Abhängigkeit voneinander, daß die Frau von dem Manne lernt, und der Mann von der Frau lernt, was man tun muß. [32]

Der gesellschaftliche Zustand, den Rousseau vorfand und den er in diesem entscheidenden Punkt nicht überwindet, wiederholt sich auf der Ebene des Paares als privater noch einmal und ist mustergültig. Was bei Platon als auf dem Markt entstanden und durch die Vermittlung der Händler und ihre Objektivierung im Zeichen des Geldes allgemein geworden war, hat inzwischen im engsten Bereich der persönlichen Verhältnisse für Entfremdung, Funktionalismus und die daraus geborene Abhängigkeit der Teile voneinander gesorgt. Auch in der Liebe trennt und vermittelt ein ›mittlerer Körper‹ die Beziehungen.

Trotz dieser historischen Grenzen, die sich dem Werk notgedrungen ziehen, entschärft sich in ihm auch ein allgemeiner Konflikt, dem das Subjekt es verdankt, daß es zur Hälfte schon immer selbst Fiktion ist. Es ist keine das ganze Wesen dieser Doppelbildung besser ausfüllende Symbolisierung denkbar als die, aus der Emile und sein Erzieher hervorgegangen sind.

Die Durchdringung von Natur und Gesetz und der Anschein ihrer höheren Einheit im Naturgesetz nimmt jene »zwei komplementären Perspektiven« auf, die Lévi-Strauss meint, wenn er Rousseau zu einem Vorläufer der modernen Totemisauffassung erklärt. In der »Identifizierung mit dem anderen«, bei Rousseau durch Mitleiden, sieht er eine Form »der universellen Bestrebung, *Opposition* und *Integration* zu versöhnen«.[33] Diese Struktur kehrt auch noch entfernt von den ethnologisch argumentierenden Schriften an zentraler Stelle des Werks zur Bezeichnung eines zentralen Modus der Subjektkonstituierung wieder.

Emile und der Erzieher sind demnach der personifizierte Übergang von der Natur zur Kultur, sind die zwei Personen in einer, als die das Subjekt in der Gesellschaft seine Existenz auf den zwei Ebenen von Vergangenheit und Zukunft bestreitet. Es ist dabei für das symbolisierende Subjekt das Naheliegendste, in seinen Paradigmen einen Naturanklang zu wählen, der von der Allgegenwärtigkeit und Sinnfälligkeit des Naturwüchsigen stimuliert ist. Auch ist es selbst bis zuletzt ja nicht frei davon, und in seinen Einfällen ergeht es sich in Anspielungen darauf. So bleibt das Verhältnis des Sohns zum Vater, so phantastisch sein Gehalt von vornherein auch ist, der Trieb*natur* des Sohnes an Einprägsamem aus dem körperlichen Verhältnis beider nicht schuldig. Daß der Sohn sich der leiblichen Omnipräsenz des Vaters entzieht, ist daher Voraussetzung für den Akt der Identifizierung mit diesem ersten anderen und Fremden, über den der Sohn sich seiner eigenen biologischen Anlage, nämlich später selbst Vater sein zu können, auf bildlichem Wege nähert. Da im intersubjektiven Bereich nichts friedlich verläuft und da, was nicht nach außen dringen darf, nach innen drängen muß, figuriert der Konflikt, bevor er sein *gesellschaftliches* Remedium gefunden hat, im Register der versprachlichten Triebkommunikation als Vatertötung.

Die Perspektive in diesen Abläufen ist also die des Sohnes, auch die, in der der ›Getötete‹ als der Fremde wiederkehrt und sich dem Begehren des Sohnes plausibel macht. So ist es völlig berechtigt, den Roman dieser Wiederkehr nach der Figur eines Sohnes, d. h. »Emile«, zu nennen. Es ist korrekt und belehrend zugleich, daß der Anteil, den dieser Fremde an der Herausbildung eines Selbst hat, so groß ist: Er ist beträchtlich, er ist unter den Umständen, die im »Emile« als antizipiert historische erscheinen, gewaltig. Es sind dies die Umstände der bürgerlichen Gesellschaft.

(Bei Balzac sind sie dies immer noch. Aber er zeigt Lucien de Rubempré und Vautrin in der Liaison des Sohns mit dem Fremden als die der Schönheit des Geistes mit der Häßlichkeit des Verbrechens; die Schönheit geht zugrunde, während das Verbrechen in der bürgerlichen Gesellschaft an die Spitze gelangt: der größte Verbrecher der Epoche wird Präsident der Polizei.)

Rousseaus Roman, den man einen realistischen nennen sollte, nimmt Rücksicht auf die Polarität und die Spannungen in diesem Verhältnis, er schildert aber auch, und *das* ist das Realistische an ihm, die Zunahme des Einklangs, das *Befriedigende* der Ehe zwischen Trieb und Zwang. Er stellt das Langwierige des Zustandekommens dieser Ehe dar und darin auch das Unauflösliche ihres Beziehungsgehalts heraus.

Hinter dem »Emile« – der seine Vorgeschichte in »La Nouvelle Héloïse« hat – steckt wie hinter einer anderen Literatur die große Angst vor dem *einen* Objekt, die so groß ist wie der Wunsch nach ihm, und das Nichtendenwollen eines Romans, einer Literatur, ist von der Heftigkeit des Wunsches veranlaßt. Dieser ist jedoch fast nur noch in der Ausdauer erkennbar, mit der die Rechtfertigung des gegen den Wunsch gerichteten Verbots erfolgt.

Ein Fazit sei an dieser Stelle erlaubt: Es bestimmt das Verhältnis des schriftstellerischen Codes zum gesellschaftlichen Code, daß jenem ein Ziel der Beharrung, des Behaltenwollens zugrunde liegt, das uns in den Zeichen des Wechsels, des Verlusts mitgeteilt wird. Bekanntlich sieht es so aus, als sei es umgekehrt, als sei die Gesellschaft das Beharrende und der Schriftsteller der Sich-Bewegende. Dieser Eindruck wird geweckt – das ist das *Revolutionäre* an ihr –, weil Literatur einen im Untergrund der Gesellschaft bereits sich vollziehenden Wechsel aufspürt (durch die Ängste des Schriftstellers), ihn benennt, ihn symbolisiert. Das Wirkungsvolle daran ist, daß der Wunsch nach Beharrenkönnen in diesem Vorgang sich mitteilt und daß dies in der Sprache des Vergehens, des Verlierenmüssens geschieht. Literatur ist qua definitione konservativ. [34] Sie ist mit der Natur zu vergleichen – und ja lange genug verglichen worden –, die zu einem einzigen, uralten Zweck ständig neue Formen hervorgebracht hat: dem der Erhaltung, der Fortzeugung des immergleichen Lebens unter Anpassung an die sich ändernden Bedingungen hierfür.

Die neuen Formen sind so schnell veraltet, weil der Gesellschafts-Code sie so schnell aufnimmt. Das ist der Fall, weil sie die Symbole des Neuen sind, das in der Gesellschaft schon vorhanden ist, aber ohne den Ausdruck eines Symbols unbewußt war.

So ist dem Code des einzelnen immer schon immanent, daß er zum Bestehen des allgemeinen Codes beiträgt – woran dem einzelnen ja gelegen ist. Er sucht nach einer allgemeingültigen Version des Gesetzes, er nennt die neuen Bedingungen der Wiederherstellung des Ausgleichs zwischen Trieb und Zwang – zu *seiner* und *aller* Beruhigung. (Auch wenn viele das nicht gleich verstehen.) Daß er diese Bedingungen den Umständen von morgen entnimmt, ist das Innovierende seines Codes. Die Innovation hat also die Funktion, sich dem noch sprachlos Vorhandenen im Interesse der alten Balance zu assimilieren. Das Aufrüttelnde, Beunruhigende dient der Beruhigung, daß *alle* dies unternehmen werden. Antizipation ist die Vorwegnahme der Angleichung an das Bevorstehende, Anpassung an das Unvermeidliche.

10. Kunstschöpfung
als projektives Wegsehen

Kierkegaard: »Das Tagebuch des Verführers«

> Überdies zielen die Künstler nur auf die
> Liebe ab.
>
> *Ficino* [1]

Das Bild im Bild im Bild (Handke)

Als der Ich-Erzähler in Handkes Roman »Der kurze Brief zum langen Abschied« in die amerikanische Stadt Tucson kommt, fühlt er sich von der Helligkeit in ihr geblendet. Er kauft sich als erstes eine Sonnenbrille. Am Rande der Stadt betritt er eine Kirche, die zur ältesten spanischen Missionsstation Amerikas gehört. Im Text heißt es an dieser Stelle:

Die Religion war mir seit langem zuwider, und trotzdem spürte ich auf einmal eine Sehnsucht, mich auf etwas beziehen zu können. Es war unerträglich, einzeln und mit sich allein zu sein. Es mußte eine Beziehung zu jemand anderem geben, die nicht nur persönlich, zufällig und einmalig war, in der man nicht durch eine immer wieder erpreßte und erlogene Liebe zueinandergehörte, sondern durch einen notwendigen, unpersönlichen Zusammenhang.

Aus der Dunkelheit des Kircheninneren ins Freie tretend, ist der Protagonist erneut geblendet:

Die Augen brannten mir, und ich legte das Gesicht in die Hände.

Als er die Augen wieder öffnen kann, nimmt er das Bild der vor ihm aufragenden Kirchtürme (deren Glocken zu läuten begonnen haben) als etwas seltsam Vertrautes wahr:

Das alles hatte ich schon einmal gesehen! Verstohlen schaute ich das Bild an, mit geneigtem Kopf, und lauschte dabei zugleich einer Erinnerung.

Es gab eine Erinnerung, aber wenn ich ihr nahekam, wich das Gehirn wieder davor zurück.[2]

Wenn wir dazu noch erfahren, daß der Erzähler dabei »auf dem Sockel eines großen spanischen Grabmals« sitzt, so steckt in dieser Szene auch für uns ein Grad von Bekanntheit, der sich aus allem Bisherigen dieser Beweissammlung ergibt: der Held, der allein (einsam) ist und sich nach Identifizierung mit einem Größeren, Überpersönlichen sehnt und der sich dieses Gefühl dennoch als ein durchaus ambivalentes eingesteht; der an sich selbst die Blendung zweimal, vor dem Eintauchen in die Dunkelheit und nach dem Heraustreten aus ihr, erfährt, genau wie der Philosoph in Platons Höhlengleichnis; der, auf einem Friedhof und dort auf einem berühmten Grab sitzend, zu den Zeugen einer Vergangenheit aufschaut, die in Kolonisation, Unterdrückung bestand. Diese führte zu großen zivilisatorischen Veränderungen des Landes und der Menschen (die Kirche befindet sich bedeutungsvoll am Rande der Indianerreservation). An dieser Stelle hat der Reisende sein aufschlußreiches Déjà-vu-Erlebnis, das sich in dem Rahmen dieser bedeutsamen Eingrenzung abspielt – es ist dies das Innenstück einer noch weiterreichenden, größeren Sinnfälligkeit, die die Stadt Tucson selbst darstellt: Sie wird geschildert als eine künstliche, ästhetische Inszenierung von Transrealität inmitten der amerikanischen Natur in der südwestlichen Wüstenregion der USA.

Die Wahrnehmungsweise des Protagonisten – wir kommen auf sie noch zurück – ist durchweg bestimmt von der Einheit, sich die im Blickfeld liegenden Objekte als ausgegrenzte Ausschnitte zu vergegenwärtigen, sie durch die Bedingungen ihrer Präsentation für das Auge in einen Rahmen gestellt zu sehen, *sie in Bilder zu verwandeln.*

Halten wir daran fest, daß diese Art zu sehen mit einer Stadt – mit *der* Stadt – zugleich geboren wird, und für Handke ist das deutlich der Fall, so werden wir durch diese Szene nach wie vor daran erinnert, daß die ästhetische Wahrnehmung zu dem gesellschaftlichen Sein des wahrnehmenden Subjekts in einem Verhältnis steht, das allerdings näher bestimmt werden müßte. Das soll im folgenden versucht werden.

Bekannt, berühmt sind Baudelaires Schilderungen und Reflexionen, mit denen sich an voriges anknüpfen läßt. In ihnen kehrt der ›Mann in der Menge‹ als Künstler, als Philosoph, als Dandy wieder. Er ist von dem Wunsch beseelt,

die Welt zu sehen, im Mittelpunkt der Welt und doch verborgen zu sein.

Er wird als Wahrnehmender mit einem Spiegel, mit einem Kaleidoskop verglichen, und die Beschreibung gipfelt in dem Satz:

Der Beobachter ist ein Fürst, der überall sein Inkognito genießt. [3]

(Das steht gehörig im Gegensatz zu Grillparzers hypochondrischer Verdrießlichkeit, mit der dieser sich auf die gleiche Stadt, auf das gleiche Feld aufblitzender Wahrnehmungsreize bezieht: »Wäre froh Paris wieder im Rücken zu haben. Was brauche ich all das Zeug zu sehen und zu hören.« [4])

Kierkegaards blicksüchtiger Leutnant

Es gibt in dem Teil von Kierkegaards Frühwerk »Entweder – Oder«, der als »Das Tagebuch des Verführers« bekannt geworden ist, eine Episode, die nun schon in einer vertrackten Selbstreflexion ein Subjekt zeigt, das sich im anderen sieht und mit *einem* Blick das Ausmaß seines eigenen triebkontrollierten Handelns erfaßt und, in seiner Selbstbetroffenheit, ironisiert: Ironie wird zum letzten und einzig möglichen Abstand des Subjekts zu sich selbst, zum Ausdruck seiner Spaltung.

Es handelt sich um die Geschichte eines Offiziers, der täglich vor einem bestimmten Haus in Kopenhagen erscheint, um zu einem der Fenster hinaufzuschauen. Dieses ist von einer Jalousie verdeckt, hinter der ein Mädchen sich verborgen hält. Alle anderen Fenster sind ohne Jalousie. Wir haben es mit einem Vorgang zu tun, der uns noch als das Wesen der Allegorie erscheinen wird. Hinter dem durchsichtigen Stoff des Vorhangs versteckt, macht diese Frau darauf aufmerksam, daß sie gesehen werden will. Ihr gelingt das, *indem sie sich nicht offen zeigt.* Der junge Leutnant sammelt »seine ganze Kraft im Auge« und entziffert in endloser *Wiederholung* tagein, tagaus die Umrisse ihrer Gestalt:

Vielsagend kann man diesen Blick nicht nennen, eher nichtssagend, und doch vielversprechend.

Er sieht und gibt sich zu sehen in der dem Städter geläufigen, ihn selbst täuschenden Weise.

Im Buch ist er deswegen eine komische Figur, so etwas wie eine Selbstpersiflage des Erzählers. Nicht nur, weil er, ganz Blick, seinen Beinen die Kraft entzieht und folglich stürzt; er geht wie der stets siegreich blickende Erzähler ständig leer aus; ein Don Quixote der Augenminne im modernen Ambiente des Flaneurs; die malerische Ruine eines Draufgängers mit dem gezähmten Blick des Großstädters.

Der Erzähler sucht diesen suchend Sehenden selbst täglich mit dem Blick. Er weiß auch genau, wo er ansetzen muß, will er dessen Fall als bürgerliche Degenerationserscheinung einstiger Leidenschaftlichkeit, als Zivilisationsprodukt fortgeschrittener Selbstentfremdung brandmarken:

Das ist doch eine schreckliche Standhaftigkeit. Schickt sich soetwas für einen Soldaten? Mein Herr, tragen Sie kein Seitengewehr? Gebührt es Ihnen nicht, das Haus im Sturm und das Mädchen mit Gewalt zu nehmen?[5]

Die Ironie ist zweischneidig. Sie verletzt den mit, der sie auf den anderen münzt, macht diesen zum Ebenbild. Die Geschichte vom ritterlichen, lächerlichen Leutnant, der sich in täglicher Wiederholung zu seinem Blick-Rendezvous einfindet, ist unser aller Geschichte: die Anekdote als Paradigma vom Triebschicksal des vergesellschafteten Menschen.

Diogenes von Sinope: Askese als öffentliche Pointe

Vor diesem Hintergrund wird man auch das auffällige Betragen des Platon-Gegenspielers und Eulenspiegel-Vorläufers Diogenes (von Sinope) einzuschätzen haben. Seine Kritik an der ›Außengelenktheit‹, der nur noch öffentlich als Meinung konstituierten Überzeugung der Athener, bedient sich des Mittels der ironischen Affirmation. Wie sehr er allein in der Wahl dieser Methode selbst Produkt einer solchen Öffentlichkeit ist, zeigt sein Insistieren auf der Replik, die ihrerseits öffentlich sein mußte. Er wiederholt, spielt nach, symbolisiert etwas, das nicht nur in der Gesellschaft, das genauso auch in ihm selbst ist.

Wie wesensähnlich er dem Idol dieser Sphäre, dem Philosophen Platons, auch in seiner Opposition zu dessen Urheber blieb, dafür sprechen die berüchtigt asketischen Züge, dafür sprechen zudem die frauenfeindlichen Aperçus dieses sarkastischen Solipsisten. Indem er grundsätzlich *alles* öffentlich tat, und Diogenes Laertius hebt extra hervor, daß darunter auch die »häufige« Ausübung der »Onanie« fiel, wird klar, welches narzißtische Anliegen sich im »Auftreten eines (so) unverhüllten Bedürfnisses, angesehen zu werden«, zur Geltung brachte. Gewiß, er weigert sich, seinen Exhibitionismus zu sublimieren, sich in unsterblichen Werken *Ansehen* zu verschaffen; aber auch in dem vulgären, unverblümten Ausdruck der passiven Schaulust stecken noch die Grenzen, die diese als Partialtrieb dem Subjekt zieht, praktiziert es seine Sexualität doch mit sich allein.[6]

Keineswegs ist das Verhalten des Diogenes das eines zufriedengestellten Menschen. Nicht nur in seinem Fall ist die ambivalente Einstellung zu der – wie auch immer – arrangierten Aufmerksamkeit für den einzelnen, um derentwillen er die Öffentlichkeit sucht und zugleich schilt, durch diese erst hervorgebracht. (Rousseaus Theorie der Gesellschaftsgenese bedient sich typisch dieses Zwiespalts.)

Der verliebte Flaneur: Versuch, mit den Augen zu philosophieren

Die klassische Choreographie eines Blicke und Schritte synchronisierenden Begehrens liefert Kierkegaards »Tagebuch des Verführers«. Das äußere Bewegungsgesetz, dem der Protagonist seine innere Unruhe verschrieben hat, zeichnet die Figur einer spezifisch asymptotischen Näherungsinvarianz in das aufs Blickfeld zurückgenommene Stadtmilieu des 19. Jahrhunderts ein, mit einer Linie, die deutlich von Diderots Neveu über Baudelaires Dandy bis zu Flauberts Frédéric Moreau verläuft.

Unmißverständlich ist vor allem dessen visueller Habitus, der ihn sogar, wenn er ausnahmsweise einmal auf einer Landstraße angetroffen wird, zurück auf seine Herkunft, auf die Konditionen bei der Zurichtung des Begehrens und seines Ausdrucks verweist:

Und es *ist* ein Kopenhagener, das merken Sie schon, ein Mann vom Lande ist es nicht; er hat eine ganze eigene Art zu sehen, so bestimmt, so beobachtend, so abschätzend und so ein bißchen spöttisch. [7]

Der ›Verführer‹ ist die ganze Zeit verliebt. Der Person, auf die seine Gefühle gemünzt sind, trachtet er auf die Weise nahe zu sein, die auch Baudelaire dem Dandy in Beziehung auf andere Personen nachrühmt:

Ich wünschte sie näher zu sehen, ohne gesehen zu werden. [8]

Das ist die Erotik, die dieser neuen Art, mit den Augen zu philosophieren, zugrunde liegt. Ihr Repräsentant bedarf der vielen, der Menge, um das Gefühl zu haben, unsichtbar zu sein. Er führt also freiwillig den Zustand herbei, der bei Adam Smith dem Nichts entspricht – bei ihm gibt es kein Sein jenseits der Beachtung durch die anderen – und der dort allein den Armen zukommt.

Mischt sich hier also auch diese Stimme ein? Geht das Insuffizienz-Bewußtsein, geht dieses typische Unterlegenheitsgefühl, das einmal besonders die Kafkaschen Protagonisten kennzeichnen wird, insgeheim auf den optisch begründeten Seinsbegriff zurück, wie er z. B. bei Adam Smith formuliert ist? Jedenfalls wissen sich – bei Kierkegaard, bei Kafka – die Helden ständig Blicken ausgesetzt und reagieren mit einem Armutspathos, dem deutlich Selbstverschuldungsempfindungen beigemischt sind.

Zur Begründung des Wunsches nach Aufspaltung des einen Schautriebs in seine zwei Erscheinungsweisen, bedient sich der Erzähler bei Kierkegaard eines Schlüsselsatzes aus dem Register üblicher erzieherischer Maßnahmen:

Man ist verschämt in dem Maße, als man gesehen wird.

Eine Begegnung von zwei Blickenden, die zwei Liebende sind, kann über eine halbe Seite hin als Szene entrollt werden, in der zur »Markierung« der eigenen Position ständig der Degen metaphorisch das Sehfeld durchkreuzt:

Es ist wie beim Fechten; und welche Waffe wäre wohl so scharf, so durchdringend, in ihrer Bewegung so blitzend und damit so täuschend wie ein Auge?

Ziel dieser Dramaturgie der ungesehenen Präsenz ist es, jeden körperlichen Kontakt auszuschließen und der Geliebten doch näher zu sein als der konkurrierende, ihr dazu sogar vorsätzlich zugeführte »Hausfreund«. Die Bildlichkeit der Sprache heftet sich immer wieder mit der krassesten Deutlichkeit an die wahre Absicht bei dieser inszenatorischen Ranküne:

Ich habe ihm heute einen scharfen Blick zugeschossen. Wie ein Elefant ein Ding auf seinen Rüssel nimmt, so habe ich ihn auf meine Augen genommen, so lang er ist (!), und ihn hintenüber geworfen.

Für den Begehrenden ist immer »Kriegszeit«, ob Händedruck oder Umarmung, über alle Arten der Berührung stülpt sich seine Vorstellung vom »Handgemenge«:

Wer *eminus* (mit Abstand) kämpft, kann sich im allgemeinen nur auf sein Auge verlassen; und doch wird er, wenn er Künstler ist, diese Waffe mit solcher Virtuosität zu handhaben wissen, daß er fast dasselbe ausrichtet.

Auch daß der ›Verführer‹ das Objekt seiner Zuneigung ständig aus dem Blickfeld des »irdischen Auges« vor das »Auge der Seele« zu lancieren versucht – er ist nicht an der Sache selbst, sondern immer nur an ihrer Reflexion, ihrer Spiegelung interessiert – bekundet eine allgemeine Vorliebe des gesellschaftlich herausgebildeten und städtisch reüssierten Subjekts, das den eigenen Blick aus der direkten Konfrontation heraushält (jedoch: »Ein Seitenblick stürzt auf den Gegenstand!«), weil es den Blick des anderen fürchtet. Die hierzu rettende Erkenntnis ist die, die den Verzicht auch noch auf das eigene Sehen eingibt:

Man wird immer nur in dem Maße sehen, als man sieht.

Das war es, was man eigentlich nicht so hinnehmen wollte. Doch selbst, wer sich abkehren möchte, muß noch weiter sehen:

Mein Arm zittert, ich vermag die Kerze nicht ruhig zu halten, rückwärts fliehe ich vor Dir und kann es doch nicht lassen, mein Auge auf dich zu heften . . .[9]

In Kellers Roman »Der grüne Heinrich« werden wir auf eine
nahezu gleichlautende Beschreibung stoßen, die dort dazu dient,
das Liebesverhalten des jungen Helden zu charakterisieren. Es
ist, hier wie da, das Verhalten Aktaions, den sein Inkognito als
Verführer nicht davor schützt, sich in seiner Gefühlsambivalenz
weiter auf die klassische Jagdgöttin zu beziehen, weswegen es
denn auch an anderer Stelle heißt:

> Darum ist *Diana* von jeher mein Ideal gewesen. Diese reine Jungfräulich-
> keit, diese absolute Sprödigkeit hat mich stets sehr beschäftigt.

Die Begegnung mit der Gepriesenen steht im Konjunktiv, bleibt
auf die Vorstellung beschränkt. Dies ist der neue Wald, die platonsche Wildnis des Städters. In seiner Phantasie triumphiert der
Verfolgte über die, die einst den ersten Aktaion zum Verstummen
brachte. Das gelingt ihm mit Hilfe seiner unverwüstlichen Gabe,
stets das letzte Wort zu behalten – in der eben doch *stummen*
Zwiesprache mit dem eigenen Tagebuch. An die Geliebte den-
kend, denkt er an die Göttin:

> Nichts läge mir daran, sie etwa im Bade zu belauern, durchaus nicht, aber
> mit meinen Fragen möchte ich sie belauern.

Bezeichnend, und nicht nur für diesen einen Protagonisten, der
auf andere, bei Kafka, bei Rilke, bei Handke, vorausweist, ist die
Pointe, die sein Begehren wählt, um die Liebesepisode auf der
letzten Seite des Buches zum Abschluß zu bringen:

> Ich habe sie geliebt; doch von nun kann sie meine Seele nicht mehr
> beschäftigen. Wär' ich ein Gott, so wollt' ich für sie tun, was Neptun für
> eine Nymphe tat: sie verwandeln in einen Mann. [10]

Das wird auch der Grund gewesen sein für sein Erkalten, daß sein
Verlangen immer schon einem gleichgeschlechtlichen Wesen ge-
golten hatte. Die Verhaltung, die die Präliminarien in den Himmel einer eigenen Ewigkeit hob, inszenierte das aktuelle Drama
deswegen auf dem uralten, fruchtbaren Boden, der dem ungelö-
sten Pubertätszwiespalt im Mythos zeitlose Dauer verleiht. Es
sind die verwirrten Emotionen eines Aktaion, die auf dem Kopenhagener Pflaster Bäume wachsen lassen für ein Versteckspiel,

in dem der Liebende die Triebspaltung mit den Augen zum
Austrag bringt:

Du bist mir im Walde abhanden gekommen. Hinter jedem Baum seh' ich
ein weibliches Wesen, das Dir gleicht, trete ich näher, so versteckt es sich
hinter dem nächsten Baum ... Dich seh' ich nicht, Du bewegst Dich
immerfort in der Woge der Anschauung, und doch bin ich schon glücklich
über jedes Bild von Dir. [11]

Das zwingende Gesetz der Substitution, das über dieser Landschaft aus Häusern und eingebildeten Bäumen liegt, unterwirft
die unentrinnbare Figur der Asymptote den eigenwilligsten Formen. In ihnen gibt sich die Flucht den Habitus der Annäherung,
sieht sich das Begehren, weil es sich dem Original verweigern
muß, von lauter Abbildern angezogen, belebt es sich aufgrund
von Ähnlichkeiten. Eine Schauspielerin erinnert ihn an die Geliebte und diese an die Schauspielerin: »Die Geschichte kann
endlos so weitergehen.« [12]

Substitution ist allein schon der Ort, an der der Liebende sich
befindet, wenn er zu uns spricht von seiner Liebe. Der Autor läßt
seinen Verführer sich ganz auf das Tagebuch zurückziehen. Erst
dieses vermittelt ihm den Eindruck, »als spielte sich alles vor
unseren Augen ab« – aber dort eben ohne die *wirklichen*, die
störenden Blicke der anderen.

Das Boudoir seiner Ausschweifungen bleibt das Diarium. Es
verzeichnet die Steigerung des Erotischen als dessen Reflexion.
Die erst im Bewußtsein von ihr goutierte doppelte Moral des
ungesehenen, d. h. in seinen Absichten unerkannten, im Sehen
begehrenden Verführers schlägt sich im nachträglichen, im ästhetischen Genuß nieder:

Im ersten Fall genoß er persönlich das Ästhetische, im zweiten Fall genoß
er ästhetisch seine Persönlichkeit. [13]

Man mag bei der Lektüre geneigt sein, den Schreiber für einen
Aufschneider von besonderer Art zu halten. Er erscheint uns um
so harmloser, desto wüster er sich *in seinen Gedanken* gibt. Da ist
einer ein Virtuose des Verzichts, weil er kein Opfer der Vernichtung sein will.

Warum begleitet dieser sich in Beziehung auf sein Liebesobjekt versagende Diarist, der sich selbst einen Verführer nennt, die Manipulation seiner Positionen als Wahrnehmender und Begehrender dann mit ständigen Bemerkungen, die ihn als Betrüger dastehen lassen sollen?

Die Begründung für die Abfassung des Tagebuchs zu Beginn von dessen Niederschrift betont, daß es dem Autor dabei um Lustgewinn zu tun ist:

> Das Poetische war das Mehr, das er selbst mitbrachte. Dieses Mehr war das Poetische, das er in der poetischen Situation der Wirklichkeit genoß; das nahm er wieder zurück in Form dichterischer Reflexion. Dies war der zweite Genuß, und auf Genuß war sein ganzes Leben berechnet.

Uns interessiert hier nicht, ob dieser Passus den Triebegoismus, zu dem sich der Schreiber in ihm bekennt, zurücknimmt oder als dessen Steigerung ausgibt. Uns interessiert eine darin enthaltene Erklärung, die dem Schautrieb im Hinblick auf seine Objekte eine Produktivität zuspricht, die ein »Mehr« hervorbringt und die dieses Mehr »das Ästhetische« nennt. Der Verfasser spricht von sich selbst hierbei in der dritten Person, er selbst ist sich ein Gegenstand der Beobachtung. Er erwähnt seine »dichterische Natur« und schließt diesen wichtigen Abschnitt des Tagebuchs mit dem Satz ab:

> Das Poetische hat er also ständig besessen durch die Zweideutigkeit, in welcher sein Leben hingegangen ist.

Die »Wirklichkeit«, die schon vor der Niederschrift »im Poetischen ertrunken« ist, ist die Wirklichkeit einer lebendigen Person, eines Kopenhagener Mädchens mit Namen Cordelia. Jenes »Mehr«, das das unentwegt mit Schein und Illusion beschäftigte Subjekt dieser sinnlichen Konkretheit eines Objekts hinzufügt bzw. von ihr in Abzug bringt, ist die Dimension seiner Lust wie auch seines Schuldgefühls. Sein Begehren wie auch sein schlechtes Gewissen denken sich dazu in das Subjekt eines Malers:

> Ein Künstler malt seine Geliebte, das ist nun seine Freude . . . Das tue ich auch, jedoch in geistigem Sinne. Daß ich *dieses* Bild besitze, weiß sie nicht, und darin besteht eigentlich mein Betrug.

An anderer Stelle heißt es noch einmal:

Alles ist Bild, ich selbst bin ein Mythos meiner selbst, denn ist es nicht wie ein Mythos, daß ich zu dieser Begegnung eile? [14]

Das Tagebuch wäre, wenn es das Körperliche nicht dauernd ins Reflektive hinüber dematerialisierte, von einer verdächtigen Atemlosigkeit, von einer physischen Heftigkeit, die nun als die Heftigkeit eines atemlosen Mitteilungsbedürfnisses die Leseraufmerksamkeit dem Erzähler/Protagonisten zuwenden soll. Sie gilt eigentlich dem Objekt des Begehrens, dem Mädchen Cordelia, das davon aber nichts weiß und nichts wissen darf. Diese Erregung in bezug auf sie; die Umwandlung ihres körperlich bestimmten Vorhandenseins in die Halb- bzw. Über-Realität des Bildes – dies ein poetisches ›Mehr‹ und gleichzeitig die reduzierte menschliche Bestimmtheit einer Person –; das Betrügergefühl dabei; und das alles unter Hervorbringung einer unermüdlichen und geistig unerschöpflichen Vielfalt von originellen Formen der Verstellung und ihrer Begründungen: Hier läßt uns einer den genetischen Prozeß, an dessen Ende das Kunstwerk steht – als Kunstwerk erleben.

Die Doppelgestalt des Erzählers

Man kann über die »ästhetische Illusion« und ihre Psychogenese Einschlägiges bei Ernst Kris und anderen Autoren nachlesen. [15] Im Rahmen der Themenstellung dieser Arbeit verfolgen wir hier nur einen Aspekt, in dem sich Stadt und Kunst zueinander in dem Verhältnis zeigen, in dem sie beide auf ein gemeinsames Drittes, ein tertium comparationis, verweisen.

In Kierkegaards »Tagebuch des Verführers« tritt uns ein Subjekt entgegen, das gespalten ist in einen Erzähler und einen Ich-Erzähler (und Briefschreiber). Jener gibt vor, das Manuskript, das von diesem stammen soll, abgeschrieben zu haben. Er hat es in einer *offenen Schublade* gefunden. Die »Angst«, die ihn bei diesem Fund befällt und die anhält bei dem Gedanken, es abschreiben zu wollen, müssen wir uns zu erklären versuchen.

Der Erzähler rekapituliert seine Empfindungen vor der Schublade, als er vor Furcht »beinahe umgefallen wäre«. Er fühlte sich wie ein Polizeibeamter, der ein Verbrechen aufdeckt. Was er entdeckt hat, sind »Auffassungen von erotischen Situationen«, die Einblick geben in das »ränkevolle Innere dieses verderbten Menschen«. Als er sich offenbar etwas beruhigt hat, lobt er den Titel, den der Tagebuchschreiber seinen Aufzeichnungen gegeben hat: »Dieser Titel steht in vollkommenem Einklang mit dem ganzen Inhalt.« Der nächste Satz lautet: »Sein Leben ist ein Versuch gewesen, die Aufgabe eines poetischen Lebens zu realisieren.«[16]

Angst bei der Entdeckung eines *geschlossenen* Buches (»geschmackvoll eingebunden«) in einer *offenen* Schublade mischt sich mit dem Gefühl, einen Schuldigen – im Sinne des gesellschaftlichen Codes – aufgespürt zu haben. Bedenken wir, daß hier eine Erzählerfigur in zwei fiktive Berichterstatter auseinandergetreten ist, damit eine Spannung einsichtig wird, in der die – im Text so genannte – innere Verderbnis eines Menschen mit seiner »dichterischen Natur« zusammentrifft. Die Bloßstellung eines Culpanten steht in Beziehung zu dessen »Auffassungen von erotischen Situationen«. Der Culpant selbst hat darauf mit fiktionalen Bemühungen reagiert (am Tagebuch wird sein »dichterischer Anstrich« herausgestellt), die in sich einen ›vollkommenen Einklang‹ haben, den Verweis auf den Autor als ›Verführer‹ im Titel eingeschlossen; ja, das Tagebuch ist Zeugnis für dessen Versuch, sein *ganzes* Leben als poetische Aufgabe aufzufassen und zu »realisieren«.

Wenn in dieser so komplizierten wie aufschlußreichen Ursprungslegende für das Kunstwollen etwas von dem alten, schlechten Leumund steckt, wonach die Dichter lügen (d. h. ihre Leser täuschen), dann doch nur insofern, als die Hartnäckigkeit dieses Gerüchts hier gleich ihre Aufklärung mit erfährt.

Das Arrangement von geschlossenem Buch und offener Schublade drückt den Sachverhalt in seiner ganzen Sinnfälligkeit aus. Wenn wir diese hier ›entschlüsseln‹, zerstören wir damit schon das Ureigenste des Vorgangs, der gerade in der Unauflösbarkeit dieser beiden Bestandteile *eines* Symbols sich zu verstehen gibt. Es handelt sich dabei um die Kontaminierung von zwei verschiedenen Ansätzen zu einem Aussagedrang, in dem das Subjekt des

Unbewußten an dem Inhalt seiner Wünsche in der Form ihrer Mißbilligung durch den Anderen (die anderen) festhält. Der ästhetische Ausdruck ist dies, daß einer von etwas redet, indem er es vor sich selbst als dem Ort, an dem der Andere herrscht, verbirgt.

So müssen wir uns doch fragen, warum der eine Erzähler einen Text, den ein anderer Erzähler geschrieben hat, der bereits in sich schlüssig und sogar äußerlich abgeschlossen als Buch vorhanden ist, noch einmal schreiben will. Ein späterer Abschnitt des Tagebuches gibt hierzu einen Fingerzeig:

Es gibt Handschriften, in denen das glückliche Auge alsbald eine ältere Schrift erahnt, die im Laufe der Zeit von belanglosen Narreteien verdrängt worden ist. Mit ätzenden Mitteln wird die spätere Schrift ausgelöscht, und nun steht klar und deutlich die älteste da. So hat Dein Auge mich gelehrt, in mir selbst mich zu finden, ich lasse die Vergessenheit alles verzehren, was nicht von Dir handelt, und dann entdecke ich eine uralte, eine göttlich junge Urschrift, dann entdecke ich, daß meine Liebe zu Dir ebenso alt ist wie ich selbst. [17]

Das ist ein Hinweis auf die Doppelspur in jeder Schrift, wie wir ihn auch einem Epitaph Derridas entnehmen:

Zwei Texte, zwei Hände, zwei Blicke und zwei Arten des Vernehmens, auf einmal zugleich und einzeln. [18]

Das Subjekt vollbringt in seiner Doppelgestalt, die Kierkegaard folgerichtig in den zwei Erzählern präsentiert, daß es seiner Rede ›zween Herren zugleich dient‹, wie es einmal bei Freud im Hinblick auf die Schaulust heißt. [19] Die Erwähnung des ›glücklichen Auges‹ in dem zitierten Passus sollte uns daran erinnern, daß wir es hier mit einer psychogenen Veranstaltung zu tun haben, in deren Zentrum der Schautrieb mit seiner immensen Begabung für Doppelstrategien steht: Den Blicken, die da einer empfängt, entnimmt er eine Botschaft, die an ein Früheres, Verdrängtes, rührt. Als »uralte« und »göttlich junge Urschrift« schreibt sich darin das Erlebnis der ersten Liebe fort, die immer die Liebe zu einem verbotenen Objekt ist.

Wenn der ›Verführer‹ an einer anderen Stelle das Ausmaß seiner Selbstaufgabe *in* der Hingabe an die Geliebte benennen will, fällt ihm dieser frühe Augenblick als Augen-Blick ein:»– an ihr hänge ich zärtlicher als das Auge der Mutter an ihrem Kind«.[20] Symptomatisch an diesem Satz und an dem Zusammenhang, in dem er steht, ist, daß die Zärtlichkeit der Mutter zum Goldmaßstab einer Beziehung erhoben wird, in der die eigene Sehnsucht sich auf ein Maß an Grenzenlosigkeit spannt (»zärtlicher als«), die sowohl ohne Ort wie ohne Ziel ist. Denn das Geständnis wendet sich an die Geliebte direkt, steht in einem Brief an sie, und redet doch an ihr vorbei und über sie hinweg von einer anderen, und meint auch eine andere als jede physisch erreichbare Person.

Vergegenwärtigen wir uns dazu noch die erste Begegnung zwischen dem Protagonisten und der 17jährigen Cordelia, die für diesen da noch »die schöne Unbekannte« ist. Sie hält sich dabei in einem Galanteriewarenladen auf. Über seinen Standort – ob er überhaupt einen einnimmt außerhalb seiner Vorstellungen, darüber werden wir im unklaren gelassen. Sie jedenfalls kann ihn nicht sehen, er sieht sie in einem Spiegel (!):

Der unglückliche Spiegel, der zwar ihr Bild ergreifen kann, nicht aber sie, der unglückliche Spiegel, der ihr Bild nicht in seiner Heimlichkeit verbergen kann, der es vielmehr nur anderen verraten kann wie jetzt mir. Welche Qual, wenn ein Mensch so beschaffen wäre! Und gibt es denn nicht viele Menschen, die so sind, die nichts besitzen außer dem Augenblick, da sie es anderen zeigen, die bloß die Oberfläche erfassen, nicht das Wesen, die alles verlieren, wenn dieses sich zeigen will, so wie dieser Spiegel ihr Bild verlieren würde, wenn sie mit einem einzigen Atemzug ihm ihr Herz verriete. Und wenn ein Mensch nicht imstande wäre, ein Bild der Erinnerung zu besitzen selbst im Augenblick der Gegenwärtigkeit, so müßte er ja immer wünschen, im Abstand von der Schönheit zu sein, nicht so nahe, daß das irdische Auge nicht sehen kann, wie schön das ist, was er umfangen hält, und was das äußere Auge verloren hat, was er zwar, indem er es von sich entfernt, für das äußere Gesicht wiedergewinnen, was er aber auch dann vor dem Auge der Seele haben kann, wenn er den Gegenstand nicht sieht, weil dieser ihm zu nahe ist, wenn Lipp' auf Lippe ruht . . .

Es wäre unsinnig, diese Aussage des Tagebuchs ›erklären‹ zu wollen. Jede Interpretation könnte immer nur in der Tautologie münden. Der poetische Diskurs bei Kierkegaard ist stets auch ein poetologischer, Kunst ist bei ihm immer schon deren Hermeneutik gleichzeitig. Hinzufügen können wir einen zweiten Abschnitt aus dem Tagebuch, der das Thema aufnimmt und in einer erkenntniskritischen Pointe vertieft:

Hinter der Welt, in welcher wir leben, liegt eine zweite Welt, die zu jener etwa im selben Verhältnis steht wie die Szene, die man im Theater bisweilen hinter der wirklichen Szene sieht, zu dieser. Man erblickt durch einen dünnen Flor gleichsam eine Welt aus Flor, leichter, ätherischer, von anderer Bonität als die wirkliche. [21]

Beide Stellen zusammen machen deutlich, welches Verhältnis zwischen den zwei Welten besteht. In ihnen ist ausgesprochen, welche Dialektik aus Nähe und Ferne den Begriff der Schönheit hervorbringt, welcher Abstand den Reiz des Objekts erhöht und welche »Bonität« sich in zeitloser, körperloser Gleichmäßigkeit darin dem Subjekt verspricht, indem es sich ihm in jeder direkteren Beziehung verweigert.

Der Augen-Blick im ›Augenblick‹ der Kunst

Die Rolle, die der Schaulust bei der Schaffung dieses Schönheitsideals zufällt, heftet nicht nur einen nachträglichen und unversiegbaren Schwall von Glücksgefühl und deskriptiv kaum zu bändigenden Überschwang an ein immer schon Verlorenes und vom »Auge der Seele« unentwegt Beschworenes. Ihr obliegt darüber hinaus, jenen Augen-Blick im ›Augenblick‹ erstarren zu lassen, das heißt jenen Moment von Wirklichkeit zu *verzeichnen* – im doppelten Sinne dieses Wortes –, in dem der Blick des Anderen die Bahnen der verliebten Augenzwiesprache in der Dyade erstmals durchkreuzte.

»Wir haben die *Kunst*«, weiß später Nietzsche, »damit wir *nicht an der Wahrheit zugrunde gehen.*« [22] Das meint, wenn wir diesen Satz richtig lesen, daß die Kunst die Wahrheit jenes Augenblicks nicht leugnet, daß sie sie einbezieht in einen Zusammenschluß, den das

Subjekt aus den Teilen, mit denen es plötzlich konfrontiert ist, vollzieht: nun aber nicht mehr auf der ›natürlichen‹ Ebene der ersehnten Vereinigung der Körper, sondern auf der Ebene des Symbols in der Vollkommenheit der Verschmelzung aller Bruchstücke zu einer Formgestalt.

Es wirft für das Verständnis zum Ironie-Begriff Kierkegaards einiges mit ab, wenn wir sehen, wie der Autor seinen ›Verführer‹ in das Interieur jener Unzuträglichkeit dirigiert, in dem er dem Schmerz im Milieu seiner Genesis wiederbegegnet:

Es ist oft Gegenstand meiner Betrachtung gewesen, welche Situation, welcher Augenblick wohl als der verführerischste gelten müsse. Die Antwort hierauf hängt natürlich davon ab, was man begehrt und wie man begehrt und wie entwickelt man ist. Ich bin für den Hochzeitstag, und zumal für einen ganz bestimmten Augenblick. [23]

Es folgt eine Beschreibung der jungfräulichen Braut, die in der Pracht ihres Hochzeitsschmucks und mit zitternden Gliedern auf den Bräutigam wartet:

– dann ist der Augenblick da . . . Dieser Augenblick macht selbst ein unbedeutendes Mädchen bedeutend . . .

Man irre sich hier nicht über das Zutreffende des Wortes Ironie, das sich im Gedanken an Kierkegaard überhaupt und insbesondere für diese Szene – die wie immer eine vorgestellte ist – einstellt. Das Ästhetische, wie Reflexion, wie die Ironie, ist nicht eine Form der Ableugnung, der Ablehnung, der Aufhebung, sondern der Einbeziehung, der Partizipation, der Integration in einen Moment, der beides, Wunsch und Widerstand, Abstoßung und Anziehung, umschließt:

Die Situation ist recht verführerisch, und ich hätte nichts dagegen, mich im Hintergrund anbringen zu lassen, zumal wenn das kleine Mädchen nichts dagegen hat.

Die Vereinigung der Liebenden, die der ›Augenblick‹ meint, ist für den reflektierenden Voyeur der Augenblick »vollkommener Harmonie«, für ihn freilich auf einer geistigen Ebene, auf der »Theorie« und »Praxis« vollständig eins sind:

Von der Überzeugung ist nämlich meine Praxis seit je durchtränkt gewesen, daß das Weib wesentlich Sein für anderes ist. Deshalb hat der

Augenblick hier so unendlich viel zu bedeuten; denn Sein für anderes ist immer Sache des Augenblicks. [24]

Und die Rettung des Augenblicks als Augenblick ist Sache des Ästhetischen. Die Reflexion kann nur diese Konsequenz denken. Das »Mehr des Poetischen«, das von diesem Augenblick seinen Ausgang hat, entsteht im Einklang mit der Empfehlung Platons an den Philosophen, die da lautete:

Und jeder sollte lieber solche Kinder haben als die menschlichen [25]

– womit die Kinder einer dem Gesetz unterworfenen Phantasie, die Werke der Kunst, angesprochen sind. Entsprechend heißt es bei Kierkegaard:

Der Augenblick ist alles, und im Augenblick ist das Weib alles, die Konsequenzen verstehe ich nicht. Darunter ist auch die Konsequenz, Kinder zu bekommen. Nun bilde ich mir zwar ein, ein ziemlich konsequenter Denker zu sein, aber wenn ich auch toll würde, bin ich doch nicht der Mann, die Konsequenz zu denken, ich verstehe sie einfach nicht, zu so etwas gehört ein Ehemann. [26]

Diese Konsequenz, die nur der Körper zu Ende ›denken‹ kann, ›versteht‹ er nicht. Das ist, immer wieder, Hippolytos vor Phaidra. Das weibliche Ideal für diesen Typus ist deswegen Diana: Bei ihr kann er der Abweisung sicher sein, wohingegen ihn bei Phaidra die Verführung erwartet.

Das »Spiel«, das der ›Verführer‹ nicht müde wird in seinem Tagebuch zu inszenieren, kreist unentwegt um diesen Augenblick, führt ihn symbolisch herbei, *wiederholt* ihn auf der Ebene phantastisch maskierter Ranküne:

Das Spiel selbst hatte für mich selbst natürlich ein besonderes Interesse. Cordelia schien nicht aufmerksam darauf. [27]

Das ist das Szenario für seine Genußsüchtigkeit, die Genugtuung seines gewährleisteten *Dabeiseins*. Genauso ist auch der Erzieher immer *dabei*, wenn Rousseaus Emile seine Sophie begehrt; aus gleichem Interesse geschieht, daß in Balzacs »La femme de trente ans« der Vater seine Tochter Julie auch im Hochzeitskabinett nicht verläßt. [28] Und immer sind es die Blicke des Partizipanten, die verraten, wie er dabei auf seine Kosten kommt.

Für die Liebe ist alles Bild, andererseits ist das Bild wieder Wirklichkeit,[29]

so lautet die Kurzformel, in die der Verführer seine ästhetischen Erfahrungen zusammendrängt.

Nietzsche hat an vielen Stellen seines Werks immer wieder den ›schönen Schein‹ durchstoßen und uns an die physiologischen Voraussetzungen zur »Genesis der Kunst« erinnert:

Das *Verlangen nach Kunst* und *Schönheit* ist ein indirektes Verlangen nach den Entzückungen des Geschlechtstriebes, welche er dem cerebrum mitteilt. Die *vollkommen gewordene Welt,* durch Liebe.[30]

Nicht wenige Aufschlüsse hierzu gibt es im Tagebuch des Verführers, aber nur selten haben sie das Fluidum der Heiterkeit wie dieses Aperçu:

Das eben ist das Herrliche, das Göttliche an der Ästhetik, daß sie nur zum Schönen in Beziehung tritt; sie hat es wesentlich nur mit der schönen Literatur und dem schönen Geschlecht zu tun.[31]

Über den Charakter der Notwendigkeit des Poetischen schweigt sich das Tagebuch jedoch an keiner Stelle aus, so wenig es dessen »Glorie der Verklärung« aus den Augen läßt, mit der auch für Heine seine Diana-Träume enden.[32]

Der dyadische Kern des ästhetischen Erlebnisses ist an einer Stelle freigelegt, die an Offenheit nichts zu wünschen übrigläßt. Es ist die Rede von dem »Augenblick«, in dem eine Ehefrau »noch anmutiger ist als ein junges Mädchen, noch mehr Ehrfurcht einflößt«:

doch das ist ein Augenblick, der nur selten im Leben vorkommt, er ist ein Bild für die Phantasie, das man nicht unbedingt im Leben sehen muß und das man vielleicht niemals sieht. Ich denke sie mir gesund, blühend, üppig entwickelt, sie hält ein Kind auf ihrem Arm, auf das ihre ganze Aufmerksamkeit gerichtet, in dessen Betrachtung sie verloren ist. Es ist ein Bild, das man als das Anmutigste bezeichnen darf, was das Menschenleben aufzuweisen hat, es ist ein Naturmythos, der darum nur künstlerisch gesehen werden darf, nicht in der Wirklichkeit. Auch dürfen nicht mehr Personen auf dem Bild sein, keine Umgebung, die nur stören würde.

Die im Bild betrachtete Mutter ist selbst in Betrachtung ihres Kindes versunken. Der glückliche Zustand des Kindes in der Dyade ist dessen Gesehenwerden durch die Mutter in einer die störende Umgebung ausblendenden Ausschließlichkeit der nur ihm, dem Infanten, geltenden Zuwendung – des Auges. Der Betrachter weiß, daß das in Wirklichkeit nicht ohne die Angst vor der bevorstehenden Störung zu haben ist. (Deswegen ist die Anmut auch eine Sache des schmerzfrei genießenden Auges, eine Sache der Ästhetik.) Wenn im Tagebuch von Schönheit die Rede ist, lauert denn auch irgendwo die Angst:

Wie diese Angst Ihre Schönheit erhöht! Doch Angst ist nicht schön an sich, sie ist es nur, wenn man im selben Augenblick die Energie sieht, die sie überwindet. [33]

Wie zur Aura der Schönheit gehört die Angst auch zum Wesen der Liebe:

Was ist es für eine Liebe, mit der wir die Natur umfassen, ist nicht eine geheimnisvolle Angst, ein Grauen in ihr, weil ihre schöne Harmonie sich aus Gesetzlosigkeit und wilder Verwirrung emporarbeitet, ihre Sicherheit aus Treulosigkeit?

Das ist die Liebe, die das gefürchtete Gesetz akzeptiert, die Promiskuität abgestreift hat, die daher ›schön‹ geworden ist. Sie trägt zum Bildbegriff und zur Bildentstehung mehr bei als der schiere Abglanz jenes mythisch zeitlos gemachten Urbildes, das nur die Mutter mit ihrem Kind zeigt. Der Tagebuchschreiber besinnt sich auf Kirchenbesuche, wo er mancher leibhaftigen Mutter mit einem Kind auf dem Arm begegnet ist. Selbst, wenn man von »dem beunruhigenden Kindergeschrei« einmal absehe,

so ist schon die Umgebung so störend, daß, wäre auch alles andere noch so vollkommen, die Wirkung doch hin wäre.

Und was ist der Grund für diese Störung? Die Antwort ist so plausibel wie entwaffnend:

Man sieht den Vater, das ist ein großer Fehler, da es das Mythische, das Bezaubernde aufhebt, man sieht – *horrenda refero* – der Paten ernsten Chor, und man sieht – gar nichts.

Deutlicher, als dies durch Kierkegaard geschieht, kann man die Funktion des Bildes gar nicht beschreiben. Die Gegenwart des Vaters als der Einbruch des Schreckens (»horrenda refero«) ›umgeht‹ ein Blick, der den ›schönen Schein‹ beschwört:

Hingegen als ein Bild für die Phantasie vorgestellt, ist es das Anmutigste von allem. Mir fehlt es nicht an Keckheit und Dreistigkeit, nicht an Tollkühnheit, um einen Angriff zu wagen – wenn ich aber in der Wirklichkeit ein solches Bild sähe, ich wäre entwaffnet.

Kurz vorher, und da noch in einer anderen Kostümierung des immer gleichen Sachverhalts, hatte ihm beim Spielen mit der Liebe, das nicht zum Liebesspiel werden darf, die Erinnerung einen ähnlichen Schreck eingejagt. Als es ihm nicht gelingt, die von Cordelia in die Luft geworfenen zwei Ringe mit einem »Stab« aufzufangen, kommt ihm unversehens eine Anekdote in den Sinn. Sie handelt von einem napoleonischen Soldaten, der sein soeben amputiertes Bein (»Im selben Augenblick, da die schmerzhafte Operation überstanden war«) mit dem Ruf *»Vive l'empereur«* in die Luft warf.[34]

Angesichts einer so *ausgesprochenen* Zwangslage – es bedarf wohl keiner weiteren ›Erklärung‹, was für eine »schmerzhafte Operation« da gemeint ist – gerät jede den hier veranschaulichten und reflektierten Umständen gewidmete psychologische Theorie zum Nachtrag, wird eine psychoanalytische Genealogie der »ästhetischen Illusion« zur Übersetzung.

(Es »ist der Schautrieb der Trieb, der am vollständigsten den Begriff der Kastration umgeht«, und: »Weil jedes menschliche Begehren auf Kastration beruht, übernimmt das Auge eine bösartige, aggressive Funktion.«)

Cusanus, an der Schwelle des neuen Selbstbewußtseins, hatte Gott mit einem Künstler verglichen.[35] Nietzsche, in dem dieses Selbstbewußtsein seinen Kulminationspunkt hat und ihn überschreitet, spricht von Gott, wenn er den Künstler meint: »Wegsehen wollte der Schöpfer von sich – da schuf er die Welt.«[36]

Der Prospekt, der sich in diesem Wegsehen eröffnet, ist die Welt der Bilder, die »wieder Wirklichkeit« werden. In ihnen herrscht wie in der gesellschaftlichen Wirklichkeit das Gesetz seit Platon als Kunstgesetz, doch zu den Bedingungen des Culpanten, der in ihnen dem ›aggressiven‹ Blick des Vaters ausweicht, indem er ihn ›zähmt‹. Auf der Ebene des Scheins, den das »Auge der Seele« in die grenzenlose Künstlichkeit entwerfender Vorstellungen projiziert, vermag er ihn auszuhalten, ja, es ist nicht zu übersehen, daß er ihn dort sucht.

Wir sehen dafür sogar als Zeichen an, daß Kierkegaard in der Poesie ständig sein poetologisches Bewußtsein erträgt; daß er für die Schönheit schwärmt in Verbindung mit der theoretischen Einsicht in ihr erzwungenes Zustandekommen im Blick des auf sie gerichteten Sohnes, des *sehnsüchtigen* wie des *wissenden* Kindes. (Steckt das hinter dem Topos vom ›kindlichen Greis‹?)

Die Kunst als »tausendäugiger Argus« (Hegel)

Hegel, sonst kaum auf der Linie des Kierkegaardschen Enthusiasmus, beweist noch als Kunstgesetzgeber eine fabulierende Hingerissenheit, die den Verdacht verstärkt, daß selbst das theoretische Interesse am Kunstschönen sich auf eine psychogene Disposition bezieht, die auch den Künstler zur Produktion seines konkreten Scheins verpflichtet. Dieser, der im Verein mit allen Philosophen der Weltgeschichte um den Begriff der ›Natur‹ ringt, den die Kunst nachzuahmen hat, meint ja ebensowenig wie jene eine Natur *vor* dem menschlichen Gesetz, sondern dessen *idealen* Einschluß in sie im Kunstwerk. *Deswegen* kann Platon auch erklären, daß Kunst, Vernunft und Gesetz vor der Natur da waren; ebenso wie die Seele als Bewußtsein, das sich von dem gleichen Fremden her datiert und doch für das Subjekt zum Allereigensten wurde, vor dem Körper dagewesen sei.

Die Wirklichkeit der Kunst nimmt den Vorwurf der gesellschaftlichen Realität auf und stellt sich in ihr der Grundtatsache aller auf Begehren beruhenden Intersubjektivität nach Maßgabe der Bedingungen des Schautriebs, die nicht nur die Bedingungen des Sehens, sondern auch des Gesehenwerdens sind. Sie trägt damit dem von Adam Smith moralisierten Seinsbegriff Rechnung, »daß wir im Schauspiel der Welt angeschaute Wesen sind«.

Daß wir das auch im Angesicht der von uns hervorgebrachten

Kunstwerke bleiben, macht sich Hegel in einer bemerkenswerten Definition von Totalität im Ästhetischen zu eigen:

Fragen wir aber, in welchem besonderen Organe die ganze Seele als Seele erscheint, so werden wir sogleich das Auge angeben; denn in dem Auge konzentriert sich die Seele und sieht nicht nur durch dasselbe, sondern wird auch darin gesehen. Wie sich nun an der Oberfläche des menschlichen Körpers im Gegensatz des tierischen überall das pulsierende Herz zeigt, in demselben Sinne ist von der Kunst zu behaupten, daß sie jede Gestalt an allen Punkten der sichtbaren Oberfläche zum Auge verwandle, welches der Sitz der Seele ist und den Geist zur Erscheinung bringt.

Der Blick erhob sich für Hegel schon an anderer Stelle über das Endliche hinweg in den Bereich des »Unendlichen und Wahren«. Nun wird das Auge zum Angelpunkt der Wesenheit des Menschen, des *ganzen* Menschen, in dem Sehen und Gesehenwerden zusammenfallen. Das Kunstwerk wird daher nicht nur angeschaut, es geht auch auf unser Bedürfnis ein, angeschaut zu werden, d. h. es

macht die Kunst jedes ihrer Gebilde zu einem tausendäugigen Argus, damit die innere Seele und Geistigkeit an allen Punkten gesehen werde.[37]

Das, als einziges von Hegel, hätte auch Kierkegaard unterschrieben.

Wiederholung und »Objekt-a« (Lacan)

Wenn wir hier vor solcher Wiederkehr des Immergleichen nicht resignieren, wenn eine Psychohistorie des Schautriebs als das Schicksalsepos des Blicks, als Roman des Auges, fast zu einer Kulturgeschichte der Menschheit gerät, dann sicherlich *auch*, weil noch die hermeneutische Einlassung von jenen Entlastungen profitiert, die sich in der Wiederholung *als* Wiederholung verzeichnet.

Das Kapitel ›Wiederholung‹ nimmt bei Freud einen großen Raum ein, man braucht dazu nur im Register der Gesamtausgabe unter diesem Stichwort nachzuschlagen. Lacan hat in Beziehung darauf einen Begriff geprägt, der uns hier in besonderer

Weise angeht. Er hat mit einem Phänomen der frühkindlichen Erfahrung zu tun, mit dem das Subjekt auf die vorübergehende Abwesenheit einer geliebten Person reagiert. Das Subjekt beschäftigt sich mit einer Art Zwischengegenstand, zu dem es eine Beziehung knüpft im Anklang an die Beziehung zur Mutter etwa, die sich, so merkt es oder meint es, ihm entzieht. Dieser Gegenstand ist in Wahrheit ein imaginierter Vorposten des Subjekts, eine Abspaltung, die etwas, das fehlt, ersetzt. Lacan belegt ihn mit dem Terminus »Objekt-*a*«.

Wir merken hier gleich, daß auch von da her der Brust eine gesteigerte Bedeutung zukommt und daß das, was wir Fetisch nennen, sich in diesem Ausfall des Subjekts in einen vorgelagerten, konkret imaginären Raum (wie das Geld auch?) hineinkonstituieren vermag. Ohnehin dient, was sich da als Außenerfahrung und Innenbedürfnis überlagert, dem Subjekt dazu, mit dem gravierendsten Abwesenheitserlebnis seiner Geschichte zurechtzukommen.

Wir ahnen, daß die bedeutende Affinität zu Bildern, die das Kierkegaardsche Subjekt immer wieder in der Nähe der Anwesenheit des Vaters – und das bedeutet die Abwesenheit des eigenen Penis' – einbekennt und die es unter der Begleiterscheinung der Angst erfährt, hier ihr psychogenes Ursprungsmodell hat. Um so mehr, wenn wir zur Kenntnis nehmen, daß der Blick ein solches Objekt-*a* symbolisieren kann:

Deswegen kann das Auge als Objekt *a*, das heißt auf der Ebene des Fehlens (-φ), fungieren.

Der Blick, stehend für »jenes zentrale Fehlen, das sich in der Erscheinung der Kastration ausdrückt«, kehrt in der Bilderwelt des Ästhetischen gebannt wieder, anverwandelt, einbezogen in die Zwischenwelt des ›schönen Scheins‹, wo nun ›etwas ist‹, was in der Wirklichkeit, wie Kierkegaard konstatiert, das Subjekt bei aller »Keckheit« der Anlage in seinem Begehren stören würde, es »entwaffnete«. Ein Kunstwerk hat dagegen sogar als »tausendäugiger Argus« noch die Wirkung, den Einklang der Vollkommenheit, und das heißt der *Vollständigkeit*, zu suggerieren. Damit bleibt, was der Sinn ist, »das Subjekt in Unwissenheit darüber, was jenseits des Scheins ist«. [38]

Das Verschwinden des Objekts im ›geistigen‹ Bild (Balzac)

Kierkegaards Verführer wird zum Künstler, weil er sich ganz »auf sein Auge verlassen kann« und »diese Waffe mit Virtuosität zu handhaben« weiß. Er vergleicht sich mit einem Maler, dessen Freude es sei, seine Geliebte zu malen. Er führt dies jedoch in einem »geistigen Sinne« aus. Als »konsequenter Denker« ist er sein eigener Theoretiker. So *weiß* er, daß das Bild, das er in seinem Inneren von der Geliebten »besitzt«, sein »Betrug« an ihr, der Wirklichkeit, ist.

Das genau ist auch der Fall des Malers Frenhofer in Balzacs Erzählung »Le chef-d'œuvre inconnu«. Auch er glaubt sich mit einem bis zur Abstraktion unkenntlichen, ›geistigen‹ Bild von der geliebten Frau in deren Besitz. Er ahnt, daß er das Bild vor den wirklichen, den ›störenden‹ Blicken verstecken muß, um es sich als eingebildete Inkorporierung bewahren zu können. Als er der Versuchung erliegt, im Tausch für den Anblick einer leibhaftigen Frau sein Bild anderen zu zeigen, bricht das Bewußtsein seines Betrugs über ihn herein.

Im Wirrwarr der Linien und Farben auf der Leinwand war nur ein bezeichnender Teil des unsichtbar gemachten Körpers sichtbar geworden: ihr Fuß. Über die Bedeutung des Fußes im Zusammenhang mit dem Fetischismus sind wir im Bilde: Das Subjekt streckt dem Betrachter sein Objekt-*a* entgegen. [39]

11. Die doppelt verriegelten Verliese der Kunst

Stifter: »Der Nachsommer«

Am Anfang – das Wort des Vaters

Der Roman, der die Umwandlung der gewöhnlichen Objekte der visuellen Wahrnehmung zu Bildobjekten in den Mittelpunkt eines immensen Erziehungsprogramms stellt, ist Stifters »Der Nachsommer«. Der Fetischismus in den Gegenstandsbeziehungen ist darin deutlich wie selten. In keinem anderen Werk auch geschieht diese »Veredlung« so auffällig in einer Aura des Väterlichen, ist der Lernprozeß im Hinblick auf ein Sehen in Bildern so eindeutig ein Integrationsprozeß in den Geltungsbereich der Autorität des Vaters. Risach, von dem der Protagonist Heinrich von Drendorf vor allem in die Schule genommen wird, ist nicht nur die soziale Steigerung des eigenen, leiblichen Vaters, wie es der pubertären Phantasie üblicherweise in einer Phase der Ablösung entspricht. Die Querverbindungen zwischen beiden Vätern sind vielfältig und bleiben die ganze Zeit über bestehen.

Der Vater führt den Sohn gleich zu Anfang in die Grundbegriffe der ästhetischen Wahrnehmung ein:

> Er zeigte uns, wenn wir spazierengingen, die Wirkungen von Licht und Schatten, er nannte uns die Farben, welche sich an den Gegenständen befanden, und erklärte uns die Linien, welche Bewegung verursachten, in welcher Bewegung doch wieder eine Ruhe herrsche, und Ruhe in Bewegung sei die Bedingung eines jeden Kunstwerkes. [1]

Das ist bereits das Wesentliche der Funktion des Ästhetischen für das aufgebrachte, bewegte Innere des jugendlichen, d. h. des noch ›natürlich‹ Sehenden, theoretisch vor der Einführung des Gesetzes als Kunstgesetz, auf das hier der Vater hinweist.

Der Vater selbst verbringt seine Tage zwischen Handelskontor und Bilderkabinett. Später wird der Sohn jeden Fortschritt, den er auf seinen Wanderungen und Reisen erzielt – und jeder Fortschritt ist ein Schritt voran auf dem Wege zur Ausbildung seines künstlerischen Blicks –, dem Vater rapportieren. Er wird ihm die Gegenstände, die sein sich entwickelndes Zeichen- und Maltalent bzw. das Kunsthandwerk anderer hervorgebracht haben, ihm beschreiben oder zeigen. Seine höchste Befriedigung ist dabei nicht nur das Lob des Vaters, sondern die Beobachtung von dessen Bewegtheit beim Anblick der mitgebrachten Dinge oder Bilder. Die Identifikation mit dem Vater unterstellt dem Vorgang ein Moment der Gegenseitigkeit. In den Reaktionen, die die Bilder auf beiden Seiten auslösen – und es sind immer die Bilder des Sohnes –, kommt es zu einer Gemeinsamkeit des Gefühls, zur Einswerdung von Vater und Sohn, und dies zur Freude und nach den Vorlagen des Sohnes.

Der Vater ist es, der den Sohn dazu bestimmt hat, Wissenschaftler zu werden. Wenn wir die Stelle im Roman genauer ansehen, stellen wir fest, daß der Sohn »den angedeuteten Lebensberuf selber verlangt« und der Vater dem »Verlangen zugestimmt« hatte. Bestimmung als Zustimmung – das ist nicht nur die Sanktionierung des kindlichen Wißtriebs, dem der Sohn bis dahin schon »eifrig« und allein gehuldigt hatte, durch den Vater; dieser vertritt die Neigung des Sohnes auch nach außen, gegenüber einer Umwelt, die diese Anerkennung eines ausschließlich dem Wissensdrang gewidmeten Lebens mißbilligt.

Während Kellers ›grüner Heinrich‹ Sehenwollen und Wissenwollen nicht in Einklang zu bringen vermag, während bei ihm der Wißtrieb ähnlich wie bei Leonardo den Schautrieb des Künstlers zunehmend beeinträchtigt, geht für Stifters Heinrich die harmonisierende Wirkung der Bildfindung aus der wissenschaftlichen Beobachtung hervor. Sie erbringt erst die das Empfinden einbeziehende und befriedigende Vollständigkeit der Objektbeziehungen, die als ein *Ganzes* die Vollkommenheit des Bildes reproduziert:

Da geriet ich auf das Malen. Die Gebirge standen im Reize und im Ganzen vor mir, wie ich sie früher nie gesehen hatte. Sie waren meinen Forschungen stets Teile gewesen. Sie waren jetzt Bilder, so wie früher bloß

Gegenstände. In die Bilder konnte man sich versenken, weil sie eine Tiefe hatten, die Gegenstände lagen stets ausgebreitet zur Betrachtung da.[2]

Die Herbeiführung des harmonischen Einklangs im Vollzug der Bildgestaltung und Bildbetrachtung soll auch wieder die Stadt und das Land zusammenführen, als Gegensatz aufheben. Das Bild ist total, wie der Weltvereinnahmungsanspruch total ist. Das Haus des »Gastfreunds« Risach sieht denn auch eher wie das Landhaus eines Städters aus, sein Inneres ist die Vergrößerung des väterlichen Hauses in der Stadt in die Dimension des qualitativ Größeren, des Schönen. Es wird immer von der Sonne beschienen sein.

Es fehlt auf seiten des Sohnes nicht an Momenten des Triumphs über den Vater, wie in allem, was jener tut, ein Hinausgehen über das, was dieser darstellt, zu spüren ist. Angesichts der Bilder des Sohnes kann der Vater äußern:

Meine Habseligkeiten sinken dagegen zur Unbedeutendheit herab, und ich sehe aus diesen Blättern, wie man die Sache anfassen muß, wenn man die Zeit die Kenntnisse und die Mittel dazu hat.[3]

Der Sohn versteht das als Lob, als Beweis für sein Fortkommen, das ein Fortkommen aus dem Machtbereich des Vaters ist, der über die genannten Voraussetzungen alle nicht verfügt.

In Risachs Arbeitszimmer, nun weit weg vom Vaterhaus und der Anwesenheit des Vaters in ihm, befällt Heinrich jedoch unversehens eine Sehnsucht nach diesem. Die Dinge, die der Vater besaß und die auch Risach besitzt, erscheinen »ihm so schön, daß ich glaubte, nie etwas Ähnliches gesehen zu haben«.[4] So betreibt er die Veredlung des väterlichen Erbes, die Verklärung des körperlich Abwesenden im Blick auf die vermittelte ›Schönheit‹ der Gegenstände, die seine Aura ausmachen, ohne seine Anwesenheit zu bedingen.

Besonders angetan hat es ihm »ein Schreibschrein«, der »nicht nur das größte (!), sondern wahrscheinlich das schönste Stück des Zimmers war«. Die Relativierung, die dieses ›wahrscheinlich‹ ausdrückt, verlegt, was hier schön genannt wird, nur noch mehr in die Auffassung des Betrachtenden, läßt es vollends seinem Wunsch entsprungen sein, ein gegenständlich Gegebenes *ihm* ›bedeutend‹ erscheinen zu lassen.

Auch hier ist die Synthese zu beobachten, die der Blick aus einem Außen und Innen zustande bringt, und es entsteht wieder einmal dabei jenes Symbol der Vereinigung und Elterneinheit, nach dem das Auge des Jünglings ständig die Horizonte absucht. Im Laufe der so ausführlichen wie verzückten Beschreibung wird der Sekretär (als Ort der Schrift, als Vatersymbol) zusehends zu einem »Schrein«. Vom »Körper des Schreins« ist sogar die Rede, und dessen »allseitig gerundete Arbeit« suggeriert den Übergang in die Sphäre des Weiblichen, Mütterlichen. Die Faszination, die von den Fächern und Schubladen ausgeht, nimmt überhand. »An den Kanten des Aufsatzes und zu beiden Seiten der Mittel-tür befanden sich als Säulen vergoldete Gestalten.« Die Figuren stellen »starke Männer« und »Meerfräulein« dar. Im Gold, das sie heraushebt, erkennen wir das Medium ihrer Zusammengehö-rigkeit. Dazwischen ist die Fläche für den Schreibenden heraus-zuklappen, dessen Tätigkeit findet im Zentrum der Anlage statt. Ist sie beendet, verschwindet die Öffnung, vor und in der sie vonstatten ging, hinter der wiederhergestellten, äußeren Harmo-nie des Ganzen, dessen Sinn die Schönheit ist. Neben Heinrich steht bei dieser Musterung der ›Gastfreund‹. Auf einmal ist das Kunstwerk ein »Geräte«, und der väterliche Lehrmeister »zeigte mir manches, und erklärte mir auf meine Bitte Dinge, die ich nicht verstand«. [5]

Wir dagegen verstehen recht gut, warum dieses Möbel, nach-dem ein Gedanke es mit dem Schreibschrank des Vaters in Ver-bindung gebracht hatte, dem Betrachter so schön erscheinen *mußte*, warum es mit nichts anderem Ähnlichkeit haben *konnte*. Ein Vorgang und ein Zustand, die Bewegung und die Ruhe, wie es die »Bedingung eines jeden Kunstwerks ist«, haben hier zu-sammengefunden und die einmalige Schönheit des Gegenstandes hervorgebracht.

Der sokratische Weg zum Überzeugtsein

Wenn man den »Nachsommer« mit Platons Dialogen vergleicht, dann fällt auf, daß Stifters Erziehungsroman sich aus einer Un-zahl von Gesprächen zusammensetzt, in denen ein Jüngerer

durch einen Älteren in die Geheimnisse des Ästhetischen einge-
weiht und auf die Gültigkeit des Kunstgesetzes hingewiesen wird.
Auffallend ist die Form der Belehrung, die dem »sanften Gesetz«
entspricht und die auf der gewaltfreien Kraft des Überzeugens
durch das Wort beruht.[6]

Die Konstellation des ständig fortgeführten Dialogs berücksichtigt auch das Element der Spannung zwischen einem mehr
und einem weniger Gelehrigen, das auch bei Platon nie fehlt.
Hier ist es das Verhältnis zwischen zwei ungleichen Brüdern, die
dies in einem übertragenen Sinne sind. Heinrich ist immer schon
›weiter‹ als Risachs Sohn Gustav, von ihm, der eine Andeutung
vom Tyrannen in die Erzählung einbringt, sticht er allemal
durch Lerneifer und die Genugtuung, durch das Ergebnis Anerkennung bei Risach zu finden, zu seinem Vorteil ab. Mit anderen
Worten: Er sticht ihn bei diesem aus.

In der Bemühung Heinrichs, in alle Gegenstände und Zusammenhänge die ›Glorie‹ des Schönen hineinzusehen und sie dann
mit seiner eigenen Tätigkeit – die ein Lebensberuf genannt wird
– zu reproduzieren, steckt nicht nur die Bereitschaft, das Lernpensum, das der Über-Vater Risach vorgibt, pünktlich zu absolvieren. Die Betonung seiner *inneren* Mitwirkung hierbei vollzieht
den Prozeß als ein stetiges Überzeugtwerden, als ein Verinner-
lichen von etwas, was außen, was älter und größer ist, in der
Einswerdung mit diesem. Das aber war schon der bahnbre-
chende Gehalt der Erziehungslehre des Sokrates, der die mecha-
nistische Auffassung von der Kenntnisaneignung durch die So-
phisten darin übertraf, daß er sich mit der äußeren Zustimmung
zu bestehenden Normen nicht begnügte. Eine neue, strengere
Geltungsära des Gesetzes hatte eingesetzt und bedurfte der Maßnahme, die den Pragmatismus des Integrationskalküls ersetzte
durch eine qualitativ weiterreichende, längerwirkende Indoktrination: im Namen der Totalität des Gesetzes und der verlangten
Adaption an es.

Die Kunst,,die Heinrich lernt, ist immer schon dagewesen als die Kunst der Väter, und als Kunst geht sie über das Wissen, von dem seine Bestrebungen ihren Ausgang nahmen, hinaus als die Totalität eines kulturellen Umwandlungsprozesses, der die äußere *wie* die innere Natur gleichermaßen erfaßt. Er vereint die Erscheinungen mit einem dahinterliegenden Gesetzmäßigen. Die Wissenschaft geht nur auf die äußere Naturbeherrschung aus, die Kunstübung fügt dem die innere hinzu. Sie ist damit, im Sinne Platons, handwerkliche und ›bürgerliche‹ Kunst in einem. Die Schönheit, die sie hervorbringt, ist keine abgelöste Gegenwelt, kein äußerlich bleibendes Ornament, *in* ihr ist für Stifter das Subjekt zu Hause, wenn es das Gesetz akzeptiert und sich zu eigen gemacht hat. Sie ist das ›Bild, das wieder Wirklichkeit‹ wird in der unendlichen Ausdehnung der Utopie, in der der entsprechend erzogene Mensch heimisch sein wird.

Deswegen hält sich Heinrich ebenso oft in »Bilderzimmern« auf wie in der Natur der Landschaften:

Ich lernte die Beziehungen der alten Malerei – mein Freund hatte fast lauter alte Bilder – zu der Natur kennen. Ich lernte einsehen, daß die alten Meister die Natur getreuer und liebevoller nachahmten als die neuen . . .

Neben oder vor seine eigene Sicht tritt die ›Einsicht‹, die allemal eine Einsicht in das Gesetz, sei es hier auch immer das Kunstgesetz, ist. Wie im Bereich des Subjektiven, so gilt auch im Gegenständlichen das Ganze mehr als das einzelne, und diese Erkenntnis ist nur bei den ›Meistern‹ zu haben:

Die Meister, welche mein Gastfreund in seiner Sammlung besaß, verstanden es, das Einzelne der Natur in großen Zügen zu fassen . . . Diese große Behandlung sicherte ihnen aber auch Wirkungen im Großen, die dem entgehen, welcher die kleinsten Gliederungen in ihren kleinsten Teilen bildet. [7]

Unter den Gemälden, die Heinrich auf dem Dachboden bei Risach entdeckt, ist auch ein Bild der »heiligen Maria mit Kinde«, das ihm »so wohl gefällt«. Die Geschichte der Restauration dieses Werkes, die über viele Seiten hin nicht abreißt, enthält noch einmal alle Sinnfälligkeiten, auf die wir bei diesem Sujet mittlerweile gefaßt sind.

Das Gemälde ist sehr alt und daher den »Mißhandlungen der Zeit« ausgesetzt gewesen. Wir hören aus dem Wort ›Mißhandlungen‹ natürlich zweierlei heraus: einmal die Gewalt, die dem, was es darstellt, angetan wurde; dann aber auch denken wir an Handlungen, die diesem gegenüber fehl am Platze waren, die auf Schuld und damit auf den Gefühlskomplex des Betrachters verweisen.

Die Unfälle, die dem Bildwerk zugestoßen sind, werden als die Abenteuergeschichte seiner Überlieferung geschildert. Es ist die Geschichte der Welt, die dem Urbild, das nur die Mutter mit dem Kind zeigt, nicht zuträglich ist. Erst die Mittel des Gastfreunds und sein Eifer vermochten das »alte zerstörte Marienbild« so wiederherzustellen, daß es nun »ein so würdevolles und heiliges Ganzes bildete, daß man sich eines tiefen Ernstes nicht erwehren konnte, der wie wahrhaftige Andacht war«.

Er hat vor allem auch für eine Zutat gesorgt, deren Bedeutung wir noch gesondert erörtern werden: Er hat einen schönen altertümlich gearbeiteten Goldrahmen anfertigen lassen, denn:

Es ist nicht wahr, was man öfter sagt, daß eine schöne Frau ohne Schmuck schöner sei als in demselben: und wenn so ist es nicht wahr, daß ein Gemälde zu seiner Geltung nicht des Rahmens bedürfe.

Die Herkunft des Bildes wird nie aufgeklärt, es ist, dem Sujet angemessen, nicht Sache *eines* Besitzers gewesen. Auch ist es ein anonymes Werk, es hat keinen namentlichen Urheber, was erst recht einen Spielraum läßt, es den größten Meistern zuzuschreiben: »es wurde Tizian, es wurde die Raffaelische Schule genannt«.[8]

Risach hat das Bild in einem »verstümmelten Zustande gekauft«, später gibt er dem Verkäufer noch eine Summe, die »weit über seinen Erwartungen« liegt. Das Geld spielt im Austausch mit Bildern im Roman eine große Rolle, und es ist der Kaufpreis stets Ausdruck der Wertschätzung von seiten des Sammlers und nicht die Konzession an den Markt, dem der Kunstverkehr unterliegt. Auch Heinrich hat, durch einen verstorbenen Großoheim wie durch väterliches Vermögen, immer Geld zur eigenen

Verfügung. Sein Motto bringt diese Liquidität mit seiner Einstellung zur Welt in Einklang:

Ich bin doch im Grund nur ein gewöhnlicher Fußreisender. Ich besitze gerade so viel Vermögen, um unabhängig leben zu können, und gehe in der Welt herum, um sie anzusehen.[9]

In der geldlichen Transaktion kann er eine engere Verwicklung in die unschönen Aspekte des Lebens umgehen. Das Geld, in dem die Lebenskraft des Vaters auf ihn übergeht – und von dem die Einweisung in den entsprechenden Umgang mit ihm stammt –, dient unmittelbar zur Ausbildung und Aufrechterhaltung seiner Sehweise. Diese zielt auf die Ruhepunkte jenseits der Bewegung und vermeidet die Einbeziehung in sie.

Das ›sanfte Gesetz‹ als Kunstgesetz

Walter Benjamin hat Stifter vorgeworfen, er könne »nur auf der Grundlage des Visuellen schaffen«, die ›Welt‹ also nur ›ansehen‹. Die Fähigkeit »›Erschütterung‹ darzustellen« fehle ihm »absolut«. Stifters Ästhetisierung der Wahrnehmung, die ständige Verwandlung von Wirklichkeit in den marmornen Abguß einer *vergangenen* Schönheit verfolgt diese Absicht aus einem Zwang, der gewiß in Erschütterung seinen Ursprung hat. So wichtig das ›Gesetz‹ für Stifter ist, und Benjamin hebt das an anderer Stelle hervor, so groß ist auch das Bedürfnis, ihm mit einer inneren Belebung gerecht zu werden, die nun an diesem seine historische Beschränktheit herauskehren kann. Es können solche Zeiten kommen, »daß sie das Gesetz selber aufheben«. Nur eine »fortschreitende und nie erlahmende Kunstempfindung« wird daher den »Kunstwerken der Vergangenheit Schutz gewähren«.[10]

So gravierend ist offenbar die Erschütterung gewesen, daß sie dem Gesetz nur traut, wenn es eine von seiner äußeren Einwirkung losgelöste Gestalt angenommen hat, wenn es zum inneren Gesetz des Individuums geworden ist. Die Obsession, das Kleine im Großen und das Große im Kleinen zu sehen, die Benjamin an Stifter moniert, erhält in diesem Licht die Bedeutung einer Durchdringung, einer Teilhabe, die man auch eine heimliche

Form der Usurpation nennen mag. Sie ist gerichtet auf Überwindung der äußeren Gewalt durch die Hereinnahme seines Anspruchs in die Logik der eigenen Wünsche.

So verfährt Heinrich ja auch mit seinem leiblichen Vater, dem er die Zustimmung zu seinen Vorhaben abgewinnt, den er verläßt, um über ihn hinauszuwachsen. Noch jeder Schritt auf dem Weg in seine eigene Vergrößerung soll sich in den Augen des Vaters spiegeln, soll ihn, Heinrich, im Vergleich mit diesem immer größer *zeigen.*

Insofern ist Risach die Verkörperung einer ›höheren‹ Gesetzlichkeit, einer transpersonalen, kulturellen Ausdehnung von Sicherung, die ihn dem Zugriff der Macht entzieht, die einmal für das Bild seiner Kleinheit (Kastration) zuständig war. Deswegen wird auch schon sehr früh im Roman die Frage des Erbes geklärt, Heinrichs Unabhängigkeit gesichert. Sie ist seine Unabhängigkeit auch von Risach.

Risach verkörpert das Gesetz in einer ›sanften‹ Form des Kunstgesetzes, dessen Geltung ganz auf Einbeziehung und Partizipation beruht, auf einem inneren Anwendungsmodus seines Geltungsanspruchs und zum Wohle des Partizipierenden selbst, den es vor seiner eigenen Natur schützt. In solcher Form wünscht Heinrich sich dorthin, von wo die Erschütterung einmal ausgegangen war: in die Familie.

Wie Emiles Erzieher läßt sich Risach zum Schluß von seinem Zögling Vater nennen, als er die Familie den eigentlichen Hort von Kunst, Wissenschaft und Staat nennt.[11] Daß Heinrich und Natalie sich fanden, beansprucht er, wie jener Wohltäter bei Rousseau, als sein Verdienst. Wenn Heinrich nun zum Auserwählten wurde, dann dank Risachs »Blick«. Dieses ist der typische »erste Blick«, der durch die Beobachtung von Transaktionen im Warenverkehr geschult ist (wie Baxandall ihn zur Erklärung des Seh-Klimas in Florenz angenommen hatte[12]):

Nicht nur die Liebe ist so schnell wie die Elektrizität sondern auch der Geschäftsblick.[13]

Das ist, im Unterschied zu Kierkegaard, ohne Ironie.

Wie Rousseaus Erzieher, soll auch Risach dem Ehepaar weiter erhalten bleiben, und wie jener wünschen alle, daß sein Einfluß noch die »Nachkommen« des Paares erreichen möge. Hat Stifter bei diesem Schluß Rousseaus »Emile« unmittelbar im Sinn gehabt, oder teilt sich dem Pendant in diesem Arrangement ein Gehalt mit, dem einfach ein verwandtes Begehren zugrunde liegt?

Die erste Einweisung in die Gesetzmäßigkeiten des Schönen stammte vom Vater. Die Schönheit, der Heinrich sich fortan widmet, schützt ihn aber auch vor diesem. Der Vater kann daher neben Risach in der Schlußszene dabeisein, Heinrichs Kunstblick, auf den er sich mittlerweile verlassen kann, macht ihn gegen seine Anwesenheit immun. Damit verweist das Tableau zugleich auf den eigentlichen Kunst*sinn*: die ›bösartige Funktion‹ des Auges, die auf Kastration beruht, zu bannen, den Richterblick des Vaters in die Nähe des Blicks dieses höheren Kunstrichters zu bringen.

Der Geschlechtstrieb des Zöglings ist vollends zum Kunsttrieb sublimiert. Das Über-Ich kann den Aspiranten in das »reine Familienleben, wie Risach es verlangt«, entlassen. Der Schautrieb hat in diesem langen Roman sein Pensum gelernt, und es ist richtig, wenn der »Geschäftsblick« dabei der eigentliche Lehrmeister genannt wird: Er ist, denken wir an die Faustregel der Versagung à la Lévi-Strauss, die Kehrseite des Liebesblicks – mit dem wir uns jetzt noch beschäftigen wollen.

Geschwisterliebe: die verstellte Stimme des Tyrannen

Der Autor erlegt den Eltern Heinrichs eine Strenge auf, die diesem eine Kenntnis von Vorgängen vorenthält, die er am meisten fürchtet, weil sie ihn am meisten interessieren:

So zum Beispiele durften nicht einmal die Kinder das Schlafzimmer der Eltern betreten. [14]

Heinrich sucht und meidet den Gegenstand seiner Neugier auf zwei Ebenen: Er verschreibt sich der Geologie und dringt in die Schichten der Erdmutter ein, die sich dem Blick, nicht aber dem Wissen entziehen. Daneben gilt seine Zuneigung vor allem der Schwester Klotilde:

Sonderbar war es, daß ich nie auf den Gedanken kam, meine Schwester zu betrachten, ob ihre Züge zum Nachzeichnen geeignet wären, oder den Wunsch hegte, ihr Angesicht zu zeichnen, obgleich es in meinen Augen nach dem des Mädchens in der Loge das schönste auf der Welt war. Ich hatte nie den Mut dazu. Oft kam mir jetzt noch der Gedanke, so schön und rein wie Klotilde könne doch nichts mehr auf der Erde sein . . .[15]

Das ›Mädchen in der Loge‹ ist Natalie, Heinrichs spätere Frau. Der Räsonierende spricht das in Gedanken aus, in die das Bild einer bewegten Frau einzudringen droht, eine Frau, die er der Schwester, als die Heirat bevorsteht, mit den Worten vorstellt:

»Das ist nun Natalie, meine teure Klotilde«, sagte ich, indem ich beide Mädchen einander vorstellte, »das ist Natalie, die ich so sehr liebe, so sehr wie dich selbst.«[16]

Das Lineament, in dem sich sein Begehren mit dem der Schwester kreuzt, macht noch auf einem Umweg deutlich, in welch inzestuöser Stimmung er die Häuslichkeit, in die er auf dem Stufenweg seiner Läuterung immer wieder einkehrt, erlebt:

Ich aber kam in jenen Tagen, wenn mir einfiel, daß meine Schwester einmal einen Gatten haben werde, immer auf den nämlichen Gedanken, daß dies kein anderer Mann sein könne, als der so wäre wie der Vater.

Wenn Bekannte gegenüber Heinrich von ihrer Liebe zu einem Mädchen sprechen, so irritiert ihn besonders die Nachricht, daß das Mädchen die Neigung des Burschen erwidere.

In der Familienrunde weiß Heinrich sich aufgehoben, wenn die Schwester, »deren glänzende Augen bald auf mich bald auf den Vater schauten«, zu zeigen versteht, »daß sie mit mir zufrieden sei«. Das Lob der Schwester für seine Zeichnungen ist ihm ein »schönerer Lohn« als das Urteil der Kenner, und das der Mutter gar »erregte mir die angenehmsten Gefühle«.

Als Natalie zu einem ersten Besuch auf dem Anwesen Risachs eintrifft, wagt Heinrich nicht, ihr ins Gesicht zu sehen. Erst als sie den Arm ihres Bruders Gustav nimmt,

und beide Geschwister sich umkehrten, um der Tür zuzugehen, wagte ich es, den Blick zu dem Spiegel zu erheben, in dem ich sie sehen mußte. Ich sah aber nichts mehr als die vier ganz gleichen schwarzen Augen sich in dem Spiegel umwenden.[17]

Vorher schon war ihm aufgefallen, daß Gustav »schöner« geworden war, »seine großen schwarzen Augen waren wie bei einem Mädchen«. Ein verräterischer Passus heftet sich an die Doppelerscheinung der »Geschwister, die sich sehr zu lieben schienen«, als sie

sehr nahe aneinander gingen, so war es von ferne, als sähe man eine einzige braune glänzende Haarfülle, und als teilen sich nur unten die Gestalten.[18]

Als ›teilen sich nur unten die Gestalten‹ – wie freimütig ist das Unbewußte, wenn das Subjekt es fest im Griff zu haben glaubt.

Obwohl Heinrich immer wieder dessen schwarze Augen in den Sinn kommen, weiß er sich keinen Reim auf sein Interesse an Gustav zu machen:

Ich weiß nicht, welcher innre Zug von Zuneigung mich zu dem Jüngling hinwendete . . .

Fürwahr, der Tyrann lauert in jedem Philosophen, auch wenn der bei einer gemeinsamen Bergbesteigung *neben* ihm den Gipfel erklettert!

Auch dieser hier erliegt der Versuchung, als Sehender sein Sehen, das wie jedes Sehen auf Begehren beruht, vor dem Objekt des Begehrens zu verheimlichen, d. h. zu sehen, ohne gesehen zu werden:

Auf dem Sandwege aber gingen Natalie und Gustav herauf. Ich blickte in die schönen jugendlichen Angesichter, sie aber konnten mich nicht sehen, weil sie ihre Augen nicht erhoben . . . Ich sah auf sie, so lange ich sie erblicken konnte . . .[19]

Das sind reichlich Belege, sie könnten nur noch um das gleiche vermehrt werden, daß Heinrichs Liebesspaltung das gesamte Repertoire der Verdrängung und Verschiebung beherrscht, und daß darin eine Theaterwirklichkeit gegeben ist, die dem darunterliegenden Vereinigungswunsch den Fundus für seine unermüdliche Kostümierungssucht, für seinen Symbolisierungszwang, liefert.

Gegenüber Natalie besteht für Heinrich das Problem, sie in Beziehung zu dem Ziel, das er mit seiner Malerei verfolgt, zu *sehen*. Einerseits wagt er nicht, in ihre Gestalt, in ihre »Bewegun-

gen« mit dem Blick einzudringen wie in eine Zeichnung; andererseits geht ihm ihre Gegenwart so nahe, daß er sich sogleich vor ihr
in Gedanken auf die Kunst zurückzieht:

Wie sie so vor mir stand, begriff ich wieder, wie ich bei ihrem ersten
Anblicke auf den Gedanken gekommen war, daß der Mensch doch der
höchste Gegenstand für die Zeichnungskunst sei, so süß gehen ihre reinen
Augen und so lieb und hold gehen ihre Züge in die Seele des Betrachters.

Nur im Davonfahren, wenn er sicher sein kann, daß sie sich
entfernt und ihm nicht etwa zu nahe kommt, erträgt er den Blick
ihrer offenen, ihrer unverschleierten Augen:

Mathilde ließ den Schleier von dem nämlichen Hute, den sie bei ihrer
Herfahrt gehabt hatte, über ihr Angesicht herabfallen; Natalie aber legte
den ihrigen zurück, und gab ihre Augen den Morgenlüften. [20]

In sie würde sich Heinrich deswegen am liebsten auflösen.

Traum im Traum: die Tragödie des König Lear

Die ätherische Beziehung Heinrichs zu Natalie hat ein bedeuten-
des Vorspiel. Später, als sie sich ihre Liebe gestehen – sie, indem
ihre Augen »mit schönen Tropfen sprechen«, er, indem er sie »in
die Seele genommen zu denen, die ich dort liebe, zu Vater,
Mutter, Schwester« –, kommen sie darauf zurück. [21]

Die Rede ist von einem Theaterabend in der Stadt, als Heinrich das erste Mal eine von den Eltern unabhängige Wahl getrof-
fen hat: Er sieht König Lear von Shakespeare. Die Handlung
wird im Roman nacherzählt. Es ist die *bewegende* Geschichte eines
Vaters, dem von seinen undankbaren Töchtern und Schwieger-
söhnen übel mitgespielt wird, lauter Tyrannen, bis auf eine eben,
Cordelia (sieh da, die schöne Unschuld Kierkegaards!), die den
Vater liebt, ohne daß dieser es zunächst erkennt. Als er sich ihre
Gefühle zuletzt eingestehen muß und die liebende Tochter um
Vergebung bittet, da ist Heinrich im Theater nicht mehr zu
halten – außer dem Leibe nach:

Mein Herz war in dem Augenblicke gleichsam zermalmt, ich wußte mich
vor Schmerz kaum mehr zu fassen. Das hatte ich nicht geahnt, von einem

Schauspiele war schon längst keine Rede mehr, das war die wirklichste Wirklichkeit vor mir.

Den Fortgang des Stücks, der in der Bearbeitung ein versöhnlicher ist (!), nimmt er nicht mehr wahr. Vielmehr richten sich seine Augen, da er sich seiner Gefühle schämt, auf seine Umgebung im Theater und dort bald auf eine junge weibliche Person, Natalie:

Sie kam mir unbeschreiblich schön vor. Das Angesicht war von Tränen übergossen, und ich richtete meinen Blick unverwandt auf sie.

Als er sich nach Schluß der Aufführung zum Ausgang begibt, kommt es zur Begegnung mit der Unbekannten:

Plötzlich war es mir, als ob sich meinen Blicken, die auf den Ausgang gerichtet waren, ganz nahe etwas der Betrachtung aufdrängte. Ich zog sie zurück, und in der Tat hatte ich zwei große schöne Augen den meinigen gegenüber ... Ich blickte sie fest an, und es war mir, als ob sie mich freundlich ansähe ...[22]

Viel später, wie gesagt, kommen beide auf den Vorfall zurück, in einem Augenblick, in dem sich unter diesen gleichen Augen für Heinrich *alles* verändert hat:

Nataliens Augen, in welche ich schauen konnte, standen in einem Schimmer, wie ich sie nie, seit ich sie kenne, gesehen hatte.

Natalie gesteht ihm, daß sie ihn seit damals liebt:

Ich habe nie einer Vorstellung beigewohnt, die so ergreifend gewesen wäre. Ich sah es als einen günstigen Zufall an, daß mir Eure Augen, die bei dem Leiden des alten Königs übergeflossen waren, bei dem Fortgehen aus dem Schauspielhause so nahe gekommen waren. Ich glaubte, ihnen mit meinen Blicken danken zu müssen ...

Heinrich erwidert ihr Geständnis mit einem seiner typischen Superlative beflissener Ergriffenheit:

»Es ist mir lieb, daß es Eure Augen gewesen sind, die mir den Dank gesagt haben; der Dank ist tief in mein Gemüt eingedrungen. Aber wie konnte es auch anders sein, da Eure Augen das Liebste und Holdeste sind, was für mich die Erde hat.«

Das Ganze findet statt vor einer Grotte im Park, in der eine marmorweiße Nymphe aufgestellt ist. Mit ihr ist Heinrich durch seinen überschwenglichen Schönheitssinn längst aufs innigste verbunden. Sinnig ahmt die Sprache an dieser Stelle die Geräusche nach, die die bewegte »Flüssigkeit«, in der das Bild der Göttin steht, erzeugt und die zu den Tränen Natalies den Kontrapunkt abgibt. Überdem befällt Natalie ein »leichter Durst« angesichts der Wasserspiele, der vorerst mit Gesprächen über das »bewegte Leben« des Wassers gestillt wird. Wenig später dann mischen sich die Sekrete, die aus beider Augenpaare treten, zu einem stummen Liebesschwur. [23]

Uns kam es bei diesen Textstellen nicht darauf an, die Selbstpersiflage eines Liebesmelodrams aufzudecken, noch stehen die Details hier um des Effekts willen, den ein Aspekt auf unsere Literaturgeschichte als Peep-Show eröffnete – mit dem Auge als sehendem und gesehenem Körper.

Es ist eine andere Veranstaltungsart, die uns hier auffällig sein sollte und die an die Ereignisse an jenem ersten Theaterabend, der für das Paar so entscheidend war, anknüpft.

Erste Liebe und Theaterleidenschaft (Goethe)

In Jean Pauls »Siebenkäs« trägt ein Kapitel die Überschrift »Der Traum im Traum«. Darin heißt es: »Mir träumte, ich stehe in der zweiten Welt . . .« Die Beschreibung, die folgt, zeigt, daß es sich um die erste, zeitlich gesehen, die allererste Welt für das Subjekt handelt. Wichtig ist an dieser Stelle der Satz: »Ich war der zweiten Welt unsichtbar . . .«

Es tritt die »heilige Jungfrau neben ihrem Sohne« auf. Sie bittet den Sohn, den sie mit ›Geliebter‹ anspricht, um etwas sehr Bezeichnendes:

»O, die Liebe der Menschen zeig' er mir, Geliebter, wenn sie sich finden nach einer schmerzlichen Trennung« –

Das Bild folgt dem Theatrum-mundi-Topos, Maria blickt auf die Erde wie auf eine Szene hinab. Gegen Ende des Traums lächelt sie »auf einmal so selig, wie eine freudige Mutter«. Sie sieht eine Mutter, auf die ein Kind zuläuft. Sie hört sie rufen:

»Du gutes Kind, wie freust du mich! Bist du denn glücklich? liebst du mich denn?«... Maria wurde von der schönen Entzückung aufgeweckt, und sie fiel sanft erbebend um ihren eigenen Sohn und sagte weinend: »Ach, nur eine Mutter kann lieben, nur eine Mutter« – und die Erde sank mit der Mutter, die am Herzen des Kindes blieb, wieder in den irdischen Äther hinab...

Und auch mich erweckte die Entzückung; aber nichts war verschwunden als das Gewitter: denn die Mutter, die im Traum das kindliche Herz an ihres gedrückt, lag noch auf der Erde in der schönen Umarmung – und sie lieset diesen Traum und verzeiht vielleicht dem Träumer – die Wahrheit. [24]

Was hat dieser Traum mit dem Theaterabend, an dem Heinrich und Natalie sich stumm begegnen, zu tun?

Wir müssen uns daran erinnern, daß es das häufiger gibt in Büchern und Stücken, eine bestimmte Episode, die von besonderer Bedeutung ist, wird als Theateraufführung eingefügt. Die berühmteste findet im »Hamlet« auf einer Bühne auf der Bühne statt. Goethes »Wilhelm Meister« knüpft daran an und läßt im Roman – den »Hamlet« aufführen.

Wilhelms Liebe zum Puppenspiel war gleich am Anfang des Romans im Widerstreit mit der Meinung des Vaters erörtert worden, und auch die Mutter sah die »häusliche Ruhe durch deine unmäßige Leidenschaft zu diesem Vergnügen gestört«. Starke, deutliche Worte. Und weiter heißt es hierzu:

Auf den Flügeln der Einbildungskraft hatte sich Wilhelms Begierde zu dem reizenden Mädchen erhoben; ... denn sie war ihm zuerst in dem günstigen Licht theatralischer Vorstellung erschienen, und seine Leidenschaft zur Bühne verband sich mit der ersten Liebe zu einem weiblichen Geschöpfe.

Die Verknüpfung von Kindheitserinnerung, Bühnenleidenschaft und einer Liebe, die sich auf den »Flügeln der Einbildungskraft« zu ihrem Objekt ›erhebt‹, das ist die Trias, die noch jede Spiel-im-Spiel-Metapher in Szene setzt. Wir brauchen dazu nur den Regisseur. Goethes Roman wird ihn uns zeigen.

Ein »junger Mann von der Artillerie« kann die Bedenken des Vaters gegen das Theaterspielen im Haus zurückdrängen, er übernimmt die Puppenbühne und wird ihr Spielleiter. Wilhelm selbst ist bei der zweiten Aufführung aber nicht mehr nur der überrumpelte Zuschauer wie bei der ersten:

Hatte ich das erste Mal die Freude der Überraschung und des Staunens, so war zum zweiten Male die Wollust des Aufmerkens und Forschens groß.

Wie treffend, wie schonungslos fügen unsere Dichter, wenn wir genau hinsehen, die Worte, die zusammengehören, aneinander. Wilhelm will jetzt unbedingt einen Blick hinter die Kulissen tun:

Ich hub den untern Teppich auf und guckte zwischen dem Gestelle durch. Meine Mutter bemerkte es und zog mich zurück; allein ich hatte doch so viel gesehen, . . . und so erhielt meine halbbefriedigte Neugierde frische Nahrung. Dabei hatte ich zu meinem größten Erstaunen den Lieutenant im Heiligtum sehr geschäftig erblickt.

Das ist die Spur, und zwar sehr deutlich, die durch jeden Text verläuft, wie immer jene zwei Texte in einem präsentierend, von denen der eine dem Schreibenden abgekehrt erscheint, uns aber seine Bedeutung als die Sprache des Unbewußten voll zuwendet.

Das Kapitel endet mit einem Fazit von Wilhelms frühen Theatererfahrungen:

Nachdem ich etwas erfahren hatte, kam es mir erst vor, als ob ich gar nichts wisse, und ich hatte recht; denn es fehlte mir der Zusammenhang, und darauf kommt doch eigentlich alles an.

Der zweite Text schreibt sich unerschöpflich fort im ersten, und so, als wisse dieser, was der Zusammenhang ist, beginnt das neue Kapitel damit, daß es uns als erstes auf ihn aufmerksam macht:

»Die Kinder haben«, fuhr Wilhelm fort, »in wohleingerichteten und geordneten Häusern eine Empfindung, wie ungefähr Ratten und Mäuse haben mögen: sie sind aufmerksam auf alle Ritzen und Löcher (!), wo sie zu einem verbotenen Naschwerk gelangen können (!); sie genießen es mit einer solchen verstohlnen wollüstigen Furcht, die einen großen Teil des kindischen Glücks ausmacht.«[25]

Wir können diesen Vergleich nehmen und wenden wie wir wollen – die Kinder im Hause der eigenen Eltern als Ratten und Mäuse! –, der da spricht, spricht mit den Worten Aktaions, der bei Giordano Bruno, bevor sein geläuterter Schautrieb alle »trennenden Wände niederreißt«, genauso »nach seiner Diana . . . durch Ritzen und Fenster zu spähen« hatte.[26] Bei Wilhelm sind es verschlossene Türen, durch die er »nur manchmal, wenn die Mutter das Heiligtum öffnete, einen verstohlnen Blick tat«. Einmal, als er Gelegenheit erhält, nicht nur die Blicke, sondern die Hand auszustrecken, erkennt er, daß er die Puppen vor sich hat. Mit ihren Drähten kommt er nicht zurecht, um so mehr wünscht er sich,

zugleich unter den Bezauberten und Zauberern zu sein, zugleich meine Hände verdeckt im Spiel zu haben und als Zuschauer die Freude der Illusion zu genießen.[27]

Das heißt, erwachsen zu sein und dabei Kind, Zuschauer und doch Beteiligter, Sehen nur und zugleich die »Hände verdeckt im Spiel zu haben« – die Quadratur des Kreises, in dem sich die Wünsche drehen.

Wir sollten uns auch dafür interessieren, was da eigentlich in diesen ersten Aufführungen gegeben wird: Es ist die Geschichte von David und Goliath, in der also ein Kleiner einen Großen erschlägt und die Königstochter zur Gemahlin erhält. Wilhelm ist gleich so begeistert davon, daß er die Figuren aus Wachs nachbildet und das Drama für sich wiederholt. Kein Wunder, ist dies doch der Stoff, aus dem in diesem Alter die Träume gemacht sind: Die Ausschaltung des Vaters bei der Mutter durch seine Tötung.

Bedenken wir noch, daß Wilhelm das der Geliebten erzählt, daß sie dabei einschläft, daß er sich mit seinen Kindheitserinnerungen an die Stelle setzt, die die Träume der Schlafenden einnehmen könnten, und daß er über den Ablauf in diesen Träumen allein bestimmt: Es sind *seine* Träume im Angesicht ihrer immer lebloseren Gestalt, die auch, wenn sie wach ist, ohne mitwirkende Beteiligung ist.

In Kellers »Der grüne Heinrich« gibt es eine Episode, die uns an den Gehalt solcher Veranstaltungen noch ein wenig näher heranbringt. Dort spielen Heinrich und seine Freunde Theater in einem leeren Weinfaß. Sie statten es mit grünen Zweigen aus, damit sie meinen können, die Handlung spiele im Wald. Gegeben wird – die Geschichte von David und Goliath. Heinrich sitzt dabei rittlings auf dem Faß über das Spundloch gebeugt. Er sieht sich in der Rolle des Zeus. Mit Hilfe von Pfeife und Kollophonium bläst er Blitze in das Innere des Fasses:

Dann und wann guckte ich schnell durch das Loch hinunter, um dann die Kämpfenden ferner wieder mit Blitzen anzufeuern . . .

In diesem Spiel siegt jedoch Goliath. Das Handgemenge bringt das Faß ins Rollen, und dessen Eigentümer verjagt die Spieler aus ihm. Was ihnen damit genommen, nennt der Erzähler an dieser Stelle »dies verbotene Paradies«. Heinrichs Allmachtsträume – rittlings auf dem Faß durch das Spundloch auf die anderen herabspähend – enden, wo auch Kellers Kindheitsparadies endete: vor der Wirklichkeit des Stiefvaters, den der Siebenjährige erhielt. [28]

Das Inzest-Drama als Spiel im Spiel

Das Spiel im Spiel, die »Hamlet«-Aufführung im »Wilhelm Meister«, absolviert, was Hans Mayer in seinem Goethe-Buch zutreffend als Identifikationskrise nach dem Tod von Goethes Vater charakterisiert hat. [29]

Zu der Theaterepisode im »Nachsommer« zurückkehrend, stellen wir fest, daß auch dort auf der Bühne ein Inzest-Drama abläuft. Der Vater nimmt die Liebe der eigenen Tochter nicht wahr. Als ihm darüber die Augen aufgehen, wird er von seinen Gefühlen überwältigt.

Desgleichen Heinrich und, unabhängig davon, Natalie: Das Spiel geht über in »die wirklichste Wirklichkeit«. Die Gefühle, die das Stück in den beiden Zuschauern weckt, gehen über in die Gefühle füreinander. Die geschlechtliche Liebe, auf die ihre Beziehung zueinander am Ende hinausläuft, stammt aus diesem inneren, geheimen Bezirk inzestuöser Empfindungen, nicht anders als bei Shakespeares Hamlet und bei Goethes Wilhelm.

Heinrich kommt noch im Theater zur Besinnung. Er will nicht, daß seine Erregung *gesehen* wird. Erst, als er sich schon »gefaßt« hat, erblickt er Natalie. Die Liebe, die ihnen gegönnt sein wird, ist die jenseits dieses Aufruhrs, *nach* diesem ›Augenblick‹. Natalies Schönheit gibt dem weiteren Verlauf das Stichwort. Im Bild, in dem ihre Erscheinung jede körperliche Unmittelbarkeit einbüßt, im Bild, das ihre Züge zu den allgemeinen

eines Menschen als »höchsten Gegenstand für die Zeichnungskunst« verklärt, bahnt sich ihre lang aufgeschobene Hingabe an,
und es ist nicht von ungefähr, daß sie sich im Blickfeld des
gesamten Romanpersonals, den das Buch als »Familienroman«
aufzubieten hat, ereignet. [30]

Auch an ihnen selbst nimmt der Blick das vor, was dieser
Liebesbeziehung von Anfang an nur Tränen entlockt, Tränen,
die gleich eine doppeldeutige Sprache sprechen zwischen
schmerzlicher Entsagung und dem Glück, in dem ein ganz anders
Gemeintes sich nur noch spiegelt – wie in den Tränen sich die
erregten Gesichter der Liebenden spiegeln, bevor sie im »reinen
Familienleben« sich endgültig in Zucht nehmen. Das Paar als
Tableaux, das sich in die Gemäldesammlung der Eltern einfügt,
erstickt die Stimme, die sie immerhin einmal zusammengeführt
hat, zu einem Flüstern. Als Heinrich seine Natalie ins Herz
schließt zu denen, die dort für immer ihren festen Platz haben
werden, Vater, Mutter, Schwester, läßt er ein gehauchtes »tiefer,
tiefer« über seine Lippen entweichen. [31] Die Sphinx in seiner
Brust hat uns dies als Rätsel aufgegeben.

Obwohl davon im Roman nicht die Rede ist, hatte Heinrich in
der Lear-Tragödie Shakespeares noch auf einer anderen Ebene
einen Spiegel vor sich, in den zu blicken ihn betroffen machen
mußte. Das Sehen spielt in diesem Stück in einer sehr weitrei-
chenden, symbolischen Bedeutung eine Rolle sowohl im Hinblick
auf Lear selbst wie auch auf eine Reihe anderer Figuren. Die
Blindheit Gloucesters ist die Shakespearesche Version des Teiresias-Mythos:

I have no way and therefore want no eyes; I stumbled when I saw. [32]

Das Spiel im Spiel erreicht seinen Sinn, wenn die Liebe seiner
bedarf, um zu sich selbst zu kommen. Denn dort, wo die Zuschauer hinschauen – und nicht nur die Zwei, die das von sich
glauben –, gibt sich unterm Sehen ein »Entborgenes« preis, wie
Heidegger mit diesem Begriff zugleich etwas anderes und doch
dasselbe meint, wenn er die »Wahrheit« sich erst im Akt ihres
»Gesehen-Seins« konstituieren läßt. [33]

Wenn wir unseren Freud, der bei diesem Sujet nie sehr weitab
liegen sollte, zur Hand nehmen, lesen wir übersetzt in Prosa, was

hier Poesie so hartnäckig verhüllt wie entblößt. Er spricht von einer »Träumerin« (»Unsere Träumerin«), wenn er schreibt:

Naive Mädchen sollen häufig nach ihrer Verlobung ihre Freude darüber verraten haben, daß sie nun bald zu allen bisher verbotenen Stücken ins Theater gehen, alles mitansehen dürfen. Das Stück Schaulust oder Neugierde, das hier zum Vorschein kommt, war gewiß anfänglich sexuelle Schaulust, dem Geschlechtsleben, besonders der Eltern, zugewendet, und wurde dann zu einem starken Motiv, das die Mädchen zu frühem Heiraten drängte. [34]

Solche Übereinstimmungen von ästhetischer Praxis und psychoanalytischer Theorie sind nur erklärlich, weil das Subjekt, noch wenn es in der Kunstäußerung von sich selbst spricht, ein sozialer Ort wie jeder andere ist. Für Heinrich, sahen wir, war der Entschluß, ins Theater zu gehen, der erste selbständige, nach dem für ihn erloschenen Verdikt der Eltern, die das Kind vom Theater ausgeschlossen hatten. [35] Nun ist der erste Schritt in die Freiheit ein Schritt in das emotionale Zentrum seiner Beziehungen zu diesen Eltern, und er ist es in der vermittelten, symbolisierten Form des Kunsterlebens. Alles weitere im Roman, der tatsächlich die Version eines »Familienromans« im Sinne Freuds ist, ist in dieser Szene angelegt wie in einem Kern, aus dem sich die eigentliche Handlung entfaltet.

Die Beziehung, die das Subjekt zu dem Objekt seiner Liebeswahl aufnimmt, ist stimuliert von einem Eltern-Kind-Verhältnis, das von ödipalen Einstellungen geprägt ist. Der Ausbruch einer erstmals auf ein Objekt außer seiner selbst bzw. den Eltern gerichteten Sexualerregung erfolgt im Spiegel eines Gefühlskomplexes, der gegenüber der Spontaneität der frühen sexuellen Strebung die Tatsache der Kastration emotional berücksichtigt.

Uns interessiert hier also, daß die Anwesenheit des Vaters auf der Bühne den Gefühlsausbruch nicht verhindert, sondern überhaupt erst ermöglicht. Für Natalie, dieser zweiten Marionette an den Fäden des gleichen Netzes emotionaler Verzweigungen, gilt ja dasselbe. Auch sie ist durch das Trauerspiel einer inzestuösen Liebe aufs höchste bewegt. Wenigstens Heinrich gibt zu verstehen, daß ihm an einem ›glücklichen‹ Ausgang dieser Liebe auf der Bühne nicht gelegen ist, er nimmt, was die Bearbeiter an dem

Stück in dieser Hinsicht manipuliert haben, nicht mehr zur Kenntnis.

Diese Ausgangssituation wirft nicht nur den Schatten monogamer Beschränkung auf das Triebleben der beiden voraus. Die Intensität der Reaktionen dieser zwei voneinander getrennten und nur in ihren Gefühlen gegenüber dem Bühnengeschehen verbundenen Zuschauer zeigt, daß das Subjekt zu sich selbst – als Subjekt einer zu treffenden Liebeswahl – nur über ein Drittes gelangt. Die Kunst, in der dieses Dritte sogar inhaltlich kenntlich gemacht als Vater erscheint, setzt die Empfindungen frei, die das erwachsen gewordene Subjekt als seine intimsten, eigensten erlebt – in einem Theater. Diese Empfindungen, die ihm selbst geheim waren bis zu diesem Moment, macht es als solche öffentlich, ohne daß diese öffentlich wahrgenommen werden sollen.

Das Bild, das das Subjekt dabei bietet, macht uns die Zuschauerhabituisierung deutlich. Äußerlich unverrückt nimmt es die Liebeswahl ausschließlich mit den Augen vor. Nur in diesen spielt sich die Erregung ab, die diese begleitet. Nur sie *äußern* sich im Sekret ihrer Ausscheidungen, das an den von allen anderen und voneinander isolierten Personen herabläuft, wie an den bestraften Sehern im vierten Höllenkreis bei Dante.

Die Wahl trifft das Subjekt nicht spontan in einem Vorgehen, das der ›Natur‹ seines ursprünglichen Verlangens entspräche. Die Wahl wird außer ihm, auf der Bühne und vor seinen Augen, getroffen. Von dorther und in Beziehung zu dem Geschehen auf ihr wird die Erregung geweckt. Erst *danach,* und als diese schon wieder seiner Selbstkontrolle unterworfen ist, wendet sich sein Blick der für ihn ›dort oben‹ Auserwählten zu, die er an ihrem, dem seinen gleichen, Zustand erkennt. Die Szene berücksichtigt sehr deutlich die Beteiligung des Anderen (in den anderen). Der Blick, der die zusätzlich noch von ihren Verwandten abgeschirmte Natalie erreicht, galt in erster Linie dem Zweck, sich seiner Unbemerktheit, seines Nichtgesehenseins als Begehrender zu vergewissern. Erst am Ende dieses Vorgangs erfolgt die eigentliche ›Wahl‹, die in Wahrheit durch diesen vorweg schon getroffen ist.

Immerhin, könnten wir sagen, der gefühlvollste Augenblick, den das Buch für Heinrich vorsieht, ist der einer in Beziehung auf das ursprüngliche Objekt, ist ein Augenblick der Wahrheit über dessen inzestuöse Neigung.

Aber er ist dies auch gleich schon in einer spiegelbildlichen Verkehrung der eignen Zuneigung zur Mutter bzw. zur Schwester. Liest man es so, wie es da steht – und dazu steht es da –, so ist es die Beziehung der Schwester zum Vater und endet damit, daß dieser deren Liebe annimmt. Wenn das der Moment von Heinrichs größter Erschütterung ist, dann ist es auch der Moment seiner weitestgehenden Identifizierung mit dem Vater, dies in Hinsicht auf die ihm von der Schwester (als Mutterabspaltung) entgegengebrachte Liebe.

Auch dürfen wir Heinrich in der Romanszene nicht von dem Vorgang auf der Bühne getrennt sehen wollen. Der Erzähler wie der Leser betrachtet beides zusammen, so ist Heinrich immer schon einbezogen in ihn, es gibt kein Vorher für diesen, das Bühnenereignis ist seinetwegen da und ist Bühnenereignis aus ihm (weil schon immer in ihm).

Wir haben an Kierkegaards Verführer ausführlich dargelegt, was dieser ›Augenblick‹ alles einschließt, wo er seine Bedeutung hernimmt, was seine Lokazität ist: das Schlafzimmer der Eltern, das Trauma ihrer Vereinigung. Die Einbeziehung des Vaters in die Beziehung zur Mutter, die die Grundlage des Begehrens ist, verlegt das Gefühlserleben des Subjekts auf die Ebene des Symbolischen (die die Ebene des Vaters ist). So ist es nur zu erklärlich, daß das damit verbundene Geschehen als Dimension des Theatralischen erfahren wird und in der Form des literarischen Symbolisierens als Theaterwirklichkeit vergegenständlicht wird. Daß diese symbolische Wirklichkeit auch nach Verlassen des Theaters draußen anhält, bringt den Charakter des Spiels im Spiel, des Theaters im Theater, des Traums im Traum hervor.

Es wird also, was ohnehin schon symbolisierte Erfahrung ist, in diesem Symbol (der Romanwirklichkeit) noch einmal extra als Symbol behandelt (und erlebt) und damit doppelt eingegrenzt, doppelt wiederholt (als Wiederholung in der Wiederholung). Das zeigt zwar auch ein gewissermaßen doppeltes, ja vielleicht unendlich sich in Wiederholungen ergehendes Interesse an dem Gehalt dieses szenischen Einschlusses, verriegelt dieses aber auch als Kunst in der Kunst gleich zweifach, mehrfach.

Dennoch ist nicht ein Moment der besonderen Spannung zu verkennen, in diesem ›Augenblick‹, den das Gefühl zu isolieren und zu exponieren trachtet. Wenn es ein Augenblick der Freiheit für das Unbewußte ist, dann ist er das als ein gleichwohl trügerischer. Die Lust, die sich im Schmerz vorwagt bis an die Stelle, wo beides in der Beziehung zu dem verbotenen Objekt zusammentrifft, erreicht bestenfalls vor diesem den Vorsprung einer Gefühlssekunde, die mit der Schrecksekunde so gut wie zusammenfällt. Vielleicht ist das ja der ›Augenblick im Augenblick‹, der die Angelegenheit so spannend, so erregend macht. Sogleich aber heftet sich daran der Zwiespalt, der eben dieses Glück mit dem Schuldigsein verbunden weiß. Heinrichs Kontrollblick in die Runde, der doch ihm selbst gilt und die in ihm wiederhergestellte Kontrolle überprüft an den Blicken der anderen, verrät eher in *einem* Ausdruck etwas von der Kraft einer ursprünglicheren Erregung gleichzeitig mit dem starken Gewissen, das dieser sich, und sei es mit einer geringfügigen Verzögerung, daraus macht. Dieses erst erlaubt, die Erregung auftreten zu lassen, im Gewand ihrer Zügelung. Das ist vor ihm im Verfahren der Kunst immer schon geschehen, wie die Kunst für Heinrich überhaupt nur ein Vermächtnis der Väter ist.

Die Beziehung zum Kunstwerk überwindet, wie wir sahen, das Trauma der Kastration, indem es dort etwas für das Auge ›zu sehen gibt‹, wo das angsterregte Subjekt eine Fehlstelle vermutet.

Ästhetik und Reflexion: der unendliche Spiegel

Der Blick unter den gelüpften Teppich über dem Gestell der künstlerischen Wahrheit, die der Schein ist, hatte schon Wilhelm im »Wilhelm Meister« die Wirklichkeit gezeigt, wie sie ist: ein neuer, ein weiterer ›Dritter‹ ist als Regisseur aller Wunder hinter ihm vorhanden und immer so weiter. Da hilft nicht, sich vorzumachen, die Mutter wollte den Sohn fürsorglich an diesem Blick hindern. Sie ist mit ihm im Bunde.

Vor dem Prinzip der Reihung bei diesen hintereinander aufgestellten Signifikanten, die hinter jeder ästhetischen Illusion lauern, rettet sich Kierkegaards Verführer damit, daß er die

Illusion gleichsam durch die Reflexion aufstockt. So wird in ihr ein zweites Mal der gleiche Prozeß vollzogen, in dem das Reale in seiner Spiegelung vorhanden und dabei doch als Bild wahrgenommen wird. Nicht nur, daß ein solcher Mensch »dahinschwindet, ja nahezu der Wirklichkeit entschwindet«. Die Reflexion nimmt im Bewußtsein wie in einem Monitor das Bild der dialektischen Beziehung zwischen Wirklichkeit und Kunst auf und versichert sich darin des sozusagen natürlichen automatischen Verlaufs ästhetischer Symbolbildung. Was immer schon das Reale unter die Kontrolle des Subjekts bringt, wird so noch einmal zur Sicherheit des Subjekts von diesem kontrolliert. Das läßt sich fortdenken, in jedem Spiegel spiegelt sich ein Gespiegeltes weiter bis ins Unendliche – und zeigt doch bis zuletzt beunruhigend das Wirkliche, von dem sich der Vorgang entfernt, nicht ohne jenes immer weiter abbilden zu müssen:

Er gehörte nicht der Wirklichkeit an, und doch hatte er viel mit ihr zu tun. Er lief beständig über sie hin, aber selbst dann, wenn er sich am meisten hingab, war er immer schon über sie hinaus. Doch das war nicht das Gute, was ihn fortwinkte . . .

Der Blick Heinrichs verwandelt die Wirklichkeit mit der monotonen Unermüdlichkeit eines Arbeiters, hinter dem sein Aufpasser steht, in eine detailselige, fetischisierte Gegenständlichkeit aus lauter Einzelobjekten, in unendlicher Reihung, sozusagen Stein um Stein, und zu Stein wird ihm die Natur und zu Edelsteinen werden ihm die Steine:

»Es ist etwas Tiefes und Ergreifendes in ihnen«, antwortete ich, gleichsam ein Geist in ihrem Wesen, der zu uns spricht . . .«

So schwärmt Heinrich über Smaragde und Rubine. Das Gespräch mit dem »Juwelenfreund«, den das Paar aufsucht, zeigt an, welcher Geist auch dessen Tätigkeit beseelt und wie er damit um die Gunst der beiden Väter Heinrichs buhlt. Sich auf diese beziehend, erklärt der Juwelier:

»Wenn wir solche Kunden in großer Zahl hätten, wie diese zwei Männer, teurer Freund«, sagte er, »dann würde unsere Beschäftigung bald an die Grenzen der Kunst gelangen, ja, sich mit ihr vereinigen.«[36]

Als Heinrich zu seinem letzten Statement ansetzt und das »reine« Familienleben als das höchste »Glück« preist, wird er dennoch das »wissenschaftliche Bestreben« – so die letzte Zeile des Romans – mit jenem zu verbinden suchen. Sicher ist sicher. Ist seine Neugier nicht erloschen, so wird es besser sein, was sie noch jenseits dieser schönen Beziehung entdecken könnte, mit Reflexion zu versiegeln.

Heinrichs Schönheitsliebe ist mit einem angestrengten Fleiß verbunden. Eine vorhandene Lust, die Gegenstände so zu sehen, wie er sie sieht, ist überdeckt von einem zähen Pflichtgefühl gegenüber dem Pensum der Väter. Im Enthusiasmus seines beschönigenden Auges liegt auch die Qual, die den Blick einem unerbittlichen Wiederholzwang unterworfen zeigt. So triumphiert noch zuletzt – und da besonders –, als die Vereinigung mit der Geliebten unausweichlich wird, das Symbol in einem ganzen Ensemble von Untersymbolen. Die Eheschließung ereignet sich für ihn auf der abgehobenen Ebene einer erneuerten, intensivierten Beziehung zu den bekannten Sinnfälligkeiten: Natalies Körper symbolisiert ein Kästchen, zu dem sie den Schlüssel eingehändigt bekommt. Juwelen repräsentieren, was er an ihr begehrt. Seine Gefühle überträgt er auf ein Gemälde von ihr, das aus diesem Anlaß in Auftrag gegeben wurde. Und auch der Schrein ist wieder zur Stelle. [37]

Was ist denn die Schönheit, fragt Plotin, und er gibt die Antwort:

Natürlich nicht der Same und das Monatsblut. [38]

12. Die ideale in der realen Stadt
Das Labyrinth der Wünsche im
Zeichen des Gesetzes

Schönheit und Gerechtigkeit in Platons »Phaidros«

Bekanntlich beruht Platons Erkenntnistheorie auf dem Prinzip der Wiedererinnerung. Die Seelen haben sich einzeln dem »überhimmlischen Ort« im Flug genähert und sind danach in die Wiederverkörperung zurückgekehrt. Sie haben einen Augenblick in der Aura des Göttlichen zugebracht. Dort haben sie, vor allem, die Schönheit gesehen.

Später wird sich die Seele beim »Anblick der hiesigen Schönheit« an jenen Augenblick erinnern. Die Empfindungen, durch die sie dabei überwältigt wird, nennt Platon die vierte Art des Wahnsinns.

Die Beschreibung des Augenblicks der Wiedererinnerung ist, der Einstellung des Autors gemäß, ambivalent. Der Erwähnung des beglückenden Rausches, der den Sehenden befällt, fährt sogleich der Hinweis auf den Mangel an rationalem Bewußtsein in die Parade:

Diese nun (die Seelen), wenn sie ein Ebenbild des Dortigen sehen, werden entzückt und sind nicht mehr ihrer selbst mächtig, was ihnen aber eigentlich begegnet, wissen sie nicht, weil sie es nicht genug durchschauen.

Der erste und eigentliche Augenblick, als die Seele die Schönheit selbst sah, erscheint zunächst über alle späteren Eintrübungen hinweg als ein übermäßiger Glücksmoment, wahrgenommen und genossen ausschließlich durch das Auge:

Die Schönheit aber war damals glänzend zu schauen . . .[1]

Bemerkenswert, wie sich, wenn das Sehen ins Spiel kommt, sogleich die Schauspiel-Metapher einstellt. (So findet sich der Theatrum-Mundi-Topos denn auch zuerst bei Platon.[2]) Wir werden das im Sinn haben müssen, wenn wir auf die Bedeutung der Spiel-im-Spiel-Struktur im »Hamlet« zu sprechen kommen werden.

Neben dem Moment des Überwältigenden, das mit dem Anblick der jenseitigen Schönheit verbunden ist, bleibt für die Darstellung präsent, daß jener Anblick nur ein ›Augenblick‹ gewesen ist. Die »Übel«, die danach kamen, sind davon nur so viel entfernt wie zwei Satzhälften durch ein Satzzeichen getrennt sind. Die Schönheit wird an keiner Stelle los, daß sie im Kontrast steht zum Wirklichen, zu »unserm Leibe«, und das sichert ihr zu, daß die »Sehnsucht nach dem Damaligen« stets sie im Auge hat, wenn sie das ursprüngliche Objekt meint. Andererseits müßte es keine Angelegenheit sein, die in den Bereich des Visuellen fiele, wenn der Blick nicht gleich beides, den Wunsch und seine Verdrängung, zur Geltung und zum Ausdruck brächte. Es ist denn auch der Schautrieb die eigentliche Agentur der Wiedererinnerung, freilich in der diesem eigenen Weise, daß er an dem Objekt festhält, indem er es unerreichbar sein läßt.

Als ›Wiedererinnerung‹ berücksichtigt es die Trennung (Erinnerung setzt diese voraus) wie auch die Wiederholung als die substitutionelle Beziehungsform, die der Symbolisierung zugrunde liegt. Platons Beschreibung trifft alle Vorkehrungen, die dem Vorgang anstehen, damit er als ästhetischer den doppelten Einsatz des Subjekts aufrechterhalte (als die doppelte Buchführung jedes Begehrens). Dem Gesichtssinn, als dem Angelpunkt der Veranstaltung, ist seine ganze Zudringlichkeit bescheinigt, er »ist der schärfste aller körperlichen Sinne«. Die Schönheit als das »Hervorleuchtendste« und »Liebreizendste« ist die Objektdimension seiner Ewigkeit, in der das Vergangene für immer Zukunft wird.

Doch ist plötzlich auch von der »Weisheit« die Rede und daß sie sich dem Gesicht als unmittelbar wahrzunehmender Gegenstand entzieht – sie könnte ihn sonst in »sehr heftige Liebe« versetzen, ihn »wohl erregen«, würde sie als »helles Ebenbild dargeboten«.

Es beweist sich schon an diesem Urtext des ästhetischen Kanons unserer Kultur, daß dem ›Augenblick‹ – wie wir das auch bei Kierkegaard festgestellt haben – die Schrecksekunde wesentlich zugehört, die das, was in Zeitlosigkeit gewünscht ist, verzeitlicht. Die Erinnerung als reproduzierbare Erfahrung sowohl angestrebter (»Sehnsucht nach dem Damaligen«) wie suspendierter Erfüllung nimmt von daher ihre Bedeutung an als die Stratosphäre des Menschlichen im Kosmos, als Evolution mit nach hinten verdrehtem Blick, als die Ewigkeit der symbolisierten Formen, als kulturelle Entfaltung. In ihr geht das Subjekt über sich hinaus, indem es, als das Subjekt der Unmittelbarkeit seiner Wünsche, hinter sich zurückfällt. Die Erinnerung, das ist auch die Dimension des Anderen im Subjekt, die immer schon da ist und immer über es hinausreicht.

In ihr erstarrt das Gewesene (mit seiner vermeintlichen Tendenz zum Gewährten) zum Ur-Bild, das sich als Ab-Bild in unendlich gespiegelter Reihung dem Subjekt zeigt wie entzieht. Die Ästhetologen der ›Plötzlichkeit‹ werden diesen genetischen Aspekt vielleicht einmal in ihre Überlegungen, sollen sie nicht rein phänomenologische Repliken auf das Augenscheinliche sein, einbeziehen müssen.

Der Mythos vom Aufstieg der Seelen zum überhimmlischen Ort im »Phaidros« rückt die »Weisheit«, als das Ziel alles Wissens für den Philosophen, bis zur Identität in die Nähe des in libidinöser Absicht mit dem Blick gesuchten ersten Objekts, entzieht es diesem jedoch zugleich mit dem Hinweis auf eine Erregung, die nicht zulässig sein soll, also mit dem Hinweis auf das Verbot, mit dem Hinweis auf den Dritten.

Das eröffnet im Rahmen unserer Vermutungen, daß der Schautrieb in der ästhetischen Erkenntnisweise ›ein Diener zweier Herren‹ ist, ein neues interessantes Kapitel. Wir sahen ja bereits bei Kierkegaard die Tendenz, die Momentaufnahme dyadischer Einvernehmlichkeit zwischen Mutter und Kind, trotz der ihr außerhalb drohenden Irritation, oder gerade wegen ihr, in empfindliche Nähe zu jenem Ort zu bringen, wo ein anderer ›Augenblick‹ die Phantasie der ewigen Jünglinge beschäftigt: der Augenblick der Wahrheit, den jedes Elternpaar hinter und jedes Brautpaar vor sich hat.

Es ist, als müßte dort, wo das Momentum seiner größten Verletzbarkeit liegt, dem Subjekt auch das Remedium zu einer Wiedergeburt begegnen. Als die Seele die Schönheit am überhimmlischen Ort gesehen hatte, da geschah dies schon ausdrücklich im Gefolge des Zeus (oder einem anderen Gott). Und wie die Schönheit, so ist dort oben auch die *Gerechtigkeit* (neben der Besonnenheit und der Wissenschaft) zu *sehen* gewesen:

In diesem Umlauf nun erblicken sie die Gerechtigkeit selbst . . .[3]

Die Gerechtigkeit, eine Errungenschaft nicht der Beziehung zu dem einen, dem einzigen Objekt, sondern zu den anderen, sie ist denn auch nur mit dem Auge der Vernunft zu sehen. Die Ausschaltung der körperlichen Schaulust an dieser Stelle und in dieser Nähe zum Objekt aller Sehnsuchtsgefühle erweist *diesen* Augenblick als den des höchsten Verzichts für das Subjekt, als einen Triumph des Triebaufschubs im Angesicht des eigentlichen Triebziels. Daß Schönheit und Gerechtigkeit so dicht beieinanderliegen, hat seine innerpsychische Logik im Kontext der ödipalen Konstellation – und seine historischen Konsequenzen. Besinnen wir uns nur darauf, wie lange das Schöne, bis zur Identität der Begriffe, in Verbindung mit dem Guten und Wahren überliefert wurde, das Ästhetische also der Moral ein Vehikel war.

Daß sich die Schönheitsvorstellung der Griechen an den Maßen des Körpers gebildet hat, ist gewiß. Platon will dem weiblichen Körper jedoch die »Tugend« statt des Gewandes überwerfen. Er läßt auch Frauen zu zur gymnastischen Körperbewegung, doch nur, damit sie anschließend

teilnehmen am Kriege und an der übrigen Obhut über die Stadt und mögen anderes nicht verrichten.

Die Schönheits-Definition der »Politeia« nimmt sich des weiblichen Körpers in der Unterordnung unter seinen gesellschaftlichen Zweck an. Sie verpflichtet den, der ihn so nicht sieht oder gar das Turnen außerhalb des Erotischen lächerlich findet, auf die Gültigkeit des Gesetzes als Kunstgesetz, welches dekretiert, »daß das Nützliche schön und das Schädliche häßlich ist«.[4]

Daß die Schönheit kein Geschenk an die vom Trieb aufgestellten (und aufgestauten) Erwartungen an den Vollzug einer Lust ist, und sei es der Schaulust, das gibt uns der Mythos vom Aufstieg der Seelen in allen Einzelheiten seines dramatischen Verlaufs zu verstehen. Ständig müssen die Seelen, und das im wörtlichen Sinne, Federn lassen. Die Aufschwebenden kennzeichnet durchweg ein Verhalten, das ihre Konstitution als körperlose Wesenheiten vergessen macht. Die meisten hatten Schwierigkeiten, daß sie überhaupt »einiges sahen«, und sie kehren um, »kaum das Seiende erblickend«. Die Szene gemahnt gelegentlich an das Verhältnis zwischen feindlichen Brüdern, die sich den Platz an der mütterlichen Brust streitig machen, denn sie werden »herumgetrieben, einander tretend und stoßend, indem jede sucht, den andern zuvorzukommen«. Dabei können diese noch froh sein, denn in anderen Formationen des inzestokratisch abgestuften Reigens um das begehrte Objekt der Schaulust kommt es zu den gravierendsten Verletzungen.[5] So liegt auch diesem Schönheitsmoment die Angst – vor der Verstümmelung, die die Kastration ist – keineswegs fern.

Der Schönheitsbegriff Platons berücksichtigt an dieser Stelle durchaus den genetischen Aspekt, wonach das Schöne dem vormals Häßlichen und »Furchtbaren am Anfang« erst abgewonnen werden mußte, ist also nicht nur der »platonisch reine Beginn«, von dem Adorno schreibt.

Doch, wo Gewalt und Angst am größten sind, da ist auch das am ursprünglichsten begehrte Objekt am weitesten. Am überhimmlischen Ort scheint die Pyramide sich zuspitzender Schuldgefühle umgestülpt. Der, der es am nötigsten hätte ängstlich zu sein wegen seiner Empfindungen, ihn erreicht die Gefahr der Verstümmelung am wenigsten. Die »am meisten geschaut habende« Seele wird unter den neun Abstufungen in einer streng meritokratischen Sozialordnung der *inneren* Verdienste den ersten Platz einnehmen; den letzen der Tyrann.

Nur dieser eine Bevorzugte, der Philosoph, bleibt davor bewahrt, nach Ablauf des ersten Lebens im Kreislauf der Wiedergeburten vor ein Gericht gestellt zu werden. Das ist allein seine Leistung, dem nämlich als *sein eigener Richter* zuvorgekommen zu sein. Er sieht hinfort nicht mehr mit dem körperlichen, sondern nur noch mit dem geistigen Auge. Das augenlose Sehen des Teiresias ist sein Preis in dem doppelten Sinne, wie es der Wahrnehmungsstruktur des im Sehen verdrängten Sehens entspricht: als der Preis, den er gezahlt und als der, der ihn ausgezeichnet hat.

Stehen die Schönheit und das Gesetz in so verträglichem Verhältnis zueinander, haben beide ihren Bund gleichsam im Himmel geschlossen – ohne dem tut es das Über-Ich nicht –, so ist es naheliegend, daß beide auch in der Vorstellung von der idealen Stadt zusammenfinden. Gerechtigkeit ist für Platon in der »Politeia« immer auch »das Schönste«. Was als schön gilt, ist stets das Ergebnis einer Anstrengung, eines Prozesses, der dem Gesetz im Inneren des Subjekts Geltung verschafft. Es ist dabei dem ›Unanständigen, Unedlen, Unbändigen‹ abgewonnen. Das Tugendhafte ist schön aufgrund des *sichtbaren* Ausdrucks seiner Selbstkontrolle, seiner Triebmäßigung:

Ein solcher wäre das schönste Schauspiel für den, der schauen kann.

Der Gesichtssinn ist an diesem Vorgang vorrangig beteiligt, sein Interesse ist auch das Interesse – der anderen. Als Schauspiel, als eine Haltung und Handlung unter den Blicken der Zuschauer verwirklicht sich die höhere Moral des Gemeinwesens im einzelnen Subjekt als dessen wohlkontrollierter Habitus, der der Wohlgeformtheit zur Vorlage dient. Gerichtet ist dieses der Kunst aufgegebene didaktische Programm gegen jede spontane Äußerung von »überschwenglicher Lust«, gegen »Schamlosigkeit und Ungebundenheit«:

Und kennst du wohl eine größere und heftigere Lust als die am Geschlechtstriebe? – Ich keine, sprach er, und ebensowenig eine tollere. – Die Art der wahren Liebe aber ist es, einen Sittsamen und Schönen auch besonnen und gleichsam musikalisch zu lieben?[6]

Damit die »Idee des Guten leichter gesehen werde«, hat das Auge in die Lehre der Mathematik zu gehen, und in diesem Zusammenhang taucht die Wendung vom »Schönstaate der Geometrie« auf.[7]

Das himmlische Jerusalem: Gold, das durchsichtig ist

Die ideale Stadt – nicht nur der Antike – erweist sich als ein auf die Realität zu übertragendes Bild, in dem das weibliche Objekt und das männliche Gesetz unter dem Blick des Betrachters zu einer Einheit gefunden haben. Die Geometrie als Voraussetzung der Staatskunst wie der Stadtarchitektur hat zum ausführenden Organ ein Auge, das der Schaulust in ihrer ursprünglichen Form sich versagt; das die Sublimierung vollzogen, den Anderen einbezogen hat und nun die Produktionsweise des sehenden und sich zu sehen gebenden Sohnes ausübt als ein prospektives Sehen, das etwas dorthin sieht, wo eigentlich nichts ist und wo, in verdrängter und idealisierter Form, in künstlicher Gestalt der Wunsch und das Gesetz eine versöhnte architektonische Struktur sehen lassen.

Der diese Stadt sieht, ist immer der Sohn, von dem in »Die Offenbarung S. Johannis« gesagt wird:

Wer überwindet/ wird alles ererben/ und ich werde sein Gott sein/ und er wird mein Sohn sein.

Um zu überwinden, wendet der Sohn sich von der realen Stadt mit ihrer Gewalt ab, in ihr wimmelt es von »Todschleugern und Huren und Zeuberern«. Daraufhin erscheint ihm ein Engel und spricht:

Kom/ ich will dir das Weib zeigen/ die Braut des Lambs. Und führet mich hin im Geist auf einen großen und hohen Berg/ und zeigt mir die große Stadt/ das heilige Jerusalem/ hernieder fahren aus dem Himmel von Gott . . .

Das Wunschziel ist in diesem Bild beibehalten, die Stadt ist die *eine* Frau, aber sie ist es als Stadt, als Reservat des Gesetzes. Die ideale Stadt ist der absolute Ort, die Lokalisierung aller Wunscherfüllungen, aber sie ist dies als ein Sammelpunkt aller Verhaltungen, als Symbol der Vergesellschaftung von Triebindividualitäten. Wohl ist die Gewalt aus ihr abwesend, sie ist ein himmlischer Ort, aber vor dem Sohn ist da der tote und der überhöhte Vater. Von ihm kommt das Objekt, das als totales gewünscht wird, zu dem Sohn herab, das für diesen ein Objekt der Schaulust bleibt:

Und ich Johannes sahe die heilige Stadt/ das neue Jerusalem/ von Gott aus dem Himmel herabfahren/ zubereit/ als eine geschmückte Braut ihrem Mann.[8]

Das himmlische Jerusalem ist so lang wie breit wie hoch, ein auch mathematisches Symbol des Einheitlichen, und es ist

vor lauterm Golde/ gleich dem reinem Glase/ . . . die Gassen der Stadt waren lauter Gold/ als ein durchscheinend Glas . . .[9]

Die zahlreichen Veduten, die sich leibnizisch zu der Ansicht von der *einen* Stadt zusammenlegen, knüpfen in Mittelalter und Renaissance an dieses idealisierte Stadtbild an. Bruno von Segnis Stadteulogie bedient sich des gleichen Panoramas aus Gold und Transparenz, die zu Synonymen werden bei der Benennung eines Gegenstands, der sich dem Wunschtraum hinter dem sehnsüchtig-neugierigen Auge nicht länger entzieht. Das Gold, das einst Zeus und Hera am Himmel verbarg, hier hat es die Eigenschaft, das *Eine* (= Einheit), was es symbolisiert, für den durchdringenden Blick erst recht zu exponieren.

»Alles wird durchsichtig und offen sein« an diesem Ort, an dem das »Wissen sich ein Haus gebaut« hat. Das Licht als Symbol des allesdurchdringenden Wissens erhellt jeden Winkel dieser transparenten Stadt. Diese, in der nichts mehr verborgen ist, zeigt jedoch nichts mehr als die Sehenden selbst, die füreinander ohne Geheimnis sind: »und da sie sich alle gegenseitig betrachteten, gab es nichts in jemandes Bewußtsein, das nicht von allen gesehen wird«.[10]

Die Freude, die den Autor immer wieder sagen läßt, wie sich *alles* in diesem himmlischen Schrein dem Blick restlos ausliefert, hat zur Kehrseite, daß dieses ideale visuelle Terrain das Sehen nur in der zweischneidigen Form des auch dabei Gesehenwerdens zuläßt. Der Blick, der über Mauern, Wolken, Schatten und Dummheit triumphiert, er kontrolliert auch und wird kontrolliert, ist immer zugleich der Blick des anderen (Anderen). Und wer alles in Wissen verwandelt, über den wird auch alles immer schon gewußt. Hier kann sich nur aufhalten, wer rein ist vom Gedanken an das ursprüngliche Triebziel der Schaulust, wer *geistig* diesen Ort bewohnen will.

Der Stellenwert, den das Sehen in der italienischen Renaissance hat, führt zu einer immer vertrackteren Vorstellungs-Akrobatik. Der fromme Gegenstand ist nur ein Paravent, hinter dem sich der wahre Gegenstand verbirgt: die vor keiner Sophistik haltmachende Rechtfertigung des Triebziels der Schaulust, die noch die Errungenschaften des perspektivischen Sehens für ihre Zwecke einzuspannen weiß:

Ein dazwischenliegender Gegenstand behindert nicht die Sicht des Seligen ... Als Christus, selbst als er nach seiner Himmelfahrt schon im

Himmel war, seine liebe Mutter sah, die noch auf Erden weilte und in ihrer Kammer betete, konnte die Entfernung und das Dazwischenliegen einer Wand ihre Sicht natürlich nicht behindern. Dasselbe gilt, wenn die Vorderseite eines Gegenstandes von dem Sehenden abgewandt ist, so daß ein undurchsichtiger Körper dazwischentritt . . . Christus konnte das Gesicht seiner Mutter sehen, als diese am Boden darniederlag . . . so als würde er ihr direkt ins Gesicht schauen. Es ist klar, daß der Selige die Vorderseite eines Gegenstandes von der Rückseite aus, das Gesicht durch den Hinterkopf hindurch zu sehen vermag.[11]

»Das Schöne ist nichts anderes als das Gold«, heißt es bei Platon einmal.[12] Natürlich ist es die reale Stadt, die diese ideale Stadt hervorbringt. Das Gold, dieses unvermischbarste und glänzendste aller Metalle an der Spitze der mineralogischen Zuwendungen, die die Erde für den Menschen bereithält, ist in der antiken Stadt bereits das tägliche Zeichen der Vermitteltheit aller Beziehungen zwischen den Subjekten. Die Traumstadt, die übrigens erst seit Platon und Aristoteles als utopische Realität existiert,[13] kann sich also immer schon auf das Gold als Geld beziehen. In der idealen Stadt erstrahlt es darum wieder im Glanz einer seinen schieren Metalleigenschaften abgeschauten unkorrosierbaren Ewigkeit. Ohne Tauschverhältnis wäre das Gold dieser symbolisierenden Tätigkeit wohl nicht gegenwärtig und nicht wichtig; ohne Tausch wäre es auch nicht in diesem transzendenten Sinne gefragt und vorhanden; der Tausch also ist es, der die ursprünglichen Qualitäten des Goldes zum Vorschein bringt. Es sind häufig die Gesetze der zweiten Natur, die die der ersten dem Menschen einprägen.

Sie tun dies aber doch, weil der zunehmende Funktionalisierungsdruck das Subjekt in seinen eigenen Totalitätsvorstellungen beeinflußt, seine Triebstruktur auf der Ebene der Partialtriebe fixiert und den Wunsch, der auf das *Eine* gerichtet ist und immer auch die Einswerdung meint, mit einem Symbol verbindet, als das sich das Gold wegen seiner *einmaligen* Eigenschaften anbietet.

Gewiß geschieht dies, wie gesagt, auch gegenüber der promiskuitiven Rolle, die das Gold als Geld im Verkehr der wirklichen Welt spielt. Das Subjekt erlebt jedoch seine Wünsche, auch wenn es Wünsche in einer Warenwelt sind, nicht als das innere Pendant zu den äußeren Warengegenständen. Die Promiskuität, die es den Helden seiner Literatur andichtet, ahmt nicht den prinzipiellen Wechsel, auf dem der Tauschverkehr beruht, nach. Es erwehrt sich darin der Einschränkung durch das Verbot, es besteht auf der Freiheit der Wahl, die die Wahl des ersten Objekts einschließt *und* ablöst. (*Deswegen* liest der ›grüne Heinrich‹ die zahllosen Liebesabenteuer, die er nicht erleben *kann*, Judith aus Ariosts »Rasendem Roland« vor, und nicht etwa, weil seine Gefühle als Gefühle in einer Warenwelt nach einem Ausdruck suchen.[14])

Die phantasmierte schöne Stadt reformiert nicht die reale häßliche Stadt. Sie entzieht sich ihren Gewaltverhältnissen im Bild und gibt im Bild nur das zu sehen, was er zu sehen wünscht.

Das Subjekt hat den Wunsch, das ursprüngliche Objekt zu sehen, deswegen hat die Seele bei Platon am überhimmlischen Ort die Schönheit erblickt – an die der Anblick ihrer irdischen Abbilder erinnert. Sie hat dort aber auch die Gerechtigkeit erblickt, die immer schon die Herrschaft des Gesetzes zur Voraussetzung hat.

Deswegen muß auch das Gold der bildlichen Stadt durchsichtig sein, nicht lediglich glänzen, wie Bruno von Segnie bemerkt, sondern, was es (symbolisch) eingeschlossen hat, *sehen* lassen. Das ›geläuterte‹ Subjekt, d. h. das, das die Anwesenheit des Dritten akzeptiert, hat nicht nur transparent gewordene Gegenstände vor sich, wenn sein Blick das Gesicht der Mutter sucht, es ist selbst transparent für den Blick des Vaters.

»Denn durch Synthesis wird alles Schöne erworben«, heißt es in Platons »Politikos«.[15] Die verklärten Stadtansichten sind schön als die im Bild vollzogene Synthesis von Wunsch und Gesetz. Letzteres gehört also dazu, damit sich Schönheit konstituiert, damit das Objekt als Objekt der Schaulust in Schönheit wiedersteht und weiterbesteht.

Es ist in der Bildlichkeit, als einer Angelegenheit des Schautriebs, eine illusionistische Komponente vorhanden, die sie gegenüber der reinen Abstraktion voraushat. Der Schautrieb gibt nie auf, zu sehen, und er gibt nie auf, die Kastration dabei umgehen zu wollen.

Die christliche Heilslehre hat sich für ihre Jenseitsversprechungen dieser Triebstruktur schon früh bedient – und von ihr später, wie wir sahen, um so weniger gelassen. Das Dogma von der Auferstehung des Leibes – und nicht nur von einem Weiterleben der Seele – ließ Augustinus dem Sehen der Seligen eine Qualität zusprechen, die sich in dem antiken Analogon zwischen Sehen und Denken nicht erschöpfte. Die »neuen Augen« werden Gott nicht nur »schauen«, weil sie »dem Geist ähnlich geworden« sind. Im »Gottesstaat«, dieser ewigen Stadt für die von der irdischen Stadt Befreiten, ist der Unterschied zwischen Seele und Leib aufgehoben. In einer Art jenseitigem Pantheismus werden Schöpfer und Geschöpf eins – im Blick *der erlösten Kreatur*. [16]

Es ist an diesen Beispielen zu zeigen, wie die alte Platonsche und die neue Adam Smithsche Transparenz der Stadt und jedes einzelnen in ihr hier ein Zwischenglied hat. Es verbindet die Sehnsucht nach Aufhebung aller Trennungen zwischen den einzelnen in einem neuen glückhaften Sehen, wie auch Rousseau es beschwört, mit der totalen Einsichtigkeit des Subjekts durch den Anderen, der zum Gott verklärt und verabsolutiert wird.

Körperliches Sehen als die Verkehrsform der Dyade erweitert sich ständig im geistigen Sehen (eines abstrakten Erkenntnisobjekts) zur Einbeziehung jenes Dritten, dem sich das Subjekt durch Identifizierung attachiert, ohne allerdings je ganz zu vergessen, welcher Äußerlichkeit und welchem Zwang sich dieser Akt einmal verdankte. Die der ›Natur‹ entgegengesetzte Verbindung in der Triade enthält sich nie mehr der Spannung, unter der sie zustande kam, vom Subjekt absolviert als Kompromiß, aber auch als die *gewünschte größere Einheit*. Ästhetisches Sehen, als die prospektive Version der Synthese, von der Platon spricht, geht dahinter nicht zurück, ist nie ›natürliches‹ Sehen.

Kierkegaards Verführer, sahen wir, hat am Bild festgehalten, das jedesmal die Eintracht zwischen einer Mutter und ihrem Kind zeigen mußte. Doch um dieses Bild herum schrieb er unermüdlich sein Tagebuch, das ein zweites, ein erweitertes Bild war, in dem die Stadt, als Sphäre des Gesetzes, durchaus vorkam. Der städtische Habitus des Verführers ist ausdrücklich herausgestellt, noch außerhalb Kopenhagens verrät ihn seine *Sehweise* als Bewohner der Stadt. Die Stadt ist ihm Bühne und Zuschauerraum zugleich. Sie erst bietet ihm die Fluchten für sein Verschwinden vor den Blicken der Geliebten in der Verstellung. Ihre Topographie gewährt ihm den ständigen Wechsel der Perspektiven, in denen sein draufgängerisches Auge sich in den Donjuanismus rettet, mit dem er der Beziehung zu der einen zu entgehen wie sie *zugleich* zu erhalten hofft. Hier ist er also Fisch im Wasser, eingedenk des Satzes von Nietzsche:

denn alles Leben ruht auf Schein, Kunst, Täuschung, Optik, Notwendigkeit des Perspektivischen und des Irrtums.

Für Nietzsche ist dies dann der eigentliche Ort der Wahrheit, deren Subjekt jeweils ein anderes Auge ist:

Es gibt vielerlei Augen. Auch die Sphinx hat Augen –: und folglich gibt es viele ›Wahrheiten‹, folglich gibt es keine Wahrheit.

An dieser Stelle entsteht das Subjekt selbst erst *durch* den Modus des Sehens:

Eine Art von Perspektive im Sehen wieder als *Ursache des Sehens* selbst zu setzen: das war das Kunststück in der Erfindung des ›Subjekts‹, des ›Ichs‹![17]

Das ist bereits Lacans Maxime – ein gutes halbes Jahrhundert vor ihrer Wiederkehr ins Zentrum der französischen Ich-Psychologie!

Die ideale in der realen Stadt

Es gibt zwischen realer und idealer Stadt über das hinaus, was unsere Beispiele bisher belegen konnten, noch eine strukturelle Homologie, der sich nicht nur Platons Schönheits-Mythos unterworfen zeigt. Sie bleibt fruchtbar für neuere und neueste Zeugnisse literarischer Symbolisierung, in denen das Verdrängte seine Wiederkehr in einer Figur ankündigt, die unser Verständnis für die Traum-im-Traum-Metapher vertiefen kann.

Lewis Mumford hat darauf hingewiesen, daß die antike Stadt »is above all things a theatre«. Die religiöse Herkunft des Dramas aus den Fruchtbarkeitsriten braucht hier nicht erörtert zu werden, noch die zweite genetische Komponente, die an die verschiedenen Arten von Wettkämpfen anknüpft. Interessant ist für uns die Herausbildung einer äußeren Form, in der das im Drama symbolisierte Ereignis von den Zuschauern wahrgenommen wird:

To form a circle of spectators around the actors in a contest was the first office, probably, of the agora or forum . . .

Für Mumford gehört die Übertragung dieser theatralischen Struktur auf den Verlauf des öffentlichen Lebens zum wesentlichsten Element der Stadt.[18]

Wir sehen die Kreis-Anordnung der städtischen Gebäude in Platons stadtutopischen Vorstellungen wiederkehren, wenn er in den »Nomoi« den Gesetzgeber Vorschläge zur Stadtgründung machen läßt. Der Gesetzgeber muß von den Bewohnern u. a. verlangen, daß sie auf das Gold (als Geld) verzichten, und sie müssen ferner akzeptieren

beim Lande und der Stadt die Mittellage und das Ganze-im-Kreise-herum-Wohnen, wie er sie vorschrieb, indem er fast Traumbilder aussprach oder Stadt und Bürger gleichwie aus Wachs sich gestaltete.[19]

Der Hinweis auf die »Traumbilder«, auf die Vormodellierung der zu gründenden Stadt wie ihrer Bewohner »gleichwie aus Wachs«, zeigen, wie dicht beieinander ständig die tatsächliche, jedenfalls die zu realisierende, und die ideale Stadt liegen, wie auch in der Kreis-Anordnung der Gebäude um einen Mittelpunkt von religiöser Bedeutung die Doppelstruktur der antiken Stadt aus Realität und Utopie, aus Materie und Geist, Gestalt annimmt.

Wir erinnern uns nun, daß auch die Seelen, die um des Anblicks der Schönheit willen zum überhimmlischen Ort aufsteigen, dabei Kreisbewegungen beschreiben: Sie reißt »der Umschwung mit fort«, es ist der »Umschwung«, der »sie wieder an die vorige Stelle zurückgebracht« hat, und in »diesem Umlauf nun erblicken sie die Gerechtigkeit«. Die Wiedergeburten erfolgen auf neun verschiedenen Bahnen oder Stufen, eine Vorstellung, die im »Symposion« wiederkehrt, wenn von den »Stufen« die Rede ist, über die man zu dem »Schönen selbst« gelangt.

Bei der Situierung der Tempel in der zu gründenden Stadt findet dasselbe Schema Beachtung: Alle heiligen Stätten sind »um den ganzen Markt« und im Kreis »rings um die ganze Stadt hin an hochgelegenen Stellen aufzubauen«. Das geschehe wegen der »Sicherheit und Reinlichkeit«.[20] (Das gleiche Argument wird der Renaissance-Architekt Leone Battista Alberti anführen, wenn er in seinen Schriften zur Architektur schreibt, daß die Tempelbenutzer durch die Lage der heiligen Stätten »Schmutz und Unanständigkeit« nicht zu Gesicht bekommen sollen.[21])

»Daneben«, so bestimmt Platons Gesetzgeber, sollen »aber die Gebäude für die Obrigkeiten und für die Gerichte stehen«. So berücksichtigt diese Stadt, die die vollkommene Stadt sein wird, genau die doppelte Zusammensetzung aus weiblicher und männlicher Komponente, aus Schönheit und Gerechtigkeit, die *nebeneinander* ihre baulichen Manifestationen aufgerichtet zeigen.

Eine typische Stadteulogie wie die des Bonvesino dell Riva aus dem Jahre 1288 *sieht* noch das oberitalienische Milano nach diesem Vorbild als idealische Vedute: »Die Stadt selbst ist circular angelegt in der Art des Kreises, dessen wunderbare Rundung das Zeichen der Vollkommenheit ist.«[22] Ideale und reale Stadt sind für diesen Blick ununterscheidbar, wie auch für Leonardo Bruni in seiner berühmten Beschreibung der Stadt Florenz aus dem 15. Jahrhundert, die vollständig auf die ästhetische Wirkung dieser Stadtwiedergabe abgestellt ist.

Das himmlische Jerusalem, diese »geschmückte Braut«, wie es in der »Offenbarung S. Johannis« hieß, hatte die Maße eines Kubus, das Urbild aller Schreine und Kästchen, die das Allerheiligste bergen, verbergen. Vor wem?

Herab zu dem Sohn, der der Szene als verzückter Betrachter beiwohnt, kommt es »aus dem Himmel durch Gott«. So entsteht auch die Stadt bei Platon durch den Gesetzgeber (= den Anderen). Die ideale Stadt ist, wie jedes Bild, die Integrationsformel, wie sie der Schautrieb versteht.

Dem Sohn ist noch die ›Erschütterung‹ (die Benjamin in den literarischen Bildnissen Stifters vermißte) anzumerken, die Gewalt, die hinter ihm liegt als das Wesen der wirklichen, gesellschaftlichen Stadt, die als Ort des leibhaftigen Vaters das Babylon ist, die unerträgliche Stadt. Nun zeigt sein Blick – und nur dieser – ihn auf einmal euphorisch in dem empfindsamen Dreieck von Verdrängung und Identifizierung. Die Illusionsbereitschaft des Gesichtssinns gewährt im schönen Schein die Aussicht auf eine im Bild konkret, anschaulich, sinnlich gewordene Versöhntheit, auf das für den Betrachter zuträgliche Nebeneinander von Schönheit und Gerechtigkeit.

Daß die schöne Stadt höchstens für das Auge auch eine reale Stadt war, demonstriert das bekannte Gemälde einer idealen Stadt, das im Palazzo Ducale in Urbino hängt.[23] Der Blick dringt in die Stadt ein, die sich wie eine Bühne vor dem Zuschauer öffnet. Im Mittelpunkt den größten Raum nimmt ein Gebäude auf kreisförmigem Grundriß von einigem Umfang ein. Es gibt dem Auge etwas zu sehen, wo es außerhalb dieses gestalteten Sehraums gewohnt ist, ein ›Fehlen‹ (wie Lacan sagt) zu vermerken, die Drohung der Kastration.

Um da etwas zu sehen, wo jenes ›Fehlen‹ so nachhaltig irritierte, ›zeugte‹ das Subjekt der neuen städtischen Wirklichkeiten unermüdlich seine künstlichen Kinder. Auch die Städte, die es entwarf und aus dem Entwurf neuerdings realisierte, waren in dreidimensionale Fluchtlinien des Blicks hineinprojizierte Bilder, die Sehende und Gesehene als Kunstwerke bewohnten. In ihnen ist die Natur – die bei Platon von wilden Tieren verkörpert wird – ausgeschaltet: für den Blick, das genügt.

Diese Städte liegen alle in der Perspektive des ›reinen‹, des sublimierten Schautriebs. Die Geometrie, die bei Platon wichtig wird und in der Barockstadt bis in die gesellschaftliche Realität, die Stadt des Absolutismus, vordringen wird, vereinigt beides, die ›Reinheit‹ der mathematischen Harmonielehre und ihre idealen Verhältnisse in den *sichtbaren* Zeichen einer sowohl berechenbaren wie realisierbaren Ordnung. (Darum genau geht es.) Die Begeisterung für die Perspektive, ihre phantastische Valuisierung durch die theoretischen Abhandlungen zur Malerei bei Piero della Francesca, Leonardo da Vinci, Leone Battista Alberti (und anderen), war die prädikative Form dieser bildnerisch fruchtbaren Mathematizität des Gesichtssinns, den Diderot später beklagen wird, die Zeugung mit Hilfe des sowohl prospektiven wie rationalen Blicks, der in seiner Produktivität die geregelte Abfuhr eines sublimierten, eines *kulturell* erfinderischen Schautriebs erlebte.[24]

Daß das Verdrängte jedoch wiederzukehren sich anschickt, daran mahnt das Spannungsgesetz, dem jedes Kunstwerk unterliegt, wie Hegel wußte, als er der Schönheit ein ›dynamisches‹

Gleichgewicht unterstellte: Es ist die Dialektik zwischen Form und Stoff, das kritische Verhältnis zwischen dem Schönen und dem Häßlichen, in dem Adorno dem Kunstcharakter jedes gemäßigte Aussehen entzog.[25]

Die »Ringmauern«, die Platons Gesetzgeber um die Tempel der Hestia, des Zeus und der Athene im Mittelpunkt der Stadt ziehen ließ, erinnern uns an diese Spannung, an das Verdrängte. Es sind die höchsten Mauern, die der Mensch für lange Zeit baut, zum Schutz – vor allem vor sich selbst.

13. Der Spiegel im Spiegel

Handke; Plotin; Hamlets Doppelspiel

Quadrat im Kreis: Traum im Traum

Wenn wir uns jetzt diesem ausgegrenzten Zentrum der Stadt
zuwenden – und darin sind auch unsere wirklichen Städte
›ideale‹ Städte –, dann begegnen wir an dieser Stelle einigen
Symbolen, die uns weiterbringen, weiter bis zu literarischen
Symbolisierungen, die sich als Ausdruck der *verinnerlichten* Stadt
in ihrer Doppelstatur verstehen lassen werden.

Als erstes treffen wir im Tempelbezirk auf das Geld, das dort
bekanntlich seinen Ursprung hat, und das in der Ausprägung der
griechischen Münze ein Kunstwerk war – wie die Stadt selbst:
das Heiligtum als gängige Währung, das Götterbild als Klein-
geld:

Das griechische Geld wirkt nicht anders als ein kleines Heiligtum neben
den großen Tempeln der Stadt. [1]

Überrascht es da noch, die geometrische Formgebung bei der
Münzprägung, ihre *kreisrunde* Ausführung, wiederzufinden?
Nicht nur das: Der Kreis, den der äußere Rand der Münze
abgibt, umschließt auf der *Rückseite* eine quadratische Vertiefung.
Der Kubus inmitten der kreisförmigen Anordnung der städti-
schen Bauwerke!

Das Quadrat erweist sich als Symbol für die Unterwelt, das
Labyrinth. In Labyrinth-Darstellungen erscheint die Unterwelt
auch »als höhere Realität in der Form eines spiralen Bauwerks«.
Der Irrgarten bezeichnet »dessen Windungen durch die Ge-
därme des geschlachteten Tieres«, die »ebenso nachgebildet sind
wie etwa die Himmelsregion durch die Leber«. [2]

Opfertier und Eingeweideschau, das Totenreich und seine Abschließung durch die Mauer, die Totenkönigin und die dem Tod
entgegengerichtete Tanzbewegung auf dem zentralen Tanzplatz

(chóros), die todbringende Artemis als Geburtsgöttin, das Versinken in der Höhle und die »Identifikation mit davonfliegenden Vögeln«, die Trennung von Tod und Leben, wie Platon sie im »Phaidon« zur Beruhigung der Seele verkündet und die der Mythos so streng nicht vollziehen mochte – die Symbolfracht des Schiffes inmitten der Stadt (auch dies ein geläufiges Symbol) ist unerschöpflich.[3]

Cassirer hat für uns das mythologische Material durchgearbeitet, in dem der Gegensatz zwischen Dunkelheit und Licht zur Darstellung gelangt:

Aus dem Halbtod des Schlafes erweckt uns das Licht des Tages zum Leben; ›das Licht schauen‹, ›das Licht der Sonne sehen‹, ›im Lichte sein‹ heißt leben . . .[4]

Damit gewinnt der offene Himmel über der geheiligten Stätte eine Bedeutung, die uns zurückbringt auf unsere Struktur des Nebeneinanders von Schönheit und Gerechtigkeit, von sublimierter weiblicher Körperanschauung und männlicher Tabuordnung, von ursprünglichem Objekt und Gesetz.

Cassirers Schlußfolgerungen im Hinblick auf die »*Raum*form«, ja, die »gesamte mythische *Lebens*form«, die das »mythische Denken entwirft«, enthalten einen Hinweis auf eben jene Struktur, die für unsere Überlegungen zum Traum-im-Traum-Bild bedeutsam sein könnte.

Er spricht davon, »die entscheidende Leistung jeder derartigen Form« sei es, daß das Innen und das Außen (Subjektives und Objektives) nicht abgesondert sind wie zwei getrennte Bezirke: »beide reflektieren sich ineinander und erschließen erst in dieser wechselseitigen Spiegelung ihren eigenen Gehalt«.[5]

Auf diese Konstituierung eines ›eigenen‹ Gehalts in der Spiegelung zweier verschiedener Sphären ineinander stoßen wir jedesmal, wenn wir das Schema eines Spiels im Spiel betrachten. Welche Sinnfälligkeit damit gegeben ist, wird deutlich, wenn wir uns vergegenwärtigen, was an der Spiegelung Wiederholung eines gegenseitig gezeigten gleichen Inhalts und was die Vermischung verschiedener Inhalte ist.

Hierher gehört auch die Abgrenzung des heiligen Raums als dem sogenannten ›templum‹ (= das Ausgeschnittene). Der Augur, der den Himmel auf göttliche Zeichen hin beobachtet, nimmt eine solche Ausgrenzung vor, auf die allein sich sein Blick richtet. Städte werden um ein solches templum herum angelegt.[6] »Das Unbewußte ist rousseauistisch«, schreiben Deleuze und Guattari, »Überschreitung, Schuld, Kastration: bilden sie die Bedingungen des Unbewußten, oder reflektiert sich in ihnen nur die *Sehweise eines Priesters?*«[7]

In Laudinos »Camaldolenser Gesprächen« (1475) wird die von Anaxagoras für die Philosophie inaugurierte Betrachtung des Himmels, wenn auch mit falscher Etymologie, in den Tempelbereich verlegt. Ein »scharfes und unverändertes Hinsehen der Seele« wird auf die professionelle Sehpraxis der Auguren zurückgeführt. Sie haben mit dem emporgehobenen Krummstab ein Stück Himmel ausgegrenzt und mit dem geduldigen Blick zum Firmament darauf gewartet, bis ein Vogel dieses »templum« durchflog.[8]

Roland Barthes kommt auf diesen Augenblick zurück, wenn er im »S/Z« die Lexie (das Lektürefragment) mit dem Ausschnitt vergleicht, den der Augurenstab aus dem Himmel für das Auge herausteilt. Einrahmt. In »Roland Barthes pour Roland Barthes« geht er darauf noch einmal ein:

Dieses Bild gefiel ihm: wie schön mußte das einmal gewesen sein, dieser Stab, der auf den Himmel weist, d. h. auf das Nichtweisbare.

An anderer Stelle des Buches bringt er sein Interesse an Texten in Zusammenhang mit dem Schautrieb:

Ich habe eine Krankheit: ich *sehe* die Sprache . . . Was ich einfach hören sollte, ein sonderbarer Trieb, pervers darin, daß sich das Begehren hier im Gegenstand täuscht, wird mir als eine ›Vision‹ offenbart . . . Auf die Ur-Szene, bei der ich höre ohne zu sehen, folgt eine perverse Szene, bei der ich das, was ich höre, zu sehen glaube. Das Hören wendet sich ab zu Scopie: ich fühle mich als Visionär und Voyeur der Sprache.[9]

Der Text, in den der Leser als Verstehender *eindringt,* ist nicht mehr das erste Objekt. An ihm hat der Andere bereits einen Anteil. Der Priester als Hüter des Gesetzes gibt dem Auge zu sehen, was durch seine Geste abgeteilt, eingerahmt ist. Vor allem sieht er selber. Die Leidenschaft für den Text (für Sprache) bezieht den Dritten ein und macht das Subjekt zum Voyeur.

Dennoch ist die Leidenschaft für das Objekt Sprache, auf die sich Schreiben und Lesen in lauter Akten der Wiederholung einlassen, unverkennbar.

Der Kreis, der sich in den Kreis öffnet (Handke)

Wir wählen zur Illustration für die fortwirkende Priestermacht in Verbindung mit dem Objekt des Begehrens ein Beispiel aus Handkes Roman »Ein kurzer Brief zum langen Abschied« (schon im Titel die Figur der Abgrenzung ›kurzer Brief‹ gegenüber dem Kontinuum ›langer Abschied‹). Dort erkennen wir, wie das Auge Täuschung praktiziert, indem es zur Weckung des Begehrens sich der ›Lexie‹ bedient. Ein Stück Wirklichkeit wird im *Rahmen* einer Sehweise zum Fragment, *zum Bild,* dem gegenüber das Auge Erregung produziert:

Ich holte mir ein Bier und setzte mich wieder. Durch die schmale Tür, die noch mit einem Vorhang verhängt war, schaute ich auf die Straße. Der sichtbare Ausschnitt war so klein, daß die Vorgänge in ihm umso deutlicher wurden; die Leute schienen sich in ihm langsamer zu bewegen und dabei sich selber vorzuführen; es war, als ob sie nicht an der Tür vorbeigingen, sondern davor auf und ab promenierten. Die Brüste der Frauen hatte ich noch nie so schön und so herausfordernd gesehen wie jetzt. Ihr Anblick war fast schmerzhaft, und doch war ich froh, daß ich nichts wollte als ihnen zuschauen, wie sie vor den breiten Reklameflächen so selbstvergünst hin und her schlenderten. Eine Frau blieb vor der Tür fast stehen und suchte nach etwas. Ich erschrak richtig vor Gier, zu ihr hinzugehen, dachte aber sofort: ›Was könnte ich denn wirklich mit ihr anfangen? Es wäre nur unverantwortlich!‹ und entspannte mich wieder. So sehr war es mir unmöglich geworden, mir eine Zärtlichkeit an Frauen vorzustellen, daß ich bei dem Gedanken, ich sollte nur meine Hand ausstrecken, sofort unlustig und über und über müde wurde. [10]

Diese Filmeinstellung enthält die ganze Ambivalenz des Begehrenden, dessen Erlebnisweise die Produktion von Bildern ist, *in* denen ihm *das* Objekt näherzukommen scheint, bis, wie bei Kierkegaards Verführer vor seinem Marienbild, die Realität jenseits des Rahmens den ›Augenblick‹ zerstört. Im Gedanken an die ›Verantwortung‹ mischt sich der Dritte als Richter ein. Unlust ist die Folge. In der Bildwirkung lebt Hoffnung auf, das Begehren zu befriedigen, und sinkt in sich zusammen. Beides findet im Blick des Betrachters statt, kurz nacheinander.

Wir müssen hier schon auf eine Schichtung aufmerksam werden, die in dem Bild gleichsam ein zweites sichtbar werden läßt, eine innere Bildschicht, die eine äußere umschließt. Beides gehört zusammen. Beides – und auch die Spannung zwischen beidem – entsteht erst im Blick des Betrachters.

Wenn das der ›innere Bezirk‹ der symbolisierten Stadt ist – man bemerke die Reklamefläche hinter dem Bildausschnitt, das bildhaft Künstliche und Produzierte der Stadtkulisse bei Handke –, den der Andere ausgrenzt und überwacht, dann haben wir hier das ursprüngliche Objekt in Verbindung mit dem Dritten.

Beobachten wir, was passiert, wenn das Subjekt an anderer Stelle in diese doppelte Blickfalle gerät. Wir gehen dazu noch einmal zu der Szene aus Handkes Roman zurück, die wir schon an anderer Stelle zitiert haben.[11]

Dort sehen wir den Reisenden Einkehr suchen in jenem Bezirk. Er betritt das Innere einer Kirche. Er verabscheut Religion, also die Schicht, die für den Priester steht. Trotz dieser störenden Vorstellung entzieht er sich nicht der Wirkung, den das dunkle Innere des Kirchenleibs auf ihn ausübt, er ist ja in dessen Innern. Das Gefühl der Wiedererinnerung, das er hat, überkommt ihn erst nach dem Verlassen der Kirche. Das dunkle Innere der Kirche und die hohen Türme, auf die er draußen blickt, lösen *zusammen* dieses Erlebnis aus. Doch je deutlicher die Erinnerung wird, desto mehr ist ihm, als wiche das »Gehirn wieder davor zurück«. Dann heißt es: »Die Kirche, auch ich wurden mir unheimlich.«

Die Sehnsucht, sich auf etwas Überpersönliches zu beziehen, die er in der Kirche hatte, erschien deutlich als die Reaktion auf die körperliche Liebe zu *einer* Frau, die dem Protagonisten in dem Roman generell nicht glücken will und die an dieser Stelle mit starkem Affekt abgewertet wird.

Der Gefühlszwiespalt des Helden äußert sich in den unterschiedlichen Wahrnehmungsabfolgen, die sich alle auf das Sehen beziehen. Er ist erst von dem Sonnenlicht in der Stadt geblendet, er taucht in die Dunkelheit der Kirche ein, ist danach erneut geblendet und *sieht* dann in die Höhe (zu den Kirchtürmen hinauf), wobei er das Wiedererinnerungserlebnis hat. Die aufgekommene Sehnsucht schlägt in Angst um. Er verläßt den Platz vor der Kirche eilig.

Der Held befindet sich in einer inneren und äußeren Klausur, die sich wie in Kreisen um den Gehalt seines Einkehrerlebnisses schließt und öffnet. Der Ort ist einmal die älteste Missionsstation auf dem Boden Nordamerikas. Das sind Anknüpfungen an die christlich-europäische Tradition, aus der der Held kommt und auf die er hier wieder stößt. Für Amerika ist das ein fremder, in sich gekehrter und der Vergangenheit zugekehrter Ort. Sie ist auch die Vergangenheit des Helden und hat seine Kindheit geprägt.[12]

Um die Station herum ist die gänzlich künstliche, ihm fremde Stadt Tucson, die ihrerseits von der Wüste, der Natur, umgeben ist. Diese ist wiederum eine fremdartige, exotische Region inmitten der amerikanischen Zivilisation. Zu dem gleichsam atavistisch-religiösen und expansionistisch-missionarischen Kern gehört der nativistische Aspekt der Indianersiedlung. Als Reservat ist sie noch einmal ein geschlossener Kreis innerhalb der Kreise, die um das Subjekt hier angelegt sind. Hinzu kommt als ein weiterer Einschluß die Parade in Tucson, auch das das Eine im Anderen, das Besondere im Alltäglichen.

Die Szene hat alle Merkmale, wie sie für die besonders in der mittelalterlichen Literatur gebräuchlichen Traumallegoresen – man denke nur an die Behandlungen des Grals-Mythos – typisch sind.[13] Sie kennzeichnet eine doppelte Bewegung, die einmal in das Heiligtum hinein- und aus ihm herausführt. Eremitage und Versuchung durch die Erscheinung einer schönen Frau, die mit dem Teufel im Bunde ist, sind die Spannungsmomente der meisten solcher Veranschaulichungen durch allegorische Träume innerhalb der Fiktion (als Bild im Bild).[14]

Mit der Struktur der Abgeschlossenheit der Kreise und ihrer Öffnung ineinander korrespondiert auf der Handlungsebene das Pendant des widersprüchlichen Wunsches nach Isolierung und nach Durchdringung. Die sich überlagernden Emotionen der Anziehung und der Abstoßung begleiten den Helden auf seinem Weg durch dieses Labyrinth, das sich nur immer auf weitere Umschließungen hin öffnet.

Ein Blick zurück auf die Darstellung des Traums im Traum bei Stifter, auf den Theaterabend, zeigt uns die Umsetzung dieser gleichen Erlebnisstruktur in eine Romanstruktur. Der Abend nimmt das weitere Schicksal des Paares allegorisch vorweg. Auch danach und außerhalb des Theaters bleibt ihre Beziehung innerhalb des lediglich größeren Bildes im Bild, das die Wahrnehmungsweise Heinrichs unentwegt hervorbringt und das die Intensität des in der Theaterszene geweckten Gefühls wie in einen Kokon aufnimmt, abschließt. Die weitere Romanhandlung ist die zweite Bildschicht um die erste des Zuschauererlebnisses im Theater. (Stifter ist denn auch der Autor, dessen Text in Handkes extremstem ›Seh‹-Buch, »Die Lehre der Sainte-Victoire«, als zweiter Text im Text mitläuft. [15])

Der Sohn als Spiegel des Vaters (Plotin)

Daß sich bei Platon der Aufstieg und Abstieg der Seelen, die einen Blick auf die Schönheit zu werfen suchen, offensichtlich in konzentrischen Bahnen um das Objekt ihres Begehrens vollzieht, mag daran erinnern, daß jene Struktur der sich ineinander öffnenden Kreise auch ein philosophisch tradiertes Veranschaulichungsphänomen ist.

Plotin hat besonders diese Stufenordnung des Kosmos in seine Vorstellungen aufgenommen und dabei nicht versäumt, dem Sohn in diesem Kunstwerk der Schöpfung einen exponierten Platz zu geben:

Einer aber, während schön sind und schöner als er die drinnen Verbleibenden, einer allein von den übrigen tritt als der Sohn nach draußen hervor. An ihm, ob er gleich der letzte der Söhne ist, läßt sich wie nach einem Spiegelbild ermessen, wie gewaltig der Vater droben ist und die beim Vater verbliebenen Söhne.

Ein interessantes Bild veranschaulicht den Vater als »gefesselten Gott« und rechtfertigt dies damit, daß der ja »unverändert verharren« müsse und daß er »zu groß ist, als daß er Schönheit sein könnte«. Wenn es daher heißt, die Schönheit sei die Domäne des *einen* Sohnes, dann ist das, abgesehen von der Geste der Wertschätzung (der ›Achtung‹) für den Vater, fast schon das Weltbild Feuerbachs, der dem Sohn zuliebe den Vater in den höchsten Himmel, ins Nichts, abschieben wird:

Jener eine aber spricht, er sei nicht vergebens vom Vater herabgegangen, denn nun sei sein zweiter, sein Kosmos da, und zwar ein schöner, wie es dem Abbild des Schönen zukommt . . .

Bei Plotin beziehen sich Urbild und Abbild eng aufeinander, das Abbild ist eine ›zweite‹ Welt *und* Spiegelbild der ersten.[16]

Wir sehen, wie hier in einem Denkbild die Gegensätze von Oben und Unten, Vater und Sohn, Gott und Mensch, in einem Gegeneinander, das zugleich ein Ineinander (als Spiegelbilder) ist, geordnet werden. Die Aufwertung des platonischen Abbilds in dieser Selbständigkeit der miteinander in Beziehung stehenden Bildstufen – und alles ist Bild, die ganze Schönheitsphilosophie Plotins ist ein einziges mystisches Fanal der Schaulust – hat im Neo-Platonismus Schule gemacht.

Wir verfolgen hier nicht die erkenntniskritische Seite dieses Mythologems, wir registrieren im Zusammenhang mit der Psychologie des Bildersehens, in welcher Ausgeprägtheit dabei die gleichen sprachlichen Symbolisierungen wiederkehren: Da ist das Bild, das *einer*, der ein Sohn genannt wird, sowohl sieht wie darstellt, der also sieht und gesehen wird. Die einzelnen Stufen zwischen Jenseits und Diesseits, zwischen Gott und Mensch, erscheinen so als eine Folge von Spiegelbildern, die ein ursprünglich Gesehenes weitervermitteln in einer endlosen Flucht, die das erste Objekt als Bild bewahren und auf jeder Stufe durch ein Sehen und Gesehenwerden neu konstituieren in dem jeweiligen Subjekt der Bildproduktion und -reproduktion. Der Vater bleibt jenseits des eigentlichen Bildes, aus dem er herausgehalten wird; andererseits ist er *da*, für die Identifikation des Sohnes mit dem Vater, vor allem mit seiner *Größe*, weswegen er in einer anderen Bildschicht, in einem anderen Kreis des zur Bildserie gewordenen Kosmos zugleich abwesend und, geistig, anwesend ist.

Der Kreis im Kreis hat mit dem Neo-Platonismus seinen Weg auch in die literarische Darstellungsform gefunden. In England und namentlich dort in der Theaterliteratur finden sich zahlreiche Zeugnisse für die Beliebtheit allegorischer Einschlüsse in die

Handlungsfiktionen von Stücken, die sich ihres semantischen Auftrags in förmlich osmotischer Durchlässigkeit entledigen. [17]

Georges Poulet hat in seinen »Metamorphosen des Kreises in der Dichtung« vor allem für die französische Literatur die Fruchtbarkeit des Kreissymbols an einer Vielzahl von Textbeispielen belegt. Es überrascht uns nicht, daß bei Rousseau die in sich geschlossene Welt der idealen Familie in diesem Zeichen versinnbildlicht erscheint. [18] Poulet geht es um die Figur der Vollkommenheit, die Vater und Sohn umschließt. [19] Uns geht es dagegen um eine Konstellation, in der ein Kreis sich auf einen zweiten, größeren hin öffnet; in der ein Subjekt im Kreis sein Objekt nicht nur für sich einschließt, sondern auch von sich ausschließt; in der die Kreislinien also in Bewegung sind und wo die Bewegung nicht immer in der Koinzidenz des kleineren mit dem größeren Kreis zur Ruhe kommt.

Spiel im Spiel: die Wiederkehr des Verdrängten (»Hamlet«)

Davon zu sprechen, muß die Rede unweigerlich auf ein Stück bringen, das den Sinn solcher Einkreisungen und Umkreisungen in einem Kern zeigt, der sich zu erkennen gibt, indem er sich uns verbirgt: Shakespeares »Hamlet«.

Eine schon bei Platon angelegte Figur macht geradezu notorisch durch das unansehnliche Äußere eines Gefäßes auf dessen wertvollen Inhalt aufmerksam. Das sich ausschließende wie auch einschließende Nebeneinander von Traum und Wirklichkeit wird dabei in unterschiedlicher Gestalt sinnfällig. [20] Man findet davon etwas noch in dem Hinweis Hamlets auf das Äußere einer Flöte, der man die in ihr verborgenen Töne nicht ansieht – so wenig wie auch ihm, Hamlet, selbst seine wirklichen Empfindungen. (Auch hier geht Wissen über Sehen!) [21]

Eine für den Aufbau des Stücks und die Behandlung seines Themas weitaus wichtigere Einlassung auf die innere Wahrheit Hamlets findet sich in der Spiel-im-Spiel-Episode, die das Motiv des Helden entschlüsselt, indem sie es verschlüsselt. Die Episode soll etwas zum Vorschein bringen, indem sie es vor dem Betrachter in einer bildlichen Handlung verschließt, die, da sie deren

Spiegelbild ist, auf eine wirkliche Handlung aufmerksam macht (für die zumindest Hamlet kein Augenzeuge war). Dabei soll diese vor Stückbeginn gelegene Handlung dem Zuschauer in einem bestimmten Wahrheitslicht erscheinen und nicht nur in dem eines nachträglichen, chronikhalber beleuchteten Faktums.

Im Stück im Stück wird ausgesprochen, was Hamlet die fünf Akte hindurch in seinen Gedanken hat: die Ermordung des Vaters, die Ehe der Mutter mit dem Mörder.

Hamlet ist es, der den Schauspielern den Text vorgesprochen hat, das Ganze ist ohnehin allein seine Idee. Er gibt ihnen langatmige Anweisungen, die aus einer Kette von Gegensatzpaaren bestehen, was den von ihnen geforderten Bühnenausdruck betrifft:

Seid nicht zu zahm, aber laßt eure Zurückhaltung euch zum Regisseur dienen . . .

Sie müssen etwas deutlich machen, was sie durch »discretion« zugleich zurücknehmen sollen. Starke Emotion und Verhaltung gleichzeitig wird ihnen abverlangt.

Hamlet rechnet mit »barren spectators«. Von dem Stück erwartet er sich dennoch eine emotionalisierende Wirkung:

das Schauspiel ist das Ding, mit dem ich das Gewissen des Königs einfange. [22]

Wenn Hamlet von seinen eigenen Gefühlen spricht, bedient er sich auf einmal der gleichen Gefäß-im-Gefäß-Metaphorik:

In meines Herzens Gehäuse, ah, im Herzen meines Herzen . . . [23]

Horatio soll den Mörder während der Aufführung genau beobachten. Hamlets eigene Motive könnten ihm dabei hinderlich sein. Sie sind von der Art, daß er sie besser gleich zweimal verschließt vor den anderen, ›in my heart of heart‹:

Es ist ein verdammter Geist, den wir gesehen haben, und meine Phantasie ist so verpestet wie des Vulcanos Schmiede. [24]

Ein Spiel im Spiel – Hamlet nennt es »Mousetrap« – soll den Mörder Claudius in eine Erregung versetzen, die ihn sein Verbrechen eingestehen läßt. Uns interessiert hier nicht die aristotelische Überlieferung dieser Auffassung von der Wirkung solcher

Mimesis-Dramaturgie, sondern die Beziehung, die die gezeigte und im Zeigen verborgene Wahrheit zu Hamlets eigenen »imaginations . . . as foul as Vulcan's stilthy« hat. Er nennt das Stück »a knavish piece of work«, ein Schurkenstück.[25] In dieser Wendung sind gleich drei Bedeutungen: Er tut so, als gebe die Handlung ein fern vom Hof, in Wien, geschehenes Schurkenstück wieder, er spielt damit auf das Schurkenstück des Claudius an sowie auf seine eigenen Motive und ihre Inszenierung in der Vorführung: drei Kreise in einem!

Wie sehr Hamlet in das Stück im Stück einbezogen ist, erkennt z. B. Ophelia. Seine Kommentare werden in ihrer Bemerkung zu einem Teil der Spielhandlung:

Du bist so gut wie ein Chor.

Hamlet dagegen sucht den Abstand zwischen der Bühne und sich herauszustellen, wenn er sagt:

und wir, die wir freie Seelen haben, es berührt uns nicht.[26]

Eine ›freie Seele‹ aber hat *er* gerade nicht. An Ophelia gewendet, spielt er die Bedeutung des Stücks ständig herunter. Nur Horatio weiß, worum es geht.

Wir kennen Hamlets Problem. Ob ihn der Gedanke an den Vatermord erregt und zugleich lähmt (Freud); ob ihn dieser Gedanke hindert, den Vatermörder Claudius zu töten (Ernest Jones); ob in ihm die Haßgefühle gegenüber der dem Sohn ›untreuen‹ Mutter überwiegen (Frederic Wertham) – seine aggressiv-begehrende Einstellung zur Mutter ist das vorherrschende Moment in dem Ausdruck seines Zwiespalts, ist der Kern seiner Gefühlssymptomatik.[27] Seine Todesgedanken, seine Selbstanschuldigungen, seine Beziehungen zu Ophelia, die zwischen Gleichgültigkeit, sprunghafter Gefühlsseligkeit und verbaler Erotik schwanken, seine Grausamkeit, seine ambivalenten Männerfreundschaften, das alles sind die im Stück aufgezeigten Folgen seiner inzestuösen Bindung an die Mutter. Damit im Zusammenhang steht eine zweite starke Ausprägung in der Richtung, die diese Gefühle nehmen: in der Identifizierung mit dem toten, dem gewaltsam getöteten Vater.

Auf der Ebene der Spiegelung, die das Objekt sowohl zeigt wie unerreichbar sein läßt, behält das Begehren seine ödipale Tendenz, enthält sich seiner aber als ein zu erfüllendes. Der Zwiespalt führt zu einem Doppelspiel, das den gleichen Inhalt zweimal zur Ansicht bringt. Beide behandeln den ›Augenblick‹, dessen Bedeutung sich für den Infanten im Schrecken wie im Wunsch des Dabeigewesenseins darstellt. Nun wiederholt er den ›Augenblick‹ in der vorgestellten Form, d. h. in der Form, in der der Vater in ihm ›entlarvt‹ und seine ›Untat‹ für alle – für Hamlet ist sie dies längst – erkennbar wird. Diese Version soll in die der wirklichkeitsanalog angelegten Handlung des übrigen Stücks eingehen und den dort sowohl ausgesparten wie virulenten ›Augenblick‹ ans Licht bringen. Aber er soll ihn so ans Licht bringen, daß das – in Hamlets Augen – eigentliche Verbrechen (der Wunsch nach der Mutter und nach dem Tod des Vaters) uneingestanden, *verdrängt* bleibt und doch, für das Subjekt entlastend, zur Sprache kommt.

Es ist deutlich Hamlets Erregung, nicht die des Claudius', die die Spiel-im-Spiel-Einlage auslöst und die sich der Gegenwart des Nebenbuhlers in ihr sowie der Idee seiner Ausschaltung verdankt. Doch genauso wenig, wie Hamlet auf der Ebene des Bildes – als Spiegelbild der Realität – die Mutter ›bekommt‹, so wenig ›verrät‹ jener sich darin. Da Claudius also am Leben bleibt, bricht das vorgeschobene, im Spiel entäußerte innere Drama des Helden plötzlich ab. Hamlet verweist auf die in ihm selbst verborgenen Empfindungen. In der ›Realität‹ der Stückgegenwart teilt sich sofort die Vaterimago in die eine leibhaftige, bedrohliche (der König, der Hamlet nach dem Leben trachtet) und die andere abgelebte, verklärte Spielart (der alte Hamlet als Geist). Bezeichnenderweise in einem Gespräch mit der Mutter kurz darauf, in dem Hamlet ihr nur noch die Liebesbeziehung zu Claudius vorwirft, erscheint der Geist des Vaters, den nur Hamlet selbst, nicht aber seine Mutter, *sieht*. (Um das Gespräch hat *sie* ihn ersucht.) [28]

Hamlet ist es nicht vergönnt, daß er, wie all die berühmten Helden der Mythologie vor ihm, im Namen des toten Vaters ein Reich gründet oder erbt. Anders als Stifters Heinrich und Goethes Wilhelm, die ihre ›Erregung‹ Shakespeareschen Inzestbehandlungs-Vorlagen zu verdanken hatten, einem Stück im Stück wie im »Hamlet« und zudem in thematischer Relation dazu (bzw. zu »King Lear«), gelingt es Hamlet bei Shakespeare nicht, die Wirklichkeit außerhalb der Einstimmung in seine zwiespältigen Muttergefühle auf die beschwichtigende Ebene des Bildhaften, Stellvertretenden zu verlegen, die Gefahr zu bannen, die Schönheit der Mutter neben der Gerechtigkeit des Vaters als doppelschichtiges Bild der Elterneinheit zu ertragen. Das Vereinigungstrauma zerstört auch seine Beziehung zu Ophelia. *Alle*, die es noch nicht sind, sollen fortan lieber unverheiratet bleiben, als daß er auch nur den Gedanken daran ertrüge.

Die Mutter gewinnen zu wollen, heißt sie und sich töten zu müssen. Ihre *Rettung*, indem er den Vater rächt, ist seine eigene Rache an dessen leibhaftiger Anwesenheit in Claudius. So heißt es im vierten Akt ganz unvermittelt, bezeichnenderweise, als Hamlet vor Claudius treten soll, der König sei »ein Ding« (a thing). »A thing, my lord?« fragt Guildenstern erstaunt. »Of nothing: bring me to him«, ist Hamlets bündige Antwort. [29]

Kann man den Gegenstand, der ständig bedroht ist durch den Vater, der sich in nichts auflöst, der als Phantom am Anderen aber auch ständig im Wege ist, besser, deutlicher, direkter benennen?

Heinrich bei Stifter tritt nach dem Theatererlebnis den langen Weg in die schöne Bildwelt des ›reinen‹ Familienlebens an, das von den zwei Vätern überwacht und gutgeheißen wird. So nimmt er den gesellschaftlichen Auftrag an und in die Welt seiner Liebesgefühle auf. Er vollendet die Identifizierung, die Angleichung an den Vater. Er ist von nun ab ein Stein im Bau des Größeren, Geistigen, des Staates (nach seiner Vorstellung ein Edelstein).

Goethes Wilhelm wird die Spiel-im-Spiel-Wirklichkeit, wird das Theater nach der Hamlet-Aufführung für immer aufgeben. Er wird ebenfalls einen Platz in der Gesellschaft suchen, die das Bild, das Ideal einer Beziehung zu Vätern und Brüdern, lediglich unter fernerem Einschluß der Frauen, in der Turmgesellschaft sein wird.

Handkes Reisender in Amerika wendet sich brüsk von dem Ort seiner Wiedererinnerung ab, die der Kirchenleib und die aufragenden Türme davor in ihm geweckt und die ihn erschreckt haben. Er wird aber nur wenig später an der Seite einer unwirklichen, phantasmierten Judith bei dem amerikanischen Regisseur Ford auftauchen, in einer Kunstwelt also, die dieser im Schlußgespräch des Buches heraufbeschwört. Nicht in einem Film des Verehrten, als bloßer Zuschauer, ist der Protagonist zuletzt in seinem Arkadien, sondern im Gegenüber mit dem Urheber der Bilder, die ihn so überaus faszinieren. In ihnen zeigt sich, davon handelt das Gespräch, die amerikanische Wirklichkeit sowohl aufgehoben wie aufgenommen. Die Vaterfigur Ford steht für das ›poetische Mehr‹ in Verbindung mit dessen Poetologie. Als einer, der sehen *und* wissen will, kann der Held sich mit ihm identifizieren.

Hamlet, den Gefühlen des Autors und/oder dem Geschmack des Publikums Rechnung tragend, stürzt, als er den leibhaftigen Vater nicht losgeworden ist, sich, und die anderen mit ihm, in den Tod. Noch diese letzte Handlung ist inszeniert, ist als Duell Ritual, Verwechslungs- und Verstellungshandlung. Das Ritual täuscht vor, daß sein Fall noch unentschieden und von ihm selbst mitzuentscheiden sei. Jedoch das Schwert des anderen, Laertes, ist eine von vornherein tödliche Waffe, an seiner Spitze haftet die Wirklichkeit in einer unsichtbaren Spur, die als Gift wirkt. Die verkehrte Welt der letzten Szene öffnet sich in die wahre Welt seiner Gefühle: Am letzten Ausgang des Labyrinths wartet der Tod.

Kommen wir auf den Geist zurück, der gleich in der ersten Szene des Stücks erscheint, damit von ihm gesagt werden kann durch seine Gefolgsleute von früher:

Die gleiche Gestalt wie der tote König.[30]

Als Hamlet nach England – in die Fremde! – geschickt werden soll, die seinen Tod zu bedeuten hat, nennt sich Claudius, der dies veranlaßt, Hamlet gegenüber »Thy loving father«. Hamlets Erwiderung ist deutlich. Das Wort ›Vater‹ löst seine Zunge zu einer Replik, die dieses Wort in einer schnellen, unbewußten Reaktion mit dem einzigen Pendant, das in der Sprache dazu existiert, ergänzt:

Meine Mutter: Vater und Mutter sind Mann und Frau; Mann und Frau sind ein Fleisch . . .[31]

Das Vereinigungsmotiv in bezug auf die Eltern bekommt Bedeutung durch eine Szene im dritten Akt. Die Umstände sind für uns markant. Hamlet hat, in der Hoffnung, damit Claudius hinter dem Wandschirm zu treffen, Polonius erstochen. Er ist nach dieser Tat erst einmal ohne jede Reue, ohne jedes Gefühl denn dem eines rohen Triumphes, ein Ungeziefer, eine Ratte, ausgetilgt zu haben. Die szenische Darbietung hat es überdeutlich gemacht, wem der Todesstoß eigentlich galt. Polonius hatte dem König zuletzt gemeldet, daß Hamlet in »his mother's closet« zu gehen vorhabe, er selbst bietet an, die zwei wie ein Liebespaar zu belauschen. Die Mutter wußte davon, war einverstanden. Der Sohn hätte sich allein verraten vor dem Spitzel, denn sie hätte auf der Hut sein können.

Das Gespräch mit der Mutter findet mit ihr allein, in *ihrem* Raum (closet) statt. Hamlet kündigt an, er werde ihr ihr Inneres in einem Spiegel zeigen. Welches Innere ist es denn, das diesen (Gewissens-)Forscher an der Mutter so interessiert, daß er sogleich in die höchste Erregung gerät?

Das Gespräch findet unter zwei Gemälden statt, von denen eines Hamlets Vater, das andere Claudius zeigt. Ist es nur das dramatische Fingerspitzengefühl des Autors, das ihn an dieser Stelle das *Bild* des toten Vaters den Blicken präsentieren läßt? Es ist wahrscheinlich eins der Bilder, von denen, wie Cusanus es beschreibt, der Porträtierte herab den Betrachter stets anblickt, gleichgültig, wo im Raum er sich befindet. Cusanus nannte »die Darstellung Bild Gottes«. [32]

Daß es sich um ein solches Bild handelt, dafür spricht die anschließende Beschreibung des Porträtierten, von dem es z. B. heißt:

Jupiters Stirn
Ein Auge wie Mars, zum Drohen und Gebieten . . . [33]

Das Auge eines Kriegsgottes, zu drohen und zu befehlen! Die Mutter wird nun herausfordernd gefragt, ob *sie* denn keine Augen habe, diesen Gott zu sehen: »Eyes without feeling, without sight«, unterstellt ihr Hamlet, wenn sie neben dem verklärten Toten den Anblick des Claudius erträgt. Plötzlich erscheint Hamlet selbst im Habitus des Über-Vaters, d. h. die Mutter fühlt sich bedrängt von ihrem Sohn, dessen Blicke sie bis in ihre Seele vordringen fühlt. Ihre Reaktion ist das Geständnis, daß sie auf einmal selbst dort Flecke zu sehen meint.

Wo, fragen wir hier schon, treffen sich denn die Blicke der beiden? Er sieht in sie hinein, und sie selbst öffnet sich im Bewußtsein des Angeblicktseins, eines introjektiven Sehens von seiten Hamlets, dem sie nichts entgegenzusetzen hat, dem sie sich vielmehr anpaßt, das sie übernimmt im Blick auf sich selbst und ihr Inneres, ein Sehen, mit dem sie ihr Sehen vereint.

Was folgt, bringt im Vortex der Gefühlseruptionen die Worte an die Oberfläche, die den Schauplatz benennen sowie herrichten für das Verruchte, als das sich das Begehren dem Begehrenden zu erkennen gibt. Das Ehebett der Mutter – Platons sinnfälliges Möbel zur Demonstration des verpönten perspektivischen (= promiskuitiven) Sehens – kommt ihm in den Sinn. Die Folge ist ein erregter Ausbruch, der sich anders nicht zu helfen weiß, als daß er sich *gegen* die Mutter richtet. Sie wird Matrone genannt, die dabei zu dem fähig ist, was ihn an ihr doch in Ewigkeit reizt: das Jungsein der Gefühle ihres Körpers in der Umarmung.

Ein »No more, sweet Hamlet!« der Königin gehen dem voraus, daß plötzlich Hamlet der Geist seines Vaters erscheint: Hamlet will nicht begreifen, daß die Mutter nicht sieht, was er sieht. »Siehst du da nichts?« Darauf die Königin: »Wo blickst du hin?« Und Hamlet: »Auf ihn, auf ihn! Sieh mich nicht an . . .«

Als der Geist verschwunden ist (»My father, in his habit as he lived«), spricht die Mutter von Hamlets »ecstasy«, und dieser antwortet:

Verzückung (Ecstasy)!
Mein Puls im gleichen Takt wie deiner macht eine gesunde Musik. Es ist nicht Wahnsinn, den ich gezeigt . . .[34]

Die Mutter, die da, wo Hamlet den Geist seines Vaters sah, nur »vacancy« wahrgenommen hatte, hält Hamlet deswegen für wahnsinnig. Der Geist hatte jedoch unterstellt, daß ihr, der Mutter, Verwirrung drohe. Nun verweist Hamlet, da der Geist abgetreten ist, auf den Gleichtakt der Pulse von Mutter und Sohn und nennt es »healthful music«.

Das Feld, in dem die Mutter keinen eigenen Blick hat – sie ist dem Blick des Sohnes ausgeliefert und sieht den Geist nicht –, ist abgesteckt für Hamlet auf der Ebene der Genugtuungen, die der Schautrieb verheißt. Es sind Genugtuungen, denen sehr ambivalente Gefühle zugrunde liegen. Hält Hamlet, wenn er den Vater auf ein Gemälde des Toten und auf sein Erscheinen als Geist reduziert, diesen aus der emotionalen Beziehung zur Mutter, die in dieser Szene ihren Höhepunkt hat, heraus?

Ein amerikanischer Interpret, der sich mit »The Ghost in Hamlet« beschäftigt hat, meint, Hamlet gelinge es auf diese Weise, die Eltern wieder vereint zu sehen. Gewiß, Hamlet ist *nach* dem Erscheinen (und Wiederverschwinden) des Geistes sichtlich beruhigt. Aber galt seine ganze Erregung wirklich nur der Mitschuld der Mutter am Tod des Vaters? Warum wirft er sie ihr nur vor, wenn er mit ihr allein ist? Sind nicht seine Schuldempfindungen und ihre, die sie in dieser Szene ja plötzlich eingesteht, nicht die Gefühle, in denen gerade *beide* sich treffen? Nur so kann es in dem als pervers (= verkehrt) geltenden Verhältnis doch zu einer Gemeinsamkeit der Emotionen kommen. Ist Hamlets Erregung zu befriedigen, indem die Eltern wieder vereint, »one flesh«, sind – und müssen deswegen Hamlet und seine Mutter später den Tod finden (den Stiefvater und Brudermörder und Gattinnenschänder und Mutterverführer Claudius gleich mitnehmend)?

Hamlet hat sich mit dem Tod des Vaters verändert, innerlich und äußerlich, wie es im Stück heißt. Den Geist begrüßt er bei seinem ersten Erscheinen mit den Worten: »I'll call thee Hamlet, king, father, royal Dane!« Der Akt der Belegung des Geistes mit dem Namen des Sprechenden, die Anfügung der väterlichen wie königlichen Attribute machen die Herkunft der Erscheinung aus Hamlets Innerem deutlich. Der Geist winkt Hamlet, ihm zu folgen, und dieser gehorcht: »Go on, I'll follow thee.« Der Geist, der sich schließlich selbst als Hamlets Vater zu erkennen gibt, beschwört den Sohn, ihn zu rächen, die Mutter aber zu schonen.

Der Vater, der den Sohn ebenfalls mit ›Hamlet‹ anspricht – in der Namensgleichheit versichert sich das Stück-Ich noch einmal seiner Identität auf der Ebene der symbolischen Ordnung, der Vorväter-Tradition – nennt Claudius »incestuous« und rekapituliert die Geschichte seiner Tötung durch jenen. Seine letzten Worte

Adieu, adieu, adieu, remember me![35]

richten in Hamlet einen Aufruhr an, auf den er bezeichnend reagiert. In einem Monolog schwört er, die Worte des Geistes, solange seine Erinnerung dauere, nicht zu vergessen. Plötzlich ist die Assoziation eines Buches da, aus dem er alles bis auf diesen Satz des toten Vaters löschen werde, alles:

Ja, von der Tafel der Erinnerung will ich
Weglöschen alle törichten Geschichten
Aus Büchern alle Sprüche, alle Bilder,
Die Spuren des Vergangnen, welche da
Die Jugend einschrieb und Beobachtung;
Und dein Gebot soll leben ganz allein
Im Himmel meines Hirnes, unvermischt
Mit minder würd'gen Dingen . . .[36]

Das ist, wenn wir an die Behandlung des Gedächtnisses durch Platon und Augustinus denken,[37] die gleiche Auffassung von Erinnerung, die von »Youth and observation« und von »baser matter« angefüllt ist bis dahin. Der Augenblick des Erschreckens – in den Heiligengeschichten unter dem Topos der Bekehrung sich wiederholend – führt unter dem Eindruck eines aufbrechenden Schuldgefühls zu einer bedingungslosen Identifikation mit dem Vaterbild im Inneren.

Hamlet setzt sein Gehirn, das nun nur noch die geistige Anwesenheit des körperlich abwesenden Vaters verzeichnen soll, mit einem Buch gleich. Weiter noch: Angesichts seiner Erregung, als ihm nämlich plötzlich Mutter und Stiefvater in den Sinn kommen, verlangt es ihn spontan, in einem Schreibakt seiner Gefühle Herr zu werden. Er ruft nach seiner Schreibtafel und schreibt nichts weiter auf als die Abschiedsworte des Geistes (»Adieu . . .«).

Als Hamlet danach Horatio und Marcellus auf sein Schwert geloben läßt, nie davon zu sprechen, was sie *gesehen* haben, mischt sich der Geist »under the stage« wie ein Chor ein und wiederholt das Hamletsche »Swear«. Das geschieht mehrmals. Immer dann, wenn die zwei die Hand an das Schwert legen, »schreit« es aus der Tiefe »swear«. Die Szene ist komisch, Hamlet verkehrt mit seinem Unbewußten souverän und heiter, nennt den väterlichen

Geist »this fellow in the cellerage« und »old mole« (Maulwurf).[38]
Der Wahnsinn, der sein Verhalten fortan kennzeichnen soll, wird
von ihm selbst als eine bewußte Irreführung angekündigt, um so
an sein Ziel – die rächende Ausschaltung des Stiefvaters – zu
gelangen.

Hamlet – wie die Gebrauchsmuster der älteren, mythologisch
interpretierbaren Literatur – erfährt den Akt der Identifizierung in Gestalt einer Introjektion. Der Geist spricht danach
unter der Bühne hervor, auf der Hamlet steht. Er spricht aus
Hamlet hervor, der über der Höhle seines Unbewußten steht –
die, bezeichnend, unter einer Bühne verborgen ist! Die Einverleibung geschah in einer Handlung, die als Schreibhandlung
dem Eintritt in die symbolische Ordnung Rechnung trägt. Als
der Geist später wieder auftaucht in der entscheidenden Konfrontation zwischen Hamlet und seiner Mutter, wird die aus
einer besonderen Erregung zu erneuernde Identifikation noch
deutlicher im spannungsvollen Bezugsdreieck von Eltern und
Sohn vollzogen. Die Introjektionswünsche des Sohnes sind ausschließlich auf das archaische Feld der visuellen Einverleibung
verwiesen. An dieser Stelle beziehen sie sich nicht nur einseitig
– wie in der Vorbereitungsszene zu Beginn des Stücks – auf die
Hereinnahme der symbolischen Ebene in das Begehren des
Sohnes, sie bekennen sich hier eindeutiger zum ursprünglichen
Ziel der Wünsche, der Mutter. Es kommt zu einer Vereinigung
mit dieser in einem Akt, in dem das Sehen des Sohnes in das
Innerste der Mutter eindringt und sie im Spiegel seiner Gefühle
ihm ausliefert, ja, in dem sie sich selbst als in diesem Spiegel
Gesehene sieht. In seinem Bild von ihr wird sie mit ihm eins,
indem sie zu diesem Bild wird:

Du kehrst die Augen recht ins Innre mir,
Da seh' ich Flecke, tief und schwarz gefärbt,
Die nicht von Farbe lassen.

Danach taucht der Geist des Vaters auf und konsolidiert den Akt
auf der Ebene der Identifikation zwischen Sohn und (Ideal-)
Vater zu einer Wunscheinheit der familialen Dreiergruppe: Die
Mutter soll den Blick auf das höhere Ich des Sohnes richten.
Anschließend projiziert Hamlet in seinen Ratschlägen an sie, was

321

auf ihn selbst gemünzt ist im Anschluß an die Verinnerlichung des Vaters:

Refrain tonight (Seid zur Nacht enthaltsam). [39]

Hamlet will gleich nach der Mutter sterben, vom gleichen Gift. Er erlebt den Triumph noch, daß der Stiefvater mit umkommt.

Die ersten Worte des auf dem Leichenfeld erscheinenden Fortinbras sind: »Where is the Sight?« (von Schlegel mit »Wo ist das Schauspiel« übersetzt). Der Nachfolger des Geschlechts, das sich selbst ausrottete, tritt sein Erbe an im Zeichen eines »Fests«, in dem der Tod die Hauptrolle spielt. Er übernimmt das Reich, indem er als erstes die in ihm verkörperte Vergangenheit sich aneignet: »I have some rights of memory in this kingdom . . .« [40]
Soll denn das Ganze gleich wieder von vorn anfangen?
Noch eins macht die Schlußszene deutlich: Bis zuletzt, bis zum Tod der Hauptdarsteller, wird daran festgehalten, daß wir es mit einem Schauspiel zu tun haben. Mimesis, die das Andere und als das Andere dasselbe ist, Leugnung und Vertrautsein mit dem qualvollen Geheimnis des Geschlechts in der Metaphorik eines ewigen Spiels im Spiel des Lebens.

14. Das Buch auf dem Berg: Umkehr als die Spiegelverkehrtheit der Wünsche

Petrarca, Augustinus und Orwell

Der Text im Text: der Autor als Reproduzent

Es gibt kein ›authentischeres‹ Schreiben als das, das sich, wie Goethes, wie Stifters und wie neuerdings Handkes Romane so neugierig, so voller Begehren in die Werke der Vorgänger einschreibt. Daß der Autor sich auch dabei auf der Ebene des Sehens befindet, die die ›Ebene des Begehrens‹ ist, zeigt ein Beleg aus Handkes »Als das Wünschen noch geholfen hat«. Dort steht der Satz:

Im ›Mann ohne Eigenschaften‹ bin ich bis zu dem Satz gekommen: ›Ulrich sah *sich* den Menschen an‹ . . .

Die Antwort steht in demselben Buch an anderer Stelle:

Bis vor wenigen Jahren habe ich fast immer nur zu Boden geschaut . . . Der gesenkte Blick war nichts als eine Abwehrbewegung vor so viel menschenverdrängenden Anblicken. [1]

Will man, mit Nietzsche, das Bewußtsein fragen, »warum es sich eigentlich die äußere Welt so entschlossen vom Halse halte«, [2] so wird man die Antwort dort suchen müssen, wo Kierkegaards Verführer auf das geschlossene Buch in der offenen Schublade stößt. Daß er es dann noch einmal schreibt, öffnet es nicht, sondern verbirgt seinen Inhalt in einem zweiten Buch, öffnet den Kreis in einen weiteren Kreis und so fort, läßt einen Text nur sichtbar werden, damit ein anderer Text darin unsichtbar bleibt.

Für Kant war die Einbildungskraft bereits eine Kunst, allerdings eine »verborgene Kunst«, die man nicht »unverdeckt vor Augen legen kann«. [3]

Macrobius, ein im Mittelalter einflußreicher Autor der Spätantike, erwartet von der »narratio fabolosa« die gleiche Rücksicht, und er sieht seine Forderung an die Künstler im Einklang mit einer Natur, die sich selbst auch nie unverhüllt zur Ansicht bringe:

Eine freimütige, offene Preisgabe ihrer selbst ist der Natur zuwider, die, wie sie sich einem verstehenden Zugang vor den groben Sinnen der Menschen durch die Einhüllung in vielfältige Einkleidungen (Gewänder) entzogen, so auch den Wunsch ausgedrückt hat, daß ihre Geheimnisse von den umsichtigeren Individuen mit Hilfe erzählter Fabeln bewahrt würden.[4]

Das also ist die Natur, deren Nachahmung durch die Kunst so lange vorgeschrieben war! Entsprechend legt noch Jacob Burckhardt das Wesen der Allegorie fest:

Allegoria ist die Andeutung oder Darstellung einer Sache durch eine andere, indem man den Gedanken verhüllen und doch offenbaren will . . .[5]

Was Kunst gewährt und zugleich verwehrt, hat keiner besser ausgedrückt als Cusanus, wenn er metaphorisch von der Mauer spricht, hinter der »die Quelle alles dessen, was erfreut«, liegt und der die Sehnsucht gilt, »die unenthüllbare Schau enthüllt erschauen« zu können:

Die Mauer schließt jede Einsichtsmöglichkeit aus, mag auch das Auge zum Paradies hinübersehen. Was es dort sieht, kann es weder sagen noch verstehen. Es ist ja seine heimliche Liebe und jener verborgene Schatz, der, wenngleich aufgefunden, doch verborgen bleibt; wird er doch in der Mauer des Zusammenfalls von Verborgenem und Offenbarem angetroffen.[6]

Aus dieser Mauer stammen die Steine für die utopische Stadt, die Antike und Mittelalter an der Stelle errichteten, wo die Widersprüche sich in der Qualität einer konkret gewordenen Unendlichkeit begegnen, als coincidentia oppositorum.

So ist wohl deutlich geworden, was das Spiel im Spiel verbirgt und entblößt, beides *gleichzeitig,* das ist der Sinn, wie jeder Text immer noch einen zweiten Text enthält, den er verhüllt und enthüllt, beide unlösbar voneinander wie Signifikant und Signifikat. So kommt es dem Unbewußten zu, das bekanntlich wie eine Sprache zusammengesetzt ist.[7] Die Welt ist für den Menschen tatsächlich ein Buch, nichts anderes kann sie sein, da sie Sprache ist. Das Buch besteht aus den zwei Texten, die ständig neu und wiedergeschrieben werden. Addison liegt mit seiner alten, neuen Autorenproduzententheorie also gar nicht so falsch: Der Schreibende ist immer Reproduzent, einerlei, wie viele Abbilder von Abbildern er herstellt, jedes Abbild befindet sich in gleicher Nähe und Ferne zu seinem eigenen Begehren.

Um dieses Gleichgewicht geht es beim Schreiben, und wir sahen, daß das keine leichte, von vornherein gegebene Sache ist, weil das Verdrängte, Hamlets Liebe zu seiner Mutter, nicht stumm bleibt. Es in der Sprache des Anderen – eine andere gibt es nicht – zum Sprechen zu bringen, das ist die Kunst.

Die Poesie, die dies im Bild, im Symbol zu lösen versucht, schleppt das Problem des Wissens mit sich herum. Daher besteht die Neigung, das Poetische zu reflektieren im Poetologischen, wie es die Romantik mit Vorliebe tat. Ein Text, der den Poetologen als Pädagogen dem Subjekt der Poesie gegenüber- und an die Seite stellt, damit beide zusammen die Aufgabe bewältigen, ist Rousseaus »Emile«. Über den Kopf des Zöglings hinweg spricht der Erzieher immer wieder direkt als Wissender zum Leser über das, was die zwei Texte zusammen zu *einem* Ziel bringen soll:

Wenn ich ihn das Schöne in allen Formen empfinden und lieben lehre, ist es mein Hauptziel, seine Neigungen und seinen Geschmack darauf zu fixieren und zu verhindern, daß seine natürlichen Begierden entarten . . .[8]

Das ist Platons, das ist Stifters Schönheitsbegriff.

Die disjunktive Konjunktion, in der das doppelte Sehen seine Bildgegenstände präsentiert, dem Subjekt selbst präsentiert und uns dabei als Zuschauer bzw. Leser immer schon einbezieht, zeigt, daß der Schautrieb als Medium des Begehrens nicht nur stets dem Maler die Hand geführt hat. Man hat das jahrhundertelang geahnt und die Diskussion geführt, was denn das gesehene Bild vom gesprochenen Wort unterscheide und ob die geschriebene Poesie der gemalten denn überlegen sei oder nicht. Man spürte die Verwandtschaft und grübelte über eine Nomenklatur zur Bezeichnung des Verwandtschaftsgrades nach. Breitingers

Argumentation hierzu ist aufschlußreich, sie wird an einer Stelle aufgeführt, wo eine neue Wissensstruktur sich geltend macht und die doch nur die Paradigma neu ordnet zur Wiederherstellung des alten Gleichgewichts: das sehende Sehen im blinden (wissenden) Sehen aufzuheben (im Sinne Hegels).

Wer mehr wissen *muß, will* eigentlich mehr sehen. Mit dieser Formel wird man im Grenzbereich zwischen Malerei und Literatur zu den befriedigendsten Resultaten gelangen und verstehen, warum so viele Schriftsteller vorher, nebenher (oder auch nachher) Maler sein wollten und warum sie doch Schriftsteller wurden. (Am Beispiel Gottfried Kellers kommen wir darauf noch zurück.)

So ist es, trotz ihres Renommees als genaue Beobachter, den Malern, den Schriftstellern – und gerade ihnen – von vornherein nicht gegeben, die ›Wirklichkeit‹ so zu *sehen, wie sie *ist*. (Aber wie *ist* sie?)

Platon hat dafür bereits die zeitlose Formel geprägt: »Sicherer schauen wir, wenn wir auf ein Bild des erfragten Gegenstandes unsere Blicke richten.«[9]

Da wir hier die Biographie eines Phänotyps schreiben, der unter historischem Kostümzwang sein immergleiches Wahrheitsbegehren nicht verhehlen kann, sollte ein Zug an ihm noch deutlicher werden.

Es ließe sich von einem Gesamtsubjekt unserer philosophisch-literarischen Kultur sprechen, das es nicht gibt, das man sich vorstellen muß, um so vielleicht hinter das Geheimnis der Unendlichkeit eines Prozesses zu kommen, der immer nur anhält, der kein Ende hat, kein ›Ergebnis‹.

Es ist nicht so abwegig, in diesem end-losen Vorgang das Gesetz der Freudschen *Verschiebung* tätig zu sehen: Eine einzige Mitteilung seit Anbeginn der Zeiten, die weitergegeben wird, einen unmittelbaren Adressaten, für den sie ausgesprochen werden müßte, aber nicht aufruft. Eine immer wieder aufschiebende Instanz etabliert im Schreiben den Zwang, die eigentliche Mitteilung in letzter Minute zu versäumen – eine Lawine, die etwas zugleich aufreißt und zudeckt.

Die immergleiche Wahrheit also, die nie abschließend zum Vorschein kommt, die aber jedem Akt einer sie variierenden

Wiederholung zugrunde liegt. Diese rekapituliert die Struktur unseres Denkens und Symbolisierens in unendlichen Ausführungen, in denen sie sich geltend macht, sich regeneriert und vor allem den Anlaß dazu nicht absterben läßt: etwas zu sagen, von dem man letztlich meint, es stünde in allem bis dahin Gesagten schon fest. Bis auf die Irrtümer freilich, die die anderen begehen. Diese sind bezeichnenderweise meist Zeitgenossen oder unmittelbare Vorgänger.

Gewiß, auch zurückliegendere Zeugnisse machen den Eindruck, alt, überholt, verbraucht zu sein. Doch wovon verbraucht? Sie sind *geschehen,* als Ausdrucks- und Wiederholungsakt geschehen. Es geht immer um diesen Akt, um die Chance für jeden neu, ihn zu wiederholen; die *geschehende,* nicht die geschehene Form der Symbolisierung ist die Wahrheit: Die *eine* Wahrheit in ihrer ständigen, prozessualen Aneignung durch die unzähligen Subjekte, die den Eindruck eines Gesamtsubjekts der Geschichte des Geschriebenen weckt.

Kierkegaards Verführer gab uns – zunächst – das Rätsel auf, daß er ein bereits vorhandenes Buch noch einmal schrieb. Es sind bestimmte Augenblicke – so auch im Falle Hamlets, als er das Buch assoziiert und die Schreibtafel verlangt –, die einen Protagonisten dazu veranlassen, einer festgefügten Wahrheit die eigene Bewegtheit entgegenzustellen – oder sie jener zu unterstellen?

Handkes Romane z. B. sind auffallend darin, daß sie immer wieder etwas im Reflex eines bereits Erzählten erzählen: das Buch entstehend im Spiegel eines Buches. Es ist, als benötigten die ständigen Erregungen des Protagonisten der dauerhaften Versicherung durch das Vorhandensein eines solchen Spiegels. Verdoppelt sich, steigert sich also in ihm die Erregung? Oder gibt die Emotion der kalten Oberfläche des Spiegels sogleich nach, wird sie zum *Bild* eines Gefühls, das wir »sicherer schauen« als den Gegenstand selbst?

Der Schreck im Blick vom Gipfel herab (Petrarca und Augustinus)

Es ist ein Moment in der Geschichte der Literatur der Neuzeit als ein Wendepunkt verstanden worden für die Anschauung von Natur im Zusammenhang mit der »Funktion des Ästhetischen«.[10] Es ist dies der Moment, in dem ein Sterblicher erstmals an einer bis dahin für die Götter reservierten Stelle auftaucht und durch seine eigenen Gefühle besiegt wird. Es ist die Rede von Petrarcas Besteigung des in Südfrankreich gelegenen Berges Mont Ventoux im Jahre 1335, über die er selbst berichtet hat. Es ist die Rede von der Verschmelzung eines Berges mit einem Buch.[11]

Dieser erste Aufstieg auf einen tatsächlich vorhandenen Berg, über den ein Autor Rechenschaft zu geben für wichtig gehalten hat, endet mit einer nicht nur im wörtlichen Sinne zu verstehenden Umkehr. Hatte Petrarca, der solchermaßen überhöhte Stellen aus den Schriften der Väter zur Genüge kannte – man denke nur an Moses am Sinai und die ihm dort geoffenbarten Gesetze – am Ende die Wirklichkeit oder die Unwirklichkeit dieses Ortes einen Schreck eingejagt?

Petrarca ist die ganze Zeit über ängstlich gewesen, er ist mehrfach umgekehrt, erreicht aber dann doch eine Höhe, von der er nach verschiedenen Richtungen den Berg hinunter und in die Ebene zu seinen Füßen schauen kann: Es ist das Land seiner Jugendjahre (sogar das Italien der Kindheit taucht am Horizont für ihn auf und damit die Sehnsucht nach Rückkehr dorthin). Während er unter gemischten Gefühlen aus Angst und Staunen am Ende doch mit den Augen »Irdisches genoß«, nimmt er ein Buch zur Hand, auf das er nun fest den Blick richtet: Es sind die »Confessiones« des Augustinus.

Kaum hat er jedoch das nur »faustfüllende Bändchen« aufgeschlagen, da ist er »wie betäubt«. Er drängt zum Abstieg, den er stumm hinter sich bringt.[12]

Lesen wir die Stelle in den »Confessiones«, die Petrarca so aufgewühlt hat, nach, so finden wir sie innerhalb eines großen Seh-Kapitels, das im wesentlichen das 10. Buch ausmacht. Von den »Hallen des Gedächtnisses«, angefüllt mit den Schätzen »ungezählter Bilder«, ist dort erst einmal die Rede. Es ist eine

Abhandlung über die von den Sinnen vermittelten Eindrücke und ihre Ordnung im Bildarchiv der Erinnerung. Die Bildgewinnung und -bewahrung ist für den Autor ein Wunder, das dem »Auge der Seele« die ganze Welt verfügbar macht – wundervoll noch als Bild.

Was beschäftigt Augustinus in diesem Kapitel daran und was bringt Petrarca bei der Lektüre so in betroffene Erregung?

Erinnerung und visuelle Wahrnehmung stehen für Augustinus in engstem Zusammenhang. Was das für Erinnerungen sein mögen, welches Begehren in Verbindung mit dem frühen Sehen sich ihnen eingegraben hat, verrät eine Stelle sehr deutlich: »Schaudernd, o du mein Gott, blick ich in diese Tiefe . . .« In *den* Abgrund fällt also der Blick des Bergsteigers in diesem Moment: »Und sieht, im Lande meines Erinnerns gibt's gar unzählig viele Felder und Höhlen . . .«[13]

Auch für Platon war das Gedächtnis schon an den Sehvorgang gekoppelt. Im Rahmen einer Traumtheorie ist von Bewegungen die Rede, die das Sehen in der Seele (und vorher im ganzen Körper!) auslöste und die im Subjekt, noch während es schläft, nicht zur Ruhe kommen. Es handelt sich um »stärkere Bewegungen«. Sie ›erzeugen‹ im Innern des Wahrnehmenden Bilder, »die dem Erwachten als außen im Gedächtnis bleiben«. Schwächere Bewegungen, die nur zu »leichten Träumen« führen, haben diese Wirkung nicht. Das geschlossene, also nicht mehr sehende Auge bricht die bewegenden Vorgänge ab und »beschwichtigt die inneren Bewegungen, durch diese Beschwichtigung aber erfolgt Ruhe«.[14]

Wir werden an anderer Stelle darauf stoßen, was für Eindrücke es ursprünglich sind, die diese beunruhigende und einprägsame Wirkung haben. Wenn Platon in der »Politeia« davon spricht, daß gewisse Träumende keine Bedenken haben, »sich mit der Mutter zu vermischen«, dann benutzt er dieselben Gegensatzpaare (Bewegung und Ruhe; schwache und stärkere Begierden) und beschwört die bilderlose Wahrnehmung der Vernunft als rettende Tätigkeit der Seele vor dem Einschlafen.[15]

Augustinus' Beziehung zur Welt der Bilder ist ambivalent und selbstquälerisch. Das Verhältnis von Erinnern und Vergessen als das von Verdrängung und Wiederkehr des Verdrängten wird sophistisch bewältigt. Daß das, dessen wir uns erinnern, nicht »selber gegenwärtig« sei, »sondern nur sein Bild«, wird in nicht abreißenden Wiederholungen beschworen. Wieder ist das *Bild* der Gegenstände der Garant der Sicherheit vor deren Zudringlichkeit.

Und doch ist in der Kraft, die Augustinus den Bildern zutraut, in der Lebhaftigkeit ihrer Farben, ihres Ausdrucks, ihrer Vielfalt, etwas, dessen er sich nur schwer entzieht. Er widmet »der Lust der Augen meines Fleisches« ganze zwei Kapitel, denn: »Schöne Dinge sieht das Auge gern, auch Gold, Silber und dergleichen . . .«

Die Bilder, die ihm zu schaffen machen, sind Mutterbilder. Wir brauchen nicht weit zu suchen, an welche stellvertretenden Ansichten sich die verbotenen Gefühle beim Sehen knüpfen: an die der realen Stadt mit ihrem »Wirrwarr wüster Liebeshändel« und an die des Geschehens im Theater. Der junge Mann ist mit »meiner Mutter Geld«(!), wie später der ›grüne Heinrich‹, auf Abwege, in die Sünde geraten. »Karthago« und »Schauspiel«, so lauten im Katalog der Symbole die Stichworte für eine an die ›Lust der Augen des Fleisches‹ hingegebene Jugend.

Da führt, zwei Jahre nach dem Tod des Vaters, ein Buch die Wende herbei: Ciceros »Hortensius«. Von diesem Buch hebt Augustinus den Blick zu seinem ›himmlischen‹ Vater, dessen Hilfe er erfleht gegen die zudringliche Erinnerung. Das neue Sehen, das er gelobt, kehrt sich von den früheren Objekten der Schaulust ausdrücklich ab:

Ist es nun etwa so, wie einer, der Karthago einst gesehen hat, sich nun daran erinnert? Nein. Denn das glückselige Leben sieht man nicht mit den Augen, weil es kein Körper ist.[16]

Die Identifizierung der Stadt mit sündiger Weiblichkeit ist uralt, die Kehrseite des Bildes von der strengen Göttin Artemis (oder Pallas Athene). Im Symbol der Stadt mit diesen beiden Gesichtern kommt das Syndrom der Liebesspaltung zu seinem Ausdruck im Mythos, überhaupt das ganze ambivalente Verhältnis zur einmal zärtlichen, einmal abweisenden Mutter (wie der ewige Adoleszent es versteht). Augustinus gelobt Enthaltsamkeit und bekennt seine besondere Versuchung durch die »Begierlichkeit der Augen«. Das 10. Buch der »Confessiones« endet damit, daß der Autor sich »geblendet« meint und in diesem Zustand den »Mittler« anruft, Jesus:

Für uns ist er vor deinen Augen Sieger geworden und Opfer, und darum Sieger, weil er Opfer wurde . . .

Die Rede ist von den Augen Gottes, in denen sich dieses Golgatha spiegelt.

Von Abraham auf dem Berggipfel, wo Gott ihm befohlen hat, seinen Sohn Isaak zu opfern, heißt es im 1. Buch Moses:

Und Abraham hieß die Stätte: Der Herr siehet. Daher man noch heutigentags sagt: Auf dem Berge, da der Herr siehet. [17]

Petrarca findet sich also auf dem Mont Ventoux an einer Opferstätte wieder.

Er hat, unter Ängsten, seinem Blick schließlich doch gestattet, sich vom Berg hinab ausschweifend in die Tiefe zu richten, und er hat, was er sah, ›genossen‹. Was ihn dabei bewegte, veranlaßte ihn, das Buch eines toten (Kirchen-)Vaters aufzuschlagen, an dieser Stätte und an einer Stelle, die ihn daran gemahnt, daß die anarchische Fülle der Objekte der Schaulust, ihre quasi promiskuitive Exhibition vor dem leiblichen Auge, zu ihrer Ordnung erst durch den *Geist* kommen kann und daß die Ordnung dessen Leistung, aber auch dessen Aufgabe ist.

Das Buch wendet seinen Blick sogleich von außen nach innen:

Da beschied ich mich, genug von dem Berge gesehen zu haben, und wandte das innere Auge auf mich selbst . . .

Ein neues Sehen ist die Antwort des nunmehr in sich gekehrten Dichters – er bleibt nach außen stumm fortan –, der sich später in seinem eigenen Rechenschaftsbericht, in *seinen* »Confessiones«, ebenfalls an eine Autorität wendet. Er nennt sie »liebevollster Vater« und bittet sie zu sehen, »wie ich so ganz und gar nichts in mir vor deinen Augen verborgen wissen will . . .«. [18]

Petrarca hat – wie übrigens später Peter Handke nicht weit von diesem Berg in ganz analoger Weise – im Blick auf die bewaldeten Hänge eine »Stelle« (wie Handke sie nennt) gesehen, die ihn aufs höchste erregt und ängstigt.

Es gibt, wie wir wissen, nur eine ›Stelle‹, die sich so hartnäckig und drängend in der Tiefe des Subjekts einnistet, die am Grunde des dem Schautrieb aufgegebenen Begehrens lauert und die von einer zerklüfteten Schlucht, einem Heimatgefühl im Zusammenhang mit dem Ausblick auf die Region der Kindheit und der Jugend evoziert wird: die, nach der die (verbotene) Liebe der ersten Stunde (und der ersten Liebeswahl) trachtete.

Am Ende der Spiegelflucht: Orwells »1984«

Das Buch im Buch – Ciceros »Hortensius« in Augustinus' »Confessiones« –, das im Mittelpunkt der Aufzeichnungen Petrarcas aufragt zusammen mit einem Berg: Der Spiegel im Spiegel des Spiegels, eine Welt aus Fluchten, die einen bestimmten Gegenstand in die kälteren Zonen der Bilder projizieren, die zuletzt geistige Bilder werden, Gedanken, im vielfach gebrochenen Reflex eines immer entfernter sich auswirkenden Begehrens.

Reflexion, als Denken, bezeichnet einen Vorgang, der dem ihn Vollziehenden aber immer noch nahegeht. Das Denken vermag, heißt es bei Augustinus, was zerstreut ist (was sich promiskuitiv verhält), »wieder ordnend zu vereinen«:

Denn das lateinische Wort für denken, cogito, ist abgeleitet von dem Wort cogo, was soviel heißt wie vereinen . . . [19]

Das geradezu osmotische Verhältnis der Bücher untereinander, dem das Subjekt – wie Petrarca auf dem Mont Ventoux – eher »betäubt« und für sich selbst »stumm« nachkommt, setzt sich durch den einzelnen hindurch fort in den Akten der Identifizierung mit einer kulturellen Ordnung, die jeder, der liest und erst recht jeder, der schreibt, im Hinblick auf die abwesende, oft sogar schon tote Person eines Autors für sich vornimmt; an einer Reihe solcher Personen, für die jeweils ein Buch, ein vor den Augen aufgeschlagenes und durch sie introjektiv angeeignetes Buch, anwesend ist.

So nur ist es wohl auch zu erklären, daß ein moderner Roman wie Orwells »1984«, der einen angeblich nur für aktuelle politische Bezüglichkeiten aufmerksamen Autor zum Verfasser hat, das gesamte Arsenal spezifischer Symbolisierungen verwendet, wie wir es eben anläßlich der Umkehr Petrarcas an einer sich vor ihm auftuenden Opferstätte kennengelernt haben. Dem Werk liegt zugrunde die gleiche Auffassung von einer engen, ja bedrängenden Verbindung zwischen Erinnerung und Sehen, zwischen Gedächtnis und mit Schuldgefühl evozierten Mutterbildern. Es spielt darin ferner eine wichtige Rolle das geheimnisvolle BUCH, das nichts enthält, was der Protagonist Winston nicht schon wüßte, wie denn überhaupt, so wird gesagt, ein Buch eigentlich immer von dem handle, was man schon kennt. (Das gleiche Buch, das immer wieder geschrieben wird und an das, wie der Verführer bei Kierkegaard vor der Schublade, Winston nur mit Erregung denken kann.)

Welche Übereinstimmung in der Schicht, die solche Vorgänge offensichtlich hintersinnig steuert, angelegt ist, lehrt uns ein zentrales Motiv, wenn nicht *das* zentrale Motiv des Romans. Es ist ein *Bild*. Es zeigt eine Mutter, an die sich ein Kind klammert. (Es kriecht vor Angst in sie hinein, heißt es im Text.) Mutter und Kind sind Opfer eines Mannes, der von einem Hubschrauber aus auf sie schießt. Es ist ein Bild aus dem *Krieg*. Es erscheint auf dem Schirm des telescreen.

Danach taucht das gleiche Bild in Winstons Träumen auf. Hilflos sieht er selbst zu, wie Mutter und Kind in einem Meeresstrudel versinken. Es sind jetzt seine eigene Mutter und die jüngere Schwester. [20]

Als er das nächste Mal von den beiden träumt, befindet er sich mit Julia, seiner Geliebten, in dem heimlich gemieteten Raum oberhalb des Antiquitätenladens. Winston hat ihn, das frühere *Elternschlafzimmer* des Ladenbesitzers, allein danach ausgewählt, daß er im Mobiliar eine vergangene Zeit heraufbeschwört. Doppelbetten gibt es nur noch bei den Proles, die *ohne Gesetz* leben dürfen. Winston hatte als Kind »gelegentlich«(!) in einem geschlafen.

Auf dem Doppelbett sitzend, hat Winston Todesahnungen. Sie sind mit Gedanken an O'Brien verbunden. Scheinbar übergangslos heißt es danach, daß Winston von seiner Mutter geträumt habe. Als er Julia davon erzählt, hat er das Gefühl, seine Mutter getötet zu haben. Wieder ist es das Bild der Mutter, die

333

ihre Arme fest um ein Kind (die jüngere Schwester) schließt. Die Erzählung nimmt nach drei Sätzen die Form eines inneren Monologs an. Als Winston nämlich von der »nobility«, von der »purity« seiner eigenen Mutter sprechen will, hat Julia schon die Augen geschlossen. Sie ist eingeschlafen. [21]

Wir erinnern uns nun an den Anfang von Goethes »Wilhelm Meisters Lehrjahre«, wo Wilhelms Geliebte Marianne ebenfalls einschläft, als dieser von seinen zeitigen Theatererlebnissen im Elternhaus zu berichten beginnt. [22]

Warum muß hier jedesmal, wenn die Kindheit des Protagonisten zur Sprache kommen soll, die Geliebte eingeschläfert werden, das Bewußtsein verlieren, die Augen schließen, *nur noch körperlich als Katalysator der Erinnerung an die Beziehung zur Mutter anwesend sein?*

Daß Orwell die Stelle im »Wilhelm Meister« kannte, ist so gut wie ausgeschlossen. Der Autor war in deutscher Literatur nicht belesen. [23] Und selbst wenn er sie kannte, so wird doch noch deutlich, daß die Dramaturgie der Motivwahl anderen Gesetzen folgt denn denen, die eine spirituell spielerisch vernetzte Anspielungskultur hervorzubringen scheinen.

Julias Promiskuität, zu der sie sich noch ausdrücklich bekennen muß, ist für Winston nur ein Mittel zum Zweck. Indem er sich mit ihr einläßt, trotzt er dem Großen Bruder, dieser gleichfalls nur im Bild anwesenden Personifikation des *Gesetzes*. Was er an ihrer Seite erlebt, vollzieht zur äußerlichen Demonstration gegen die Partei lediglich nach, was auf der Ebene seiner geheimsten Wünsche einem wesentlich älteren und heftigeren Verlangen folgt. Deswegen sein Schuldgefühl. Von daher stammt auch die Erschütterung, als er meint, sie verraten zu haben. Dort, von wo er sie verstoßen wähnt, war sie nie. In seinem tiefsten Inneren halten seit eh und je die Eltern-Imagines aus und nun über ihn Gericht.

Dem Verrat geht die Drohung an Winston voraus, sein *Gesicht* hungrigen Ratten auszusetzen. Das Gesicht spielt im intersubjektiven Orientierungsgeschehen eine Schlüsselrolle. Fast enthält der Roman das vollständige System einer Physiognomik, wie es Rudolf Kassner eine Generation früher gegen die »Formlosigkeit« in der Lehre eines Sigmund Freud gerichtet hatte. [23a] Win-

ston meint, O'Brien bei der ersten Begegnung seine Parteifeind-
lichkeit am Gesicht anzusehen (»Something in his face suggested
it irresistibly«). [24] Er irrt sich gewaltig, was diesen Punkt betrifft.
O'Brien wird ihm so lange Schmerzen zufügen, bis er das in
seinem Inneren noch gelegentlich aufsteigende Mutterbild als
»false memory« zurückweisen und die Geschichte seiner emotionalen Bekehrung mit einem »He loved Big Brother« beschließen
wird. Es ist der letzte Satz des Buches.

Obwohl ihn seine Augen täuschen, hält Winston an ihnen als
den Instanzen der Urteilsbildung fest. Es ist dies das sowohl auf
die Philosophie wie auf die Psychologie zu beziehende Vermächtnis des Romans, seine geistige wie persönliche Botschaft. Es ist die
Grundlage für Winstons Trotz, das Wesen seines Widerstands, die
Natur seiner Souveränität als Individuum, daß er gegenüber
O'Brien darauf beharrt, zwei mal zwei seien vier:

How can I help seeing what is in front of my eyes? [25]

Vor Augen sind ihm vier hochgereckte Finger von O'Briens
Hand, die er als fünf ansehen soll.

Es sind ausgerechnet Finger, an denen Platon in der »Politeia«
die Notwendigkeit exemplifiziert, hinter dem der Anschauung
zugänglichen noch ein anderes Sein anzunehmen – etwas, was
Winston, demonstriert am gleichen Beispiel aufgerichteter Finger, sich weigert anzunehmen. [26]

Fraglich, ob Orwell die Stelle bei Platon im Sinn hatte, als er
darauf verfiel, das Phantomhafte des Wahrheitsanspruchs durch
O'Brien uns mit einer phallisch inspirierten Geste vor Augen zu
führen: Es gibt ein anders funktionierendes Gesetz der Wiederkehr des Gleichen für unsere Schreiber als das, das durch Abschreiben verletzt würde.

Die Feststellung, »an institution is the lengthened shadow of
one man«, stammt von Emerson. [27] Er meint es positiv, mit Blick
auf die signifikante Persönlichkeit des großen einzelnen (wenngleich wir uns hüten sollten, die Umstände, unter denen er zu
dieser Einsicht gelangte, für ›unschuldige‹ zu halten).

Bei Orwell sehen wir, was das wirklich bedeutet. Der Große
Bruder *ist* die Partei und umgekehrt. Sein Blick verfolgt Winston
von dem Bild, das die Partei sich von ihm macht, überallhin:

Ihr mögt dies Bild an irgendeiner Stelle, z. B. an der nördlichen Wand befestigen, euch in gleichem Abstand um dasselbe herumstellen und es betrachten. Ein jeder von euch, von welchem Platze aus er auch das Bild ansehe, wird die Erfahrung machen, daß er gleichsam allein von jenem angeschaut wird.

Der Abschnitt stammt von Cusanus und nicht aus Orwells »1984«. Die Rede ist von einem gemalten Porträt, das der Autor als Gleichnis für das Sehen Gottes behandelt:

Nun, betrachtender Bruder, tritt zum Bilde Gottes heran! Zunächst stelle dich im Osten auf, dann im Süden, schließlich im Westen. Und weil der Blick des Bildes dich von allen Seiten her in gleicher Weise anschaut und dich nicht verläßt, wohin du dich auch wendest, so wird in dir die Betrachtung wachgerufen; du wirst dich aufgefordert fühlen und sprechen: Herr, nun erschaue ich an diesem deinem Bilde in gewisser sinnlicher Erfahrung deine Vorsehung; denn wenn du mich, den Geringsten aller, nicht verläßt, bist du nirgends irgendeinem fern. [28]

»Big Brother ist watching you«, heißt der entsprechende Slogan in Orwells Roman.

Warum wählt Orwell das Bild eines einzelnen, den er Großer Bruder nennt – Rousseau charakterisierte die weltlichen Herrscher als ältere Brüder, die sich die Vaterrolle gegenüber den Völkern anmaßen [28a] –, um ein Gleichnis für die totale Kontrolle durch eine Institution anzudeuten? (Die Institution ist die Partei, ist die Gesellschaft, mit der die Partei identisch ist.) Die Vergangenheit ist tot, resümiert Winston ausgerechnet vor den durchdringenden Augen des Großen Bruders. Dann nimmt er übergangslos ein Geldstück aus der Tasche:

Even from the coin the eyes pursued. [29]

Winston Smith legt sein Widerstandsbewußtsein darauf an, daß er an der Tauglichkeit der sinnlichen Wahrnehmungen festhält. Besonders über den Gesichtssinn ist ihm die Wahrheit, die ihm genügt und die durch die Gewohnheit verbürgt ist, zugänglich. Das entspricht noch immer der Wahrheitspragmatik von John Locke, nur daß dieser den Signifikanten im Wahrheitsraum nicht durch die Finger einer Hand, sondern durch eine Kerze vertreten läßt. [30]

Winston, wie gesagt, irrt schrecklich. Es ist die Frage, ob sein

Festhalten an einer zutiefst von Zuneigung bestimmten Beziehung zu O'Brien auf der Ebene des politischen Romans je ganz plausibel wird. Er unterwirft sich schließlich O'Briens Wahrheit, die die Wahrheit der Partei ist. Das Subjekt als total vergesellschaftetes hat als Individuum keine Chance mehr, heißt das.

Wie aber steht es mit der visuellen Wahrnehmung, diesem hochgeschätzten und hochbesetzten Medium des Erfahrungserwerbs, das ganz dem Individuum zugehört, auf das es sich verläßt? *Ihr* verdankt Winston doch seine tödliche Fehleinschätzung O'Briens, eine Fehleinschätzung, die im Individuum – für das Orwell noch einmal plädiert – angelegt ist und nicht erst im Prozeß seiner Abschaffung bzw. in dessen Endprodukt. Wir glauben nicht, daß Orwell auf diese Weise den alten englischen Empirismus kritisieren wollte, daß er vielmehr ihn zu den Elementen der Vergangenheit dazuzählte, die zwar keine Chance mehr haben, aber haben sollten.

Gewiß, Winstons Wahrnehmungsform muß sich nicht erkenntniskritisch außer Kraft gesetzt sehen, zu offensichtlich ist, daß die Partei, die Gesellschaft, ihre Normen willkürlich setzt, ja, auf Fälschlichkeit fundiert und der als Wahrheit gesetzten Lüge durch *Gewalt* Geltung verschafft.

Doch wenn Winston nicht als Theoretiker der Erkenntnismittel, die er einsetzt, unterliegt, so unterliegt er doch als Individuum, das dank dieser Mittel seine Existenz verliert.

Daß er in deutlich vorweggenommener Todesangst an O'Brien als an seinen einzigen Freund (Einbildung) und Schmerzbereiter (Wirklichkeit) denkt, besagt alles darüber, als was er überlebt. (Und wie gesagt, er überlebt.) O'Brien ist der Andere, der ihn versteht, *der denkt wie er*, kein Wunder: »Sein Geist enthielt Winstons Geist«; der ihn aber auch auslöscht und durch eine Gedanken-Transfusion neu schafft:

Das Gebot des alten Despotismus lautete: Du sollst nicht. Das Gebot des Totalitarismus lautete: Du sollst. Unser Gebot lautet: Du bist. [31]

Das ist, in einem bewundernswerten Verständnis von seinem Leiden, das Subjekt, über das uns Lacan nachhaltig die Augen geöffnet hat: Es *ist* überhaupt nur unter der Suggestion des Anderen da. (Daher diese Anhänglichkeit Winstons an O'Brien über alle Schmerzerfahrung, die er ihm, gerade ihm und nur ihm, ›verdankt‹, hinweg.)

Die Wünsche im Spiegel des Vaterbildes

Das »Spiegelstadium *als eine Identifikation* führt die Verwandlung des Subjekts »durch die Aufnahme eines Bildes« herbei. [32]

Wie gesagt, der *leibliche Tod* ist in diesem Zusammenhang gar nicht gefragt und deshalb bei Orwell wahrscheinlich auch nicht gemeint, wenn auch als letzte, schon außerhalb der Buch-Wahrheit liegende Konsequenz angedroht. Die *Umkehr* der auf die Mutter gerichteten Strebungen kommt gewissermaßen damit aus, daß diese sich danach in ihrer Spiegelverkehrtheit im Subjekt wiederfinden, im Bild des Vaters, dem es sich angeglichen hat. Das Buch als Vatersymbol hält dem Subjekt zu diesem Zweck den Spiegel vor. Schreiben ist, auf dieses Symbol bezogen, die Tätigkeit des Subjektes, das die Identifizierung wirklich *geschehen* läßt. Es schreibt *das* BUCH noch einmal.

Dieses Schreibbedürfnis gelangte bei Hamlet bis zu einem beziehungsreichen »Adieu«, wörtlich die Geste des Verschwindens des Vaters in der Einheit zwischen Vater und Sohn. Dieses Wort bezeichnet einen Abschied, der am Grab der sich darin vor den leiblichen Blicken verschließenden Wünsche – vor denen in Wahrheit nun das Subjekt die ›Augen des Fleisches‹ verschließt – dieses Subjekt vom Tode zurückhält, wenn nicht ein neuer Nebenbuhler bei der Mutter den identifikatorischen Rettungsprozeß vereitelt. Dieser, bei Shakespeare als Stiefvater mit allen Attributen der nicht totzukriegenden leiblichen Konkurrenz des Vaters ausgestattet, ist ein Nebenbuhler sowohl des toten Vaters wie des lebendigen Sohnes. Auf ihn richtet sich aus einer verbliebenen inneren Dankbarkeit für das Scheiterndürfen in diesem Moment alle nun tödliche Strebung des Subjekts. Hamlet wie auch Kellers ›grüner Heinrich‹ gehen in und an diesem Moment zugrunde.

Die meisten anderen dagegen tragen das Zeichen ihres Untergangs als ungehemmte, totale – als total ungehemmte – Subjekte an den Augen davon. Sie sind Geblendete, Verstümmelte im

Hinblick auf das Objekt ihrer durch den Schautrieb vollzogenen ersten Liebeswahl, die ihre partielle Blindheit auf die aus dem gesellschaftlichen Gesetz *hervorblitzende* Gerechtigkeit abstimmten. Der Fall des Teiresias, der nur bei Euripides (in »Die Bakchen«) ohne die philosophische Weihe eines zur Einsicht begnadigten Greises auf der Wahrheitsbühne erscheint: Einfältig geht er in diesem Stück, lächerlich, weil ohne Jugend wie ohne Gesicht, noch als alter Mann den Verheißungen aus dem Verdrängten nach, die für ihn den Namen des Gottes des Unbewußten angenommen haben: Dionysos.

Orwell, unter vollständiger Kenntnis des inneren Sachverhalts aus den Konnotationen einer Betroffenheit – nicht bloß einer Belesenheit – läßt seinen Protagonisten zugrunde richten durch das Vaterdiktat der ausgeblendeten Tatsachen, durch die symbolische Ordnung des von ›Natur‹ Stärkeren, durch die kontinentale Verschwörung von erkenntniskritischem Idealismus und dionysischem Exorzismus.

Denn so offensichtlich die Regenerierungssubstanz des für Winston tödliches Systems aus der Zuspitzung seiner vom Kalkül beherrschten Mittel abstammt: die Unentrinnbarkeit seines gegen das principium individuationis gerichteten Totalanspruchs spricht noch eine andere Sprache. Das muß bedenken, wer Winstons hartnäckiges Festhaltenwollen an der Gewißheit des Augenscheinlichen – für das vier gesehene Finger vier tatsächliche Finger sind und kein ›Phantom‹ – richtig einschätzen will.

Nicht nur der common sense in den Beurteilungskriterien eines aufrichtigen Gesichtssinns zieht die Bestrafung nach sich. Es ist die darin verborgene Insistenz auf der *ursprünglichen* Wahrnehmungsweise, die den frühen Anschauungen ihre Trotzigkeit, aber auch ihr Vergeblichkeitspathos verdankt. Nach den traumatischen Mutterszenen, die Winstons Erinnerung gleich zu Beginn in die *Bild*sequenzen eines Kriegsfilms einblendete, ist sein Schicksal besiegelt. Was immer danach eintritt, es ist nur noch der Vollzug eines Schuldspruchs, mit dem er selbst jeder äußeren Instanz immer schon zuvorgekommen sein wird.

15. Gottfried Keller: »Der grüne Heinrich«

Die Exposition als morphologische Vorausdeutung

Keller hat seinem Roman »Der grüne Heinrich« in der späteren Überarbeitung den Charakter einer Rahmenerzählung genommen. Ursprünglich hatten Anfang und Ende des Buches in der Schilderung von Aufbruch und Heimkehr die Geschichte des Helden in eine Klammer gesetzt, die stärker einer allegorischen Einheit entsprach. Liest man die ersten Seiten dieser Fassung im Gedanken an die Topoi arkadischer Dichtung, so erkennt man die Vorsätzlichkeit in der Vermischung von Elementen natürlicher und menschlich geprägter Landschaft. Der locus amoenus[1] erscheint als eine Stadt, die an Fluß und See gelegen ist, typisch für die Schweiz, »wie ein Traum aus den blauen Wassern« steigend.[2] Von einer »schönen Stadt« ist die Rede. »Zu den schönsten von allen«, lauten gar die ersten Worte des Buches. Zürich wird als Beispiel genannt und sogleich als spezifisch Schweizer Form eines Stadtstaates anschaulich:

> Soeben versammelt sich der gesetzgebende Rat der Republik. Trommelschlag ertönt. In einfachen schwarzen Kleidern, selten vom neuesten Schnitt, ziehen die Vertreter des Volkes auf den Ufern dahin.[3]

Vor allem Topographischen erscheint hier das »ganze Treiben«,[4] vor den baulichen Kennzeichen werden die Bewohner sichtbar, und aus der Perspektive des auf einem herangleitenden Kahn plazierten Beobachters ergibt sich an ihnen auf den ersten Blick ihre Einteilung, und dies gemäß ständischer Ordnung und politischer Bedeutung im Ganzen eines jungdeutsch modifizierten platonischen Gemeinwesens.[5]

Es bleibt aber nicht dabei, daß die ausgebreiteten Ansichten von diesem Stadtstaat ihre dem ästhetischen Sinn so überaus gefälligen Züge freimütig preisgeben.[6] Der Erzähler stellt schon bald klar, daß er diese Gegend inmitten eines Horizonts von

Bergen, an einem Sammelpunkt natürlich strömender Gewässer, darüber hinaus eine Bedeutung abgewinnen möchte, für die die bezügliche Erwähnung einer mythologischen figura der unverfänglichste Ausdruck zu sein scheint[7]:

Denkt man sich eine persönliche Schutzgöttin des Landes, so kann die durchmessene Wasserbahn allegorischer Weise als ihr kristallener Gürtel gelten, dessen Schlußhaken die beiden alten Städtchen sind und dessen Mittelzier Zürich ist, als größere edle Rosette.[8]

Es ist in diesem Bild das Lösen des Gürtels suggeriert, wie es dem antiken und später marianischen Fruchtbarkeitssymbol vollendet entspricht.[9] Auch spricht der Einfall, Zürich als Rosette zu bezeichnen und in die Mitte des Bildes zu stellen, als Ausdruck der Heimatliebe, für sich. Diese Verweiblichung eines für das Auge angenehmen Landstrichs begleitet im Buch der Vermerk, daß wir es hierbei mit einem Übergang zu tun haben, bei dem die realen Verhältnisse durch »eingebildete« ersetzt werden.[10] Der Erzähler braucht diesen Freibrief, um *seine* Stadt aus einem vorgegebenen, durch das Herkommen des Autors empirisch verbürgten Ort hervorgehen zu lassen.

Ein und dieselbe Stadt erscheint, wie Leibniz in der »Monadologie« hervorhebt, »von verschiedenen Seiten betrachtet, immer ganz anders«.[11] Es ist denn noch andere Annäherung denkbar als die, die der Erzähler gewählt hat: die Stadt nämlich von einem »schroffen waldbewachsenen Felsen« aus zu *betrachten*.[12]

Mit diesem Blickpunkt ist im Vorgriff auf den Erzählausgang bereits ein Wesentliches markiert. Jedem Einwohner im Kosmos dieses Romans ist, wie der Leser später wahrnimmt, sein Gewerbe zugewiesen, das ihn an den Platz stellt, der ihm wie bei Platon zugehört im Interesse des Ganzen.[13] Wie eingangs dem Zuschauer, der die Stadt auf dem Fluß durchquerte, ist auch dem über ihr postierten Beobachter keinerlei Zusammenhang mit ihren Bewohnern nachgesagt. Ihn legitimiert nur, daß er darin vorwegnimmt, was der Protagonist wenig später bei seinem ersten Erscheinen für sich als Standpunkt aussuchen wird.[14]

Ein Zeitgenosse Kellers, der Kulturhistoriker W. H. Riehl, hat den historischen Wandel in den Städtebildern seit dem Mittelalter beschrieben und als die Verlegung des Paradieses vom Felsgipfel in die Ebene gekennzeichnet.[15] Welchen Grund sollte der Erzähler haben, wenn er zu seiner antizipierenden Aufstellung den Ort eines aufgegebenen Paradieses wählt? Der Text bleibt uns hierzu an Eindeutigem nichts schuldig. Von jenem Felsen nämlich, heißt es,

kann man in die Stadt hinein und hinüber schauen, wie in einen offenen Raritätenschrein . . . [16]

Auf welche Art Städte ein »Symbol für das Weib« sein können, ist von der psychoanalytischen Literatur beschrieben worden.[17] Mit dem »offenen Raritätenschrein« gelangt endgültig an die Sprachoberfläche, was der Gürtel der Schutzgöttin, ambivalent zwischen Verheißung und Verhaltung,[18] nur erst halb preisgegeben hatte: Das Augenmerk des einleitenden Erzählers, hinter dessen Rücken der Held schon heraufzieht, gilt dem reliquierten Gegenstand eines ursprünglichen Verlangens, dessen Triebqualität sich in die Objektquantität zu retten sucht. Im eindringenden Blick, dem sich der begehrte Körper im klassischen Sinnbild des aufklappbaren Schreins nicht verweigert,[19] erlangt der beherrschte Wunsch die Modalität, die es erlaubt, ihm zu willfahren, ohne ihn zu erfüllen.

Der Roman selbst erscheint mit diesem Sehstück am Anfang, dem am Schluß ein auffällig ähnliches entspricht,[20] einem solchen Schrein nachgebildet; oder man denke an einen Altar mit den zwei ausgestellten Flügeln – eine Assoziation, die sich mit der martyrisch-venerativen Haltung des Protagonisten seinem wichtigsten Gegenstand gegenüber nicht schlecht verträgt. Als formale Klammer und als motivhaltige Vorausdeutung, zusammen mit ihrer Einlösung am Ende, verstärkt diese Struktur ein zyklisches Element, dem der Autor später wohl eine andere Schlüssigkeit entgegensetzen wollte. Daß er nun, in einem Brief an Storm, das »Mütterchen« ein »Möbel« nennen kann, zeigt keineswegs ein mittlerweile versachlichtes Interesse an dem eigentlichen Sujet des Jugendbuches an.[21] Eher deutet dieses Nicht-auf-sich-beruhen-lassen-Können und die mühevolle, so wenig lustbetonte Arbeit an der zweiten Fassung auf einen zwanghaften Akt der Wiederholung.[22]

Obgleich sie als Figur im Laufe des Romans zu verblassen

scheint, ist die Beziehung des Helden zu seiner Mutter bis zuletzt, und dies auch in der zweiten Fassung, das Medium seiner Welterfahrung. Je mehr sie im realen Geschehen zurücktritt, gelegentlich vom Sohn gar kritisiert wird,[23] desto wirklicher wird sie für sein Gefühlsleben, beherrscht sie seine Verhaltens- und Wahrnehmungsweisen um so unausweichlicher.

Das topographische Arrangement des Romananfangs macht das in den Dimensionen einer kompensatorischen Selbstwert-Inszenierung deutlich. Der Held, dem dabei lediglich die Anwandlungen eines gewöhnlichen »zwanzigjährigen Gefühlsmenschen« zugute gehalten werden,[24] nimmt in der schwärmerisch veranschaulichten Landschaft sogleich eine unmißverständliche Position ein: Mit Hilfe des Berges, aus dessen Bewaldung er zu seiner Premiere im Buch wie ein Phallus heraustritt, erlangt er gegenüber der im Tal gelegenen Stadt die Größe einer ins Riesige übertriebenen Vaterfigur, mit der er sich auch weiterhin noch in den verschiedenen identifizierenden Angleichungen abgeben wird. Die Aufrichtung zur Höhe des entbehrten und verklärten Vaters gegenüber der begehrten und verehrten Mutter nimmt sein Traum als Bedingung für die glückliche, augenblickliche Übereinstimmung seines Innern mit einem Außen. Daß dies zugleich ein Augenblick des Abschieds ist und daß die schöne Vereinigung sich mit einem ästhetischen Genießen begnügen muß, ist der Szene freilich implizit.

Der Erzähler, der der Ankunft des Helden als ein introduzierender Johannes der Täufer zuvorkommt, stimmt den Leser anschließend darauf ein, die Überhöhung des kurz darauf an der gleichen Stelle Erscheinenden durchaus in die Nähe der Vorstellung vom alles-sehenden, alles-richtenden Gott zu bringen.[25] Ihm ist es, als ob

die kleinen fernen Menschen, die in den steilen alten Straßen herumklimmen, sich vor unserem Auge verbergen können, indem sie sich in ein Quergäßchen flüchten oder in einem Haus verschwinden.[26]

So wird den in ihrer gleichmachenden Verkleinerung preisgegebenen Stadtbewohnern alles erlassen, nur nicht die Scham – ein später dem Helden selbst überaus eigentümliches Reaktionsmuster, das hier von ihm weg auf ›die anderen‹ projiziert wird.

Eine Seite danach wirft der Held Heinrich Lee, genannt der grüne Heinrich, von dieser Stelle aus nicht nur einen »letzten Blick über sein schönes Heimatland«,[27] er nimmt sich die seiner Sicht so kraß ausgelieferte Stadt erst noch im Detail vor:

Schnell ließ er seine Augen treppauf und ab in allen Winkeln der Stadt herumspringen . . .[28]

Der Blick bleibt am Stadtbrunnen haften und kehrt von dort in die Erinnerung ein. Diese animiert, von der Anschauung des nun menschenleeren Schauplatzes kindlicher Tätigkeit dazu angehalten, zu einer Reprise von Heinrichs »liebste(m) Knabenspiel«. Wie als Junge ›steckt‹ (!) er »eine Blume in die verborgene Quelle« (!) des Brunnenzuflusses, läuft »neben den hölzernen Rohren« (!), die das Wasser führen, hinunter zu einer Brücke, um so die Wasserleitung zu überqueren:

Doch auf der Mitte der Brücke, von wo man unter den dunklen Bogen des Gebälks die schönste Aussicht über den glänzenden See hin genießt, selbst über dem Wasser schwebend, vergaß er seinen Beruf und ließ das arme Schlüsselblümchen allein den Berg wieder hinaufgehen. Als er sich endlich erinnerte . . .[29]

Wenn Heinrich »auf der Mitte der Brücke« gleichsam erstarrt stehenbleibt und sich selbst vergißt, bis er sich »endlich erinnerte«, wenn er als Anlaß dazu »die schönste Aussicht«, und dies »unter den dunklen Bogen hervor«, anführt, dann befinden wir uns in dem Szenario für die reproduktive Beschwörung eines Kindheitsparadieses, das natürlich weder ein lieblicher Ort der Unschuld noch der Freiheit war. Selbst in dem Spiel, und daß es dem Knaben das ›liebste‹ war, erst recht in dem mysteriös determinierten Anstoß, der den von Mutter und Heimat Scheidenden zu einer Wiederholung veranlaßt, wirkt ein Eindruck auf das infantile Seelenleben fort, »dem sich nichts Späteres widersetzen kann«.[30] Ob dieser Eindruck von außen gegeben war oder von dem besonderen, mächtigen Verlangen des kindlichen Triebanspruches selbst herzuleiten wäre, ist gleichgültig. Die Freiheit des Dichters und der sprachliche Zwang des Unbewußten schließen sich nicht aus, wir hätten sonst eine Literatur aus gleichlautenden Sätzen. Doch die Sprache ist genauso wie das Unbewußte ein Reservoir, das der einzelne schon antrifft in den Beziehungen der

Wörter zueinander, deren semantische Raster er nicht neu zu schaffen, sondern nur mit seinem Werk zu inkarnieren braucht. [31]

So ist die Brücke und das auf ihr stattfindende Spiel an dieser Stelle keine beliebige Reminisenz, beides hat eine tiefer motivierte ›Bedeutung‹. Freud beruft sich auf eine Arbeit von Ferenczi, wenn er über das Traumsymbol der Brücke schreibt:

Es bedeutet ursprünglich das männliche Glied, das das Elternpaar miteinander verbindet, aber es entwickelt sich dann zu weiteren Bedeutungen, die sich von jener ersten ableiten . . . Außerdem bekommt die Brücke auch die Bedeutung einer Beförderung in den Tod und endlich in weiterer Entfernung von ihrem Anfangssinn bezeichnet sie Übergang, Zustandsveränderung überhaupt. [32]

Wie immer kann man fragen, welche bildnerische Klugheit ein gestaltendes Subjekt dazu bringt, mit ›traumwandlerischer Sicherheit‹ einen sich vor ihm selbst weitgehend metaphorisch verschleiernden Ausdrucksinhalt an eine im Zusammenhang mit der Romanstruktur so entscheidende Stelle zu plazieren. Denn die Brücke – und der auf ihr »über den Wassern schwebende« Heinrich – bringt nicht allein den Gehalt eines reaktiv umgesetzten kindlichen Wunsch- und Phantasiegeschehens zum Vorschein. Sie rafft im richtigen Augenblick eines ambivalenten Gefühls, den der bevorstehende Aufbruch Heinrichs auslöst, das phallisch inspirierte Übergangssymbol und den codierten Geburtsvorgang nebst ersehnter Rückkehr in den Mutterleib in einer vorausdeutenden Geste zum komplexen Todes-, Verjenseitigungs- und Spiritualisierungs-Motiv ahnungsvoll zusammen.

In dieser kleinen aus der Erinnerung wiederholten Szene liegt das Trauma des Helden, im Anfang liegt der Fortgang und Ausgang des Romans, liegt das Timbre seiner Stimmungen, liegt die scheiternde Lebenssuche mit all ihren *unüberbrückbaren* Gegensätzen und Entfernungen beschlossen.

Dem glücklichen Verweilen gegenüber einem lieblichen Ort ist von vornherein der Umweg der Erinnerung, die schmerzliche Asymptote ästhetischer Annäherung, die Melancholie des Getrenntseins im Angesicht des Vereinigungsziels, kurz, die Distanz des Betrachters beigegeben. Einziges vollziehendes Organ ist das Auge, und wie in den spätmittelalterlichen Paradies-Visionen, die den Himmel allein den Sehenden öffnen, [33] trägt der Blick der

Schuld Rechnung im Verzicht auf die körperliche Berührung für immer. Wie der zum Himmel aufgefahrene Christus des Bartholomäus Rimbertinus »seine liebe Mutter« auf Erden mit Hilfe der intellektuellen Kunst perspektivischer Konstruktionen ›sieht‹,[34] so nimmt Heinrich in der Eingangsszene den schuldbelasteten Kontakt zu seiner »unmittelbaren Lebensquelle«[35] in dem zwiespältigen Panorama einer Augenweide auf, die den, der sich an ihr sättigen wollte, verhungern ließ.

Es gehört zu den klassischen Eigenschaften dieses Blicks, der seinen bevorzugten Gegenstand dauernd suchen und gleichzeitig verfehlen muß, daß er diesen Widerspruch auf die Objekte der Wahrnehmung überträgt und der Welt als Ungenügen und Anlaß zur Unruhe mitteilt. Der Roman »Der grüne Heinrich« verzeichnet die Abenteuer, die ein Blick bei den Wagnissen der Besetzung und in den Niederlagen der Frustration zu bestehen hat. Als echter Roman des Auges gibt er dabei ständig zu bedenken, daß das Auge der Sitz der Liebe ist[36] und daß die Liebe den Liebenden um sein Glück prellt. Kein Wunder, daß Heinrich jedes Zunahekommen eines Liebesobjekts mit Tränen kommentiert.

Unendlich sind im Buch denn auch die Konstatierungen, daß die Wirklichkeitsdimension des nachschaffenden Gesichtssinn, daß die Malerei Heinrich der Sache – im Roman heißt sie ›die Natur‹ – nicht näherbringt. Für Keller bezeichnend ist der Schluß, den er daraus zieht: Er verwirft am Ende die Kunst.

Die Wahl, die er dazu trifft, ähnelt getreulich der des Platon. Das Werk des sich *politisch* verwirklichenden – sprich: überhöhenden, verallgemeinernden – Handwerkers kommt dem Urbild der Übereinstimmung von allem in einem näher als die Kunst, die – ihre sinnliche Komponente schlägt, wie bei Platon, immer wieder durch – als Sisyphusanstrengung ewiger Annäherung und niemals gewährter Ankunft moralisch desavouiert wird.

Dieser Schritt ist, wie immer, nur möglich unter Einbeziehung des Vaters, der, erinnern wir uns, als einziger sich der Mutter so nähern durfte, wie das Kind es sich erträumte. In der Sphäre seiner vorbildlichen Verwirklichungen in ihren agilen wie geistigen Spielräumen ist Platz für die Entfaltung des Reichtums an unerfüllten, infantilen Wünschen in der Euphorie der ans Ziel gebrachten Ersatzhandlungen. Die volle Nennung des Namens des Sohnes im Zusammenhang mit dem Ort, an dem der eigene Vater bis zu seinem Tod tüchtig und erfolgreich war, wird sich im weiteren Verlauf noch als sinnvoll erweisen.

So wird auch die Ebene des Erscheinens im Roman, die dem Erzähler zuallererst zugedacht ist, in Verbindung mit dieser Vaterhälfte der personifizierenden Selbstwert-Vergewisserung erklärlich. Der vom Kahn aus auf die städtischen Uferanlagen Blickende ist mit den Vater-Imagines aus dem Abgeordnetenhaus, von dem aus regiert wird, wünschenswerterweise auf gleicher Höhe – sie alle sind ja auch dem Vater des Helden aus dem Gesicht geschnitten:

Auch die Gesichter dieser Männer sind nicht immer nach dem neuesten Schnitte und verraten durchschnittlich weder elegante Beredsamkeit noch große Belesenheit; aber aus gewissen Strahlen der lebhaften Augen leuchtet Besonnenheit, Erfahrung und das glückliche Geschick, mit einfachem Sinn das Rechte zu treffen. [39]

So ist die Haltung des Helden, die dieser für den neuen Lebensabschnitt einzunehmen gedenkt, von Beginn an geklärt: Der Mutter gegenüber, deren Erscheinung für den Wünschenden gleichsam den ganzen natürlichen Horizont ausfüllt, sieht er sich eine zur erträumten und gefürchteten Größe des Vaters überhöhte Stellung einnehmen; dem Vater selbst, der in den politischen Horizont lokalisierter Geschichte eingegliedert und darin egalisiert erscheint, will er als seinesgleichen begegnen. Die Republik, am schönen Ort gelegen, nimmt so das Elternverhältnis in sich auf und stellt sich dem Abschiednehmenden als doppelte, als sowohl natürliche wie geistige Heimat dar. In sie eines Tages einzutreten als ein Mensch, der ihrer würdig geworden ist, kann der Protagonist nur als die höchste Belohnung seines Strebens auffassen. Er wird diese Würde als Maler zu erlangen suchen, d. h. er wird seinen Gesichtssinn so auszubilden wissen, daß er mit seinen Gegenständen angemessener wird verkehren können. Was das heißt, wird das folgende zeigen.

Daß »die schönste Zeichnung« der Staat sei, wie es in Platons »Politeia« heißt, [40] das meint auch der Verfasser dieses Romans. Trifft wirklich die Väter die Schuld, wie Heinrich in einem seiner desolatesten Augenblicke annimmt,[41] daß dieser sich zunächst in die entgegengesetzte Kunstrichtung verrennt, sich also nicht die Sokratischen Tugenden der »Besonnenheit, Erfahrung und das glückliche Geschick, mit einfachem Sinn das Rechte zu treffen«, zum Maßstab wählt? Wir müssen unterscheiden zwischen der Kunst, die Heinrich seinen ästhetischen Stimmungen unmittelbar abverlangt, die Praxis seiner Malversuche also, und der Kunstgesinnung, der seine Lebensversuche unterworfen sind und in die die von Sokrates kritisierten Auffassungen Homers vor allem Eingang gefunden zu haben scheinen.[42] Wie aber hängt das eine mit dem anderen zusammen, und wie verhalten beide sich zu jener höchsten Kunstform, der Republik?

Als Heinrich, von der Mutter mit sorgfältig gepacktem Koffer und genügend Reisegeld entlassen, im Postwagen auf die Grenze zufährt, bleibt sein Blick weiter der Heimat zugekehrt:

Heinrich schaute fortwährend zurück nach Süden; rein, wie seine schuldlose Jugend, ruhte die Luft auf den Gebirgszügen seiner Heimat . . .[43]

Er sucht mit den Augen

diejenige Stelle am Himmel, welche über seiner Stadt, ja über seinem Haus liegen mochte, und fand sie freilich nicht.[44]

Mit daraufhin geschlossenen Augen vollzieht er nach, wie seine Mutter daheim in den Alkoven tritt, »hinter dessen schneeweißen Vorhängen Heinrichs Wiege gestanden hatte«.[45] Da überfällt ihn ein Schmerz, dem er umgehend ein erstes ästhetisches Credo, das zugleich ein politisches ist, abzugewinnen weiß: Wie wäre doch die Trennung von Mutter und Sohn gemildert, wenn nicht die Familie mit den in ihr angelegten »verwandtschaftlichen Leiden«, sondern wenn ein »Schoß der Gesamtheit«, wo das »Einzelleben mehr im Ganzen aufgehen« könnte, dem Individuum Zuflucht böte. Er verwirft diese Vorstellung jedoch noch einmal, da sie ihm plötzlich zu sehr der »stabilen gedankenlosen Seligkeit, welche das höchste Ziel der meisten Christen ist«, ähnlich erscheint. Statt dessen folgt ein Bekenntnis zur Produktivität des Leidens, und dieses Leiden, das unabwendbar ist, trennt er von einem anderen Leiden, daß man auf politischem Wege beheben kann. Wie jedoch unterscheiden sich die beiden so verschiedenen Leiden?

»Der beste Maßstab«, dachte er weiter, »ist vielleicht der ästhetische. Alle Leiden lassen sich in schöne und unschöne einteilen, in sittliche und unsittliche, unsittlich für die, welche sie ansehen und in ihrer Nähe dulden.«[46]

In der alten Gleichsetzung von Schönheit und Sittlichkeit ist der einzelne gefordert, das soziale Elend als häßlichen Fleck auf dem schönen Gemeinwesen zu beseitigen. Aufgerufen ist auch hier als Instanz das »Auge«, dem der vegetierende Bauernknecht »weh tut«, oder der »Zuschauer«, der die Waise, »die auf einem Grabhügel in Tränen zerfließt«, durchaus »schön« sowie den »unglücklichen«, jedoch leidenschaftlichen Jüngling erfreulich findet.[47]

Nach dem, der diesen Beispielen ästhetisch sanktionierbaren Unglücklichseins Modell stand, braucht man nicht lange zu suchen. (So fehlt auch nicht die in ihrem Kummer würdige, greise Mutter als der das Ende der Geschichte antizipierende Schatten.)

An diesem letzten Gedankengang auf Schweizer Boden ist nicht nur bemerkenswert, daß in ihm sich eine altertümliche Kunstdoktrin ausspricht und daß darin dem Gesichtssinn ein moralisches Urteil zugetraut wird. Der Übergang von der Familie als leidverbürgender Löwengrube des Schicksals zum »Schoß« einer ausgedehnteren und entemotionalisierten Gemeinschaft unterläßt nicht den sprachlichen Fingerzeig auf Ursprung und fernere Ausrichtung dieses Bedürfnisses nach Allgegenwart der Geborgenheit. Nicht ist damit allerdings eine sich ins Ideale verflüchtigende Heimatvorstellung gemeint. Die »gedankenlose Seligkeit« des christlichen Spiritualismus, der im Buch an seinen naturgemäß männlichen Repräsentanten durchweg kritisiert wird, trennt das Heil vom Anteil eigener Seelenarbeit, läßt den idealen Staat als Gottes-Emanation ohne das menschliche, ohne das historische Konstituens bestehen. Dieses abstrakte Reich hat der kunstwillige Weltenlehrling nicht im Sinn.[48]

Der Angelpunkt seines Humanitäts-Prospekts liegt dort, wohin der Blick nach der vorhergehenden Fixierung an die »Stelle am Himmel« über der Heimatstadt fällt. Dieser Blick ist auf der Suche nach einem neuen Halt. Wie für Platon ist jener der Besetzung und Gestaltung besonders zugängliche Raum vor dem

Auge die eigentliche Kolonie für die Glücks-Substituierung dieser exilierten Seele. [49] Der Himmel über dem Kindheitshort gibt nur den ins Allgemeinverbindliche erhobenen Wunsch nach ewiger Kindheit auf Erden zurück an diese.

Deutlicher als bei Platon wird dabei, wieso das Gerechtigkeitsempfinden ausgerechnet im Auge, das der Schönheit verpflichtet ist, aufzukommen vermag. Das Heinrich so wesentlich erscheinende Leiden, von dem sich das Mitgefühl nur abspalten, das sich aber durch kein soziales Gewissen je ganz abtragen läßt, hat mit der Schönheitstrauer des Blicks die Herkunft gemeinsam: Beide sind auf ein Schuldgefühl bezogen, dem ein verfestigtes ödipales Trauma ontologische Dauer zu verleihen scheint. Das »Bekennen der Sündhaftigkeit« wird Heinrich denn auch später als einzige von allen christlichen Grundsätzen akzeptieren:

Diese Lehre traf auf eine verwandte Richtung in mir, welche tief in meiner Natur begründet ist, wie in derjenigen jedes ordentlichen Menschen. [50]

Wir bleiben noch im Rahmen der eigentlichen Geschichte, verfolgen die Exposition ihrer wichtigsten Antriebsmomente und Strukturmittel-Veranschlagungen.

Dazu gehört auch die Erscheinung eines »überbürgerlichen Wesens«, [51] das Heinrich beim ersten Halt jenseits der Grenze aus seiner prekären Lage befreit: Der Graf bewahrt den jungen Ausländer vor einem Handgemenge mit deutschen Stammtisch-Honoratioren, die dem Ahnungslosen die Mütze vom Kopf geschlagen haben. [52] Von der Bedeutung dieser Geste und der in ihr angedrohten besonderen Gewalt soll in einem späteren Zusammenhang die Rede sein. Hier sei nur beachtet, daß die Angreifer im Staatsdienst stehen, daß sie vorgeben, im Namen des Königs gehandelt zu haben und daß sie in »graue Jagdröcke mit grünen Aufschlägen« gekleidet sind: [53] Gerade so viel grün also, daß für den Düpierten, der zu dieser Farbe ja ein Verhältnis hat, [54] die identifizierende Anbahnung einer Beziehung sich ausschließt, die Signalwirkung aber gegeben ist, daß die Tat und ihr Gehalt mit einer korrespondierenden Anfälligkeit im Inneren unseres Helden rechnen kann.

Die Disposition bestätigt schon wenig später Heinrichs Verhalten, als ihm bei seiner Ankunft in der Hauptstadt die Mütze noch einmal, und diesmal vom König persönlich, heruntergeschlagen wird. Obwohl der Verdutzte nicht wissen kann, wer sein Herausforderer ist, reagiert er, und zwar von dessen Blick betört, mit einer ihm selbst fremden Ohnmacht:

Es lag aber etwas Schwärmerisches und gutmütig Edles in den Augen dieses Mannes, so daß Heinrich verlegen dastand, sich hinter den Ohren kratzte und nicht wußte, was nun wieder zu tun sei. [55]

Keine Frage, Heinrich ist im eigentlichen Vaterland, ist im Hoheitsgebiet des bedingungslosen Vater-Regiments angekommen. Sein Scheitern im Einzugsgebiet der Prätention alleinherrschaftlicher Gewalt ist mit diesen wenigen Präliminarien verheißen. Doch wird es auf den ganzen Umfang eines stattlichen Romans ankommen, in dem ausgefalteten Panorama des vorbestimmten Niedergangs die Utopie der Ebenbürtigkeit des Helden zu dessen Ehrenrettung aufrechtzuerhalten. Was für die Poesie des pubertären Größenwahns unter den ästhetisierten Voraussetzungen der heimatlichen Hügel-Analogien vergleichsweise leicht schien – die Gleichwertigkeits-Ostentation des Sohnes gegenüber dem Vater im Verhältnis zur Mutter –, das wird unter den insgesamt planeren Bedingungen einer um ihren umschlossenen Horizont gebrachten prosaischen Fremde problematisch.

Es fällt auf, wie stereotyp und wie häufig wiederholt im Roman ein Hinweis angebracht ist, der die höheren Berge des Schweizer Oberlandes auf ihr sich ausschließendes Zunahekommen festlegt. [56] Diese gleichbleibende Ferne ist zugleich die Chance des Betrachters, aus dem Zerfließen der Gipfelkonturen mit dem Blau des Äthers eine himmlische Verwandtschaft dieser Landschaftsriesen zu phantasmieren – so wie es Jean Paul in einem seiner unvergleichlichen Aperçus einem anderen Gebirge abgemerkt hat: »Die Pyrenäen ruhten groß, halb in Nächte, halb in Tage gekleidet, um uns und bückten sich nicht, wie der veraltende Mensch, vor der Zeit, sondern erhoben sich ewig; und ich fühlte, warum die großen Alten die Gebirge für Giganten hielten.« [57]

Die Veranstaltung der geographischen Gegebenheiten für diese Heldengeschichte folgt getreulich dem Verhältnis, das

Heinrich zu den ihm begegnenden Vätern entwickeln wird. Er wird unterscheiden zwischen den ferngerückten, größeren und höheren Vaterfiguren, die sich mit der Aura einer institutionalisierbaren Überwirklichkeit berühren, mit ihr verfließen, und denen in seiner Nähe und auf seiner Höhe, mit denen er kurzen Prozeß machen kann: den kürzesten wohl mit jenem gleichaltrigen »Feldlümmel« gegen Schluß, den Heinrich zur Verblüffung des Lesers kurzerhand verprügelt. Dieser hatte weiter nichts angerichtet, als dem auf einem »verlassenen Pflug« sitzenden Heinrich (». . . er begriff nicht, wie jemand noch Freude daran finden konnte, zu pflügen . . .«) »stillvergnügt« zu erscheinen.[58] Heinrich hat den letzten *vergeblichen* Ausführungsversuch zu einer innerlich getroffenen Liebeswahl hinter sich und bestätigt einmal mehr, daß das »Reizwort« pflügen »mit großer Regelmäßigkeit auffallende Reaktionen hervorruft«.[59]

Die Berücksichtigung dieses üblichen Ergebnisses einer seelischen Arbeitsteilung zwischen aggressiver und identifikatorischer Energie kompliziert sich in diesem Roman, da die Vorbild-Vergeistigungen und Vater-Überhöhungen zuletzt wieder eine leibliche Gestalt annehmen und auf die Größe des in seinem Bezugsfeld fiktiv souverän agierenden Protagonisten reduziert werden. Das stellt einer primär psychischen Strebung den demokratischen Freibrief aus und macht sich dazu Feuerbachs Wendung zunutze, wonach »der Mensch Gott der Menschen« ist. Die erst einmal Vergötterten werden anschließend wieder aus ihrem Himmel herabgeholt und mit dem Helden auf eine Stufe gestellt: »Der Mensch verlegt sein Wesen zuerst *außer sich*, ehe er es in sich findet. Das eigene Wesen ist ihm zuerst als anderes Wesen Gegenstand.«[60]

Und dieses Wesen ist für Heinrich keine kleine Sache.

Durchaus ist dieser Phantast ja gesonnen, seine Heimatverhaftung in einer umfassenderen, allgemeineren Bindung aufgehen zu lassen. Das ist auch der Gegenstand des ersten Gesprächs mit dem Grafen.

Der Graf beharrt gegenüber seiner zurückbleibenden Schwester, die von Heinrich offenbar für dessen Frau gehalten wird (und den Eifersüchtigen mit ihrer »Augengrobheit« vom gemeinsamen Tisch vertreibt), auf seiner freiwilligen Deklassierung, indem er unbedingt zu dem jungen Mann in die Kutsche steigen will.[61] Diese ist sehr einfach und zudem *von Heinrich bezahlt*. Der Graf ist zu dem Zeitpunkt noch nicht einmal sicher, ob sein Sich-Herablassen durch »den inneren Wert des Schützlings« überhaupt gerechtfertigt ist.[62]

Es hat diese ganze Grafen-Handlung, die ja für die innere Zielsetzung des Romans ausschlaggebend ist, gleich etwas Märchenhaftes, und man denkt sich, daß das generalisierende Diktum Fontanes, Keller sei »au fond ein Märchenerzähler«,[63] eigentlich zutreffe. Die Verhaltensweise des Grafen ist auch später so wenig schlüssig motiviert, daß sich die Zusammensetzung seiner Eigenschaften wie von selbst aus dem Wunschdenken seines Gegenübers herleitet.

Eine berühmt tagträumerische Vorstellungshandlung, die über die Pubertät hinaus beibehalten werden kann, verfolgt den Zweck, »die geringgeschätzten eigenen Eltern loszuwerden und in der Regel durch sozial höherstehende zu ersetzen«.[64] Der Graf behandelt Heinrich aber nicht nur wie seinesgleichen, sondern auch wie einen Gleichaltrigen. Nicht anders wird nachher der »Schulmeister«, Annas Vater, mit dem Fünfzehnjährigen verkehren: als sei dieser ihm in allen gelehrten und moralischen Fragen ein ebenbürtiger, wenn nicht überlegener erwachsener Gesprächspartner.[65]

Im Gegensatz zu der in der anschließenden Jugendgeschichte immer wieder auftretenden Redehemmung und Geständnisunfähigkeit Heinrichs,[66] spricht er mit dem Grafen »wie ein Buch« – was sogar diesem auffällt, also dem Autor aufgefallen ist.[67] Heinrichs Replik bezeichnet die Ebene, auf der dieser Einwohner der kleineren Schweiz dem größeren Deutschland zu begegnen gedenkt. Jene wird mit der Familie gleichgesetzt und als Zufluchtsort im Sinn behalten, dieses entspricht von vornherein einer vorgestellten und angelesenen Realität, die der »Buchrepublikaner« – ein treffendes Wort an dieser Stelle – zum kulturellen Rahmen seiner geistigen und künstlerischen Entfaltung ausersehen hat.

Er folgt darin seinem leiblichen, toten Vater, der den gleichen Weg gegangen ist, bevor er als Bauherr dem heimischen Stadtstaat zu seiner neuen äußeren Gestalt zu verhelfen begann.[68] Als

Patriot dieser Republik gibt Heinrich sich dem Grafen zu erkennen. Sie muß sich allerdings über die Sphäre der mütterlichen Obhut hinaus die Dimension eines geistigen Vaterlandes zulegen, um ein Entwicklungsraum zu sein. Die übergeordnete Einheit des deutschen Sprachgebiets wird beschworen und von den politischen Verhältnissen in einer Monarchie, wo »alles das erste und letzte Eigentum eines einzelnen Menschen ist«,[69] abgehoben.

Hierin schon zeichnet sich eine Tendenz ab, der sich Heinrichs hartnäckige Vatersuche wie einem Schema unterwerfen wird. Die ›schlechten‹ Väter treten leibhaftig hervor aus der unsichtbaren, zum uneinsichtigen Prinzip gewordenen Allgegenwart der Gewalt, wie der handgreiflich werdende König aus der Zeichen-Aura der institutionalisierten Willkür hervortritt. Umgekehrt gehen die Eigenschaften der ›guten‹ Väter in ihrer Transzendierung auf, ihr Einzelbild löst sich auf in den ideellen Garanten des Gewaltverzichts, auf dem auch das Gemeinwohl beruht. So berücksichtigt die von dem Helden hier schon verabschiedete Verfassung des künftig zu bewohnenden Staates das Elternelement in seinen beiden Komponeten und veranschlagt die Selbstverwirklichung als höheren, gemeinsamen Zweck. Die Gleichstellung mit dem Vater unter der Aussicht auf die sich ihm bewahrende Liebe der Mutter wählt sich den Ausdruck eines Allgemeinen, von der Substanz dieses glücklichen Zusammentreffens im Inneren des Helden zehren die äußeren Bedingungen des idealen Zusammenlebens. Die infantile Vergrößerungssucht findet sich auf einmal wieder in dem Ausblick auf die Unendlichkeit einer nach vorn verlegten republikanischen Utopie – die wiederum in einer phantastischen, doch real gedachten Vaterfigur für Heinrich konkret, leibhaftig wird: im Grafen.

Zuletzt blickt doch noch unter dem großzügigen Mantelwurf eines Bildungsideals, den Heinrich über seine eigenen Vorhaben wirft, ein Zipfel akuten Zürcher Kaufmannsdenkens hervor. Es gehe um möglichst viele »gute Einfälle«, und in vierzig Millionen Köpfen »entstehen« davon mehr als in zwei Millionen. So geben ausgerechnet in »Kulturdingen« die positivistischen Kriterien einer akkumulativ quantifizierenden Argumentation den Ausschlag, muß die Innovation des expandierenden Marktes die größere geistige Aufgeschlossenheit motivieren.[70]

Dem Grafen will das als ein »praktischer« Gesichtspunkt, aber auch als ein »triftiger« einleuchten: Er hatte sich richtig schon vorher seinen Liberalismus, des Adelstitels ungeachtet, von den verstimmten Stammtischprovokateuren nach England bzw. nach Amerika datieren lassen. [71]

Eine Erinnerungsvignette als Metonymie des Romanganzen

So viel trifft sich also in der Person des Grafen und in diesem Augenblick beim Übergang auf das Territorium geistiger Vaternachfolge. Das legt die Republik, in die der Held später in einem erweiterten Zusammenhang einzutreten gedenkt, auf ein komplexes Vorstellungsgebilde fest, das die ästhetischen Überschreitungen psychisch deklarierter Bedürfnisse, das die ideologischen Suggerierungen aus den Gewohnheiten des zunehmenden Warenumschlags und das die ortsüblichen Rationalisierungen aufgreift und transzendiert. [72]

Daß es den Adel in Deutschland als reale politische Kraft ja noch gab und daß diese gerade in den Jahren der Niederschrift des Romans die liberalen Tendenzen in den deutschen Königreichen und Fürstentümern zurückzudrängen verstand, kann den Autor nicht davon abbringen, der Utopie in seinem Buch die Gestalt eines Grafen zu geben. Das in allem ideale, sprich: väterliche, gutaussehende, hochgewachsene, reiche, unabhängige, unverheiratete, kunstsinnige, politisch aufgeschlossene, deutsche, größere Pendant zur Figur des Protagonisten verdankt Substanz und Kontur solchem Wunsch und Entwurf, wie er der als Ansichtssache vertretenen jungdeutsch-demokratischen Einstellung des Helden kaum zu entnehmen ist. Die Säkularisierung des Gottesstaates schreitet über die Hürden des eigenen, individuellen Begehrens nicht so leicht hinweg, wie es im politischen Bewußtsein die äußeren Institutionen der erstarrten Verjenseitigung menschlicher Sehnsüchte hinter sich läßt. Oder hat dieser Egalitarismus in solchem sich selbst – dem infantilen Selbst – Gleichmachen einer höherstehenden Vater-Charge ihren Ursprung?

Auch das andere, das Handwerker-Ideal in diesem Buch, wirft

solche Fragen auf. Was macht es, daß wir das ideologische Vater-erbe in der fiktiven Erweiterung zum staats-analogen Zukunfts-wunsch durchaus auch als Parabel auf den Platonischen Hand-werker-Kosmos lesen können, vergegenständlicht im Material lebensgeschichtlicher und gesellschaftsvirulenter Vorgaben im Hinblick auf den Helden und seinen Ausgangsort? Wohl, weil sich beides auf eine gemeinsame innere Vorlage sowie auf eine entsprechende äußere Projektion beziehen läßt.

Platons verallgemeinerter Handwerker ist ja nicht mehr der tatsächliche, wirkliche Handarbeiter, der nicht einmal im ersten, im reinen Überlebens-Staat als maßgebend angesehen werden kann, es ist der auf alle menschlichen »Künste« anwendbare, schließlich erweiterte und bis in die Vorstellung vom Schöpfer-Demiurgen hinein ausgedehnte veranschaulichte Begriff, der in abstrakter Form als Gerechtigkeit in die Grundlagen des Ge-meinwesens eingegangen ist.[73]

Nicht anders verhält es sich mit dem tatsächlichen, wirklichen Vater Heinrichs. Seine herstellerischen Fähigkeiten und sozialen Eigenschaften dienen in der Verklärung seines Bildes noch als Anhaltspunkte im konkreten gesellschaftlichen Rahmen der In-teressen seiner Klasse:

Lee war überall der Erste, ein zuverlässiger, hingebender Freund für alle, seines reinen Charakters und seiner gehobenen Gesinnung wegen allge-mein geachtet, ja geehrt.[74]

Er aber bereits hält seinesgleichen dazu an, sich der gemeinsamen Ziele nicht nur praktisch, sondern auch im Sinne eines histori-schen Bewußtseins zu versichern:

Da fast allen in ihrer Jugend die gleich dürftige Erziehung zuteil gewor-den, so ging ihnen nun besonders bei ihrem Eindringen in die Geschichte ein reiches und ergiebiges Feld auf, welches sie mit immer größerer Freude durchwandelten.[75]

Eine zusätzliche Form der Überschreitung des Besitzstandes an realpolitischer Teilhabe ist der gewagtere Anspruch auf Zuwachs aus dem Niemandsland der Kunst, in das hinein sich freilich die fleißigen Steinmetze und Schreiner durch die kunstgewerbliche Nachahmung ihrer selbst – statt der höhergestimmten Vorbilder aus ihren Partituren – eher verdoppeln als übertreffen.[76]

Heinrichs Einbildung versieht die ihm vom Hörensagen geläufige Überlieferung immer schon, was den eigenen Vater betrifft, mit einer Tendenz zum Allgemeinen, sieht diesen im Geiste strebend nach Verwirklichung ›größerer‹, gesellschaftlicher, nationaler Ziele. Doch nichts ist für die Phantasie des Halbwaisen so ergiebig wie das wenige, das er von dem Verstorbenen selbst noch weiß. Es handelt sich um drei Erinnerungspunkte, die Heinrichs Gedächtnis mit der realen Erscheinung des Vaters verknüpfen: eine von ihm hoch in der Luft gehaltene Kartoffelstaude, sein grüner Anzug und »seine glänzenden Augen«.[77] Sie allein reichen aus, einem ganzen Programm von transzendierenden Bestrebungen des Sohns einen Inhalt, eine Form und ein Ziel zu geben. So ist es denn möglich, aus dieser einen Erinnerungsszene her den Roman hermeneutisch zu entfalten: Ein Beweis, wie der Symbolisierungsgestus von Sprache immer auch der semantischen Aufdringlichkeit des Verdrängten miterliegt.

So hieße es eine für Heinrichs Vater-Beziehung vorausdeutende Nuance versäumen, bliebe an dem Bild der vom Vater »hoch in die Luft« gehobenen Staude, mit den »anschwellenden Knollen« am unteren Ende,[78] außer acht, welche Anspielung auf einen Gehalt an phallischer Aufrichtung am väterlichen Vorbild diese Vorführung veranstaltet. In den »anschwellenden Knollen« gibt die Erinnerung diesem Verständnis der Sache vollends nach.

In die selige Gruppe gehört natürlich, soll sie vollständig sein, die Mutter, die an dieser Stelle und mit Bezug auf das Kartoffellehrstück von dem Eindruck schwärmt, den der Vater auf sie und die Mägde gemacht habe – »mit seinen schönen Reden«,[79] biegt der verständige Träumer die Elternbeobachtung ins für alle Erträgliche ab, nicht ohne dem Gelüst an der Vorstellung eines mit Bildung bei der Stange gehaltenen Harems nachgegeben zu haben.

Weiter noch wird bei der Gelegenheit die Verbindung vom Vater zu Gott als des Vaters eigene Assoziation sanktioniert, ihm unterlaufend anhand des ans Licht gehobenen Symbols nutzbringender Fruchtbarkeit. Auch das also wird suggeriert, daß die phallische Aura um die in der Hand des Vaters aufrechte

Pflanze und der für Nahrung sorgende Gott eng zusammengehören.[80]

Zuletzt sieht Heinrich »von der grünen Staude weg« dem Vater in die »glänzenden Augen«. Hinzugefügt ist: »verwundert«.[81] So ist auch noch dieser Zusammenhang, nämlich der zwischen Sehen, Erstaunen, Genital und väterlichem Blick, gewahrt.

Unter den Vorzeichen eines derart privat-mythologischen Patromorphismus – der wie der frühe Anthropomorphismus der Phylogenese einem Einverleiben und Sich-ähnlich-Machen entspricht – tritt Heinrich sein Erbe an. Wird er mit den Pfunden, wie die fruchtbare Kartoffelpflanze es versinnbildlicht, wuchern, oder wird er sie vergeuden?

Die Ernährungs- und Ernährerfrage, in jener Szene angeschnitten, beherrscht das ganze Buch. Daß Heinrich sich von seiner Mutter, die das vom Vater hinterlassene Vermögen verwaltet, auch noch in der Fremde ernähren läßt, bereitet ihm Qual und Genugtuung zugleich.[82] Er glaubt einen Anspruch auf diese Zuwendung zu haben, und die Kritik an der Kargheit der Mahlzeiten auf dem Tisch der Mutter moniert in Wahrheit, daß ihm durch sie eine ganz andere Befriedigung vorenthalten bleibt.[83]

Feuerbach sagt einmal von den Juden: »Der Anblick des höchsten Wesens beförderte also bei ihnen nur den Appetit zum Essen.«[84] In der »gastritischen«[85] Sinnlichkeit behauptet sich ein archaisches Triebziel, Erwartungen und Bindungen der frühesten Kindheit belauern die Erwachsenen auch späterhin im Hinblick auf ihre Bewirtungs- und Versorgungsbereitschaft. In diesem Appetit hält sich verkümmert, was, entwickelt zum Hunger, eine verfängliche Richtung auf das Elternobjekt, die Mutter besonders, genommen haben würde. In dieser Form kann die Forderung an jenes Objekt hartnäckig, wenn auch verstohlen aufrechterhalten werden, eine versteckte Nähe, wie sie auch die Vateridentifikation bezweckt.

Das Essen, das Schadloshalten an den ihm aufgetischten Mahlzeiten steht daher im Mittelpunkt eines Kultus der Einkehr bei den geliebten und gelobten Vater-Imagines. Bei seinem Eintreffen auf dem Land nach der Relegierung von der Schule ruft ihm der Oheim entgegen:

»Eben kommst du recht!« rief er, »wir halten heute das Erntefest«,

und er verspricht ihn nicht loszulassen,

»bis du so rote Backen hast wie dein seliger Vater!«[86]

Beim Grafen ißt Heinrich am Ankunftsabend gleich zweimal, und die gemeinsamen Frühstücke sind auffällige Schäferstündchen im Milieu der oralen Regression.

Der erste Versuch zur Selbsterhaltung, den Heinrich unternimmt, wird aufgefangen von den überraschenden Zuwendungen des alten Trödlers, der ihm selbst zubereitete Mahlzeiten vorsetzt und ihm dazu die Taschen mit gebratenem Geflügel vollstopft.[87] Jeder Tag wird durch ihn zum Tag der Ankunft des verlorenen Sohnes, die der Alte diskret, aber kontinuierlich, wie es das geheime Bedürfnis Heinrichs ist, zur Feier werden läßt. Der Vater als Mutter, das gibt es in dieser Geschichte übrigens so häufig, wie es das umgekehrte Verhältnis gibt.[88]

Wichtiger noch ist die Beziehung, die zwischen den gedeckten Tischen und den gefüllten Börsen auf seiten dieser Vater-Besetzungen besteht. Für Keller war ein Onkel der Treuhänder des väterlichen Erbteils,[89] für Heinrich sind der Trödler und der Graf die Märchenonkel, die ihm – der darüber nur »verwundert« sein kann – am Ende ein Vermögen zukommen lassen.[90]

Auch hierin liegt, wie in der Geldbehandlung in diesem Buch generell, eine Verwesentlichung und darin eine weitere Abstrahierung von den unmittelbar den Sinnen einleuchtenden Eigenschaften der Subsistenzmittel und Genußokkasionen.

Es ist bezeichnend, daß von allen Sinnen es der Gesichtssinn ist, der mit dem letzten Aufgebot an fetischistischer Animierbarkeit die Verbindung zu der gegenständlichen Erscheinungsform dieses Geist gewordenen Erzeuger- und Ernährer-Äquivalents aufrechterhält (und quasi in der Silbermünze weiter das »glänzende Auge« des Vaters sucht):

Heinrich hatte die lieblichen Münzen nur beim Übergang aus des Juden Tasche in die seinige flüchtig blinken gesehen; aber das Blinken machte auf ihn in seiner Leibesschwäche vollkommen den Eindruck wie der Sonnenaufblitz eines unmittelbaren allernächsten Wunders.[91]

Auf einer Bank im Wald[92] holt Heinrich die »schönen Gulden« hervor, um »sie mit gierigen Blicken« zu verschlingen.[93]

Wie immer dürfen wir der Sprache zutrauen, daß sie sagt, was sie meint. Die Benennung eines visuellen Vorgangs mit einem aus der Sphäre der oralen Introjektion entlehnten Verbs (›verschlingen‹) indiziert den Universalismus, hinter der substituierenden Sprachbewegung drückt die Verschiebung in der Häufung metonymer Bildungen aus, womit das eine zugrunde liegende Begehren wiederholt und gleichzeitig kaschiert wird. Denn in dem Augenblick der Befriedigung, die Heinrich durch den Geldbesitz nach dem Verkauf eines anderen Lebenssubstituts – eines Buches – erlangt, treten alle symbolischen Ersatzobjekte, die für Heinrich unentbehrlich sind, zu dem Tableau seines vorübergehenden Einklangs mit sich selbst zusammen:

Er dankte dem lieben Gott sehr zufrieden für die Erhörung seines Gebets, wie in den Tagen der Kindheit; sonst dachte er nicht viel, denn die Gedanken waren allbereits sehr kurz und dünn gesäet; er genoß nur mit stillem Wohlgefühl den durch das Grün flimmernden Sonnenschein und den Glanz der klingenden Silberstücke. [94]

Gott, Grün, Sonne und Münzen – hier sind sie noch einmal, die wichtigsten Glieder der Kette, die Heinrich an den in seinem segensreichen Totsein verklärten Vater fesseln. [95]

Die Erwärmung des göttlichen Lichts im Sohn (Feuerbach)

Muß erwähnt werden, daß hier keine letzten Antworten gegeben, sondern nur Fragestellungen, die für den inneren Zusammenhang des Romans wichtig sind, herausgearbeitet werden sollen? Sie sind das Deutlichste, was einem essentiell Nicht-Eindeutigen abzugewinnen ist, eventuell an Bedeutung.

Eine solche Fragestellung lautet: Ist die sich konkreter und körperlicher Vergegenständlichung bedienende Selbstvergrößerungs-Phantasie Heinrichs z. B. auf die Tatsache beziehbar, daß der, der sie ihm gestattet, also Keller, von extrem kleinem Wuchs gewesen ist? [96] Oder hat diese damit zu tun, daß der Autor vorher Feuerbach gelesen hatte?

Keller hat sich mehrfach dazu geäußert, was er durch die Begegnung mit Feuerbach, was er durch dessen Philosophie erst für ein Schriftsteller hat sein können.[97] Ich möchte hier nicht wiederholen, daß Keller Feuerbach ›seinen Materialismus‹ zu verdanken habe.[98] Gewiß, der Autor kritisiert das Platonische der Weltbeziehung seines Helden, über das er durch die Lektüre Feuerbachs hat aufgeklärt sein müssen – und macht diese Beziehung dennoch zum eigentlichen Gegenstand eines mehrbändigen Romans. Zu sagen also, er habe Feuerbachs Anschauungen ›übernommen‹, hieße den Akzent falsch setzen und eine Spannung nicht merken, von der bereits das Werk Feuerbachs beherrscht und geprägt ist. Wer »Das Wesen des Christentums« und andere Schriften Feuerbachs gelesen hat, wird nicht von dem knappen Resultat einer auf die Anthropologie zurückgenommenen Theologie bestochen gewesen sein, sondern von der geistigen und seelischen Ausdauer, die in der Wiederholung ihre poetische Produktivität entwickelt und durch sie zu der Universalität ihrer Argumente gelangt. Jede Seite, nahezu jeder Satz vollzieht die gleiche Bewegung noch einmal, erringt und erbringt unter einem anderen Gesichtspunkt dasselbe Ergebnis neu: die sich an Hegel kritisch konstituierende Humanisierung und Individualisierung des absoluten Geistes.[99]

Die psychische Energie und das, was sie so unerschöpflich machte, war ein Keller verwandter Triebgrund. Hier kämpfte einer einen Kampf, der auch sein Kampf war, und so mußte Keller das Werk Feuerbachs nicht nur wegen der darin neugewonnenen wissenschaftlichen Position seines Autors schätzen. Wenn die Erkenntnis einer wünschenswerten Einheit von Körper und Wesen, Mensch und Gott im Bewußtsein der fiktionalisierten Person Heinrichs dann doch nicht den Sieg davonträgt; wenn diese nominalisierte Selbstvergewisserung des Unendlichen im Endlichen anders als in der Theorie Feuerbachs die Probe auf die Praxis einer romanhaften Individualität nicht besteht, dann bleibt dieses Buch dennoch ganz von der gleichen Sehnsucht nach Aufhebung des schmerzlich erfahrenen Dualismus erfüllt wie Feuerbachs psychologische Kosmogenie davon erfüllt ist. In ihren Materialisierungen ist diese Sehnsucht für den Roman bis ins Detail immer wieder von stimulierender Suggestivität gewesen.[100]

Geradezu aufgezwungen muß sich dem Autor gar ein Zusammenhang haben, in dem bei Feuerbach die Antinomien stehen. Gemeint ist die in ständiger Vergegenwärtigung gehaltene doppelte Existenzweise des Menschen, einmal als Gott und einmal als Mensch, die von diesem, der seinem Bewußtsein das ganze Universum einverleibt, bzw. ihm seine geistige Gestalt verleiht, ihren Ausgang nimmt. Schellings in die Natur hinausverlagerter Angelpunkt der Subjekt-Objekt-Identität wird damit an den eigentlichen Ursprung zurückverlegt.

Diese Zurücknahme Gottes in den Menschen hat z. B. in den wiederkehrenden Pendant-Konstellationen zwischen Heinrich und den von ihm angenommenen Vätern eine Entsprechung. Für den über seine augenblickliche, endliche Gestalt hinaus nach der Totalität seines Selbst strebenden Protagonisten ließ sich damit der Unterschied zwischen Groß und Klein, zwischen Erzeuger und Erzeugtem als ein von außen oktroyierter Gegensatz darstellen und in der Identifizierung aufheben. Die höhere Einheit zwischen der körperlichen Existenz des Sohnes und einem im Vaterland aufgehobenen Vater, in die der Sohn einzutreten gedenkt, egalisierte auf dieser Ebene die Beziehung nicht nur und verallgemeinerte die Egalisierung zur politischen Conditio. Sie erlaubte dem Bewußtsein, jenes Wesen in der Überhöhung als die Vergegenständlichung des eigenen Denkens zu denken und damit für die eigene Unendlichkeit auszugeben. Wie der Mensch als Erfinder Gottes, galt sich so der Sohn als der Schöpfer seines Vaters – was Heinrich im Roman ja auch tatsächlich ist: Von der Verklärung des leiblichen über die Beschwörung eines utopischen Vaters bis zur Wiederverkörperung dieses vaterländisch überhöhten Vater-Wesens im Grafen ist alles subjektive Produktion und vergegenständlichte Subjektivität des Helden.

Auch der Gott, den sich sein kindlicher Animismus einbildet, ist natürlich ein Heinrich zugehöriger Gott. »Dieser Gott hat seine Stelle hinter den verstorbenen Vätern«, wie wir von Freud wissen. [101] Wäre das im Buch genannte Alter Heinrichs beim Tod seines Vaters – er ist fünf Jahre alt – nicht auch das des Autors beim Tod *seines* Vaters, so könnte es nach der inneren Logik, der die Lebensgeschichte des Helden in seinen innerseelischen Determinanten unterworfen ist, nicht richtiger gewählt sein. Mit fünf Jahren ist die erste sexuelle Phase des Kindes abgeschlossen. [102] In ihr haben sich die Traumen gebildet, die den späteren Erfahrungen zwanghaft ihren Bedeutungscharakter vorschreiben werden. In dieser Zeit wird nicht zuletzt das Schicksal des Wahrnehmungsverhaltens, dem ein Mensch fernerhin unterliegt, besiegelt. Kein Wunder, denn: »Die Traumen sind entweder Erlebnisse am eigenen Körper oder Sinneswahrnehmungen, meist von Gesehenem und Gehörtem, also Erlebnisse und Eindrücke.«[103] Der Elterneinfluß, in diesen Jahren auf das Kind ausgeübt, ist, obgleich von diesem »vergessen«, eine Prägung, »dem sich nichts Späteres widersetzen kann«.[104] Für den Erzähler liegt hierin allerdings auch ein Potential, mit dem er sich gegen Einflüsse auf sein Werk von außen, für die sein *Bewußtsein* aufgeschlossen ist, wappnen wird.

Wie wir sahen, verfügte Heinrich sogar über ein Erinnerungsglied, das den verstorbenen Vater mit Gott in Verbindung brachte: die Ermahnung anhand der Kartoffelstaude, sich erkennend und dankbar gegen einen Schöpfer zu verhalten. Das geht über eine ›vergessene‹ Einwirkung hinaus, auch wenn solche ›Erinnerungen‹ öfter Produkte eines seelischen Interesses sind, das erst später mit vermeintlich kindlichen Reminiszenzen belegt werden soll.[105] Hierfür spricht, daß Heinrich von diesem Gott bis zuletzt nicht wird lassen können. Er braucht ihn, allein schon, weil dieser das einzige quasi männliche Wesen ist, das seine Vorstellung in der Nähe der Mutter erträgt: als Ernährergott bezeichnenderweise, als einen geschlechtslosen Hausgott über dem kargen, wie entsinnlichten Herd.[106]

Es gibt eine Stelle, wo der Sohn glaubt, sich mit der fernen Mutter im Gebet zu diesem Versorgergott zu vereinen – in dem gemeinsamen Anliegen nämlich, daß er, Heinrich, nicht verhungern möge.[107] Daß diese vom Sohn und von der vom Sohn im Gebet vorgestellten Mutter zugleich erflehte Hilfe sich dann im rettenden Trödler konkretisiert, Gestalt in der Realität des Romans annimmt, ist ein Beispiel dafür, wie sich die Wünsche ihre Befriedigung weiterhin im Rahmen des Bezugsdreiecks von Mutter–Vater–Sohn suchen, hierzu aber immer eingeübter den Umweg über das Phantasma nehmen, durch das sie sich im Leben ›märchenhaft‹ zu erfüllen scheinen.

Dieser immer wieder angerufene Gott ist, sofern seine Bedeutung für Heinrich überhandnimmt, natürlich zugleich der von Feuerbach kritisierte Gott, denn: »Um Gott zu bereichern, muß der Mensch arm werden ... Je mehr das Sinnliche verneint wird, desto sinnlicher ist der Gott, dem das Sinnliche geopfert wird.«[108] Immerhin bleibt dieser Gott Heinrich als erzählte Notwendigkeit treu, ist er eine ihm bis zum Schluß unablässig zugesprochene Wesensergänzung. Bedeutet diese Hartnäckigkeit nichts anderes als die Hartnäckigkeit der Kritik des Autors an seinem Protagonisten? Welcher Wahrheit soll man mehr trauen, der, die das veranschaulichende Sprechen ständig ausspricht, oder der, welche ebenso ständig unausgesprochen bleibt? Zwar wird der Held nicht erst und also auch nicht nur vom Ausgang der Geschichte her problematisiert, doch konnte der Autor sein erzähltes Selbst offenbar nur so kritisieren, indem er dessen Kritisierbarkeit theoretisch zuließ, sie erzählerisch aber immer wieder ignorierte. Das gilt vor allem für die Jugendgeschichte, die nicht von ungefähr als ein selbständiger Teil des Romans schon dadurch gekennzeichnet ist, daß in ihr ein Ich die Erzähl-Perspektive bestimmt.[109]

Keller hatte sich bei der Abfassung seines Romans mit Sicherheit nicht vorgenommen, eine Doktrin zu versinnlichen, er hatte einen Stoff zu bewältigen gehabt, den er bei sich vorfand, so daß die Wahrheitsfindung, die er an seinen Figuren vollzog, aus der Anwendung gedanklicher Erklärungsmittel höchstens im Vorfeld der eigentlichen, der vorbewußten Arbeit hatte Nutzen ziehen können.[110]

Als Strukturmodell brauchte den Autor Feuerbachs anthropologische Säkularisierungsbemessung menschlicher Handlungen auch dann nicht im Stich zu lassen, wenn er sie nur sozusagen zum immanenten Gesichtspunkt seiner Gestaltung machte, der, ohne zwischendurch des Hinweises darauf bedürftig, im Geschehen zur unentwegt spürbaren Gegenwart einer unversöhnten Spannung beitrug. Die Perspektive Feuerbachs ließ das zu, den Menschen und seinen Gott auf *einen* Blick. Indem Keller die Existenz seines Helden ganz an den einen, den geistigen Pol verlegte, aber das Konzept der Doppelexistenz von geistigem im sinnlichen Sein beibehielt, konnte er seinen Helden im höchsten Schein belassen, ohne ihm ein Entkommen aus der Klammer der Feuerbachschen Dialektik zu gestatten. Die Folge ist, daß die

Spannung noch zunimmt, wo ein bloß geistiger, bloß scheinhafter Protagonist immer eintöniger gewirkt hätte, je deutlicher seine Einseitigkeit in Erscheinung getreten wäre.

Es ist alles, nur kein Zufall, daß das der Spannung entspricht, die der Autor als sein eigenes Lebensgefühl zum Ausdruck brachte und dem die logische Außerkraftsetzung überkommener signifikanter Denkgegenstände nicht ersparte, ihnen auf einer anderen Ebene um so empfindlicher ausgesetzt zu sein.

Es scheint auch Feuerbach nicht frei gewesen zu sein von dem Einfluß einer Macht, die das Sujet seines Denkens jenseits des Erkenntnisnutzens auf ihn ausübte. Darauf deutet schon ein Bekenntnis hin, das der »Forscher« zu Beginn seiner Vorlesungen in Heidelberg abgelegt hat:

Mich interessiert und fesselt ein Gegenstand nur so lange, als er mir noch Schwierigkeiten macht, als ich noch nicht im reinen bin, als ich mit ihm gleichsam noch zu kämpfen habe.

Und er fügt hinzu:

Ich kann eigentlich nur reden und schreiben, wenn der Gegenstand mich in Begeisterung, in Affekt versetzt.[111]

Hatte er also für die Entstehung eines philosophischen Werkes von einigem, wenn auch nicht größtem Umfang, immer nur mit seinem Gegenstand zu kämpfen; war er von ihm für seine Lebensspanne »in Begeisterung, in Affekt« versetzt?

Kritische Theologie betrieb Feuerbach zu seiner Zeit nicht als einziger.[112] Wie kaum ein anderer aber ging er nicht nur auf die Suche nach dem historischen Christus, ihn beschäftigte ein innerer Ausdruck des menschlichen Selbstverlusts im Christentum, eine Struktur:

Der Christ will nicht Mensch, er will unendlich mehr, er will ein göttliches, ein moralisch vollkommenes, d. h. ein ideales, gedachtes, kein wirkliches, ein abstraktes, kein sinnliches, Wesen sein.[113]

Zugrunde liegt dieser Kritik der Vorwurf der Überhöhung des Menschen, der ein »göttliches« Wesen sein will. Der Mensch folgt darin dem zum Gott verabsolutierten eigenen Wesen, der idealen Vorstellung von sich selbst. Diese wird zu einer ihm neuen, höheren Gegenständlichkeit, die ihm als Fremdes, Unerreichbares vorenthält, was er selbst sein könnte. So aber ist er nur »ein Schauspieler, der nicht sich, sondern ein anderes Wesen vorstellt«. [114] Was nun als losgelöstes »Urbild« erscheint, ist in Wahrheit das Abbild des Menschen, und zwar in seiner besonderen, familial verbürgten Erscheinungsweise: als Vater.

Feuerbach kritisiert wohlgemerkt nicht eine Vermessenheit des Menschen, sich so hoch zu veranschlagen, daß seine eigenen Qualitäten, und nicht mehr umgekehrt, zum Maß der höchsten Eigenschaften eines göttlichen Superlativs taugen. Wogegen er polemisiert, das ist die Veruntreuung dieser Qualitäten in der Abstraktion, ist ihre Auflösung als kollektive Physis in ein Phantom. Vornehmlich einer Institution gibt er dabei die Schuld, dieses entrückte und entleerte Vermögen des wirklichen Menschen gegen dessen Mehrzahl gekehrt zu haben – zu ihrer körperlichen Entkräftigung und geistigen Entmündigung. Gemeint ist die Kirche.

Zweierlei Zielsetzung findet sich in dieser Stoßrichtung wieder. Der Mensch hat durchaus die Anlagen zur Größe, wagt sie sich aber nur mehr als gedachte einzugestehen. Die Institutionalisierung des tatsächlichen Vaters, dessen Macht die als Ersatzväter fungierenden Priester widerrechtlich ausüben, veranlaßt ihn dazu und hindert ihn daran, sich zu verwirklichen, wie es seinen Fähigkeiten entspricht.

Es liegt also der Feuerbachschen Denkbewegung – und erinnert uns an die sehr ähnliche Struktur personaler Veranschaulichung bei Keller – die ständige Zurücknahme eines zuvor herausgetretenen, überhöhten Wesens auf dessen Ausgangsposition zugrunde, was schon von selbst die Vergrößerung des gewöhnlichen einzelnen – der sich zur Vielheit beliebig erweitern läßt – mitbetreibt. Darüber hinaus wird das eingeübt Große zur gedanklichen Hervorbringung des herkömmlich Kleineren erklärt, so daß der Erzeuger-Mythos in seinem Verhältnis zwischen Vater und Sohn nicht bloß umgewendet erscheint: Die Größe des Vaters ist nur noch Schein und als Schein lediglich dem Priesterinteresse wertvoll.

»Gott erzeugt ewig seinen Sohn«, rekapituliert Hegel die Religionsgeschichte zu diesem Punkt. »Gott ist der Anfang, er tut dies, aber er ist ebenso auch nur das Ende, die Totalität: so als Totalität ist Gott der Geist.«[115] In der Dreieinigkeit füllt sich in dieser Darstellung das Geist-Gefäß mit seinem Inhalt. Der Sohn erscheint darin »in der Weise der Empfindung ausgesprochen«, er bringt so »die Natur hervor«, d. h. er verhilft dem »Unterschied« zum Ausdruck, denn: »das Unterschiedene ist die Natur«.[116] In Gott ist auch die Liebe, wie in ihm Geist ist: »Der heilige Geist ist die ewige Liebe.«[117] Zwischen göttlichem Vater und Sohn ist demnach Unterscheiden »nur eine Bewegung, ein Spiel der Liebe mit sich selbst«.[118] Jenseits der Bestimmungen ist die Einheit das Übergeordnete: »Denn die Liebe ist ein Unterscheiden zweier, die doch füreinander schlechthin nicht unterschieden sind.«[119]

Maria, des Gottessohnes Mutter, wird für dieses Verhältnis nicht in Erwägung gezogen, sie wird nicht einmal erwähnt.[120]

Feuerbach sieht in der Dreieinigkeit die »Einheit von Ich und Du« versinnbildlicht,[121] seine Zuweisungen hierbei lauten: »Gott der Vater ist Ich, Gott der Sohn Du. Ich ist Verstand, Du Liebe; Liebe aber mit Verstand und Verstand mit Liebe ist erst Geist, ist erst der ganze Mensch.«[122] Es handelt sich in der Trinität also um die Vereinigung von nur zwei Personen, von Vater und Sohn. Die »dritte Person«, der Heilige Geist, »drückt ja nichts weiter aus als die Liebe der beiden göttlichen Personen zueinander«.[123] Für Feuerbach ist in diesem Verhältnis das väterliche Prinzip Ausdruck »des kalten Wesens der Intelligenz, das Licht«, dagegen:

Gott als Sohn erwärmt erst den Menschen; hier wird Gott aus dem Gegenstand des Auges, des indifferenten Leichtsinns ein Gegenstand des Gefühls, des Affekts, der Begeisterung, der Entzückung . . .[124]

In einer Ableitung, in der es gleichfalls nicht ohne Entzücken abgeht, betreibt Feuerbach die Aufwertung des Sohnes, ordnet er das Gefühl dem Verstand über, indem er auf das Verhältnis aus der Sicht des Menschen blickt und zum »wahre(n) Vater des göttlichen Sohnes das menschliche Herz« erklärt.[124a] Der Sohn, der das Herz als Gefühlswesen inkarniert, hat damit den Vater völlig ausgeschaltet: Er, der Sohn, verwesentlicht den Menschen in seiner wichtigsten Eigenschaft, der Fähigkeit zur Liebe. In dieser Bestimmung, in der liebenden Teilnahme am Endlichen dieser Welt, d. h. als Sohn, ist Gott überhaupt nur ein Gott für die Menschen.

Wir bewegen uns in dem Feuerbachschen Text von hier aus noch ein Stück weiter, weil sich so vielleicht erfahren läßt – im Hinblick auf Kellers zwiespältigen Modus des inneren Genugtuens letztlich –, wie auch der kritische Umgang mit einem Gegenstand den Autor nicht nur polemisch auf seine Kosten kommen läßt. Die Sublimation, die Feuerbach beanstandet, ist dann auch die Sublimation, der seine eigene Libido unterliegt und in der er ausspricht, was, noch weiter an den tatsächlichen sinnlichen Menschen herangeführt, ihn hätte verstummen lassen müssen. Feuerbach nennt die überirdischen zwar nur den Abklatsch der irdischen Familienverhältnisse,[125] wenn er aber die Mutter in die Trinität einführt, dann bleibt er mit dem Ton, den er dabei anschlägt, doch lieber ganz im Himmel. Die Sammlung all jener Substanzen, in denen der Mensch das Interesse an sich selbst wach, jedoch vom eigenen Leib als der eigentlichen Wahrheit fern hält, ist der *göttliche* Sohn. Immer wieder kommt Feuerbach darauf zurück, daß über diesen hinaus der Himmel leer ist. Jenseits davon herrscht »nichts anderes als der kalte Verstand über dem Herzen«, d. h. den Vater gibt es lediglich als »abstrakte, müßige Vorstellung«.[126] Die Vernichtung des Vaters ist das Leitmotiv für diese junghegelianische Neugliederung an der Spitze des christlichen Olymps. So tritt der Sohn als der »Mittler« auch nicht zwischen den Menschen und seinen bloß vorgestellten Gott, »um sich mit dieser Idee zu versöhnen, sondern um sie zu *entfernen*, zu *verneinen*«.[127] Als Empfindungsprodukt und Symbolausdruck ist der Gottessohn das Höchste und Letzte, wozu der Mensch in der Transzendierung seiner schönsten Bedürfnisse und besten Anlagen gelangen kann.

Hier erst ist Feuerbach in seinem Element, denn es geht ihm niemals um die reduktionistische Weisheit des gerade zu seinen Lebzeiten gern herumgereichten stumpfen, aber vordergründig wirksamen Prügels, des ›einfachen‹ Materialismus. Der Mensch, dem er mit seiner Philosophie eine Diesseitsreligion geben wollte, ist nicht der physiologische Bodensatz im dekantierten Erlenmayerkolben einer neuen naturwissenschaftlichen Anthropologie. »Das Wesen des Christentums« beginnt nicht zufällig mit dem Satz: »Die Religion beruht auf dem *wesentlichen* Unterschiede des Menschen vom Tiere – die Tiere haben *keine* Religion.«[128] Religion ist also keineswegs nur Opium, sondern vor der Wissenschaft und neben der Kunst menschliches Bewußtsein in seiner verbreitetsten Medialität.[129] Will Feuerbach auch die »Entzweiung des Menschen mit sich selbst«,[130] die in der Religion zum Ausdruck kommt, aufheben, so bleibt doch für ihn konstitutiv dessen Doppelnatur: »Das Tier hat daher nur ein einfaches, der Mensch ein zweifaches Leben: bei dem Tiere ist das innere Leben eins mit dem äußeren – der Mensch hat ein inneres *und* äußeres Leben.«[130a] Feuerbach interessiert sich für das physische Kontingent an diesem Doppelwesen nur im Zusammenhang mit seiner Leidenschaft für die Eigenschaften des Sohnes, die diesen zu einem »Mittelwesen«[131] prädestinieren. Der Verstand, als das Medium des Vaters, »urteilt nur nach der Strenge des Gesetzes«.[132] Der Mensch kann damit nichts anfangen, denn es ist das Herz, sein auf emotionale Befriedigung gerichtetes Bedürfnis, das ihn definiert: »Das Herz gibt mir das Bewußtsein, daß ich Mensch, das Gesetz nur das Bewußtsein, daß ich Sünder, daß ich nichtig bin.«[133] Ausschließlich die Tugend des Herzens, die Liebe, macht den Menschen »frei«, d. h. göttlich: »Die Liebe ist das Band, das Vermittlungsprinzip ... Die Liebe ist Gott selbst, und außer ihr ist kein Gott.«[134] Wenn die Inkarnation dieser Liebe der Sohn ist, dann ist auch begründet, warum »sich nicht die erste Person der Gottheit inkarniert, sondern die *zweite*, welche den Menschen in und vor Gott vertritt – die zweite Person, die aber in Wahrheit, wie sich zeigen wird, die *wahre, ganze, erste* Person der Religion ist.«[135]

Feuerbach hat es also auf den Sohn als »Mittelwesen«[136] abgesehen, weil dieser in der Inkarnation der göttlichen Qualitäten einerseits das Vater-Phantom auszuschalten vermag, andererseits aber auch, weil er die menschliche Existenz jenseits des bloß Physiologischen in ihrer *Wesenheit* objektiviert. In ihm ist Gott herab-, der Mensch aber ebenso auch hinaufgestiegen. Deswegen bleibt das Gerede von Feuerbachs Materialismus so belanglos, weil es diese entscheidende Überhöhung des physischen, diese Verinnerlichung des äußeren Menschen nicht berücksichtigt. Als »geistiger Naturforscher«, wie Feuerbach sich einmal selbst nennt, setzt er zwar »materielle Mittel« ein, aber sie bleiben »Instrumente« bei der Geburtshilfe an einem Wesen, das ihm als »die Fleisch und Blut, die Mensch gewordene Philosophie« auch die »wahre Philosophie« – und nicht etwa ihre Auslöschung durch die Biologie – bedeutet. [137]

Feuerbach hat als der Philosoph Berühmtheit erlangt, der dem Menschen die Sinne zurückgegeben, der ihm sein Recht auf Unmittelbarkeit zugesichert hat. Aller Liebe liegt die Liebe des Menschen als Geschlechtswesen zugrunde. [138] Im Mittelpunkt seiner Veranschaulichungen steht jedoch ein Mensch, der vor dem körperlichen Selbst in den Spiegel seiner Ideen flüchtet. Woher stammt diese ständige Angst vor der Realität der eigenen Person, warum überleben die Objekte des wahren Begehrens immer nur im Abbild? Die Frage ist also: Gelangt Feuerbach über solche Positionen der von ihm kritisierten Entsinnlichung hinaus?

Es scheint, daß Feuerbach diesen Fragen auf den Grund zu gehen gedachte. »Ist die Macht des Wissenstriebs nicht eine *schlechterdings unwiderstehliche, alles überwindende Macht?*« [139] fragt er, und wir kennen die Antwort schon seit Aristoteles, seit Platon. [140] Als wüßten wir nicht, was von diesem Wissenstrieb zu halten ist, *welche* »sexuelle Miterregung« ihn beflügelt und wie es letztlich die »Energie der Schaulust« ist, die ihn so ausdauernd, so ›unwiderstehlich‹ sein läßt. [140a] So sind wir denn darauf gefaßt, daß Feuerbachs Philosophie der Sinne vielleicht gar kein ›echter‹ Sensualismus ist, auch wenn er sich damit polemisch gegen den Idealismus rüstet: »Ich bin himmelweit unterschieden von *den* Philosophen, welche sich die *Augen* aus dem Kopf reißen, um besser denken zu können; ich brauche zum Denken die Sinne, vor allem die Augen.« [141] Feuerbach erläutert ausführlich seine Zielsetzung und Methode, um zwischendurch mit einem programmatischen Satz zu resümieren: »Richtig zu *sehen* (ist) mein einziges Bestreben.« [142] Was aber heißt das, *richtig* sehen?

Der Bedürfnisfunktionalismus, auf den sich das visuelle Reflexverhalten der Tiere beschränkt, ist nicht gemeint: »Das Auge des Tieres reicht nicht weiter, als sein Bedürfnis, und sein Wesen nicht weiter als sein Bedürfnis.« [143] Das Wesen des Menschen dagegen – und es ist eine der zahlreichen Stellen, wo die Psyche unterm

Aussprechen einer durchaus rationalen Erkenntniswahrheit übermütig wird – ist dessen »*unbeschränktes Selbstgefühl*«, und »so weit *bist du Gott*«.[144] In dieser Sphäre verkehrt der Mensch bekanntlich mit sich selbst – als mit Gott – im Medium des denkenden Verstandes. In dieser Wesensfunktion ist Gott aber auch »Gegenstand des Auges«.[145] Also ist es nur konsequent, wenn Feuerbach zu folgender Äquivaluierung kommt: »Der Verstand ist der Gesichtskreis des Wesens. So weit du siehst, so weit erstreckt sich dein Wesen, und umgekehrt.«[146] Sehen ist demnach die Tätigkeitsweise des Wesens des Menschen, oder im Bild der theologischen Anthropologie Feuerbachs: »*Sehen* ist ein *göttlicher* Akt.«[147]

Es überrascht nicht, daß der Gesichtssinn sich wieder einmal als der schon notorische Übersinn entpuppt. Verblüffender ist, daß dieses berüchtigte Zwischenphänomen aus Sicht und Einsicht, dieses unbestimmte Mischungsverhältnis von Rezeption und Projektion, dieser Wahrnehmungskompromiß und Ausdruckszwitter zwischen Verlangen und Verdrängen, dieses Sublimierungsprodukt und geometrische Mittel aus vergeistigtem Sinn und versinnlichtem Geist, kurz, daß dieser so tüchtige wie listige Agent einer zweiten Natur in einer sich innovativ auf die Sinnennatur berufenden Anthropologie zum eigentlichen Hebel der Konkretion, zum Kriterium der Wahrheit, zum Erkenntnisäquivalent für das Wirkliche ausersehen ist.[148]

Der Blick gewährt und nimmt zurück – auf ein Bild von der Sache, die anrüchig ist und als Sache verwehrt bleiben muß. Feuerbach will möglichst viel ›von der Sache‹ hineinnehmen in sein Bild (vom Menschen), und so redet er ausgiebig von ihr – um nur um so mehr von ihr im Symbol aufzuheben, zum *Wesen* zu machen. Genauso häufig, genauso hartnäckig wie Platon bezieht sich seine Erkenntniskritik auf jene Grenzzone zwischen Perzeption und Apperzeption, in der sich, als der Domäne des menschlichen Gesichtssinns, der Geist im Sinnbild niederschlägt. Nicht erst im rationalen Instrumentalismus des abstrahierenden Schlußfolgerns setzt das eigentliche Wunder des Denkvorgangs ein, Feuerbach beteiligt den Geist bereits an der Vorstellungsproduktion und Abbildbereitstellung. Er beteiligt ihn so, daß die Wahrnehmung einem tieferen Eindringen in den Anschauungsstoff entspricht, und das heißt, daß sie der *Wißbegierde* gerecht wird.

Es ist klar, daß ihm die Sinnen-Data-Mechanik des klassischen Empirismus nicht genügt, enthält sie sich doch der Frage nach dem *Wie*, das *hinter* den Sinnenfunktionen lauert: »Wie ist das Sehen und Hören *möglich?* Würde er (der Empiriker) sich diese Frage stellen, so würde er erkennen, daß die *Möglichkeit* namentlich des Sehens *selbst das Denken ist.*«[149] Letztlich will Feuerbach also dasselbe wie Platon: Die Anschauungsobjekte sollen den Ansprüchen genügen, die man an die Denkgegenstände stellt, sie sollen über ein nicht sichtbares *Dahinter* Auskunft geben, und sie sollen dabei zugleich dem Erregungspotential, das in der Schaulust als einem Partialtrieb angelegt ist, dazu verhelfen, auf seine Kosten zu kommen. So wird ein Un-Ding konstruiert, und an ihm wird eine Un-Tat absolviert. Die Befriedigung kommt durch einen reinen Denkakt zustande. Denn natürlich kann, *darf* das Objekt des Schautriebs sich so ohne weiteres nicht zu erkennen geben: »Alles liegt in der Anschauung; richtig, aber um es zu finden und zu sehen, muß man denken.«[150]

So hat der Geist, nachdem er aus dem Himmel in den Menschen zurückgeholt wurde, nun *in* diesem von oben, vom Kopf, von der Vernunft her auf die niederen Sinne herabzusteigen, als die höhere, menschliche Gegenform zur Wahrnehmung aus schierer »Selbsterhaltung« beim Tier: »Aber im Menschen erhalten sie (die Sinne) eine höhere, von der bloßen Beziehung auf die Not des Lebens unterschiedene und unabhängige Bedeutung; sie bekommen eine *theoretische* Bedeutung. Die Sinne sind hier schon *ursprünglich Emanationen des theoretischen Vermögens.* Der Mensch ist geboren zur Theorie.«[151]

In dieser Form ist der Geburtsadel auch bei Feuerbach ausrottbar. Kein Wunder, daß wir uns am Ende dann doch noch im Himmel wiederfinden: »Das Auge ist himmlischer Natur. Darum erhebt sich der Mensch über die Erde nur mit dem Auge; darum beginnt die *Theorie* mit dem Blicke zum Himmel.« Und weiter: »Nur der Mensch hat reine, intellektuelle, interesselose Freuden und Affekte – nur der Mensch feiert theoretische Augenfeste.«[152] Im Licht, das Feuerbach eine »nutz- und schadenlose« Angelegenheit nennt, erblickt das Auge »sein eigenes Wesen, seinen eigenen Ursprung«. [153] Diesseits und Jenseits treffen sich an ihrem Schnittpunkt, im menschlichen Blick.

Um den Gesichtssinn von dem ihm nächsten Sinn, dem des Gehörs, abzuheben, tritt Feuerbach Hobbes entgegen, da dieser den »Verstand aus den Ohren ableitet«. [154] Worte sind für Feuerbach vergeistigte Augenobjekte, »abstrakte Bilder«. [155] Dagegen hat sich das Ohr jahrhundertelang im Anhören christlicher Predigten als unfähig erwiesen, zwischen »hohlen Phrasen« und den menschlichen Wahrheiten zu unterscheiden. So identifiziert er polemisch »das Trommelfell im Ohr als den Resonanzboden des religiösen Gefühls«. [156]

Feuerbach braucht beides, die Sinne und den Geist, für seine enorme Aneignung von Welt, die in einer als »Bewunderung« bezeichneten Stimmung vor sich geht. [157] Dem Totalen der Welt gegenüber wird die Totale des Menschen errichtet, damit beide einander gleichwertig, damit beide sozusagen gleich groß sind. Die Welt als die vermeintliche Schöpfung Gottes ist somit, diesen eingeschlossen, die Hervorbringung des seiner selbst bewußten Menschen. Die gleiche Struktur, die den Vater als eigene Übergröße adaptiert, liegt auch dem Anthropomorphismus einer Weltvereinnahmung durch Welt*anschauung* zugrunde.

Dieser Vorgang ist natürlich bloß ein symbolisierter, als bildlicher denkbar. Ihn sucht Feuerbach ganz auszufüllen, nie aber unterbricht er ihn durch stilwidrige naturalistische Ausfälle. Wahrnehmen und Denken sind nur in ihm eins, außer ihm fallen sie auseinander. Und ist man in dieser transmateriellen Aura des ursprünglichen Objekts erst einmal heimisch, kann man auch wieder mutig werden, und schon blickt man – sich selbst ins Auge: »Der andere ist mein *Du* – ob dies gleich wechselseitig ist –, mein *anderes* Ich, der mir *gegenständliche* Mensch, mein *aufgeschlossenes* Inneres – das sich selbst sehende Auge.« [158]

Auf der bildlichen Ebene wird der Geist eben sichtbar, d. h. er spiegelt sich wie die mythischen Personifizierungen der Selbstliebe – alles Helden des Feuerbachschen »uneingeschränkten Selbstgefühls« – im Wasser. In der Realität der Symbole, wo das Genital nicht Genital, sondern Auge heißt, kehrt sich die verheimlichte Wahrheit, die eigentliche Organ-Identität, nach außen, *zeigt* sich der Welt:

Das Wasser ist der Ursprung aller Dinge und Wesen, folglich auch der Götter; . . . es ist auch ein sehr probates psychisches und optisches Remedium. Kaltes Wasser macht klare Augen. Und welche Wonne ist es, auch nur zu blicken in klares Wasser! wie seelenerquickend, wie geisterleuchtend so ein optisches Wasserbad! Wohl zieht uns das Wasser mit magischem Reize zu sich hinab in die Tiefe der Natur, aber es spiegelt auch dem Menschen sein eigenes Bild zurück. Das Wasser ist das Ebenbild des Selbstbewußtseins, das Ebenbild des menschlichen Auges – das Wasser der natürliche Spiegel des Menschen. Im Wasser entledigt sich ungescheut der Mensch aller mystischen Umhüllungen; dem Wasser vertraut er sich in seiner wahren, seiner nackten Gestalt an.[159]

Der Mensch wagt sich bei Feuerbach in die Nähe seiner Nacktheit, soweit er sich in die Nähe des Wassers wagt. Die Vergöttlichung, die Verklärung, die Vergeistigung der körperlichen Liebe[160] erfährt, wie wir sahen, ihre Wiederversinnlichung, ihre Re-Inkarnation in der Bestimmung des leibgewordenen Sohnes. Es ist dies die uns bereits bekannte *halbe* Herabkunft und *mittlere* Wiederkehr des ursprünglich sinnlichen Begehrens, das sein Objekt erst einmal bis hinauf ins Blaue und ins Unsichtbare stilisieren, dem eigenen Fühlen fremd und unverfänglich machen mußte, und das es nun zurückerhält als Denkbild, als Gegenstand eines geistigen Sehaktes, der von beidem genug und von beidem zu wenig hat: vom Gewähren und vom Verwehren nämlich, dieser Manifestation einer abendlandfüllenden Spannung, eines programmbildenden Glücks im Unglück und Unglücks im Glück, das das Stigma des kulturellen Europäers und der Beweggrund seiner Machination ist.[161]

Für Feuerbach sind Verstand und Liebe die Wesenheiten des Menschen als Mann und Frau.[162] In der Trinität sind sie in einem Gott, in einem Wesen vereint – als Vater und Sohn. Dem Vater gegenüber tritt an die Stelle der Mutter der Sohn. Das heißt, in diesem Verhältnis haben wir »das weibliche Prinzip im Sohne« verkörpert: »Der Sohn Gottes ist das milde, sanfte, verzeihende, versöhnliche Wesen, das weibliche Gemüt Gottes.« Den Sohn als Sohn charakterisiert, daß er nicht zeugt, er ist der passive Part, er »empfängt vom Vater sein Sein«. Von hier stammt seine Bestimmung als »Mittelwesen« ab, was so viel bedeutet wie: »er ist gleichsam noch halb Mann, halb Weib«.[163]

Feuerbach gibt hier also ein Beispiel seiner Anthropologisierung der theologischen Überlieferung, und er berücksichtigt dabei alle wesentlichen Züge einer Psychologie der prägenitalen Verharrung, er erstellt ein Theogramm verewigter Pubertät, die sich in der vergeistigten Form des göttlichen Sohnes der Entwicklung, der Vergänglichkeit seines Zwischenstatus' enthebt. Dem infantilen Narzißmus wird gerecht, daß der Sohn Liebessubjekt und Liebesobjekt zugleich sein und in der himmlischen Familienkonstellation der Trinität den Elternabschied für immer vermeiden kann.

In welche Richtung die Wünsche gehen, wird klar ausgesprochen: Der Sohn fühlt sich mehr zur Mutter als zum Vater hingezogen:

Die Liebe des Sohnes zur Mutter ist die erste Liebe des männlichen Wesens zum weiblichen. Die Liebe des Mannes zum Weibe, des Jünglings zur Jungfrau empfängt ihre *religiöse* – ihre einzig wahre religiöse – Weihe in der Liebe des Sohnes zur Mutter. Die Mutterliebe des Sohnes ist die erste Sehnsucht, die erste Demut des Mannes vor dem Weibe. [164]

Man braucht nicht – jahrhundertelang wurde es bewiesen – die biologischen Aufschlüsse und die wissenschaftliche Terminologie, deren sich Freud bedienen konnte, um die regressive Verhaltung vor dem schwierigen, letzten Entwicklungsschritt an der Schwelle zum Erwachsensein vollständig aufzufassen und wiederzugeben. Feuerbach bedient sich dazu vollendet des Symbolisierungs-Inventars, das die christliche Dogmengeschichte bereitstellt. Ich glaube, es ist nicht so abwegig, zu unterstellen, daß ihn dieses Material deswegen nicht losließ, weil ihm darin – trotz forcierter Entlarvungsgesten und betont auffälligem Demaskierungs-Eifer – eine Bildsprache zur Verfügung stand, die ihn ein für ihn Wesentliches aussprechen und zugleich verborgen halten ließ.

Was gemeint ist, wird noch in der abgelegten Theatergarderobe der geistlichen Tradition, wird in der anhaltenden Plünderung des kirchlichen Fundus deutlich, die dem Autor immer mehr zur Ausstellung von Bedeutungsgehalten gerät, wo er doch nur die Desakralisierung priesterlich mißbrauchter Rituale zu betreiben scheint.

»Wo der Sohn ist, da kann auch die Mutter nicht fehlen«, fährt Feuerbach im Kapitel über »Das Mysterium der Dreieinigkeit und die Mutter Gottes« fort. »Dem Vater ersetzt der Sohn das Bedürfnis der Mutter, aber nicht der Vater dem Sohne. Dem Sohne ist die Mutter unentbehrlich; das Herz des Sohnes ist das Herz der Mutter« (»die Mutter kommt dem Sohne nimmer aus dem Sinne und Herzen«).[165]

Kann man – und nicht nur, weil man im 19. Jahrhundert schreibt, sondern immer auch vor sich selbst – zur Konstatierung solcher Wahrheiten hinter dem schützenden Vorhang einer himmlischen Sprachregelung je hervortreten? Ist, was man da als ein so Wesentliches seinen Veruntreuern zu entreißen vorgibt, auf der Ebene des realen Vollziehens überhaupt *vorstellbar,* geschweige denn möglich? Der Sohn als Zwischen*glied,* gewissermaßen als die *Brücke* zwischen Vater und Mutter – ist dergleichen nicht dazu verurteilt, für immer ein elysischer Wunsch zu bleiben, und entspricht ihm nicht als einzige Darstellung die Einkleidung in die Verhältnisse eines göttlichen Elternhauses? Von allen mythologischen Vorlagen war zudem die christliche dazu geeignet, das intensive Identifizierungsverlangen, das den Sohn sich dem Vater sogar als Liebesobjekt anbieten, ihn die Mutter ersetzen läßt, als über-sinnlichen Vorgang von besonderer Substantialität aufzufassen – und am Ende dann als Produkt der eigenen, konkreten Sinnlichkeit zu erkennen zu geben: nicht, um jenes zu erniedrigen, sondern um dieses zu erhöhen und als erhöhtes zu bewahren. Das ist die von der Libido vorgeschriebene Richtung, die Feuerbachs Aufklärungs-Schriftstellerei verfolgt: die Wünsche des Menschen in ihrer spirituellen Wiedergabe im christlichen Kanon nicht zu desavouieren, sie vielmehr auch dort als reale Bedürfnisse zu erkennen und ihnen zurückzuerstatten, was die geistliche Enteignung ihnen als Würde fortgenommen hatte. Diese Würde ist ihm das Wichtigere, wichtiger als die Wünsche selbst.

Sucht man nach der Tätigkeitsform, in der sich in diesem Verhältnis das Prädikat dem Subjekt ergibt, will man also die Beziehung aus dem Denkmal statuarischen Symbolseins herauslösen, Bewegung in die Unität versinnbildlichter Umarmung bringen, so braucht man sich nur auf den probaten Wahrnehmungsmodus zu besinnen, der – noch dazu, wenn er ins wissensbegierige Denken hinein verlängert wird – in alles eindringt und dabei nichts berührt. In Feuerbachs Apotheose des entzeitlichten und verallgemeinerten Sohnes ist das Sehen denn auch die höchste Exaltation der Liebenden, der schönste Ausdruck des Vereinigungswillens:

Die Liebe weiß ihren Gegenstand nicht mehr zu beglücken, als daß sie ihn mit ihrer persönlichen Gegenwart erfreut, daß sie sich *sehen* läßt. Den unsichtbaren Wohltäter von Angesicht zu Angesicht zu schauen, ist das heißeste Verlangen der Liebe. *Sehen ist ein göttlicher Akt.* Seligkeit liegt im bloßen Anblick des Geliebten. Der Blick ist die Gewißheit der Liebe.[166]

Wie schillernd, wie ungewiß sich die Dinge doch gleich ausnehmen, wenn sie vor dem Doppelspiel und -ziel des verlangenden wie des ausweichenden Blicks erscheinen: Ist nun bloß der Anblick des Geliebten selig, oder ist es der Anblick des bloßen, also des entblößten Geliebten, in dem die Seligkeit liegt?

Feuerbach reserviert der seit alters her als gestus humanum eingeführten visuellen Gebärde des aufblickenden und des antizipierenden Menschen – »Darum erhebt sich der Mensch über die Erde nur mit dem Auge«[167] – in seiner kosmologischen Anthropologie weiterhin einen Ehrenplatz. Daß er damit jedoch weder eine Naturalisierung des Menschen noch eine Humanisierung der außermenschlichen Natur im Sinn hat, spricht er an einer Stelle seiner opera minora besonders unmißverständlich und im Hinblick auf unser Sehen aus. Dort ist die Rede davon, daß Vogelflug, Spinnen-Emanation und Blattlausvermehrung ihre Gesetzmäßigkeiten nicht auf unsere Gedanken abgestimmt haben, daß sie auch ohne uns und ohne den von uns erfundenen Schöpfergott auskommen:

Es ist daher nur der *Widerschein deines Auges,* der dir die Natur als *das Werk eines Auges* erscheinen läßt, der dich nötigt, die Fäden, die die Spinne aus ihrem *Hintern* hervorzieht, aus dem *Kopfe* eines denkenden Wesens abzuleiten. Die Natur ist dir nur ein Schauspiel, ein Augenfest; du glaubst daher, was dein Auge entzückt, bewege und regiere auch die Natur; so machst du das *himmlische Licht,* in dem sie dir erscheint, zu dem *himmlischen Wesen,* das sie erschaffen, den Strahl des Auges zum Hebel der Natur, den *Sehnerven* zum *Bewegungsnerven* des Weltalls. Die Natur von einem weisen Schöpfer ableiten heißt mit dem *Blicke Kinder zeugen* . . .[168]

Feuerbach dringt in die Kulissen des absoluten Geistes vor, nicht, um sie einzureißen, nicht mit dem letzten Ziel, Hegels abstrakten Göttern die Urkunde ihrer natürlichen, lebendigen Geburt zu präsentieren. Er etabliert den Menschen auf der Ebene seiner eigenen Hervorbringungen, deren allererste und vornehmste er selbst ist. Als Veredlungsprodukt aus dem Stoffwechsel mit der Natur, nicht zuletzt seiner eigenen, ist er ein Mittelding zwischen der Materie und dem Nichts, ein »Mittelwesen«, in dem sich der Ursprung aus einer Mutter nicht verleugnen und der Telos, der in der Vaterausrichtung auf das eigene Selbstbewußtsein als Gattungswesen ausgeht, nicht verschwinden dürfen. Sie müssen in ihm selbst, dem Menschen, bleiben, bzw. in ihn zurückkehren.

Deswegen füllt das Symbol des Sohnes den ganzen Zwischenraum zwischen Erde und Himmel, weil es eine über die partikuläre Natur hinausstrebende Selbstverwirklichung des Menschen als Gattungswesen versinnlicht. In ihm wird der Gattungsgedanke lebendig, in ihm wird aus einer abgelösten Idee eine Gefühlssache.

Daß Feuerbach nicht den einzelnen, konkreten, historischen Menschen meint, hat bekanntlich Marx gemerkt und moniert.[169] Man wird seinem Strukturmodell jedoch nicht absprechen können, daß es sich um die historische Dimension des Kollektiv-Begriffs bemühte, und daß darin der Mensch in der spezifischen Weise seiner Selbsterfahrung verallgemeinert ist: als symbolisierendes Wesen, dessen vergegenständlichendes Denken in gemeinsamen Normen und Formen das Individuum zu übertreffen strebt und darin erst dieses bei sich selbst ankommen läßt.

Es unterscheidet Feuerbach von den neben ihm ideologisch ins Kraut schießenden Positivisten seines Zeitalters, daß er die gefühlsmäßige Grandiosität nicht als Vektor der Naturvergewaltigung zur Hybris freigibt, sondern ihr den allergrößten, den schier unbegrenzten Spielraum der Phantasie zubenennt: »Den Menschen als ein gemütliches und sinnliches Wesen beherrscht und beseligt nur das Bild. Die bildliche, die gemütliche, die sinnliche Vernunft ist die Phantasie.«[170]

Wie so viele Philosophen ist auch Feuerbach an der Wurzel ein Psychologe der Kunst. Seine Paradigmen konstituieren Poesie als Theorie, Theorie als Poesie.

Wie sehr mußte es dem potentiellen Autor der Geschichte vom grünen Heinrich *seine* Augen öffnen über den Horizont sensualistischer Praxis hinaus, in der er als Maler an die Ausdrucksgrenze seiner selbst gekommen war, wenn er las:»Das zweite Wesen in Gott, in Wahrheit das erste Wesen der Religion, ist das *gegenständliche Wesen der Phantasie*. Die Bestimmungen der zweiten Person sind vorzüglich *Bilder*.«[171]

Der sich als»Mittelwesen« verloren glaubende Sohn, der seine Existenzform im Bruchstück des Familienfragments erduldete und als solches – der Mutter mehr als Sohn und weniger als Gatte – sich über den engen Bereich der Heimatgemütlichkeit hinaus zu seiner großen Lebensreise anschickte, er begegnete sich hier selbst in einem psychologischen Substanzbegriff, in dem sich das eigene Vorhaben selbstbewußt begreifen und als Bekenntnis zu sich selbst verwerten ließ:

Der Sohn heißt daher auch ausdrücklich das *Ebenbild* Gottes; sein Wesen ist daß er Bild ist – die Phantasie Gottes, die *sichtbare* Herrlichkeit des *unsichtbaren* Gottes. Der Sohn ist das befriedigte Bedürfnis der Bilderanschauung; das vergegenständlichte Wesen der Bildertätigkeit als einer absoluten, göttlichen Tätigkeit.[172]

Das sprach nicht nur zu dem Maler in ihm, das identifizierte den Maler mit seinem grandiosen Selbst, d. h. im Bild kam er noch in seiner schmerzlichsten, tiefstgehenden Abspaltung zu sich selbst, zu einem neuen Bewußtsein von sich selbst. Bilder, so wurde ihm erklärt,»kommen nicht her aus dem Unvermögen des Menschen, den Gegenstand nicht anders denken zu können, als bildlich – was eine ganz falsche Auslegung ist –, sondern die Sache kann deswegen gar nicht anders denn bildlich gedacht werden, weil die *Sache selbst Bild* ist«.[173]

Das konnte überhaupt der wichtigste Satz in der gesamten kritischen Wahrnehmungstheorie Feuerbachs sein. Die Sache selbst, und wir wissen, was das für Keller war, löste sich nicht nur auf zur ihm anheimgegebenen Bildmodalität, war Bild für immer und seinem Wesen nach; seine ästhetische Wiederkehr erlaubte es, sich der Sache aufs engste und für alle Zeiten zu verbinden, sie zu *seiner* zu machen.

Mit der Malerei war Keller jedoch – aus Gründen, über die

noch zu sprechen sein wird – gerade auf diesem Weg, der durch die Vergegenständlichung zum eigenen Wesen des malenden Subjekts führen sollte, nicht weitergekommen. Auch da konnte Feuerbachs theoretische Poesie den entscheidenden Anstoß geben, sanktionierte sie doch eine Vergegenständlichungsweise, in der das Bild einen noch größeren Abstand zu der Sache einhielt und es von der empfindlichsten Ähnlichkeit mit ihr, zu der ein mimetischer Imperativ den Maler zwang, erlöste: »Eine andere mit dem Wesen des Bildes zusammenhängende Bestimmung der zweiten Person ist, daß sie das *Wort* Gottes ist.«[174]

Wenn »jede Sache immer zuletzt auch ein Gegenstand der Denkkraft ist«, d. h. die Tendenz hat, zur Sache des väterlichen, des *entfremdenden* Verstandes zu werden, bedarf es des Sohnes, der dem Wissensdrang in der Sprache zu einer menschlichen Modifikation verhilft: »Der Gedanke äußert sich nur bildlich; die Äußerungskraft des Gedankens ist die Einbildungskraft: die sich äußernde Einbildungskraft aber ist die Sprache.«[175]

Der Sohn, der die Empfindung, die weibliche Liebe, die Seligkeit des besetzten Objekts in seinem Anblick verkörpert; der als Subjekt einen im Wunsch verklammerten Widerspruch auflöst, nämlich ein Auge, das fühlt, zu sein; der die Identität von Einbildungskraft und Sprachausdruck zum Wesen des Menschen erhebt; er ist »die Weisheit, die Wissenschaft, der Verstand des Vaters«,[176] aber als Gefühl, Poesie: In ihm erwärmt sich der Geist zur Betriebstemperatur der wörtlichen Kunstproduktion als einer Selbstverwirklichung, die die spezifisch menschliche Subjekt-Objekt-Synthese darstellt. »Das Wort ist der bildliche, der offenbare, der ausstrahlende, der glänzende, der *erleuchtende* Gedanke. Das *Wort* ist das *Licht* der Welt.«[177] Und der Sohn ist das Wesen der poetischen Mitteilung.

Das Schicksal der leibhaftigen Väter im Roman

Feuerbachs bekanntestes Werk »Das Wesen des Christentums« ist im Jahre 1841 erschienen, 1843 erlebte es eine zweite, 1849 eine dritte Auflage. Keller hat, entgegen dort noch gefaßter Vorsätze, bald nach seiner Rückkehr aus München im November 1842 die begonnene Malerlaufbahn nicht weiter verfolgt und sich fortan der Schriftstellerei gewidmet. [178]

Es ist müßig, darüber zu reden, wessen Text einer neuen Diskursivität die Zeichen setzt. Ohnehin haben wir es hier mit Signifizierungs-Modalitäten zu tun, bei denen Abhängigkeiten im Stile der früheren Einfluß-Komparatistik, d. h. Übereinstimmungen auf der Zeichen-Ebene, nichts zur Sache beitragen. Andererseits ist einem neuen Mißverständnis zu begegnen: Es könnte so aussehen, als legte ein gemeinsames kulturelles Triebschicksal das hier zu Behandelnde auf den archaisierenden Monolog des Unbewußten und die Monotonie des synchronen Codes symbolisierter Primärvorgänge fest.

Gerade Kellers Roman ist ein Beispiel dafür, wie in einer Kunst von Rang die quasi ontische Grundlage für das Entäußerungsbedürfnis mit höchstem Bewußtsein, fortgeschrittenster Bildung und flexibelster Einlösung durch die Form zusammengehen.

Was die Feuerbachsche Lesart von Theologie im Zusammenhang mit Kellers Roman so interessant macht, ist deren semiotische Auszeichnung und ihr zur Struktur verdichteter Sinn, wodurch sie für Keller die Bedeutung eines Spiegels annehmen konnte. In ihm mochte sich, frei nach Lacan, die diffuse Lebensgeschichte überhaupt erst entdecken und in ihrem Bild zu sich selbst finden. Ein »Spezialfall der Funktion der *Imago*« ist laut Lacan der, »daß sie eine Beziehung herstellt zwischen dem Organismus und seiner Realität – oder, wie man zu sagen pflegt, zwischen der *Innenwelt* und der *Umwelt*«. [179]

Auch Keller faßt die Biographie seines Helden als den Roman einer Initiation auf. Heinrich nimmt zu Beginn der Erzählung die Beziehung zur Außenwelt in einer neuen, ehrgeizigen Weise auf, in der es auf die Berührungssinne und ihre Zufriedenstellung nicht mehr ankommen soll. Die erste Fassung ist da weit- und auch tiefsichtiger, sie nimmt das beherrschende Thema strukturell auf, wenn sie die Jugendgeschichte als eine vor dem Handlungseinsatz abgeschlossene Erzählphase zu erkennen gibt, die zu diesem Zeitpunkt in schriftlicher Form, d. h. bereits als ein *Bild* von der tatsächlichen Jugend des Helden, vorliegt. Das Skript, das binden, das beinahe zum Buch befördern zu lassen, Heinrich einen beträchtlichen Teil seiner Barschaft gekostet hat,[180] ist deutlich eine Abspaltung, die in dieser festgelegten, dem Vergessen wie der Entwicklung entzogenen Gestalt das frühere Heinrichsche Ich bewahren soll. Die Bewegung, die ihm noch abzuverlangen wäre, läge in der Reproduzierbarkeit des Ganzen in seiner Unwandelbarkeit. Oder es wäre die, die sich bei der jederzeit verfügbaren Selbstbeschauung in dem Beschauer selbst als Gefühlsbewegung einstellte.

Heinrich vertieft sich denn auch, kaum daß er sein äußeres Reiseziel, die »Hauptstadt«,[181] erreicht hat, in den Text seiner Geschichte. Er nimmt dazu das Manuskript aus dem von der Mutter versorgten Koffer. So hat die Szene hier die gleiche Funktion wie es in Kafkas »Amerika«-Roman die Rückbesinnung Karls in der Betrachtung des Elternfotos hat, angestellt zu einem vergleichbaren Augenblick unmittelbar vor Abenteuerbeginn. Das infantile Reservat für das sich bedroht fühlende Selbst ist in einem typischen Muttersymbol geborgen gewesen, dem es danach auch wieder anvertraut wird: einem Koffer, der in sinnfälliger Metonymie sich selbst und einigen Utensilien in ihm auferlegt, die abgerückte Unterhaltsgewißheit, die der einst unerschöpflich erscheinende elterliche Fürsorgefundus verhieß, ersetzen zu müssen.

Für Heinrich reicht der Inhalt des Koffers aus, die erste Zuflucht in der Fremde flüchtig zur Heimat zu machen. Auf seinem »soliden Deckel« sitzend,[182] macht er von einer Maxime Feuerbachs den entsprechenden Gebrauch: »Der Sohn ist das befriedigte Bedürfnis der Bilderanschauung«, denn »sein Wesen ist, daß er Bild ist«. Heinrich ist vor seinem erzählten Ich dieses »befriedigte Bedürfnis«, dieses Wesen.

Wie Karl Roßmann in Kafkas »Amerika«-Roman durch fremden Übergriff eines Tages das Elternfoto außerhalb des Koffers auf dem schmutzigen Boden wiederfindet, so entdeckt Heinrich auf dem Tiefpunkt seiner Lebensbahn die Seiten des Manuskripts »zerblättert« neben dem Koffer, den seine falschen Wirtsleute (wie dort Karls falsche Freunde) in seiner Abwesenheit geplündert haben.[183] Gleich der erste Satz der Jugendgeschichte erledigt, was vor der eigentlichen Ich-Erzählung, vor der Erschaffung des Sohn-

Ichs durch das Mittel der Erzählung, erledigt werden mußte. Es beginnt das Ganze also so:

Mein Vater *war* ein Bauernsohn aus einem uralten Dorf . . .[184]

Die Vergangenheitsform eines Hilfsverbs bereinigt diskret, auf grammatikalisch unverfängliche und chronikalisch legitime Weise, was der Erzählende sich selbst nicht zuschreiben möchte. So erscheint das Abgelebtsein des Vaters, sein Tod, als fait accompli, ein Sachverhalt, mit dem der Sohn nichts zu tun gehabt haben will, gleichwohl er die Voraussetzung zur Anwesenheit Heinrichs in dieser Geschichte ist. Er versichert sich denn auch im selben Satz der geistigen Existenz des Toten, wie er auf die Beziehung zu einem transpersonell aufgefaßten Ursprung, zur Familien-Tradition, immer großen Wert legen wird. So erscheint ihm bei seinem ersten Besuch in jenem »uralten Dorf« die Mutter des Vaters als das »meinem Dasein Vorvergangene, groß und unvermittelt«, sich selbst betrachtet er »als die Fortsetzung ihres Lebens, als ihre Zukunft«.[185] Wie glücklich fügt es sich da, daß ihr Sohn, also Heinrichs Vater, sowie ihr Mann, Heinrichs Großvater, einfach übergangen werden können, sind sie doch beide nicht mehr am Leben. Ein zweiter Mann der Großmutter – und er vertritt darin in ephemerischer Beiläufigkeit die Stelle von Kellers eigenem, darüber hinaus im Buch jedoch totgeschwiegenen Stiefvater[186] –, ist neben ihr nur ein Schatten, und, ohne daß er dafür den Beweis antreten müßte, ein bösartiger obendrein: Die Großmutter, heißt es lapidar, war »von ihrem Mann weder geachtet noch geliebt, sondern geknechtet, soweit dies möglich war«.[187]

Es sind die Verwandten väterlicherseits, die Heinrich zu verstehen geben, daß dieser zu Ende führen sollte, »was er angefangen«.[188] Mit »er« ist der Vater gemeint, und der Vetter als Sprecher der Gesamtfamilie ordnet Vermächtnis und Verdienst in eine Reihe, in der Tod und Leben im ausschließlichen Interesse des Sohnes danach verteilt sind, daß die Symbiose von Vergangenheit und Zukunft nur in ihm verkörpert, lebendig werden kann:

»Obgleich Euer Vater schon lange tot ist und es dann noch länger sein wird, hat er doch in dieser Gegend ein solches Andenken hinterlassen und

Ihr selbst seid so mitten unter uns bürgerlich, daß Ihr weiter keine Gunst braucht als Eure Tüchtigkeit.«[189]

Ein raffinierter Satz, in dem nach der doppelten Todesurkunde das günstige Nachleben des Vaters übergangslos vom Sohn als eigene, wenn auch bis dahin noch ausstehende Selbstverwirklichungs-Merite vereinnahmt wird.

Keine Vaterfigur, vom Grafen abgesehen, mit der es ein gutes Ende nähme in diesem Buch. Selbst der Oheim, dem der Tod früh die Frau genommen, vegetiert und verlischt, nachdem der Neffe seiner Nähe zu entraten gelernt hat. Der Schulmeister, der vor allem Annas besorgter Vater war und nichts für sich selbst, macht sich nach deren Tod ganz entbehrlich und verschwindet aus der Erzählung.

Judiths Mann ist rechtzeitig gestorben: »Sein Tod sei ein großes Glück gewesen, sagt sie unbefangen.«[190] Sogar von Goethe wird, nachdem der »göttlich-dämonische« Charakter dieses besonderen Vorbilds hervorgehoben worden ist, als erste Erinnerung, die Heinrich bei diesem Namen einfällt, die Wirkung der Todesnachricht (»Der große Goethe ist gestorben«) auf den Dreizehnjährigen geschildert: »Der große Tote schritt fast durch alle Beschäftigungen und Anregungen.«[191]

Der Trödler stirbt, darin segensreich für Heinrich, dem er sein »ordentliches bürgerliches Vermögen« hinterläßt.[192] Nicht weniger als vier Lehrer, auch solche, die es gut mit Heinrich meinen, erleiden einen überraschenden Tod.[193]

Ein besonders arger »Tyrann«, der wie Kafkas Portier aus einer Art Verschlag hinter Glas seine Aufsicht führt, verletzt sich an dieser Scheibe den Kopf. Heinrichs Reaktion ist bezeichnend:

Die erste Bewegung in mir war ein Aufjauchzen der herzlichen Freude, und erst als ich sah, daß er übel zugerichtet war und blutete, da wurde ich betreten und es ward zum dritten Mal in meiner Seele klar und ich verstand die Worte: Und vergib uns unsere Schulden . . .[194]

Woher denn wohl dieses Schuldgefühl kommt, wenn nicht er dem Lehrer, sondern dieser ihm vorher böse mitgespielt hatte?

Da ein dermaßen »blindes Einwirken des Zufalls«,[195] wie der Erzähler es haben will, ihm nicht genügt, läßt dieser Heinrich den fortschrittlichsten, besten der Lehrer, den aber seine Klassenkameraden zur Strecke bringen wollen, verraten, ein »Attentat« nennt er es selbst, und da die Affäre zu Heinrichs Verweis von der Schule führt, ist auch diesem ein Grund gegeben, der, nach der psychologischen Schlüssigkeit der Geschichte, weniger außer als *in* ihm zu suchen ist. Das macht überhaupt erst plausibel, warum Heinrich danach, auch wenn der Erzähler sich vorübergehend einer anderslautenden Rhetorik bedient, so wohl ist:

Der Kummer und die Niedergeschlagenheit meinerseits waren nicht allzugroß,[196]

heißt es wörtlich, ja, Heinrich fühlt sich sogar frei »wie der Vogel in der Luft«.[197]

Hatte ihn nicht schon der Tod des Meierlein auf ähnliche Weise erleichtert? Der Jugendgefährte war vom Dach des Elternhauses (!) gestürzt und gestorben:

Meine Gedanken waren und blieben ernst und dunkel, aber das innerste Herz, das sich nicht gebieten läßt, lachte auf und war froh.[198]

Auch in dieser seltsamen Freundschaft, die auf Geldschulden und Schuldgefühlen basierte, hatte Heinrich lange Zeit eine »ängstliche Abhängigkeit« bewiesen, war ihm der nur wenig Ältere mit »väterlichem Ernst« begegnet, und dem Erzähler fällt zu dem Verkehr der beiden das Verhältnis von Abraham zu Isaak ein, ein Vater also, der seinen Sohn zu opfern bereit ist.[199] Heinrich erfüllt die Erpressung Meierleins lange mit Trauer, die schließlich in Haß umschlägt, und als wenn der Tote wenigstens nachträglich ein Recht auf »Mitleid und Reue« hätte, gesteht der Chronist noch einmal:

. . . mein Inneres lächelte dazu, und noch heute, nachdem wieder Jahre vorübergegangen, fürchte ich, daß meine nachträgliche Teilnahme an jenem Unglück mehr eine Blüte des Verstandes als des Herzens sei, so tief hatte der Haß gewurzelt.[200]

An dem Maler Römer, dem Heinrichs Künstler-Ich mehr verdankt als jeder anderen Vater-Figur in diesem Roman, sind auffällig die Züge, die dieser mit Heinrichs Vater gemein hat.[201] Gerade das wohl bewahrt ihn nicht davor, durch Heinrich – so muß es ihm jedenfalls selbst vorkommen – um das gebracht zu werden, was an ihm, nach Feuerbach, das väterliche Wesen ausmachte: den Verstand.[202] Auch danach ist Heinrichs anhaltendstes Gefühl das der Schuld.

Wie ein Traum, so resümiert der Erzähler, sind die späteren Erlebnisse schon früh in unserem Wissen vorhanden, und besser könnte es kein Psychologe der Freudschen Schulrichtung sagen, wollte er ausdrücken, inwiefern »die Kindheit schon ein Vorspiel des ganzen Lebens ist«.[203]

Ein weiteres Mal sind wir an Kafka erinnert, wenn die repressiven Vaterfiguren stets in Verbindung mit erdrückenden Institutionen in Erscheinung treten, sei dies die Schule, die Kirche oder ein Industriebetrieb. Leidtragende sind immer Kinder, unterm Strafgericht der Schulmänner, das jeden Anflug von Gefühl ahndet; unterm Klassengericht des Pfarrers, der per Sitzordnung das soziale Unrecht der Gesellschaft (»des ganzen Lebens«) vorwegnimmt und einübt; auf der Galeere Habersaats, der die technische Vervielfältigung zur systematischen Ausbeutung einsetzt; es sind Kinder, die der Gesellschaft unter solchen schlimmen Initiatoren zum Opfer gebracht werden, einer Gesellschaft, die die falschen Väter verallgemeinert. Hier bekommt auch die Fabrik, die schon im Eingangstableau sozial gewerteter Einflüsse auf die Republik an letzter Stelle stand, ihren Platz unter den verheerendsten Seelenfeinden zugewiesen:

Ich war einmal an den Türen des Fabrikgebäudes vorbeigestrichen, wo der eine Gönner hauste. Ein häßlicher Vitriolgeruch drang mir in die Nase und bleiche Kinder arbeiteten innerhalb und lachten mit rohen Grimassen hervor.[204]

Die Habersaatsche Unternehmung, die Heinrich nicht nur von außen kennengelernt hatte, stiehlt den Kindern ihre »Jugendjahre« ebenso wie Schule und Kirche im Einvernehmen mit der ganzen Gesellschaft, deren Vorschule sie sind:

So begriff er vollständig das Wesen heutiger Industrie, deren Erzeugnisse umso wertvoller und begehrenswerter zu sein scheinen für die Käufer, je mehr schlau entwendetes Kinderleben darin aufgegangen war.[205]

Etwas ganz anderes ist es mit dem Staat, dem sich Heinrich als Soldat wie als Wähler mit größter Genugtuung und ihm die Brust dehnender Hoffnung unterwirft. Da schadet es nicht, daß ein

Ausbilder »Tyrann« genannt zu werden verdient und das Reglement Heinrich als »eiserne Ordnung« erscheint,

und obgleich dies mich aus meiner vollkommenen Freiheit und Selbst-
herrlichkeit herausriß, so empfand ich doch einen wahren Durst, mich
dieser Strenge hinzugeben.[206]

Und ein Regierungsmann, der gelernt hat, von seiner eigenen
Meinung keinen Gebrauch zu machen, weil er sich in seiner
Stellung unbedingt halten will und muß, kann überraschend mit
Heinrichs Sympathien rechnen:

Ich empfand eine große Teilnahme für den Statthalter und ehrte ihn
aufrichtig, ohne mir darüber Rechenschaft geben zu können; denn ich
mißbilligte höchlich seine Scheu vor der Armut, und erst später wurde
mir klar, daß er das Schwerste gelöst habe: eine gezwungene Stellung
ganz so auszufüllen, als ob er dazu allein gemacht wäre . . .[207]

Sollte das Wort Statthalter schon genügt haben, Heinrich in den
Bann dieses Mannes zu ziehen? Auch entwickelt er Gedanken
Burkeschen Zuschnitts und bekennt sich zu dem ökonomischen
Pragmatismus der Engländer und Amerikaner.[208] Das ist natürlich vor Kellers eigener Berührung mit einem staatlichen Amte
geschrieben, die Charakterisierung des Statthalters antizipiert
also seltsam des Autors persönlichen Konflikt, der darin bestehen
wird, eine Stellung, um die er aus sozialer Nötigung nachgesucht
hatte, sich als politische Berufung einzugestehen, d. h. »ein Geschäft zu verrichten und eine Pflicht zu erfüllen«.[209] Heinrich
verübelt dem eigenen Vater ja durchaus, daß er ihn so mittellos
in der Welt gelassen hat. Die Statthalter-Episode verdankt sich
diesem Vorwurf, dem eine Staffage willkommen ist, um wieder
einmal das Vater-Sohn-Verhältnis in einer den Sohn begünsti-
genden Umkehrung zu manipulieren. Es zeigt, wie dem Autor
bei dieser Frage wirklich zumute war, wenn er dem Statthalter
beglaubigt, daß nicht er selbst, daß vielmehr ein Vater schuld an
seiner Unfreiheit ist:

es war gar nichts zu leben übrig geblieben, sein verkommener, lärmender
Vater mußte noch erhalten werden.[210]

Interessant ist, daß ein Lebensdilemma, das Keller erst später auf
dieselbe Art wie der Statthalter praktisch lösen würde, hier be-

reits eine theoretische Aufschlüsselung und gefühlsmäßige Rechtfertigung erfährt. Ihm ging es als Zürcher Stadtschreiber ja nicht anders als jenem, d. h. er war

genötigt, gleich ein Amt zu suchen, und war endlich unter vielen Wechseln und Erfahrungen einer von denen geworden, die ohne ihr Amt Bettler und Regierungspersonen von Professoren sind. [211]

Nicht die Kindheit selbst, der Traum, der an ihr festhält, ihr fiktives Wesen, ist hellsichtig und nimmt die später eingenommene Haltung zur realen Herausforderung vorweg.

Das Vaterland jedoch wörtlich genommen, die erbliche Besitzangelegenheit eines Dynasten mit politischen Prätentionen, war mit dem Staat, der Heinrich so streng in die Pflicht nehmen durfte, nicht gemeint. Ganz zuletzt noch, vor dem Aufwachen in der Märchenregion seines somnium Scipionis, der Grafen-Residenz, rechnet er mit der deutschen, der monarchischen Staatsinstitution ab. Ihr Statthalter ist die denkbar bösartigste und lächerlichste Autorität, ein »Flurschütz«, der eine alte Reisigsammlerin körperlich malträtiert. Ihn verprügelt Heinrich mit seiner in Wachstuch eingeschlagenen Jugendgeschichte, bis jener blutet.

Froher als der junge Moses, der den ägyptischen Aufseher erschlagen, [212]

hat Heinrich an ihm die Demütigung heimgezahlt, die er am Anfang durch den Staatsdiener des Königs erlitten hatte.

Die hilflose alte Frau, der Waldgrund als Schauplatz des Kampfes, Heinrichs starker und durch den Auftritt unvermittelt gestillter Hunger, dazu die verfängliche Position, in der der uniformierte »Unhold« diesem gegenübertritt –

der Feldwärtel aber wollte seinen Säbel ziehen, und indem dieser nicht herauskommen wollte, verharrte der Wütende krampfhaft in der ziehenden Stellung –, [213]

das alles diente zugleich der Inszenierung gemischter Gefühle, wie sie die zu erwartende häusliche Situation in dem Heimkehrenden auslöste. Es war die letzte Gelegenheit, in theatralischer Form, auf der Symbol-Ebene, die Beschützer-Pose einzunehmen, und es ließ sich dabei berücksichtigen, daß jene Gefühle der Mutter den »Unhold«, den gehaßten Stiefvater, eben immer noch nachtrugen. Die Säbelhemmung des Flurwächters, in der Heinrich die gestellte Szene frohlockend gipfeln läßt, trägt dem Überhandnehmen der unangenehmen Erinnerungen Rechnung, und wie wohl ist ihm, daß er auch in diesem Punkt das einmal der Wirklichkeit entsprechende Verhältnis umkehren kann. Anders als im Handgemenge zwischen Karl Roßmann und Delamarche, bleibt hier der Ältere der Unterlegene,

die eine Hand am Griff (des Säbels), die andere an der Scheide, schnaubend und fluchend, und (er) gab in dieser gebannten Lage ein so herausforderndes Bild der höchsten Wut, daß Heinrich noch einmal auf ihn zusprang, ihm noch mehrere Maulschellen gab und (ihn) mit Scheltworten, Stößen und Schlägen davon jagte.[214]

Der Heinrich der Jugendgeschichte muß – im Sinne der Feuerbachschen Trinitäts-Exegese folgerichtig –, um als zweite Person die erste zu versinnlichen, alle der Vateranwandlung verdächtige Figuren in ihrer physischen Präsenz ausschalten. Daß der Vorgang ständig wiederholt werden muß, nimmt ihm das Bekenntnis ab, eine Triebsache zu sein. Nur so kann Heinrich alle Eigenschaften des toten und vergötterten Vaters ausschließlich verkörpern. Er ist darin dessen Ebenbild, der sichtbare unsichtbare Vater. Als Bild das Wesen dieser phantastischen Selbstverdoppelung, erfolgt die Selbstverabsolutierung des Sohnes unter Einbeziehung der zum geistigen Erbe aufgelösten Vaterrealität. Dieses Erbe wird in ihm, und nur in ihm, anschaulich. So kann es nicht wundern, daß sogar Fremde Heinrichs Ähnlichkeit mit seinem Vater feststellen. Bezeichnenderweise erkennen sie

an meinen Augen und an meiner Nase, daß ich zu dem Geschlecht der Lee gehöre.[215]

Dem erzählten Selbst Heinrichs, der Bildgegenständlichkeit seiner Anwesenheit in der Jugendgeschichte, entspricht seine Wahrnehmungsweise, was bei Feuerbach die Bilderanschauung, das bildlich gedachte Objekt genannt wird. Dieses Visualisierungsbedürfnis ist – erinnern wir uns – auf die andere, die Gefühlsbestimmung des Sohns zurückführbar, auf seine Liebesenergie, und diese verfolgt ihr Triebziel, soll es dem nicht zeugenden Sohn – der die Zeugungsqualität des Vaters ja nur als *geistige* verkörpert – angemessen sein, im Partialtrieb der Schaulust: »Den unsichtbaren Wohltäter von Angesicht zu Angesicht zu schauen, ist das heißeste Verlangen der Liebe.«

Ist dieser Wahrnehmungsbezug und -vollzug im Hinblick auf den Zeugungsakt, dieser ausgeschalteten, geleugneten Geschlechtsrealität und -identität des Vaters, eine Substituierung, so ist es die Auswahl und die Behandlung der durch den Gesichtssinn bevorzugten, d. h. besetzten, Objekte gleichfalls.

»Schönheit und Glanz der Münze«

Dem wird im Roman gerecht, daß Heinrich sich den infantilen Wunsch nach nicht abreißender Elternfürsorge und -liebe ebenfalls auf einer bildlichen Gegenstandsebene eingesteht. Wie sehr er für die dem Auge einleuchtende Beschaffenheit des Geldes anfällig ist, wurde schon gezeigt. Bereits das Kind besticht »die Schönheit und der Glanz der Münze«.[216] Noch zuletzt ist es Heinrich unverständlich, daß der Mutter das Ersparte nie »zur Lust ihrer Augen« dient, »denn das Gesammelte beschaute sie niemals«.[217] Schon anfangs hatte sich der Erzähler gewundert: »Sie hatte keine Freude beim Anblick des Geldes . . .«[218]

Natürlich, so sehr möchte er sie hereinziehen in seine libidinöse Auslegung von Objektbeziehungen, so vollständig soll sie ein Bestandteil seiner eigenen Bildwelt sein, und in *der* fallen nun einmal Objekt und Subjekt narzißtisch zusammen, bzw. ist in ihr das Objekt lediglich ein Trabant, das vom Subjekt sein Licht, seinen Sinn, seine Gefühlsbedeutung zugewiesen erhält.

Was Heinrich nicht begreifen will, ist doch, daß die Mutter so gar keine Neigung hat, sich selbst als Objekt ihrer eigenen Schaulust zu betrachten. Denn das Elternvermögen, das sich in Münzgestalt zu Hause befindet, tritt an die Stelle des ihm verwehrten Mutterleibs, und daß dieser dazu da ist, angeschaut zu werden, davon geht bereits das Kind aus, als es dem Freund hinter verschlossener Tür den von der Mutter verwahrten Münzschatz *sehen* läßt.[219] Wenig später, nach der ersten Vertrauenskrise zwischen Sohn und Mutter, zeigt diese ihm ihre Zuneigung mit dem Versprechen, das Fach mit dem Geld weiterhin unverschlossen zu halten.

Das Sehenlassen ist nur die Kehrseite des Sehenwollens – Kellers Buch »Das Sinngedicht« macht die Zusammengehörigkeit in verblüffend offener Weise plausibel[220] –, und auch für Heinrich hat das Geld die Funktion, sobald er seiner nur habhaft werden kann, sich selbst für die anderen, die Spielkameraden z. B., zum ausschließlichen Blickpunkt zu machen.[221] Daß dergleichen jedesmal mit Gesetzesübertretung und Schuldbefangenheit einhergeht, erweist, daß die Vorgänge nur das platonische Abbild von Verhaltensweisen sind, die sich sozusagen im Originalverlauf als verboten verstehen.

Wie passend sich das Geld als Objektrealität den Subjektbedürfnissen des Sohnes gegenüber verhält, geht auch aus der Stellung hervor, die es im Warenkreislauf einnimmt. Wie der Sohn im familialen Dreieck sich als »Mittelwesen« zwischen Mutter und Vater versteht, so ist das Geld zwischen realer Ware und abstraktem Wert ein Zwischenglied, ein Zwischending, oder, wie Sohn-Rethel sagt, ein abstrakter Gegenstand.[222] Im Geld spiegelt sich die Warenwirklichkeit, es ist ihr *Wesen*, ihr *Bild*.

Wie wir sahen, ist der Sohn auf der Ebene *seiner* Vergegenständlichung gleichfalls Bild und darin eine Art abstrakter Gegenstand, d. h. »er verwandelt das abstrakte Vernunftwesen, das Wesen der Denkkraft in ein Sinnenobjekt oder Phantasiewesen.«[223] Nichts anderes geschieht im Geld mit dem unsichtbaren Wert eines Tauschgegenstandes.

So läßt sich die Isologie denn auch noch weiter verfolgen. Wie der Sohn als Phantasiewesen sich zu entzeitlichen und bis auf die Ausnahme eines Zwittersinns, des Gesichtssinns, zu entsinnlichen gedenkt, wünschend, sich so aus dem Kreislauf der Vergänglichkeit, aus Geburt und Tod, herauszuhalten, so leistet die Geldkonkretheit der Illusion Vorschub, dem Warenumlauf die Unantastbarkeit des Reichtums entziehen zu können – was als Hoffnung so vergeblich ist wie die Aussicht auf Unsterblichkeit in der Einbildung. »Die Bestimmung des Geldes dagegen ist es, in der Zirkulation zu bleiben als ihr Rad«,[224] und der Mensch, horribile dictu, erhält sich nur im Reigen der Geschlechtervereinigung. Die Natur geht nicht darauf ein, wenn wir versuchen, mit Blicken Kinder zu zeugen.

Daß die homologe Bezüglichkeit, die zwischen dem Sohnes-

Begehren und der Geld-Sinnlichkeit besteht, keine bloß theoretische, konstruierte ist, beweist Heinrichs Unfähigkeit, sich der Geneigtheit der Romanpersonen anders denn als deren Liquidität in barer Münze zu vergegenwärtigen. Sie alle, einschließlich der Mutter, sind ihm um soviel gut, als sie für ihn das Geldäquivalent ihrer Gefühlszugetanheit verkörpern. Sogar Judith, diese Klischee gewordene Frauensinnlichkeit, kann sich seiner Auffassung von Liebesbeziehung erst restlos empfehlen, als sie in der Lotterie gewonnen hat.[225]

Ohne z. B. auf die Feststellungen Feruccio Rossi-Landis zur Ähnlichkeit zwischen Äquivalenz- und Differenzsystemen des Marktes und der Sprache näher einzugehen,[226] sei hier noch mit einigem Nachdruck die Eigenart von Heinrichs Gefühlsleben vermerkt, seine Besetzungsenergien auf das gleiche Äquivalenz-Symbol auszurichten wie die in der Ware angelegte Bewertungserwartung im Rahmen der gewöhnlichen Tauschstruktur. Wir sahen ja, daß erst der Graf und dann der Statthalter, auch darin offenbar dem Vater des Autors nachempfunden, liberalistische, marktorientierte, englische Ansichten vertraten.[227] Den Beamten wird in kritischer, wenn auch gänzlich unentschiedener Absicht, »Wind und Wetter« des Konkurrenzkampfes in der freien Marktwirtschaft in Erinnerung gebracht,[228] und von den beiden Kampfhähnen, die in dem von Heinrich politisch gewerteten Straßenbau-Streit aufeinandertreffen, kommt nicht der Traditionalist, der Bewahrer seines Vaterhauses, sondern der Holzhändler – »selbst die Dächer von den Gebäuden verkaufte der Mann manchmal« – am Ende besser weg.[229] So hatte ja auch Heinrichs Vater Häuser als Immobilien betrachtet, hatte das Alte erworben und als etwas Neues verkäuflich gemacht.[230]

Dennoch trifft für Heinrichs persönliche Neigung zu, daß er im praktischen Erwerbsleben seinen Weizen nicht blühen sieht –

... fühlte ich mich nicht nach dem Geschäftsleben hingezogen, fühlte vielmehr eine Art von Grauen vor demselben.[231]

Seine Geldfixierung hat also mit seinem volkswirtschaftlichen Credo oder dem anderer Romanpersonen kaum etwas zu tun. Sie hält sich ganz an die Haben- und Ausgabenseite und interessiert sich für die Herkunft der Einnahmen weniger. »Geldausgeben«,

oder jedenfalls den Wunsch dazu, »täuscht über die Gebunden-
heit der Libido und damit über das peinigende Gefühl sexueller
Insuffizienz hinweg.« Dahinter steht das »von der Eltern-Imago
ausgehende Verbot, (die) Libido frei zu verausgaben«. Die Be-
treffenden »verausgaben sich dem Verbot zum Trotz, aber nicht
in sexueller Libido, sondern in analen Werten«.[232]

Dazu beweist der Zeichen-Charakter des Geldes aus der
Sphäre des ökonomischen Tauschs auch unter den Bedingungen
der persönlichen und gefühlsmäßigen Verhältnisse Heinrichs
seine Suggestivität als Strukturelement. Seiner Äquivalent-
Funktion dort, entspricht hier eine Vorliebe des Seelenlebens,
sich zu Wünschen nur in deren metonymischen Ausdrücken zu
bekennen. Heinrichs Umgang mit Objekten, denen er ein emo-
tionales Interesse entgegenbringt, vollzieht sich stets über das
Medium von etwas Drittem. In ihm, als einem Bezugsgegen-
stand, spiegelt sich der Wert einer Beziehung. Erst in ihm als
Äquivalent begegnen sich die Gefühle als konvertible. Ein solcher Spiegel der »Zustände und Bedürfnisse Heinrichs« wird
einmal auch ausdrücklich Gott genannt.[233] Die Kommunika-
tions-Substanz dieser spezifischen Kontaktweise versammelt sich
in der vermittelnden Qualität der bildlichen Vergegenständlichung. Als Dolmetscher in diesem uneigentlichen Austausch
fungiert das Stilmittel der Synekdoche. In ihr hat der substituierende Sprachtypus seinen brauchbarsten semantischen Raster
gefunden.[234]

»Grün, wie ich dich liebe«[235]

Betrachten wir als ein Beispiel dafür das Grün, zu dem Heinrich
ja eine besondere Affinität besitzt. Der Autor hält es unter den
schmückenden Epitha, die den Helden charakterisieren sollen,
für so wichtig, daß er es als einziges seinem Namen, und dies
schon im Titel, hinzufügt.

In der Keim-Szene für das Symbolgerüst des Romans, in der
Episode mit dem als Ernährer und Erklärer erinnerten Vater,
kam es vor als das Grün der Kartoffelstaude, und auch in der
Sequenz, in der Heinrich sein erstes eigenes Geld auf einer Bank

im Wald betrachtete, fiel das Sonnenlicht »durch das Grün« auf die Münzen in seiner Hand.

Eine neuere Veröffentlichung über »Die Farben und ihre Bedeutung im dichterischen Werk Gottfried Kellers« bringt uns um nichts weiter, als daß wir hören, Grün sei die Farbe der Vegetation und entspreche dem, was dort Kellers »enges Verhältnis zur Natur« genannt wird. [236] Das kommt davon, wenn man die psychoanalytische Erklärung aus der Literaturwissenschaft ausschließt, dann bleibt die ptolemäische Scheibe der Horizont der Erkenntnis, die Oberfläche deren letzte Verständnistiefe und die Banalität das Mittel bloßer Absprache über die Einhaltung diesbezüglicher Grenzen.

Daß die grüne Kleidung, die Heinrich bis zu seinem fünfzehnten Lebensjahr zu jedem Anlaß trägt, aus dem Stoff der Anzüge des verstorbenen Vaters geschnitten ist, steht so im Buch und braucht hier nicht als Entdeckung hervorgehoben werden. [237] Bemerkenswert daran ist immerhin, daß der Sohn in einer so wörtlich genommenen und dabei so äußerlichen Weise das Ebenbild des Vaters sein will oder muß. [238] Es fällt nicht schwer, darin einen wiederkehrenden Zug an Heinrich zu erkennen, sein *Wesen* nämlich immer nur in der Verkleidung zu bekennen. [239]

An Publikationen, in denen vom Grün als physiologischem Phänomen mit entsprechender psychischer Resonanz die Rede ist, fällt auf, daß diese Farbe unter zwei Gesichtspunkten für erwähnenswert gehalten wird. Einmal wegen des Charakters ihrer möglichen Zusammensetzung aus zwei anderen Farben, zum anderen aufgrund ihrer geringen emotionalisierenden, reizarmen Eigenschaft.

Heute zählt Grün neben Rot und Blau zu den Primärfarben, die nicht, wie Newton annahm, aus Blau, Rot und Gelb bestehen, kann letzteres doch aus Rot und Grün gemischt werden. [240] Der Streit hielt jedoch lange an, ob »im Grün Gelb und Blau in der gleichen Weise enthalten ist wie im Violett Rot und Blau . . .«. [241] Er lebte auf durch die Behauptung Franz Brentanos, daß Grün eben dies sei, ein Mischphänomen. [242] Goethe sah das »Grüne« ebenfalls aus einer Zusammensetzung hervorgehen, [243] und auch Heinrich kommt bei seinem ersten Malversuch zu dem Ergebnis:

Besonders entdeckte ich, daß Geld und Blau das verschiedenste Grün herstellten, was mich sehr freute . . .[244]

Man sollte vielleicht über dieses »besonders« nicht so schnell hinweglesen, und auch die mit der Entdeckung verbundene Freude wird an dieser Stelle nicht ohne Grund erwähnt sein. Nun können selbst ältere Kinder, wie Experimente gezeigt haben, im Grün nicht auf Anhieb eine Blau-Gelb-Kombination erkennen, d. h. daß es »ohne Unterweisung nicht gelingt, die Pigmentkomponenten einer Farbe aufzufinden«.[245] Grün, als Farbkompositum gesehen, ist also schon ein Bildungserlebnis, das Auge ist seiner Natur nach kein Prisma.

Was, nach einer Einteilung Goethes, die »sinnlich-sittliche Wirkung« betrifft, so wird von den meisten Autoren der besänftigende Einfluß der Farbe Grün auf den Beschauer unterstrichen. »Unser Auge findet in derselben eine reale Befriedigung«, heißt es bei Goethe. »Man will nicht weiter, man kann nicht weiter.«[246] Herder, der das Hören über das Sehen stellt, weil das Ohr der Sprachsinn ist, lobt diesen mit dem Satz: »Das Gehör ist für die Seele, was die grüne, die Mittelfarbe fürs Gesicht ist.«[247]

Bei Tests hat sich gezeigt, daß Grün die Farbe ist, an die sich Versuchspartner hinterher am schlechtesten erinnern können.[248] Sie scheint im Gedächtnis am leichtesten zu verblassen, wie übrigens auch unter starkem Lichteinfall für den Betrachter.[249] Für Kierkegaard, der Farben grundsätzlich mit den Leidenschaften in Verbindung bringt, bilden Blau und Grün die Ausnahme, sie gehören zum Sommer, und »der Sommer ist Ruhe«.[250] Dasselbe äußert Merleau-Ponty, für ihn bedeutet »Grün Ruhe und Frieden«.[251] Das ist wohl auch der Grund, warum Goethe »die grüne Farbe« in den Zimmern am häufigsten anzutreffen meinte, »in denen man sich immer befindet«.[252] Der Charakter der Neutralität ist in solchen Urteilen immer wieder hervorgehoben. Von einem Grün, das von der Vegetation das Lebenskräftige hernimmt und auf einen Gegenstand, noch dazu auf einen symbolisierten, überträgt, ist nirgends die Rede.

Auch der Renaissance galt Grün als besonders sanfte Farbe, sie wurde am liebsten dem kaum übersetzbaren »vezzoso« (etwa zart, freundlich) zugeordnet. In einer verbreiteten Schrift des vierzehnten Jahrhunderts steht über die Farbe Grün in der Malerei: »Warum unser Sehvermögen bei grünen Farben besser ist als bei weißen oder schwarzen: Jedes Extrem schwächt unsere Wahrnehmung, wohingegen das Maßvolle und Milde sie stärkt . . . Eine gemäßigte Farbe wie Grün hingegen hat eine milde Wirkung, da sie weder zu sehr vergrößert noch verkleinert; und deshalb stärkt sie unser Sehen.«[253]

Was, wenn das Grün, das im Lorbeer den Ruhm symbolisiert, für immerwährende Jungfräulichkeit stünde und es dies wäre, was Goethes ›man kann nicht weiter‹ meint? Daphne verwandelt sich in einen Lorbeerbusch, damit sie so den Nachstellungen ihres Liebhabers für immer entgeht – mit ausdrücklichem Hinweis auf Artemis/Diana bei Ovid, daß dieser von ihrem Vater die gleiche ›Vergünstigung‹ eingeräumt wurde.[254] Diana, alle Nymphen sollen grün sein auf den Gemälden, für die Alberti sonst Weiß und Schwarz vorzieht.[255] Hat deswegen Cordelia in Kierkegaards »Tagebuch des Verführers« einen grünen Mantel an?[256]

Mit solchen Assoziationen im Sinn kehren wir zurück zu Heinrich, zu seinem ersten Ausflug auf das Gebiet der Malerei. Es ist unmittelbar nach der Meierlein-Affäre. Die Plünderung des »väterlichen Erbteils«, das Heinrich schon auf dem die Episode einleitenden Schulausflug sich »verschwenden« sah,[257] ist ruchbar geworden, der Culpant hat, von der Mutter gezwungen, in ein leeres Kästchen mit den zwei, drei restlichen Silberstücken am Boden schauen müssen. Als er wieder aufsieht, löst sich in diesem Moment des verwirrendsten Schuldgefühls dennoch eine Spannung in ihm:

Der offene Blick meiner Mutter auf meine unverhüllte Lage fing an, den Alp zu bannen, der mich bisher gedrückt hatte, ihr strenges Auge war mir wohltätig und löste meine Qual, und ich fühlte in diesem Augenblick eine unsägliche Liebe zu ihr . . .[258]

Heinrich verlebt unter diesem strengen Blick eine stille Woche an der Seite der Mutter, in der er das Haus nicht verläßt. In einer Mischung aus Zerknirschung, Erleichterung, Sehnsucht und Zufriedenheit sucht er seinen Tuschkasten hervor und beginnt ein Landschaftsbild, das im Zimmer hängt, abzumalen:

Stundenlang stand ich auf einem Stuhle davor und versenkte den Blick in die anhaltlose Fläche des Himmels und in das unendliche Blattgewirre der Bäume . . .[259]

Tage hindurch vertieft er sich in die Aufgabe, das von ihm als »bewundernswertes Werk« verklärte schlechte Gemälde zu kopieren. Während zwischen ihm und seiner Mutter kein Wort gesprochen wird, nimmt sein Schuldempfinden in dem Klima des ständigen und engen Beieinanderseins, in dem die Sprachlosigkeit der körperlichen Nähe noch eine eigene, der Vertraulichkeit ähnliche Qualität gibt, eine komplexere Gefühlsgestalt an, die er bald kaum noch von einer besonders glücklichen Seelenlage unterscheiden kann. Für diesen Zustand nimmt er als Katalysator das Bild an:

Der Frieden, welcher in dem gutgemeinten Bilde atmete, stieg auch in meine Seele und mochte von meinem Gesichte auf die Mutter hinüberscheinen, welche am Fenster saß und nähte.[260]

Heinrich wird immer fröhlicher unter dem Malen, vergißt allmählich die Gründe, die zu seinem Hausarrest geführt haben, er summt und singt vor sich hin,

und als die Landschaft fertig war, fand ich mich wieder zu Ehren gezogen und das Vertrauen der Mutter hergestellt.[261]

Eine Woche lang hatte er sich, da Berührungen und Worte ausgeschlossen waren, ganz auf seinen Gesichtssinn verwiesen gesehen. Während die Mutter seinem Gefühl besonders nahe ist – er fühlt eine »unsägliche Liebe zu ihr« –, macht er sich an die Verklärung, an die Überschätzung einer gemalten Landschaft, auf der vor allem Bäume, ein Wald, zu sehen sind.

Es ist eine psychische Übersprunghandlung: Die väterliche Strenge des strafenden Mutterblicks erlöst ihn. In ihrer Nähe ist er von beidem umfangen: Das Eingeschlossensein mit der Mutter allein in der Wohnung berücksichtigt zugleich das ahndende Gesetz, ja vollzieht es an ihm mit dem gleichen Akt, der ihm gewährt, was er am meisten sich wünscht. In diesem Augenblick, unter Vermischung dieser Gefühle, malt er sein erstes Bild. Alle seine libidinöse Aufmerksamkeit konzentriert sich mit Hilfe des Gesichtssinns auf ein Ersatzobjekt, ein Naturkonterfei aus Landschaft mit Bäumen, in das er sich vergafft und das er zu reproduzieren beginnt. Er verwendet seine größte Mühe auf die Technik des Kopierens, und die Ungenauigkeit seines Gelingens kann das Vergnügen, das er bei der Nachahmung empfindet, nicht schmälern. Der Abschluß steht für ein geradezu magisches Resultat: Die Vollendung des Malwerks fällt mit der Versöhnung zwischen Mutter und Sohn zusammen. Das krönt, und bestätigt die Malerei als Mittel dazu, eine Stimmung, die sich schon während des Malvorgangs angebahnt hatte: ein tiefes Gefühl des Glücks in der stummen Zweisamkeit, eine innere Ruhe im unangefochtenen Zusammensein mit der Mutter.

Dem Wunsch dazu war ein Schuldgefühl ja immer schon beigemischt gewesen, aus den bekannten Gründen. Nun hatte dieses sich, obwohl ein Anlaß es noch gesteigert hatte, als verträglich erwiesen mit einer bestimmten Art von Nähe, ja, ihr sogar bekömmlich, wenn nur alles dabei blieb, daß er sein Bedürfnis, sich zu äußern, auf eine besonders intensive und ausgiebige Weise dem Gesichtssinn übertrug und dem eigentlich begehrten Objekt ein Surrogat, hier eine grüne Landschaft in Öl, unterschob. Die genaue Aufmerksamkeit des Kopisten gehörte ebenso dazu wie vielleicht die Steigerung jener verwirrenden Empfindungen von Schuld, die der Bestrafung durch die Mutter einherging. In dieser Rolle übernahm sie, von ihm dankbar quittiert, den Vaterpart gleich mit: »Ihr strenges Auge« war es, das jene »unsägliche Liebe« zu ihr verstärkte.

Das Mischverhältnis aus widerstrebenden Gefühlen wurde jedoch, wie wir sahen, in einem einzigen, dem der inneren Ruhe, der Beschwichtigung aller unerfüllten Wünsche und überschüssigen Ängste, aufgehoben. Das heißt, die Züge der gegenwärtigen Mutter verschmelzen mit denen des abwesenden Vaters, und der so überaus genossene Frieden entpuppt sich als die äußere Neutralität der familialen Bedingungen des Elternverhältnisses vor Ausbruch der ödipalen Krise.

Der Hinweis auf das Ruhe-Ziel alles Begehrens kehrt im Roman immer wieder, und es ist als Verheißung meist an solche Mutter-Kopien wie Judith gebunden. An ihr wird das marianische Zentralsymbol der Brust als das pars pro toto, in dem die Körper nun einmal zu Heinrich sprechen, von der Dyaden-

Reminiszenz des Unbewußten in quasi stillem Überschwang willkommen geheißen:

… so sog ich doch Wort für Wort dieser süßen Schmeichelei begierig ein, und meine Augen ruhten dabei auf der Höhe der Brust, welche still und groß aus dem frischen Linnen emporstieg und in unmittelbarster Nähe vor meinem Blicke glänzte wie die ewige Heimat des Glücks. Judith wußte nicht, oder wenigstens nicht recht, daß es jetzt an ihrer Brust still und klug, traurig und doch glücklich zu sein war. [262]

Das genau ist die Mischung der Gefühle, auf die Heinrich sich in der Woche seines Maler-Debüts an der Seite der Mutter, die auch nicht, »oder wenigstens nicht recht«, wußte, wie froh sie ihn machte, ein für alle Male festgelegt hat:

Es dünkt mich, die Ruhe an der Brust einer schönen Frau sei der einzige und wahre irdische Lohn für die Mühe des Helden jeder Art und für alles Dulden des Mannes und mehr wert als Gold, Lorbeer und Wein zusammen. [263]

Wenig später, im Zusammenhang mit einer Reihe von Erklärungen zum Grundsätzlichen der Kunst, erweitert sich der Ruhe-Gesichtspunkt zum kosmologischen Parabel-Aspekt:

Nur die Ruhe in der Bewegung hält die Welt und macht den Mann; die Welt ist innerlich ruhig und still, und so muß es auch der Mann sein, der sie verstehen und als ein wirkender Teil von ihr sie widerspiegeln will. Ruhe zieht das Leben an, Unruhe verscheucht es … [264]

Die Zweckmäßigkeit der Kunst, so heißt es gleich danach, ziele auf diese eine Wahrheit hin:

Denn wie es mir scheint, geht alles richtige Bestreben auf Vereinfachung, Zurückführung und Vereinigung des scheinbar Getrennten und Verschiedenen auf *einen* Lebensgrund, und in diesem Bestreben, das Notwendige und Einfache mit Kraft und Fülle und in seinem ganzen Wesen darzustellen, ist Kunst. [265]

Lesen wir jetzt, was Goethe in seiner Harmonielehre der Farben über das Grün zu sagen hat, so kommen wir wie von selbst auf dessen Bedeutung als Ausdruck für das *Einfache* und für die im Einfachen zur Ruhe gekommenen Extreme:

Wenn beide Mutterfarben (!) sich in der Mischung das Gleichgewicht halten, dergestalt daß keine vor der anderen bemerklich ist, so ruht das Auge und das Gemüt auf dem Gemischten wie auf einem Einfachen. [266]

Was eignete sich wohl besser zur Symbolisierung jener unisonen Duplizität, in der sich für den kindlich gebliebenen Anspruch die ursprüngliche Elterneinheit erhielt, als die »Entdeckung« (!) des Grüns durch Heinrich. Einmal galt es – das wußte der um Wesentliches ältere Autor allein schon durch seine Ausbildung zum Maler – als die ›ruhigste‹, die reizärmste Farbe von allen. Dazu mochte sie sich als Ausdruck der Jungfräulichkeit und der Ruhmeszukunft des Dichters für den belesenen Schriftsteller eingeprägt haben. Außerdem entstand im Grün aus zwei Farbgegensätzen, aus einem Farben*paar, eine* neue Farbe von anerkannter Einfachheit und harmonischer Homogenität der Pigmentmischung.

Ihre Komponenten Blau und Gelb erlaubten es darüber hinaus, die Elternverschmelzung vor einem farbsymbolischen Hintergrund für das geheime Wissen vom Wesen dieser Vereinigung noch weiterzutreiben und in versteckter, verkleideter Form öffentlich zu machen.

Blau, als marianische Symbolfarbe für die Gottesmutter mit Kind einstehend, vereinigte sich im Grün mit dem Gelb, der Farbe des Lichts und der Sonne, die eine eindeutige mythologische und psychoanalytische Überlieferung zum Vatersymbol gestempelt hat.[267]

So erklärt sich denn auch, warum das Grün im ›grünen Heinrich‹ sowohl die Mutter wie den Vater zu symbolisieren vermag, finden beide in diesem Farbausdruck doch zu einer Einheit zusammen, wie sie der frühkindlichen Sicht entspricht, und der Sohn kann die Synthese – die »Vereinigung des scheinbar Getrennten« – in seinem hartnäckig, ja, provozierend zur Schau getragenen grünen Habit verkörpern.

Bäume, die in den Himmel wachsen: das Scheitern als Maler

Damit haben wir, ohne den Blick von zwei, drei Seiten des Romans gehoben zu haben, schon alles über den Malgrund erfahren, über dem ein schwankendes Künstlergewissen mit sich ins reine zu kommen trachtet.

Auch die zweite Krise, der Schulverweis, endet ja mit dem

vollständigen Rückzug aus der Welt der Alltagspflichten und der Zukunftssicherung. In dem Dorf, in dem sich einst die Eltern kennengelernt und geheiratet haben, trifft Heinrich bereits mit dem Blick und der Ausstattung eines Malers ein. Vom Bild an der Wand, richtet sich sein Ehrgeiz jetzt auf das landschaftliche Original. »Eine Menge Täler und Einschnitte, von Gewässern durchzogen«, sind die bezeichnenden Motive, die ihn anziehen. In diesem Ambiente wählt er als erstes Modell einen Baum. Doch was er davon aufs Papier überträgt, *starrt* ihn zuletzt an

wie ein Zwerg aus einem Hohlspiegel, die lebendige Buche aber strahlte noch einen Augenblick in noch größerer Majestät . . .[268]

So werden auch fürderhin Bäume Heinrichs bevorzugter Malgegenstand sein, und die große Schwierigkeit, mit der er in seiner langen Laufbahn als Kunstschüler zu kämpfen hat, ist die Inkongruenz zwischen der Gestalt des vorgestellten und des ›wirklichen‹ Objekts. Die Unüberwindbarkeit eines letzten Abstands stellt sich ihm als ein technisches Problem, und darin als eins des ›richtigen‹ Sehens, dar.

Ständig hat Heinrich das Gefühl, es fehle ihm an der nötigen Disziplin und zu dieser die gehörige Anleitung. Dabei wird ihm Hilfe immer wieder zuteil, zuerst und zuletzt von solchen Vatererscheinungen, die von der Kunst wenig, von der Natur aber um so mehr verstehen: der Oheim von der des Waldes, der Graf von der des (geschichtlichen) Menschen. Auch der Trödler ist kein Kunst-, sondern ein Menschenkenner. Alle haben darin Ähnlichkeit mit dem Vater Heinrichs, an dem hervorgehoben wird, daß er Praktiker, Handwerker, aber kein Theoretiker und ästhetischer Experte gewesen sei.[269]

Der Oheim, der Bruder der Mutter, verkörpert für den vaterlosen Heinrich »im eigentlichen Sinne das *Verwandtschaftselement*«, wie bei Lévi-Strauss das Avunkulat genannt wird.[270] Vor seinem »realistischen Sinne« entlarven sich nachher die im Zeichen der Habersaatschen Stubenkunstlehre entstandenen Produkte in ihrer ganzen Unwahrheit, d. h. »er wunderte sich, wo ich denn meine Augen gehabt habe«.[271] Sein Kriterium ist, daß die von Heinrich gemalten Bäume »keinem wirklichen« ähnlich sind.[272] Der Oheim ist es auch gewesen, der als erster an Heinrichs Talent geglaubt, ihm seinen Blick für Landschaften geschult und in den Zeichnungen des *toten* Junkers Felix frühe technische Anregungen vermittelt hatte.[273]

Auch Römer vergleicht Heinrichs Baumstudien mit der Natur, indem er an dieser »selbst das Wesentliche hervorhob und mich es sehen lehrte«.[274] Unter seiner Kritik stellt Heinrich fest, »daß ich noch gar nichts gesehen hatte«.[275] Später wird er jedoch die Bilder, die sich Römers Einfluß verdanken, nicht mehr anschauen mögen.[276] Dabei hatte dieser ihn immer wieder aufgefordert, er solle »mit eigenen Augen sehen«. Römer selbst scheint »durch Bäume und Steine zu sehen«.[277]

Im Entwicklungsgang des Künstler-Schülers wiederholt sich das zwiespältige Vater-Verhältnis, das in der Identifikation – Heinrich will zunächst »immer und ganz in seiner Nähe« sein[278] – den tiefen Konflikt eine Zeitlang verbirgt, bis dieser um so hinterhältiger seine Destruktivität offenbart.

Wie am stärksten ausgeprägt an dem Maler und älteren Freund Lys, so sind auch an Römer Züge eines kritischen Selbstporträts auszumachen. Er ist von einfacher Herkunft, er ist ausschließlich Landschafter, er lebt von nichteigenem Geld und verfällt immer mehr einem phantastischen Abkunfts-Pathos. Wenn Heinrich sich von ihm löst, befreit er sich im Grunde von der Fortsetzung seiner eigenen Ansprüche und Schwächen, die in Römer den Ausweg ins Wahnhafte genommen haben: Er hält sich für einen Abkömmling Napoleons, meint das jus primae noctis bei allen Fürstenhochzeiten beanspruchen zu können, hat eine gewagte Schuldentheorie, die auf Unterdrückung jedes Schamgefühls hinausgeht, und er ist Landschaftsmaler nur deswegen geworden, weil er so unverdächtiger um seiner politischen Intrigen willen in alle Gegenden Europas reisen kann.[279]

Römer hätte sich als alles mögliche ausgeben können, gesteht der Erzähler, nur, daß er »ein großer Prophet sein wollte«, ist für Heinrich unverzeihlich.[280] Gleich steht Römer, als nunmehr böser Vater, mit seiner eigenen Verallgemeinerung in Verbindung, die dem Schema nach als negative Institution gemeingefährlich aussehen muß. Der schönen, ästhetisch beglaubigten Republik Heinrichs gegenüber vertritt Römer nun die häßliche und kranke in der Ausgeburt des politischen Internationalismus. Sie erscheint als der falsche Traum vom nichtheimatlichen, überregionalen und damit übersinnlichen Staat, geboren aus der »Sucht eitler Menschen, von der wesentlichen Einfachheit der Heimat abzufallen«. [281]

Von dieser Einfachheit hören wir ja nicht zum ersten Mal, wir kennen auch ihren Sinn aus anderen Zusammenhängen. Wir haben hier Gelegenheit, die dichterische Psyche bei einer ihrer wunderbaren Veranstaltungen der Projektion von an sich selbst ungeliebten Eigenschaften auf eine fremde, fiktive Person zu beobachten. Diese erfüllt, wenn sie dabei als innerhalb der Romanerscheinungen eigenständige Figur zugrunde geht, gleich eine doppelte Entlastungsfunktion: Als Abbild einer den äußerlichen Vatermerkmalen nachkommenden Gestalt ereilt sie die Rache des Helden, als dessen zweites, hassendes Ich nimmt sie dieses mit ins Grab.

In dieser Sehschule, in der sich der Schüler mit dem Blick des Vaters dem begehrten Objekt nähert, kommt Heinrich naturgemäß nie ans Ziel. Dennoch wird bei aufmerksamem Lesen eine sich in den verschiedensten Bewunderungs- und Verehrungsposen kleidende Anfälligkeit zur Einnahme jener frühen Kopistenhaltung deutlich. Die Gelegenheit zur Nachahmung eines anderen, scheinbar bevorzugteren Blicksubjekts läßt den Wunsch aufkommen, sich wenigstens vorübergehend mit diesem Vorläufer zu identifizieren. Dem unterliegen bereits einige Kinderfreundschaften, die mit hohen Erwartungen begonnen und mit dem Gefühl, getäuscht und betrogen worden zu sein, beendet werden. [282] Interessant ist, und es zeigen sich auch darin die Spuren von Projektionen auf die jedesmal Älteren und Erfahreneren, daß an diesen ein ähnliches Anlehnungsverlangen und Anpassungsgeschick hervorgehoben wird. [283] Auch da also beobachtet und verfolgt das Subjekt in dem anderen sich selbst mit.

Heinrichs Malmotiv, von ihm da noch in hochgemuter Anfängerstimmung gepriesen, läuft auf einen »Nachgenuß der Schöpfung« hinaus und hält sich an die Versammlung der immer gleichen Bildinhalte:

»Da lässet man die Bäume in den Himmel wachsen und darüber die schönsten Wolken ziehen und beides sich in klaren Gewässern spiegeln! Man spricht: es werde Licht! und streut den Sonnenschein beliebig über Kräuter und Steine und läßt ihn unter schattigen Bäumen erlöschen.«[284]

Die Bäume, die in den Himmel wachsen, Wolken, Licht und das Dunkel im Schatten der Bäume – an Aristoteles' poetologische Maxime,»gut übertragen bedeutet, das Ähnliche erkennen zu können«, ließe sich hier vielleicht denken.[285] Im metaphorischen Denken versteckt sich eine Absicht und eine Bedeutung nur um so offener.»Die komplizierte Topographie der weiblichen Geschlechtsteile macht es begreiflich, daß diese sehr häufig als Landschaft mit Fels, Wald und Wasser dargestellt werden.«[286] Es sind dies tatsächlich die unverrückbaren Sujets des malerischen Œuvres, das wir von Heinrich beschrieben bekommen und das wir als Hinterlassenschaft des Malers Keller besichtigen können.[287]

Heinrichs Beziehung zur Landschaft und zur Malerei ist die Verkleidung seiner geheimen Beziehung zum weiblichen Körper als dem Körper der Mutter, deren libidinös gearteter Gehalt sich auf dem Ersatzschauplatz des ästhetisch Gefälligen schadlos zu halten sucht. Diesem gegenüber muß der ursprüngliche und weitgehend unbewußte Wunsch dauernd zu verstehen geben, daß es sich dabei immer noch um einen Gegenstand der Natur handelt und daß in diesem, nicht etwa nur im Begehrenden selbst, die Wahrheit, das eigentliche Ziel verborgen liegt. Es kann unter Verdrängungsbedingungen, wie hier der Schautrieb, ein einziger Trieb zur Ausbildung kommen, der »späterhin ein Stück des Sexuallebens« vertritt.[288] Es liegt in der Natur der Schaulust, daß die auf sie und ihr Organ, das Auge, übertragenen Triebenergien nie ans Ziel, nie zur gewünschten Erregungsabfuhr gelangen. Anhaltende Unzufriedenheit ist dann die Begleiterscheinung auch der nachvollziehenden und nachgestaltenden Visualität in bezug auf die entsprechend ausgesuchten landschaftlichen Formen, ohne daß das Subjekt, bei allem Ausdruck des Ungenügens, von dem Wunsch zu einer in das Objekt eingestimmten Anpassung an dieses je ganz loskommt. Heinrich wird daher, nachdem ihm diese sublimiert-sinnliche, ästhetisch-aktive Objektneugier durch Frustration und Schuldgefühl gründlich verleidet war, unter den glücklicheren Umständen des Schloßfriedens sofort alle der Not gehorchenden Einsichten vergessen und sich wieder an die Fertigung von »zwei großen Forstbildern« machen. [289]

Längst ist da schon ein »pantheistisch stolzes Gefühl«, das Heinrich beim Malen zuweilen überkam und in »welchem mir meine Erfahrung und das Weben der Natur eins zu sein schienen«, restlos vergangen. [290] Ohnehin war in solchen Einklangs-Räuschen ein gewisser Erkundungsdrang, ein Geheimnisweben und Entdeckungsstreben nie abgeklungen:

Dazu war es höchst vergnüglich, in Gedanken um einen schönen, gemalten Baum herumzugehen und seine andere Seite zu betrachten, um zu ermessen, wieviel Licht sie wohl auf einen benachbarten Baum werfen könne. Ich sah dann allerhand Geheimnisse um Äste säuseln, die nicht auf dem Papier waren, und guckte auf diesen Wanderungen auch nebenaus in verborgene Winkel und Gründe der Landschaft. [291]

Es ist dieses belegende Zitieren von Stellen aus dem Roman deshalb immer wieder sinnvoll, weil die metaphorische Codierung die Bedeutung des darin Sekretierten so besonders eindrucksvoll preisgibt. Keine Statistik über die Zahl der Bäume im »Grünen Heinrich« könnte vermitteln, mit welchen Banden der Held sich an dieses phallische Stereotyp gefesselt sieht.

Freud hat in seinem Versuch über Leonardo da Vinci gezeigt, wie in jenem Falle »der Forscher den Künstler nie ganz freigelassen, ihn oftmals schwer beeinträchtigt und ihn am Ende vielleicht unterdrückt« hat. [292] Der Zusammenhang mit der verdrängten infantilen Sexualneugier ist leicht erkennbar, und »der unabschließbare Charakter der Kinderforschung wiederholt sich auch darin, daß dies Grübeln nie ein Ende findet«. [293]

Heinrich wird die Unzufriedenheit über seine Malergebnisse immer auch und immer stärker mit Hinweisen auf seinen Wissensmangel begründen, und das schließliche Gelingen seines letzten Malversuchs unter dem Einfluß des Grafen wird auch deshalb möglich, weil ihm nun wieder »Büchervorräte« – seine eigenen hatte er verkaufen müssen – zur Verfügung stehen,

so daß Heinrich ganz ordentliche Studien betreiben konnte in den Mußestunden und den langen Nächten. [294]

Er beschäftigt sich jedoch keineswegs mit Theorien des Ästhetischen, sondern mit Geschichte, aber

fast war es ihm gleichgültig, was für ein Vorgang es war, überall nur das eine und alles sehend, was in allen Dingen wirkt und treibt . . .[295]

Immer nur »das eine . . . sehend«, vermag er jetzt doch noch zwei Landschaftsbilder zu vollenden und »für jedes offene Auge erfrischend und wohlgefällig zu machen«.[296] Die Verbindung von Wissenstrieb und Gestaltungslust ist mittlerweile eine so lose, daß er das eine vom anderen getrennt und den Malvorgang vom Erkundungsdrang unbeeinflußt halten kann.

Heinrich hatte – wie Keller selbst in München auch – nie mehr nach der Natur gemalt, seit er in der deutschen »Hauptstadt« war. Gewiß, er hatte »eine ziemliche Kenntnis der grünen Natur, und dieser Jugendschatz kam ihm jetzt zugute«.[297] Heinrich malt also die Natur nach dem Bild in seinem Gedächtnis, er reproduziert ausschließlich die Natur seiner Heimat und vergegenwärtigt sie sich, wie einst der Debütant an der Seite der Mutter, in geschlossenen Räumen. Allmählich aber verblaßt der Bildvorrat, »man sah es an Heinrichs Bäumen«.[298] Schließlich »wurden alle diese Dinge zu bloßen schattenhaften Symbolen, zu gespenstischen Schemen«. Auch der Arbeitsansporn erlahmt, der Malprozeß selbst wird nicht beendet: »Er malte überhaupt wenig und machte es selten ganz fertig.«[299]

Schon Hitschmann hatte in seiner psychoanalytischen Skizze aus dem Jahre 1919 vermutet: »Den Mutterleib zu beschauen, ist später ein Verbotenes, wird verdrängt, und durch Sublimierung des Triebes tritt eine Verschiebung auf nicht sexuelle Ziele ein. Also nicht nur die Neigung Kellers zur Malerei ist hieraus abzuleiten, nicht nur sein Zeichen- und Maltrieb, der so schwere Hindernisse jahrelang überwand, sondern auch die Hemmung im Malen muß mit dem Schautrieb und seiner Bekämpfung – soweit er sexuell und inzestuös war – erklärt werden.«[300]

Bezeichnenderweise bricht Heinrichs Krise aus nach dem Besuch zweier Freundespaare, die sich, vor der Hochzeitsreise stehend, von ihm verabschiedet haben. Jene »glücklich gepaarten Menschen«[301] bringen ihm zum Bewußtsein, daß er – wiederum wie Keller selbst – bisher dem Aktstudium, eigentlich Bestandteil jeder Malerausbildung, hartnäckig ausgewichen war. Überhaupt ist er, auch darin ein Selbstporträt des Autors, unfähig, Menschen zu malen.[302] Dem Anblick des unverhüllten, lebendigen Körpers hatte Heinrich sich nicht auszusetzen vermocht. Dem Sehakt war der eigene libidinös-schuldbewußte Charakter seiner geheim-inzestuösen Triebneigungen zur Last.

Das erklärt auch, um das hier nur einzuschalten, warum die Erscheinung der Mutter im Verlaufe des Romans immer schemenhafter wird. In dem *blurr,* zu dem ihr Bild für den infantil an sie Gebundenen in der Erinnerung verschwimmt, weicht sein Vorstellungsverlauf der immer noch starken sinnlichen Qualität des Veranschaulichens aus. Genaueres Hinschauen und Vergegenständlichen wäre dem Schreiber schmerzhaft gewesen. Das ist schließlich auch einer der Gründe, warum Heinrich Judith ausschließlich im Dunkeln, das gelegentlich durch Wetterleuchten oder Kerzenlicht ins Dämmerige gehoben wird, oder aber im tiefsten Nebel – der einmal vierzehn Tage lang nicht weicht! – begegnen mag.[303]

Heinrich bemüht sich zunächst, die Krise mit den Mitteln seines Metiers zu meistern, d. h.»die Dinge zu nehmen, wie er sie unvermittelt sah, und mit natürlichem Scharfblick sich zurechtzufinden«.[304] Doch unter dem Versuch, die Figur des borghesischen Fechters zu zeichnen, schweift seine Phantasie erneut in die Vergangenheit ab, und mit dem verräterischen Doppelsinn, mit dem Sprache in solchen Momenten begabt ist, verwirft er »seine geliebte und begeisterte Wahl, der er vom vierzehnten Jahre bis heute gelebt« hatte.[305] ›Zufällig‹ ist das etwa das Datum, an dem Kellers Mutter sich von ihrem zweiten Mann trennte, für den Sohn also ›frei‹ war.

Wir werden wiederum an eine Eigenart bei Leonardo erinnert, wenn wir von Heinrichs Schwierigkeit lesen, ein Bild zu Ende zu malen.[306] Und wie Leonardo sucht Heinrich die Lösung seiner Darstellungsprobleme in anatomischen und allgemeinen Studien zur natürlichen und geschichtlichen Realität des Menschen.[307] Es wird nicht lange dauern, da interessiert ihn nur noch letztere. Kapitel zwei und drei des vierten Bandes, die letzten dem Ausbildungsversuch des Protagonisten gewidmeten des Buches, handeln in einer dem Kunstcharakter dieses Romanteils nicht sonderlich bekömmlichen Weise von dem Wissensdurst des Autodidakten. »Sein liebster Aufenthalt war nun das Universitätsgebäude«,[308] heißt es im Text, und sein jetziges Studienziel trägt einer anderen Eindringlichkeitsvariante, doch immer noch dem gleichen Wunsch des Subjekts, im Objekt aufzugehen, Rechnung:

Das Glück des Wissens gehört auch dadurch zum wahren Glück, daß es einfach und rückhaltlos und, ob es früh oder spät eintrete, immer ganz das ist, was es sein kann, ohne Reue über das Versäumte zu erwecken; es weiset vorwärts und nicht zurück und läßt über dem unabänderlichen Bestand und Leben des Gesetzes die eigene Vergänglichkeit vergessen.[309]

An Heinrich wird, und man könnte sagen, das ist das Thema dieses Romans, eine Naturbeziehung problematisiert, die in ihren Zielbestrebungen wie in ihren Beschränkungen an der einmal definierten Objektbestimmung festhält. Die »Naturwahrheit« bleibt das Kriterium für den Maler, und die natürlichste aller ›Interaktionen‹, der Liebesvollzug, ist die letzte und bedeutendste Absicht des Protagonisten, die Erfüllung seiner lebhaftesten Erwartungen und Vorstellungen.

Von beidem entfernt ihn jedoch seine Entwicklung zunehmend. Nicht die Herauslösung aus der unmittelbaren Elternabhängigkeit und die sozial integrierte Selbstbehauptung steht am Ende eines Prozesses, der, in den Bahnen einer typischen Initiationsreise angelaufen, seiner inneren Teleologie, d. h. seiner auf die äußerste Entfaltung sämtlicher Triebkräfte gerichteten Tendenz, immer mehr untreu wird. Am Schluß erliegt Heinrich buchstäblich seinen Hemmungen, die sich mit dem Mythos seines Schuldigseins umgeben.

In der zweiten Fassung erreicht er noch eine klägliche Lebensverlängerung im Dienste der ausdrücklich so genannten »geliebten Republik«[310], was in Wahrheit eine letzte Bewährungsfrist im Dienste des Triebverzichts ist. Zwischen ihm und der aus Amerika zurückgekehrten Judith wird ein beruhigtes, leidenschaftsloses Zueinander vereinbart, es ist jenes charakteristische »nach vielen Jahren«, wie es in romantischen Märchen vorkommt. Dreißig Jahre, die zwischen zwei Liebenden fehlen und die das

Loch sind, in das ihre Sexualität gefallen ist; nun akzeptieren sie ein Abendglück der schieren, körperstummen Nähe.[311]

Als Heinrich den liebenden und freienden »Gottesmacher« kennenlernt, einen der von ihm beneideten lebenstüchtigen und kunstsinnigen Handwerker, der wie der Vater Erwerbsstrebsamkeit und Familienbeschaulichkeit zu vereinbaren weiß, steht ihm sofort sein Lieblingsstilleben, die Dauerleihgabe seiner Bildvorstellung von Menscheneintracht als Naturharmonie, vor Augen. Und da der Gottesmacher aus dem Rheinland und katholisch ist, ergibt sich daran die Gelegenheit, ihm sein, Heinrichs, Landschaftsklischee zur seelischen Aufbereitung im Sinne des Marienkults zu überlassen. Das heißt, der musizierende Silberschmied spricht mit einer von Heinrich in diesen verlegten Stimme, wenn er Maria »Mütterchen, Geliebte, göttliche Fürbitterin« nennt und sie zur Göttin über die Flure »meiner schönen Heimat« bestimmt:

Aus der Bläue des Himmels, auf goldenen Wolken, im Glänzen des Gewässers, im leuchtenden Grün der Wälder, auf den Blumensternen, auf den roten Rosen lächelte mir die unsichtbare Himmelsfrau sichtbar entgegen . . .[312]

Das ist das letzte Lächeln der in einem Naturausschnitt versinnbildlichten Mutter-Imago, und es gilt schon nicht mehr Heinrich, sondern seinem glücklicheren Pendant. Denn der Gottesmacher führt die auch von Heinrich begehrte Agnes heim, weil das junge Paar die Mutter als Dritte im Familienbund aufnimmt und diese die Verbindung akzeptiert.[313]

Auch während jene sich in Familienbanden noch befreit fühlen, versagt sich Heinrich jede Anwandlung in dieser Richtung und wird dennoch von seinem wachsenden Schuldgefühl verzehrt. Er erklärt sich seiner »äußeren leiblichen Unschuld« froh und legt sich ein für allemal fest:

Höchstens spielten die Frauen als Gegenstand der Betrachtung und Untersuchung (!) in den Gesprächen eine zierliche Rolle.[314]

Als sich zuletzt daran nur so viel ändert, daß sein Blick, und auch nur für ihn selbst, aus dieser Rolle zu fallen scheint, glaubt er sogleich, daß es jetzt um eine Liebe zu seiner Mutter geschehen sein müsse, da er eine Fremde mit solchen Augen ansah, wie er noch nie eine angesehen.[315]

Vor dem Wiedersehen mit der Mutter ist ihm folglich »zu Mute, wie wenn er einer strengen Richterin entgegenginge«.[316]

Seine ganze Sünde körperlicher Annäherung an eine Frau besteht darin, mit Dortchen gleichzeitig *einen* Hund gestreichelt zu haben,

und als sie mit ihrer Hand achtlos der seinigen zu begegnen Gefahr lief, wich er ihr aus, wofür sie ihn, irgendeine gleichgültige Frage benutzend, umso freundlicher ansah.[317]

Doch diese Zuwendung, dieser freundliche Blick Dortchens, ist schon zuviel. Heinrich riskiert den flüchtigen Gedanken an ein Zusammenleben mit ihr und erstickt diese Vorstellung sofort mit dem Bild von ihrer Vergänglichkeit. Trauer ist, was er sich an Gefühlsenthemmung daraufhin leistet, und wie jedesmal sind es die Augen, die ein Ausdruck hierbei ankommt: »Er fühlte, daß ihm sogleich die Augen übergehen würden . . .«[318] Es ist das erste und letzte Mal, daß Heinrich sich auf ein so ernstes Gefühlsabenteuer eingelassen hat, und auch dieses stößt ihm freilich auf der Ebene des Substitutionellen zu, gefährdet nichts weiter als die bisher gewahrte Unschuldsmiene. Als diese verlorenzugehen droht, als die Augen durch ihr Sekret seinen Zustand verraten könnten, flieht er aus dem Zimmer, um Dortchen – niemals wiederzusehen.[319]

Da Heinrich sein sexuelles Leben an den Schautrieb verpachtet, sein Gefühlsglück an die raum-zeitliche Vermessenheit des Gesichtssinns, aber auch an dessen Beziehungslosigkeit im Hinblick auf einzelne, konkrete Gegenstände vergeben hat, versteht es sich, daß sich sein Schicksal als Liebender im Zeichen der Hemmungen und Sublimierungen dieses Partialtriebs erfüllt.

Augensprache: Aktaions Liebeswunsch und -furcht

»Die Mühelosigkeit des Sehens ist ein Vorrecht, das mit der Mühe auch den Lohn des niederen Sinnes aufgibt.«[320] Auf diesen Lohn will und wird kein Subjekt je verzichten, das heißt, »die

Augen nehmen nicht nur die für die Lebenserhaltung wichtigen Veränderungen der Außenwelt wahr, sondern auch die Eigenschaften der Objekte, durch welche diese zu Objekten der Liebeswahl erhoben werden, ihre ›Reize‹«.[321] So kann es passieren, daß ein Organ der sinnlichen Wahrnehmung »sich bei Erhöhung seiner erogenen Rolle geradezu wie ein Genitale gebärdet«.[322]

Heinrichs erste ›Liebesgeschichte‹, seine Begegnung mit Fausts Gretchen im dunklen Theater, stellt die Verhältnisse und Bedürfnisse gleich mit Hilfe einer solchen Gebärde klar:

Ich sah, wie sie entsetzt ihr glühendes Auge auf mich richtete und doch, lautlos, zusammenfuhr. Einen leisen Schritt trat ich näher und hielt wieder ein: meine Augen waren weit geöffnet . . . [323]

Das sagt, wer hier Geliebte sein will, und die Lage zu Füßen der eingeschlafenen Schauspielerin zuletzt – »an der Stelle des Hundes«[324] – fügt dem noch seine Expertise à la Krafft-Ebing hinzu.

Auch dem Vater werden »glühende Augen«[325] oder »glänzende Augen«[326] nachgesagt. Das Kind stellt sich vor, »mit welchen Blicken mich der teure Mann ansehen würde«, kehrte er aus dem Jenseits noch einmal zu den Lieben zurück.[327] Schließlich gezwungen, ihn in der Vorstellung dort zu belassen, gleicht Heinrich den Abgeschiedenen seinem Wunsch-Ich an und betraut ihn allmählich mit den Aufgaben eines nach seinem festen personalen Platz suchenden Über-Ichs:

der glücklichste war mein Vater, zunächst dem Auge Gottes, noch innerhalb des Dreiecks, und schien durch dieses allsehende Auge auf die Mutter und mich herunterzuschauen . . . [328]

Erst viel später, als Heinrich den Grafen wiedertrifft – dieser übrigens in »grünem Jagdkleide« –, erfüllt sich die weiter- und tieferreichende Gefühlsprophezeiung des Kindes:

Denn für einen ordentlichen Menschen ist es fast ebenso wohltuend und erbaulich, einen wohlbestellten, schönen und rechten Mann zu sehen, als schöne und gute Frauen.[329]

Auf den Grafen passen Gott sei Dank alle diese Eigenschaften, doch nicht nur das. Den Gast am anderen Tage weckend, drängt er noch am Bett auf eine freundschaftliche Beziehung: in einer Szene, die als homosexuell inspiriertes Arrangement dem autoerotischen Wunschdenken eine neue, weitergehende Nuance abverlangt:[330]

». . . Zuerst muß ich Sie einmal küssen, Sie sind ein allerliebster Kerl!«

»Bitte, Herr Graf!« sagte Heinrich und duckte sich ein bißchen unter die Decke,»Sie sind allzugütig; aber ich mache mir nicht viel daraus, Männer zu küssen!«

»Ei sieh da!« rief der treffliche Mann,»Sie schlaues Bürschchen! Aber trotz alledem müssen Sie mich doch ein bißchen wohl leiden, ich verlange es!«

»O gewiß sag' ich Ihnen«, erwiderte Heinrich, mit schüchternen und doch zutraulichen Worten; »ich kann Sie gar nicht genug ansehen, so sehr gefallen Sie meinen Augen und meinem Herzen!« Und er sah ihn dabei wirklich mit glänzenden Augen an.[331]

Es versteht sich, daß die verführerischste Erscheinung einer Mutter-Imago im Roman, daß die mit allen Attributen der Frauenüppigkeit versehene Judith für Heinrich ausschließlich interessant ist, solange sie Augen-Objekt für ihn bleibt. Nicht nur, daß sie sich ihm in einer Reihe von Symbolen zugleich anbietet und entzieht. Die pars pro toto-Qualität von Haaren und Busen, die Ablenkungen des Milcheinschenkens und Äpfelteilens stehen für den üblichen Sicherheitsabstand, den die Verbildlichung gewährleistet. Sobald mehr ins Spiel kommt, reagiert Heinrich mit entsprechenden Blicken.

Die erste Begegnung, in der ihre erste Bewegung und ihre ersten Worte ihn dazu einladen, von ihr ein Glas Milch anzunehmen, steht noch im Zeichen einer bildlichen Anlehnung an die ganze infantile Prozedur des Gesäugtwerdens:

Daher nahm ich es (das Glas Milch) und schlürfte nun den marmorweißen (!) und kühlen Trank mit einem Zuge hinunter und mit demselben unbeschreiblichen Behagen, wobei ich sie ganz ruhevoll ansah und so ihrer stolzen Ruhe das Gleichgewicht hielt.[332]

Das Gleichgewicht, das hier ein gewünschtes und projiziertes ist, spielt an auf ein Stereotyp des Säuglings-Szenarios und auf eine Eintracht, die sich zwischen Mutter und Kind im Blickkontakt herstellt:»Die Mutter schaut das Baby an, das sie im Arm hält, das Baby schaut in das Antlitz der Mutter und findet sich selbst darin . . .«[333]

Nach ihrer Wiederbegegnung auf dem Fest, als Judith Heinrich nachts mit nach Hause nimmt und »die Haustüre fest hinter uns verriegelte«, legt sich dieser nicht nur auf eine Serie innerer Ausreden fest, er ist erst beruhigt, als der Herd entzündet ist,

und indem ich fortwährend in ihr vom Feuer beglänztes Gesicht sah, glaubte ich stolz mit der Gefahr (!) spielen zu können . . .[334]

Auch als Judith ihr Kleid ablegt, gelingt es ihm, sozusagen ihrer vor seinen Augen sich vollziehenden Verwirklichung in der Entkleidung, den Bildcharakter zurückzugeben, indem er sie mit dem Blick des Kindes, das er selbst einmal war, anzusehen versucht: Er macht sie zum Zitat der Vergangenheit:

Sogleich ward ich wieder verwirrt und erst allmählich, indem ich unverwandt sie anschaute, entwirrte sich mein flimmernder Blick an der ruhigen Klarheit dieser Formen (des Körpers). Ich hatte sie schon als Knabe ein oder zwei Mal so gesehen, wenn sie beim Ankleiden nicht sehr auf mich achtete, obgleich ich jetzt anders sah als damals, schien doch die gleiche Vorwurfslosigkeit auf diesem Schnee zu ruhen . . .[335]

Die Kühle der Milch, die an Marmor erinnert, der Schnee ihres Leibes – solche Metaphorik arbeitet dem Aufkommen höherer Temperaturen unter diesen Umständen hartnäckig entgegen. Heinrichs Bedürfnis, Versuchung ins Bild, Erregung in Worte, Wirklichkeit in Literatur zu bannen, seiner Vorliebe, die offenen Geheimnisse des Körpers sich erst noch aus der Spiegelschrift des Symbolischen zu entziffern, kurz, sein Trauma, das Unmittelbare ja nur mittelbar wahrzunehmen, wird befriedigt durch die Übereinstimmung zwischen ihm und Judith, daß das einträchtigste Vorkommnis zwischen ihnen die gemeinsame Lektüre von Ariosts »Rasendem Roland« ist. Hier schwelgen sie in den Leidenschaften anderer, und die entblößten Frauen und ihre »verführerische Lage« in einer Dichtung des 17. Jahrhunderts erhitzen ihre – Phantasie. Wohl sieht Heinrich dabei sich auch selbst als »törichter Fabelheld«, weil ihm die »blühende Wirklichkeit« vor seinen Augen unberührbar bleibt. Aber sein »platonisches Pflicht- und Treuegefühl« behält die Oberhand.[336]

Im literarischen Topos verschwindet auch ein Stück Wirklichkeit, das ihm bald danach mit fordernder physischer Deutlichkeit auf den Leib rückt. Keller hat diese Szene in der zweiten

Fassung gestrichen; wie immer wohl brachte die Einkleidung in eine Fabel das Motiv erst in seiner gemeinten Nacktheit zur Geltung.

Die heftige, das Verhältnis der beiden krönende Verführungsszene am Waldbach im Mondschein ist eine Adaption des Ovid, eine Übertragung der Fabel von Artemis und Aktaion auf die Sichtebene eines Konfirmanden, und in ihr ist deren Gehalt an Ambivalenz des Triebausdrucks an einem Partialtriebtäter rückstandslos aufgegangen.

Judith, die ein nächtliches Bad genommen hat, wird, kaum dem Wasser entstiegen, für Heinrich zum riesenhaften Weib, zur Göttin. Das heißt, sie verwandelt sich in ihr eigenes, bedrohlich vergrößertes Abbild, im Marmorglanz ihres nackten, weißen Körpers geht sie völlig in einen Augengegenstand über und wird zunehmend zur Objektivation von Heinrichs eigenem, projiziertem Erstarren aus Erschrecken und Furcht vor einer Triebwirklichkeit, die den Zeugen als Beteiligten – den schüchternen Mutterzögling als brünstigen Hirsch – einzubeziehen trachtet:

Jetzt setzte sie den triefenden weißen Fuß auf die trockenen Steine, sah mich an und ich sie; sie war nur noch drei Schritte von mir und stand einen Augenblick still; ich sah jedes Glied in dem hellen Lichte deutlich, aber wie fabelhaft vergrößert und verschönt, gleich einem überlebensgroßen alten Marmorbilde. Auf den Schultern, auf den Brüsten und auf den Hüften schimmerte das Wasser, aber noch mehr leuchteten ihre Augen, die sie schweigend auf mich gerichtet hielt. Jetzt hob sie die Arme und bewegte sich gegen mich; aber ich, von einem heißkalten Schauer und Respekt durchrieselt, ging mit jedem Schritt, den sie vorwärts tat, wie ein Krebs einen Schritt rückwärts, aber sie nicht aus den Augen verlierend. So trat ich unter die Bäume zurück, bis ich mich in den Brombeerstauden fing und wieder still stand. Ich war nun verborgen und im Dunkeln, während sie im Lichte mir vorschwebte und schimmerte; ich drückte meinen Kopf an einen kühlen Stamm und besah unverwandt die Erscheinung.[337]

Unmittelbar nach diesem Vorfall heiratet die Base Heinrichs. In den Gedanken des Erzählers sind die beiden Ereignisse sich so nahe: Du, glückliche Cousine, heirate, Heinrich aber schaue.

Auf der Hochzeit trifft Heinrich seine Mutter wieder und kann sich in ihrer Gegenwart »den Gedanken nicht verwehren, daß ich sie mit dem hintergehe, wovon sie keine Ahnung hatte«.[338] Judith macht er dabei keinen Vorwurf:

Ich fühlte sonderbarerweise die Schuld dieses Abenteuers allein auf mir ruhen, obgleich ich mich dabei leidend verhalten hatte.[339]

Anna und Judith: Versagung als Triebziel

Liebe und Tod sind für Heinrichs Empfinden und folglich auch für den Erzählfortgang eng miteinander verknüpft. Kurz nach der Diana-Metamorphose Judiths stirbt Anna. Heinrich hatte sich zuletzt eingeredet, das kranke Mädchen könne ihm mit ihren Blicken überallhin folgen; besonders, wenn er sich bei Judith aufhält, ist ihm »als ob sie mich jetzt sehen müsse«.[340] Er beginnt sich so zu verhalten, daß er in »Ehren« bestehen kann, »wenn Annas Geisterauge mich etwa unbewußt erblicken sollte«. Sogar im Bett, allein, nimmt er deswegen »eine höchst gewählte und ideale Stellung ein«.[341] Schließlich zensiert er seine eigenen Gedanken und ist bestrebt, »wie ein Glas zu sein, das man jeden Augenblick durchschauen dürfe«.[342]

Judith und Anna hat der Autor selbst als Objektivierungen einer gespaltenen Gefühlsneigung durchschaut,[343] in der »zwei Strömungen«[344] eine eindeutige und vollziehbare Objektwahl beeinträchtigen. Eine nicht überwundene inzestuöse Bindung fixiert den frühkindlichen Wunsch nach Zärtlichkeit und macht ihn mit den späteren sexuellen Bestrebungen unvereinbar.[345]

Heinrichs Gewissensangst drängt Anna zusätzlich in die Rolle eines Über-Ichs, sie ist eine Art Satellit am Himmel, über den sein »inner spectator«[346] ihn beobachtet. Wenn er in der Herausverlegung von dieser Gewissens-Instanz Abstand zu gewinnen hoffte, dann ist es jetzt, als blicke ihn das ganze Universum an.

Anna veranschaulicht recht gut das Unwirkliche, Transpersonale, Eingebildete und Lebensabträgliche an einem Objekt, zu dem Beziehungen zu unterhalten Heinrich sich unter diesen Umständen mit affektierter Bravour eingestehen kann. Sie ist »der Stern, das milde Licht«,[347] an sie ist er durch das erwähnte »platonische Pflicht- und Treuegefühl« gebunden.[348] Im Text kommt es nur spärlich zur wörtlichen Rede von ihr, sie ist ganz aus seinem Inneren heraus beschrieben und belebt. Als Kranke ist sie bloß noch der stumme Gegenstand seiner stummen Beobachtungen, woran auch ihr Tod zunächst nichts ändert. Vor ihrer Leiche sitzend, »beschaute (er) sie mit unverwandten Blicken«.[349] Er ist als einziger aus dem Haus der Hinterbliebenen in der Lage, dem Sargtischler zur Hand zu gehen. Im Kahn transportieren beide die Bretter über einen See in den Wald und von dort den Sarg, der so weiß ist wie der Leib Judiths, zurück auf das Anwesen des Schulmeisters. Auch das ein Schauspiel in den Kulissen mythologischer Topoi, darüber hinaus eine handfeste Anspielung auf die Bootsfahrt von Julie und Saint-Preux in »La Nouvelle Héloïse«, wie Anna beziehungsreich Genuß an Kahnpartien auf dem Genfer See gefunden hatte. Auf dem Wasser begleitet Heinrich den reinen, toten Körper der Geliebten, in der die idealisierte Mutter unnahbar und in der Ewigkeit des Todes ihm für immer erhalten bleiben wird.

Als Anna im Sarg liegt, kommt sie unter der Glasscheibe über dem Gesicht zu sich selbst als das, was sie für ihn, und d. h. in ihm, immer war: ein Bild im Bild der Jugendgeschichte, das er braucht, um es dem Bild der Wirklichkeit, um es Judith entgegenzuhalten. Denn für ihn sind Bilder stärker als das Leben:

Ich glaube, die Glasscheibe tat es mir an, daß ich das Gut, was sie verschloß, gleich einem in Glas und Rahmen gefaßten Teil meiner Erfahrung, meines Lebens, in gehobener und feierlicher Stimmung, aber in vollkommener Ruhe begraben sah . . .[350]

So ist es denn auch erst die leiblich tote Anna, die den endgültigen Sieg über Judith davonträgt. Im Leben ist sie bloß *halb* gewesen, was sie war, und das reichte nur hin, Heinrich *halb* von Judith zurückzuhalten. Jetzt im Tod ist sie *ganz* das, was sie zu sein hat für ihn, und so kann er in ihrem Namen *ganz* mit Judith brechen. Annas Leiden und Ende sind nicht mehr als ein Argument in dem Streit, den Heinrich mit seiner Libido austrägt. Deswegen eilt er mit diesem Argument auch sofort zu Judith, ihr zu sagen, daß er Anna als »einen so klaren und lieblichen Stern für das ganze Leben« gewählt hat und daß er der Toten die Treue halten wird, die er ihr im Leben zur Hälfte versagt hatte. So verhindert Annas Tod gerade noch rechtzeitig, daß Heinrich zum Manne geworden wäre.

Das nächste Bild zeigt Heinrich schon fest im Griff des Vaterlandes, einem Über-Ich, dem er sich mit einem »wahren Durst« nach Unterwerfung ausliefert. Für Judith, und damit hält sich die Erzählung weiter an die Logik dieses Bildes, stellt sich da nur noch die Wahl, aus dieser allgemeinsten und ihr fremdesten Vergegenständlichung von Heinrichs Wesen zu verschwinden: Sie wandert aus dem Vaterland aus.

Heinrich, der sie in Reih und Glied gebannt auf dem Exerzierplatz stehend, vorüberfahren *sieht*, begnügt sich hier nicht mit der Stummheit eines Blickes. Ein »Kehrt Euch!« des Exerziermeisters sorgt im rechten Augenblick dafür, daß er ihr auch noch den Rücken zuwendet. Als ein nächster Befehl Heinrich wieder umdreht, verschwindet ihr Wagen »eben in weiter Ferne«.[351]

Anna ist für Heinrich eben auch deshalb wichtiger als Judith, weil das Verhältnis zu ihr das Spezifische der Beziehung zu seinen Wahrnehmungsgegenständen ausdrückt. Nur einmal fällt er auf die Illusion von Annas Lebensähnlichkeit, die er sich selbst macht, herein. Oder handelt er nur deswegen so freimütig, weil er sich ihres Verfügungscharakters als Bild so völlig sicher sein kann?

Als einer der Planer des Tellspiels – er ist als Maler, als Künstler, wie betont wird, hinzugezogen[352] – hat er sich und Anna unter die gedachten Mitspieler eingereiht. Er hat sie erst lange dazu überreden müssen, nun reitet sie jedoch neben ihm zum Schauplatz der Veranstaltung. Sie weiß nicht, daß, wenn Heinrich Rudenz und sie Berta ist, sie seine Geliebte abgibt. Die Szene aus Schillers Stück ist in den Schulausgaben für die Schweiz gestrichen. Niemand, bis auf einen noch außer Heinrich, der den Plan denn auch verraten wird, weiß also, daß Heinrich und Anna ein Liebespaar spielen. Die Episode ist für Heinrichs Bedürfnis nach Selbstdarstellung und seine Befähigung zum Liebesausdruck bezeichnend. Nicht einmal, daß ihm genügt, wenn die anderen ihn als den Liebhaber Annas *sehen*, ohne daß diese wüßte, welche Rolle sie und welche Heinrich ihr gegenüber in einem Ablauf, der ohnehin nur ein Spiel ist, übernommen hat; daß es für ihn also mit dem bloßen Schein, mit dem Bild, das

andere von einer Sache haben, die ihm Gefühlssache ist, getan
wäre; die anderen wissen ja noch nicht einmal, was Heinrich mit
dem Vorgang vor ihren Augen als geheime Beziehung zu Anna
öffentlich machen will, da sie den Teil des Stücks, der sie das erst
sehen ließe, nicht kennen. Es reicht Heinrich, daß *er* es weiß. So
sehr hat er sich auf das Proszenium seines Inneren zurückgezo-
gen, daß er sich selbst als Zuschauer bei der Inszenierung seiner
eigenen Gefühle genug ist.

Für die Dauer, die ein Wunsch braucht, um Phantasie zu
werden, geht Heinrich an diesem Festtag aus sich heraus. Der
»Philosoph« hat Heinrichs Gedanken an Anna verraten, und sie
verläßt sofort den Festplatz. Er reitet ihr nach, und dieser Ritt
kehrt in der Sprache des Erzählers das Unterste zuoberst. Hein-
richs und Annas Galopp durch eine »glänzende und wunderbare
Wildnis«[353] ist das Kabinettstück einer Allegorie, die sich als
Erlebnisschilderung Glaubwürdigkeit zu verschaffen weiß. Das
Ganze ist ein bewegtes Tableau aus ossianischen Motiven, eine
Maskerade im Gewand von Gefühlen:

Aber es war uns nur, als ob wir im Traume in einen geträumten Traum
träten . . .[354]

Eine mythologische Landschaft nimmt die Zwei auf, sie besteht
aus Bergen, Wolken, dunklen Hohlwegen, dunkel und braun,
»feucht und schauerlich«, Gewässern, einem großen Wald, »dessen Äste nach oben ein dunkelgrünes Dach bildeten«, zwei
Bäume als einer »Himmelspforte«, die das Paar auf ihren keu-
chenden Pferden so nahe zusammenführen, daß sie sich küssen
müssen. Jedoch:

Die Küsse erloschen wie von selbst, es war mir, als ob ich einen urfrem-
den, wesenlosen Gegenstand im Arme hielt, wir sahen uns fremd und
erschreckt ins Gesicht.[355]

In dieser Situation ist es ausnahmsweise Anna, die das Wort
ergreift:

»Oh es war so schön! wir waren so glücklich bis jetzt!«[356]

Sie ist am Zenit ihrer Bestimmung, sie ist die als Unschuld
gepriesene Versagung, die die Körper zurückweist, einschließlich

ihres eigenen: »Wage es ferner nicht, uns berührend zu begegnen . . .«[357]

Wir sind inmitten einer traditionsreichen Verzichtsliteratur, es ist Eurydikes Stimme, die noch bei Poliziano so klang: »Wehe, unserer Liebe Hast verdammt uns jetzt auf immer.«[358]

Heinrich teilt Annas Schrecken, und er setzt sich stumm neben sie:

sie lehnte sich auf meine Schulter, und so blickten wir mit düsterem Schweigen in das feuchte Element, von dessen Grund unser Spiegelbild, Haupt neben Haupt, zu uns herauf sah.[359]

Das Wasser, dieses »psychische und optische Remedium« Feuerbachs, dieser Spiegel der Seele, der das unsichtbare Wesen des Menschen und seiner Beziehungen sichtbar macht, zeigt sie beide dem Blick als Paar, vereint im Bildbelag einer Oberfläche, deren illusionierende Glätte eine Bewegung zerstört:

als wir uns erhoben, lächelte sie flüchtig gegen unser verschwindendes Bild im Wasser . . .[360]

(Heinrich hatte schon früher einmal an einem Spiegelwasser *gemalt.*[361])

Danach ist die Ordnung gleich wiederhergestellt, das Blut zurückgedämmt, nachdem es »ungehörige Wellen geschlagen«.[362] Die Natur der Liebessehnsucht ist ein Gewand, das in die Requisitenkammer zurückwandert. Heinrich quittiert, daß sein Regieeinfall mit ihm als Rudenz und Anna als Berta

das Ereignis herbeigeführt und daß unsere Küsse in den seltsamen Kleidern wohnten, welche wir anhatten.[363]

Unüberbietbar, wie in einer abschließenden Szene die Dichterphantasie einen Abstand zwischen den Körpern, beide erleichtert, veranschaulicht, und wie Gesten verdecken, was als Bewegung sich ausschließt. Während Heinrich sein Pferd im Hof mit trockenem Brot füttert,

stand Anna an dem offenen Fenster, ihr Haar vollends aufbindend, und schaute mir zu. Die gemächliche Beschäftigung unserer Hände in der Stille, die über den Gehöften lagerte, erfüllte uns mit einer tiefen und von Grund aus glücklichen Ruhe, und wir hätten Jahre lang so verharren mögen; manchmal biß ich selbst ein Stück von dem Brote, ehe ich es dem Pferde gab, worauf sich Anna ebenfalls Brot aus dem Schranke holte und am Fenster aß. [364]

Beiden schmeckt diese Henkersmahlzeit des Verzichts über die Maßen. Den Tafeln der Festfreude entronnen, das Pferd als Multiplikator ihrer Kräfte und Symbol ihrer Triebe gleich mit auf Trockenration gesetzt, so ist die zufriedenstellende Blickdistanz, ist die *Ruhe* wieder eingekehrt,

so schien auch die jetzige Art unseres Zusammenlebens das rechte Fahrwasser zu sein, in welches wir nach dem kleinen Sturme eingelaufen und in welchem wir bleiben sollten. [365]

Dem Autor mag es dennoch vorgekommen sein, als brächen die Drei zusammen das Heilige Brot, von dem Feuerbach gesagt hatte, daß es für die Liebe stehe, die dem Körper etwas zu essen gebe, also Befriedigung verschaffe. [366] Doch sind die Umstände nicht dazu angetan, auf diesen Gehalt mehr als nur anzuspielen. Von seiner Einlösung trennt das Medium, dem sich in diesem Roman noch jeder Kontakt am Ende unterworfen weiß: *Sehend* hält sich das Paar einander versichert, aber auch gegenseitig vom Leibe. Was *in* ihnen Verlangen ist, das haben sie außer sich gestellt in dem seine Ration dankbar verzehrenden Haustier, das sie eben noch im Fluge davongetragen hatte, als die Fremdheit der Kostüme ihnen, bis zum Erschrecken darüber, die Vertrautheit der Körper zu verheißen schien.

Das Spiel nach den Partituren der Väter

»Das Fest ist nicht nur, wie Freud es bestimmt hat, ein gestatteter, ja gebotener Durchbruch des sonst Verbotenen. Der Triumph setzt auch voraus, daß das Verbot weiterbesteht und nur momentan überwältigt wurde. Dem Rausch folgt der Katzenjammer, aber eigentlich war er schon vorher da, sonst hätte es keinen Rausches bedurft.« [367]

Festveranstaltungen spielen im Roman ja eine nicht zu übersehende Rolle, und man wird durchweg finden, daß sie für Heinrich auf die gleiche Weise zu Ende – und in die alltägliche

Versagungshandlung übergehen: das Wilhelm Tell-Spiel, der historische Festzug und das Künstlerfest, wo Heinrich gar sein Gegen- oder Wunschbild Lys herausfordert im Namen eines Universalismus des Verzichts – zum Abschluß einer universellen Verstellung, die erst so manche Wahrheit der Gefühle an den Tag gebracht hat. (Daß dazu der Glanz einer vergangenen Bürgerepoche von einmaligem Aufbruchcharakter wieder heraufgeführt werden mußte, dient nicht zuletzt dazu, wieder einmal der eigenen Vergangenheit Heinrichs seine Reverenz zu erweisen: So kam der Vater nicht nur in seinen Schiller-Aufführungen als vielversprechender Amateur des Politischen zur Geltung, sondern in dieser vergegenwärtigten Blüte einer großen Handwerkskultur nachträglich zu sich selbst als Staatsbürger und Stadtrepräsentant.)

Noch ganz zum Schluß zögert Heinrich die Heimkehr zur Mutter durch die Teilnahme an einem Fest um Tage hinaus und kommt dadurch zu spät, um die so Gefürchtete wie Geliebte noch lebend anzutreffen. Ihn hatte auf der Wanderung der Anblick einer Stadt im Tal (!) – in der auf einer Festwiese Feuerwehrleute Wasserfontänen aus ihren Schläuchen aufsteigen ließen (!) – zu dem unvorhergesehenen Aufenthalt eingeladen: ihn, der nur von einem Berg aus auf sie herabzublicken dachte. [368] Aus dem ›Katzenjammer‹, mit dem diese Festtagsstimmung endet, wird Heinrich nicht mehr herausfinden. Nur um weniges überlebt er die Mutter. [369]

Solche Festspiel- und Kostümierungsangelegenheiten sind, wie es im Text wörtlich heißt, jedesmal ein »verdoppeltes Phantasiegebilde«. [370] Es entspricht völlig einem Bedürfnis Heinrichs, sich selbst oder eine Person, auf die er sich beziehen möchte, zu verdoppeln in einer Einkleidung, die die reale Gegenwart im Bild – meist mit einer historischen Patina – wiederholt und verändert. Es ist dasjenige Manöver, das ein Objekt für den Betrachter herausstreicht, indem es ihm nur indirekt davon Kenntnis gibt. Grundsätzlich hat Heinrich die Neigung, auch noch das Offenliegende als Geheimnis aufzudecken, ein ihm unmittelbar Angebotenes erst aus zweiter Hand in Empfang zu nehmen. Es ist, als käme er nur dem näher, was sich ihm verhüllt. Auf diese Weise verfährt er auch mit den Personen, die er zu lieben glaubt, ja, mit den Äußerungen dieser Liebe selbst.

»Mein Herz aber einem liebenden Herzen noch als bare Münze anzubieten,« lautet eine Liebeserklärung Kellers, die der Adressatin, Johanna Kapp, nie zu Gesicht gekommen ist: Der Liebende hat sie nicht abgeschickt.[371] Auch Heinrichs Liebesbriefe kommen nicht an. Noch weniger kann er ein Liebesgeständnis im Angesicht der Geliebten hervorbringen. Judith veranlaßt ihn einmal wenigstens zu einer Antwort auf eine diesbezügliche Frage in ihrer Nähe, aber was sind das für Bedingungen, unter denen er sich dazu ermannt: Er sitzt im Wipfel eines Apfelbaumes, und dichter Nebel verbirgt ihn vor ihren Blicken.[372] Auch das eine versteckte Nähe also. »Ferne schadet der rechten Liebe weniger als Nähe«, ließe sich hierzu ein Bonmot Jean Pauls zitieren.[373]

Heinrich muß seine Liebe jedesmal aufschreiben, will er sie zum Ausdruck bringen.[374] Danach ist sie eine Botschaft, die sich aufmacht, ohne zu bekennen, von wem sie stammt. Das Versteckspiel ist für den Schreiber so wichtig wie die Gefühlsaussage selbst, die dieses in Gang setzt. Andererseits ist unübersehbar ein Zwang, sich zu erklären, und auch eine Ankunft des Geschriebenen erscheint dem Absender wünschenswert.

Nicht nur das Objekt verschwindet immer wieder in der Substituierung und bleibt dadurch versteckt in der Nähe – als könnte seine Nähe nur so ertragen werden –, auch das Subjekt hat das Bestreben, sich zu verbergen, um in dieser Weise anwesend zu sein. Im Verkehr mit Anna treibt Heinrich dieses Verhalten auf die Spitze. Wochenlang spricht er nicht mit ihr, dabei nimmt sein Gefühl für sie ständig zu. Daß dies ein geheimes Mittel ist, möglichst viel mit ihr zusammenzusein, zeigt sich, als sie nach den ersten und einzigen Küssen in Tränen ausbricht. Die zutage getretene Liebe müsse das Zusammensein beenden, spricht sie ihm aus der Seele.

Heinrichs Liebesbekenntnisse erreichen schließlich doch noch einen Adressaten, wenn auch nicht den, dem sie angeblich zugedacht sind. Zwar soll auch dieser davon erfahren, aber doch sieht es so aus, als seien die Botschaften an gar keine bestimmte Person gerichtet. Das Subjekt gibt sich zu sehen, indem es erst einmal unsichtbar bleiben möchte. Sichtbar wird es dann gleich für alle in der anonymisierten, vermittelten Form des Abbilds der Gefühle, die der Absender der Liebesnachrichten auch dann noch, wenn er auf eine Urheberschaft an ihnen angesprochen wird, verleugnen kann. (Wie es im Falle der französisch geschriebenen Briefe geschieht. [375])

Heinrichs Aufgeschlossenheit für alles Theatralische trägt diesem Verschlüsselungs- und Verdunklungsbedürfnis in verschiedener Weise Rechnung. Das Gefühl, in der Welt wie in einem Theater aufzutreten, ist ihm schon frühzeitig geläufig, und er stellt sich vor, »welch ein lustiges und liebliches Schauspiel es für den guten, weisen Gott sein muß, zu sehen«, wie da ein junger Mann seinen eigenen Weg zu gehen versucht. [376] Wie von Kleist anläßlich seiner Marionetten-Besprechung daran erinnert wird, machen solche Wanderer »die Reise um die Welt«, weil das Paradies »verriegelt« ist, sie müssen nun »sehen, ob es vielleicht von hinten irgendwo wieder offen ist«. [378]

Heinrichs Theaterleidenschaft läßt sich, kaum daß sie geweckt ist, schon auf die Inszenierung seiner Wünsche in einer Form ein, die für jeden Analytiker leichtes Brot bedeutete. Ausgerechnet ein großes Weinfaß nimmt den Sinn des Schauspiels, und was zu ihm führte, auf das ursprüngliche Höhlengleichnis zurück und zeigt den jungen Regisseur gleich in seinem Element. Er läßt diesen den Blicken entzogenen Ort mit grünen Zweigen ausstatten, »um das Innere des Fasses in einen Wald zu verwandeln«, [379] und während der anschließenden Aufführung sitzt Heinrich rittlings (!) auf dem Faß,

ein Lichtstümpfchen in der einen und eine tönerne Pfeife mit Kollophonium in der anderen Hand, und blies als Zeus Donnerer gewaltige, ununterbrochene Blitze durch das Spundloch hinein, daß die Flammen durch das grüne Laub züngelten und das Silberpapier auf Goliaths Helm magisch erglänzte. [380]

Die Inszenierung des Romangeschehens mit den topographischen Mitteln, die der Perspektive auf den Mutterleib abgeschaut sind, kehrt hier bei seinem zentralsten Veranschaulichungsbedürfnis ein. Den Blick durch das Spundloch, nur einem Zeus gestattet, hat der Protagonist sich vorbehalten. Er taucht die anderen in das Licht, das ihm das Drama im Innern des Fasses lediglich in seinen Reflexen zuspiegelt und ihn mehr blendet als erkennen läßt. Goliaths Ausrüstung ist es, die ihm dabei in die Augen sticht, und es ereignet sich nur wenig später, daß ein echter Goliath aus der Erwachsenenwelt in der Person des Faß-Besitzers die Kinderschar aus ihrem Paradies vertreibt: Heinrichs häusliches Trauma rekapituliert im Aktschluß eines jedes Spiel beendenden Eingriffs von außen.[381]

Solchermaßen versuchen die Wünsche Heinrichs wiederholt im Roman an das Objekt ihrer liebsten Wahl heranzukommen, im Spiel versteht sich, im Spiel im Spiel, als Wünsche, die sich dem Zuschauer in den Gestalten vorgegebener Symbole präsentieren. In Beziehung zu ihnen erfährt der Held, wie Hamlet, sein Glück und Unglück zugleich.

Ein »Traum im Traum« wird der gemeinsame Ausflug Heinrichs und Annas in diese gespielte Welt von Verliebten ausdrücklich genannt,[382] brachte er doch Wünsche zum Vorschein, die den Wünschenden von diesen selbst nicht gestattet sind. Die Gründe dafür liegen außerhalb der Bühne, auf der das Paar vor dem Leser erscheint, sich in den Kostümen der Schillerschen Theaterhelden, was ihre eigenen Gefühle betrifft, nackt vorkommt und darüber erschrickt: »das fast feindliche Fühlen des Körpers riß uns vollends aus dem Himmel«.[383]

Es ist nicht ohne Bedeutung, daß schon Heinrichs Vater ein Bühnenheld aus Schillers Dramenwelt für den Sohn mit seinen Gedanken daran, was von jenem bleiben und in ihm selbst fortgesetzt werden sollte, gewesen war. Der Sohn tritt in dieser unbewußten Anknüpfung an sein »Erbe« in der Literatur, in den Schriften und Partituren der Väter auf, die von vornherein das Medium der Verdopplung des Vaters in seiner idealen Wiederkehr als Träger des ›höheren‹ bürgerstaatlichen Denkens sind. Nur in dieser Form interessiert sich Heinrich z. B. auch für die Hauptfigur des schweizerischen Nationalmelodrams in Schillers Version. Der Mann selbst, der da den Wilhelm Tell verkörpert und den Heinrich während des Festtags auch gleichsam außerhalb seiner Rolle zu Gesicht bekommt, kann mit seiner Sympathie nicht so ohne weiteres rechnen.[384]

Schauspieler führten ein doppeltes Leben, schwärmt der jugendliche Held dieses Romans,[385] als er zu Füßen des reifen Gretchens, allein mit ihr in einem dunklen Theater (!), zu seinem

Glück, d. h. zu seiner Ruhe vor seinen eigenen Wünschen gekommen ist. [386] Als Meerkatze Teilnehmer des Bühnengeschehens am Abend, blockiert Heinrich beinahe den Ablauf der Handlung, weil er die Augen von der Gretchendarstellerin nicht mehr abwenden kann. Zuletzt reißt er sich aus dem Bann,

und ich machte meinen ersten und einzigen guten Sprung, als ich leidenschaftlich vom Schauplatze abtrat oder sprang und mich möglichst in die Nähe des gesehenen Bildes zu bringen suchte. [387]

Das ist es, was der Schautrieb die ganze Zeit über zu erreichen strebt. In welcher Form, das bestimmt die Scham, diese Inhibierung der offenen Lust des Schauens und Beschautwerdens, der Heinrich sich in seinem Selbstbild ständig unterworfen zeigt. [388]

Von Anfang an hat der Protagonist in der Weltverdopplung des Theaters nicht nur seinen eigenen »Zwiespalt« zu plazieren gesucht. Wie Goethes Wilhelm ist ihm an dem Blick *hinter* die Kulissen gelegen, denn dort vermutet er den Ort, an dem der Theatergott die Fäden in der Hand hält. In ihm kommt das Subjekt als auteur einer gleich zwiefach nachgestellten Wirklichkeit – denn die literarischen Vorlagen sind es ja schon einmal – zu sich selbst (der Signifikant, der immer bei sich selbst ausruhen kann):

Dieser Zwiespalt, die angenommene kennerhafte Ruhe und das unausbleibliche leidenschaftliche Hingeben auch an das verworfenste Stück (!) fing an mich zu ärgern, und ich sehnte mich danach, mit einem Schlage hinter die Kulissen zu kommen, und das berückende Spiel und seine Spieler, wie ihre Mittel, in der Nähe zu besehen; denn es bedünkte mich, daß es dort besser zu leben sein müsse als irgendwo in der Welt, leidenschaftslos und überlegen. [389]

Heinrichs Selbst-Verdopplung im Bild

Heinrichs Verhältnis zu der Wirklichkeit des Blicks ist das eines Begehrenden, der sich seines Gesehenseins schämt. Die Bilder, die er von sich im Schaufenster des Trödlers sieht, übernehmen es für ihn, als sein unverwechselbares, wahres Selbst dem Grafen und seiner Adoptivtochter Dortchen zu gefallen. Sie sind mit ihm, mit seinem Namen, nach außen hin gänzlich unverbunden. Heinrich steht, wenn er vor diesen Bildern steht, vor sich selbst in der Gestalt seines Abbilds, das aber sein Wesen enthält, während er als lebendige Person – verdeutlicht durch den sozialen Abstieg – sich immer fremder wird, sich entsubstantialisiert.

Als der Trödler einmal eins der Bilder aus dem Fenster nimmt, »so daß der essende Heinrich in der Spelunke recht sichtbar wurde«, ist es ihm, als würde er den Zuschauern draußen nackt gezeigt.[390] Sein Körper-Ich kennt im Hinblick auf seine eigene Sichtbarkeit bloß die Scham, es möchte sich ständig unsichtbar machen. Dasselbe demonstriert der Transport eines Bildes über den Markt der Stadt, den Heinrich im Auftrag und in Anwesenheit des Trödlers auszuführen hat. Scheinbar ist es das unhandliche Bild, das ihm bei diesem gemeinsamen Auftritt von Maler und Bild in der Öffentlichkeit zu schaffen macht. In Wahrheit ist es die Tatsache, daß er außer dem Bild *gesehen* wird:

Überdies mußte er, da die große Fahne nur auf der Rückseite an der Kreuzleiste zu halten war, die bemalte Seite nach außen kehren, und so begann er, sich dahinter bestmöglich verbergend, mit seiner Oriflamme durch die Straßen zu ziehen. Alsbald zog eine Schar Knaben und Mädchen vor der wandelnden Landschaft her, jeder Erwachsene ging ebenfalls ein Dutzend Schritte daneben hin und stolperte, während er die offenbaren und preisgegebenen Erfindungen Heinrichs zu enträtseln suchte, über die Steine. Zwei wohlhabende und angesehene Künstler gingen vorüber und betrachteten vornehm und verwundert den beschämten Träger . . .[391]

›Die offenbaren und preisgegebenen Erfindungen‹, die die Betrachter zu ›enträtseln‹ haben, gegen den Willen und Wunsch des Malers!

Das Bild nimmt Heinrich andererseits die Sicht auf das, was vor ihm wirklich auf der Straße vorgeht. Er stößt mit einem Fuhrwerk zusammen und verliert seinen Hut,

und so stand Heinrich ganz elend und ratlos da und unterdrückte einen bitteren Zorn im Herzen.[392]

Diese Reaktion ist gleich ganz maßlos gegenüber dem Anlaß. Schon im Eingangsteil des Romans hatte Heinrichs Hut ja eine bedeutsame Rolle gespielt, als er ihm gleich zweimal vom Kopf geschlagen worden war: einmal von den Dienern des Staates in Deutschland und einmal von dessen Repräsentanten selbst.[393] Hier nun werden wir, gleich über einige Seiten hin, ganz ins Mysterium des Phallus eingeführt.

Der Trödler taucht plötzlich vor dem beschämten und erregten Heinrich auf. Seinen »übelzugerichteten Hut in der Hand«, geht er dem unter den Blicken der Marktleute ausgelöschten und durch den Hutverlust bildlich kastrierten Helden durch die gaffende Menge voran:

Heinrich streckte sehnlich die Hand nach seinem Hute. Aber der Alte rief mit wahrer Dämonenfreude: »Nicht doch! mitnichten, Freundchen! Ihr kommt so viel besser fort! will Euch den Hut schon tragen und den Weg bahnen!«[394]

Zu Hause bei dem Trödler angekommen, wird Heinrich sich an diesem sofort rächen: Er reißt ihm die Zipfelmütze vom Kopf und setzt sie sich selbst auf:

Zugleich trat aber auf dem kahlen Schädel des Alten eine seltsame Erhöhung oder runder Wulst zutage, ein hügelartiger Auswuchs des Knochens, und auf dieser einsam ragenden Extrakuppe ein stehengebliebenes Wäldchen grauer Haare, was einen höchst lächerlichen Anblick gewährte.[395]

Umgekehrt hatte vorher der Trödler sich Heinrichs Hut auf den Kopf gestülpt. Nun beweist die »zornige Verlegenheit des also Beschaffenen, daß dies sein Geheimnis und seine schwache Seite war«.[396] So ist auch das die übliche zweigeteilte Wahrheit: unter dem Hut als seinem *Symbol* ist die *Wirklichkeit* des Phallus verborgen und gleich für Heinrich, sogar wenn sie an einem väterlichen Freund und Wohltäter entdeckt wird, ein Gegenstand des Spottes.

Die Bedeutung des Hutes als Phallus-Symbol – wer übersetzt da eigentlich dauernd in welche Sprache: Freud die der literarischen Symbole in die der Psychoanalyse? Oder Keller die Symbole, mit denen das Unbewußte am Bewußten vorbeispricht, aus der Literatur der Väter (Gessners Hut im »Wilhelm Tell«!) in die Literatur des Sohnes?

Der Hut des Grafen, an dem Heinrich die grüne Farbe auffällt, signalisiert, daß der Wanderer kurz davor ist, sein Wesen mit dem

Wesen des Vaters zu vereinen.[397] Wir sahen bereits, in welch inbrünstigem Blicktausch zwischen Heinrich und dem Grafen dieser Identifizierungsrausch den – in einem sehr zwiespältigen Sinne – Heimkehrenden überwältigte. Wir sahen ferner, daß Heinrich dadurch noch einmal in die Lage versetzt worden war, zu malen und das Gemalte durch den Grafen in Geld zu verwandeln. Im Rahmen von Heinrichs Substitutions-Ökonomie ist das ein guter Tausch, wie der Graf denn überhaupt dafür gesorgt hat, daß Heinrichs gesamtes Bilderwerk in dieser Währung anerkannt und in ihr das Äquivalent dem Urheber zur Verfügung gestellt wird.

Bevor der Protagonist in das Tal mit der mütterlichen Residenz, aus dem er nicht wiederkehren wird, hinabsteigt, geht es ihm nur noch darum, seine Bilder in entsprechender Obhut der Welt zu hinterlassen. Der Verlust seiner gemalten Landschaften, als er alle hatte an den Trödler abgeben müssen für seinen notdürftigsten Unterhalt, war als sein eigentlicher Selbstverlust so schmerzlich gewesen. Am Schluß unterläuft dem Erzähler, im Eifer, diesen Vorgang ja nur wieder umzukehren, ein Widerspruch. Die Bilder, die der Graf dem Trödler längst ohne Heinrichs Wissen abgekauft hat, befinden sich dennoch bei dessen Tod in seinem Nachlaß. Es ist, als könne Heinrich sich nicht oft genug und nur als Ganzes zurückgewinnen, um so für immer ins Schloß einzuziehen. Denn während Heinrich in die Heimat aufbricht, bleibt er in seinen Bildern wahrhaft zurück, »sie sollen in einem guten Hause aufgehoben sein«.[398]

Dortchen hat nicht nur, zum gleichen Zweck, das Exemplar der Jugendgeschichte gerettet, sie will auch seinen Hut als Ausstellungsstück in die Galerie des gräflichen Schlosses aufnehmen.[399] Er wird allen Betrachtern zeigen, was der Maler seinen Bildwerken nicht einzufügen geschafft hat, er wird sie auf den Grund für Heinrichs Scheitern als Künstler aufmerksam machen.

Heinrich hatte ständig die Gegenwart durch die Vergangenheit ersetzt, eine Vergangenheit, in der er selbst enthalten war: als das Kind, das er einmal war, als der Erbe der toten Väter. Das in die Gegenwartshandlung des zweiten Teils zu integrieren, ist der Sinn der verschiedenen Theateraufführungen, aber auch der

Sinn der vorher fertig vorliegenden Jugendgeschichte. Diese hatte Heinrich für das wenige Geld, das ihm zur Verfügung stand, sogleich teuer einbinden lassen. Die Jugendgeschichte ist so auch äußerlich das in sich abgeschlossene *Buch,* als das der Held sein infantiles Selbst mit sich herumträgt und auf das er reagiert wie Kierkegaards Erzähler auf das in der Schublade deponierte Tagebuch des Verführers: Er wird es im zweiten Teil des Romans noch einmal schreiben, um sich in dieser zweiten Bildschicht seiner so zu vergewissern, daß der Held versöhnt weiterleben kann. Das gelingt bezeichnenderweise erst nach vielen Jahren mit der zweiten Fassung des Romans, und dies ist auch der Grund, warum sie geboten war, nachdem der Autor die Mutter wirklich so lange überlebt hatte.

Der Künstler als Seher und die Geschichte

Bis dahin diente der zweite Teil der Geschichte dazu, daß das Bild des Erzählers von dem Bild des jugendlichen Helden, als dem Spiegelbild der eigenen Kindheit, nicht loskommt. Wie beim Briefschreiber Heinrich wendet sich dieser Bericht an kein bestimmtes Objekt. Der da von sich als Begehrendem Kunde gibt, weiß sich hierbei lediglich von den Lesern als Sehender gesehen.

Heinrich und Anna, das »nach dem kleinen Sturm« am Wasser ausruhende Paar, ist in dem Gefühl des Protagonisten, das *beide* in dieser inneren Identität hervorgebracht hat, vereint: »sich verlieben bedeutet dann oft, in sein eigenes Spiegelbild hineinstolpern, wobei man sowohl sich als auch seinem Spiegel Schaden zufügt.«[400] Es ist Narziß, der sich hier anschaut als das *Wesen* der Liebe, das in dieser abgekühlten, abgebildeten Form sich selbst als Augengegenstand erscheint. Das Wasser, das sowohl in den Romanbildern wie auf den Gemälden Kellers selten fehlt,[401] ist nicht nur das symbolische Lebenselement[402] – als Lebensquelle bleibt die Mutter zuletzt auf die bekannte Art ungenannt und damit um so genannter[403] –, es ist, echt feuerbachianisch, »das Ebenbild des Selbstbewußtseins, das Ebenbild des menschlichen Auges«.

Das ist die Realitätsebene, die Feuerbach dem Sohn zuweist.

Dieser verwirklicht sich als Künstler, sein Wesen ist die Phantasie, seine Bestimmungen sind Bilder, sein Bild von sich im Bild, *das sehende Bild*, ist das Auge. Dieses ist Ausgangspunkt einer spezifisch menschlichen Aktivität, die zwischen Körper und Geist fruchtbar wird: dem Sehen. Geschichte ist also das Bild, das am Bild (das der Sohn ist) vorüberzieht und das dieser gleichzeitig selbst ist. Das genau bedeutet die im Roman vorgetragene Seh-Theorie, die bezeichnenderweise am Beispiel des Künstlers, *der an einem Umzug teilnimmt*, erläutert wird:

Für den künstlerischen Menschen nun wäre dies so anzuwenden, daß er sich eher leidend und zusehend verhalten und die Dinge an sich vorüber-ziehen lassen als ihnen nachjagen soll; denn wer in einem festlichen Zug mitzieht, kann denselben nicht so beschreiben wie der, welcher am Wege steht. Dieser ist darum nicht überflüssig oder müßig, und der Seher ist erst das ganze Leben des Gesehenen, und wenn er ein rechter Seher ist, so kommt der Augenblick, wo er sich dem Zuge anschließt mit seinem goldenen Spiegel, gleich dem achten Könige im Macbeth, der in seinem Spiegel noch viele Könige sehen ließ. Auch ohne *äußere* Tat und Mühe ist das Sehen des ruhig Leidenden, gleichwie der Zuschauer eines Festzuges nicht genug Mühe hat, einen guten Platz zu erringen oder zu behaupten. Dies ist die Erhaltung der Freiheit und Unbescholtenheit unserer Augen. [404]

Die geschichtliche Realität kommt im Auge des Betrachters zu sich selbst, zum Bewußtsein. Deswegen ist der Seher »erst das ganze Leben des Gesehenen«. Es ist klar, daß der Künstler, wenn er sich dem Zug anschließt, zuletzt diesem als Spiegel folgt. In ihm erscheint die Menschheit mit ihrer Vergangenheit nicht als äußeres, naturalistisches Abbild, sondern als ihr Wesen. Dieses verrät sich als eine unendliche Reproduktion von Königsbildern im Spiegel des Künstler-Sohnes.

In solchen theoretischen Exkursen vollzieht sich die allmähliche Verdrängung der im Schautrieb Geltung beanspruchenden libidinösen Inhalte, und in den argumentreichen, aber anschauungsärmeren Passagen des zweiten Teils nimmt dieser Verschiebungs- bzw. Sublimierungsausdruck die Richtung auf ein immer mehr Allgemeines, Geistiges, Reflektiertes. Die ursprüngliche Erfüllungs- und Vereinigungssehnsucht, die auch der Schautrieb kennt und an seine Objekte heranträgt, ist in diesem Stadium nicht völlig verlorengegangen. Der nur noch dem Wissenstrieb hingegebene Heinrich des vierten Buches lobt das Auge als das Feuerbachsche Organ, mit dem der Mensch sein Selbstbewußtsein erlangt. Aus dem Vereinigungswunsch des Subjekts mit seinem Objekt ist ein Zusammenspiel des Auges mit seiner Materie, dem Licht, geworden, ein poetisch in Gang gehaltener Vorgang mit idealistischem Ziel – geht es doch um die Veredlung von Organen, um »Vergeistigung« –, der sich jedoch einer modern anmutenden materialistischen Dialektik anzupassen hat:

Das Licht aber hat den Sehnerv gereift und ihn mit der Blume des Auges gekrönt, gleich wie die Sonne die Knospen der Pflanzen erschließt; es hat das Auge scheinbar selbständig sich gegenüber gesetzt, so daß, wenn das Auge des Tieres und des bewußtlosen Menschen sich schließt, für dasselbe auch kein Licht mehr in der Welt ist; aber im bewußten Menschen bleibt die Erfahrung, und durch die Generationen vereinigt die eingeborene Kunde wieder die Welle mit der Quelle, das Auge mit dem Lichte, so daß beide eins sind, wenn ein Auge sich schließet, so weiß es: noch ist das Licht da und genug Augen, es zu sehen. Das Licht hat den Gesichtssinn hervorgerufen, die Erfahrung ist die Blüte des Gesichtssinns und ihre Frucht ist der selbstbewußte Geist; durch diesen aber gestaltet sich das Körperliche selbst um, bildet sich aus, und das Licht kehrt in sich selber zurück aus dem von Geist strahlenden Auge.[405]

Das Auge wird hier quasi szientistisch gefeiert als das Organ der Geistwerdung des Menschen; wie bei Feuerbach ist das Sehen ein geistiger Vorgang, ein Doppeltes und dieses Doppelte Vereinfachende in dem einen *geistigen* Sinn des Gesichts. Weiter wird das Sehen als die Voraussetzung des Geistes die Gewähr für ein kollektives Bewußtsein, also der Ausdruck der Geschichte, die, wie wir sahen, im sehenden Künstler bildliche Gestalt annimmt.

Heinrichs Sieg über die eigenen Wünsche in Lys

Zu dieser vergeistigten Form der Schaulust, für die der jetzt in theoretischen Studien aufgehende Heinrich votiert, wird noch einmal ein Gegenkandidat aufgestellt. Was an der sinnlichen Schaulust und den mit ihr verbundenen Regungen dem Helden mittlerweile unerträglich oder suspekt geworden ist, wird auf eine Erscheinung außer ihm projiziert. Dies ergibt die Figur des Malers Ferdinand Lys. An ihm findet sich Gelegenheit, zugleich auch einige Ressentiments abzureagieren, dieses Gegen-Ich also als einen Sohn großer Kaufleute und reicher Erben – elternlos ist auch er – hinzustellen, ihn einen Egoisten zu nennen und als Maler einen Realisten. [406] Sind dies durchaus Eigenschaften eines Wunsch-Ichs, so ist es bezeichnend für Heinrichs Zustand, daß er sie in dieser Behandlung verleugnet und auf einen Widerpart projiziert, den freilich noch mehr Züge als eine Abspaltung erkennen lassen, als zweites Ich, für das in Heinrichs Selbst kein Platz mehr sein soll. So vollendet auch Lys seine Bilder nicht, [407] und er hat sich eine verschrobene Enthaltsamkeits-Theorie gegenüber seiner Verlobten Agnes zurechtgedacht, die so recht auf Heinrichs Gefühls-Zwiespalt zugeschnitten ist – und Agnes denn auch in die Arme des Gottmachers treibt.

An Lys' Einstellung zur Malerei und zu seinen eigenen Bildern verrät sich ferner eine Menge von Heinrichs geheimen Vorstellungen vom Sinn gemalter Bilder, den diese für ihren Urheber haben, auch von dem, was sie an Sujets darstellen könnten, wäre die eigene Seh- und Darstellungshemmung nicht darauf angewiesen, mit lauter gemalten Forststilleben um das Menschenabbild herumzukommen. Lys hat seine frühere akademistische Produktion, alle seine Bilder mit mythologisierenden Inhalten, vernichtet – wie gern hätte Heinrich es ihm nachgetan –, und er malt jetzt nur noch wenig:

> Er hatte drei oder vier Bilder, die er nie ganz vollendete, die niemand außer seinen nächsten Freunden zu sehen bekam, aber auf jeden, welcher sie sah, einen immer neuen tiefen Eindruck machten. [408]

Also wieder diese Sekretierungsanwandlung und Verbergungsspezialität, die Seklusion des von sich Abgeschiedenen im kleinen Kreis der besten Freunde. So hat ja auch Heinrich seine Bilder bestimmt für die Privatgalerie des Grafen, dieser Personifizierung der ins Private zurückverlegten öffentlichen Geltung. Man wird an dieser Einschränkung der Zuschauerschaft die Rücksichtnahme auf die empfindliche Identität zwischen Maler und Bild erkennen können, aber auch ein Stück Wunsch, in diesem Für-sich-bleiben-Wollen mit dem gemalten Objekt jenen Hang zum

Spiel im Spiel nachzukommen, zum eigenen geheimen Privatinteresse innerhalb eines öffentlich Interessierenden, die Neigung wie gehabt, das für alle Erkennbare sich selbst zu verhüllen und so den allgemein zugänglich gewordenen Traum noch einmal als eigenen, privaten Traum und nur noch inneren Gegenstand für sich zu reklamieren; und dies an einer Sache, die auf Öffentlichkeit berechnet ist, ständig als eine Gegenbewegung, als eine Zurücknahme des schon Entäußerten zu exerzieren. Es ist dies der Umgang mit einem Objekt, zu dem man sich nur in dieser Form, auf diesem Umweg, in diesem Hin und Zurück, des einen im anderen, Zugang verschaffen und erhalten kann.

Die Sujets der Bilder des Malers Lys begründen noch extra, was es mit dieser Bild-im-Bild-Ästhetik auf sich hat.

Das erste Bild zeigt Salomo und die Königin von Saba. Salomo ist ein Mann von »wunderbarer Schönheit«.[409] Man sieht, Heinrich – und Lys ist Heinrich – ist dabei, sich seine Wunscheltern zu malen. Von Salomo wird erwähnt, daß er der Dichter des Hohelieds ist, es ist das erste, was dem Erzähler zu dieser Person einfällt. Das Hohelied hat als profanes Liebeslied in der Bibel die christlichen Jahrhunderte überstehen können, weil eine bestimmte geistliche Hermeneutik es als Liebeslied vor den Augen der Gläubigen verborgen hat. Also auch hier ein Gegenstand, der seinen erotischen Charakter offen zeigt, im Wortlaut des Textes, und der durch eine Deutung eingekleidet, versteckt wird und sich so seine Offenheit bewahren kann, als Traum im Traum der christlichen Lehre. Das ist ganz nach der Art von Heinrichs Phantasie, sich einen entblößten Körper nur im unsichtbaren Gewand einer gedanklichen, einer bildlichen Verhüllung einzugestehen und in dieser Doppelvorstellung als Körper und unterdrückten Körper zugleich verfügbar zu machen. Das ist das Bild im Bild, der gespaltene Blick, der ein verdoppeltes Objekt sieht in einer moralischen Perspektive, die die libidinöse mit berücksichtigt, indem sie das Verbotene als Verbotenes sieht, aber eben sieht.

Im Hohelied ist die nackte Brust der Geliebten Salomos ein besonders hervorgehobener Körperteil, dem Marienkult am Ausgang des Mittelalters wurde diese denn auch ein beliebtes Zitat.

Salomo gegenüber ist auf dem Bild die Königin, wie er »in reiche, üppige Wänder gehüllt«, sie

saßen allein und einsam sich gegenüber und schienen, die brennenden Augen eines auf das andere geheftet, in heißem fast feindlichen Wortspiel sich das Rätsel ihres Wesens, der Weisheit und des Glücks herauslocken zu wollen.

Das Rätsel wird in dem darauffolgenden Satz für uns schon gelöst:

Das Merkwürdige war, daß der schöne König in seinen Gesichtszügen ein zehnmal verschönter und verstärkter Ferdinand Lys zu sein schien.[410]

Wie gesagt, Lys ist Heinrich und Lys ist Salomo. Es sieht so aus, als ob Heinrichs Elternspiel, seine Identifizierungsserien sich komplizierter und ebenfalls ineinander verschachtelter Projektionen bedienen.

Das zweite Bild zeigt Hamlet, und dieser »glich ebenfalls dem Maler selbst«.[411] Dieser Hamlet steht da, »ganz jung, blühend und hoffnungsvoll«. Die beherrschende Figur des Bildes ist jedoch eine andere Person, die dem Leser übergangslos, atemlos präsentiert wird:

Obgleich im strengsten Stil gehalten, machte doch einen überwältigenden, verführerischen Eindruck eine Königin, welche, schon von jeder Hülle entblößt, eben mit dem Fuß in einen klaren Bach zum Bade tritt und vergessen hat, ihre goldene Krone vom Haupte zu tun. So trat sie, mit derselben geschmückt, dem Beschauer gerade entgegen, jeder Zoll ein majestätisches Weib, aus einem Lorbeergebüsch hervor, den ruhigen Blick auf das kühle Wasser gesenkt.[412]

Diese Königin ist immerhin Hamlets Mutter, die hier entblößt und im Begriff im Bach ein Bad zu nehmen wie Artemis, zu sehen ist. Wie an ihr war auch schon an Judith in der entsprechenden Szene der nackte Fuß besonders hervorgehoben worden, was uns erlaubt, auf dieses offensichtlich unentbehrliche Requisit des inzestuös Verstrickten im Zusammenhang mit den fetischistischen Anzüglichkeiten seines Blicks aufmerksam zu machen.[413] Heinrich wird später vor dem Wiedersehen mit seiner Mutter zumute sein, »als wenn er vor eine Königin hätte treten müssen«.[414] Nicht in seinen eigenen Bildern, aber in denen seines älteren

Pendants oder Widerparts Lys gelingt ihm die Darstellung des verfänglichsten aller menschlichen Körper, des nackten Leibs der Mutter, als Bild im Bild versteht sich, als Blick durch das Spundloch, der ein Objekt zum Symbol, zum Objekt eines Objekts und zum Gegenstand in einem Spiel, das aufgeführt oder gemalt sein kann, macht.

Die Ingredienzien sind auch hier wieder vollständig mit den Wolken über der Badeszene, den »spielenden Wellen«, den Lorbeerbäumchen und den Blumen. Das »Beiwerk« nennt es der Text. Noch etwas anderes sorgt dafür, daß der Körper in seiner »sinnlichen Gewalt« in die mildernden Umstände des Bildes verwandelt wird, d. h. er ist »streng und fromm geformt«. Damit scheint, was den Augen ohne diese Verkleidung durch das unsichtbare Gewand der Kunst das Sündhafteste wäre, was denkbar ist, »auf heiligstem Rechtsboden zu stehen«.[415] Ein juridischer Terminus in einer Kunstausstellung? Droht an diesem Hamlet, als Kellers Hamlet-Aufführung in der Aufführung, die Wahrheit ans Licht zu kommen?

Lys' drittes Bild zeigt, mit dem Rücken zum Betrachter, »einzeln ein üppig gewachsenes junges Mädchen«. Dazu eine Handvoll Männer, die an dem Mädchen vorbeisehen:

So waren alle Blicke, mit Ausnahme derer des Mädchens, auf den gerichtet, welcher vor das Bild trat, und sie schienen mit unabwehrbarer Durchdringung jede Selbsttäuschung, Halbheit, jede verborgene Schwäche, jede unbewußte Heuchelei aus ihm herauszufischen oder vielmehr schon entdeckt zu haben.[416]

Das Bild heißt die ›Bank der Spötter‹. Worüber spotten die Männer, wenn nicht über den Blick des Betrachters, der es erwartet, ihren Blick auf das Mädchen gerichtet zu sehen und in diesem Blick seinerseits das Mädchen als Angesehene zu sehen hofft. Diese Düpierung des potentiellen Voyeurs macht die »Hoffnungslosigkeit« und »Verneinung« in dem Bild aus.[417] Heinrich nennt die Männer »seine ›Hohe Kommission‹«[418] und überträgt ihnen die Allmacht des Über-Ichs, das Gewissens, und verrät, bei welchem Interesse seines Blickes sie ihn ertappen könnten.

Ich denke mir übrigens, daß Keller als Maler an diese Grenze gekommen war, weil er diesen erblickten Blick, diese ineinandergeschachtelte Sehweise, diese Bild-im-Bild-Vorstellungen malend nicht mehr realisieren konnte; weil er den vom Auge losgelösten Blick nicht zum Sujet und Bestandteil seiner Bilder machen konnte. Dies, die Wahrnehmungsweise des Erblickten im Blick, leistet die durchsichtige Einhüllung durch Sprache besser. Das ist wohl die Natur, die Heinrich sucht, die Wahrheit des Bildes im Bild, sein Traum im Traum.

Heinrich gelingt dieses Eingeständnis seiner intimsten Malerwünsche und Lieblingsgegenstände in der Verlegung in die Person seines ästhetischen Kontrahenten. Lys sagt er bei einer anderen Gelegenheit nach, daß dieser die Frauen in seinen Zeichnungen lächerlich mache und erniedrige.[419] Gemeint sind dabei die Abbilder von Frauen, mit denen Lys in Liebesabenteuer verwickelt gewesen ist. Denn wenn Lys auch keinen Tag verstreichen lassen kann, »ohne das reizende Wunder zu sehen«,[420] d. h. die von ihm nie berührte Agnes zu treffen, so ist er andererseits, wenigstens in Heinrichs Augen, ein wüster Weiberheld. Als der Malerfreund und -gegenspieler endlich zu Wort kommt im Buch, sagt er Heinrich dessen fatale Gefühlsgespaltenheit und Körperfeigheit auf den Kopf zu.[421] Anschließend bekennt er sich zu Heinrichs früherem, eigentlichem Ich, das, und darin zeigt sich nur, daß er Heinrichs Projektion ist, immer ein an den Partialtrieb der Schaulust gebundenes Ich gewesen und nun durch das herausfordernde Bekenntnis seines Gegenübers an das erinnert wird, was er an sich selbst unterdrückt:

Das Auge ist der Urheber, der Vermittler und der Erhalter oder Vernichter der Liebe; ich kann mir vornehmen, treu zu sein, aber das Auge nimmt sich nichts vor, das gehorcht und fügt sich der Kette der ewigen Naturgesetze. Luther hat nur als Normalmann, nicht als einer von denen gesprochen, welche Religionen stiften oder säubern und die Welt verändern, wenn er sagte, er könne kein Weib ansehen, ohne ihrer zu begehren.[422]

Das klingt gar nicht so unsympathisch und negativ und könnte vom feuerbachschen Überschwang sein in der Berufung auf die Naturgesetze. Aber so, auch wenn es an Aristoteles erinnert,[423] ist das Sehen doch auf eine bloß sinnliche Veranstaltung reduziert, und das Sehen war auch für Feuerbach eine geistige Tätigkeit gewesen.

Die Sache endet mit einem Duell. Heinrich verletzt sein anderes Ich tödlich. Es ist ein eingekleideter Selbstmord, die Auslöschung seiner körperlichen Hälfte. Lys stirbt auf Raten, d. h. ganz tot ist der Leib bis zuletzt eben doch nicht. Im Roman hat er die Aufgabe, sich aus der Ferne noch gelegentlich zu melden, um zu sagen, daß er Heinrich den Mord nicht nachträgt und daß er sich zum »Philosophen« gewandelt habe.[424] Das heißt, auch er will nur noch *wissen*.

Scipios Traum wird wahr: der Graf und die Republik der Söhne

Als Heinrich ins Grafenschloß kommt, ist alles »ganz wie ich es geträumt«. Es hat »das Leben so alle Traumgedichte« überboten.[425] So ist auch das ein Traum im Traum, zumal Dortchen will, daß er wieder, wie als Kind, grün trägt. Es folgt Heinrichs Version von Scipios Traum, die Voraussage seiner künftigen Schicksale aus dem Unbewußten, das hier gleich wieder die Gestalt des schönen Bildes annimmt.

Der Graf hatte schon bei seinem ersten Treffen Heinrich »mit fast wehmütiger Teilnahme« zum Abschied angesehen und ihm »aufs Wiedersehen« nachgerufen.[426] Es ist an ihrem Verhältnis also von Anfang an dieser Zukunftszug, die Zuversicht auf eine Überbrückungshilfe durch den Grafen, wenn Heinrich so weit sein sollte, sich in die geistige Gemeinschaft der Nation, in die politischen Bedingungen des Staates einzufügen. Der Graf ist, das sahen wir schon, dazu als die Personifizierung der transpersonalen Aspekte von Heinrichs Vateridentifizierung vorgesehen, er ist darin der Rahmen, in dem Heinrichs Selbstverwesentlichung vonstatten gehen soll, in den hinein die Selbstüberschreitung seines Ichs zu führen hat. Die Identität des Sohnes mit dem geistigen Vater steht damit bevor. Der Graf stellt seine Familientradition, seine soziale Aura Heinrich zur Verfügung, an ihm ist alles, was Heinrich an politischem, öffentlichem Denken und Verhalten gern verkörpern würde. Er ist die verkörperte Idee der Republik – als Adliger. Wie Heinrich diese akzeptieren kann, das hat er alles darzustellen als Inkarnation. Er darf daher keine anmaßende Autorität sein, sondern eine liberale Persönlichkeit, nicht auf die Herkunftsprivilegien sehend, und dennoch von vornehmster Abstammung – man sieht, das Bürgertum tritt das Erbe des Adels als verinnerlichtes an, d. h. ohne die äußeren Mittel und politischen Rechte. Der Graf muß dazu persönlich einnehmend, von privater und gefühlsmäßiger Zugetanheit, ein väterlicher Freund sein.

Als der Vater des Scipio ist er eine voraussehende und Heinrich liebend ansehende Erscheinung, aber nicht aus dem Totenreich der schon Abgeschiedenen, er lebt in dem Reich seines angestammten Besitzes, und wenn er auch betont, es komme nicht auf die einzelne konkrete Person, sondern auf Areale und Landschaften an, die den Namen seines Geschlechts tragen, [427] so kann er doch tätig werden und Heinrichs Zukunftsaussichten materiell befördern. Er ist das in die lebendige menschliche Leibhaftigkeit zurückverwandelte Geld, das elterliche Vermögen nimmt in ihm väterliche Gestalt an: Das Äquivalent der Warenzirkulation ist zum Äquivalent des psychischen Kreislaufs, dem Kreislauf des Begehrens geworden.

Hier will sich der Wunsch nach Wieder-Versinnlichung der Totalität erfüllen, die seit Defoes Robinson Crusoe den Vater durch das Geld ersetzte, die Familie durch den Handel.

So erscheint der Graf Heinrich auch nicht wie dem Scipio sein Vater im Schlaf, sondern Heinrich erwacht in seine Traumgegenwart: Der Graf am Bett des von ihm Geweckten reduziert sich dabei auf die Augen, in denen sich das Wesen des Vaters, glänzend wie die Geldmünzen, ihm anbietet zur Vereinigung, damit der Sohn im Sinne Feuerbachs den Vater in seinem Wesen, d. h. seine Tradition, seinen öffentlichen Geist, den Namen seines Geschlechts, sich zu verkörpern anschicken kann zur realen Zukunft des Sohnes. Dies erfolgt dann allerdings darin, daß dieser Sohn nur seine Bilder als sich selbst zurückläßt und als leibliche Person wie Hamlet in dem Tod der Mutter mit untergeht.

Ist damit die Initiation doch noch ans Ziel gekommen? Gibt es ein nichtleibliches Überleben? Heinrich hatte gerade durch Dortchen einsehen gelernt, daß es das nicht gibt, einen Toten, der lebt.

Die Staatsbilder, die der Roman präsentiert, sind alle künstlerischen Ursprungs. In ihnen ist der Staat Kunst. Das Tellspiel zeigt eine Schweizer Republik, die ideal ist, weil sie, wie das Sparta für Platon, für die Spieler und Zuschauer vergangen ist. Auch erfolgt diese Selbstbespiegelung der Nation in ihrer Geschichte als ein Vorgang im Auge des künstlerischen Sehers, nämlich des Autors Schiller. Die Lebenden führen also, als Bild im Bild, sich in der gesehenen Form, in der im Auge des Sehers gebildeten Gestalt, einander vor.

Die zweite, ausführliche und thematische Beschwörung einer politischen Realität ist der Künstlerumzug in der deutschen »Hauptstadt«, der ausdrücklich ein Kunstwerk genannt wird,[428] der eine Vergangenheit aufleben läßt, und zwar die Blüte der bürgerlichen Stadtstaaten Deutschlands, die, wie gesagt, eine Blüte der Handwerkerkultur war. Kellers Lieblingsmotiv als Maler neben seinen Landschaften, die mittelalterliche Stadt als Mutterobjekt, kommt also auch hier zusammen mit dem idealisierten Vaterwesen, dem Handwerkertum und deren Überhöhung im entsprechenden Geschichtsdenken. So heißt es denn auch:

Zu den edelsten und vertrauenswertesten Gestalten einer wohlbestehenden Stadt gehören die kundigen Baumeister. Sie stehen unter allen Künstlern dem Rat am nächsten . . .[429]

Das ist der Vater, der die Stadt baut und die Mutter, die die Stadt ist.

Heinrichs Rehabilitierung als Künstler durch den Grafen, die seine Kunstperiode zugleich abschließen und Heinrich zur Selbstverwirklichung im politischen Zusammenhang des Staates befähigen soll, wird in einem Tableau des Umzugs vorweggenommen und in der üblichen Einkleidung übergroß vorausgedeutet. Als Zweck des Künstlerumzugs, dieses kunstgewordenen Staates von gestern, erscheint als Bild im Bild ein Wunschbild Heinrichs in einer eminent überhöhten, ins Historische vergrößerten Ausgabe:

Es sollte das alte Nürnberg wieder auferweckt werden, wie es wenigstens in beweglichen Menschengestalten sich darstellen konnte und wie es zu der Zeit war, als der letzte Ritter, Kaiser Maximilian I., in ihm Festtage feierte und seinen besten Sohn, Albrecht Dürer, mit Ehren und Wappen bekleidete.[430]

Heinrich also als Dürer und der Graf als der letzte Ritter und Kaiser über das gesamte Reich. Und »der beste Sohn« inkarniert das Reich im Bild, in seiner Kunst. Da ließ sich daran anknüpfen, daß die Stadtstaaten tatsächlich schon das alte Reich beerbt hatten, daß sie mit ihrer neuen Wirtschaft, in der die neue Gesellschaft angelegt war, in der Hülle der feudalistischen Staatsform die neue Wirklichkeit waren und daß die Söhne das Vaterreich inkarnierten als Vaterwesen, als Tradition und Idee in der realen Handelsrepublik.

Diese war ein Handwerkerstaat im Sinne Platons. Die Handwerker sind die Baumeister der Stadt, nicht jene Künstler, die wie zuletzt Heinrich nur noch »Gefechte in der Luft« austragen, »hoch über dem festen Boden der Natur«.[431]

»Der Geist ist allerdings das Höchste im Menschen; er ist der Adel des Menschengeschlechts.«[432] Bevor Heinrich im Grafen eine Verkörperung dieses Adels im Sinne Feuerbachs trifft, war er dem Geistigen schon in einer anderen Form zugetan: »Das Heiterste und Schönste war mir die Lehre vom Geist, als welcher ewig ist und alles durchdringt.«

Niemand wird behaupten, daß Keller einen ›materialistischen‹ Roman geschrieben hat oder auch nur hat schreiben wollen. Das von einem Globalstaat des Geistes schwärmende Ich der Jugendgeschichte, das sich gar in einem geistigen Christentum, ehe es geistlich wurde, »glücklich« sehen könnte, ist nicht bloß vorgeschobene Staffage. Zu schnell verstrickt sich in die Gedanken an ein sogleich ästhetisches Gemeinwesen der rote Faden, den das Wünschen in diesem Buch nie abreißen läßt. Die »Welt der Geister als eine Republik« entpuppt sich als der dem Egalitätsbewußtsein einzig erträgliche, weil im Geistigen emotionsfreie Spielraum für die Projektionen des Helden, der »nur Gott als Protektor« über sich duldet, jede Nominalisierung von Herrschaft aber ablehnt. Der Geist als überindividuelle, kollektive Transzendenz des Begehrens ist das wahre Gemeinwesen, als der Geist des toten Vaters verbürgt er die republikanische Temperance der Söhne untereinander.[433]

Obwohl den Protagonisten an der Kirchenlehre scheitern zeigend, gewinnt der Erzähler dem Spirituellen im Christentum doch dieses ab, wie er auch das »Bekennen der Sündhaftigkeit«

für ein natürliches regulatives Element kritischer Selbsterkenntnis hält.[434] Hart ins Gericht geht er dagegen mit der Glaubenszumutung,[435] und von der christlichen Liebe weiß er nur, daß der Gedanke an Gott das soziale Gefühl zum Seligkeitsopportunismus pervertiert.[436] Schuldjustiz und Katechismusstunde haben schließlich seinen phantastischen Welteifer korrumpiert, ihn aus seinem »öffentliche(n) Leben«,[437] aus der Teilnahme am Gattungsbewußtsein auf den »Privatverkehr mit Gott zurückgedrängt«.[438] Der »Katechismus und seine Handhaber« werden gar beschuldigt, seine Liebesfähigkeit für immer zerstört zu haben:

Denn wenn ich recht scharf in jenen vergangenen dämmerhaften Seelenzustand zurückzudringen versuche, so entdecke ich noch wohl, daß ich den Gott meiner Kindheit nicht liebte, sondern nur brauchte und daß damit das lebendige Gefühl der Liebe auch für alles übrige Leben nicht zum Erwachen kam und nur schwer durch die unnatürliche übergeworfene Eisdecke dringen konnte.[439]

So wird unterschieden zwischen dem reinen Geist und dem durch die Institutionen korrumpierten. Der Hinweis auf die Zerstörung von Heinrichs Liebesfähigkeit durch sie ist auch ein Hinweis auf die Macht, die das Gesetz über ihn ausübt.

Daß Heinrich, der sein ideales soziales Ich eben erst im Grafen wiedergetroffen hat, sich dann doch noch in sein wirkliches Vaterland, die Schweiz, begeben will, könnte einem Enthusiasmus entsprechen, bei dem ein letztes Mal Feuerbach ausgeholfen haben mag. Die Republik als die Staatsform der Söhne war für diesen zugleich die Staatsform der Natur: »In der Natur ist aber nur, wie gesagt, ein republikanisches Regiment ...«[440] Folgerichtig kehrt Heinrich, wenn er in die demokratisch regierte Schweiz und gleichzeitig in seine Gefühlsheimat zurückkehrt, in die Natur zurück:

»Aber die Mehrheit«, rief er vor sich her, »ist die einzige wirkliche und notwendige Macht im Lande, so greifbar und fühlbar wie die körperliche Natur selbst, an die wir gefesselt sind.[441]

Der Nachsatz verrät, was für eine Natur da sich in ihm in Erinnerung bringt bei seinem Überschwang für den republikanischen Alpenstaat. Eben will er sich das inzwischen geistig gewordene Vaterland wieder naturalisieren, konkret und zu einer fühlbaren Sache machen, da gemahnt ihn diese fühlbare Sache daran, daß er ein Gefesselter ist, an eine bestimmte Natur, die ihm in dieser Heimat wiederbegegnen wird. Er hatte ja in der Vergeistigung einen Ausweg gesucht, weg aus dieser Nähe zu seinem Konflikt, ganz wie Freud sagt, daß »der Inhalt der Zwangsidee durch *Verallgemeinerung* aus seinen speziellen Beziehungen gelöst« wird.[442]

Das Verhältnis des einzelnen zu den anderen, ›dem Volk‹, hatte er sich auf dem erkenntniskritischen wie moralischen Niveau eines Adam Smith plausibel gemacht: Nichts mehr sonst sollte die Gleichen voneinander unterscheiden in ihrem Dasein als nur noch gewissenhafte Spiegel füreinander:

Mit großen Augen beschaut sich erst die Menge den einzelnen, der ihr etwas vorsagen will, und dieser, mutvoll ausharrend, kehrt sein bestes Wesen heraus, um zu siegen ... Glücklich, wer in seinem Land ein Spiegel seines Volkes sein kann, der nichts widerspiegelt als dies Volk, indessen dieses selbst nur ein kleiner heller Spiegel der weiten lebendigen Welt ist.[443]

Doch Heinrich, der sich am Tod der Mutter schuldig fühlt – und hat er ihn sich nicht gewünscht in der Furcht ihr zu begegnen? –, meint sich in dieser Welt von sich im Blick konstituierenden, darin staatsbürgerlich gewordenen Subjekten durchschaut und *moralisch* vernichtet. Seine Anfälligkeit für die auslöschende Wirkung der Blicke der anderen hatte er ja schon früher bekundet. Nun glaubt er das Recht verwirkt zu haben, den anderen ein Spiegel zu sein, wie diese ihm:

So war nun der schöne Spiegel, welcher sein Volk widerspiegeln sollte, gebrochen. Denn da er die unmittelbare Lebensquelle, welche ihn mit dem Volk verband, vernichtet, so hatte er kein Recht und keine Ehre, unter diesem Volk mitwirken zu wollen ...[444]

Die Bilder Heinrichs, das wissen wir wenigstens, sind in Sicherheit. Sie werden als das, was dieser wünschte und was er dafür bekam, bleiben zu musealer Erinnerung und Andacht. Was aber wird mit dem Geld, das Heinrich nicht zahlte für die Aufbewahrung seines einzigen Nachlasses zu Lebzeiten, sondern das er erhielt als Äquivalent für seine im Begehren ferner noch vorzeigbaren Wünsche? Es wird nicht als Einsatz zurückgegeben, noch kauft es, wie in schlechten Romanen, im letzten Augenblick alles zurück, was dem Helden an Hoffnung abgenommen worden war. Es verschwindet mit ihm aus der Welt, so wie es nur für ihn, solange er in ihr war, in Umlauf gesetzt blieb. Es ist der Kurzschluß eines Kreislaufs, den Marx, ein Zeitgenosse Kellers mit ähnlicher Obsession für das Geld, durch eine Revolution allgemein lassen werden wollte.

16. Franz Kafka: »Amerika«

Foole, thou didst not understand,
The mystique language of the eye or hand.

John Donne[1]

Die Augen auf das Schloß gerichtet, ging K.
weiter, nichts sonst kümmerte ihn.

Franz Kafka[2]

Ich bin nur Gerichteter und Zuschauer.

Franz Kafka[3]

Das Elternfoto

In Kafkas »Amerika«-Roman gibt es eine Seite, auf der sich die Elemente, die diese Arbeit immer wieder als zusammengehörig thematisiert hat, sämtlich wiederfinden. Es handelt sich um die Beschreibung eines Fotos, das der Protagonist Karl Roßmann nach seiner Ankunft in einem »kleinen Wirtshaus« in der Nähe New Yorks betrachtet.[4] Eingewiesen in ein Zimmer, in dem noch zwei andere Reisende übernachten, beschließt Karl, nicht zu schlafen. Er nimmt eine Fotografie zur Hand, die den Vater und die Mutter abbildet.

Erwähnt wird an dieser Stelle kurz eine andere Fotografie, die Karl als Kind mit seinen Eltern zeigt. »Vater und Mutter sahen ihn darauf scharf an, während er nach dem Auftrag des Photographen den Apparat hatte anschauen müssen«, heißt es von diesem Bild und, abschließend, daß er, Karl, es nicht »mitbekommen« habe auf die Reise.

Wir erkennen auf diesem nur erwähnten, dem Reisenden verweigerten Foto die Familienszene, das männliche Kind, das den elterlichen Blicken ausgesetzt und vom Arrangeur des fotografisch konservierten Tableaus angehalten ist, den Apparat, durch den dieser wiederum auf das Kind blickt, anzuschauen. Es wird nicht unterschieden zwischen den Blicken des Vaters und denen der Mutter, beide sehen das Kind »scharf« an. Dieses Bild aber *begleitet* Karl nicht auf seiner Reise, es wurde ihm, wie gesagt, nicht überlassen.

Statt dessen besitzt er ein Foto, das ihn selbst bereits nicht mehr zeigt. Die Trennung ist bis in den Erinnerungsstoff vorgedrungen, eingezeichnet in den Akt der Bewahrung selbst. Karl ist außerhalb des elterlichen Einvernehmens plaziert, er sitzt vor dem Bild, fungiert als Betrachter von außen, das familiale Dreieck ist aufgelöst, er ist nicht länger geborgen/gefangen im Blickgeflecht, das die Verbindung zwischen Kind und Eltern herstellte, wenn für das Kind auch schon der »Apparat« dazwischengetreten war. (Über dessen Bedeutung später.[5])

Der Vater, der eigentlich klein ist, steht hochaufgerichtet da, heißt es, die eine Hand auf der »Rücklehne des Fauteuils«, in dem die Mutter »ein wenig eingesunken« sitzt. Die andere Hand ist zur Faust geballt und ruht auf einem aufgeschlagenen illustrierten Buch, das seinerseits auf einem »schwachen Schmucktischchen« liegt: Die den Zugriff, eventuell den gewaltsamen, symbolisierende Faust des Vaters, die auf die Welt als Buch – dies ein alter Topos[6] – niedergefahren ist, benutzt eine als weibliches Attribut ausgewiesene Unterlage als Stütze (»schwaches Schmucktischchen«).

Von der Mutter ist nicht gesagt, daß sie klein sei, sie nimmt sich vielmehr selbst zurück in ihrer Haltung, sie sitzt »eingesunken«, während der Vater sich größer gibt als er ist. Es ist das ganze Elternverhältnis auf einen Blick.

Dem Vater wendet sich die Aufmerksamkeit des betrachtenden Sohnes als erstem zu; und zwar sucht Karl »von verschiedenen Seiten« den Blick des Vaters. Er möchte einen gleichsam persönlichen, nur ihm geltenden Blick »auffangen«. Dieses Verb läßt sogleich an etwas Hündisches denken, einem Hund wirft man achtlos und nebenher etwas zu, was dieser dann ›auffängt‹.

An diesen nur ihm geltenden Blick gelangt Karl bei aller Bemühung, die er mit dem Positionswechsel der Kerze anstellt, jedoch nicht. Er sagt, der Vater wolle »nicht lebendig werden«. Karl gibt der schlechten Qualität des Fotos daran die Schuld. Dieses gebe den Schnurrbart, das eigentlich männliche Attribut des Vaters – und wir wissen natürlich, was damit gemeint ist[7] – nicht ähnlich wieder.

Der sich unter den Augen des Sohnes nicht belebende Vater, der seinerseits diesem den Blick verweigert, wird danach kontrastiert von der Mutter, die »schon besser abgebildet«, sprich: lebendiger, ist. Als erstes wird ihr Mund erwähnt, dessen zu einem erzwungenen Lächeln verzogene Lippen auf ein ihr angetanes Leid verweisen. Unausgesprochen bleibt, daß nur der Vater ihr dieses Leid zugefügt haben kann. Oder der Sohn?

An dieser Stelle bemächtigt sich Karl eine Erregung, die sich als Unsicherheit mitteilt: Zuerst meint er nämlich, jeder müsse der Mutter ihren Zustand ansehen, doch dann erscheint ihm das als »fast widersinnig«. Das heißt: Ein »starkes«, gleichwohl »verborgenes« Gefühl, von dem im Text die Rede ist, scheint einmal der abgebildeten Mutter, dann wieder dem betrachtenden Sohn zugehörig zu sein.

Der Sohn schwankt, wir aber wissen, daß es sich in beiden Fällen um die Gefühle des Sohnes handelt, die sowohl ›stark‹ wie ›verborgen‹ sind. Er allerdings möchte von der objektiven Natur des mütterlichen Schmerzes überzeugt sein, erschrickt jedoch sogleich vor der Annahme einer so »unumstößliche(n) Überzeugung«, daß in der Abgebildeten selbst ein Leiden als verborgenes sichtbar geworden sein sollte; ein Leiden, das sich nicht nur der anmaßenden Selbstvergrößerung des Vaters verdankte, das vielmehr die geheimen Wünsche des Sohnes als erwiderte, wenn auch als leidvoll unerfüllbare, unterstellte.

Karl muß darauf »ein Weilchen lang« von dem Bild wegsehen. Als sein Blick zu ihm zurückkehrt, fällt ihm die Hand der Mutter auf, die »ganz vorn« von der Lehne des Fauteuils herabhängt, »zum Küssen nahe«.

Vergessen wir nicht, daß die Mutter als Abgebildete eine unveränderbare Stellung einnimmt, jede Bewegung also auf seiten des Sohnes stattfindet. Die diesem plötzlich auffallende Nähe der mütterlichen Hand – man lese über die Bedeutung der Hand als Symbol des Weiblichen im übrigen bei Bachofen nach[8] – ist natürlich die vom Sohn innerlich überwundene Distanz, die der Beziehung zwischen dem Sohn und der Mutter ›unumstößlich‹ auferlegt ist. Sie wird aufgenommen zu einem typischen Substitut der Mutter, das zu dieser im Verhältnis der Metonymie steht.

Diese plötzliche Nähe steht deutlich in einem umgekehrten Verhältnis zu der Entfernung zwischen Europa und Amerika, die dem Sohn abverlangt worden ist; übrigens, nicht weil *er* ein Dienstmädchen, sondern weil ein Dienstmädchen *ihn* verführt hat. (Dies die Mitteilung des Satzes, mit dem das Buch beginnt.)

Karl wurde also für ein passives Verhalten, für seine Verführbarkeit bestraft – auch dies ein Indiz für eine bestimmte Wunschstruktur, die eine Empfänglichkeit herausstellt, das Geliebtwerdenwollen unterstreicht und eine Partnerwahl suggeriert, die der ambivalenten Gefühlslage in der ödipalen Krise Rechnung trägt: Der das ursprüngliche Objekt, die Mutter, begehrende Sohn bietet sich dem Vater als Objekt an.[9]

Zum zweiten geschieht es, daß sich die emotionale Annäherung des Sohnes an einem Medium vollzieht, das die Mutter als Objekt verfügbar darstellt. Sie ist im leblosen Material der abbildenden Fotografie ebenso tot wie der Vater, der dies während der Bildbetrachtung durch den Sohn auch bleibt, wohingegen sich die Mutter unter dem Blick Karls zu beleben scheint.

In Wirklichkeit leben ja aber beide noch.

Die Trennung von den Eltern wurde dem Sohn von diesen aufgezwungen. Es heißt an der Stelle jedoch, »die armen Eltern« haben Karl nach Amerika geschickt.[10] Das klingt, als hätten diese und nicht der erst Sechzehnjährige Mitleid verdient. Handelt es sich bei dieser Trennung wirklich um die Verstoßung des schuldig gewordenen Sohnes? Erfolgt, was den Schritt charakterisiert, nur von außen?[11]

Der Onkel, in dessen Obhut Karl zunächst gelangt, spricht von einer Geburt, der die Ankunft eines Europäers in Amerika gleichkomme.[12] Bei der Betrachtung des Fotos erwägt Karl rückblickend auch diesen Gehalt an Zukunftsmöglichkeit unter den Umständen des Aufbruchs; freilich ist das für ihn zunächst eher eine nachträglich probierte und ironisch kommentierte Vorsätzlichkeit (nämlich »General der amerikanischen Miliz« zu werden), während er die Gesellschaft von »zwei Lumpen« in einer Vorortabsteige als die ihm gemäße bezeichnet. Er selbst sieht sich in diesem Augenblick in dem Land des symbolischen Neubeginns als Underdog unter Underdogs.

Bevor wir auf diese Behandlung des Initiations-Themas zurückkommen, setzen wir erst fort, welche weiteren Gedanken Karl bei der Betrachtung des Fotos durch den Kopf gehen, bis er, auf das Foto niedersinkend, dann doch einschläft.

Beim Anblick der mütterlichen Hand regt sich in ihm der Wunsch, »den Eltern zu schreiben«, entgegen dem an jenem »schrecklichen Abend«, an dem ihm die Mutter (!) die Amerikareise angekündigt hatte, gefaßten Vorsatz, »niemals« zu schreiben. Die Trennung wird also als eine von der Mutter zumindest vollzogene dargestellt. Die Schreibversagung ist eine Antwort auf den Akt der Abweisung durch sie.

In der Erwähnung der Unerfahrenheit des Jugendlichen, der diesen Vorsatz faßte, sowie in dem Entschluß, nun doch zu schreiben, und zwar an *beide* Eltern, könnte der Hinweis auf eine inzwischen eingetretene Versöhntheit auf seiten des Sohnes enthalten sein. Denn »lächelnd« vermag er jetzt die Gesichter der Eltern zu prüfen, »als könne man aus ihnen erkennen, ob sie noch immer das Verlangen hatten, eine Nachricht von ihrem Sohn zu bekommen«.

Das heißt, im Begehren berücksichtigen seine Wünsche nach der Trennung die Gefühle der Eltern, beziehen sie das eigene Empfinden zu diesem Zeitpunkt ein. Sind es überhaupt noch seine Wünsche oder nur noch die der Eltern, denen er sich fügt?

Sein Wunsch zielt auf die Wiederherstellung der Einheit mit den Eltern, die eine von Emotionen begleitete Vorstellung bei der Betrachtung eines Bildes der Eltern vollzieht. Dies geschieht also auf einer anderen Ebene denn der des lebendigen Kontakts und des unmittelbaren Austauschs von Gefühlen. Wie das Foto *vermittelte* Anschauung, so ist das Schreiben eine *symbolische* Triebhandlung. Die *imaginierte* Berührung mit der Hand der Mutter – wenn auch am Material der bildlichen Gegenständlichkeit dieser Hand – setzt quasi die Hand des Sohnes in Bewegung. Das Überhandnehmen der Sehnsucht nach dem Zusammensein mit den Eltern geht über in die Motorik der Abbildhandlung beim Schreiben *über* seine Gefühle. [13]

Die Hand befindet sich die ganze Zeit über in einem Bedeutungsfeld, das zu dem des Blicks in Opposition steht. Die Hand symbolisiert die mütterliche – bergende, aber auch ausschließende – Sphäre, der Blick versinnbildlicht die väterliche Allgegenwart, die Anerkennung oder Mißbilligung verheißt. Doch zuletzt will Karl, wie gesagt, an beide Eltern schreiben; und als er »in diesem Anschauen« des Fotos müde wird und einschläft, empfindet er, der mit dem Gesicht (!) auf das Bild gesunken ist, dessen Kühle als wohltuend.

Um in der Deutung dieser stummen Zwiesprache Karls mit dem Foto seiner Eltern möglichst alle Nuancen auszuschöpfen, sei daran erinnert, daß das Kind im Stadium der frühesten Identifizierungen nicht zwischen Mutter und Vater unterscheidet (was auf die »konstitutionelle Bisexualität des Individuums« verweist); daß in dem von Freud so genannten Über-Ich diese beiden »irgendwie miteinander vereinbarten Identifizierungen« fortbestehen; daß aber das Über-Ich diese Montage als den »Charakter des Vaters« bewahrt, weil es seine Kraft, den Ödipuskonflikt zu überwinden, aus der Identifizierung mit dem hauptsächlichen Hindernis auf dem Weg zur Erfüllung seiner inzestuösen Wünsche bezogen hat, und das ist der Vater.[14]

Gehen wir noch einmal zurück hinter den Schluß, der in dem das Bewußtsein auslöschenden Schlaf und in der physischen Berührung mit *beiden* Eltern (wenn auch in effigie) ein regressives Moment dominant werden läßt, so sehen wir, daß Karl den Blick des Vaters auf dem Foto sucht, daß der Vater jedoch unerreichbar, d. h. unbelebbar bleibt vom Blick des Sohnes.

Andererseits war es der Vater, der von Karl (»zuletzt sehr streng in Hamburg«) verlangt hatte, daß dieser schreiben sollte.

Über dem Foto, das die Eltern im *Abbild* entrückt, entwirklicht zeigt, gelingt ihm die Identifizierung mit dem väterlichen Wunsch, der ihm als Gebot in Erinnerung ist.

Es werden also mit dem Vater, ausgelöst durch den Anblick der mütterlichen Hand, in Verbindung gebracht alle diejenigen Impulse und Anknüpfungen, die über das Aufbrechen des Kind-Eltern-Vertrauens hinausgehen, die also in die Gegenwart des hier beschriebenen Augenblicks herüberreichen.

Der ist bestimmt von einem vorausgegangenen Akt der Loslösung des halbwüchsigen Karl von seinen Eltern. In der Rekapitulation der Verführungsszene wird der reale Sachverhalt beim Namen genannt, freilich in der grotesken Beschreibung von Umständen, in denen der Ekel des die Verführung *erleidenden* Karl überwiegt.[15] Der Onkel sieht in der Affäre mit dem Dienstmädchen denn auch eher eine Lappalie.[16] Wer ist es eigentlich, der hier übertreibt?

Wäre das Ganze ein Traum, und der Roman hält sich in seiner narrativen Struktur nahe genug an das Eigentümliche von Traumszenen, so könnte man sagen, daß Karl die als Ozeanüberquerung vorgestellte Trennung schreckhaft-schuldhaft phantasiert. Aber selbst dabei wäre zu berücksichtigen, daß er am Ende der strapaziösen Überfahrt – das Zwischendeck sei eben kein Vergnügungsort, entschuldigt sich der Kapitän[17] – im legendären Land der unbegrenzten Möglichkeiten anlangt, auf einem Kontinent, der für Millionen vorwärts oder sehnsüchtig in die Ferne Blickender eine Neue Welt gewesen ist.[18] Man versäumt das wesentlich Ambivalente an dieser Phase einer individuellen Psychogenese, wie sie in Karls Resümee der Gefühle vor dem Elternbild ausgeführt ist, wenn man sich zu schnell auf das Angebot einer ausschließlich persiflierenden Behandlung dieses promessiven Nimbus der Ankunftsszene und von Karls Donquixoterie in ihr einläßt. Gewiß, als einer der »Helden mit tausend Gesichtern«[19] ist Karl eine komische Figur. Bevor er sich jedoch während der nächsten Kapitel des Buches in seinem selbstironisch bloßgelegten Fatalismus präsentiert, hat er einen Identifizierungsakt erneuert, der, da er mit den Augen vollzogen wurde, einer Introjektion gleichkommt.[20] Diese symbolische Einverleibung des Elternobjekts besiegelt natürlich sein Schicksal im Hinblick auf die ihn erwartende äußere Realität.

Lassen wir hier noch außer acht, ob damit ein historisches Element im Roman daran denn gar keinen Anteil hat.

Karl nimmt die Musterung des Fotos vor, nachdem es zur zweiten Verstoßung durch den Onkel gekommen ist. Oder ist das nicht vielmehr die eigentliche Verstoßung? Diese ist kein der Romanhandlung vorausgesetztes, sondern ein in sie integriertes Ereignis von entscheidender tatsächlicher Auswirkung. Zum Onkel, der der Bruder der Mutter ist, wie betont wird,[21] hat das die erste Verstoßung auslösende Dienstmädchen, die mit 35 Jahren die Mutter des 16jährigen Karl sein könnte, Verbindung aufgenommen, indem sie in einem Brief den Onkel um seine Hilfe für Karl gebeten hat. Eine zweifellos mütterlich fürsorgliche Handlung.

Karl rekapituliert, als er von dem Brief erfährt, die Verführungsszene, deren Schilderung mit dem Satz eingeleitet wird: »Karl hatte aber keine Gefühle für jenes Mädchen.«[22] Als besonders abstoßend hebt er ihre Brüste und ihren Bauch hervor, betont darüber hinaus das gänzlich Unverständliche und Unberechenbare ihres Verhaltens.

Daran ist nichts von einer Inszenierung, in der sich der Wunsch nach Rückkehr in die Dyade ausdrückte; nichts von einem noch so kurzen Aufleben des Inzestbegehrens, das dank der Mimikry der Mutterähnlichkeit auf seiten der Verführerin die Chance zur ersatzweisen Befriedigung wahrnähme; nichts überhaupt von Lust und Sünde und Reue.

Auffallend ist, daß der eigene Vater im Roman körperlich nicht in Erscheinung tritt, daß der Onkel die erste leibhaftige, nahe, personale, reale Vaterfigur ist, die es zu desavouieren gilt, damit an die geistige, ferne, transpersonale, imaginierte Vaterversion angeknüpft werden kann.

Darin hält sich die Darstellung u. a. dicht an das Muster eines Initiations-Ablaufs, wie ihn die Mythologie als erste symbolisiert, die Philosophie lange Zeit idealisiert, die Literatur häufig genug metaphorisiert hat.

Der Held mit einem der tausend Gesichter

Die typischen Stationen des Mythos, in dem der Held auf dem Weg aus dem Dunkel ins Licht die stereotypen Abenteuer zu bestehen hat, finden sich in Karls amerikanischer Karriere in geradezu exemplarischer Vollständigkeit wieder.

Da ist zuerst die Aussendung des Helden – Aussetzung und Elternlosigkeit sind wesentliche biographische Merkmale – und die Einleitung des zu bestehenden Kampfes mit dem Ziel der Überwindung seiner »personal and local limitations to the generally valid, normaly human forms«.[23] Die verheißene neue Welt erscheint in den klassischen Heldengeschichten häufig als fernes Land, und der Held reagiert, da alle Phasen der Loslösung mit Ängsten verbunden sind,[24] zunächst mit dem Wunsch, die psychische Struktur der prägenitalen Phase, und das ist die durch eine Abnahme der Triebängste gekennzeichnete Latenzperiode, beizubehalten.[25] Diesen Fixierungsversuch veranschaulicht das Umherirren im Labyrinth.[26] Jetzt ist der Held im Mythos auf übernatürliche Hilfe angewiesen. Sie wird ihm zuteil durch eine alte Frau, die unter der Erde haust, oder auch durch einen Zwerg, einen Einsiedler, einen Schmied.[27] Initiation als die Formalisierung und Symbolisierung einer Transformation der Trieborganisation des Jugendlichen an der Schwelle zum Erwachsensein hat die Widerstände als überwindbare zu insinuieren. Der Held verschwindet daher zwischendurch im Bauch eines Wals und tritt aus ihm wieder hervor, von eigener oder fremder Kraft befreit: Die Welt mit ihren Abgründen und Höhen steht ihm bevor.[28]

Karl, der in das verwirrende Gängesystem des Schiffsinneren zurückkehrt, statt sich mit den anderen ausschiffen zu lassen, verhält sich ganz so wie der archetypische Held in den entsprechenden Wiedergeburtsmythen. In diesem Licht erscheint der Heizer als ›guter Geist‹, der mit seiner Kraft »alle anwesenden sieben Männer bezwingen könne«.[29] Die Kabine des Ersten Offiziers wird zur bezeichnenden letzten Zuflucht vor dem zu bestehenden Abenteuer. Da dies die Integration unter den Bedingungen der Gesellschaft und ihrer konkretisierten Wertvorstellungen zum Zweck hat, gewährt sich dem Blick des Neuankömmlings folgerichtig der Aspekt dessen, was ihn erwartet, als transponierte Natur, als »human form« einer Landschaft.[30] Karl schaut von der Kabine des Ersten Offiziers aus durch das Bullauge auf die Silhouette New Yorks und findet sich selbst als Objekt eines gleich hunderttausendfach Erblicktwerdens zurückweichen:

Hinter alledem stand New York und sah Karl mit hunderttausend Fenstern an. Ja, in diesem Zimmer wußte man, wo man war.[31]

Dieser Zufluchtsaspekt im Zusammenhang mit geschlossenen Räumen wird uns noch öfter begegnen. Hier, in der Kabine, ist es wiederum eine Hand, in der alle Macht hier unten ruht, sie kann durch einen Knopfdruck

das ganze Schiff mit allen seinen von feindlichen Menschen gefüllten Gängen rebellisch machen. [32]

Der Emotionsausbruch Karls, als er vom Heizer Abschied nehmen soll und ihm unter Tränen die Hand küßt, unterstreicht das latent Zwiespältige der Empfindungen, die Karl vor der endgültigen Ankunft in der Neuen Welt zu bewältigen hat. Erst die Intervention einer Vaterfigur löst ihn aus der Gefühlswelt, in die er verstrickt ist, und der Onkel verständigt sich über Karl hinweg durch einen Blick (!) mit dem Kapitän, als er erklärt, der Heizer habe Karl verzaubert. Das Verb »verzaubert« ist eindeutig, der Macht der chthonischen Kräfte, denen der Heizer zuzurechnen ist, kann Karl nur mit Anstrengung entgegenwirken. [33]

Später, vor seinem Aufbruch ins Landesinnere an der Seite der dubiosen Gefährten, erwägt Karl, in New York zu bleiben:

In New York war das Meer und zu jeder Zeit die Möglichkeit der Rückkehr in die Heimat. [34]

Es gehört zu der typischen Geschichte eines Helden, daß er die inneren Widerstände artikuliert, sie meist sogar nach außen projiziert und personifiziert, um sie darin zu überwinden. So kann denn auch Karl bald darauf den eigenen Wunsch, in der Nähe des Meeres zu bleiben, korrigieren und den anderen nach Butterford folgen:

Gewiß werde er dort besser arbeiten und vorwärtskommen, da ihn keine unnützen Gedanken behindern würden. [35]

Der vorher Widerstrebende ist nun sogar derjenige, der seine Begleiter vorwärtszieht. [36] Überhaupt ist in allem, was Karl von nun an als Absicht verrät, das Bestreben erkennbar, vorwärtszukommen, aufzusteigen. Er lernt willig und mit Erfolg Englisch, im Hotel beschäftigt er sich in seiner knappen Freizeit mit einem Buch über Handelskorrespondenz. Mit Fleiß und Selbstverleugnung ist er ständig bemüht, dem Realitätsprinzip Rechnung zu tragen (»keine unnützen Gedanken« zu haben): Die Messingbeschläge seines Fahrstuhls sind denn auch die blankesten. [37]

Die bösen Geister, Delamarche und Robinson, führen ihm als Gegenprinzip die Gefahr des Abstiegs und des Rausches (in der Trunkenheit) vor Augen. Dauernd denkt Karl im Hotel daran, »es könnte schließlich mit ihm, wenn er nicht fleißig sei, so weit kommen wie mit Delamarche und Robinson«.[38]

Sie sind zur Stelle, sobald Karl die ersten eigenen Schritte in das Unbekannte hinein unternimmt, also nach der rüden Abfertigung durch den Onkel. Es sind die gestaltgewordenen Bedrohungen jenseits des vertrauten Bezirks bisheriger Lebensführung, und wie immer berücksichtigt schon der Mythos in der phantastischen Personifizierung den Doppelcharakter der Gefühle in diesem Augenblick, die als Angstlust sich bezeichnen ließen.[39] Dionysos, Pan sind Anfertigungen antiker Symbolbildungen auf dem Hintergrund dieser Ambivalenz.[40] Karl scheint sie mit dem Eintritt ins »Hotel Occidental« endgültig losgeworden zu sein, was freilich, wie sich bald herausstellt, eine Illusion ist – eine der typischen Schwankungen zwischen Verdrängung und Triebschub.

Instinktiv, und der allegorischen Bedeutung der Hotel-Wirklichkeit angemessen, hatte Karl die beiden von vornherein vom Betreten des Hotels abgehalten. Hier ist für ihn der Ort seiner Integration in die Gesellschafts-Realität, die nur durch Triebverzicht und Rauschenthaltsamkeit zu erreichen ist. Ein letzter Zuruf an die für sein Vorhaben schädlichen Freunde ist im Dunkeln ohne Antwort geblieben,[41] so daß die Oberköchin schließlich Karl mit der hintergründigen Frage empfangen kann:

Dann sind Sie also frei?[42]

Karls Verhalten, dem sich sein ursprünglicher Studien- und Berufstraum, Ingenieur zu werden, trefflich einfügt – wo, wenn nicht in Amerika, gab es eine Zukunft für Techniker aller Art –, ist bestimmt von seinen naiven Erwartungen, sich hier hocharbeiten zu können. Erst im Gespräch mit dem Studenten, nun schon nach den negativen Erfahrungen im Hotel, akzeptiert er eine skeptischere Sicht auch auf die eigene Ausrichtung aller Lebenswünsche auf ein Fortkommen im Rahmen des Leistungsprinzips:

So hohe Ziele wie der Student hatte er nicht, wer weiß, ob es ihm sogar zu

Hause gelungen wäre, das Studium zu Ende zu führen, und wenn es zu Hause kaum möglich erschien, so konnte niemand verlangen, daß er es hier im fremden Land tue.[43]

Noch hat er die Hoffnung auf eine »günstige Gelegenheit« nicht aufgegeben, aber es verrät, wie stark in ihm das zur Passivität überredende Lustprinzip ist, wenn er sich daraufhin sogleich mit der Gefangenschaft, in der er durch Delamarche gehalten wird, einrichtet. Deutlich ist die Erleichterung, mit der er sich auf dem Kanapee, das tagsüber von Brunelda beansprucht wird, ausstreckt: Sie ist es, auf die die Macht zurückgeht, die auch ihn an diesen Raum fesselt.[44]

Wie im Mythos ist die Welt, in der Karl sich zurechtzufinden hat, dualistisch strukturiert. Überall erscheint ihm in den Symbolisierungen, denen ein besetzender, wenn auch ästhetisch kontrollierter Animismus nicht nur alles Lebendige unterwirft, die ›Koinzidenz der Gegensätze‹.[45] In Delamarche und Robinson begegnet ihm das Fordernd-Strenge und das Nachgiebig-Wehleidige in der Symbiose eines unzertrennlichen Freundespaares. Die Aufnahme-Kanzleien für das Theater in Oklahoma sind mit zwei Personen besetzt, von denen eine Karl zurückweisen, die andere ihn aber bedenkenlos zulassen will, und es ist der Schreiber, der sich zuletzt gegen den anderen durchsetzt (der Karl unangenehm an einen Professor zu Hause in Europa erinnert).[46] Durchgängig ist auch der Gegensatz zwischen geschlossenen Räumen (die Schiffskabine; das Zimmer Klaras; das Einzelzimmer Thereses; Bruneldas Zimmer) und offenen Räumen (die Landschaft vor dem Hotel; der Schlafsaal; der Balkon vor Bruneldas Zimmer; das Naturtheater; die Landschaft auf der Fahrt nach Oklahoma).

Wie eindeutig auch das Zimmer, der geschlossene Raum, in der Traumsymbolik Freuds auf den weiblichen Körper verweist,[47] so gewiß ist, daß das personalisierte Schisma die Erfahrung der Elterntrennung auf die äußere Realität überträgt und auf bestimmte intersubjektive Konstellationen projiziert. Der Mythos berücksichtigt ja auch diesen für die Ich-Bildung bedeutsamen Entwicklungsschritt in der bildträchtig verarbeiteten Differenzierung der bis dahin vereinheitlichten, geschlechtslosen Mutter-Vater-Gestalt in zwei getrenntgeschlechtliche Körper.[48]

Da alle Teilungen eines primär als Ganzes Wahrgenommenen schmerzhaft und von Regressionslust begleitet sind, trachten die bekannten Phantasien von einer über dem Geschlechtergegensatz stehenden göttlichen Erscheinung andererseits danach, die in dem Ablösungsprozeß auseinandergetretenen Bereiche des Bewußten und des Unbewußten noch einmal zu vereinen.[49] Die Verlockung durch das Plakat vom Naturtheater zehrt *auch* davon, um so mehr, als Karl bis dahin die Neue Welt jenseits der Elternobhut traumatisch als von Gegensätzen beherrscht erlebt hatte: imaginäre und symbolische Sphäre sind für ihn nicht nach ›sauberen‹ Entwicklungsschritten getrennt.[50]

Erinnern wir uns, daß das Foto die Eltern noch einmal vereint zeigte. Im Abbild der unmittelbar körperlichen Zuständlichkeit entzogen, präsentieren beide sich dem Anblick – zuletzt sogar dem physischen Kontakt, als Karl auf das Bild niedersinkt – als spannungslose Zwei-Einheit und verhelfen dem Erschöpften zu einer vorübergehenden Beruhigung: Er schläft, ein letztes Mal, den bewußtseinslöschenden Schlaf des in die Triade Heimgekehrten.

Aufschlußreich ist in diesem Zusammenhang die Rolle des Onkels. Zunächst erfüllt er die Bedingungen, die in den Tagträumen der Pubertät an die gewünschten neuen Eltern – im Austausch mit den »geringgeschätzten« eigenen – geknüpft sind: Sie müssen sozial höherstehend sein.[51] Als Mutterbruder verkörpert er jedoch, kaum daß Karl sich seiner männlichen Erscheinung realiter gegenübersieht, den repressiven Part des Realitätsprinzips, und zwar dies in einer Form analog zu den Verhältnissen matrilinearer Gesellschaften, wie Malinowski sie beschreibt.[52] In ihnen übernimmt der Mutterbruder die Funktion, die in patriarchalischen Gesellschaften der Vater ausübt. Das ist interessant, weil es die quasi matriarchalischen Sehnsüchte Karls bis in diese Konsequenzen hinein verfolgt; weil es damit aber auch vor allem den Vater freihält von den Angsterwartungen gegenüber der Gewalt der Kastrationsdrohung, die normalerweise dieser verkörpert. So ist neben der auseinandergetretenen Elternerscheinung in den doppelt besetzten Männerrollen des Romans auch die Ambivalenz abgegolten, die in der Vater-Doublette die zwei Komponenten der Vater-Beziehung berücksichtigt.

Karls Erfahrungen in der Neuen Welt sind jedoch generell solche, in denen er dem Gegensatz zwischen schmerzlichem Bewußtsein und dessen ersehnter Auslöschung spannungsvoll ausgesetzt ist.

Initiation zwischen Küche und Fahrstuhl

In der ›offenen Welt‹ des Schlafsaals bedeuten das »stechende« Licht, Tabakrauch und die nicht abzustellenden Geräusche eine Summierung von äußeren Einwirkungen, die ein vergleichbares Versinken in Schlaf und Traum verhindern. Karl gehört daher zu denen,

die, statt den Kopf aufs Kissen zu legen, ihn mit dem Kissen bedeckten oder hineinwickelten.[53]

Im Hotel stößt Karl in der 50jährigen Oberköchin andererseits noch einmal auf die bedingungslose Zuneigung einer Mutter. Es ist auffallend, wie wenig sie ihn unter dem Gesichtspunkt von Herkunft und Leistung beurteilt. Ihr Entgegenkommen schon bei der ersten Begegnung stellt keine Gegenforderungen, ihr Interesse gilt der Person Karls, nicht einer Besonderheit von Eigenschaften und Fähigkeiten. Sie bringt ihn zunächst in ihrem eigenen Zimmer unter, wo auch, wie betont wird, sein Koffer in Sicherheit ist.[54] Daß Karl am zweiten Tag in den Schlafsaal der Liftboys hinüberwechselt, besagt einmal, daß der Einfluß der Oberköchin in diesem Hotel

doch nicht so groß war, wie er am ersten Abend geglaubt hatte.[55]

Sie hätte ihm zwar ein eigenes Zimmer beschaffen können, allein nur unter Schwierigkeiten, außerdem hat Karl sie davon überzeugt,

daß er von den anderen Jungen wegen eines nicht eigentlich selbsterarbeiteten Vorzugs nicht beneidet werden wollte.[56]

Karl ist also entschlossen, sich den claustrischen Umständen der weiblichen Fürsorglichkeit zu entziehen, die Lebensbedingungen der ihm Gleichaltrigen zu teilen:

Die Selbsterfahrung des Ich, das sich in seiner Zugehörigkeit zur Welt des Männlichen als seiner Eigenwelt erkennt und vom mütterlich Weiblichen absetzt, ist ein entscheidender Schritt seiner Entwicklung und gewissermaßen die Voraussetzung seiner Selbständigkeit.[57]

Die einzelnen Stationen einer Ich-Entwicklung, die, solange die abschließende Identität aussteht, von spannungsvoller Unbestimmtheit ist, sind in diesem Roman in allen typischen Erscheinungen des pubertären Seelenlebens ingeniös aufgefaßt und dargestellt. Freud erwähnt in »Der Familienroman der Neurotiker«, daß »zum Wesen der Neurose und auch jeder höheren Begabung eine ganz besondere Tätigkeit der Phantasie« gehöre und daß diese sich mit Beginn der Vorpubertät, dann aber weit über die Pubertät hinaus anhaltend, »des Themas der Familienbeziehungen bemächtigt«.[58] Der Ausdruck »Familienroman« – Freud spricht sogar vom »dichtende(n) Held«[59] – trifft auch die Form der Veranstaltung, die Karl im allegorischen Rahmen des offenen/geschlossenen Raums eines phantastisch ausgestatteten Hotels vornimmt, sehr genau. Die Choreographie dieser tagträumerischen Ausführungen überträgt innerpsychische Vorgänge auf eine romanhaft zusammengesetzte Wirklichkeit. Dabei handelt es sich um die Phantasietätigkeit Karls wohlgemerkt, vom Seelenleben des Autors ist hier nicht die Rede.

Die Pubertät ist die »zeitlich nächste Wiederholung der infantilen Sexualperiode«, nach der sogenannten Latenzperiode mit ihrer vorübergehenden Triebabschwächung.[60]

Daß Karl, als der Roman einsetzt, bereits Vater ist, macht sich psychisch an ihm nicht bemerkbar. Die ausgesprochen infantile Berichterstattung in der Rückwendung auf das Verführungserlebnis verrät keinerlei Betroffenheit, so daß die Mitteilung des Faktums lediglich die Geschlechtsreife, den Beginn der Genitalität, anzeigt.

Mit der Wiederkehr von Affekten aus der ersten Sexualperiode treten in der Pubertät vor allem noch einmal Inzestwünsche und Kastrationsängste verstärkt hervor und stehen »von neuem im Mittelpunkt des Interesses«.[61] Ihr »Nachklang« prägt die auf das Triebleben bezogenen Phantasien:

Die infantile Neigung zu den Eltern ist wohl die wichtigste, aber nicht die

einzige der Spuren, die, in der Pubertät aufgefrischt, dann der Objektwahl den Weg weisen.[62]

Die Mutterbeziehung, die Karl stellvertretend zur Oberköchin
herstellen kann, gibt sich sogleich in der Re-Inszenierung eines
entsprechend unausweichlichen Konflikts als Wiederbelebung
der ödipalen Situation zu verstehen.

Gewissermaßen als eine Abspaltung von der Mutter-Imago
der Oberköchin ist dabei Therese zu sehen. Die Konstellation ist
schon in ihrem äußeren Arrangement unmißverständlich. Therese lebt in einem kleinen Zimmer, das von dem der Oberköchin
nur durch eine Tür getrennt ist. Diese Tür ist abgeschlossen, Karl
aber, und nur er, kann sie öffnen, als sie am ersten Abend in den
Raum, in dem er schläft, gelangen will. Karl möchte sich erst
anziehen, sie aber bedeutet ihm, daß das nicht erforderlich sei, er
solle nur aufmachen und sich ins Bett legen. »Ich liege schon«,
lautet gleich darauf Karls Antwort. Er hat gerade noch das Licht
angeschaltet, da tritt sie »auch schon aus ihrem dunklen Zimmer«.[63]

Karl hält sich später insgesamt dreimal in ihrem Zimmer auf.[64]
Es wird dabei erwähnt, daß ihm angesichts der Verhältnisse im
Schlafsaal dieses Zimmer besonders gefällt, und ohne Übergang
heißt es danach: »Sie hatte keine Geheimnisse vor ihm . . .«[65] Auf
subtile Weise wird das Verhältnis ferner der Verdächtigkeit anheimgegeben durch die Bemerkung des Erzählers, Karl sei mit
Therese schon einmal in der Pension Brenner gewesen, für die die
Oberköchin Karl nach dessen Entlassung eine Empfehlung *geschrieben* hat.[66] Es gibt eine Reihe weiterer Indizien für den versteckt erotischen Charakter ihrer Beziehung.

So hat Therese z. B. Karl einmal einen Apfel und Schokolade
gegeben, Geschenke, deren Bedeutung über allem Zweifel ist.
Den Apfel essend fährt Karl im Fahrstuhl und sieht vom Licht-
schacht aus (in den sich kurz darauf der betrunkene Robinson
erbrechen wird) in einem Vorratsraum »hängende Massen von
Bananen im Dunkeln«.[67]

Als Therese von der Gefahr erfährt, in der Karl durch den
Oberkellner schwebt, ist sie sogleich an seiner Seite. Ihrerseits
hängt sie sich bei der Oberköchin ein, »was sie Karl sonst niemals

hatte tun sehen«.[68] Sie darf auch seinen Koffer packen, in dem sich, wie betont wird, Dinge befinden, »die vor allen Leuten geheimgehalten werden mußten«.[69]

Otto Rank hat ein reiches Material literarischer Herkunft über das Motiv der Geschwisterliebe gesammelt und einleitend dazu geschrieben:

> Da der ursprüngliche Ödipus-Komplex zur baldigen Verdrängung bestimmt ist, heften sich die den Eltern gegenüber als anstößig empfundenen Regungen leicht an die sich von selbst darbietenden Ersatzpersonen der Geschwister, denen gegenüber sie sich ungestörter und dauernder entfalten können.[70]

Daß der »kleine Phantast« in den Gedanken an eine Schwester, »die ihn etwa sexuell angezogen hat«, den verwandtschaftlichen Charakter der Beziehung zu löschen geneigt ist, vermerkt Freud, und zwar im Zusammenhang mit der denunziatorischen Neigung des ›Phantasten‹, der begehrten und gleichzeitig unerreichbaren Mutter Liebesgeschichten mit Männern, die nicht der Vater sind, anzudichten.[71] Genau das tut auch Karl in dem, ebenfalls von Freud schon beobachteten, Bedürfnis, sich als Urheber dieser Unterstellungen selbst gleich wieder zu entlasten. Daher ist es Therese, die Karl innerhalb seines eigenen Phantasmas, in das er selbst eingewoben ist, darauf aufmerksam macht, daß der Oberkellner die Oberköchin liebe.[72] Das findet statt, als der Oberkellner soeben Karls Entlassung angeordnet hat, unmittelbar vor Eintritt der Oberköchin in das Zimmer des Oberkellners.

Damit trägt die Auseinandersetzung um Karls Schuld von vornherein den Akzent einer *Wiederholung* (wie es für die pubertäre ›Auffrischung‹ der infantilen Triebäußerungen charakteristisch ist) der Ödipussituation im Zusammenhang mit den eigenen Eltern, sie wird zur Re-Inszenierung der vermeintlichen Abweisung durch diese, so daß das der Erzählzeit vorausgegangene Ereignis – der frühkindliche Inzest- und Ablösungskonflikt – zwar als aktueller Vorgang in die erzählte Zeit eingeht, psychologisch dennoch nur die pubertäre Reprise eines früheren psychischen Geschehens ist.

Diese Tatsache und ihre psychologische Bedeutung ist für die Erklärung der Romanstruktur ausschlaggebend.

Schon die auffallende Folgenlosigkeit, die die einzelnen Episoden des Romans füreinander haben, z. B. das völlige Verschwinden von einmal an dem besetzenden Erleben Karls beteiligten Figuren (wie der Onkel) aus dem Gesichtskreis des Erzählers, erhellt aus dem für die »Treulosigkeit der Pubertät« typischen »Liebes- und Überzeugungswechsel«.[73] Objektbeziehungen sind noch von dem Bedürfnis nach Angleichung geprägt, ein »Wechsel der Identifizierungen« bedeutet deswegen immer auch einen vollständigen Austausch des ganzen in den Kegel der begehrenden Aufmerksamkeit geratenen Panoramas. (Auch deswegen ist der Fragmentcharakter des Romans strukturell nicht so zufällig, wie es scheinen mag.)

Das Seelenleben der Pubertät und die Qualität der Symbolbildungen als Reproduktion einer frühkindlichen Gefühlserfahrung machen ferner die durchgehende Theaterwirklichkeit des Romangeschehens verständlich.[74] Das Spielerische und Mechanische in der Wiederannäherung an die kindlichen Traumen ist zudem die bezeichnende Äußerungsform eines Zwangs, Verdrängtes »als gegenwärtiges Erlebnis zu *wiederholen*« – anstatt es zu erinnern. Wiederum ist die Eigenart des dabei seelisch bearbeiteten Materials eindeutig:

Diese mit unerwünschter Treue auftretende Reproduktion hat immer ein Stück des infantilen Sexuallebens, also des Ödipuskomplexes und seiner Ausläufer, zum Inhalt . . .[75]

Daß der Wiederholzwang die ursprüngliche Elternbindung und die notwendig eingetretene Ablösung als ein vom Ich unbeeinflußbares und damit unheimliches Geschehen kolportiert,[76] dem trägt der an Traumszenen gemahnende Phasenverlauf der Ausstoßung Karls aus der Hotelgesellschaft sowohl im Atmosphärischen wie in den Handlungsdeterminanten Rechnung. Die ödipale Konstellation ist dem Ablauf bis zum Ende hin dramaturgisch vorgeschrieben.

So sieht Karl zuletzt, »wie der Oberkellner die Hand der Oberköchin wie im geheimen umfaßte und mit ihr spielte«.[77] Die Oberköchin hat, auch wenn sie weiter über Karls Zukunft wohltätig wachen will,[78] soeben den Oberkellner zum verläßlichsten Menschen erklärt. Sie glaubt also ihm und seiner »Menschenkenntnis«, d. h. sie ist, auch wenn sie Karl nicht alle Gefühle zu entziehen scheint, von dessen Schuld überzeugt. [79] Der Oberkellner selbst hat sie davon überzeugt. Uns wird gesagt, daß dieser jünger ist als die Köchin und zudem als »schlank und schön«, also als attraktiv bezeichnet wird. [80] Somit vervollständigt sich das Bild von einem rivalisierenden Verhältnis zwischen Karl und dem Oberkellner, dem die Niederlage Karls am Ende qua Erinnerungsspur unentrinnbar eingeprägt ist. [81]

Alles in allem ist es die theatralische Belebung eines ursprünglichen Konfliktgehalts, mimetisch in die Nähe der durch die frühere Besetzung konzipierten Träger der Elternrollen gebracht, am nachdrücklichsten und ausführlichsten in der dargestellten Zerrissenheit der ›Mutter‹, die sich gleichwohl schließlich dem ›Vaterwillen‹ unterwirft. Das besonders entspricht dem schon erwähnten Bedürfnis des ›Phantasten‹, die eigenen Wünsche als von der Mutter erwiderte und lediglich vom ›Vater‹ unterdrückte zu behandeln.

Wie gesagt, nimmt Therese, darin nichts als eine von Karls Kastrationsangst belebte Marionette, es auf sich, den Verdacht der Liebesbeziehung zwischen dem Oberkellner und der Oberköchin laut, d. h. bewußt werden zu lassen. Sie bleibt als Projektion Karls diesem bis zum Schluß des Kapitels zugetan, sogar ganz zuletzt wird noch auf das Vertrauen vorstreckende Gemeinsame ihrer Erlebnisse im Hinweis auf den Besuch in der Pension angespielt.

Sie unterscheidet sich damit kraß von jenem ersten Mädchen, das Karl bald nach seiner Ankunft in Amerika kennengelernt hatte: Klara Pollunder. Klara verdeutlicht zusammen mit Therese das dualistische Schema der innerseelischen Zwiespältigkeit gegenüber dem Weiblichen in dieser Entwicklungsphase. Die Umstände der Begegnung mit Klara zeigen dabei auch die unbelebte Natur als Umfeld von Karls erstem amerikanischen Abenteuer diesem Schema unterworfen. Er findet ihr Zimmer z. B. erst nach bezeichnend langem Umherirren in den labyrinthartig (!) angeordneten Gängen des Pollunderschen Landhauses. Er ist, nur mit einer Kerze versehen, völliger Dunkelheit ausgeliefert und bedauert, die elektrische Taschenlampe, die ihm der Onkel (!) geschenkt hat, nicht mitgebracht zu haben. [82]

Die Aggressivität auf seiten Klaras wie Karls (er hätte nichts dagegen, wenn sie wirklich aus dem Fenster gefallen wäre); der demütigende Ringkampf, der mit dem Versuch endet, ihn zu würgen; die dennoch in ihrem Verhalten liegende Verführung, nicht zuletzt in der Analogie dieser »Rauferei« zum Geschlechtsakt; die Ernüchterung durch den im Nebenraum mithörenden Verlobten Mack[83] – das alles sind ausschließlich Negativaspekte einer, hier von Karla verkörperten, Weiblichkeit.

Zwei weitere Details verdienen eine besondere Erwähnung: Klaras Zimmer wird einmal »eine recht gefährliche Höhle« genannt. Außerdem sucht Karl sie ein zweites Mal um Mitternacht auf, um sich von ihr zu verabschieden.[84] Denn er ist entschlossen, nicht in diesem Haus zu bleiben, vielmehr sich noch in der Nacht auf den Weg zum Bahnhof zu machen. Für Mitternacht ist ihm ferner eine bedeutsame Nachricht des Onkels, die Green ihm überreichen wird, in Aussicht gestellt.[85]

Nun haben Höhle und Mitternacht als Ort und Stunde im Zusammenhang mit den Wiedergeburtsvorstellungen, wie sie bis in die höheren Religionen hinein symbolbildend gewesen sind, eine unübersehbar sakrale Bedeutung. Es sind in Raum und Zeit die Grenzpunkte, an denen sich Unterwelt und Himmel, Nacht und Tag, Tod und Leben, Altes und Neues sowohl treffen wie scheiden.[86]

So haben die Vorfälle im Landhaus allein schon in ihrer zeitlichen und räumlichen Plazierung – nachts und zudem außerhalb der Stadt – für das Selbstfindungs-Abenteuer Karls einen symbolhaften Stellenwert. Daß die Ankunft in Amerika einer Geburt gleichkomme, wird im Roman, wie gesagt, ausgesprochen.[87] Die Parallelen zu typischen Initiations-Fabeln aus der Menschheitsperiode mit mythenbildender Abgeltung einer zur Repräsentation tendierenden Objektbeziehung (innere wie äußere Objekte sind gemeint) sind hierbei wiederum deutlich. Als Abschnitt eines psychischen Prozesses, der in einer entscheidenden, kritischen Phase der Ich-Synthese beobachtet wird, ist besonders der Beginn einer solchen Ego-Laufbahn von großen Risiken umgeben und in ihrem Ausgang noch ungewiß. Die Karla-Episode verzeichnet dieses Stadium in dem ambivalenten Ausdruck des desorientierten Herumtastens im Dunkeln wie, andererseits, in der gleichsam blinden Zielstrebigkeit des Helden, diesem Zustand zu entrinnen. Die hierbei zur Verfügung stehenden Energien – Karl scheint die ganze Nacht ohne Schlaf auskommen zu können – stammen aus den dynamischen Voraussetzungen einer neuen Ich-Stärke, die sich in ihrer immanenten Teleologie nicht abspeisen lassen will.

Diese »Identitäts-Diffusion«[88] findet sich im Mythos dargestellt in den differenzierten Abstufungen von Übergängen, die abzuleisten sind, die nicht übersprungen werden können. Obwohl der Mythos das erfolgreich bestandene Abenteuer dem Stereotyp seiner Fabelbildungen zugrunde legt, nimmt er doch die einzelnen Gefahrenmomente begründetermaßen ernst. Das tut auch die Geschichte von Karl Roßmann mit noch mehr Gründen, zumal sie den glücklichen Ausgang von Karls amerikanischem Abenteuer, als eines künstlerisch gebildeten modernen ›Individualmythos‹, nicht mehr so ohne weiteres in Aussicht stellen kann.[89]

Eins der Abenteuer-Stereotype ist bekanntlich der Drachenkampf, der dem Ziel einer Befreiung dient, entweder eines Schatzes oder einer Jungfrau, oft von beidem.[90] Dem Vorgang liegt u. a. zugrunde die mit der Geschlechtsreife notwendig gewordene differenzierende Einschätzung von zwei Typen des Weiblichen. Der Held muß unterscheiden lernen zwischen den Gefühlen des Kindes zur Mutter und denen des erwachsenen Mannes zur weiblichen Partnerin. Die mythologisierende Verdeutlichung in der alles verschlingenden »Großen Mutter« (Schwiegermutter) gegenüber der schönen Prinzessin behilft sich mit einer äußeren Übertreibung der Gestalten im Hinblick auf ihre negative oder positive Funktion für die angedeutete Entelechie des Helden.[91] Der Mythos feiert die gelungene Ablösung von der Mutter als ›hieros gamos‹ (ιερός γαμοξ), als »mythical marriage with the Queen Goddess of the world«.[92] Allerdings sind von dem Helden, bevor es dazu kommt, eine Reihe von »Erlösungsforderungen des Weiblichen« zu erfüllen, für die typisch männliche Eigenschaften die Voraussetzung sind: Intelligenz und Tapferkeit sind erforderlich, soll er das Gefängnis mit der Jungfrau öffnen oder gar niederreißen können.[93]

Lesen wir das Karla-Intermezzo lediglich als Walfisch-

Variante, als Beweis für die einsetzende Ich-Souveränität, mit der unser Held in eine gefährliche Höhle eindringt und sie mit eigener Entschlußkraft wieder verläßt, dann hat Karl dieses freiwillig gewählte Abenteuer bestanden. Wollen wir dabei jedoch nicht unterschlagen, daß inmitten dieser Höhle am Ende des Labyrinths eine Jungfrau auf ihn wartet – Karla betont ausdrücklich, daß sie mit Karls Besuch in ihrem Schlafzimmer rechnet[94] –, dann ist dieser erste Versuch einer aktiven Annäherung an eine gleichaltrige, heiratsfähige (durch ihr Verlobtsein wird dies noch unterstrichen) weibliche Repräsentantin der Neuen Welt gescheitert. Sie hätte sonst aus der Gewalt Macks befreit werden müssen.[95] Statt dessen dominiert an ihrem Verhalten Karl gegenüber das Aggressive, Unberechenbare, Feindselige.

Erst nach dem Landhaus-Abstecher beginnt für Karl das eigentliche Abenteuer der Selbsterfahrung. Der Onkel hat ihn fortgeschickt. Seine Reise ins Innere des Neuen Reichs tritt er an in der historischen Doppelrolle des Exilanten und Pioniers, als ›outlaw‹ und ›frontiers man‹ in einer Person.[96] Wie jeder Western-Held gerät er in die Gesellschaft von zweifelhaften Kumpanen. Als erstes verkaufen diese seine Kleider. Die Wiedergeburt geht erst einmal mit dem schmerzlichen Verlust liebgewordener Hüllen einher (die Kleider wurden von der Mutter selbst für die Reise hergerichtet).[97] Solange Karl das Foto betrachtet, schlafen die Gefährten, wenn auch schon im selben Zimmer. Doch die Ruhepause, den eigenen gemischten Gefühlen abgewonnen, ist kurz und der eigene Weg, den Karl danach einzuschlagen scheint, ist in Wirklichkeit ein von den zwei unheimlichen Gesellen vorgeschriebener.

Schon am Abend des ersten Reisetags begibt Karl sich in die Konfliktzone einer neuen Mutterbindung. Dennoch unterscheidet sich seine Lage im Hotel sehr von der im Elternhaus. Hier muß er für seinen Unterhalt sorgen, eine praktische Karriere beginnt, während er dort nur einen zu nichts führenden Mittelschulabschluß anstreben konnte. Mit seinen Vorstellungen von sozial honorierter Anpassung an das rigide Leistungssystem, das ihm in der Hotelwirklichkeit entgegentritt, scheint die Aura der mütterlich-schwesterlichen Fürsorge sich zu vertragen, ja, sie scheint die Voraussetzung für den erhofften Erfolg abzugeben. Die Oberköchin vermittelt die Stelle als Liftboy, darüber hinaus spielt sie die Rolle einer sowohl schlichtenden wie versöhnenden Autorität.

Karl hat von Therese ein »Lehrbuch der kaufmännischen Korrespondenz« erhalten. Der Erzähler leitet den Bericht von dieser Transaktion mit dem aufschlußreichen Satz ein: »Es gab aber auch lustigere Zeiten in Theresens Zimmer.«[98] »Lustig« also ist die Anstiftung zum gemeinsamen Lernen. Karl schreibt seine Aufgaben übrigens mit einem Füllfederhalter, den ihm die Oberköchin geschenkt hat, und setzt sich der korrigierenden KritikThereses aus, die als Eigentümerin des Buches ihm gegenüber einen Kenntnisvorsprung hat: Sie ist die das ›höhere‹ Wissen vermittelnde Frau.

Karl verteidigt sich, läßt es sich aber gefallen, daß sie ihm den Füllfederhalter aus der Hand nimmt und seine Sätze ausstreicht. Er annulliert diese Streichungen zwar, will aber »keine höhere Autorität als Therese die Sache zu Gesicht bekommen« lassen. Am Schluß entscheidet die Oberköchin, meist zugunsten Thereses, die hierbei als fast identisch mit ihr erscheint, sie hebt die der Szene immanente Spannung aber auch gleich auf, indem sie Tee servieren und Karl von Europa erzählen läßt.[99]

Dieser Ablauf beleuchtet, wie Karl seinen Wissenserwerb in die Aura weiblicher Matronität verlegt, wie er unter dem anspornenden und schützenden Einfluß der zwei Frauen Erkenntniserweiterung als Glück erfährt, das allerdings von der Aufstiegserwartung und Integrationsaussicht mitgenährt wird.

Wir sind damit vertraut, daß Wißbegierde und Sexualneugierde eine gemeinsame Wurzel haben.[100] Literatur und Philosophie veranschaulichen diese Verbindung bis zurück zu Homer und Parmenides in den notorisch weiblichen Personifikationen der Verheißung am Portal zum Erkenntnisreich, in das sie als Musen einführen oder das sie als Göttinnen verkörpern:

Woman, in the picture language of mythology, represents the totality of what can be known. The hero is the one who comes to know.[101]

Die mythenbildende Phantasie berücksichtigt im Kontext mit solchen Eröffnungen neuer Wissensaspekte immer auch »die gute

Schwester«, die, wie Isis dem Osiris, zu einer *geistigen* Wiedergeburt verhilft:

> Das Geschwisterliche ist der Teil der mann-weiblichen Beziehungsform, der das Menschliche und die Gemeinsamkeit betont und damit für den Mann ein ich-näheres und bewußtseinsfreundlicheres Bild des Weiblichen bedeutet. [102]

Das meinen wohl auch Deleuze/Guattari, wenn sie einen Unterschied zwischen Mutter-Inzest und Schwester-Inzest machen und letzteren einen »Schizo-Inzest« nennen,

> denn die Schwester ist eben kein Substitut der Mutter, sondern sie steht auf der anderen Seite des Klassenkampfes ... [103]

Als Sophia-Athene ist diese Repräsentation einer »oberen Weiblichkeit« [104] überall da anzutreffen, wo eine sinnliche Beziehungsform durch eine spirituelle ersetzt werden soll. Mit der Ausbreitung des Patriarchats dient sie nur noch dem Übergang, das Wissen selbst verkörpert ein männlicher Gott.

Deleuze/Guattari machen darauf aufmerksam, daß bei Kafka die »jungen Frauen stets als Verbindungselemente fungieren«. [105]

Ist Therese so etwas wie die einweisende Muse am Eingang zu Karls illusionärem Aufsteiger-Paradies, zu dem ihm die sozial integrative Form seiner (von ihr animierten) Sublimierungsarbeit Zugang verschaffen soll?

Karl will die Regeln fleißig lernen, er akzeptiert die auf Kenntnissen beruhenden Anpassungsvoraussetzungen der Gesellschaft, wie sie ihm im Hotel begegnen. Wenn Therese wirklich »auf der anderen Seite des Klassenkampfes« stehen sollte, dann weil sie ihm dabei hilft, Konflikte durch den Erwerb von gesellschaftskonformem Wissen zu vermeiden.

Darin ist sie die selbst nicht begehrende Vermittlerin, ein weibliches Medium seiner Seelenruhe, ein femininer Eros. Sie ist die Wiederkehr und Wiederverdrängung ineins, Trieb *und* Latenz, der Traum von der Sexualität ohne Sinnlichkeit, von der Liebe ohne Körper, von der Lust ohne die Gegenforderung durch die Lust des Anderen. [106] Sie ist das Zwischenglied zwischen Gesellschafts-Code und Individuum, und damit ist eine wichtige Nahtstelle bezeichnet, die uns in der Isologie der Objekte von Schautrieb und Wißtrieb immer wieder begegnet. Daß sie nicht die Erfüllung ist, sondern nur auf diese verweist, wirft ein Licht auf die innerseelische Etymologie der Wissensfunktion, nämlich aus dem Bannkreis des VERBOTS.

Doch dieses Wissen hat wie das Meer keine Balken.

Die Wiederkehr des Verdrängten ereignet sich ausgerechnet während der berechneten Ausstellung idyllischer Eintracht zwischen Karl, Oberköchin und Therese bei Tee und Gebäck: Ein Arbeitskollege meldet überraschend die Anwesenheit des betrunkenen Robinson im Hotel. [107]

Als der Student Karl die gesellschaftliche Sinnlosigkeit der Wissensakkumulation vor Augen führt, ist dieser schon der Gefangene Bruneldas. So fällt, was jener aus welchen Motiven auch immer zu sagen hat, bei ihm auf fruchtbaren Boden. Seine Lage ist ja der Beweis, daß sich die Befreiung von den verhängnisvollen Triebschüben nicht ›lernen‹ ließ und daß es mit seinem Wissensglück eine Bewandtnis hatte, die aus diesem Kontext herrührte. In seiner Desavouierung der Wißbegierde als Movens einer lustbetonten und zugleich konfliktfreien Selbstentfaltung im Rahmen des Leistungssystems erlangt der Student Glaubwürdigkeit durch einen besonderen Umstand: Erst seine Bildungsüberlegenheit macht ihn, in Karls Sicht, kompetent, über Bildungsohnmacht zu reden. [108] Das Paradox ist bezeichnend für Karls Verhältnis zu Autoritäten, für die Diffusität seiner Identifikationsenergien. So wächst seine Anhänglichkeit an den Studenten auch in dem Grade, in dem dieser ihm seine Überzeugung von der Synthesemöglichkeit zwischen Lust- und Realitätsprinzip im Wissen zerstört.

Das kann Karl nach der Schlüsselszene im Zimmer des Oberkellners nur recht sein. Die hatte gezeigt, daß die Kombination von Betriebswirtschaft und Teestunde, von gesellschaftlicher Integration und Aufrechterhaltung der prägenitalen Wunschstruktur im familialen Rahmen zum Scheitern verurteilt war; [109] zum Scheitern durch die nicht abweisbare inzestuöse Programmierung der Libido, die selbst durch Spaltung des Liebesobjekts (in Oberköchin und Therese) von ihrem Befriedigungsziel nicht abzubringen war. In einer kaum bemäntelten Vordergründigkeit des Anlasses überzeugte sich das Karlsche Subjekt selbst vom

Determinismus dieser unglücklichen Objektwahl, indem es sich einer allen Regeln der Traumlogik unterworfenen Angstpartie aussetzte.

In deren Verlauf sinkt Therese immer weiter von ihm zurück, bis sie fast wieder mit der Oberköchin verschmilzt, neben der und für die sie die weiblichste Form der Zuneigung ausdrückt: Sie kehrt ihm ihre tränennassen Augen zu (»Aber sie schwieg doch nicht, sie weinte«).[110] Auch von der Oberköchin ist nahezu das letzte, was wir, d. h. Karl, von ihr zu sehen bekommen, ihr »Blick«. Sie wendet diesen nicht von Karl ab:

Ihre Augen sahen voll auf Karl, sie waren groß und blau, aber ein wenig betrübt durch das Alter und die viele Mühe.[111]

Das sich anschließende Brunelda-Kapitel belehrt uns, daß wir es dabei nicht mit einem beiläufigen petrarkistischen Spritzer zu tun haben.

Brunelda und die Erfahrungen eines modernen Aktaion

Karl richtet sich in seiner Niederlage in einer sinnfälligen Projektion ein, die seine Unfähigkeit zu ›gesunder‹ Objektwahl eine wilde Zimmerschlacht inszenieren läßt. In ihr wird der innere Status quo unseres Helden mit einem figurativen Ausfall ins Weltausfüllende, Kosmogone veräußerlicht, ironisch zugeschnitten auf den Maßstab einer im Vestibül plazierten Kammerbühne.

Brunelda demonstriert in ihrer Unförmigkeit, ihrer Unbeweglichkeit (sie kann das Zimmer nicht mehr verlassen), in ihrer Unersättlichkeit und Unberechenbarkeit, wohin Karl zurückgefallen ist: in das Gorgonen-Trauma des ewigen Jünglings (à la Hippolytos),[112] der den verschlingenden, kastrierenden Aspekt des Weiblichen zum Angelpunkt und zur Begrenzung seiner emotionalen Fähigkeiten gemacht hat.

Der klassische Held zahlreicher Initiations-Mythen benutzt diesen defizienten Augenblick im Angesicht der Medusa-Fratze, die sein Unbewußtes heraufschickt, zur Mobilisierung letzter Kräfte für die Selbstbefreiung, ja:

Diese Gefangenschafts- und Sterbephase geht jeder Wiedergeburt voraus. [113]

Was absolviert Karl in *seiner* Gefangenschaft?

Alle drei, Delamarche, Robinson und Karl, sind gleichermaßen dem Willen Bruneldas, ihren Launen, ausgeliefert. Abhängig
von den Ressourcen des Unterhalts, über den Brunelda in ma-
triarchalischer Unerschöpflichkeit zu verfügen scheint, ist auch
Delamarche ihr hörig. Ihre offene Geldtasche am Gürtel spricht
eine unverhohlene Sprache, so auch der Schlüssel für die abgeschlossene Tür, den Karl in ihren vielen Schubladen und Kä-
sten (!) sucht und ebenfalls an ihrem Gürtel vermutet. [114]

Doch selbst dieser deprimierenden Interaktions-Gemeinschaft
vermag das semantische Schuldgewissen Karls noch eine Differenz abzugewinnen, die es ihm erlaubt, sich zusätzlich zurückge-
setzt zu fühlen. Delamarche als der Geliebte Bruneldas praktiziert seinen Ausschluß mit aller Unnachsichtigkeit des strengen
Vaters, indem er Karl wie einen Hund auf dem Balkon aussperrt,
wenn er und Brunelda allein sein wollen, und das wollen sie die
meiste Zeit. [115]

Nicht erklärt wird, wie so vieles, nach den kausalen Regeln
eines gewöhnlichen Romangeschehens, warum Bruneldas Kanapee, auf dem Karl seine Kapitulation vollzieht, ihm überhaupt
zur Verfügung steht. Sollte darin, daß ihr Substitut ihm überlassen wird, eine weitere Kränkung liegen, unterstellt es doch, daß
sie derweil mit Delamarche zusammen ist? (Tatsächlich hört
Karl vor dem Einschlafen Bruneldas »gewaltiges Seufzen«. [116])

Wie sehr auch die Brunelda-Welt noch eine phantastische
Wiederkehr des Immergleichen bedeutet – freilich gemäß der
seelischen Verfassung, in der Karl sich jetzt befindet, eher schon
wieder als Groteske –, dafür soll hier nur ein scheinbar beiläufiges
Detail erwähnt werden. Es betrifft gleichsam die Rahmenbedin-
gungen des Schauplatzes, von dessen Weltabgeschlossenheit sich
das infantile Begehren die ungestörte Elternnähe erhofft. Als
Vorteil der Lage, in der sich Bruneldas Wohnung befindet, wird
als erstes hervorgehoben, daß sie Besucher abhalte. [117] Später, als
der auf dem Nachbarbalkon lesende Student in Karl die Reminiszenz an seine eigene Schülerzeit aufsteigen läßt und er wieder

einmal das Bild spannungslosen Einklangs mit den Eltern beschwört, fügt er in Gedanken hinzu:

Wie selten waren fremde Leute in jenes Zimmer gekommen! Schon als
kleines Kind hatte Karl immer gern zugesehen, wenn die Mutter gegen
Abend die Wohnungstür mit dem Schlüssel absperrte.[118]

Das Brunelda-Kapitel sowie das erste Fragment, das dies fortsetzt, bringt für Karl den Abschluß seiner Entwicklung, soweit
diese mit einem Außenweltbezug in Verbindung zu bringen ist.

Die bedeutungshafte Sprache des Romans nannte das modell-
artige Arrangement für seine gescheiterte Realitätsprüfung »Hotel Occidental«. Amerika, als die gesellschaftliche Vorhut der
westlichen Zivilisation, erweist sich als ein geschlossenes System
entfremdeter Verkehrsformen. Apparate – das sind Fahrstühle,
Telefone und Autos – sorgen für eine maschinell beschleunigte
und technisch vermittelte Kommunikation.[119] Das System ver-
selbständigt den ihm immanenten Funktionalismus und ist repressiv. Ein geringfügig abweichendes Verhalten des einzelnen
führt zu dessen Ausschluß. Ein rudimentär personales Element
verdeutlicht den im Sachzwang verschwundenen Ursprungscha-
rakter der Gewalt aus der Willkür der väterlichen Autorität.

Der Oberportier, der *alle* Tore und Türen überwacht, unterstreicht den Zuschnitt dieser industrial totalisierten Macht durch
den Surplus seines persönlichen Sadismus.[120] Karl entkommt
nur unter Verlust eines Teils seiner der Außenwelt zugekehrten
Identität, quasi deren Außenseite: seiner Jacke. Die Abgeschlossenheit der Gesellschaftsmaschine wird zudem von außen her
garantiert. Der entlassene, hemdsärmelige Karl ist sogleich einem Polizisten verdächtig: Das Individuum ist nur im Funktions-
zusammenhang mit dem Apparat akzeptiert.[121]

Die Straße wird zu einem gefährlichen Draußen:[122] Wird
jemand von der technisch zugespitzten Modifikation des Realitätsprinzips ausgespieen, bleibt ihm nur der Rückzug in einen der
verschiedenen kleineren Räume, in denen der Protagonist immer
wieder Zuflucht sucht. Daß das nicht als eine Lösung gedacht ist,
zeigt das letzte Kapitel des Romans.[123] Die Straße, von einer
ausschließlich negativ aufgefaßten Polizei kontrolliert,[124] ist der
Bereich, der den Leidenschaften überlassen bleibt. Auf ihr findet

z. B. ein Wahlkampf statt, der keinem erkennbaren politischen Zweck dient. Anhänger rechnet der Kandidat offenbar nur als Berauschte gewinnen zu können. [125] Der Staat, um darunter im vertrauten Begriff die Sphäre öffentlicher Angelegenheit zu fassen, entspricht keinem ›höheren‹ Allgemeinen, keinem einigenden Telos, keiner den Einzelwillen (im Hegelschen Sinne) aufhebenden Gemeinsamkeit:

Aber selbst dieser starke Mann konnte keinen Schritt nach seinem Willen mehr machen, an eine Einflußnahme auf die Menge durch bestimmte Wendungen oder durch passendes Vorrücken oder Zurückweichen war nicht mehr zu denken. Die Menge flutete ohne Plan . . . [126]

In Amerika, einer Demokratie, vermischen sich die Führer mit dem Pöbel, gehen darin unter. Die Bürger nehmen wie Theaterbesucher durch Beifalls- oder Mißfallenskundgebungen Partei. Sie befinden sich dabei oben. Für sie ist der Staat ganz unten. Sie sehen von ihren Fensterplätzen aus auf ihn herab. Sie sind Zuschauer, keine Akteure. Es wird uns gezeigt, wie man das wird, Zuschauer. Zuschauen ist nur eine der Sehweisen, die in diesem Roman vorkommen, und sie entsteht offenbar erst aus einer anderen.

Im ersten Fragment, das die Waschung Bruneldas zum Thema hat, erlebt Karl, als er »früh die Augen öffnete«, wie Robinson »eilfertig mit besorgten Blicken« umherläuft. Er sieht ferner Bruneldas Kopf, Hals und Nacken über einen Kasten ragen, hinter dem sie von Delamarche gewaschen wird. Robinson muß bei seinen Zureichungen das Gesicht abgewandt halten. [127] Delamarche übersieht Karl »glattwegs«, er ist gereizt, »weil er selbst Brunelda nicht zufriedenstellen konnte«. [128] Brunelda ist hier ganz die unersättliche ›Große Mutter‹, die in ihrer unermeßlichen Leiblichkeit selbst Karls Rivale Delamarche nicht befriedigen kann. Sie klagt über dessen Grobheit, doch ihr Schmerzensschrei geht sogleich über in den gefährlichen Lockruf einer Sirene:

›Robinson!‹ rief sie dann plötzlich und schwenkte ein Spitzenhöschen über ihrem Kopf. ›Komm mir zu Hilfe, schau, wie ich leide, diese Tortur nennt er Waschen, dieser Delamarche! Robinson, Robinson, wo bleibst du, hast auch du kein Herz?‹

Robinson – und damit zeigt sich die Berechtigung seiner »besorgten« Blicke vorher – hat nur einmal diese Aufforderung, sie im Bade zu sehen, wirklich befolgt:

> »Sie haben mich damals beide gepackt und in die Wanne getaucht, daß ich fast ertrunken wäre. Und tagelang hat mir die Brunelda vorgeworfen, daß ich schamlos bin, und immer wieder hat sie gesagt: ›Jetzt warst du aber schon lange nicht mehr im Bad bei mir‹ oder ›Wann wirst du mich denn wieder im Bad anschauen kommen?‹« [129]

Hier wird also, inszeniert mit dem personalen Fundus der Brunelda-Episode, die alte Sage von Aktaion, der die Göttin Artemis (Diana) nackt im Bade gesehen hat, als Motiv aufgenommen und neu erzählt. [130]

Wie bei Ovid und dessen Behandlung des Mythos kommt hierbei ein Konflikt zur Darstellung, in dem ein jugendliches Ich gegenüber den verbotenen Triebansprüchen mit dem Wunsch nach Abspaltung des entsprechenden psychischen Ressorts zu reagieren sucht. [131] Bei Ovid erfleht Aktaion, der in einen Hirsch verwandelt und von seinen Hunden gehetzt wird, die räumliche Aufhebung der qualvollen Einheit von Leib und Bewußtsein. Er wünscht sich, sich selbst und seinen schmerzlichen Empfindungen gegenüberzutreten, sich als Triebopfer zu *sehen*, aber nicht zu *fühlen*:

Ach! er ist da – o wäre er ferne! Der eigenen Hunde
Grimmiges Treiben, er sähe es lieber, als selbst es zu spüren. [132]

Auch bei Kafka erleben wir an dieser Stelle die Genese des Zuschauers aus der Not einer unter dem Verbot bedrohlich empfundenen Beziehung des Schautriebs zu seinem bevorzugten Objekt. Der Text stellt dazu die äußere Schicksalsgleichheit zwischen Robinson und Karl erst einmal nachdrücklich heraus. So soll Karl den wehleidigen Iren als Diener ersetzen; er wird mit ihm zusammen auf dem Balkon ausgesperrt; Robinson ist, solange die Gefangenschaft dauert, Karl gleichgestellt und daher auch sein ständiger, eigentlicher Gesprächspartner. [133] Andererseits unterscheidet Robinson von Karl, daß er in gleicher Lage mehr leidet als dieser, er klagt unablässig über seine Beschwerden, vergießt Tränen und begründet die Gefangennahme Karls mit seiner eigenen Invalidität, die eine Folge der Tätigkeit als Diener sei.[134] Später vereitelt er den entscheidenden Selbstbefreiungsversuch Karls durch sein Eingreifen.[135]

Die fragwürdige Verbundenheit der Zwei gipfelt in der Balkon-Szene, als Robinson Karl umklammert, was zu einer Rauferei führt, nach der Robinson laut heulend daliegt, während es von Karl, der sich ebenfalls auf dem Boden befindet, heißt:

Er wandte nur das Gesicht zum Vorhang hin, der ruhig und schwer vor dem offenbar dunklen Zimmer hing.[136]

In ihrer Funktion als Dienerpaar sind Karl und Robinson – wie vorher Delamarche und Robinson – praktisch eine Person, die die Knechtschaft zur Symbiose zwang. Zusammen aber verkörpern sie die Spaltung in eine leidvolle, triebnahe Form der Abhängigkeit und in eine, in der die von Aktaion gewünschte Dissoziierung stattgefunden hat: Karl ist in der Brunelda-Episode weitgehend Zuschauer, der sowohl das jammervolle Los seines Gefährten mitansieht und der dessen Gefühlsausdruck verabscheut, wie er auch die ›höhere‹ Sphäre der elterlichen Gewalt (durch Delamarche und Brunelda) als die Quelle von dessen dumpfer Schmerzlichkeit beobachtet. Man könnte auch sagen: Er verhält sich analog zum Ich, das, besonders in Konfliktperioden, dem Es als Beobachter gegenübertritt.[137]

Die Bedeutung der Balkone und des lebhaften Betriebs auf ihnen, die Rolle des Opernglases,[138] dergleichen richtet die Szene, in die der Leser gestellt wird, schon äußerlich für die Behandlung der Zuschauerproblematik in diesem Kapitel vielversprechend her.

Die Unfreiwilligkeit seines Schicksals an der Seite Robinsons kennzeichnet die Art der Freiheit, die Karl in der Haltung des Zuschauers diesem vorauszuhaben gedenkt. Es ist die Herkunft der Ich-Spaltung aus dem Kastrationsschreck, die diesen Abwehrvorgang[139] in die Nähe des Partialtriebs der Schaulust gelangen läßt. Wie gesagt:

Tatsächlich ist der Schautrieb der Trieb, der am vollständigsten den Begriff der Kastration umgeht.[140]

Es demonstriert diese Episode in Karls amerikanischem Lernprozeß allerdings, daß die intentionale Ausschließlichkeit in der Wahl der Triebäußerungen nicht immer so ohne weiteres gewährleistet ist. Als Karl in das von Brunelda beherrschte Zimmer geschafft wird, hat er zunächst noch die Hoffnung, bald freizukommen. Wieder macht die sinnfällige Sprache eine doppelte Aussage, wenn es an dieser Stelle heißt:

>Nun beginnt ja schon die Nacht<, sagte sich Karl, >bleibe ich noch länger hier, gehöre ich schon zu ihnen.< [142]

Die ersten Konflikte treten im Verhältnis von Karl zu Brunelda auf. Diese beklagt sich, daß er sie so anstarre. [143] Sie wünscht daraufhin sogar, daß er wieder fortgeschafft wird. Der Erzähler nimmt noch zweimal auf, daß »seine Augen (sie) erschreckten«, [144] und er erwähnt dabei »Karls vor Müdigkeit groß aufgerissene Augen«. [145]

Brunelda faßt diesen Blick anders auf, für sie spricht die auffallende Vergrößerung der Augen eine andere, eine sexuelle Sprache. Sie reagiert darauf mit Heftigkeit und klagt plötzlich, daß sie es vor Hitze nicht mehr aushalte, sich sogleich ausziehen und baden müsse. Die Anspielung auf das Bad Bruneldas, auf das dann im ersten Fragment ausführlich eingegangen wird, hat zur Folge, daß sowohl der »unverschämte Robinson« wie »dieser fremde Junge, der mich vor einem Augenblick ganz wild angeschaut hat«, auf dem Balkon ausgesperrt werden. [146]

Doch das Lehrstück, in dem dem Schautrieb Karls seine Lektion erteilt wird, ist noch nicht abgeschlossen. Die mit dem Wahlkampf verbundenen Vorgänge auf der Straße bringen Brunelda, zusammen mit Delamarche, zu den beiden Ausgesperrten auf den Balkon. Hier kommt es zu einer Demonstration des ambivalenten Zuschauerverhaltens, die im Hinblick auf das Weitere, auf das anschließende Naturtheater-Kapitel von grundlegender Bedeutung ist.

Karl versucht bei dieser Gelegenheit noch einmal zu entweichen. Doch »vor den strengen Blicken Delamarches« vergeht ihm die Anwandlung, er »stockte«, heißt es im Text. [147] Brunelda stellt sich daraufhin hinter ihn, um ihn mit ihrem Körper gegen das Balkongitter zu drücken. Auf ihre Frage:

›Willst du dir denn nicht den Aufzug unten ansehen?‹

reagiert er zunächst mit Resignation:

Traurig sah er auf die Gasse hinunter, als sei dort der Grund seiner Traurigkeit.[148]

Der ist natürlich nicht dort zu suchen, schon eher der Anlaß für Karls Stimmungsumschwung kurz danach. Es heißt, er ertrage allmählich, während Brunelda »unter Seufzern« an Karls Hemd hantiert, »die Last ihrer Arme auf seinen Achseln, denn die Vorgänge auf der Straße nehmen ihn sehr in Anspruch«.[149]

Daß Karls Verhalten sich gegenüber den gleichsam dionysischen Zuständen unten und draußen ändert, ist zutreffend. Die Wandlung vollzieht sich dabei deutlich in seinem Wahrnehmungsverhalten, das durch seinen Standort – auf dem Balkon in der oberen Etage eines sehr hohen Hauses – schon äußerlich als das eines Zuschauers bezeichnet ist. Aber das ist als äußere Distanzveranschaulichung nur der Ausdruck einer anderen, inneren Teilnahmeversagung, die ihm, dem Ausgesperrten, auferlegt ist. Daß der Karl verschlossene Raum, in dem sich Delamarche und Brunelda allein aufhalten, noch zusätzlich durch einen dunklen Vorhang seiner *Sicht* entzogen ist,[150] vervollständigt nur das Szenario eines vom Schautrieb veranstalteten Dramas.

Als Brunelda den Raum auf dem Balkon mit ihm teilt, ändert sich auch seine innere Beziehung zu den Vorgängen draußen, und je dichter sie an ihn heranrückt, desto näher möchte er jenen kommen. Der Text ist mit dem Beleg für den hier aufgezeigten Zusammenhang prompt zur Stelle, indem er die Erregung, die Karl erfaßt, als Reaktion auf die Berührung seines Gesichts (!) durch Brunelda und auf ihren Blick in seine Augen erscheinen läßt:

›Sieh mal den Kleinen‹, sagte Brunelda, ›er vergißt vor lauter Schauen, wo er ist.‹ Und sie überraschte Karl und drehte mit beiden Händen sein Gesicht sich zu, so daß sie ihm in die Augen sah.[151]

Die Abfuhr, da sie in ihre Richtung – Delamarche steht außerdem neben ihr – nicht möglich ist, gilt ihr dennoch in dem Affekt seiner ärgerlichen Abwendung von ihrer Berührung, während er »gleichzeitig voll Lust (ist), auf die Straße zu gehen und alles von der Nähe anzusehen«.[152] Man überlese nicht dieses »gleichzeitig«.

Karl befindet sich zuletzt in »atemloser Verwirrung«,[153] ein Zustand, der der an ihn gepreßten Brunelda nicht entgehen kann:

›Wie es den Kleinen aufregt!‹ sagte Brunelda zu Delamarche und faßte Karl am Kinn, um seinen Kopf an sich zu ziehen.[154]

Daß Karl sich unter der Berührung mit ihr vorübergehend dem unsublimierten Ausdruck seines im Schautrieb gesammelten Begehrens – was eigentlich ja Robinsons Domäne sein sollte – überläßt, *muß* nach dem Regiekonzept des Unbewußten, dem Karls Verhaltensausdruck unterworfen ist, bald zu einer Interdiktion von seiten Bruneldas führen. Allerdings, weil auch das zum Konzept gehört, darf das Moment der Schuld ebensowenig fehlen. Die Heftigkeit seiner Reaktion, bezeichnend als »Benehmen« beanstandet, ist denn auch Anlaß für eine Verärgerung auf ihrer Seite. Sie will sich entziehen, indem sie ihn fortschickt. Im Einklang mit der ganzen, auf die Schaulust zugeschnittenen Veranstaltung steht auch ihre Maßregelung:

›Du hast genug gesehen . . .‹[155]

So bringt sich in der stereotypen Aufeinanderfolge von (sexueller) Erregung und (mütterlichem) Verdikt der alte Konflikt auf der Ebene des Schautriebs und seines Objekts noch einmal in Erinnerung. Gleichwohl ist die Macht des wiedergekehrten Verdrängten so stark, daß Karl trotz Bruneldas Verbot einen Fluchtversuch riskiert. Mit zwei Messern, die sofort abbrechen, will er die Tür öffnen.

An anderer Stelle wird uns der Erzähler noch rechtzeitig mit dem Hinweis auf das zwiespältig Bergende geschlossener Räume versehen, indem er an die das Zimmer zu sperrende Mutter erinnert:

Sie (die Mutter) hatte keine Ahnung, daß es jetzt mit Karl so weit gekommen war, daß er fremde Türen mit Messern aufzubrechen suchte.[156]

Auch das sollte man als Fingerzeig auf die einengende Macht der

Mutterbindung in diesem Stadium der Karlschen Ich-Genese nicht überlesen. Karls einzige impulsive Handlung in diesem Roman verfolgt demnach den Zweck, an die Stelle des distanzierten Blicks von oben den des emotional Beteiligten aus der Nähe zu setzen. Wie sehr Karls Wunsch, sich dem Pseudo-Bacchanal jenseits und unterhalb des Balkons wenigstens schauend zu überlassen, mit der affektiven Abwehr von Bruneldas Gegenwart in Verbindung zu bringen ist, beweist nicht nur die Bestrafung Karls nach dem gescheiterten Ausbruch durch Delamarche. An ihr nimmt Brunelda ebenfalls mit Blicken Anteil:

> Sie stand mit weit auseinander gestellten Beinen und gebeugten Knien und in ihrer ganzen Breite in der Zimmermitte und verfolgte die Vorgänge mit leuchtenden Augen. Als beteiligte sie sich tatsächlich an dem Kampf, atmete sie tief, visierte mit den Augen und ließ ihre Fäuste langsam vorrücken. [157]

Karl und die Fernglas-Affäre

Auf die Bestrafungsszene und die Bedeutung des Augensymbols in ihr wird gleich noch zurückzukommen sein. Ein anderer Teil der Szene – er geht Karls Fluchtversuch unmittelbar voraus – muß vor allem erwähnt werden. Es ist dies der Dialog zwischen Brunelda und Karl über die Bedeutung des Opernguckers.

Es wird im Text Wert darauf gelegt, daß dieser als Delamarche gehörig erscheint. Durch ihn beobachtet Delamarche z. B. zu Beginn des Kapitels Karl vom Balkon herab, bevor er ihn an Brunelda weiterreicht. [158] Das gleiche wiederholt sich am Anfang der Wahlkampfszene. Delamarche steht zunächst mit »gekreuzten Armen« – in Ringkämpfer-Pose also – hinter Brunelda,

> dann lief er ins Zimmer und brachte Brunelda den Operngucker. [159]

Wenig später wird Karl durch Brunelda in diese Fernglas-Affäre hineingezogen, Delamarche ist dabei anwesend, achtet aber nicht auf Karl, obwohl der Text Nachhilfe leistet und durch Robinson »Karls Verhalten« bei Delamarche »eifrig« denunzieren läßt. [160] Auf der Oberfläche des Handlungsablaufs ist dabei an Karls Benehmen nichts Anstößiges zu bemerken. Eher hätte Robinson Bruneldas Verhalten verdächtig finden können:

>Wie gefällt es dir, Kleiner?< fragte Brunelda, die sich eng hinter Karl hin und her drehte, um mit dem Gucker möglichst alles zu übersehen. Karl antwortete nur mit einem Kopfnicken. [161]

Es ist klar, was ihm da offenbar so gefällt. Brunelda möchte nun auch Karl »durch den Gucker schauen« lassen, dazu »klopfte (sie) auf Karls Brust, um zu zeigen, daß sie ihn meinte«. [162] Daran schließt sich folgender Dialog:

>Ich sehe genug<, sagte Karl.
>Versuch es doch<, sagte sie, >du wirst besser sehen.<
>Ich habe gute Augen<, antwortete Karl, >ich sehe alles.< Er empfand es nicht als Liebenswürdigkeit, sondern als Störung, als sie den Gucker seinen Augen näherte, und tatsächlich sagte sie nun nichts als das eine Wort >Du!< melodisch, aber drohend. Und schon hatte Karl den Gucker an seinen Augen und sah nun tatsächlich nichts. >Ich sehe ja nichts<, sagte er und wollte den Gucker loswerden, aber den Gucker hielt sie fest, und den auf ihrer Brust eingebetteten Kopf konnte er weder zurück noch seitwärts schieben.
>Jetzt siehst du aber schon<, sagte sie und drehte an der Schraube des Guckers.
>Nein, ich sehe noch immer nichts<, sagte Karl und dachte daran, daß er Robinson ohne seinen Willen nun tatsächlich entlastet habe, denn Bruneldas unerträgliche Launen wurden nun an ihm ausgelassen.
>Wann willst du denn endlich sehen?< sagte sie und drehte – Karl hatte nun sein ganzes Gesicht in ihrem schweren Atem – weiter an der Schraube. >Jetzt?< fragte sie.
>Nein, nein, nein!< rief Karl, obwohl er nun tatsächlich, wenn auch sehr undeutlich, alles unterscheiden konnte. Aber gerade hatte Brunelda irgend etwas mit Delamarche zu tun, sie hielt den Gucker nur lose vor Karls Gesicht, und Karl konnte, ohne daß sie es besonders beachtete, unter dem Gucker hinweg auf die Straße sehen. Später bestand sie auch nicht mehr auf ihrem Willen und benützte den Gucker für sich. [163]

Gewiß, es entspricht der allgemeinen Tendenz des Romans, Apparate entfremdend zu finden, eine Tendenz, auf die Kafka selbst einmal zu sprechen kommt, wobei er auch die im Roman berücksichtigte technische Avantgarde-Rolle Amerikas erwähnt:

Je mehr sich die Bildertechnik verbessert, um so schwächere Augen haben

480

wir. Der Apparat lähmt die Organe. So ist es mit der Optik, in der Akustik, im Verkehrswesen. Durch den Krieg ist Amerika nach Europa gekommen. [164]

Besonders angesichts der wachsenden Erregung Karls mag es zunächst plausibel erscheinen, daß er zwischen seinen eigenen und den Emotionen auf der Straße keine Vermittlung, kein Drittes, nichts Künstliches und Technisches ertragen will. Daß ihm das Opernglas jene, bei ruhigem Durchschauen, sogar näherbringen würde, von dieser Einsicht könnte er gerade in diesem Augenblick keinen Gebrauch zu machen imstande sein. Es wäre eine Nähe, an der nur ein Voyeur Interesse hätte. Der Wunsch, nach unten zu gelangen, würde dann durch diese kalte, maschinelle Form (das Drehen an der Schraube) des Sehens eher frustriert als befriedigt.

Andererseits, wie verhält sich die durch das Medium des Glases vorgetäuschte Nähe der Straße zur tatsächlichen Nähe Bruneldas? Ist Karl die Täuschung vielleicht deswegen so unerträglich, weil sie ihm die Unerfüllbarkeit seiner Wünsche durch Brunelda bewußt macht?

Das alles läßt aus, daß die negativen Regungen Brunelda gegenüber besonders in dieser Szene überwiegen. Das Bild seines zwischen ihren Brüsten eingeklemmten Kopfes enthält gar eine Anspielung auf die Brüste des Dienstmädchens Johanna Brummer, die für Karl während der Verführungsszene so abstoßend gewesen waren. Gibt es deutlichere für das Weibliche stehende Attribute als diese?

Die Episode mit dem Fernglas hat denn auch noch eine andere Bedeutung, eine Bedeutung vor allem für die innere Struktur des Romans, der an dieser Stelle auf eine Katharsis zusteuert und auf die Naturtheater-Allegorie vorbereitet.

Denken wir bei dem Wort Apparat getrost an die Bedeutung, die diesem zur Bezeichnung des männlichen Geschlechtsteils zukommt (Geschlechtsapparat ist z. B. bei Freud ein gebräuchlicher Ausdruck). [165]

Erwähnt sei hier der hölzerne Phallus des Osiris, der dem wiederzusammengesetzten Gott das verlorengegangene eigene Glied ersetzen muß. In der Zerstücklungsvorstellung wurde die Kastration gedacht/verdrängt. Später hat Osiris mit seiner

481

Schwester Hilfe alle Körperteile wiedergefunden, nur sein Glied nicht. Er ersetzt es durch einen hölzernen, künstlich applizierten Phallus, einen ›Apparat‹.[166]

Die Abneigung Karls gegenüber jeder Art von Apparaten – schon das Kind mußte auf dem zuerst erwähnten Foto auf einen Apparat blicken, durch den es seinerseits angeblickt wurde – bezieht aus diesem Bezirk des Unbewußten sein spezifisches Timbre. Die Beziehung des Blicks zu ganz bestimmten Apparaten – und damit sind vor allem die ›optischen Maschinen‹ der Freudschen Traumdeutung gemeint[167] – scheint den visuellen Habitus der meisten Kafkaschen Protagonisten durchgängig zu prägen.

Hartmut Binder hat in einem eigenen Kapitel seines Buches »Kafka in neuer Sicht« eine Phänomenologie der Blick-Gestik für das Gesamtwerk des Autors zu erstellen versucht.[168] Wir kommen nicht weit, wenn wir uns die auffallende Rolle, die der Blick in den Texten Kafkas spielt, mit perspektivistischen Techniken im Dienst eines bloßen Formkalküls erklären. Mit der Balkon-Szene befinden wir uns im Zentrum eines Feldes, das von anderen Kräften induziert wird denn denen einer äußerlichen, operationalen Erzählstrategie. Wir sind im Einzugsgebiet des Schautriebs, und das heißt, daß wir uns im Einzugsgebiet des Begehrens befinden.

Womöglich geht hier das Ausschau haltende Subjekt z. B. darauf aus, nicht das zu sehen, was es sieht oder was es sehen soll. Gerade das ›ausschweifende‹ Auge kann nicht daran interessiert sein, auf den Gegenstand zu stoßen, der es an die Kastrationsdrohung am nachdrücklichsten erinnert, und das ist der Phallus. Ein Satz Kafkas trifft den Sachverhalt, meint aber sicherlich nicht den hier erörterten Kern des Problems: »Man muß über die Dinge hinwegblicken, dann kommt man ihnen vielleicht näher.«[169]

Es ist auffällig, daß Karl in dieser Situation besonders Bruneldas Blick stört. Ist es, weil »jedes menschliche Begehren auf der Kastration basiert«, wie Lacan bemerkt hat, daß »das Auge eine bösartige, aggressive Funktion, nicht bloß eine täuschende wie die Natur«, übernimmt?[170] Karls Erregung steigert sich mit dem Blick nach unten. Diese kann sich nur, bei der Art der Vorgänge auf der Straße, die kolportiert werden, dem Medium seiner

Einbildungskraft verdanken. Da er Brunelda dabei zwar emotional, aber nicht als real verfügbares Objekt einbeziehen kann, könnte ihre Gegenwart, und erst recht die ihres Blicks, seinem imaginierenden Sehen, das sich dann auch »unter dem Gucker hinweg«, wie es heißt, seinen Weg bahnt, als Gefahr erscheinen. Was sieht er dort unten, und was will er sehen in diesem Augenblick?

Er empfindet es »als Störung, als sie den Gucker seinen Augen näherte«. In diesem Eingriff in sein Sehfeld ist gleich beides enthalten: die Vergegenwärtigung der Tatsache, daß es einen Phallus gibt, der sich als der bedrohte eigene in Erinnerung bringt; ferner ein Memorandum an das ödipale Trauma, denn der Apparat, in den Händen Bruneldas, ist das Phallus von Delamarche, ist der Phallus des Vaters.

Sie will Karl dazu bringen, diesen anzusehen (»Wann willst du denn endlich sehen?«), ihn daran erinnern, daß es ihn gibt sowie auch daran, daß sie mit ihm, der ihr von Delamarche ausdrücklich überlassen worden ist, vertrauten Umgang hat, ihn manipulieren darf (». . . und drehte an der Schraube des Guckers«). Ihr

»Du!« melodisch, aber drohend,

ist derselbe Hinterhalt, wie er in der tückischen Aufforderung an Robinson, ihr im Bad zu Hilfe zu kommen, lauerte. Karls dreimaliges ›Nein‹ ist die heftigste Äußerung einer abwehrenden Reaktion, die im Text überhaupt verzeichnet ist.

Rekapitulieren wir kurz: Brunelda handhabt den optischen Apparat, durch den Delamarche zu Beginn des Asyl-Kapitels Karl vom Balkon herab beobachtet hatte, bevor er ihn vor dem Zugriff der Polizisten ›befreite‹. Sein Aufzug, als er Karl in einen »dunklen Flur« zog, war aufschlußreich genug gewesen: Nicht nur, daß er in Hemd und Unterhose dastand, er war zudem

ganz außer Atem, mit erhitzten Wangen, seine Haare klebten ihm rings um den Kopf.

Auch Delamarche hatte, wie einst die Mutter Karls, die Tür zur Außenwelt hin »gleich geschlossen und versperrt«. Während er schwer atmend an der Wand lehnte, hatte sich sein Opfer ihm körperlich nicht entzogen, ganz im Gegenteil:

Karl lag fast in seinen Armen und drückte halb besinnungslos das Gesicht an seine Brust. [171]

Eine seltsame Koinzidenz der Erschöpfung nach einer vorangegangenen Erregung; eine seltsame Annäherung des Jüngeren an den Älteren, der im Wettlauf mit den Verfolgern draußen seine eigene Verfolgungsjagd betreibt. Der ›Retter‹ vor dem Zugriff der Polizei zwingt Karl kurz darauf seine Knechtschaft im Bannkreis der sie alle tyrannisierenden Brunelda auf.

Auf einer Ebene, die nicht als die sichtbar gemachte kausaler Zusammenhänge erscheint, besteht zwischen Delamarche und der Gesellschaft draußen eine für Karl verhängnisvolle Komplizenschaft. Delamarche hatte denn auch den Polizisten zunächst veranlassen wollen, ihm »den Jungen vorläufig zu überlassen, ich hätte einiges mit ihm in Ordnung zu bringen«. [172] Später droht er Karl damit, ihn der Polizei zu übergeben. [173] Karls Reaktion auf diese Drohung ist bezeichnend:

Von diesem Augenblick an hatte Karl an dem Schauspiel unten keine Freude mehr. [174]

Wieder endet die Auseinandersetzung in einer Zuspitzung, die diesmal sogar eine tätliche Form annimmt. Wiederum sind die Einzelheiten des Kampfs bedeutsam für die Art des Konflikts.

Es ist Delamarche, der sich auf Karl stürzt. Die Kostümierung des Angreifers verrät schon den Herkunftsort der schmerzlichen Erinnerung, die hier ihre Marionetten ins Feld führt: Es ist das elterliche Schlafzimmer. Delamarche tritt im Schlafrock auf den Plan, »dessen gelöstes Schlafrockseil beschrieb eine große Figur (!) in der Luft«.

Interessant ist der assoziative Übergang von den in der Tür steckenden Messern (als Kastrationswerkzeuge) zum Griff nach dem »breiten Schlafrockkragen«, den Karl vollführt. Die Auseinandersetzung verlegt sich darin sofort auf die Ebene der unmittelbar bedrohten, das Genital symbolisierenden Augen. Karl hat sich wieder »an die Brust des Delamarche geworfen«, als dieser auf ihn einschlägt, »um sein Gesicht zu schützen«. Karl seinerseits hat Delamarche »blind« gemacht, indem er ihm den »breiten Schlafrockkragen« hochgeschlagen hat. Den Kampf glaubt Karl da schon zu seinen Gunsten ausgehen, »vor sich sah er ja den

484

Sieg«. Diese Zuversicht vermittelt ihm ein bemerkenswertes Detail:

Die Hände am Kopf des Delamarche, die Daumen wohl gerade über den Augen, führte er ihn vor sich her. [175]

Man beachte, daß dieser Satz nur ein zeitlich hingehaltenes ›Fast‹ zu artikulieren hat und mit dem »wohl gerade« die Spannung einhält, die an diesem schwierigen Grat so dicht am Rand der Realisation auftritt.

Es sei hier nur an die Szene erinnert, in der Odysseus und seine Gefährten dem Kyklopen mit dem glühend gemachten Pfahl das Stirnauge ausdrehen und -brennen. [176] Karls innehaltende Daumen sollen so als die entsprechende Drohung schon den Sieg garantieren, eine Fehleinschätzung, die wieder einmal die Projektion seiner eigenen Wünsche für Wirklichkeit nimmt. Es ist Robinson (indem er Karl die Beine auseinanderpreßt), der die Entscheidung herbeiführt und Karl zum Aufgeben veranlaßt. So nahe war Karl einem Triumph über sein eigenes Verhängnis noch nie, aber er war ihm eben nur nahe. Am Ende geht die Sache in der Weise aus, in der sie von der programmatischen Instanz hinter dem nur ausführenden Wiederholungszwang von vornherein angelegt war:

Delamarche schlug seinen Kragen nieder, hatte nun wieder freien Blick, und nun gab es natürlich keinen Kampf mehr, sondern bloß eine Bestrafung. [177]

Das Kapitel endet mit neuerlichen Unterwerfungsphantasien Karls, die dieser mit gesellschaftlichen Aufstiegshoffnungen verknüpft: Eine in ihrer Absurdität gewiß beabsichtigte Verbindung von letzter Selbstentäußerung und sozialer Integration unter dem Anerkennungsblick eines imaginierten künftigen Chefs. [178]

Vaterinstitutionen und Blickreglements. Der verhinderte Richter und der behinderte Ausbrecher

Über Verfolgung, Zwang und ohnmächtige Auflehnung stehen also die gesellschaftlichen Institutionen und die väterliche Autorität für das Subjekt in Verbindung. Außerdem korrespondieren die Maschinen draußen – Telefone, Fahrstühle, Uhren, Schreibmaschinen im Hotel, Autos auf der Straße – mit den Apparaten im Inneren der Räume familialer Gefangensetzung: der Fotoapparat auf dem Bild Karls mit den Eltern, der Operngucker in den Händen Bruneldas.

Brunelda war bisher für Karl nur in dem substitutionellen Kanapee, das ihr gehörte, zugänglich gewesen. Als er den Studenten kennenlernt, weiß er von diesem lediglich eine sehr bezeichnende Einzelheit:

»Ja«, sagte Karl, »erzählt hat man mir schon von Ihnen, aber nichts Schlimmes. Sie haben wohl einmal Frau Brunelda behandelt, nicht wahr?«

»Das stimmt«, sagte der Student und lachte. »Riecht das Kanapee noch danach?«

»O ja«, sagte Karl.[179]

Das ist, wie so häufig in diesem Text, deutlich genug. Der Geruchssinn, im Rahmen der Evolution der Gegenpol zum Gesichtssinn, erhält zugeschrieben, was sich als Erinnerung gleichsam objektiviert in der bleibenden Ausstrahlung des Kanapees.[180] Dabei fehlt nicht, was Karl in der »Asyl«-Konstellation unentwegt zwiespältig gegenwärtig ist: das Faktum der Vereinigung, von der Karl ausgeschlossen ist. Die ›Behandlung‹ Bruneldas durch den Studenten, auf die Karl sogleich zu sprechen kommt, läßt einen anderen hierbei in der Vergangenheit zu. Karls Gehirn ist voller Vorstellungen von diesen Beziehungen zwischen einer Mutterfigur und einem anderen. Seine Neugier in dem Gespräch mit dem Studenten gilt dieser Beziehung.

Die Welt mit dem Kanapee im Mittelpunkt steht im Gegensatz zu der Welt der Maschinen draußen: »Die Maschine ist unvereinbar mit unseren Träumen von einer Vereinigung mit der Mutter . . .«[181] Karl wird jedoch, je dichter Brunelda ihm auf dem Balkon körperlich kommt, quasi automatisch an die Welt, in der der Apparat als Signifikant im Zentrum steht, erinnert. Bruneldas doppeldeutige Frage: »Wann willst du endlich sehen?« enthält die Verlockung, in ihr das Objekt zu sehen, aber auch die Mahnung, endlich die Wirklichkeit des Phallus wahrzunehmen.

Das ist seine Bedrängnis in diesem Augenblick. Er ist, wie es die äußerliche Situation demonstriert, buchstäblich eingeklemmt zwischen seinem Wunsch und seiner Angst. Er könnte, möchte *sehen*, gleichzeitig wird er, und zwar durch sie selbst, an den Apparat erinnert, der Delamarche gehört, durch den er einmal beobachtet wurde und an dem er jetzt verzweifelt vorbeizusehen versucht.

Wohin will er – vergeblich – fliehen, was hatte ihn dort draußen (unten) so in Erregung versetzt?

Bei den Vorgängen auf der Straße, die für Karl so faszinierend sind, handelt es sich um eine Veranstaltung anläßlich der Wahl eines Bezirksrichters. Der entsprechende Kandidat ist in diesem theatralischen Geschehen deutlich erhöht gegenüber den anderen Teilnehmern der Kundgebung. Er sitzt auf den »Schultern eines riesenhaften Mannes«. [182] Das ist eine Erhöhung, die gleich lächerlich ist und auf Kosten eines anderen, größeren Mannes erfolgt.

Als er eine Rede zu halten beginnt, sind die Scheinwerfer aller Autos auf ihn gerichtet, »so daß er in der Mitte eines hellen Sterns sich befand«. [183] Physische Verdopplung seiner Körpergröße und Lichtaura machen den sich zum Richter anbietenden »Herren« [184] äußerlich zu einer jener srahlenden Vaterfiguren, wie sie später noch an anderer Stelle sichtbar werden; doch welcher Widerspruch herrscht in dieser Episode zwischen der Selbstanmaßung des in die Nähe der Insignien eines göttlichen Richteramtes gebrachten Kandidaten und der tatsächlichen Ohnmacht, sich gegenüber seinen Gegnern auch nur Gehör zu verschaffen. [185] Schließlich heißt es, daß der Amtsanwärter von der anwachsenden Menge seiner Gegner hin- und hergeschoben wird, zwar noch immer weiterspreche, »aber es war nicht mehr ganz klar, ob er sein Programm auseinanderlegte oder um Hilfe rief . . .« [186]

Man wird die Tatsache, daß es sich hierbei um einen potentiellen Richter handelt, die Bedeutung beizumessen haben, die ihr vor dem Hintergrund der projizierenden Wünsche des ›Phantasten‹ zukommt. Es ist zur Komplettierung der Voraussetzungen für ein psychologisches Verständnis der Szene im Roman denn auch alles Erforderliche aufgeboten: die enge körperliche Berührung Bruneldas (»Karl fühlte ihre Knie«[187]), die das Schuldgefühl verstärken muß und den Richter als Figur der Romanphantasie überhaupt erst nahelegt; demgegenüber der Kandidat, der von einer als Pöbel charakterisierten, angetrunkenen Menge in sein Amt eingesetzt werden möchte: Dergleichen eröffnet noch einmal eine besondere Perspektive auf die eigentliche Amerika-Substanz des Buches. Daß die verfassungsmäßigen Verhältnisse in diesem Land auch das Richteramt von dem ›gemeinsamen Willen‹ (Rousseau) abhängen lassen, macht seine Bekleidung unter den Umständen einer den Ausschlag gebenden Koinzidenz von Zustimmungen im Affekt zu der Farce, die Karl in seiner Lage nur mit zunehmender innerer Genugtuung wahrnehmen kann.

Es ist dabei von Karls Position als Zuschauer auf dem Balkon zu sagen, daß sie die genaue Umkehrung zu jener am Beginn des Kapitels ist. Nicht nur war er da von dem die Schuldigen erkennenden *Blick* des Polizisten gestellt und festgehalten worden; nicht nur hatten sich immer mehr *Zuschauer* zu seinem demütigenden Verhör auf offener Straße eingefunden; er wurde zudem von Delamarche *durch das Fernglas* vom Balkon herab *fixiert* – eine Art des Erblicktwerdens, die die Benachteiligung der zum Opfer reduzierten Person Karls gegenüber dem Blickenden offenkundig sein läßt:

Er selbst (Delamarche) war nun schon recht undeutlich gegen den weißlich blauen Himmel zu sehen, hatte offenbar einen Schlafrock an und beobachtete mit seinem Operngucker die Straße.[188]

Als Delamarche schließlich vor Karl steht, ist sein Blick von bezeichnend ›blendender‹ Wirkung auf diesen:

Der grelle Schein seiner jetzt immer etwas zusammengezogenen Augen überraschte.[189]

Karl ist diesem Blick ausgesetzt. Vor ihm gibt es kein Entrinnen, was schließlich die Gefangennahme durch Delamarche bestätigt.

Wenig später steht Karl selbst als Zuschauer auf dem gleichen Balkon, dicht an Brunelda gepreßt. Ihm kann in dieser Situation nur daran gelegen sein, daß sich das Amt des Richters im für dieses Haus zuständigen Bezirk als Jahrmarkterrungenschaft und die Prozedur seiner Besetzung als eine Folge von Demütigungen für den Anwärter herausstellen. Seine wachsende Erregung erreicht ihren Höhepunkt und liegt dem Impuls, auf die Staße hinunterzulaufen, in dem Augenblick zugrunde, in dem der Kandidat seinen Gegnern endgültig unterliegt. Das geschieht bezeichnend dadurch, daß jener sich *gewaltsam* aus dem Licht ins Dunkle versetzt sieht:

Karl konnte sich nicht bezwingen und sprang noch rascher zum Geländer, um flüchtig noch einmal hinunterzuschauen. Ein Anschlag der Gegner, vielleicht ein entscheidender, war geglückt, die Automobillaternen der Anhänger, die mit ihrem starken Licht wenigstens die Hauptvorgänge vor der gesamten Öffentlichkeit geschehen ließen und dadurch alles in gewissen Grenzen gehalten hatten, waren sämtlich und gleichzeitig zerschmettert worden, den Kandidaten umfing nun die gemeinsame unsichere Beleuchtung, die in ihrer plötzlichen Ausbreitung wie völlige Finsternis wirkte. [190]

Den Anblick der Niederlage des Richter-Anwärters aus der Nähe will Karl sich auf keinen Fall entgehen lassen:

Diese günstige Gelegenheit mußte Karl ausnützen, jetzt war keine Zeit hinunterzuschauen, von den Vorgängen auf der Straße würde er unten noch genug sehen, und mehr als von hier oben. [191]

Es ist sicherlich kein Zufall, daß es in diesem Desavouierungs-Zwischenspiel erstens um die vereitelte Einsetzung eines Richters geht, derjenigen Autorität also, die in der Gesellschaft für die Frage von Schuld oder Nichtschuld zuständig ist; daß zweitens der Richter-Kandidat in seinem Kompetenzbereich einer lediglich regionalen Instanz physisch gegenwärtig und in seiner künstlich ins Licht gerückten, *scheinbaren* Überhöhung *sichtbar* wird; daß drittens der über ihm als Zuschauer postierte Karl durch das klägliche Schicksal dieses Möchtegern-Richters nicht nur seine eigene Lage als Gefangener vergißt, sondern, »durch die Vorgänge auf der Straße förmlich rücksichtslos gemacht«, zum ersten und einzigen Mal in diesem Roman aus der Rolle eines passiven, anpassungsbereiten Opfers herausfällt: Daß er plötzlich stark sei, heißt es ausdrücklich, und daß Brunelda ihn vorübergehend freigeben muß. [192]
Alles an der Erhöhung und repräsentativen Herausstellung des

Kandidaten war künstlich gewesen, einschließlich des Lichts, in dem seine Gestalt für Anhänger, Gegner wie Zuschauer erschienen war. Dieses Licht stand weder für die Sonne noch für den Verstand (des Sohnes), die ganze Veranstaltung ließ die Abhängigkeit des Anwärters auf das Richteramt von der ›blinden‹ Menge in ihrem rauschhaften, dionysischen Treiben erkennen. Karls Standort demgegenüber ist erhöht. Weit über dem Geschehen auf der Straße wie in einer Theaterloge plaziert, Bruneldas Nähe spürend, steht er an der Stelle, wo vorher Delamarche ihn mit dem Fernglas beobachtet hatte. Es ist, als seien einmal die Rollen vertauscht, als stehe er an Delamarches Stelle, und Karl erlebt das erregende Gefühl, die Niederlage eines Garanten des Gesetzes, noch bevor er dieses im Amt vertreten kann, mitansehen zu können. Er gerät an die Grenzen dieser ausschließlich über den Schautrieb vermittelten Erregung, als er sich über sie hinwegsetzen und *nach draußen* gelangen will. Es erweist sich dann sofort, daß er doch nicht Delamarche, daß dieser stärker und die Eingeschlossenheit in dem Kokon zwiespältiger Bindungen unausweichlich ist.

Die Anmaßung des Kandidaten reiht sich ein in den Horizont amerikanischer Zumutungen, wie sie das Buch bis dahin immer wieder verzeichnet hatte. Deutlich war dabei ein Sektor konkreter, real bedingter Erfahrung geworden, in dem Karl hilflos willkürlicher, direkter, physischer wie auch gesellschaftlicher Repression ausgesetzt gewesen war. Die Maßregelungen, die Karl zu erleiden hatte, trafen ihn überraschend, unter Zuhilfenahme einer körperlichen und sozialen Überlegenheit, der Karl nichts entgegenzusetzen hatte. Die Motive dazu waren, wie z. B. die des Onkels oder des Portiers, unverständlich. Alle waren ferner Repräsentanten, wenigstens aber affirmative Partizipianten eines technisch avancierten Kommunikationssystems, das in ökonomischer Hinsicht nicht nur eine zweite, sondern eine wahre Übernatur darstellte: Der Onkel beherrschte mit seinem Geschäft noch die Geschäfte anderer; Mack als »der größte Bauunternehmer in New York« war verantwortlich für die berüchtigste Manifestation vergegenständlichter Zweckdienlichkeit der Neuzeit; das Hotel, ebenso die Firma des Onkels als Spedition über den Speditionen, waren Verkörperungen einer gesellschaftlichen

Verkehrsweise, die nur noch aus Funktionen, Vermittlungen, Zwischenebenen, Maklerinteressen und technischen Reproduktionen bestand. Sanktioniert und beschützt durch die staatliche Autorität, ließ sie auch außerhalb ihrer selbst keinen Freiraum entstehen. Im Schnittpunkt dieser Vermittlungsprozesse stand jedesmal die Figur einer übermächtigen Vaterperson. Die unmittelbare, leibhaftige Bedrohung durch sie befand sich im Einklang mit dem abweisenden Charakter des Systems, dem sie an zentraler Stelle integriert war, das sie als personifiziertes Wesen aber auch typisch überragte, d. h. repräsentierte. [193]

Wie in »Der grüne Heinrich« ist also die negative Einstellung zu leibhaftigen Vaterfiguren ins Institutionelle erweitert, begegnet dem Protagonisten die Gesellschaft mit ihren typischen und klassischen Einrichtungen wie Schule, Konzern, Staat mit derselben, aus der Besetzung herrührenden Bedrohlichkeit, die gleichzeitig oder vorher einzelne Repräsentanten des gesellschaftlichen Codes dem Subjekt gegenüber an den Tag gelegt hatten.

Der Portier und Delamarche fügen Karl körperlich Schmerz zu. Beiden wird aber noch ein weiteres, subtileres Verfahren der Verdinglichung ihres Opfers nachgesagt. Delamarche macht, wie wir sahen, Karl durch seinen im Fernglas potenzierten Blick gefügig für die anschließende Gefangensetzung. Auch der Portier versucht Karl mit seinem ›bösen‹ Blick zu strafen, [194] außerdem ist sein Standort ohnehin der eines heimtückischen Beobachters:

> Überdies bestanden die Wände der Portiersloge ausschließlich aus ungeheuren Glasscheiben, durch die man die im Vestibül gegeneinanderströmende Menschenmenge deutlich sah, als wäre man mitten unter ihnen.

Umgekehrt – diese Gleichung ist immer wieder für die schautriebgesteuerten Empfindungen des Subjekts maßgebend – ist auch der in der Glaskanzel Befindliche für alle jederzeit sichtbar:

> Ja, es schien in der ganzen Portiersloge keinen Winkel zu geben, in dem man sich vor den Augen der Leute verbergen konnte. [195]

Dieses Gefühl, ohne Schutz dem Blick anderer ausgesetzt zu sein, wird Karl, seit er in Amerika ist, nicht mehr los. Selbst die Wolkenkratzer New Yorks hatten ihn mit ihren »hunderttausend

Augen« angesehen – dabei keineswegs in ihm das Gefühl auslösend, das Hegel im Angesicht des hunderttausendäugigen Kunstwerks empfunden hatte. [196] Die Fassaden der Wolkenkratzer New Yorks sind vielmehr das spezifische Gesicht der neuen Zeit, das sich in dieser Physiognomie dem Baugiganten Mack verdankt.

Es ergeben sich bis hierher im Roman zwei Arten einer über den Blick ausgeübten Kommunikation: Man kann es eine weibliche und eine männliche Form nennen. In der weiblichen erreicht Karl der Blick in seiner mütterlichen Variante als Ausdruck einer passiven, etwas müde gewordenen, traurigen, machtlosen, gleichwohl über die Schuldkonstellation ›hinwegsehenden‹, Vertrauen aussprechenden Zuneigung (Oberköchin). In seiner schwesterlichen Spielart ist dies die stumme Sprache eines von den gesellschaftlichen Schuldkriterien unbedingten Gefühls, das sich entweder tränenvoll oder heiter zu verstehen gibt (Therese):

AusThereses Augen strahlte die reinste Freude, als sei ihr ganz gleichgültig, ob Karl etwas verbrochen hatte oder nicht . . . [197]

Bruneldas Blick ist dagegen von einer verführerisch-bedrohlichen, jedenfalls immer erregenden Wirkung. Dem in gesellschaftlichem Kontext nichts ausrichtenden Blick der ihm mütterlich oder schwesterlich zugetanen Figuren entzogen, ist Karl im Brunelda-Kapitel einer Realitätsprüfung unterworfen, der er sich in der Zuschauerabspaltung zu entziehen sucht. Den Höhepunkt seines auf der Ebene der Schaulust ausgetragenen Erregungsverlaufs erlebt Karl, unter starker Beteiligung einer sadistischen Komponente, angesichts der Demütigung des Richteranwärters, der nach Selbsterhöhung gestrebt und dabei an den anderen gescheitert war. Nach den Gesetzen der innerpsychischen Logik mußte darauf ein masochistisches Tief folgen – was sich auf dem Kanapee Bruneldas dann auch prompt einstellt. [198]

Bruneldas störender Blick auf dem Balkon und während der Bestrafung weist jedoch gegenüber dem der Männer, die für Karl bedrohlich sind, sozusagen keine eigene Qualität auf, ist gewissermaßen nur Blick von ihrem Blick, d. h. vor allem von dem Blick Delamarches. Erinnern wir uns außerdem: Von den Blicken der Oberköchin und Therese ist erst in der Gegenwart des Oberkellners und des Portiers die Rede. Auch hatte die auf dem Foto abgebildete Mutter keinen Blick. Auffallend ist dafür ihre Hand gewesen. (Die Oberköchin ›faßt‹ Karls Hände. [199])

Der Verlust des Fotos, die Sorge um das Geld

Kehren wir noch einmal zu der Fotografie zurück, die Karl in seiner ersten eigenen Unterkunft auf amerikanischem Boden betrachtet. Gleich als erstes, kaum daß sie vor ihm liegt, sucht er »von verschiedenen Seiten den Blick des Vaters aufzufangen«. Das ist der Versuch, das Bild des Vaters wie eines jener Porträts zu behandeln, von denen Cusanus sagte, sie blickten den Betrachter an, einerlei von welcher Seite dieser auf das Gemälde sähe. [200] Doch der Vater Karls entzieht sich als Blickender dem Blick des Sohnes. Es heißt im Text wörtlich:

Aber der Vater wollte, wie er auch den Anblick durch verschiedene Kerzenstellungen änderte, nicht lebendig werden, sein waagerechter, starker Schnurrbart sah der Wirklichkeit auch gar nicht ähnlich, es war keine gute Aufnahme. [201]

Karls Vater wird im Roman sonst kaum erwähnt. Geschieht es einmal, dann – im Unterschied zu den falschen, aber leibhaftigen Vätern – in einem positiven Zusammenhang. Von ihm stammt die Anweisung an Karl, zu schreiben, also die Beziehung zu den Eltern aufrechtzuerhalten. Bei der Beschaffung des Passes für Karl, dieses wichtigen Identitätsdokuments, neben dem Foto die letzte Verbindung Karls zu seiner Herkunft, *zum Namen des Vaters,* hat der Vater, wie Karl später selbst, schlechte Erfahrungen mit der Polizei gemacht. Er stand dabei im Gegensatz zum Apparat der Staatsmacht. Es handelt sich also jedesmal um Anknüpfungen und der Erinnerung aufgegebene Weiterwirkungen, die sich an die Erscheinung des einen echten Vaters heften, der freilich nie lebendig im Roman auftritt, der für Karl sozusagen immer ein toter Vater ist.

Karl büßt das Foto ein, als die dubiosen Gefährten seinen Koffer aufgebrochen haben. Sie versichern, es habe sich keine Fotografie darin befunden. (Sagen sie vielleicht sogar die Wahrheit, gab es nur ein inneres Erinnerungsbild der Eltern, das angesichts der neuen Erfahrungen zu verblassen, zu ›verschwinden‹ drohte?) Karl besteht darauf, ihm sei das Foto »wichtiger als alles, was ich sonst im Koffer habe«, und er fügt hinzu: »Es war das einzige Bild, das ich von meinen Eltern besaß.«[202]

Man kommt von der Ebene ab, auf der sich die Dinge in der Bedeutung, die sie für ein bestimmtes Subjekt haben, ihren Weg durch das Feld tradierter Symbolprägungen bahnen, wenn man – wie geschehen – sich nur daran hält, daß Kafka Dickens gelesen hat und daß in dessen Roman »David Copperfield« sowohl einem Koffer wie einem Bild (von der Mutter des Protagonisten) das gleiche zustößt.[203] Wie steht es dann z. B. mit dem Koffer, der für den ›grünen Heinrich‹ eine ebenso zentrale Rolle spielt wie für Karl, der genauso geplündert wird, wobei das, was Heinrich am wichtigsten ist, sein Manuskript, die Geschichte seiner Kindheit, sein Selbstbildnis mit der Mutter *vor* der Trennung, achtlos zerfleddert und auf dem Boden ausgestreut worden ist?

Nicht anders ergeht es ja den Sachen aus Karls Koffer.[204] Später deponiert Karl den Koffer bei der Oberköchin, wo er, wie er meint, in Sicherheit sei.[205] Beim Hinauswurf aus dem Hotel soll niemand anders als Therese seinen Koffer packen, in dem »Dinge waren, die man vor allen Leuten geheimhalten mußte«.[206]

Man wird, wenn man sich die Vorliebe für diesen vom Protagonisten eindeutig ›besetzten‹ Gegenstand erklären will, vielleicht einen Schritt über die Grenze der dichterischen Erfindung hinaus machen müssen, um z. B. festzustellen, daß für Hölderlin in der Krise, die zum Ausbruch seiner Krankheit führte, ein Koffer die gleiche Bedeutung hatte; und daß er darin Liebesbriefe aufbewahrte (die von der Mutter ›entdeckt‹ wurden, was der Sohn als ›Plünderung‹ auffaßte).[207]

Bei Freud heißt es bündig: »Die Koffer in den Träumen sind Weibsymbole.«[208] Doch warum hier (und besonders in diesem Kapitel) so viel von Freud, da wir doch so viel von Kafka haben? (Als könnten wir diesen ohne Übersetzung nicht ›verstehen‹.)

Weil beide, die außerdem Zeitgenossen waren, das Mythen zitierende, das Mythen nachdichtende Unbewußte zum Gegenstand ihrer Darstellungen gemacht haben, weil sich beide, wie kaum zwei andere Autoren, mit der Traumsprache abgaben.

Über das Unbewußte, das von Sprache erfüllt ist und daher spricht, in jeden Text hineinspricht, hängt beider Schreiben – bei sonst sehr verschiedenen Werkabsichten – zusammen; wie auch mit dem metaphorischen Fundus, auf den, vor Freud und also ohne ihn, schon der symbolisierende Telos bei Hölderlin, bei Dickens, bei Keller zurückgegriffen hatten.

Das Foto ist u. a. Anlaß für den Konflikt Karls mit dem Oberkellner. Er hatte gehofft, daß Robinson dieses, das er so »dringend brauche«, im Hotel eines Tages abliefern würde.[209] Bei der Nachfrage in der Portiersloge, ob das Foto schon abgegeben sei, soll er den Oberportier nicht gegrüßt haben, ein Vorwurf, der im Zusammenhang mit Karls Entlassung erhoben wird.[210]

Der Vater war darauf, bis er gänzlich verlorenging, nicht lebendig geworden, wie es heißt. Nimmt man das als Detail aus der mythologisch verbürgten Initiationsreise, der, wie wir behaupten, Karls Amerika-Abenteuer folgen, so sehen wir diesen sich dem Vater über ein Abbild nähern, so, wie vor ihm die Helden bei Homer, Platon, Cicero, Vergil, Dante u. a., als sie den eigenen, toten Vater in der Unterwelt mit Blicken suchen.[211] Karls Annäherungsversuch, unternommen nach der Vertreibung aus der Obhut des Onkels, also zu Beginn seiner Abenteuer auf amerikanischem Boden, wird als ein vergeblicher charakterisiert. Karl erobert nicht, gestärkt von dem kulturellen Auftrag durch den Vater im Namen der Vor-Väter, ein Reich für sich, in dessen Mitte eine Frau auf ihn wartet. Er versinkt vielmehr immer tiefer in den Abgrund seiner unbewußten Verstrickungen mit dem Territorium seiner Herkunft und den darin zurückgelassenen Personen. Die Welt, die er durchquert, ist bevölkert mit unerreichbaren Muttergestalten sowie bedrohlichen, realen Vaterrepräsentanten. Seine Gefühle sind als Ängste oder Sehnsüchte gekennzeichnet.

Zu dem Verlust des Fotos, zu dem Kummer über die gewaltsame Öffnung und Ausleerung des Koffers tritt noch die Sorge, daß er auch die dritte, letzte, bedeutendste Elternmitgift einbüßen könnte: das Karl auf die Reise mitgegebene Geld.

Robinson und Delamarche haben es vor allem darauf abgesehen. Karl bewahrt es in einer »Geheimtasche« auf, was ihn jedesmal beim Bezahlen in Schwierigkeiten bringt. Er gibt es für Eßwaren aus, wobei er die zwei anderen zunächst freihält.

Robinson würde am liebsten »nach Kalifornien in die Gold-
wäscherei« gehen, heißt es im Zusammenhang mit den gemeinsamen Überlegungen, wie man zu einem Unterhalt kommen
kann, und auf die Frage Karls, warum er dann erst Schlosser
geworden sei, gibt dieser eine Antwort, die etwas von Karls
eigenen Ängsten/Wünschen aufgreift in einer Formulierung, die
die Wörter ›Mutter‹, ›Sohn‹ und ›verhungern‹ in einen fürchter-
lichen Zusammenklang bringt.[212] Die Gefahr, die insbesondere
Robinson für Karl darstellt, wird im Roman immer wieder dadurch bezeichnet, daß er ihn mit dem Geld abzufinden und somit
von sich fernzuhalten sucht. Das Gegenteil tritt ein.[213]
    Im Hotel hatte die Oberköchin Karls Geld sowie seinen Koffer
für ihn aufgehoben. Sie glaubt dann jedoch dem Oberkellner,
daß Karl Geld gestohlen habe. Dennoch will sie sein Geld vorläufig weiter aufbewahren, er solle sich über seine Zukunft keine
Sorgen machen.[214] Brunelda hat eine *offene* Geldtasche an ihrem
Gürtel, in die Delamarche hineingreifen darf, aus der alle drei
von ihr Abhängigen versorgt werden.[215] Delamarche droht Karl
damit, ihn als Gelddieb der Polizei zu übergeben.[216] Erst im
Naturtheater wird von Geld nicht mehr die Rede sein, was, wie
der Erzählerkommentar zu verstehen gibt, die geringe Zahl von
Interessenten für das Unternehmen erklären könnte.[217]

Das Naturtheater

Die zahlreichen interpretatorischen Spekulationen über »Das
Naturtheater von Oklahoma« bleiben alle erbärmlich zurück
hinter dem, was der Autor zwischen seinen Worten an Bedeutung
– geschweige denn an Anschauung – selbst ausspannt.[218] So
sollen diese Lesarten hier nicht um eine weitere vermehrt werden,
höchstens sei eine Linie, die wir bisher verfolgt haben, in dieses
letzte Kapitel hinein verlängert.
    Natürlich kann man alles mögliche in diesen – wirklich vorläu-
figen? – Schluß hineinlesen. So fällt es z. B. schwer, uns dem
Angebot, den der Text zu machen scheint, zu entziehen, wonach
nämlich der im Gerücht so hinhaltend beschönigte Ort, wo jeder
willkommen sei, wo man körperlich zu arbeiten haben werde, wo

Geld und Maschinen keine Bedeutung mehr haben würden, zu dem man, nach eilig betriebener Verladung in Waggons, die zu freiwilliger Gutgläubigkeit Aufgerufenen kostenlos transportiert – ein Ort ohne Wiederkehr sein könnte nach dem Beispiel von Auschwitz.

Ist es übrigens so schwer vorstellbar, daß das Denken, das Auschwitz ausbrütete, das seine Wurzeln im Antisemitismus Österreichs zur Zeit Kafkas hatte, im Spiegel der für Utopisches anfälligen Angstphantasien dieses Bild hervorbrachte? Daß die Sehnsüchte eines Karl Roßmann und die Lügen der SS auf den Sammelplätzen der Ghettos ineinandergriffen in diesem Prospekt, der später auf die Auslöschung einer Rasse mündete, der Kafka selbst angehörte? Das ließe diesen Roman – und zeichnete das Fragmentarische, Unbeendete ihm vor – aus dem gleichen Zeitgrund hervorgehen, der Opfer und Verfolger lange vor Ausbruch der Tat schon verband. Worüber sonst, wenn nicht über diese Teilnahme des einzelnen käme zustande, was wir als Antizipation der Kunst kennen?

Der Autor hat uns beschieden, daß im Falle Karl Roßmanns nicht daran gedacht gewesen sei, das Schicksal eines Juden in dieser Zeit zu exemplifizieren. Die Gespräche Kafkas mit Janouch, in denen diese Aussage steht, fanden lange nach Abfassung des Buches statt. In ihnen blickt der Autor auf die Figur seines Roman-Erstlings zurück wie auf eine verlorene Illusion: »*Der Heizer* ist die Erinnerung an einen Traum, an etwas, was vielleicht nie Wirklichkeit war.«[219]

Die Verdüsterung im Gesicht des Autors, der diese Auskunft mündlich gibt, scheint zu korrespondieren mit einem Hintergrund, vor dem er dem Zuhörer Janouch seine Bildtheorie auseinandersetzt: »Alle Bilder der Menschenwelt sind zum Leben erweckte Bilder.« Die Bilder kommen aus dem Dunkeln und verschwinden ins Dunkle: »Ich will mittels meiner Zeichnungen mit den Gestalten, die ich sehe, fertig werden.« Auf Karl Roßmann angesprochen, erwidert er: »Das sind Bilder, nur Bilder«, und fügt hinzu: »Man photographiert Dinge, um sie aus dem Sinn zu verscheuchen. Meine Geschichten sind eine Art von Augenschließen.« Als später von seinen beiläufigen Zeichnungen die Rede ist, antwortet Kafka: »Ich wünschte mir immer, zeichnen zu können. Ich wollte sehen und das Gesehene festhalten. Das ist meine Leidenschaft.«[220]

Wir erinnern uns nun auch aus den Tagebüchern und Briefen der Schwierigkeiten, die der Autor bei der Abfassung seines ersten Romans gehabt hatte und seines Eindrucks, daß ihm das Werk mißlungen sei.[221] Sind dies die Schwierigkeiten gewesen, die er im Umgang mit bestimmten Bildern gehabt hatte? Max Brod hat berichtet, Kafka habe sich vorgestellt, »daß sein junger Held in diesem ›fast grenzenlosen‹ Theater Beruf, Freiheit, Rückhalt, ja sogar die Heimat und die Eltern wie durch paradiesischen Zauber wiederfinden werde«.[222] Kam er dann mit diesem Plan, diesem Traum, nicht zurecht?

Nietzsches Gott, der im Wegsehen die Welt (als Bild?) schuf, kommt uns in den Sinn, ferner Bruneldas Ausruf in der Balkonszene: »Jetzt hast du genug gesehen«,[223] und wir fragen uns, wohin die Geschichte Karls hätte führen sollen, wenn sie weitererzählt worden wäre.

Karl wähnt sich zunächst als Schauspieler angenommen, andererseits, als von bevorstehenden Registrierungsformalitäten die Rede ist, versichert er sich: »Es ist ja ein Theater.«[224] Die Vorgänge um Brunelda, die einmal Sängerin gewesen ist und ihr Boudoir mit Theaterrequisiten in eine Mischung aus Garderobe und Bühneninterieur verwandelt zu haben scheint, zeigten Karl vornehmlich in der Rolle eines Zuschauers, der mit den Blicken an dem Objekt seiner unfreiwilligen Wahl festhält. Der Roman setzt diese vermeintliche Paradoxie in Szene, indem er Karl in Räumen gefangensetzen läßt, die in ihrer (wörtlich zu nehmenden) Verschlossenheit an Zimmer erinnern, in die sich die Mutter mit dem Kind abends einschloß. (Der ›grüne Heinrich‹ erlebt in einer solchen Situation zum erstenmal das Glück künstlerischer Befriedigung in Mutternähe.) Wir sahen, daß Karl das Begehren, das in seinem Blick liegt, abzutrennen suchte von den Emotionen, die zu schmerzhaften Implikationen führen könnten. Es möchte sein, daß die Unlustgefühle des Autors in Verbindung mit diesem Roman in einer derart fragilen Manipulation – seine Seh- und Bildtheorie verweist darauf – ihre Ursache gehabt haben.

Karl bemüht sich also zu reagieren wie alle Protagonisten bisher, die der Schaulust die Lust austreiben wollen, um ja das

Schauen beibehalten zu können. »Warum starrt er mich so an?«, fragt Brunelda abweisend bei der Begegnung mit Karl. [225] Dessen erstes Lager ist ein Haufen von Fenstervorhängen. Von ihm aus beobachtet er, wie Brunelda Delamarche mit den Armen ›umschlingt‹. Danach heißt es:

Karl, dem der Anblick peinlich war, lehnte sich wieder zurück und versenkte sich in die Vorhänge zur Fortsetzung des Schlafs. [226]

Der Vorhang spielt noch weiter eine Rolle. Robinson berichtet, er habe vom Balkon aus »öfters den Vorhang so ein wenig weggezogen und durchgeschaut«, dabei aber von Delamarche Peitschenhiebe ins Gesicht bezogen. [227] Der Platz auf dem Balkon erscheint in Robinsons Sicht ein besonders bevorzugter, ein anderer »würde viel Geld dafür geben, wenn er so hier auf dem Balkon liegen könnte wie wir«. [228] Nach einer Rauferei – Robinson hatte verhindern wollen, daß Karl das Paar drinnen ›störte‹ – liegt Karl auf dem Boden und spürt einen Schmerz, der auf die Behandlung durch den Grobian zurückgeführt wird im Text. Seine eigentliche Ursache ist woanders zu suchen, Karls Körperhaltung weist in die Richtung:

Er wandte nur das Gesicht zum Vorhang hin, der ruhig und schwer vor dem offenbar dunklen Zimmer hing. [229]

Liegt die Verlockung für Karl, als er die Einladung des Naturtheaters liest, in der Aussicht, endlich hinter den Vorhang dringen zu dürfen? Die Theatermetaphorik lebt ja von der Substanz, daß wir uns unseren stärksten Gefühlen nur in Verkleidung hingeben. (Warum wohl?) Shakespeare, Goethe, Stifter inszenierten den Ausbruch der ›geheimsten‹, der ›wahren‹ Leidenschaft im Theater, in der Korrespondenz zwischen Bild und Zuschauer. Vielleicht würde also Karl, was seiner entblößten Absicht verwehrt wäre, im Kostüm des Schauspielers zugebilligt?

Es geht von der Theaterankündigung für Karl eine Anziehung aus, die anhält, als er sich – aus einer U-Bahnstation heraufsteigend! – dem Unternehmen nähert, das doch nur – wie das Begehren *Abbild* seiner Wünsche – eine Kopie des eigentlichen Theaters, ein Vorhof für das Sanktuarium ist – ein Kreis um den Kreis. In diesem Vorhof – nachdem die überlebensgroßen Musen als Galeonsfiguren des sich in ihnen verheißenden Kunstparadieses Vertrauen aus Vertraulichkeit geweckt haben – herrscht sinngemäß die Gerechtigkeit. Die Neugier hat durch Gewährung von Einblicken in die bloß äußere Mechanik vermeintlicher Unerreichbarkeit durch Fanny (»Und sie schlug die Tücher auseinander . . .«) nicht gelitten.[230] Wird sie nun nach dieser Hürde fortbestehen?

Männer, über Namensverzeichnisse wie über geheime Bücher gebeugt, überwachen die Zulassung zu der jedermann versprochenen Mitwirkung an dem, was jeder zu seiner eigenen Zufriedenstellung erstrebt. Die Männer bedienen Telefone, Maschinen, Apparate. Hier, in diesem zweiten Kreis um den eigentlichen Bezirk, in dem Wünsche in Erfüllung gehen sollen, geht es eher zu wie in einer Behörde. Allerdings mit einer dieser innewohnenden Tendenz, sich selbst immer schon zu transzendieren in Richtung auf die *bedingungslose* Freigabe des Zugangs zu dem Geheimnis der wahren Veranstaltung, die die Teilnahme des Bewerbers nicht nur als Zuschauer, sondern als Mitspieler in Aussicht zu stellen scheint.

Die jeweils zwei Herren in den Annahmekanzleien (und dann auch in der Führungszentrale auf dem Turm über der Rennbahn) greifen in ihren gegensätzlichen Einstellungen gegenüber dem Kandidaten gleichsam ineinander, stehen für Verwehren und Gewähren zugleich, wobei letzteres schließlich obsiegt. Von hierher wird man eine Äußerung Kafkas in Beziehung auf sein Amerika-Fragment (sowie auf die »Strafkolonie«) zu bewerten haben, in der er nämlich auf Flauberts Antipoden Bouvard und Pécuchet anspielt, um dem hinzuzusetzen: »Wenn sich die beiden Elemente . . . nicht vereinigen, bin ich am Ende.«[231]

Zweifellos lebt die Anziehung, die von dem Theater ausgeht – wie auch die Irritation bei fortschreitender Annäherung an dieses – von dem großen Mysterium der Vereinigung der Gegensätze, die sich schon in der Wortfügung »Naturtheater« ankündigt.[232] Dieser wörtliche Widerspruch in sich ist die Quadratur des Kreises, den jedes Sehen sich hinter den Worten vollziehen wünscht. Deswegen kann Karl an dieser Endstation seiner Träume auch nie ankommen, weil das Ziel jenseits aller Sprache liegt. Der Roman ist schon von daher verurteilt, Fragment zu bleiben.

In der Konfrontation mit den männlichen Überwachern des Geheimnisses, das das Theater zu bergen scheint, wird Karl von seinen ursprünglichen Wünschen schon eine Menge abgehandelt – wenn die eine Hälfte der Funktionäre auch noch immer mit der Versicherung, jeder sei willkommen, auf die ›natürliche‹ Demokratie des Anspruchs auf Wunscherfüllung, auf das Naturrecht jenseits des Begehrens, verweist. Nicht als Schauspieler, als technische Hilfskraft ist Karl schließlich zugelassen. Das ändert jedoch nichts an seinen Erwartungen, versichert er doch bereitwillig: »Ich will mich aber anstrengen und alle Aufträge ausführen.«[233]

Der Text kostet das Gefühl gegenüber Karl aus, das die unterschiedlichen Äußerungen der verschiedenen Kontrolleure in diesem auslösen. Eine hauptsächliche Vatererscheinung, der »Führer« der Werbetruppe auf der »Schiedsrichterbühne«, ist nur aus der Ferne sichtbar. Dem Zuruf aus dem Kreis der versammelten Anwärter ist er unzugänglich, so, wie Karls Vater auf dem Foto für den Blick des Sohnes unerreichbar blieb: an ihm »deutete nichts darauf hin, daß man die Ovation bemerkte oder wenigstens bemerken wollte«.[234]

Beim Begrüßungsessen nach der Aufnahmezeremonie wird Fleisch und Wein serviert. In dieser Unbestimmtheit über ihr ferneres Schicksal, in der sich die Versammelten nach der vergeblichen Geste zu dem »Vater der Stellensuchenden« hin »enttäuscht« an den Tisch setzen, hat die Runde etwas von jenen Totenmahlzeiten im Barocktrauerspiel, von denen Benjamin spricht.[235]

An der gleichen Tafel sitzt Karl noch einmal vor einem Bild, das herumgereicht wird und das »die Loge des Präsidenten der Vereinigten Staaten« darstellt:

Beim ersten Anblick konnte man denken, es sei nicht eine Loge, sondern die Bühne, so weit geschwungen ragte die Brüstung in den freien Raum. Diese Brüstung war ganz aus Gold in allen ihren Teilen.[236]

Diese Bühnen-Loge ist von einem Strahlenkranz aus Licht umgeben. In ihr befinden sich die Porträts früherer, also toter Präsidenten, aber nicht das des derzeit amtierenden.

Wieder also der Hinweis auf die leere Inszenierung väterlicher

Repräsentanz, auf die Abwesenheit einer die Vaterstelle ausfüllenden Person, die die lebendige, dem Sohn zugekehrte Seite dieser Instanz hätte verkörpern können. An Kafkas Äußerung über das Fotografieren von Dingen, »um sie aus dem Sinn zu verscheuchen«, muß man hier denken, an den von ihm erwähnten »Versuch primitiver Magie« mit Hilfe der Zeichnung, [237] an seine Erklärung von Geschichten als »eine Art von Augenschließen«.

Der Aufbruch läßt offen, wer in dieser Konstellation mehr Federn hat lassen müssen: die den Zugang zu dem allen offenstehenden Theater nur scheinbar noch kontrollierende Autorität, oder die in ihren Wünschen zunächst so hoffnungsvollen Adepten.

Karl hat seinen väterlichen Namen verleugnet, es zuletzt aber auch schon halbwegs wieder bereut. [238] Er ist nicht zu seinen, sondern zu den Bedingungen der Überwacher aufgenommen worden. Er wird auch dort, wie schon bei der Ankunft in der Neuen Welt, ganz unten, d. h. ganz hinten im Abstand von dem Hauptgeschehen auf der Bühne, anfangen. Er ist auf diese Bedingungen eingegangen, er hat die Gesetze, soweit sie auch hier noch gelten, und sei es zum Schein, akzeptiert. Er will um jeden Preis nach Oklahoma.

Wir kennen den Preis nun schon zu gut, um nicht zu wissen, in welcher Gestalt Karl schließlich dort ankommen wird. Der Zug trägt ihn und die Gefährten im letzten Abschnitt an die Stelle, wo bisher schon alle Opfer stattgefunden haben, wo, wie Kierkegaard uns das beschrieben hat, über dem Opfer und durch das Opfer aus dem Vater der sehende Gott hervortritt:

Am ersten Tag fuhren sie durch ein hohes Gebirge. Bläulich-schwarze Steinmassen gingen in spitzen Keilen bis an den Zug heran, man beugte sich aus dem Fenster und suchte vergebens ihre Gipfel, dunkle, schmale, zerrissene Täler öffneten sich, man beschrieb mit dem Finger die Richtung, in der sie sich verloren, breite Bergströme kamen, als große Wellen auf dem hügeligen Untergrund eilend und in sich tausend kleine Schaumwellen treibend, sie stürzten sich unter die Brücken, über die der Zug fuhr, und sie waren so nah, daß der Hauch ihrer Kühle das Gesicht erschauern machte. [239]

Wohlgemerkt, das Gesicht erschauert bei diesem Anblick! Die

Kälte draußen nimmt dem Stelldichein der Gegensätze, die auf eine Vereinigung zustreben, viel, fast alles, von der Unschuld des ursprünglichen Wünschens. Es ist eine Kälte, die vom Vater ausgeht, dessen Namen den Telos auf die Vereinigung in der Identifizierung lenkt. Wenn das Theater jenseits dieses Gebirges liegen sollte, dann macht der Text jedenfalls keine Anstalten dazu, daß Karl es erreicht. Eher ist zu vermuten, daß der Schreck, den einen Petrarca an dieser Stelle überfiel, ihm noch bevorstünde, daß der Autor ihn seinem Abbild zu ersparen dachte.

»Da oben gibt es die ›Höhle des Plato‹«, verkündet Cézanne unvermittelt vor seinem Lieblingsberg Sainte-Victoire.[240] Im letzten Kapitel werden wir sehen, wie es einem heutigen Nachfahren Karl Roßmanns an dieser Stelle ergeht.

17. Die Angst des Autors vor dem Schreiben: Peter Handke

> Wir machen uns Bilder der Tatsachen.
>
> *Ludwig Wittgenstein*[1]

> Die *Abwesenheit* meines Vaters machte mich
> seit meiner Kindheit für die *Anwesenheit* des
> Bildes überempfindlich.
>
> *José Lezama Lima*[2]

> Kandinsky behauptet, *gelb* sei die Farbe des
> Lebens. Jetzt wird deutlich, warum diese
> Farbe den Augen so weh tut . . .
>
> *E. M. Cioran*[3]

> Ich erschaute das Thema, und damit das
> ersehnte ›Buch‹, und die Bücher.
>
> *Peter Handke*[4]

»Die Lehre der Sainte-Victoire«

Nietzsche berichtet im »Ecce Homo« von der Idee zum »Zarathustra«: »Ich ging an jenem Tage am See von Silvaplana durch die Wälder; bei einem mächtigen pyramidal aufgetürmten Block unweit Surlei machte ich Halt. Da kam mir der Gedanke.« Gemeint ist der »*Ewige-Wiederkunfts-Gedanke*«. Nietzsche nennt ihn »diese höchste Formel der Bejahung«.[5]

Die Hervorhebungen der Einmaligkeit des »Zarathustra« als dem Buch der Bücher Nietzsches reißen in dessen Werk nicht ab.[6] Die Existenz, das Denken der Figur des Zarathustra stehen in Beziehung zu einer in verschiedenen Gleichnissen immer wieder umschriebenen Höhe in ihrem Verhältnis zu einer *Tiefe* (Höhle): »Dies Buch, mit einer Stimme über Jahrtausende hinweg, ist nicht nur das höchste Buch, das es gibt, das eigentliche Höhenluft-Buch . . ., es ist auch das *tiefste* . . ., ein unerschöpflicher

Brunnen . . .«[7] Es ist in den Augen des Verfassers die Summa einer Lehre, die mehr ist als die Summe der Teile des bis dahin (auch von ihm selbst) Erkannten.

Die Stelle im Bergwald, wo sich ein Fels wie eine Pyramide erhebt, gibt den ersten Anstoß zu diesem Buch. Eine zweite Landschaft, eine Meeresbucht sowie eine Höhenstraße unweit von Rapallo, auf der der Wanderer »an Pinien vorbei und weitaus das Meer überschauend« geht, gibt den Ausschlag, daß der Text Form annimmt: »Auf diesen beiden Wegen fiel mir der ganze erste Zarathustra ein, vor allem Zarathustra selber, als Typus: richtiger, *er überfiel mich* . . .«[8]

Die Ähnlichkeit zwischen diesem Genesis-Report zum »Zarathustra« – und daß er dem Autor überhaupt so berichtenswert erscheint – und dem Bemühen um das Entstehen des Textes im Einklang mit einer *Lehre* bei Handke ist mit Händen zu greifen: Zweimal wandert der Autor dazu über den Berg Sainte-Victoire, nachdem er die Bucht mit dem Ort L'Estaque besucht hat. Pinien prägen sich seinem Blick ein, der sogar auf »Pyramiden« fällt, vor allem aber auf eine ›Stelle‹ unterhalb des Bergkamms, wegen der er die Bergwanderung eines Tages wiederholen wird. Der Gipfel wird ihm in einem Bild zum »Dreispitz«.[9] (Später wandert er noch durch einen Bergwald bei Salzburg.[10])

Nietzsches Buch über sich in Beziehung auf seine früheren Bücher, der »Ecce Homo«, rekapituliert das eigene Werk und begründet es in seiner Aufgipfelung im »Zarathustra« aus einem lebensgeschichtlichen Zusammenhang.

Im Hinblick auf den geschilderten Moment am Schnittpunkt zweier, entfernt voneinander liegender Wege, in dem das eigene Selbst dem Wanderer in einer geistigen Übergestalt aus einer Bergformation entgegentritt, sind vier Erfahrungsschichten von Belang, die zuvor vor dem Leser bloßgelegt worden sind: Erstens die Erinnerung an den Tod des Vaters, die Krankheit des Sohnes im gleichen Alter, das Gefühl, das Leben des Vaters zu wiederholen.[11] Zweitens die »verfeinerte Beobachtung«, die aus einer »Krankenoptik« abgeleitet wird.[12] Drittens das Erkennen des eigenen Willens zur Macht in der frühen Identifizierung mit den einst ›größer‹ eingeschätzten Geistern (Schopenhauer und Wagner).[13] Viertens die »Umkehr« durch Krankheit, nicht zuletzt begleitet von Symptomen vermeintlicher Blindheit, die ihn von den Büchern der Vorläufer befreien:»Meine Augen allein machten ein Ende mit aller Bücherwürmerei, auf deutsch: Philologie: ich war vom ›Buch‹ erlöst . . .«[14]

Danach das Erlebnis der *Wiedergeburt* in der geistigen Erscheinung des Zarathustra, die Aufhebung aller bisherigen Bücher in dem einen Buch:»Innerhalb meiner Schriften steht für sich mein *Zarathustra*. Ich habe mit ihm der Menschheit das größte Geschenk gemacht, das ihr bisher gemacht worden ist.«[15]

In Handkes»Die Lehre des Sainte-Victoire« gibt es, wie gesagt, dies beides auch, den Berg und die südliche Bucht. Nicht die erdachte Gestalt in Anlehnung an einen legendären Religionsstifter, sondern der in seinen Bildern und kunsttheoretischen Äußerungen überlieferte *Geist* Cézannes kommt dem Erzähler bei der Begehung der Orte des *Meisters* in den Sinn.

Cézanne selbst spricht zu Gasquet von einer»Lehre für alle«, nach der er strebe – »das Verständnis der Natur vom Standpunkt des Bildes aus«. Er spricht davon im Zusammenhang mit der *Geologie* der Sainte Victoire.[16]

Handkes Ich-Erzähler hat es eine Stelle am Berg angetan, wo zwei *Gesteinsschichten* zusammentreffen:

In der Natur mit dem freien Auge überhaupt nicht zu sehen, kehrt der Punkt doch auf den Bildern des Malers immer wieder . . .[17]

Wie gesagt, hatte ihn die Stelle veranlaßt, noch einmal in die Provence zu fahren, den Berg ein zweites Mal zu begehen:

Ich erwartete mir von ihr den Schlüssel; und auch wenn der Verstand mir das ausreden wollte: ich wußte ja, daß die Phantasie recht hatte.[18]

Nach dem Studium der Karten, so berichtet der Erzähler,

kreiste nachher die Phantasie, unwillkürlich und unerklärlich, ohne Unterlaß um ein und denselben Punkt.«[19]

Vom Gipfel des Bergs zurückgekehrt, blickt er wieder zu der Stelle hinauf:

Allmählich stand die Bruchstelle auf dem fernen Kamm in mir und wurde wirksam als *Drehpunkt*. Zuerst war das die Todesangst – als würde ich selber gerade zwischen den beiden Gesteinsschichten zerdrückt –; dann war es, wenn je bei mir, *die Offenheit*: wenn je *der Eine Atem* (und konnte auch schon wieder vergessen werden).[20]

Eine für uns, nach allem Bisherigen, was diese Arbeit zu dem angesprochenen ›Punkt‹ beigetragen hat, keineswegs so kryptische Stelle im Text, an der der Satz nach der Erwähnung des *einen* Atems abbricht, die kursiv gesetzte *Offenheit* noch mit dem eingeklammerten Hinweis auf das Vergessen verschließend.

Den Erzähler fasziniert die Landschaft, aus der sich ein Berg erhebt. Dieser Berg war Cézanne sein Leben lang vor Augen gewesen. Er kehrt auf seinen Bildern immer wieder. In bezug auf sich selbst sagt Handkes Erzähler:

es war der Berg, der mich anzog, wie noch nichts im Leben mich angezogen hatte.[21]

Er gesteht, er sei durch Cézanne von »Studienlust« ergriffen worden, »wie zuvor bei den Satzfolgen Flauberts«.[22]

Der Berg und Cézanne sind untrennbar, sind eins wie Signifikant und Signifikat. Der Berg geht aus den Bildern Cézannes hervor, ist in den Bildern *vor* der Natur da. Der Reisende fragt sich in seiner Faszination für die Konkretisierung der geistigen Erscheinung des Bergs plus Cézanne in der tatsächlichen Anschauung des wirklichen Berges, die ihm bevorsteht:

War es nicht eine fixe Idee, daß ein Ding, das einmal der geliebte Gegenstand eines Malers gewesen war, schon für sich etwas Besonderes darstellte?[23]

Ein Ding? Sind wir wieder so nahe der mit Erregung umkreisten Stelle, wo ein bestimmter Gegenstand in dem Bild, das einer sich von ihm macht, verschwindet und als verschwundener erhalten ist?

Nach der Rückkehr vom Gipfel (die erste Bergbesteigung!) erscheint dem Erzähler ein *Weg* so bedeutsam, daß er von ihm das »Recht« ableitet, »eine ›Lehre der Sainte-Victoire‹ zu schreiben«:[24]

Ich war ja im Reich des großen Malers von Tag zu Tag unsichtbarer geworden – wie mir selber so auch den anderen . . .[25]

Das »Bedürfnis nach einem Lehrmeister« hat der Erzähler von

jeher gehabt (»seit ich denken kann«). [26] Wie bei keinem zweiten
Schriftsteller der Gegenwart tritt bei Handke dieses Denken
durch die Körperöffnung der Pupille nach außen, besteht es in
der Bemühung um die Gegenstände auf diesem Engpaß, vor dem
sich die Welt zur Welt des Subjekts erweitert. Die Reflexion hält
es auf dieser Bahn. Die Pupille ist die Schleuse, die sich der
Erregung gegenüber öffnet, der sie sich auch verschließen kann
im Blick des Künstlers.

Kunst ist für Cézanne, »was unsere Augen denken«. [27] Dessen
Philosophie des Auges, seine Lehre von der Medialität der Farbe
prädestinieren diesen Meister (der sich diesen Titel übrigens
verbat [28]), dem Wunsch des Erzählers nach »Verborgenheit« in
Verbindung mit dem Wunsch zu schreiben, eine sowohl geistige
wie sichtbare Gestalt zu geben, dem doppelten Wunsch eine
Hülle zu sein. [29] Das »*Ding* der Verborgenheit« wird unbewußt in
die Nähe der Bucht gebracht, in der Cézanne während des
Krieges von 1870/71 malte, für ihn selbst schon »der Ort und die
Stelle der Verborgenheit«. [30]

Dieser Cézanne erfährt durch den Erzähler eine Heraushebung
wie Zarathustra durch Nietzsche. Er wird wie jener zu *dem*
»Menschheitslehrer der Jetztzeit«. [31] Und wie von Zarathustra
ließe sich an dieser Stelle sagen: »Und was mir nun auch noch als
Schicksal und Erlebnis komme, – ein Wandern wird darin sein
und ein Bergsteigen: man erlebt endlich nur noch sich selbst.« [32]

In das Bild des Berges, das der Maler hinterließ, begibt sich bei
Handke der Erzähler als in ein Meer und eine Ordnung aus
Farben und Formen, beides zugleich. Er verliert sich in das
gleichsam einzige Objekt Cézannes, sein großes Motiv, wird in
ihm unsichtbar und kommt so hinauf auf die Höhe, wo ihm das
»Gesetz meines Gegenstandes« verkündet wird. [33]

Stifters Satz vom Berg als »schöne weiße Hülle« ist im Text
richtig zur Stelle, sie umgibt das Geheimnis, an das die Schrift
rührt, ohne es zu verraten. [34] Das ist der Sinn des Schreibens wie
des Sehens. Die Schrift ist an der Oberfläche, ihre Wurzeln aber
reichen hinab in Vergangenheit und Tiefe:

Das im vergangenen Jahr mit dem Pflug unter die Erde Geschriebene
blühte nun auf und strahlte ein machtvolles Licht aus. [35]

Das ist beides, Erde und Sonne, Gefühl und Wissen, wie Cézanne es in der Kunst sich durchdringen, miteinander verschmelzen sah: »Das Ausstrahlen der Seele, der Blick, das nach außen gekehrte Geheimnis, die Wechselwirkung zwischen Erde und Sonne, das Ideal und die Wirklichkeit, die Farben.«[36]

»Sorger, den Erdforscher« habe er sich anverwandelt, sagt der Erzähler, er wirke in »vielen Blicken weiter«.[37] Das Ineinander von Erde und Welt, die zwei Kreise, die Heidegger im Kunstwerk einander abschließen sah, realisieren sich im Subjekt, in einem Moment, den der Erzähler als »Nunc stans« gleich auf der ersten Seite beschwört, den »Augenblick des ›stehenden Jetzt‹«.[38] Der Augenblick steht im Zeichen des Anblicks der *Pins parasol,* der von Cézanne immer wieder gemalten Schirmpinie:

Da (nicht ›plötzlich‹), mit der Straße und den Bäumen, stand die Welt offen. »Da« wurde auch woanders. Die Welt war ein festes tragendes Erdreich . . . Das Offene kann, immer wieder, auch ich sein. Ich kann die Verschlossenheit wegwollen. Ich soll beständig so ruhig in der Welt draußen (in den Farben und Formen) sein.[39]

Cézanne hat geäußert: »Farben sind das sichtbare Fleisch der Ideen und Gottes«, und: »Die Farbe ist der Ort, wo unser Gehirn und das Weltall sich begegnen.«[40] Das ist alles Bestandteil einer Lehre, die der Erzähler aufsaugen muß als die Lehre des Begehrens, das als »Begehren des anderen« von ihm selbst ausgemacht und dem »Versöhnungswunsch« als Basis untergeschoben wird.[41]

Versöhnung? Wir wir sahen, kreist der Blick des Erzählers um die Stelle im Gestein, an der sich zwei verschiedene Schichten begegnen. Dem bloßen Auge ist die Stelle nicht sichtbar, lediglich im Bild des Berges, das von Cézanne stammt. Das ist die Lehre des Malers. Es ist die Lehre vom Mysterium der Vereinigung. Cézanne sah sie sich im Blick des Künstlers ›realisieren‹, im Bild sind für ihn Landschaft und Geist eins, Erde und Sonne, hieß das, und dem Künstler ist ein Streben eigen, »wieder Sonne zu werden«.[42]

Das ist die Formel (und das Geheimnis) der zwei Schichten des Bildes, die im Künstler, im ästhetischen Blick, zusammenkommen, zur ›Versöhnung‹ kommen.

Im Text erwähnt wird Cézannes anschauliche Verdeutlichung, was er unter einem *Motiv* verstand (und die es dem Erzähler angetan hat): »Er verschränkte dazu die Finger beider Hände. Gasquet berichtet: Er wiederholt seine Bewegung, entfernt die Hände voneinander, die zehn Finger gespreizt, nähert sie dann langsam, langsam, faltet sie wieder, verschränkt sie krampfhaft ineinander.«[43] (Ja, krampfhaft!)

Als der Erzähler von dieser Geste spricht, erinnert er sich,

daß ich beim Anblick des Bildes die Kiefern und Felsblöcke als verschlungene Schriftzeichen gesehen hatte, so eindeutig wie unbestimmbar.[44]

Das gilt ja überhaupt für die Schrift, in der die Annäherung an Cézanne, an seine Lehre, sowohl mitgeteilt wie verborgen ist, das Ganze ›so eindeutig wie unbestimmbar‹. Wir machen hier lediglich den Untergrund, auf dem diese Schrift erscheint, transparenter. Auf ihm hebt sich dann vielleicht konturierter ab, was sonst, Schrift und Untergrund, ineinander verschwimmt.

Unmittelbar vor der Erwähnung der verschränkten Finger Cézannes steht eine andere Assoziation, die im Zusammenhang mit dem Gefühl »Nähe« auftaucht. Dem Erzähler ist eine Szene aus John Fords »Die Früchte des Zorns« vor Augen. Sie stammt direkt aus seinem Kopf, aus dem sie spontan hervortritt, kein *auf der Oberfläche* des berichteten Geschehens gelegener Zusammenhang zieht sie daraus hervor. *In der Szene tanzt Henry Ford mit seiner Mutter.* Das Paar tanzt inmitten anderer Paare, verbirgt sich zwischen ihnen und tritt aus ihnen um so mehr hervor:

Obwohl das Tanzen demnach eine pure List ist (Mutter und Sohn, sich rundum drehend, werfen einander, wie auch den übrigen, schlaue wachsame Blicke zu), ist es doch ein Tanz wie nur je einer (und wie noch keiner), der überspringt als ein herzlicher Zusammenhalt.[45]

Es gibt kein besseres Bild von der Bewegung der zwei Kreise, die sich ineinanderdrehen, der eine den Sinn des anderen verbergend, indem er das eine besondere Paar in den bloß ›herzlichen Zusammenhalt‹ der anderen Paare hüllt, in welchem dieses jedoch seine eigene, einzige Beziehung erlebt, die sich nach außen als die beliebigere der anderen gesehen weiß. So ist ein Tanz ›wie noch keiner‹ in den Figuren eines Tanzes ›wie nur je einer‹. Das

Paar wiederholt dieses Doppelspiel auf der Ebene des Blicks, sichert es dort ab mit den Blicksignalen zu den anderen hin, Signale, die die gewöhnliche Bewegung sowohl vortäuschen wie auch genießen als das Bergende, Aufnehmende der wahren, wirklichen Bewegung.

Die Kunst, die Gestalt Cézannes kommt dem Erzähler einmal auch in den Sinn, als er von dem Kelch im *vergoldeten* Tabernakel in der Pfarrkirche zu Hause spricht. Ihn hatte seinerzeit dieses »Ding« fasziniert: der Kelch mit den weißen Oblaten, der in seinem »Behältnis« verschwand und wieder hervorkam. Das Behältnis war das »wie eine Drehtür zu öffnende und zu schließende vergoldete Tabernakel«. (Gefühle werden uns übermittelt wie die des Verführers bei Kierkegaard vor der offenen Schublade mit dem geschlossenen Buch darin!) Der Erzähler beschwört als Erinnerung den »wiederkehrenden Augenblick«, in dem »das Ding« sich herausdrehte aus der Altarwand, um wieder dahinter zu verschwinden –

und jetzt der strahlende Goldglanz der verschlossenen konkaven Wölbung. [46]

Stifters Schrein im »Nachsommer«! Übergangslos wird dieser Vorgang, der den Erzähler bezeichnend nie losließ, in Verbindung mit der Kunst eines Cézanne gebracht:

Und so sehe ich auch Cézannes »Verwirklichungen« (nur daß ich mich davor aufrichte, statt niederzuknien): Verwandlung und Bergung der Dinge in Gefahr – . . . [47]

Der Erzähler erwähnt die »Todesangst«, die sich zuerst einstellt, als er zu *dem Punkt* am Berg hinaufblickt. Ihm ist, als würde er von den Gesteinsmassen, zwei verschiedenen Arten von Gestein, die dort zusammenstoßen, erdrückt. Woher stammt die Angst vor diesem geologisch massiven Ausdruck einer *Berührung* von zwei im Gleichsein Verschiedenem (und im Verschiedensein Gleichem)?

Cézanne habe »anfangs Schreckensbilder« gemalt, heißt es. [48] (Später wird von Stifter erwähnt, er habe auf seinen Bildern nie Katastrophen gemalt. [49]) Cézanne *realisierte* dann aber, worum es in der Kunst immer gehe:

Das Wirkliche war dann die erreichte Form; die nicht das Vergehen in den Wechselfällen der Geschichte beklagt, sondern ein Sein im Frieden weitergibt. [50]

Der Ort, die Stelle (»der Verborgenheit«), wo der Maler Cézanne zum erstenmal seinem Namen auf den Bildern das Wort »pictor« hinzufügte, liegt in der erwähnten Bucht: L'Estaque. Hier hält Cézanne sich während des Krieges auf, es ist seine »Versteckzeit«. Er versteckt sich vor dem Krieg, macht sich vor der großen Gewalt der Gesellschaft unsichtbar. [51] In dieser Unsichtbarkeit malt er seine Bilder, die nun das ›pictor‹ tragen, aus dieser Unsichtbarkeit heraustragen.

Auf der anderen Seite, der Seite des Erzählers, der nach der Hülle – nach der Form – für seine zu schreibenden Empfindungen sucht und nach Südfrankreich vor den Berg Cézannes gefahren ist, gibt es für die mit dem Wort ›Krieg‹ aufsteigende Assoziation *Gewalt* einen Anknüpfungspunkt, der nur wenige Abschnitte vorher, vor der Beschreibung des Malers im Versteck, auftaucht. Gewalt kommt ihm in den Sinn beim Gedanken an den Stiefvater. In der Vorstellung des Erzählers trifft diesen »oft ein Beilhieb«. [52]

Der Erzähler erwähnt den Stiefvater erstmals im Zusammenhang mit dem Thema Militär. Aus »Wunschloses Unglück« wissen wir, daß die Mutter sowohl den Vater wie den Stiefvater, beides Deutsche, während des Krieges und durch den Krieg kennengelernt hat. [53] Nun berichtet der Erzähler vom Ergebnis der Musterung, der er sich unterzogen hat, und daß er »tauglich zum Dienst mit der Waffe« befunden worden sei. Gleich gibt es auch von daher eine Verbindung zum Sehen: Von einer Farbblindheit des Erzählers konnte nichts festgestellt werden. [54]

Zwischen dem Erzähler und dem Stiefvater gibt es keine Kommunikation, wird gesagt. In diesem Augenblick äußert dieser jedoch, daß er auf den diensttauglichen Sohn »zum ersten Mal stolz sei«. »Die Bemerkung des Stiefvaters war mir sofort zuwider«, heißt es im Text, doch gleich darauf auch: »War nicht auch ich zu einem Teil stolz mit der Nachricht heimgekommen?« [55]

Wir gehen hier nicht darauf ein, ob der Autor an solchen Stellen sein *Wissen* von dem, was der Erzähler sagt, einsetzt, und ob er es ihn deshalb sagen läßt. Zweifellos konstatiert die Bemerkung eine Beziehung des Erzählers zur Welt des Anderen, in der auch der Stiefvater seinen Platz hat, so daß eine Beziehung zu dem Stiefvater in der Frage des ›Stolzseins‹ besteht, eine uneingestandene Verbindung.

Interessant ist jedoch, wie sich die Militär-Spur von dieser Stelle her durch das ganze Buch zieht. Cézanne, den der *Vater* vom Kriegsdienst loskauft, der sich unsichtbar macht und der in der Unsichtbarkeit seine neue Strategie des Sehens und Gesehenwerdens im Bild hervorbringt, steht für das »Sein im Frieden«, die an Heidegger orientierte Ontologie des Zustands von etwas als Kunst.

Der Erzähler führt immer wieder die gleiche Bewegung des Überschreitens eines Berges, einer Anhöhe aus, nicht nur der Sainte-Victoire: »Schon die erste winzige Steigung einer Straße versetzte mich in erregte Erwartung.«[56] Die unscheinbarsten Erhebungen in Paris und Berlin lösen gleiche Empfindungen aus. Eine Ausnahme bilden bezeichnend »die künstlichen Trümmerberge aus dem Krieg«, sie »zählen nicht«.[57]

Auf *allen* diesen Wanderungen über eine manchmal kaum noch erkennbare oder spürbare Kuppe stößt er, wenn er *oben* ankommt, auf die Zeichen von Militär. Auf der Sainte-Victoire ist es eine Kaserne der Fremdenlegion. Hinter dem Zaun *der* Hund. Noch unsichtbar, kündigt er sich mit dem Geräusch einer herannahenden Front an (wie sie in »Die Hornissen« beschrieben ist):

Ein Groll kam hinzu, eher ein fernes Raunen im Luftraum, und fast zugleich empfand ich hautnah ein Gebrüll: den bösesten aller Laute, Todes- und Kriegsschrei zugleich, ohne Ansatz das Herz anspringend, das sich in der Phantasie kurz als Katze buckelte. Ende der Farben und Formen in der Landschaft: Nur noch ein Gebißweiß, und dahinter bläuliches Fleischpurpur.[58]

Die Welt der Farben und Formen ist durch diese sich als tödlich ankündigende Gewalt in Gefahr, die Gewalt ist *die* Gefahr, die Farben und Formen ihr Gegenüber.

Beim Gebell des Hundes »verschwand die Landschaft in einem einzigen Strudel aus Bombentrichtern und Granatlöchern«.[59] So dicht liegen Natur und Gewalt beieinander, Kreatur und Krieg. Der Hund verkörpert das »Kriegsrecht«, und: »die Schönheit des Berges wurde nichtig; nur noch das Böse war wirklich«.[60]

Es kommt zwischen dem Erzähler und dem Hund zu einem Encontré der Blicke, die den tödlichen Gegensatz nicht aufheben, sondern, durch den Zaun hindurch, zementieren:

Unsere Augen trafen sich – jedoch nur ein einziges Auge das andere: einäugig, sah ich ihm in das eine Auge; und dann wußten wir voneinander, wer wir waren, und konnten nur auf ewig Todfeinde sein . . .[61]

Auf dem Gipfel der Sainte-Victoire stößt der Wanderer auf eine Militärhütte, in der zwei Soldaten stationiert sind. Sie, wenn auch nicht nur sie, machen »die Berghöhe so unwirklich«.[62]

Auf dem *Mont Valérien* in Paris befindet sich ein Fort auf der Höhe. In ihm hatte die deutsche Besatzungsmacht eine »große Hinrichtungsstätte« eingerichtet gehabt. Es ist alles, was der Erzähler zu dem höchsten Punkt der Erhebung anmerkt, er geht auch gar nicht erst ganz hinauf.[63] Auf einer zweiten Anhöhe, *Mont des Fusillés,* sind überall noch die Kugelspuren in den Bäumen zu erkennen.[64] Auf dem *Havelberg* in Berlin stolpert der Erzähler fast über »schlaftrunkene Soldaten«.[65] Beim zweiten Aufstieg zum Gipfel der Sainte-Victoire heißt es kurz: »Wir begegneten Läufern, Jägern und Soldaten, die hier aber alle im Recht zu sein schienen.«[66]

Beim Gang durch den Buchenwald bei Salzburg befindet sich auf dem Kamm ein Schießstand, und die Bäume zeigen Spuren von Einschüssen. Ein Vogelschwarm fliegt auf, knallend wie eine Salve. Sogar ein imaginierter Hund kommt vor und das »Tiergebiß«, in das sich Blüten verwandeln.[67]

Ursprünglich hatte ein Dritter, nicht der Erzähler selbst, die Reise in die Provence absolvieren sollen, *für* den Erzähler. Gedacht war an einen »im Osten gefallenen Bruder der Mutter, der auf einem Auge blind war«. Der Erzähler hat seine Briefe aus dem Krieg immer wieder gelesen, nicht nur das:

Auch als Heranwachsender hatte ich noch oft von ihm geträumt, und spürte jetzt geradezu ein Begehren, wieder er zu sein, und als er neu die Hintergrundfarben an einem Bildstock zu erleben.[68]

Im Akt der Identifikation mit dem toten Mutterbruder hatte er sich die Stelle auf dem Berg aussuchen sehen, von wo er in der Ferne den Mont Ventoux wahrnimmt,[69] den Berg Petrarcas; von wo aus in noch größerer Ferne der Berg, »da der HERR siehet«, wie es im 1. Buch Moses heißt, an ihn herantritt: der Berg, auf dem Abraham seinen Sohn Isaak mit dem Opfertod bedroht und durch die Intervention Gottes verschont. [70]

Aus der Todesangst Isaaks war dessen Glaube an Gott hervorgegangen. Bei Kierkegaard nahm der Vater es auf sich, sich dem Sohn so zu zeigen, daß dieser sich dem noch Größeren, Gott, zuwenden sollte. Er verkleinert sich in den Augen des Sohnes, indem er sich für den ausgab, der das Opfer gewollt hatte und nicht Gott, der so ganz im Glanz der Gnade, im Licht des Retters erscheinen konnte. Es war eine Verkleinerung gewesen in den Augen eines, der mit ethischen Augen blickt. [71]

Der Erzähler hat seinem wirklichen Vater eine ähnliche Rolle zugedacht. Er besucht ihn und sieht »in seinen Augen die Todesangst«. Er ist darin verkleinert, dem Sohn gleich, und büßt seine überhöhte Position im Gefälle des Territoriums der inneren Zuweisung sogleich ein: »Er kam mir wie jemandes Sohn vor.« [72]

Der Vater macht sich noch geringer, im Selbsthaß verschwindet sein Bild in den Konturen des ewigen Sohns, gibt er den Weg frei für den Blick hinauf zu der Gestalt des toten Meisters und Vaters der Kunst, jenem »Menschheitslehrer der Jetztzeit«, Cézanne. (Bezeichnend, daß der Vater sein Spiegelbild haßt!)

Gleich nach der ›Besteigung‹ des Havelbergs steht unvermittelt die Beschreibung des Besuchs bei dem Vater (der fern von diesem ›Berg‹ irgendwo im flachen Norddeutschland lebt). [73] Danach die zweite Erwanderung von Cézannes Berg. Das Drama des Isaak tritt in das Stadium der Versöhnung mit dem »Lehrmeister«, der Annäherung an den toten Vater, an den Gott der Kunst, von dem gesagt ist, daß er die »Dinge in Gefahr« birgt – »nicht in einer religiösen Zeremonie, sondern in der Glaubensform, die des Malers Geheimnis war«. [74]

Eindringen in dieses Geheimnis, um die »höchste Formel der Bejahung« zu finden, von der Nietzsche im Zusammenhang mit seinem »Zarathustra« spricht; aufgehobensein in einem großen Akt der Identifizierung nach der überstandenen Angst – fort aus dem Schatten der »Totenbäume der Alten«, »kein Vergehen vor südlichen Zypressen« mehr, sich aufrichten statt niederknien im Rahmen der ›Verwirklichung‹ des ›ersehnten Buches‹. [75]

Der Erzähler befindet sich im Bannkreis des Zeichens des Signifikanten, im Bannkreis von *le grand pin,* der einsamen Schirmpinie auf dem Bild Cézannes.[76] Das Bild hat ihn gerettet – »das Verständnis der Natur vom Standpunkt des Bildes aus«. Die »Pinienkörper« des Waldes auf dem Berg sind mächtig vor dem Blick,

und jeder Baum des Waldes jetzt einzeln sichtbar, stehend sich drehend, als *ewiger Kreisel.*[77]

›Stehend sich drehend‹ – die kreisende Bewegung, die nicht wegführt von etwas, die etwas beschließt. Die Mystiker kannten das Bild, und bei Angelus Silesius, namentlich auch mit Beziehung zu dem Punkt im Gestein, der für Handkes Erzähler zum *Drehpunkt* geworden ist, wird deutlich, wo wieder einmal das Zentrum für die Bewegung, die nichts hinter sich läßt, sich befindet:

Der Kreis im Puncte.
Als Gott verborgen lag in eines Mägdleins Schoß/ Da war es/ da der Punct den Kreiß in sich beschloß.[78]

Ein anderer Dichter der Mystik, Daniel Czepko von Reigersfeld, setzt das »Eine« in allem mit dem »Reich der Ewigkeit« gleich, »Das nichts als ein Gemüth und Licht ist weit und breit . . .«.[79] Es ist, »mit einem Fuße *jenseits* des Lebens«, wohin Nietzsche uns seinem Zarathustra nachfolgen sehen möchte,[80] die Ankunft im Hoheitsgebiet des toten Vaters, die Voraussetzung des Buches:

Und ich sah das Reich der Wörter mir offen – mit dem *Großen Geist der Form*; der Hülle der Geborgenheit; der Zwischenzeit der Unverwundbarkeit . . .[81]

Großer Geist, Hülle, Unverwundbarkeit, Form – »TRIUMPH«, das ist es. Der Erzähler verdankt es der Lehre Cézannes. Vorher schon war hervorgehoben worden,

daß Cézannes gewaltiger, in der Menschheitsgeschichte nur einmal möglicher Ding-Bild-Schrift-Strich-Tanz unsereinem machtvoll und dauernd das Reich der Welt offenhält.[82]

Der Tanz gehört natürlich dazu, die Bewegung unter den Augen des Anderen, die Bewegung aufeinander zu, ohne Verletzung der Regel, die Intimität im Blickfeld der anderen, das Private im

Öffentlichen, kurz, die Quadratur des Kreises für ein bestimmtes Gefühl. Was ist das Geschriebene anderes?

Das im Text erwähnte »Reich der Welt« ist das Reich der Kunst Heideggers, der in seinem »Der Ursprung des Kunstwerkes« geschrieben hat: »Indem das Werk eine Welt aufstellt, stellt es die Erde her«, und: »Das Werk rückt und hält die Erde selbst in das Offene einer Welt.« Ferner: »Die Erde ist das wesenhaft sich-Verschließende. Die Erde her-stellen heißt: sie ins Offene bringen als das sich Verschließende.«[83]

Der Kreis im Kreis also, und man versteht, warum der Autor hier (und an anderen Stellen) an Heideggers Ästhetik hängenbleiben mußte. Der *Punkt* ist nach alledem der Kreis im Kreis, wie ebenfalls schon Angelus Silesius wußte (»Der Umbkraiß ist im Punckt«), als er das eigene Ich situierte als »Ein stüpffchin und ein kreiß«.[84]

Den Erzähler überfällt mit Macht die »Lust auf das Eine in Allem«, auf den »Einklang« von Dingen, Bildern, Schrift und Strich.[85] Das »ewige Gesetz der Kunst« Stifters wurde schon früher unter der Überschrift »Das Bild der Bilder«(!) zitiert, nun heißt es mit Grillparzers Spielmann: »Ich zittere vor Begierde nach dem Zusammenhang.«[86] Weg von den Fragmenten, das Aufheben der Zerstückelung, diesem Topos der Kastration.

Nie bleibt der Wanderer übrigens lange auf seinem Berg. Mit Platons Philosophen, mit Nietzsches Zarathustra scheint er zu sagen: »Zu euch muß ich nun *hinab* steigen.«[87] Es sei an Platons Höhle erinnert, die Cézanne auf der Sainte-Victoire vermutete.[88] Der Erzähler, kaum im Besitz der »Wahrheit« für sein Erzählen, gesteht, daß er mit dem Schreiben etwas bewirken wolle, daß er »etwas«, das mit dem Berg zu tun hat, »weiterzugeben hatte«.[89]

Cézannes »Omnipotens« und die Wiederaufnahme von Nietzsches Bekenntnis zur französischen Kultur stecken das Feld ab für den Willen zur Macht.[90] In ihm soll die Erzählung zu ihrem »inneren Licht« kommen –

als dem Hellen und Erhebenden, das beim Lesen erst den Geist des Vertrauens gibt. Nichts anderes ist lesenswert.[91]

Frauen spielen hierbei keine Rolle, wenigstens nicht als Frauen. Oder? Was ist mit dem »Augenpaar« zu Hause, nach dem der letzte Satz des Buches fragt?[92]

Der Erzähler des Romans »Der kurze Brief zum langen Abschied« soll, als er nach Amerika kommt, »erst einmal schauen«
statt »teilnehmen« – und redet doch schon gleich wieder mit sich
selber wie früher als Kind.[93] Ähnlich war auch Rilkes Malte
Laurids Brigge in der Stadt eingetroffen, um erst einmal »sehen
zu lernen«, und hört dann nur immer lauter die Stimmen der
Vergangenheit.[94]

In »Die Hornissen« hatte ein blinder Erzähler die Geschichte
eines blinden Erzählers ein zweites Mal zu erzählen versucht, wie
Kierkegaards Erzähler die Geschichte des Verführers:

Das Buch erzählt von zwei Brüdern, von denen der eine, als er allein nach
dem abgängigen zweiten sucht, erblindet; es wird aus der Erzählung
nicht ganz klar, durch welches Ereignis der Knabe erblindet; es wird nur
mehrmals gesagt, daß ein Kriegszustand herrsche . . .[95]

Es wird das übliche Ereignis gewesen sein, man kann das auch
aus diesem Buch herauslesen, man braucht nur auf die Geräusche
im Elternschlafzimmer zu hören, das nebenan gelegen ist und in
das der Erzähler nachts hineinhorcht.[96] Von Gewalt ist dabei die
Rede, die der Vater der Mutter antut.

Daraus wird aber nicht abgeleitet, daß der geheimnisvoll Er-
blindete auch gleich ein Seher geworden wäre.[97] Lediglich heißt
es, daß er auch als Blinder sehen könne: »weil er unsichtbar ist,
wird ihn an seinem Schauen niemand behindern«.[98]

Es sind dabei zwei Ordnungen in seinem Kopf, zwischen denen
sich die Relation von äußerem Kriegszustand, Erinnerung und
Wahrnehmung einstellt. Kann man in ein inneres System von
zusammenhängenden Bildfolgen flüchten, die nicht mit dem System draußen – das ein System des Kriegszustands ist – in Verbindung stehen?

Als er über die Architektur unserer heutigen Städte schreibt,
beginnt Handke seine Ausführungen mit dem Satz:

Bis vor wenigen Jahren habe ich immer nur zu Boden geschaut.

Die »Übermacht der verbauten Natur« hat ihn überall empfangen wie den Protagonisten in Kafkas »Amerika«-Roman bei

seiner Ankunft in New York. Der Schrecken vor einer Gewalt, die dem droht, der auch nur aufblickt, hat ihn zum Beobachter »von Kleinigkeiten auf dem Boden« gemacht. Die technisch entfaltete Dimension der Gesellschaft ist – wie bei Keller, wie bei Kafka – die Vergegenständlichung und Verabsolutierung der Macht des Anderen:

Der gesenkte Blick war nichts als eine Abwehrbewegung vor so viel menschenverdrängenden Anblicken.[99]

Josef Bloch, der Protagonist in Handkes Roman »Die Angst des Tormanns beim Elfmeter«, wähnt sich entlassen, als der Polier auf der Baustelle bei Blochs Eintreffen nur einmal kurz aufschaut. Wortlos.[100]

Im folgenden wird Bloch die Wahrheit, die in der Sentenz des Cusanus steckt, daß Sprache und Sehen *einer* Ordnung angehören, kennenlernen, auch wenn er sie nicht *erkennen* lernt.[101] Es ist im Verhältnis seiner Worte und Blicke das eine gegen das andere verschoben, aber löst er sich durch seine Blicke je von der Ordnung der Worte?

Hätte *er* nicht aufschauen sollen beim Betreten der Baustelle? Wäre er dann Monteur geblieben an seinem Platz neben und mit den anderen?

Den Mord an der Kinokassiererin begeht er, als diese ihn fragt: »Ob er heute zur Arbeit gehe?«[102] Er hat vorher mit ihr geschlafen. Wo steht sie in dem System, das ihn abstößt und festhält, oder glaubte er, in der Beziehung zu ihr das System nicht anzutreffen?

Geld, Münzen spielen eine Schlüsselrolle in der qua Zeichen lesbaren Umwelt des Protagonisten. Lesbar heißt noch nicht verständlich. Nicht von ungefähr *kauft* Bloch ständig Zeitungen, es begleitet ihn eine lesbar gemachte Welt in der Welt seiner äußeren Bewegungen. Eine andere Ebene ist die der hergestellten Bilder, er *kauft* Kinokarten, sieht Filme.

Mit der Kinokassiererin spricht Bloch. Anlaß ist eine Transaktion, die um eine Winzigkeit aus dem Gleis gerät, in ihrem gewohnt reibungslosen Ablauf durch einen Zufall verzögert wird:

Als Bloch den Geldschein auf den Kassierteller legte, verfing sich der Schein beim Drehen; Bloch hatte Anlaß, etwas zu sagen. Die Kassiererin antwortete. Er sagte wieder etwas. Weil das ungewöhnlich war, schaute die Kassiererin ihn an. Daraus ergab sich für ihn ein Anlaß, weiterzureden. [103]

Was gesagt wird, ist gleichgültig. Es geht um Zeichen, um Hülsen, die leer bleiben. Ein Zufall auf der Bahn der geebneten Formen der Intersubjektivität, die durch Geld *geregelt* und entpersönlicht ist, führt die beiden schließlich zusammen, führt aber auch zu der Ermordung der Kinokassiererin.

Sonst spricht Bloch meist durch das Telefon. Er spricht mit Frauen, die er von früher kennt. Zuletzt mit seiner von ihm geschiedenen Ehefrau. Er muß Scheine hinlegen, Münzen eingeben, um ein Gespräch beginnen zu können, das von seinem Begehren in Gang gesetzt werden will. (Als *er* am Schluß die Ehefrau am Telefon um Geld bittet, reißt die Verbindung ab. [104])

Eine Pächterin des Gasthofs an der Landesgrenze, auch sie eine frühere Freundin, zu der Bloch sich begibt, zählt z. B. Geld, wenn sie mit ihm spricht. Als sie einmal eine Bewegung aus der Reihe zu machen scheint, ruft Bloch ›Vorsicht‹ –

dabei hatte sie sich nur hingehockt und eine Münze aufgehoben, die ihr beim Zählen unter den Tisch gefallen war. [105]

Die Schlüsselstelle steht auf Seite 29. Im Bus, bereits nach dem Mord, spricht Bloch mit einer fremden Frau, die neben ihm sitzt. Das wird ihm zum Verhängnis. Es heißt an der Stelle:

Das Reden und Zuhören hielt Bloch davon ab, die Münzen wegzustecken.

Dann folgt der rätselhafte Satz:

Sie waren in seiner Hand warm geworden, als hätte man sie ihm eben aus einer Kinokasse herausgeschoben. [106]

Wie, kommt das Wechselgeld denn normalerweise körperwarm aus einer Kinokasse heraus? Seine eigene Körperwärme in Verbindung mit den Münzen und der Kinokassiererin, die er gesprochen und die er erwürgt hat, führt dazu, daß er diese irrtümliche Assoziation hat.

Es ist das Vertrackte an den Münzen, daß sie zwei Seiten haben. Die eine ist gewissermaßen der mütterlichen Welt (daher die Wärme im Zusammenhang mit einer weiblichen Person, die den Zugang zu *Bildern* vermittelt), die andere ist der Welt des Vaters, der symbolischen Ordnung, zugekehrt. Die Münzen sind Bilder, aber sie sind auch Zeichen innerhalb eines Codes, der auf der Zahl und auf dem Wort beruht.

Neben der ermordeten Kassiererin wird eine »kleine amerikanische Münze« gefunden.[107] Im Bus fallen ebenfalls amerikanische Münzen aus Blochs Tasche. Sie tragen Spuren von Erde, wofür sich dieser entschuldigt:

Die Münzen seien deswegen so schmutzig, sagte er, weil man sie vor kurzem vor einem Fußballspiel zur Platzwahl aufgeworfen habe.[108]

Damit weisen die Münzen aus dem Kreislauf, dem sie entstammen, in doppelter Weise heraus. Die Erdspuren verdecken fast die Zeichen, die sie zur Münze machen, sie sind zudem unterschwellig Blutspuren, das »schmutzig« stellt den Zusammenhang mit Schuld und Ekel her, und als amerikanische Münzen sind sie gleich noch einmal in dem Umlaufsystem, das in der Umgebung Blochs gültig ist, Fremdkörper.

Gerade durch diese Münzen wird Bloch später als Verdächtiger identifiziert:

Einer Frau war er im Autobus aufgefallen, weil er Münzen aus der Tasche verloren hatte; sie hatte sich danach gebückt und gesehen, daß es amerikanische Münzen waren. Später erfuhr sie, daß auch neben der toten Kassiererin solche Münzen gefunden worden waren.[109]

Die amerikanischen Münzen, die in dem Währungsgebiet, in dem Bloch sich aufhält – das er auch nicht verläßt bis zum Schluß, dessen Grenze er nur erreicht –, nichts kaufen, deuten hinüber auf ein anderes System, das das gesellschaftliche in seiner Regelmäßigkeit wiederholt: das Fußballspiel. Hier wurden sie benutzt, hier fielen sie zu Boden. »Kopf oder Zahl«, hatte die Sitznachbarin im Bus unvermittelt zu Bloch gesagt. Es heißt im Text, er habe daraufhin die Zeitung, die er eben erst zum Lesen ausgebreitet hatte, wieder zusammengelegt. Aber nichts war weiter erfolgt, beides, ihre Äußerung und seine eingenommene Erwartungshaltung hatten nichts miteinander zu tun bekommen, und es heißt zuletzt:

Bloch saß, den Mantel auf den Knien, wehrlos neben der Frau. [110]

Wehrlos? Ein Mörder wehrlos?

Am Beispiel des Fußballspiels zeigt sich, daß keiner dem System entrinnen kann, er mag sich noch so sehr zwischen seinen Wahrnehmungen herumlaufen meinen wie in einem Dschungel. Bloch ist auch einmal Tormann gewesen. Zum Schluß besucht er mit einem anderen, der ebenfalls fremd in der Gegend ist, einem Vertreter, ein Fußballspiel. Bei den Gesprächen der Zuschauer beobachtet er nicht den, der spricht, sondern den, der zuhört. Anschließend heißt es:

Er fragte den Vertreter, ob er schon einmal versucht habe, bei einem Angriff von Anfang an nicht die Stürmer zu beobachten, sondern den Tormann, auf dessen Tor die Stürmer mit dem Ball zuliefen.

Ein wenig später, als beide am Spielfeld entlanggehen, erwidert der Vertreter:

Wenn man auf den Tormann schaue, komme es einem vor, als ob man schielen müsse. Es sei, wie wenn man jemand auf eine Tür zugehen sehe und dabei statt auf den Mann auf die Türklinke schaue. Der Kopf tue einem weh, und man könne nicht mehr richtig atmen. [111]

Das heißt, der Vertreter hat Schwierigkeiten, die Sehkonventionen zu durchbrechen, und er hat recht: So einfach, durch einen Austausch der Fixpunkte für den Blick, ist der andere, der sich irgendwo durch den Raum bewegt, nicht auszuschalten, nicht zu vergessen. Ohnehin löst der Sehende ja den Blick nicht von den *vorgeschriebenen* Regeln des Spiels, sondern er richtet ihn aus einer anderen Perspektive auf diese Regeln und ihre Einhaltung. Bloch antwortet, daß man sich daran gewöhne, daß es aber lächerlich sei.

Das Buch endet damit, daß ein Elfmeter gegeben wird. [112] Beschrieben wird, wie der Tormann die vermutliche Bahn des Balls berechnet, wie der Schütze diese Berechnung vorausberechnet beim Schuß und wie der Tormann die Vorausberechnung schon gleich mitberechnet. Die Fortsetzung dieses Denkens im Spiegel des Denkens des anderen ließe sich bis ins Unendliche denken. Sie führt im Buch dazu, daß der Tormann den Ball hält. Ist er damit aus dem Spiel, in dem es auf Tore abgesehen ist, herausgetreten?

Nein, die Regeln sind auch so erfüllt. Beide, Schütze wie Tormann, haben aus den Gedanken des anderen heraus gedacht, um einander zu überlisten. Auch das gehört zum Spiel. Einer von beiden mußte dadurch zu seinem Vorteil kommen. In beiden Fällen, ob der Ball ins Tor geht oder gehalten wird, sind die Regeln erfüllt.

Das ist der ganze Spielraum.

Beim Blick auf das Spielgeschehen durch den Blick auf den Tormann, der dieses Geschehen spiegelt, war ein Wechsel der Perspektive des Zuschauers vorgenommen worden, nicht ein Wechsel des Codes, nach dem gespielt wird. Der Tormann, der Bloch einmal war, kann sich durch den geänderten Standpunkt eines anders Sehenden von dem Code nicht befreien. Wir haben denn auch gerade erst erfahren, daß die Häscher zu ihm unterwegs sind. So geht das Spiel am Ende – auch von daher, von wo Bloch auf es schaut – in seinen Spielregeln auf.

Der Ball ist am Ziel, so oder so.

Man kann darauf so oder so sehen, das ändert an den Regeln nichts.

Anmerkungen

Die Anmerkungen verweisen auf die vollständigen bibliographischen Angaben zu den einzelnen Titeln im Literaturverzeichnis. Hier nur Autor, Titel, Band- bzw. Seitenzahl.
Platon wird zitiert nach: Sämtliche Werke, Hamburg 1957. (Apologie, Bd. I; Hippias I, Bd. II; Kritias, Bd. V; Menon, Bd. II; Nomoi, Bd. VI; Parmenides, Bd. IV; Phaidon, Bd. III; Phaidros, Bd. IV; Politeia (abgek. Pol.), Bd. III; Politikos, Bd. V; Protagoras, Bd. I; Symposion, Bd. II; Timaios, Bd. V.)

Motti der Titelseite

1 Maurice Merleau-Ponty: Das Auge und der Geist, S. 39.
2 Ludwig Feuerbach: Das Wesen des Christentums (Text der dritten Auflage von 1849), S. 111.
3 Arthur Schopenhauer: Werke, II, S. 684.

Einleitung

1 Theodor Storm: Werke, 7, S. 272, 279, 281, 275, 285 ff., 282, 290, 298, 299.
2 Ebd. S. 298 f.
3 Francis Bacon: The Works, I, S. 454.
4 Platon, II, 206b ff., 208c4 ff.
5 Nietzsche: II, S. 600.
6 Giorgio Colli: Die Geburt der Philosophie, S. 13.
7 Platon: II, 199e ff.
8 Colli, S. 13.
9 Bacon: I, S. 459.
10 Bacon: I, S. 456.
11 Ebd. S. 447 (Sehr freie Wiedergabe des Beginns des 2. Buches von Lukrez' »De rerum natura«).
12 Orwell: 1984, S. 85.
13 Lukrez: De rerum natura, S. 85.
14 Bacon, a.a.O., vol. I, S. 460; zu Platon vgl. E. R. Curtius: Europäische Literatur und lateinisches Mittelalter. Bern und München 1978⁹, S. 148 f.
15 Bacon, a.a.O., 459 f.; Jacques Lacan: Schriften, II, S. 190.
16 Bacon: Nov. Org. I. Aph. 65.
17 Kuno Fischer: Franz Baco von Verulam, S. 176 f.
18 Bacon: I, S. 448; vgl. ferner die eherne Schlange im 4. Buch Moses (21,8.9) sowie im Johannes-Evangelium (3): Wer sie ansieht, wird vom Biß der

wirklichen Schlange geheilt. *Das Bild, das vor der Realität bewahrt!* Hierher gehört auch die Vorliebe Zarathustras für die Schlange bei Nietzsche.

19 Peter P. Rohde: Sören Kierkegaard, S. 7.

20 Johannes-Evangelium, 12. Kap.

21 Bacon, S. 448.

22 Johannes-Evangelium, 9. Kap.

23 Platon: Symposion, a.a.O., 181a.

24 Otto Fenichel: Schautrieb und Identifikation, S. 561-583.

25 Johannes-Evangelium, Kap. 8 und 12.

26 Cusanus: Von Gottes Sehen, S. 121, 183.

27 Adolf Holl: Tod und Teufel, S. 241 und 247.

28 Adolf Holl: Hoc est enim corpus meum, in: Nachträge, Aperiodikum für die Mitglieder der Syndikat Buchgesellschaft für Wissenschaft und Literatur (18. 09. 81).

29 Louis Althusser/Etienne Balibar: Das Kapital lesen.

30 Ernst Jünger: Wäldchen 125, S. 140.

31 Nietzsche, II, S. 68.

32 Platon: III, 475d f.

33 Karl Abraham: Über Einschränkungen und Umwandlungen der Schaulust, S. 371 und 368.

34 Diderot: Philosophische Schriften, I, S. 709.

35 Ernst Jünger: Heiliopolis, S. 24 ff.

36 Platon: II, S. 533d.

37 Sören Kierkegaard: Briefe, S. 12.

38 Nietzsche: I, S. 817.

39 bei Baumgarten, Emerson und Nietzsche, S. 22.

1. Das Buch am Anfang unserer Geschichte
Platons »Politeia« (Der Staat)

1 Nietzsche, II, S. 331.

2 Platon: Pol., 427d ff.; 432b2 ff.; 432d1 f.; vgl. auch Platon: Phaidon, 99e.

3 Platon: Pol., 368d ff.

4 Nietzsche, II, S. 331.

5 Platon: Pol., 369b4 ff.; 434c4 f.

6 Ebd. 369b4 f.

7 Ebd. 330d ff.

8 Ebd. 371b2 ff.

9 Ebd. 371b5 f.

10 Sohn-Rethel: Geistige und körperliche Arbeit, S. 53 f.

11 Platon: Phaidon, 69a4 ff.

12 Marx: MEW, 23, 70 ff.; Sohn-Rethel: Warenform und Denkform, S. 101-130.

13 Platon: Phaidon, 69b3 ff.

14 Marx: Grundrisse . . ., S. 133.

15 S. S. 140

16 Platon: Protagoras, 322b ff.

17 Ebd. 322b7 ff.

18 Lévi-Strauss: Die elementaren Strukturen . . ., S. 81; 106 f.; 120 f.; 641 ff.

19 Platon: Pol., 543a f.

20 Ebd. 549 ff.; 615c4 ff.; 377c4 ff.

21 Ebd. 463c3 ff.

22 Marx: Grundrisse . . ., S. 134.
23 573 ff.; 581c2 ff.
24 Max Weber: Wirtschaft und Gesellschaft, S. 785.
25 Platon: Pol., 573a8 ff.
26 Ebd. 571c2 ff.
27 1. Buch Moses, 22; 1-24; über Opfer und Tausch, vgl.: Adorno/Horkheimer: Dialektik der Aufklärung, S. 46 ff.
28 Kierkegaard: Furcht und Zittern, S. 12, 23, 27.
29 Ebd. S. 27; vgl.: Bergson: Die beiden Quellen . . ., S. 292.
30 Whitehead: Process and Reality, S. 63.
31 Vgl. Popper: The Open Society . . ., I, S. 35.
32 Freud, XIII, S. 118; IX, S. 178 ff., 186, 188 f.; XIII, S. 118; XIV, S. 344 ff.; XV, S. 175; XVI, S. 236.
33 Freud: IX, S. 185 f.
34 Vgl. Gigon: Sokrates, S. 209 ff.; Zum Sterben Sokrates', s. Platon: Apologie.
35 Platon: Pol., 275c3.
36 Gigon: Sokrates, S. 13.
37 Nietzsche, II, S. 752.
38 Platon: Pol., 484b2 ff.
39 Ebd. 500e.
40 Ebd. 508a8 f.
41 Ebd. 598a3 f.
42 Ebd. 601e2; 602a6 ff.
42a Ebd. 377e5 ff.
42b Ebd. 606d ff.
43 Ebd. 605c ff.
44 Ebd. 508a; 518c ff.
45 Ebd. 533d.
46 Vgl. Gerard Mendel: Die Mutter- und Vaterimagines, in: Jochen Stork (Herausgeber): Fragen nach dem Vater, S. 233 ff.
47 Nietzsche, I, S. 30.
48 Fehlt.
49 Vgl. Kerenyi: Apollon und Niobe, S. 139; Heidegger: Platons Lehre . . ., 34 f.
50 Platon: Pol., 500e ff.
51 Vgl. Ferenczi: Zur Erkenntnis des Unbewußten, S. 190.
52 Math. 13, 43; Daniel 12, 3.
53 Nietzsche, II, 277.
54 Freud, VIII, 317 ff.
55 Das Totenbuch der Ägypter, S. 50.
56 Platon: Pol., 507a ff.; vgl. auch 515c ff.
57 Vgl. Lacan: Schriften, II, S. 88.
58 Lukrez, II, 156.
59 Totenbuch, S. 186; das Auge als Genitalsymbol im Zusammenhang mit der Kastration; vgl. Freud, II/III, S. 240 ff.; XVII, S. 117.
60 Siehe Anmerkung 38.
61 Cicero: Der Staat, S. 7, 105, 108; Vergil: Aeneis, V, S. 679 ff., S. 788 ff., 865; Petrarca: Africa, IV, 207 f., 211 f.; Homer: Odyssee, XI, 134, 88, 98, 100, 187; XIII, 398; X, 574; XXIV, 2 ff., 213, 330, 366, 520 ff.
62 Kierkegaard: Ironie, S. 23.
63 Sophokles: König Ödipus (dt. von K. W. F. Solger), S. 163 (in der Übersetzung von W. Schadewaldt fehlt das Auge, S. 48).
64 Seneca, S. 69.
65 Sophokles, S. 163 (vgl. das Kapitel über Kafka: Amerika).

66 Bachofen: Mutterrecht, S. 141.
67 Vgl. Stork: Fragen nach dem Vater, S. 281.
68 Platon: Pol., 519a.
69 Ebd. 518c9 ff.
70 Platon: Parmenides, 130b ff.

71 Platon: Pol., 519a.
72 Benjamin: Werke I/2, S. 614 f.
73 Ebd. S. 646 f.
74 S. S. 142.
75 Benjamin, I/2, S. 445.
76 Nietzsche, I, 21 ff.

2. Solon oder das Gesetz der Mitte
Annäherung an den Philosophen

1 Nietzsche, II, S. 327.
2 Schadewaldt: Die Anfänge…, S. 114;
  vgl. auch Diogenes Leartius, S. 25;
  Plutarch, I, S. 280;
  Ernst Curtius, I, S. 313.
2a Platon: Pol., 501a1.
3 Platon: Symposion, 209d5 ff., Timaios, 21b5, 25d7 ff., 27b; Kritias, 113a3 ff.
6 Solon: Griechische Lyrik (Zürich), S. 34.
7 Vgl. Popper: Open Society, I, S. 18.
8 Marx: Ergänzungsband I, S. 447.
9 Plutarch, I, S. 286.
10 Herodot, I, 32.
11 Lukian, I, S. 352 f.
12 Marx: Grundrisse der Kritik der politischen Ökonomie, S. 126.
13 Ebd. S. 116.
14 Vgl. Plutarch, I, S. 241 ff.; Ernst Curtius: Griechische Geschichte, I, S. 289; Eduard Will, S. 114 f.; Aristoteles: Der Staat der Athener, S. 12.
15 Bei Aristoteles, S. 17 und 19.
16 Christian Meier: Entstehung des Begriffs Demokratie, S. 224.
17 Marx: Grundrisse …, S. 133; MEW, 25, S. 340 und 342.
18 Plutarch, I, S. 241; Aristoteles, S. 19.
19 Adam Smith: Wealth of Nations, Book IV, Chapter II, S. 199.
20 In Eduard Will: Überlegungen und Hypothese zur Entstehung des Münzgeldes, in: Kippenberg (Hrsg.): Seminar …, S. 26.
21 Ebd. S. 208.
22 Ebd. S. 209.
23 Perry Anderson: Von der Antike zum Feudalismus, S. 32 u. 33.
24 Vgl. Max Weber: Wirtschaft und Gesellschaft, S. 784; Will: Überlegungen …, S. 219; Aristoteles: Der Staat der Athener, S. 22 ff. Dort auch über Unsicherheit und Vorläufigkeit der Tyrannenherrschaft.
25 Max Weber, S. 784 (Über den schnellen Sturz der Tyrannen).
26 Herodot, I, 29.
27 Aristoteles, S. 17; vgl. Solons Gedicht »Gegen die Vorwürfe

meiner Feinde«, in: Griechische Lyrik (Reinbek), S. 88; Plutarch, I, S. 260.

29 John Locke: An Essay on the Consequence . . ., IV, S. 564.

30 Jacques Derrida: Scribble . . ., S. XXI.

31 Nietzsche, I, S. 606 f.

32 Griechische Lyrik (Zürich), S. 34.

33 Vernant: Vom Mythos zur Vernunft, in: M. Bloch, F. Braudel, L. Febvre u. a.: Schrift und Materie . . ., S. 335-367.

34 Plutarch, I, S. 275; Will . . ., S. 116.

35 Ernst Curtius, I, S. 305; I, 293, 295.

36 Vgl. auch: Carl Schmitt: Der Nomos der Erde, S. 37 ff.

37 Schadewaldt, S. 88.

38 Augustinus: Vom Gottesstaat, I, S. 335.

39 Marx: Grundrisse . . ., S. 133; ders.: Ergänzungsband I, S. 565.

40 Bei Schadewaldt, S. 119.

41 Marx, MEW, 13, S. 54.

41a Marx, Grundrisse . . ., S. 62, 172.

42 Freud, XI, S. 357 f.; VII, S. 150; XI, S. 356 ff.

43 Freud, XI, S. 358.

44 Ebd.

45 Ebd. S. 334.

46 Ebd. VIII, S. 101.

47 Nik. v. Cues: Von Gottes . . ., S. 54, 82.

48 Bruno Snell: Die Entdeckung des Geistes, S. 14-18.

49 Ebd. S. 22-25.

50 K. von Fritz: Die Rolle des Nous, in: Gadamer (Hrsg.): Um die Begriffswelt der Vorsokratiker, S. 265-268.

51 Henri Bergson: Die beiden Quellen . . ., S. 292.

52 Snell, S. 193 f.

53 Marx: Grundrisse . . ., S. 123.

54 C. F. Meyer: Gustav Adolfs Page, in: Werke, S. 502 ff.

55 V. v. Wilamowitz-Moellendorff, S. 25; Ernst Curtius, I, S. 315.

56 Platon: Symposion, 209c8 ff.

57 Fehlt.

58 Vgl. Lacan: Die vier Grundbegriffe . . ., S. 122.

59 John Donne: The Poems of . . ., I, S. 51.

60 Euripides: Hippolytos, Vers 618.

61 Rilke, I, S. 722.

62 Donne, I, S. 51.

63 Gryphius, II, S. 91.

64 Marx: Grundrisse . . ., S. 61.

65 Marx: Grundrisse . . ., S. 145.

66 Marx: Ergänzungsband, I, S. 460.

67 Lacan, II, S. 89.

68 Marx: Ergänzungsband I, S. 540, 463.

69 Lukian, I, S. 351.

70 Marx: Grundrisse . . ., S. 63.

71 Roger Doray in: Pontalis (Hrsg.): Objekte des Fetischismus, S. 54.

72 Viktor N. Smirnoff in: Pontalis, S. 91.

73 Marx: MEW, 25, S. 86.

74 Smirnoff in: Pontalis, S. 85.

75 Groddeck: Psychoanalytische Schriften . . ., S. 263.

76 Lacan: Die vier Grundbegriffe . . ., S. 84.

77 v. Adam Smith: The Wealth of
Nations und Adam Ferguson:

An Essay on the History of Civil Society 1767.

78 Nietzsche, I, S. 121, 129, 131.

3. Ursprüngliches Objekt und durchkreuztes Blickfeld
Die Mutter im Einzugsgebiet der Scham

1 Roland Barthes: Die Lust am
Text, S. 56.

2 Kierkegaard: Furcht . . ., S. 13,
14.

3 Heinz Kohut: Narzißmus,
S. 142.

4 Hesiod, S. 47.

5 Pindar: Dichtungen, S. 182;
Schadewaldt, S. 104.

6 Pindar, S. 349.

7 Kohut, S. 142.

8 Rilke, I, S. 714.

9 Merleau-Ponty: Phämenologie . . ., S. 254.

10 Husserl: Ideen zu einer reinen
Phämenologie, S. 36.

11 Merleau-Ponty: Phämenologie . . ., S. 257.

12 Lacan, III, S. 248; ders.: Die
vier Grundbegriffe . . ., S. 43,
53, 111, 122.

13 Sartre: Das Sein und das
Nichts, S. 361.

14 Lacan: Die vier Grundbegriffe . . ., S. 122.

15 Freud, V, S. 56.

16 Sartre: Das Sein und das
Nichts, S. 381.

17 Erikson: Identität . . ., S. 182.

18 Kerényi: Zwei Stile der religiösen Erfahrung, in: Antike Religion, S. 68-98.

19 S. Kap. 1.

20 Platon: Pol., 604a ff.

21 Kerényi: Zwei Stile . . ., S. 89.

22 Melanie Klein: Die Psychoanalyse des Kindes, S. 159-
167, 185, 298.

23 Ebd. S. 167.

24 Freud, VIII, S. 101.

25 Fenichel: Schautrieb und
Identifikation, S. 568.

26 Lacan: Die vier Grundbegriffe . . ., S. 125.

27 Servadio: Die Angst . . ., S. 400.

28 Ebd. S. 401.

29 Shakespeare, III, S. 149 f.

30 Peter Dronke: Die Lyrik des
Mittelalters, S. 176 f.

31 John Donne: Poems, S. 11 ff.;
bei Carey: John Donne, S. 13.

32 Lacan: Die vier Grundbegriffe . . ., S. 111.

33 Alfred v. Winterstein: Psychoanalytische Anmerkungen . . .,
S. 182, 184, 185.

34 Augustinus: Gottesstaat, II,
S. 813 f.

35 Heidegger: Holzwege, S. 39 ff.

36 Heidegger: Platons Lehre . . .,
S. 32 f., 41 f.

37 Vgl. Hans-Georg Gadamer:
Nachwort zum Kunstwerk-
Aufsatz, S. 110.

37a Heidegger: Kunstwerk . . .,
S. 32 ff., 42.

38 Nietzsche, II, S. 960.

39 Nietzsche, II, S. 945, II, S. 1061.

4. Die Liebe, die blind macht
Weitere Annäherungen an den Philosophen
(Aktaion und Teiresias)

1 Comte, S. 470.
2 Platon: Pol. 327a ff.
3 Ebd. 354a.
4 Der Kleine Pauly: I, S. 860; Kerényi: Mythologie der Griechen, II, S. 99; Ranke-Graves: Griechische Mythologie, I, S. 71.
5 Wilamowitz-Moellendorff: Der Glaube der Hellenen, III, S. 173.
6 Bei Hoenn: Artemis, S. 91.
7 Ebd. S. 92.
8 Ebd. S. 97, 144.
9 Ebd. S. 97.
10 S. Hunger, S. 65 f.
11 Hoenn, S. 86 ff.
12 Heines Pantomime: »Die Göttin Diana«, in: Sämtliche Schriften. 6/I, S. 425-436; vgl. auch Bd. 4, S. 335 f. und 540 f.
13 Hoenn, S. 91 ff.
14 Kurnitzky, S. 24 ff.
15 Ovid: Metamorphosen, Buch III, V. 188 ff.
16 Vgl. die Kapitel über Rousseaus »Émile«, Kierkegaard, Stifter, Keller und Kafka.
17 Pierre Klossowski: La Bain de Diane, Paris 1956.
18 De Monte-Major: Diana, Vorbericht (unpag.).
19 Melanie Klein, S. 167.
20 Euripides, I, S. 91 ff.
21 Platon: Menon, 97c ff.
22 Schiller: Werke, XII, S. 183.
23 Hoenn, S. 75, 87, 89 f., 96, 97 ff.

24 Apuleius: Der goldene Esel, S. 55.
25 Bruno: Heroische Leidenschaften . . ., S. 74.
26 Ebd. S. 75.
27 Alice Balint: Der Familienvater, S. 303.
28 Freud, IX, S. 20 f.; Psalm 34, 8; Zit. bei Bruno, S. 75.
29 Parmenides: Vom Wesen . . ., S. 13, 19.
30 Bruno, S. 75 f.
31 Lacan: Die vier Grundbegriffe . . ., S. 100 (Über die Lichtempfindlichkeit der Haut).
32 Kallimachos: Hymnos . . ., Zitate ab S. 328.
33 Homer: Ilias, I. Gesang, Vers 198 ff. und 210 f.
34 Muß hier darauf verwiesen werden, daß für Göttin »Mutter« stehen müßte.
35 Ovid: Metamorphosen, Buch II, V. 206 ff.
36 Kallimachos, 328 ff.
37 Julia Kristeva: Die Revolution . . ., S. 225.
38 S. das Kap. Rousseaus »Émile«.
39 Vgl. Alfred Adler, S. 85 ff. (Fallgeschichten über Hellsehen).
40 Norbert Elias: Der Prozeß . . ., II, S. 373.
41 Dante: La Divina . . ., I (Inferno), XX, 10 ff. Die meisten deutschen Übersetzer um-

531

schreiben den Vorgang und unterschlagen dabei die »Spalte« (lo fesso). So auch Gmelin, Vossler, Zoozmann. Die Ausnahmen: Ida und Walther von Wartburg und Friedr. Freih. von Falkenhausen.

42 Dante: Inferno, I, 6; VI, 43.

43 Dante: Inferno, II, 102, 67, 116.

44 Ovid, Buch III, V. 177.

45 S. Handke-Kapitel.

46 Homer: Ilias, II. Gesang, V. 595-600.

47 Ovid, Buch III, V. 323 ff.

48 Heine, IV, S. 508.

49 Sophokles: König Ödipus, V. 300 ff.; vgl. Bachofen: Mutterrecht, S. 273 ff.

50 Herodot, II, V. 111 ff.; vgl. Max Raphael, S. 155.

51 Bachofen: Mutterrecht, S. 140.

52 Schiller, XII, S. 181.

53 Anna Freud: Das Ich . . ., S. 118.

54 Mircea Eliade: Rites . . .

55 Karl Abraham: Über Einschränkungen . . ., S. 333.

56 Freud, VIII, S. 99.

57 Dante: Paradiso, XXV, 118 ff., 122 f., 136 ff., 130 ff., 33, 34, 40, 55 ff., 122.

58 Freud, VIII, S. 98-101.

59 Kant: Werke, VI, S. 238.

60 Hans Jonas: Organismus . . ., S. 210.

61 Abraham, S. 358.

62 Dante: Gastmahl, S. 11; Aristoteles: Metaphysik, I. Buch, 980 A.

63 Freud, VIII, S. 128 ff.

64 Charles Gibbs-Smith, S. 143.

65 Leonardo da Vinci: Philosoph. Tagebücher, S. 87 ff.

66 Hölderlin (bei Schadewaldt, Nachwort zu Sophokles: König Ödipus, Ffm. 1975, S. 93).

67 Der Leser muß lange Zeit annehmen, daß die Frau, mit der Tom Jones ein Liebesverhältnis hat, seine Mutter ist.

68 Platon: Phaidon, 97c ff.

5. Optik und Moral
Die Quadratur des Gesichtskreises

1 Kierkegaard: Tagebuch, S. 171

2 Ernst H. Gombrich: Kunst und Illusion, S. 141.

3 Schadewaldt, S. 113.

4 Gombrich, S. 147.

5 Ebd. S. 152.

6 Ebd. S. 159.

7 Seine Abneigung gegen Fleisch ist verbürgt. Hat er sich an der königlichen Tafel totgegessen?

8 Descartes: Meditationen, S. 11.

9 Johan Huizinga: Holländische Kultur, S. 106, 134 f., 50 ff.

10 Ebd. S. 63 ff. und 59.

11 Peter Burke: Tradition and Innovation, S. 60.

11a Marsilio Ficino: Über die Liebe, S. 17 f.

12 Nietzsche, II, S. 374.

12a Niccolo Machiavelli: Schriften, II, S. 72.

13 Michael Baxanball: Die Wirk-

lichkeit der Bilder, S. 185 f.
(vgl. S. 41 f., 131 f.).
14 Bei Werner Krauss: Gracians
Lebenslehre, S. 146.
15 Fehlt.
16 Elias, II, 406 f.
17 Blaise Pascal: Gedanken,
Nr. 312.
18 Marx: Grundrisse . . ., S. 181.
19 Elias, II, S. 61 ff.
20 Ebd. II, S. 68 ff., 360 ff., 316 f.,
I, 255, 262, 189, 282 f.

21 Vgl. Adam Ferguson: An Essay on the History, S. 301 f.
22 Freud, II/III, S. 361.
23 Vgl. Alistair C. Crombie: Von
Augustinus   bis   Galilei,
S. 94 ff., 38.
24 Vgl. Roger Bacon: The ›Opus
Majus‹, S. 1-166 (Optik). Descartes: Briefe, S. 23.
25 A. A. Luce: Berkeley & Malebranche, S. 26.
26 Ebd.

6. Der unbeteiligte Zuschauer (The impartial spectator)
Der Autor als Produzent seines eigenen Ansehens
(Addison, Adam Smith, Kant)

1 Joseph Addison: Essays, S. 1-3.
2 Addison: Critical Essays, S. 175.
3 Ebd. S. 247.
4 Vgl. Arthur O. Lovejoy: The
Great Chain of Being.
5 Addison: Critical   Essays,
S. 248; E. R. Curtius, S. 306-
352.
6 Walter   Benjamin,   II/2,
S. 683-701.
7 Addison: Critical   Essays,
S. 252-255.
8 Lacan: Schriften, II, S. 188.
9 Fehlt.
10 Addison: Critical Essays, S. 255.
11 Addison: Essays, S. 12.
12 Ebd. S. 4.
13 Lacan: Die vier Grundbegriffe . . ., S. 79.
14 Adam Smith: The Theory of

Moral Sentiments, S. 15 f. (In-
troduction).
15 Ebd. S. 9.
16 Elias, I, S. 281.
17 Smith: The Theory . . ., S. 51.
17a Vgl. Richard Sennett: The
Fall of Public Man, S. 177.
18 Smith: The Theory . . ., S. 51 f.
19 Hobbes: Leviathan, S. 132.
20 Smith: The Theory . . ., S. 83.
21 Bei   Vitruvius: The   Ten
Books . . ., Buch III, 1.
22 Smith: The Theory . . ., S. 83
und 85.
23 Kant: Werke, I, S. 531.
24 Ebd. S. 530.
25 Ebd. S. 529.
26 Schiller, XII, S. 177.
27 Kant, I, S. 529, 331.

7. *Unter den Blicken der Menge*
Über eine neue Qualität von Einsamkeit
(Rousseau, Descartes)

1 Jean-Jacques Rousseau: Discours sur L'Origine de l'Inégalité, S. 202/203.
2 Bei Dante: Purgatorio, XIII, 70 ff.: Die Büßenden haben mit Eisendraht vernähte Augenlider. Wenn Francis Bacon in seinem Essay »Of Envy« den Neid auf ein »evil eye« bezieht, dann steht er in einer Tradition, die weit älter ist als Dante. Vergil steht in dieser Tradition mit der Zeile: »Nescio quis teneros mihi fascinat agnos« (Ekloge III); der Hinweis auf das böse Auge des Neidischen findet sich auch in der Bibel (Eccl. XIV, 8-10). Dantes »Modernität« ist also in der Aktualität zu sehen, die dieser Topos für ihn hat, weil das Problem des Blicks für ihn ein wirkliches gewesen sein dürfte und nicht eine Errungenschaft seiner Belesenheit und Gelehrsamkeit; Lacan: Die vier Grundbegriffe . . ., S. 122.
3 Rousseau: Discours . . ., S. 264/265.
4 Rousseau: Discours . . ., S. 220/221; Rousseau: Schriften, II, S. 429.
5 Rousseau: Schriften, II, S. 628.
6 Rousseau: Schriften, I, S. 333 ff.; vgl. auch Fetscher, S. 202.
7 Rousseau: Discours . . ., S. 238/239 (im Originaltext »respect«).
8 Rousseau: La Nouvelle Héloïse, S. 477.
9 Ebd. S. 454.
9a Lacan, Die vier Grundbegriffe, S. 111.
10 Rousseau: Émile, S. 611.
11 Rousseau: Discours..., S. 169 f.
12 Rousseau: Die neue Héloïse, S. 512.
13 Ebd. S. 253, 237.
14 Descartes: Briefe, S. 58.
15 Descartes: Discours de la méthode, S. 51.
16 Descartes: Briefe, S. 67.
17 Gellert: Schriften, III, S. 224.
18 Descartes: Meditationen, S. 17.
19 Ebd. S. 25.
20 Rousseau: Die neue Héloïse, S. 242.
21 Descartes: Meditationen, S. 25, 28, 39, 43, 54; vgl. Lacan: Die vier Grundbegriffe . . ., S. 86 f.
22 Descartes: Briefe, S. 58.
23 Rousseau: Die neue Héloïse, S. 252.
24 Descartes: Meditationen, S. 25, 11, 39.

8. Hand vor Augen: Der Prioritätsstreit der Sinne
Die Geschichte vom edlen Blinden

1 Handke: Der kurze Brief zum langen Abschied, S. 165.
2 Jean Arthur Rimbaud: Briefe, Dokumente, S. 24/25.
3 Balzac: Physiologie du marriage, S. 275 ff., 280.
4 Vgl. Epikur: Vor der Überwindung der Furcht, S. 89; vgl. Samuel Sambursky: Das physikalische Weltbild der Antike, S. 179 f.
5 Vgl. Erich Frank: Plato und die sogenannten Pythagorer, S. 13 ff., 40.
6 Bei Diogenes Laertius, S. 76 f.
7 Shakespeare: Sonett, I, 2. Strophe; Sonett CXXXVII.
8 Rousseau: Emile, S. 156, 146, 157, 147, 146, 161.
9 Locke: An Essay . . ., I, S. 76 (Book II, Chap. IV).
10 Herder: Werke, II, S. 137 und 142.
11 Diderot: Philosophische Schriften, I, S. 680.
12 Freud, V, S. 55.
13 Ernst Bloch: Die Lehren von der Materie, S. 7.
14 Platon: Timaios, 64e.
15 Hegel: II, S. 512.
16 Schopenhauer, I, S. 269; vgl. auch II, S. 36 ff.; VI, S. 23.
17 Thomas Reid: An Inquiry . . ., S. 152.
18 Descartes: Briefe, S. 57.
19 Descartes: Meditationen, S. 26.
19a Ebd. S. 326 ff. Descartes schreibt wörtlich: »verehrtes Fleisch«.

20 Descartes: Briefe, S. 58; ders.: Œuvres, X, S. 81, 83 f.; ders.: Regeln . . ., S. 59.
21 Diderot: Philosophische Schriften, I, S. 430.
22 Diderot: Ästhetische Schriften, S. 32 und 72 f. Dort wird allerdings allen Sinnen zugetraut, daß sie »Mathematiker« sein können. Es geht um die Trennung, die Spezialisierung der Sinne; ders.: Philosophische Schriften, I, S. 679 und 681.
23 Ebd. S. 52-59, 76.
24 Ebd. S. 58 f.
25 Plessner, S. 200 ff.
26 Vgl. Klaus Holzkamp: Sinnliche Erkenntnis, S. 114, 116.
27 Platon: Pol., 523b ff.
28 Bei Perry Anderson, S. 30; vgl. auch Demokrits Fragment 330, das Stobaios mitteilt: »Gebrauche deine Sklaven wie die Glieder deines Leibes: den einen hierfür, den anderen dafür.« In: Griechische Atomisten, S. 227; Platons Einschätzung der körperlichen Arbeit findet sich u. a. in der »Politeia«, 590c ff.
29 Platon: Pol., 523d2 ff.
30 Bachofen, IV, S. 209-216; vgl. 41, 140, 390 f.; vgl. auch Bachofen: Mutterrecht, § 63, S. 339 ff., wieso der Herausgeber der gekürzten Ausgabe den Paragraphen mit der Bemerkung streicht, der sei zwar »spannend«, aber »ohne Er-

kenntniswert«, ist rätselhaft. Es kommt doch darauf an, *was* einer wissen will.

31 Rousseau: Discours . . ., S. 40/ 41.

32 Rousseau: Emile, S. 580, 608, 554, 584.

33 Rousseau: Bekenntnisse, S. 9.

34 Ebd. S. 17; vgl. auch Derrida: Grammatologie, S. 255 f., S. 259 f.

9. Das Kleine im Großen
Emanzipation als Identifikation
Rousseaus »Emile«

1 Michel Foucault: Sexualität und Wahrheit, S. 114.
2 Nietzsche, II, S. 600.
3 Rousseau: Emile, S. 610.
4 Freud, VI, S. 73.
5 Rousseau: Emile, S. 32.
6 Rousseau: Héloïse, S. 372.
7 Ebd. S. 371.
8 Rousseau: Emile, S. 614.
9 Ebd. S. 615.
10 Ebd. S. 612-617.
11 Ebd. S. 617, 613.
12 Bei Fetscher, S. 198.
13 Ebd. S. 199.
13a Vgl. Günther Buck: Selbsterhaltung und Historizität, in: Geschichte – Ereignis und Erzählung (Hrsg. Reinhart Koselleck und W. D. Stempel), S. 78 ff.
14 Rousseau: Emile, S. 613 (französische Ausgabe).
15 Bei Fetscher, S. 199.
16 Rousseau, I, 165 ff. und 333 ff.; ders.: Emile, S. 258; vgl. auch Fetscher, S. 80, 83, 200.
17 Rousseau: Emile, S. 606, 611, 613, 629 f.
18 Freud, XV, S. 69.
19 Kristeva: Zu einer Semiologie der Paragramme, in: (Hrsg.

Gallas) Strukturalismus . . ., S. 171.
20 Rousseau: Emile, S. 611, 537.
21 Ebd. S. 256.
22 Vgl. Dante: La Commedia Divina, Ausgabe a cura di Umberto Bosco e Giovanni Reggio (Firenze 1979), S. III-XII.
22a Jacques Derrida: Die Schrift und die Differenz, S. 323 ff.
23 Rousseau: Emile, S. 641.
24 Ebd. S. 629, 630.
25 Ebd. S. 622.
26 Ebd. S. 634 f.
27 Ebd. S. 553, 557 f., 561.
28 Ebd. S. 428.
29 Rousseau: Emile, S. 635, 637.
30 Michel Foucault: Dispositive der Macht, S. 108.
31 Rousseau: Emile, S. 548 f.
32 Ebd. S. 638, 312, 641.
33 Ebd. S. 561.
34 Jean Paul Richter: Werke, I, S. 80.
35 Rousseau: Emile, S. 631.
36 Rousseau: Discours . . ., S. 178/ 179.
37 Rousseau: Emile, S. 411.
38 Ebd. S. 266 (französische Ausgabe, S. 499), 418.
39 Ebd. S. 418, 417, 412, 261.

40 Ebd.

41 Ebd. S. 286, 416, 417.

42 Ebd. S. 494. Hier ist das Auge das gefühlsintensivere Organ, was es auch ist, wenn es um Sexualität geht.

43 Lévi-Strauss: Das Ende des Totemismus, S. 128 und 131.

44 Adorno: Ästhetische Theorie, S. 10, 239 f.

10. Kunstschöpfung als projektives Wegsehen
Kierkegaard: »Das Tagebuch des Verführers«

1 Ficino, S. 83.

2 Handke: Kurzer Brief..., S. 161-166.

3 Baudelaire: Werke, I, S. 58, 59.

4 Grillparzer, VIII, S. 408.

5 Kierkegaard: Tagebuch..., S. 151 f.

6 Diogenes Laertius, S. 321, 329.

7 Kierkegaard: Tagebuch, S. 171.

8 Ebd. S. 56.

8a Zu dieser ›Neigung‹ vgl. Georges Devereux: Neurotic Downward Identification, in: American Imago, Spring-Summer 1965, S. 77-95.

9 Kierkegaard, S. 26, 33, 111, 112, 125 f., 29, 13, 14, 27, 26, 141.

10 Kierkegaard, S. 215, 158, 216, 230.

11 Kierkegaard, S. 158.

12 Ebd. S. 175.

13 Ebd. S. 13.

14 Ebd. S. 143, 228.

15 Vgl. Ernst Kris: Die ästhetische Illusion. Ernst Kris/Otto Kurz: Die Legende vom Künstler. Lawrence S. Kubie: Neurotische Deformationen des schöpferischen Prozesses. Mechthild Curtius (Hrsg.): Seminar: Theorien der künstlerischen Produktivität.

16 Kierkegaard, S. 9-11.

17 Kierkegaard, S. 162.

18 Derrida: Randgänge der Philosophie, S. 85.

19 Freud, VIII, S. 99 ff.

20 Kierkegaard, S. 157.

21 Ebd. S. 28, 13.

22 Nietzsche: Umwertung aller Werte, München 1977[2], S. 387, Nr. 447.

23 Kierkegaard, S. 216.

24 Ebd. S. 210, 217.

25 S. Kap. 1.

26 Kierkegaard, S. 210.

27 Kierkegaard, S. 211.

28 Balzac: La femme de trente ans (Dt. Die Frau von dreißig Jahren), S. 47.

29 Kierkegaard, S. 187.

30 Nietzsche: Umwertung..., S. 382.

31 Kierkegaard, S. 203.

32 Heine, XI, S. 436.

33 Kierkegaard, S. 213.

34 Ebd. S. 26 f., 196, 214, 212.

35 Nicolai de Cusa: De docta ignorantia, II, S. 109.

36 Nietzsche, II, S. 297.

37 Hegel, XIII, S. 203, 129.
38 Lacan: Die vier Grundbegriffe . . ., S. 110, 111, 83.

39 Balzac: Le chef-d'œuvre inconnu (Dt. Das unbekannte Meisterwerk), S. 132.

11. Die doppelt verriegelten Verliese der Kunst
Stifter: »Der Nachsommer«

1 Adalbert Stifter: Der Nachsommer, S. 13.
2 Ebd. S. 292.
3 Ebd. S. 305.
4 Ebd. S. 76.
5 Ebd. S. 76 und 77.
6 Vgl. Stifter: Bunte Steine, S. 10.
7 Stifter: Nachsommer, S. 343, 282, 348 f.
8 Ebd. S. 352-358.
9 Ebd. S. 110.
10 Walter Benjamin, II/2, S. 609; ebd., II/2, S. 609; ebd. II/1, S. 340; Stifter: Nachsommer, S. 98.
11 Stifter: Nachsommer, S. 715.
12 S. Kap. 6.
13 Ebd. 717.
14 Ebd. S. 9.
15 Ebd. S. 175.
16 Ebd. S. 691.
17 Ebd. S. 104, 165, 276.
18 Ebd. S. 307, 218, 185 f., 219 f.
19 Ebd. S. 324, 252.
20 Ebd. S. 227, 267, 240.
21 Ebd. S. 486 f.
22 Ebd. S. 167, 169 ff.
23 Ebd. S. 488 f., 483, 485, 491.
24 Jean Paul: Werke, I, S. 646, 649.
25 Goethe: Werke, VII, S. 11, 14, 18, 19 f.; vgl. dazu Rousseau: Emile, S. 612, wo es heißt, daß man auf der Bühne mehr sieht als im Zuschauerraum!
26 Goethe, VII, S. 19 f.
27 Ebd. S. 18 f., 13.
28 Gottfried Keller: Der grüne Heinrich, S. 123, 124; vgl. Jacob Baechtold: Gottfried Kellers Leben, S. 13.
29 Hans Mayer: Goethe, S. 27 f.
30 Vgl. Freud, V, S. 127; VII, S. 227-231.
31 Stifter: Nachsommer, S. 496.
32 Shakespeare: King Lear, IV, 1, 18-19; vgl. dazu auch Robert Bechtold Heilman: »Ich strauchelt', als ich sah.« Das Bildmuster des Sehens in »König Lear«, in: Karl L. Klein (Hrsg.): Wege der Shakespeare-Forschung, Darmstadt 1971.
33 Martin Heidegger: Platons Lehre . . ., S. 225 f., 216, 231. Es sei an dieser Stelle auch an einen Satz Goethes erinnert, der schon diese Struktur des Verborgenseins des einen im anderen auf das Auge bezieht: »Genau aber genommen, so ist nichts theatralisch, als was für die Augen zugleich symbolisch ist: eine wichtige Handlung, die auf eine noch wichtigere deutet.« Goethe, XII, S. 296 f.

34 Freud, XI, S. 226.
35 Stifter: Nachsommer, S. 167.
35a Kierkegaard, S. 14.
36 Stifter: Nachsommer, S. 438, 727.

37 Ebd. S. 731, 725.
38 Plotin: Schriften, III, 31, 10 (S. 18).

12. Die ideale in der realen Stadt
Das Labyrinth der Wünsche im Zeichen des Gesetzes

1 Platon: Phaidros, 247d ff.-250c9.
2 Bei E. R. Curtius, S. 148 ff.
3 Platon: Phaidros, 247d6 ff.
4 Platon: Pol., 457b ff.
5 Platon: Phaidros, 248a4 ff.
6 Platon: Pol., 357, 401b ff., 444d9 ff., 479a ff., 403a1 ff.
7 Ebd. 526e, 527c 1.
8 Die Offenbarung S. Johannis, XXI, 7; 9, 10; 2.
9 Ebd. XXI, 18.
10 Bei B. Nolan: The Gothic Visionary Perspective, S. 14.
11 Bei Baxandall, S. 131 f.
12 Platon: Hippias, I, 289e.
13 Vgl. Lewis Mumford: The City in History, S. 198.
14 S. Keller-Kapitel.
15 Platon: Politikos, 273b.
16 Augustinus: Vom Gottesstaat, II, S. 829 und 830.

17 Nietzsche: Werke, I, S. 15.
18 Mumford, S. 136-139.
19 Platon: Nomoi, 738a4-746a6 ff.
20 Platon: Phaidros, 247c1, 247d5, 247d6; Symposion, 210a ff.; Nomoi, 778c3 ff.
21 Leon Battista Alberti: Zehn Bücher . . ., S. 89.
21a Platon: Nomoi, 778c5 f.
22 Bei Hans Baron: The Crisis of Early Italian Renaissance, S. 197, 193 ff.
23 Siehe Titelillustration.
24 Piero della Francesca: Il trattato ›De Prospectiva Pingendi‹; Leon Battista Alberti: Della pittura.
25 Adorno: Ästhetische Theorie, S. 75 und 59.

13. Der Spiegel im Spiegel
(Handke, Plotin, Hamlets Doppelspiel)

1 Kerényi: Humanistische . . ., S. 210 f.
2 Ebd. S. 229.
3 Ebd. S. 226-270.
4 Cassirer, II, S. 122.

5 Ebd. S. 123.
6 Ebd. S. 123-128.
7 Deleuze/Guattari: Antik-Ödipus, S. 144 f.

8 Bei Ernesto Grassi: Humanismus und Marxismus, S. 122 f.
9 Roland Barthes: Über mich selbst, S. 52, 175.
10 Handke: Kurzer Brief..., S. 40.
11 S. Kap. 10.
12 Handke: Kurzer Brief..., S. 161 ff.
13 Klaus Speckenbach: Handlungs- und Traumallegorese in der ›Gral-Queste‹, in: Walter Haug (Hrsg.): Formen und Funktionen der Allegorie, S. 219 ff.
14 Ebd. S. 220.
15 Handke: Die Lehre der Sainte-Victoire.
16 Plotin: Schriften, III, S. 35 (31, 81), 36.
17 Vgl. Howard D. Pearce: A Phenomenological Approach to the Theatrum Mundi Metapher, in: PMLA Nr. 1, Jan. 1980, S. 42-57.
18 Georges Poulet: Metamorphosen des Kreises in der Dichtung, S. 112.

19 Poulet, S. 11.
20 Platon: Symposion, 216d ff.
21 Shakespeare: Hamlet, III, 2.
22 Ebd. III, 1; III, 2; II, 2.
23 Ebd. III, 2.
24 Ebd.
25 Ebd. III, 2.
26 Ebd.
27 Theodore Lidz: Hamlets Feind. Mythos und Manie in Shakespeares Drama, S. 23 ff.
28 Shakespeare: Hamlet, III, 2; III, 4.
29 Ebd. III, 1; IV, 2.
30 Ebd. I, 1.
31 Ebd. IV, 3.
32 Nik. von Cues: Von Gottes Sehen, S. 60-66.
33 Hamlet, III, 4.
34 Ebd.
34a Niels L. Anthonisen: The Ghost of Hamlet, S. 241.
35 Hamlet, II, 2; I, 4; I, 5.
36 Ebd. I, 4.
37 S. Kap. 14.
38 Hamlet, I, 5.
39 Ebd. III, 4.
40 Ebd. V, 2.

14. Das Buch auf dem Berg
Umkehr als die Spiegelverkehrtheit der Wünsche
(Petrarca, Augustinus und Orwell)

1 Handke: Als das Wünschen noch geholfen hat, S. 13, 31.
2 Nietzsche, II, S. 599.
3 Bei Derrida: Die Schrift..., S. 16.
4 Frank Kermode: Renaissance-Essays, S. 61.

5 Jacob Burckhardt: Kulturgesch. Vorträge, S. 318.
6 Nik. von Cues: Von Gottes Sehen, S. 113.
7 Lacan, I, S. 97, 104.
8 Rousseau: Emile, S. 450.
9 Platon: Nomoi, 897d ff.

10 Bei Joachim Ritter: Subjektivität, S. 146.
11 Petrarca: Dichtung und Prosa, S. 259 ff.
12 Ebd.
13 Augustinus: Bekenntnisse, X. Buch, Kap. 17.
14 Platon: Timaios, 45e4 ff.
15 Siehe Kap. 1.
16 Augustinus: Bekenntnisse, X. Buch, Kap. 1, 2, 7, 8, 11, 25, 35, 41, 21.
16a Ebd. Kap. 41.
17 1. Buch Moses, 22, 14.
18 Petrarca, S. 259, 261.
19 Augustinus: Bekenntnisse, X, Kap. 11.
20 Orwell: 1984, S. 11, 27.
21 Ebd. S. 130. Julia muß vorher dieselben Tugenden der Mutter desavouieren (S. 103). Sie übernimmt die Rolle der ›Hure‹ gegenüber der ›Heiligen‹ (der Mutter).
22 Orwell, S. 339.
23 Bei Bernhard Crick: Orwell.
23a Kassner: Werke, V, S. 16.
24 Orwell, S. 12.
25 Ebd. S. 201.
26 Ebd. S. 254 ff.
27 Emerson: Selected Essays, S. 185.
28 Nik. von Cues: Von Gottes Sehen, S. 54 und 60.
28a Rousseau: Emile, S. 611 ff.
29 Orwell, S. 25.
30 Locke: An Essay Concering . . ., Book I, Chap. 1, 5.
31 Orwell, S. 205.
32 Lacan, I, S. 64.

15. Gottfried Keller:
Der grüne Heinrich

1 E. R. Curtius, S. 199.
2 Keller: Der grüne Heinrich, S. 9.
3 Ebd.
4 Ebd., S. 10.
8 Ebd.
9 Vgl. Marina Werner: Alone of all her Sex, S. 278 ff.
10 Keller, S. 11.
11 Leibniz: Monadologie, S. 57.
12 Keller, S. 11.
13 Vgl. Kap. 1.
14 Keller, S. 12.
15 W. H. Riehl: Kulturstudien aus drei Jahrhunderten, S. 65 ff.
16 Keller, S. 11.
17 Freud, XI, S. 165; Karl Abraham: Traum und Mythus, S. 17; Otto Rank: ›Um Städte werben‹, in: Internationale Zeitschrift für ärztliche Psychoanalyse, Bd. II, S. 50 ff., bes. S. 59 ff. (die Stadt als Mutter).
18 Marina Werner, S. 279: »The sexuality of the symbol derives from the tantalizing ambivalence: loosed, the girdle gives promise; fastened, it denies.«
19 Zum Schrein, vgl. Marina Werner, S. 280 f.

20 Keller, S. 682.

21 Der Briefwechsel zwischen Theodor Storm und Gottfried Keller, S. 28.

22 Ebd. S. 56; vgl. zur Wiederholung auch Freud, X, S. 126 ff.

23 Die Figur der Mutter nimmt schon bald etwas Schemenhaftes an. Sie wird darin fast so etwas wie ein zunehmend entsinnlichtes Prinzip.

24 Keller, S. 12.

25 Vgl. dazu auch die Vorstellung bei Giordano Bruno vom Universum, dem ein totales Auge gegenübertritt; s. Kap. 4.

26 Keller, S. 11.

27 Ebd. S. 13.

28 Ebd. S. 14; es sei hier daran erinnert, mit welcher Hartnäckigkeit sich der Maler Keller mit dem Projekt einer minutiös im Detail ausgeführten »mittelalterlichen Stadt« beschäftigt; bei Paul Schaffner: Gottfried Keller als Maler, S. 128 ff.

29 Keller, S. 14 f.

30 Freud, XV, S. 234.

31 Vgl. hierzu Lacan: Die vier Grundbegriffe . . ., S. 137.

32 Freud, XV, S. 25.

33 S. Kap. 12.

34 Leo Baxandall, S. 129.

35 Keller, S. 763 (gemeint ist die Mutter Heinrichs).

36 Vgl. ebd. S. 545 (die Bekenntnisse des Malers Lys).

39 Ebd. S. 9 (so wird später Heinrichs Vater als Handwerker dargestellt).

40 Platon: Pol., 501c1; vom »Schönstaate der Geometrie«, s. ebd. 527c f.

41 Der ganze Roman ist ›getränkt‹ von der Vorstellung, daß die Väter ihm alles schuldig sind.

42 Vgl. die »Kunstkritik« im 3. Buch der »Politeia«.

43 Keller, S. 28.

44 Ebd. S. 29.

45 Ebda.

46 Ebd. S. 30

47 Ebd. S. 30 f.

48 Ebd. S. 327 (wo geistig und geistlich unterschieden wird).

49 Heinrich spricht am Tiefpunkt seiner Wanderschaft von Exil, von Elend.

50 Keller, S. 317.

51 Ebd. S. 35.

52 Ebd. S. 37 f.

53 Ebd. S. 37.

54 S. S. 501 ff.

55 Keller, S. 46. Sonst gilt für H. nämlich, was der Autor diesen kurz vorher in Gedanken aussprechen läßt: ». . . denn die leiseste Berührung einer fremden männlichen Hand in feindlicher Absicht jagt das Blut immer in heftige Wallung . . .« (S. 39).

56 Ebd. S. 66.

57 Jean Paul: (Das Kampaner Tal) Werke, III, S. 49.

58 Keller, S. 737 f.

59 Abraham: Traum und Mythus, S. 21: Das »Reizwort« ergibt sich daraus, daß ›pflügen‹ für Geschlechtsverkehr steht. Vgl. auch Theodor Reik: Der unbekannte Mörder, S. 390 f.

60 Ludwig Feuerbach: Das Wesen des Christentums (Text der 3. Auflage), S. 146 und 53.
61 Keller, S. 35 und 36.
62 Ebd. S. 39.
63 Bei Bernd Breitenbruch: Gottfried Keller, S. 169.
64 Freud, VII, S. 229.
65 Vgl. dazu Alice Miller: Das Drama des begabten Kindes, S. 73.
66 Keller, S. 69.
67 Ebd. S. 40.
68 Es wird betont, daß der Vater Geschmack hatte. Er hatte das eigene Haus nicht verkauft, weil sich Schmuck am Haus befand (ebd. S. 64).
69 Keller, S. 40.
70 Es scheint auch darin das Vatervorbild seinen Einfluß auszuüben: Kellers Vater war für eine zentrale, bundesstaatliche Wirtschaftseinheit, also für den größeren Markt, eingetreten; vgl. H. M. Kriesi: G. K. als Politiker, S. 7.
71 Keller, S. 44 und 38.
72 Vgl. Paul Parin: Der Widerspruch im Subjekt, S. 20 ff.
73 S. Teil I, Kap. 4.
74 Keller, S. 59.
75 Ebd.
76 Ebd.
77 Ebd. S. 61.
78 Ebd.
79 Ebd.
80 Ebd.
81 Ebd.
82 Dieser Konflikt begleitet Heinrich durch das ganze Buch.
83 Keller, S. 75: Das Essen bei der Mutter wird einmal mit Opfermahl verglichen; vgl. auch S. 597.
84 Feuerbach: Christentum, S. 187.
85 Ebd. S. 186.
86 Keller, S. 183.
87 Ebd. S. 628 f.
88 Eltern erscheinen oft als Gesamtperson. Auch die Mutter ist gelegentlich streng wie der Vater. Sie straft.
89 Bei Baechtold, S. 12.
90 Keller, S. 702 und 716.
91 Keller, S. 622. Der Mutter dagegen dient Geld nicht »zur Last ihrer Augen« (S. 599).
92 Daß er in den Wald geht wie am Anfang des Romans, unterstreicht die Regression, die in diesem Teil sich verstärkt.
93 Keller, S. 623.
94 Ebd.
95 Über »Grün« s. S. 501 ff.
96 Vgl. Adolf Muschg: G. K., der hierauf seine Interpretation fundiert.
97 Keller: Briefe, S. 34 ff., S. 84, 43 f., 84 ff.
98 Vgl. Gottfried Keller: Ästhetische Anschauungen, in: Studienmaterial für die künstlerischen Lehranstalten, Heft 5, 1955, Dresden (als Manuskript gedruckt), S. 17-25.
99 Vgl. Hegel: Phänomenologie des Geistes, in: Werke, I.
100 So sehr Heinrich in ›idealistischen‹ Verstrickungen als Maler scheitert, so deutlich ist in allem doch der Wunsch nach Aufhebung der Dicho-

tomie zwischen Geist und Körper.

101 Freud, XVI, S. 234.
102 Ebd. S. 179 und 234; vgl. auch VII, S. 243-280 (Analyse der Phobie eines fünfjährigen Knaben).
103 Ebd. S. 179.
104 Ebd. S. 234.
105 Vgl. dazu VIII, S. 151 ff.
106 Keller, S. 74; vgl. dazu Freud, XVI, S. 236.
107 Ebd. S. 621.
108 Feuerbach, S. 71 f.
109 Die zweite Fassung benutzt den Ich-Erzähler dann durchgängig.
110 Vgl. Kubie, S. 40.
111 Feuerbach: (Berlin), VI, S. 8; zum »Forscher« vgl. Freud, V, S. 95.
112 Man denke an David Strauß vor allem.
113 Feuerbach: (Berlin), X, S. 108.
114 Ebd. S. 109.
115 Hegel: Werke, XVII, S. 223.
116 Ebd. S. 216 f.
117 Ebd. S. 221.
118 Ebd. S. 242.
119 Ebd. S. 222; im »Anschauen«, »Fühlen«, »Wissen« liegt dieser Identität zugrunde: »ich habe mein Selbstbewußtsein nicht in mir, sondern im Anderen . . .« (S. 222); und: »Das Andere ist bestimmt als *Sohn,* die Liebe der Empfindung nach . . .« (ebd. S. 242).
120 Maria, die Mutter Gottes, wird im Werk Hegels nur an einer Stelle erwähnt: Im Zusammenhang mit der Heiligenverehrung, wo sie als etwas »Äußerliches«, als »Vermittlung zwischen Gott und Mensch«, erscheint (XII, S. 455). Als »das schöne Bild der reinen Liebe, der Mutterliebe«, ist ihr der Geist und das Denken als Höheres entgegengestellt (ebd.).
121 Feuerbach: Christentum, S. 124.
122 Ebd. S. 125.
123 Ebd. S. 126
124 Ebd. S. 127.
124a Ebd. S. 128.
125 Ebd.
126 Ebd. S. 136.
127 Ebd.
128 Ebd. S. 37.
129 Ebd.
130 Ebd. S. 80.
130a Ebd. S. 38
131 Ebd. S. 131.
132 Ebd. S. 99.
133 Ebd.
134 Ebd.
135 Ebd. S. 104.
136 Ebd. S. 131.
137 Ebd. S. 20 f.
138 Ebd. S. 158 ff.
139 Ebd. S. 40.
140 S. den Beginn von Aristoteles: Metaphysik und Platon: Politeia, 6. Buch.
140a Freud, V, S. 105 und 95.
141 Feuerbach: Christentum, S. 19.
142 Ebd. S. 22.
143 Ebd. S. 47.
144 Ebd.

145 Ebd. S. 127.
146 Ebd. S. 46 f.
147 Ebd. S. 111.
148 Alfred Schmidt: Emanzipatorische Sinnlichkeit.
149 Feuerbach: Leibniz (Berlin), III, S. 141.
150 Ebd. S. 142.
151 Ebd.
152 Feuerbach: Christentum, S. 42.
153 Ebd. S. 1.
154 Feuerbach: Vorlesungen, VI, S. 35.
155 Feuerbach: Christentum, S. 140 ff.
156 Feuerbach: Vorlesungen, VI, S. 35.
157 Feuerbach: Leibniz, S. 142.
158 Feuerbach: Christentum, S. 248.
159 Ebd. S. 11 f.
160 Ebd. S. 110: »In Gott vertieft sich nur die Liebe in sich als die Wahrheit ihrer selbst.«
161 Die Tatsache, daß Maschinen in der Antike nur im Zusammenhang mit Illusionsproduktion, also am Theater, eine Rolle spielten. Die Sklavenwirtschaft vereitelte den Anreiz, sie auf andere Produktionsprozesse anzuwenden.
162 Feuerbach: Frankfurt/Main, III, S. 160 ff.
163 Feuerbach: Christentum, S. 131.
164 Ebd.
165 Ebd. S. 132.
166 Ebd. S. 111.
167 Ebd. S. 42.
168 Feuerbach: (Berlin), X, S. 59.
169 Marx (MEW), III, S. 533 ff.
170 Feuerbach: Christentum, S. 136.
171 Ebd.
172 Ebd. S. 136 f.
173 Ebd. S. 136.
174 Ebd. S. 140.
175 Ebd.
176 Ebd. S. 148.
177 Ebd. S. 141.
178 Vgl. Schaffner, S. 170 f.
179 Lacan: Schriften I, S. 66.
180 Keller, S. 48.
181 Ebd. S. 44.
182 Ebd. S. 48. Der Koffer steht zwischen Ofen und Bett (S. 47)!
183 Ebd. S. 672; s. Teil III dieser Arbeit.
184 Ebd. S. 48 (Hervorhebung von mir).
185 Ebd. S. 188 f.
186 Vgl. Baechtold, S. 13.
187 Keller, S. 188.
188 Ebd. S. 191.
189 Ebd.
190 Ebd. S. 419.
191 Ebd. S. 389 f.
192 Ebd. S. 750.
193 Vgl. die Kapitel in Kellers Roman über die Schulzeit.
194 Keller, S. 70.
195 Ebd. S. 170.
196 Ebd. S. 179.
197 Ebd.
198 Ebd. S. 164 f.
199 Ebd. S. 154.
200 Ebd. S. 165.
201 Beide sind vom Land, haben eine Begabung für das Zeich-

nen, beide sind politisch interessiert etc.

202 Keller, S. 165.
203 Ebd. S. 176.
204 Ebd. S. 251.
205 Ebd. S. 255.
206 Ebd. S. 463; vgl. auch S. 314 f.
207 Ebd. S. 363.
208 Ebd. S. 359.
209 Ebd. S. 356.
210 Ebd. S. 356 f.
211 Ebd. S. 357.
212 Ebd. S. 677.
213 Ebd.
214 Ebd.
215 Ebd. S. 183; vgl. auch S. 766.
216 Ebd. S. 144.
217 Ebd. S. 599.
218 Ebd. S. 155.
219 Ebd. S. 134.
220 Keller: Werke, S. 455 ff.
221 Keller, S. 134.
222 S. Kap. 1.
223 Feuerbach: Christentum, S. 137.
224 Marx: Grundrisse, S. 116.
225 Keller, S. 377.
226 Ferrucio Rossi-Landi: Sprache als Arbeit . . .; ders.: Dialektik und Entfremdung in der Sprache.
227 Keller, S. 359.
228 Ebd. S. 362.
229 Ebd. S. 355.
230 Ebd. S. 7.
231 Ebd. S. 191.
232 Karl Abraham: Das Geldausgeben im Angstzustand, in: Ernest Bornemann (Hrsg.): Psychoanalyse des Geldes, S. 115.

233 Keller, S. 476.
234 S. Roman Jakobson: Zwei Seiten der Sprache . . ., S. 134 ff.; vgl. auch: ders.: Poesie der Grammatik . . ., S. 253.
235 Zeile eines Gedichts von Frederico Garcia Lorca, in: ders.: Gedichte, S. 64 ff.
236 Esther Straub-Fischer: Die Farben und ihre Bedeutung . . ., S. 45.
237 Keller, S. 110.
238 Daran sieht man die Wichtigkeit der Kleidung, die vor allem für das Kind nichts Äußeres und Nebensächliches ist, in der Wesen und Erscheinung zusammenfallen.
239 Zu denken ist an die Festspiele in dem Roman und Heinrichs Auftreten in ihnen, wo er ganz aus sich herausgeht, wenn er ein Kostüm anhat.
240 Conrad Mueller, Mae Rudolph u. a.: Licht und Sehen, S. 118.
241 David Katz: Die Erscheinungsweisen der Farben, S. 361.
242 Franz von Brentano: Untersuchungen zur Sinnespsychologie, zit. bei Katz, S. 276.
243 Goethe, XIII, S. 447 und 501.
244 Keller, S. 157.
245 Katz, S. 366 f.
246 Goethe, XIII, S. 501.
247 Herder: II, S. 141.
248 M. D. Vernon: The Psychology of Perception, S. 68.

249 Gras erscheint bei starkem Sonnenlicht gelb.

250 Kierkegaard: Literarische Anzeige, S. 144 f.

251 Maurice Merleau-Ponty: Phänomenologie der Wahrnehmung, S. 248.

252 Goethe, XIII, S. 501.

253 Bei Baxandall, S. 180.

254 Naso (Ovid), Buch I, 452 ff.

255 Alberti: On Painting (Della pittura), S. 84 f.

256 Kierkegaard: Tagebuch . . ., S. 41; um noch weitere Beispiele zu nennen: »mütterliches Grün« erwähnt E. T. A. Hoffmann: Die Genesung, in: Werke, XI, S. 398 ff.; Cézanne sagt, grün sei für das Auge die angenehmste Farbe (ders.: Briefe), S. 212; wie wenig das alles mit dem Grün der Vegetation zu tun haben muß bei so eindeutigen Assoziationen des Angenehmen und Mütterlichen, dafür ist Ernst Jünger ein Beispiel in den Passagen aus »Heliopolis«, S. 18 ff.

257 Keller, S. 144.

258 Ebd. S. 155.

259 Ebd. S. 157.

260 Ebd.

261 Ebd. S. 158.

262 Ebd. S. 382; vgl. auch S. 528, als H. sich in Lys' Freundin Agnes verliebt und gesteht: »Er hätte sich gewünscht, ein Jahr in dieser Ruhe zu verharren und keinen anderen Anblick zu haben als diesen.« Auch Rosalie, die »Frau von Gottes Gnaden«, gewährt solche Ruhe (S. 537).

263 Keller, S. 382 f.

264 Ebd. S. 391.

265 Ebd. S. 392.

266 Goethe, XIII, S. 501.

267 S. Ferenczi: Erkenntnis des Unbewußten, S. 190.

268 Keller, S. 204.

269 Ebd. S. 626.

270 Lévi-Strauss: Strukturelle Anthropologie, I, S. 61.

271 Keller, S. 267.

272 Ebd. S. 268.

273 Ebd. S. 199.

274 Ebd. S. 394.

275 Ebd. S. 395.

276 Ebd. S. 461.

277 Ebd. S. 405.

278 Ebd. S. 399.

279 Ebd. S. 428 ff.

280 Ebd. S. 483.

281 Ebd. S. 427; welche tiefenpsychologischen Aspekte die Figur Römers noch verkörpert, dazu vgl. Erich Neumann: Ursprungsgeschichte des Bewußtseins, S. 154 f.

282 Keller, S. 277 ff.

283 Ebd. S. 154.

284 Ebd. S. 216.

285 Aristoteles: Poetik 1459a 16-17.

286 Freud, XI, S. 158.

287 Vgl. Schaffner: Keller als Maler, S. 103 ff.

288 Freud, VIII, S. 144.

289 Keller, S. 716.

290 Ebd. S. 420.

291 Ebd.

292 Freud, VIII, S. 129.

293 Ebd. S. 147.

294 Keller, S. 717.
295 Ebd.
296 Ebd. S. 716.
297 Ebd. S. 475.
298 Ebd.
299 Ebd.
300 Eduard Hitschmann: Gott-
    fried Keller, S. 100.
301 Keller, S. 565.
302 Schaffner, S. 149 ff.
303 Keller, S. 458.
304 Ebd. S. 567.
305 Ebd.; Kellers Mutter hatte
    sich von ihrem zweiten Mann
    getrennt, als der Sohn drei-
    zehn Jahre alt war.
306 Ebd. S. 475; Freud, VIII,
    S. 132.
307 Freud, VIII, S. 136.
308 Keller, S. 587.
309 Ebd. S. 572.
310 Keller: Werke, III, S. 833.
311 Ein typisches Märchen, das
    dieses ausdrückt, ist »Der Po-
    kal« von Ludwig Tieck, in:
    Märchen, S. 185 ff.
312 Keller, S. 557.
313 Ebd. S. 558.
314 Ebd. S. 617.
315 Ebd. S. 715.
316 Ebd. S. 753.
317 Ebd. S. 742.
318 Ebd.
319 Ebd. S. 742.
320 Hans Jonas: Adel des Sehens,
    S. 214.
321 Freud, VIII, S. 99.
322 Ebd. S. 101.
323 Keller, S. 131.
324 Ebd. S. 132.
325 Ebd. S. 54.
326 Ebd. S. 61.
327 Ebd. S. 63.
328 Ebd. S. 119.
329 Ebd. S. 697.
330 Freud, VIII, S. 170.
331 Keller, S. 699.
332 Ebd. S. 192.
333 D. W. Winnicott, bei Alice
    Miller, S. 59.
334 Keller, S. 381.
335 Ebd.
336 Ebd. S. 442; das Thema bei
    Ariost sind die Leidenschaf-
    ten der Liebe in ziemlich dra-
    stischer Darstellung. Es han-
    delt sich um eine Anthologie
    von Liebesgeschichten, wobei
    es immer um den Konflikt
    zwischen Liebe und Pflicht
    geht. Einmal ist dabei auch
    von der ›großen weißen Brust‹
    Alcines die Rede; vgl. dazu:
    C. P. Brand: Ludovico Ario-
    sto. Edinburgh 1974, S. 58,
    60, 62, 67.
337 Ebd. S. 445.
338 Ebd. S. 447.
339 Ebd. S. 445.
340 Ebd. S. 416.
341 Ebd. S. 417.
342 Ebd. S. 435.
343 Ebd. S. 460.
344 Freud, VIII, S. 79.
345 Ebd. S. 82.
346 S. S. 220.
347 Keller, S. 262.
348 Ebd. S. 442.
349 Ebd. S. 451.
350 Ebd. S. 457.
351 Ebd. S. 464.
352 Ebd. S. 336.
353 Ebd. S. 365.
354 Ebd. S. 365 f.

355 Ebd. S. 367.
356 Ebd. S. 368.
357 Ebd. S. 370.
358 Angelo Poliziano, S. 124.
359 Keller, S. 368.
360 Ebd. S. 369.
361 Ebd. S. 303.
362 Ebd. S. 369.
363 Ebd.
364 Ebd. S. 370.
365 Ebd.
366 Feuerbach: Werke, X, S. 110.
367 Theodor Reik: Der unbekannte Mörder, S. 301.
368 Keller, S. 682.
369 Ebd.; s. Schluß des Romans.
370 Ebd. S. 483.
371 Bei Emil Ermatinger: Gottfried Kellers Leben..., S. 210.
372 Keller, S. 418.
373 Jean Paul Richter: Selberlebensbeschreibung. Stuttgart 1971 (nach: Sämtliche Werke, Weimar 1934, 2. Abt., IV), S. 72.
374 Keller, S. 307 ff.
375 Ebd.
376 Ebd. S. 723.
378 Heinrich von Kleist, II, S. 342.
379 Keller, S. 123.
380 Ebd.
381 Gemeint ist das Auftreten des Stiefvaters im Leben des Autors.
382 Keller, S. 366.
383 Ebd. S. 368.
384 Ebd. S. 353 ff.
385 Ebd. S. 127.
386 Ebd. S. 132.
387 Ebd. S. 128.
388 Scham spielt immer wieder eine große Rolle schon in der Jugend Heinrichs, nicht zuletzt im Umgang mit Anna, dann vor allem aber in den Szenen mit Dortchen Schönfund.
389 Keller, S. 125.
390 Ebd. S. 632.
391 Ebd. S. 630.
392 Ebd. S. 631.
393 Ebd. S. 37 und 46.
394 Ebd. S. 631.
395 Ebd. S. 632.
396 Ebd.
397 Ebd. S. 712.
398 Ebd. S. 716.
399 Ebd. S. 712.
400 Erikson, S. 157.
401 Vgl. Schaffner, S. 157.
402 S. Nietzsche, III, S. 361.
403 Keller, S. 763.
404 Ebd. S. 391.
405 Ebd. S. 574 f.
406 Ebd. S. 468.
407 Ebd. S. 470.
408 Ebd. S. 470 f.
409 Ebd. S. 471.
410 Ebd.
411 Ebd.
412 Ebd.
413 Vgl. Freud, VIII, S. 166.
414 Keller, S. 753.
415 Ebd. S. 471.
416 Ebd. S. 472.
417 Ebd. S. 473.
418 Ebd. S. 475.
419 Ebd. S. 479.
420 Ebd. S. 487.
421 Ebd. S. 545.
422 Ebd.
424 Keller, S. 550 und 748.
425 Ebd. S. 696.

426 Ebd. S. 44.
427 Ebd. S. 706.
428 Ebd. S. 482.
429 Ebd. S. 501.
430 Ebd. S. 483.
431 Ebd. S. 601.
432 Feuerbach: Werke, VI,
   S. 175.
433 Keller, S. 327.
434 Ebd. S. 317.
435 Ebd. S. 318.

436 Ebd. S. 326.
437 Ebd. S. 109.
438 Ebd. S. 114.
439 Ebd. S. 115.
440 Feuerbach: Werke, VI,
   S. 157.
441 Keller, VII, S. 461.
442 Freud, VII, S. 461.
443 Keller, S. 760.
444 Ebd. S. 763.

16. Franz Kafka:
Amerika

1 John Donne: The Poems, S. 89.
2 Kafka: Das Schloß, S. 14.
3 Gustav Janouch: Gespräche mit Kafka, S. 32.
4 Kafka: Amerika, S. 117 f.
5 Ebd.; vgl. S. 585.
6 E. R. Curtius, S. 323 ff.
7 fehlt
8 Bachofen: Gräber . . ., S. 209 ff.
9 Freud, XIII, S. 259 ff.
10 Kafka: Amerika, S. 9.
11 S. Freud, VII, S. 227.
12 Kafka: Amerika, S. 49.
13 Kafka hat selbst übrigens immer nur an die Eltern geschrieben, nie an den Vater gesondert, von dem berühmten »Brief an den Vater«, der bekanntlich nie abgeschickt wurde, abgesehen (s. Vorwort zu: Kafka: Briefe an Ottla und die Familie).
14 Freud, XII, S. 259[n], 260, 262 ff.
15 Kafka: Amerika, S. 37.
16 Ebd. S. 35.
17 Ebd. S. 39.
18 Über den Utopie-Charakter Amerikas im Zusammenhang mit Kafkas Roman, vgl.: Gerhard Loose: Franz Kafka und Amerika, S. 57 ff.
19 Campbell: A Hero with the Thousand Faces.
20 Vgl. Fenichel: Schautrieb und Identifizierung.
21 Kafka: Amerika, S. 34; über die Bedeutung des Mutterbruders, vgl. Erich Neumann, S. 151 (dort auch der Hinweis auf Bronislaw Malinowski: Geschlecht und Verdrängung in primitiven Gesellschaften, S. 21 ff.).
22 Kafka: Amerika, S. 37 f.
23 Campbell, S. 19 f.; vgl. auch Eliades definitorische Angaben zu den Initiationsriten primitiver Gesellschaften (Eliade: Rites and Symbols, S. X).
24 Ebd. S. 49 ff.

25 Anna Freud, S. 112 und 121 f.
26 Campbell, S. 59 ff.
27 Ebd. S. 69-72.
28 Ebd. S. 90.
29 Kafka: Amerika, S. 28; die magische Zahl 7!
30 Eliade, S. X.
31 Kafka: Amerika, S. 19.
32 Ebd. S. 28.
33 Ebd. S. 44.
34 Ebd. S. 124.
35 Ebd. S. 125.
36 Ebd.
37 Ebd. S. 163.
38 Ebd. S. 161.
39 Vgl. diesen Begriff bei Michael Balint: Angstlust und Regression, S. 17 ff.
40 Campbell, S. 79 ff.
41 Kafka: Amerika, S. 146.
42 Ebd. S. 149.
43 Ebd. S. 303.
44 Ebd.
45 Vgl. Campbell, S. 89.
46 Kafka: Amerika, S. 317.
47 Freud, II/III, S. 359; XI, S. 157, 165.
48 Ebd. V, S. 120 ff.
49 Vgl. Erich Neumann, S. 120 ff.
50 Vgl. dazu Lacan, I, S. 61 ff.; dazu auch: Jean-Baptiste Fages: Geschichte der Psychoanalyse nach Freud, S. 216 f.
51 Freud, VII, S. 229.
52 Malinowski, S. 21 ff.
53 Kafka: Amerika, S. 166.
54 Ebd. S. 154.
55 Ebd. S. 165.
56 Ebd.
57 Erich Neumann, S. 119.
58 Freud, VII, S. 229 f.; vgl. auch V, S. 127 f. (127[n]).

59 Ebd. VII, S. 230.
60 Anna Freud, S. 113 und 109; vgl. auch Freud, V, S. 128.
61 Anna Freud, S. 114.
62 Freud, V, S. 130.
63 Kafka: Amerika, S. 156.
64 Ebd.
65 Ebd. S. 170.
66 Ebd. S. 217; Karl will sich übrigens auch *schriftlich* von ihr und Therese verabschieden (ebd. S. 199).
67 Ebd. S. 181.
68 Ebd. S. 210.
69 Ebd. S. 218.
70 Otto Rank: Das Inzestmotiv . . ., S. 443; über die Bedeutung der Schwester in diesem Zusammenhang vgl. auch Deleuze/Guattari: Kafka. Für eine kleine Literatur, S. 92 f.
71 Freud, VII, S. 230.
72 Kafka: Amerika, S. 206.
73 Anna Freud, S. 131 f.; dergleichen ist stets mit Persönlichkeitsverlust verbunden.
74 Freud, XIII, S. 16 f.; s. auch I, S. 451 ff. (über das Mechanische in den Symptombildungen).
75 Was noch betont wird in den Brunelda-Szenen durch den Theatermantel, die Vorhänge, die ständig erwähnt werden etc.
76 Der Wiederholungszwang ist den unbewußten Vorgängen zuzuschreiben, s. Freud, XIII, S. 18.
77 Kafka: Amerika, S. 219; Karl sieht das aus dem Augenwinkel.

78 Ebd. S. 216 f.
79 Ebd. S. 215.
80 Ebd. S. 161.
81 Vgl. Freud, I, S. 383.
82 Kafka: Amerika, S. 78.
83 Ebd. S. 104.
84 Ebd. S. 99 f.
85 Ebd. S. 110 f.
86 S. hierzu Erich Neumann, S. 137.
87 S. Kafka: Amerika, S. 38.
88 S. Erikson, S. 153.
89 Vgl. bei dieser Gelegenheit Alfred Lorenzers kritische Überlegungen zum Symbolbegriff der Psychoanalyse (Lorenzer: Kritik des psychoanalytischen Symbolbegriffs). Die symbolische Dimension eines Kunstwerks unterliegt komplizierteren Gesetzen bei ihrem Zustandekommen.
90 Vgl. Erich Neumann, S. 160 ff.; vgl. auch S. 127.
91 Ebd. S. 163.
92 Campbell, S. 108 und 111.
93 Neumann, S. 164.
94 Kafka: Amerika, S. 82; vgl. dazu auch Campbell, S. 110.
95 Zur Figur Macks s. ebd. S. 110.
96 Die amerikanische Literatur hat diesen Gehalt an Zwiespältigkeit einer rückwärts und vorwärts gerichteten Moral seit jeher ausgiebig dargestellt; vgl. dazu u. a. R. W. B. Lewis: The American Adam; Edwin Fussell: Frontier: American Literature and the American West; Leslie A. Fiedler: The Return of the Vanishing American.
97 Kafka: Amerika, S. 119 f.
98 Ebd. S. 176.
99 Ebd. S. 177.
100 Freud, V, S. 95; X, S. 106; XIII, S. 145-148.
101 Campbell, S. 116.
102 Neumann, S. 165.
103 Deleuze/Guattari: Kafka ..., S. 92.
104 Neumann, S. 166.
105 Deleuze/Guattari, S. 93.
106 S. Wilhelm Stekel: Der Fetischismus, S. 30-40.
107 Kafka: Amerika, S. 182 ff.
108 Ebd. S. 302 f.
109 Freud, VII, S. 161.
110 Kafka: Amerika, S. 215.
111 Ebd.; ganz zuletzt heißt es: »Die Oberköchin schloß die Augen« (ebd. S. 219).
113 Neumann, S. 136.
114 Kafka: Amerika, S. 288 f.
115 Ebd.
116 Ebd. S. 304.
117 Ebd. S. 250.
118 Ebd. S. 295.
119 Janouch, S. 136, 144, wonach Kafka die Maschine und das Geld (!) als das Böse bezeichnet.
120 Kafka: Amerika, S. 226 f.
121 Ebd. S. 238 f., 240.
122 S. hierzu die Göttin Artemis als Göttin des »Draußen«, s. S. 169 ff.
123 Wo ja eine ganz andere Sehnsucht artikuliert wird und wo, im Zusammenhang mit dem Naturtheater, die Vorstellung von begrenzten Räumen nicht passend wäre.

124 Zur Polizei, s. Kafka: Amerika, S. 238 f.
125 Ebd. S. 283 ff.
126 Ebd. S. 286 f.
127 Ebd. S. 335.
128 Ebd. S. 336.
129 Ebd. S. 337.
130 S. Kap. 4.
131 Freud, I, S. 194 f.
132 S. S. 148.
133 Kafka: Amerika, S. 272 ff.
134 Ebd. S. 291.
135 Ebd. S. 251.
136 Ebd. S. 277.
137 Vgl. Anna Freud, S. 9 ff.
138 Kafka: Amerika, S. 235 f. und 278 ff.
139 Freud, VIII, S. 59 ff.
140 Lacan: Die vier Grundbegriffe . . ., S. 84.
142 Kafka: Amerika, S. 276.
143 Ebd. S. 253.
144 Ebd. S. 278.
145 Ebd. S. 255.
146 Ebd.
147 Ebd. S. 278.
148 Ebd.
149 Ebd. S. 280.
150 Ebd. S. 277.
151 Ebd. S. 284.
152 Ebd.
153 Ebd. S. 287.
154 Ebd.
155 Ebd.
156 Ebd. S. 295.
157 Ebd. S. 291.
158 Ebd. S. 235.
159 Ebd. S. 278.
160 Ebd. S. 282.
161 Ebd.
162 Ebd.
163 Ebd. S. 282 f.
164 Janouch, S. 136.
165 Freud, I, 511 (z. B.).
166 S. zum Osiris-Mythos bei Neumann, S. 179 ff.
167 Vgl. hierzu Derrida: Die Schrift . . ., S. 328 und 348.
168 Hartmut Binder: Kafka in neuer Sicht, S. 163-193.
169 Janouch, S. 64.
170 Lacan: Die vier Grundbegriffe . . ., S. 125 f.
171 Kafka: Amerika, S. 246 f.
172 Ebd. S. 243.
173 Ebd. S. 285.
174 Ebd.
175 Ebd. S. 290.
176 Homer: Odyssee, 9. Buch.
177 Kafka: Amerika, S. 291.
178 Ebd. S. 303 f.
179 Ebd. S. 297.
180 Über »Geruchsreize« im Gegensatz zu »Gesichtserregungen« s. z. B. Freud, XIV, S. 458 f.
181 Martin Grotjahn: Die Sprache des Symbols, S. 122 und S. 127.
182 Kafka: Amerika, S. 278.
183 Ebd. S. 280.
184 Ebd. S. 278 ff.
185 Ebd. S. 181 f.
186 Ebd. S. 287.
187 Ebd. S. 279.
188 Ebd. S. 235.
189 Ebd. S. 237.
190 Ebd. S. 287.
191 Ebd. S. 288.
192 Ebd. S. 287.
193 Ebd. S. 57 f.; 128.
194 Ebd. S. 193.
195 Ebd. S. 220.
196 S. S. 315 ff.

553

197 Kafka: Amerika, S. 218.
198 Ebd. S. 303 f.
199 Ebd. S. 150.
200 Cues: Von Gottes Sehen,
    S. 60.
201 Kafka: Amerika, S. 117.
202 Ebd. S. 145.
203 Hartmut Binder: Kafka-
    Kommentar, II, S. 87 und
    115.
204 Kafka: Amerika, S. 140.
205 Ebd. S. 154.
206 Ebd. S. 218.
207 S. Uwe Henrik Peters: Höl-
    derlin. Wider die These vom
    edlen Simulanten, S. 87 ff.
208 Freud, XI, S. 199.
209 Kafka: Amerika, S. 151.
210 Ebd. S. 198.
211 S. Kap. 1.
212 Kafka: Amerika, S. 127.
213 Ebd. S. 186, 211 f., 216.
214 Ebd. S. 216.
215 Ebd. S. 267 f.
216 Ebd. S. 285.
217 Ebd. S. 305.
218 Vgl. Heinz Politzer: Franz
    Kafka der Künstler, S. 233;
    Walter H. Sokel: Franz Kafka
    (zit. n. der Taschenbuchaus-
    gabe Frankfurt/Main 1976),
    S. 368; gerade die Erwartung
    wird nicht erfüllt, weil sie un-
    erfüllbar ist; Alfred Bor-
    chardt: Kafka zweites Ge-
    sicht; Gerhard Loose: Franz
    Kafka und Amerika.
219 Janouch, S. 53.
220 Ebd. S. 54-61.
221 S. Binder: Kafka-Kommen-
    tar, II, S. 73 ff.
222 Max Brod im Nachwort zu:
    Kafka: Amerika, S. 356 f.
223 Kafka: Amerika, S. 287.
224 Ebd. S. 315.
225 Ebd. S. 253.
226 Ebd. S. 255.
227 Ebd. S. 259.
228 Ebd. S. 265.
229 Ebd. S. 277.
230 Ebd. S. 309.
231 Binder: Kafka-Kommentar,
    II, S. 154.
232 Auch hier ist die Wiederge-
    burtsschwelle der angegebe-
    nen Zeit, in der man sich zu
    melden hat – Mitternacht –
    erwähnt.
233 Kafka: Amerika, S. 323.
234 Ebd. S. 326.
235 Walter Benjamin: Ursprung
    des Trauerspiels, in: ders.:
    Schriften.   Frankfurt/Main
    1955, S. 344.
236 Kafka: Amerika, S. 327.
237 Janouch, S. 61.
238 Kafka: Amerika, S. 324.
239 Ebd. S. 331.
240 Paul Cézanne: Über die
    Kunst, S. 12.

17. Die Angst des Autors vor dem Schreiben
Peter Handke

1 Ludwig Wittgenstein: Tractatus . . ., 2.1 (S. 16).
2 José Lezama Lima, in: Mechtild Strausfeld (Hrsg.): Aspekte con José Lezama Lima ›Paradiso‹. S. 202.
3 E. M. Cioran: Dieses verfluchte Ich, S. 10.
4 Peter Handke: Lehre, S. 27.
5 Nietzsche: Werke, II, S. 1128.
6 Ebd. S. 1066, 1138.
7 Ebd. S. 1067.
8 Ebd. S. 1129.
9 Handke: Lehre, S. 23, 108 f., 113 f., 39, 108.
10 Ebd. S. 119-139.
11 Nietzsche, II, S. 1070, 1076.
12 Ebd. S. 1071.
13 Ebd. S. 1113.
14 Ebd. S. 1121.
15 Ebd. S. 1066 f.
16 Cézanne: Über die Kunst, S. 24.
17 Handke: Lehre, S. 109.
18 Ebd.
19 Ebd. S. 108.
20 Ebd. S. 114.
21 Ebd. S. 41.
22 Ebd. S. 34.
23 Ebd. S. 41.
24 Ebd. S. 68.
25 Ebd.
26 Ebd. S. 33.
27 Cézanne: Kunst, S. 20.
28 Ebd. S. 29.
29 Handke: Lehre, S. 68-70.
30 Ebd. S. 68; vgl. auch 15 f.
31 Ebd. S. 74.
32 Nietzsche, II, S. 403.
33 Handke: Lehre, S. 99.
34 Ebd. S. 74.
35 Ebd. S. 51.
36 Cézanne: Kunst, S. 13.
37 Handke: Lehre, S. 102.
38 Ebd. S. 9 und 11.
39 Ebd. S. 23.
40 Cézanne: Kunst, S. 27 und 12.
41 Handke: Lehre, S. 25.
42 Cézanne: Kunst, S. 12.
43 Ebd. S. 8.
44 Handke: Lehre, S. 77 f.
45 Ebd. S. 76 f.
46 Ebd. S. 83 f.
47 Ebd. S. 84.
48 Ebd. S. 21.
49 Ebd. S. 75.
50 Ebd. S. 21.
51 Ebd. S. 14.
52 Ebd. S. 92.
53 Peter Handke: Wunschloses Unglück, S. 26 ff. und 28 ff.
54 Handke: Lehre, S. 13.
55 Ebd.
56 Ebd. S. 94 f.
57 Ebd.
58 Ebd. S. 55.
59 Ebd. S. 56.
60 Ebd. S. 61.
61 Ebd. S. 60.
62 Ebd. S. 66.
63 Ebd. S. 85.
64 Ebd. S. 86.
65 Ebd. S. 96.
66 Ebd. S. 111.
67 Ebd. S. 128, 132, 135.
68 Ebd. S. 102.
69 Ebd. S. 66.
70 1. Moses 22, 14.

71 S. Kierkegaard: Furcht und Zittern, S. 11 ff.

72 Handke: Lehre, S. 97.

73 Ebd. S. 96 f.

74 Ebd. S. 84.

75 Ebd. S. 25, 27.

76 Ebd. S. 28.

77 Ebd. S. 115.

78 Angelus Silesius: Cherubinischer Wandersmann, in: Lyrik des Barock II, S. 156.

79 Ebd. S. 145.

80 Nietzsche, II, S. 1074.

81 Handke: Lehre, S. 115.

82 Ebd. S. 79.

83 Heidegger: Kunstwerk, S. 32 und 33.

84 Angelus Silesius, S. 156 und 152.

85 Handke: Lehre, S. 79 und 10.

86 Ebd. S. 74 und 100.

87 Nietzsche: Werke, II, S. 405.

88 Cézanne: Kunst, S. 12.

89 Handke: Lehre, S. 98.

90 Ebd. S. 65 und 64; vgl. Nietzsche: Werke (Ecce Homo), II, S. 1087 f.

91 Handke: Lehre, S. 102.

92 Ebd. S. 139; vgl. auch 82.

93 Handke: Kurzer Brief…, S. 12.

94 Rainer Maria Rilke, VI, S. 709 f.

95 Handke: Die Hornissen, S. 272.

96 Ebd.

97 Ebd. S. 274 f.

98 Ebd.

99 Peter Handke: Als das Wünschen noch geholfen hat, S. 31 f.

100 Peter Handke: Die Angst des Tormanns, S. 7.

101 S. S. 89.

102 Handke: Tormann, S. 23.

103 Ebd. S. 10.

104 Ebd. S. 93.

105 Ebd. S. 107.

106 Ebd. S. 29.

107 Ebd.

108 Ebd.

109 Ebd. S. 118; vgl. auch S. 44 und 78.

110 Ebd. S. 30.

111 Ebd. S. 123 und 124.

112 Ebd. S. 124 f.

Literaturverzeichnis

Abraham, Karl: Psychoanalytische Studien zur Charakterbildung, und andere Schriften, Bd. I und II. Hrsg. Johannes Cremerius. Frankfurt/Main 1969.

Abraham, Karl: Traum und Mythos. Leipzig, Wien 1909.

Adler, Alfred: Neurosen. Fallgeschichten. Frankfurt/Main 1981.

Addison, Joseph: Essays from the Spectator. London, New York o. J.

Addison, Joseph: Critical Essays from the Spectator. Oxford 1970.

Adorno, Theodor, W.: Ästhetische Theorie. Frankfurt/Main 1973.

Adorno/Horkheimer: Dialektik der Aufklärung. Frankfurt/Main 1969.

Agricola, Georg: Zwölf Bücher vom Berg- und Hüttenwesen. Vollständige Ausgabe nach dem lateinischen Original von 1556. München 1977.

Alberti, Leon Battista: De re aedificatoria, 1452. Zit. nach Zehn Bücher über die Baukunst. Darmstadt 1975.

Alberti, Leon Battista: Della pittura. Ausgabe von Mallé. Firenze 1950.

Alberti, Leon Battista: On Painting (Della pittura). New Haven, London 1956.

Anderson, Perry: Von der Antike zum Feudalismus. Frankfurt/Main 1978.

Anthonisen, Nils L: The Ghost in Hamlet. In: American Imago. Winter 1965.

Apuleius: Metamorphosen oder Der goldene Esel. Berlin (DDR) 1959.

Aristoteles: Politik. Zürich, Stuttgart 1955.

Aristoteles: Der Staat der Athener. Stuttgart 1970.

Augustinus, Aurelius: Bekenntnisse. Düsseldorf, Köln 1958.

Augustinus, Aurelius: Vom Gottesstaat. München 1977.

Bachofen, Johann Jakob: Gesammelte Werke. Bd. IV. Basel 1954.

Bachofen, Johann Jakob: Das Mutterrecht. Eine Auswahl. Hrsg. Hans-Jürgen Heinrichs. Frankfurt/Main 1975.

Bacon, Francis: The Works. London 1765.

Balint, Alice: Der Familienvater. In: Imago 12, 1926.

Balint, Michael: Angstlust und Regression. Beitrag zur psychologischen Typenlehre. Reinbek 1972.

Baechtold, Jakob: Gottfried Kellers Leben. Seine Briefe und Tagebücher. Berlin 1895.

Balzac, Honoré de: Physiologie du marriage. Deutsch: Physiologie der Ehe. Leipzig 1920.

Balzac, Honoré de: Splendeurs et Misères des Courtisanes. In: La Comédié Humaine. Paris 1952.

Baron, Hans: The Crisis of Early Italien Renaissance. Princeton 1966.

Barthes, Roland: Die Lust am Text. Frankfurt/Main 1974.

Barthes, Roland: Über mich selbst. München 1978.

Bataille, George: Der Heilige Eros. (L'Érotisme). Darmstadt, Neuwied 1963.

Baudelaire, Charles: Œuvres Complètes. L'Art Romantique. Paris 1925.

Baxandall, Michael: Die Wirklichkeit der Bilder. Malerei und Erfahrung im Italien des 15. Jahrhunderts. Frankfurt/Main 1977.

Benjamin, Walter: Charles Baudelaire. Ein Lyriker im Zeitalter des Hochkapitalismus. Frankfurt/Main 1969.

Benjamin, Walter: Gesammelte Schriften. Frankfurt/Main 1977.

Bergson, Henri: Die beiden Quellen der Moral und der Religion. In: Materie und Gedächtnis und andere Schriften. Frankfurt/Main 1964.

Berkeley, George: The Works. London 1948.

Binder, Hartmut: Kafka in neuer Sicht. Stuttgart 1976.

Binder, Hartmut: Kafka-Kommentar. München 1976.

Bloch, Ernst: Die Lehren von der Materie. Frankfurt/Main 1978.

Blumenberg, Hans: Aspekte der Epochenschwelle: Cusaner und Nolaner. Frankfurt/Main 1976.

Borchardt, Alfred: Kafka zweites Gesicht. Der Unbekannte. Nürnberg 1960.

Bornemann, Ernest: Psychoanalyse des Geldes. Frankfurt/Main 1977.

Bruno, Giordano: Heroische Leidenschaften und individuelles Leben. Bern 1947.

Bultmann, Rudolf: Zur Geschichte der Lichtsymbolik im Altertum. In: Philologus Bd. 97, Heft 1/2, 1948.

Burke, Peter: Tradition and Innovation in Renaissance Italy. London 1972.

Breitenbruch, Bernd: Gottfried Keller in Selbstzeugnissen und Bilddokumenten. Reinbek 1968.

Brentano, Franz von: Untersuchungen zur Sinnespsychologie. Leipzig 1908.

Burckhardt, Jacob: Kulturgeschichtliche Vorträge. Stuttgart 1941.

Campbell, Joseph: The Hero with a Thousand Faces. New York 1956.

Carey, John: John Donne. Life, Mind & Art. London, Boston 1981.

Cassirer, Ernst: Philosophie der symbolischen Formen. Darmstadt 1977.

Cézanne, Paul: Über die Kunst. Hamburg 1957.

Cézanne, Paul: Briefe. Zürich 1962.

Cicero, Marcus Tullius: Über die Gesetze. Reinbek 1969.

Cicero, Marcus Tullius: Der Staat. Reinbek 1964.

Cioran, E. M.: Dieses verfluchte Ich. In: Akzente, Heft 1/Februar 1982.

Comte, Auguste: Die Soziologie. Positive Philosophie. Stuttgart 1974[2].

Crick, Bernard: George Orwell. A Life. London 1980.

Crombie, Alistair C.: Von Augustinus bis Galilei. Die Emanzipation der Naturwissenschaft. Köln 1959.

Cues, Nikolaus von: Von Gottes Sehen. Leipzig 1942.

Curtius, Ernst: Griechische Geschichte. Berlin 1868.

Curtius, E. R.: Europäische Literatur und lateinisches Mittelalter. Bern, München 1978[9].

Curtius, Mechtild: (Hrsg.) Seminar: Theorien der künstlerischen Produktivität. Frankfurt/Main 1976.

Dante, Alighieri: La Divina Commedia. A cura di Umberto Bosco e Giovanni Reggio. Firenze 1979.

Dante, Alighieri: Das Gastmahl. München 1965.

Dante, Alighieri: Vita Nuova/Das neue Leben. Frankfurt/Main 1964.

Defoe, Daniel: The Novels. London 1868.

Deleuze, Gilles: Logique du sens. Paris 1969.

Deleuze, Gilles/Guattari, Felix: Anti-Ödipus. Kapitalismus und Schizophrenie I. Frankfurt/Main 1974.

Deleuze, Gilles/Guattari, Felix: Kafka. Für eine kleine Literatur. Frankfurt/Main 1976.

Der kleine Pauly. München 1979.

De Monte-Major, H. J.: Diana. Darmstadt 1970.

Derrida, Jacques: Grammatologie. Frankfurt/Main 1974.

Derrida, Jacques: Scribble. Macht/Schreiben. Frankfurt/Main, Berlin, Wien 1980.

Derrida, Jacques: Die Schrift und die Differenz. Frankfurt/Main 1976.

Derrida, Jacques: Rundgänge der Philosophie. Frankfurt/Main, Berlin, Wien 1976.

Descartes, René: Briefe. Hrsg. Max Bense. Köln, Krefeld 1949.

Descartes, René: Meditationen. Leipzig 1915.

Descartes, René: La Dioptrique. In: Œuvres. Paris 1973.

Descartes, René: Regeln zur Leitung des Geistes. Leipzig 1919.

Das Totenbuch der Ägypter. Zürich, München 1979.

Der Briefwechsel zwischen Theodor Storm und Gottfried Keller: Hrsg. Peter Goldammer. Berlin (DDR) 1963.

Die Vorsokratiker: Hrsg. Wilhelm Capelle. Stuttgart 1968.

Devereux, Georges: Neurotic Downward Identification. In: American Imago. Spring-Summer 1965.

Diderot, Denis: Philosopische Schriften. Hrsg. Theodor Lücke. Berlin (DDR) 1961.

Diderot, Denis: Ästhetische Schriften. Hrsg. Friedrich Bassenge. Frankfurt/Main 1968.

Diderot, Denis: Le Neveu de Rameau. Paris 1821.

Diogenes Laertius: Leben und Meinungen berühmter Philosophen. Hamburg 1967.

Donne, John: The Poems. Edited by Sir Herbert Grierson. Oxford 1933.

Douglas, Mary: Ritual, Tabu und Körpersymbolik. Frankfurt/Main 1981.

Dronke, Peter: Die Lyrik des Mittelalters. München 1977.

Ehrenberg, Victor: Aspects of the Ancient World. Oxford 1973.

Eissler, Kurt R.: Todestrieb, Ambivalenz, Narzißmus. München 1980.

Eliade, Mircea: Schmiede und Alchimisten. Stuttgart 1980.

Eliade, Mircea: Rites and Symbols of Initiation. New York, Hagerstown, San Francisco, London 1958.

Emerson, Ralph Waldo: Selected Essays. Harmondsworth 1982.

Epikur: Vor der Überwindung der Furcht. Zürich, Stuttgart 1949 und 1968.

Erikson, Erik: Identität und Lebenszyklus. Frankfurt/Main 1970.

Ermatinger, Emil: Gottfried Kellers Leben, Briefe und Tagebücher. Stuttgart 1918.

Euripides: Sämtliche Tragödien. Stuttgart 1958.

Fages, Jean-Baptiste: Geschichte der Psychoanalyse nach Freud. Frankfurt/Main, Berlin, Wien 1981.

Fenichel, Otto: Schautrieb und Identifikationen. In: Internationale Zeitschrift für Psychoanalyse, 21/1935.

Ferenczi, Sándor: Zur Erkenntnis des Unbewußten und andere Schriften zur Psychoanalyse. Hrsg. Helmut Dahmer. München 1978.

Ferguson, Adam: An Essay on the History of Civil Society. Edinburgh 1814.

Fetscher, Iring: Rousseaus politische Philosophie. Zur Geschichte des demokratischen Freiheitsbegriffs. Frankfurt/Main 1975[3].

Feuerbach, Ludwig: Werke in sechs Bänden. Frankfurt/Main 1975.

Feuerbach, Ludwig: Gesammelte Werke. Berlin (DDR) 1967.

Feuerbach, Ludwig: Das Wesen des Christentums. (Text der dritten Auflage von 1849.) Stuttgart 1974.

Ficino, Marsilio: Sopra l'amore ovvero convito di Platone. Deutsch: Über die Liebe oder Platons Gastmahl. Übersetzung: Karl Paul Hasse. Leipzig 1914.

Fiedler, Leslie, A.: The Return of the Vanishing American. New York 1968.

Fischer, Friedrich Carl: Existenz und Innerlichkeit. Eine Einführung in die Gedankenwelt Sören Kierkegaards. München 1969.

Fischer, Kuno: Franz Baco von Verulam. Leipzig 1856.

Francesca, Piero della: Il trattato ›De Prospectiva Pingendi‹. Ausgabe von G. Nicco Fasola. Firenze 1942.

Frank, Erich: Plato und die sogenannten Pythagorer. Darmstadt 1962.

Freud, Sigmund: Gesammelte Werke. London 1940 ff.

Freud, Anna: Das Ich und die Abwehrmechanismen. München 1978[11].

Fritz, K. von: Die Rolle des NOUS. In: Um die Begriffswelt der Vorsokratiker. Hrsg. Hans-Georg Gadamer. Darmstadt 1968.

Foucault, Michel: Archäologie des Wissens. Frankfurt/Main 1973.

Foucault, Michel: Sexualität und Wahrheit. 1. Band: Der Wille zum Wissen. Frankfurt/Main 1977.

Foucault, Michel: Dispositive der Macht. Über Sexualität und Wahrheit. Berlin 1978.

Foucault, Michel: Die Ordnung der Dinge. Frankfurt/Main 1971.

Frazer, J. G.: The Golden Bough. A Study in Magic and Religion. London 1922 (Zit. nach der Ausgabe von 1957).

Fussel, Edwin: Frontier: American Literature and the American West. Princeton 1965.

Gellert, Christian Fürchtegott: Sämtliche Schriften. Leipzig 1840.

Gibbs-Smith, Charles: Die Erfindungen von Leonardo da Vinci. Zürich, Stuttgart 1978.

Gigon, Olof: Sokrates. Sein Bild in Dichtung und Geschichte. Bern 1947.

Godelier, Maurice: Ökonomische Anthropologie. Reinbek 1973.

Goethe, Johann Wolfgang: Werke. Hamburg 1951.

Gombrich, Ernst, H.: Kunst und Illusion. Eine Studie über die Psychologie von Abbild und Wirklichkeit in der Kunst. Stuttgart, Zürich 1978.

Goux, Jean-Joseph: Freud, Marx. Ökonomie und Symbolik. Frankfurt/Main, Berlin, Wien 1975.

Grassi, Ernesto: Humanismus und Marxismus. Zur Kritik der Verselbständigung von Wissenschaft. Reinbek 1973.

Griechische Atomisten: Leipzig 1973.

Grillpazer, Franz: Gesammelte Werke. Wien 1924.

Griechische Lyrik: Berlin, Weimar 1980.

Griechische Lyrik: Reinbek 1963.

Groddeck, Georg: Vom Sehen, von der Welt des Auges und vom Sehen ohne Augen. In: Psychoanalytische Schriften zur Psychosomatik. Wiesbaden 1966.

Grotjahn, Martin: Die Sprache des Symbols. Der Zugang zum Unbewußten. München 1977.

Gryphius, Andreas: Gesamtausgabe der deutschsprachigen Werke. Hrsg. Marion Szyrocki und Hugh Powell. Tübingen 1964.

Habermas, Jürgen: Strukturwandel der Öffentlichkeit. Neuwied, Berlin 1969[4].

Handke, Peter: Die Lehre der Sainte-Victoire. Frankfurt/Main 1980.

Handke, Peter: Als das Wünschen noch geholfen hat. Frankfurt/Main 1974.

Handke, Peter: Wunschloses Unglück. Salzburg 1972.

Handke, Peter: Die Hornissen. Frankfurt/Main 1966.

Handke, Peter: Die Angst des Tormanns beim Elfmeter. Frankfurt/Main 1970.

Handke, Peter: Der kurze Brief zum langen Abschied. Frankfurt/Main 1972.

Hegel, Georg Wilhelm Friedrich: Werke. Frankfurt/Main 1970 ff.

Heidegger, Martin: Platons Lehre von der Wahrheit. Bern, München 1947.

Heidegger, Martin: Holzwege. Frankfurt/Main 1980[6].

Heine, Heinrich: Sämtliche Schriften. Hrsg. Klaus Briegleb. München 1971 ff.

Heinrich, Klaus: Parmenides und Jonas. Vier Studien über das Verhältnis von Philosophie und Mythologie. Frankfurt/Main 1966.

Heraklit: Fragmente. München 1976[6].

Herder, Johann Gottfried von: Werke in fünf Bänden. Berlin, Weimar 1978.

Herodot: Historien. Suttgart 1971.

Hesiod: Sämtliche Werke. Zürich, München 1970.

Hitschmann, Eduard: Gottfried Keller. Psychoanalyse des Dichters, seiner Gestalten und Motive. Leipzig, Wien, Zürich, London, New York 1919.

Hobbes, Thomas: Leviathan. Hammondsworth 1968.

Hoffmeister, Gerhart: Petrakistische Lyrik. Stuttgart 1973.

Hoenn, Karl: Artemis. Zürich 1946.

Holzkamp, Klaus: Sinnliche Erkenntis – Historischer Ursprung und gesell-schaftliche Funktion der Wahrnehmung. Frankfurt/Main 1973.

Homer: Ilias/Odyssee. In der Übertragung von Johann Heinrich Voß (Ilias. Hamburg 1793; Odyssee. Hamburg 1781), München 1979.

Homer: Ilias. Deutsch von Wolfgang Schadewaldt. Frankfurt/Main 1975.

Homer: Odyssee. Deutsch von Wolfgang Schadewaldt. Hamburg 1958.

Huizinga, Johan: Holländische Kultur im siebzehnten Jahrhundert. Basel 1961.

Huizinga, Johan: Homo Ludens. Vom Ursprung der Kultur im Spiel. Reinbek 1956.

Hunger, Herbert: Lexikon der griechischen und römischen Mythologie. Reinbek 1974.

Husserl, Edmund: Ideen zu einer reinen Phänomenologie und phänome-nologischen Philosophie. Tübingen 1980 (Nachdruck der 2. Auflage von 1922).

Irigaray, Luce: Speculum. Spiegel des anderen Geschlechts. Frankfurt/Main 1980.

Jacobson, Edith: Das Selbst und die Welt der Objekte. Frankfurt/Main 1973.

Jakobson, Roman: Zwei Seiten der Sprache und zwei Typen aphatischer Störungen. In: Aufsätze zur Linguistik und Politik. München 1974.

Janouch, Gustav: Gespräche mit Kafka. Frankfurt/Main 1968.

Jauß, Hans Robert: Ästhetische Erfahrung und literarische Hermeneutik, München 1977.

Jonas, Hans: Organismus und Freiheit. Ansätze zu einer philosophischen Biologie. Göttingen 1973.

Jünger, Ernst: Heliopolis. Tübingen 1949.

Kafka, Franz: Gesammelte Werke. Frankfurt/Main 1950 ff.

Kant, Immanuel: Werke. Leipzig 1921.

Kassner, Rudolf: Sämtliche Werke. Bd. 5. Pfullingen 1980.

Katz, David: Die Erscheinungsweisen der Farben. Leipzig 1911.

Keller, Gottfried: Der grüne Heinrich. München 1958, 1978. (Vollständige Ausgabe der ersten Fassung von 1853-1855.)

Keller, Gottfried: Werke. Hrsg. Harry Hayne. Berlin o. J.

Keller, Gottfried: Ästhetische Anschauungen. In: Studienmaterial für die künstlerischen Lehranstalten. Heft 5. Dresden 1955.

Kerényi, Karl: Antike Religion. München, Wien 1971.

Kerényi, Karl: Töchter der Sonne. Zürich 1944.

Kerényi, Karl: Apollon und Niobe. München, Wien 1980.

Kermode, Frank: Renaissance Essays. London 1971, 1973.

Kierkegaard, Sören: Gesammelte Werke. Aus dem Dänischen übertragen von E. Hirsch u. a. Düsseldorf, Köln 1951 ff.

Kierkegaard, Sören: Werke. Deutsch: Liselotte Richter. Reinbek 1961.

Kierkegaard, Sören: Entweder–Oder: Deutsch: Heinrich Fautek. Köln 1957.

Kierkegaard, Sören: Über den Begriff der Ironie. Deutsch: E. Hirsch. Frankfurt/Main 1976.

Kierkegaard, Sören: Das Tagebuch des Verführers. Deutsch: Heinrich Fautek. Köln 1959.

Kierkegaard, Sören: Literarische Anzeige. Düsseldorf 1955.

Kippenberg, Hans G. (Hrsg.): Seminar: Die Entstehung der antiken Klassengesellschaft. Frankfurt/Main 1977.

Klein, Melanie: Die Psychoanalyse des Kindes. München 1979[2].

Kleist, Heinrich von: Sämtliche Werke und Briefe. München 1970[5].

Klossowski, Pierre: Das Bad der Diana. Reinbek 1970.

Klotz, Volker: Muse und Helios. Über epische Anfangsnöte und -weise. In:

Romananfänge, Versuch zu einer Poetik des Romans. Hrsg. Norbert Miller. Berlin 1965.

Kohut, Heinz: Narzißmus. Frankfurt/Main 1976.

Krauss, Werner: Gracians Lebenslehre. Frankfurt/Main 1947.

Kris, Ernst: Die ästhetische Illusion. Phänomene der Kunst in der Sicht der Psychoanalyse. Frankfurt/Main 1977.

Kris, Ernst/Kurz, Otto: Die Legende vom Künstler. Ein geschichtlicher Versuch. Frankfurt/Main 1979.

Kriesi, H. M.: Gottfried Keller als Politiker. Frauenfeld, Leipzig 1918.

Kristeva, Julia: Die Revolution der poetischen Sprache. Frankfurt/Main 1978.

Kristeva, Julia: Zu einer Semiologie der Paragramme. In: Strukturalismus als interpretatives Verfahren. Hrsg. Helga Gallus. Darmstadt, Neuwied 1972.

Kubie, Lawrence: Neurotische Deformationen des schöpferischen Prozesses. Reinbek 1966.

Kues, Nikolaus von: De docta ignorantia/Die belehrte Unwissenheit. Hamburg 1977.

Kuhn, Thomas, S.: Die Struktur wissenschaftlicher Revolutionen. Frankfurt/Main 1976[2].

Kurnitzky, Horst: Triebstruktur des Geldes. Ein Beitrag zur Theorie der Weiblichkeit. Berlin 1974.

Lacan, Jacques: Schriften I, II, III. Olten und Freiburg im Breisgau 1973, 1975, 1980.

Lacan, Jacques: Die vier Grundbegriffe der Psychoanalyse. Olten und Freiburg im Breisgau 1978.

Lefebvre, Henri: Metaphilosophie. Prolegomena. Frankfurt/Main 1975.

Leibniz, Gottfried Wilhelm: Vernunftprinzipien der Natur und der Gnade/Monadologie. Hamburg 1956.

Leonardo da Vinci: Der Denker, Forscher und Poet. Aus seinen veröffentlichten Schriften. Hrsg. Marie Herzfeld. Jena 1926.

Leonardo da Vinci: Philosophische Tagebücher. Zusammengestellt und herausgegeben von Guiseppe Zamboni. Hamburg 1958.

Lévi-Strauss, Claude: Das Ende des Totemismus. Frankfurt/Main 1965.

Lévi-Strauss, Claude: Strukturale Anthropologie (I). Frankfurt/Main 1967.

Lévi-Strauss, Claude: Die elementaren Strukturen der Verwandtschaft. Frankfurt/Main 1981.

Lévi-Strauss, Claude: Mythologica. Frankfurt/Main 1976.

Levita, David de: Der Begriff der Identität. Frankfurt/Main 1971.

Lewis, R. W. B.: The American Adam. Chicago, London 1955.

Lidz, Theodore: Hamlets Feind. Mythos und Manie in Shakespeares Drama. Frankfurt/Main 1980.

Lima, José, Lezama: In: Aspekte con José Lezama Lima ›Paradiso‹. Frankfurt/Main 1979.

Locke, John: An Essay Concerning Human Understanding. London, New York o. J.

Loose, Gerhard: Franz Kafka und Amerika. Frankfurt/Main 1968.

Lorca, Frederico Garcia: Gedichte. Hamburg 1948.

Lorenzer, Alfred: Kritik des psychoanalytischen Symbolbegriffs. Frankfurt/Main 1970.

Luther, Martin: Biblia. Das ist die gantze Heilige Schrift. Wittenberg 1545 (Neudruck: München 1974).

Lovejoy, Arthur O.: The Great Chain of Being. Cambridge (Mass.) 1966.

Luce, A. A: Berkeley & Malebranche. A Study in the Origins of Berkeleys Thought. Oxford 1934.

Lukian: Werke. Berlin, Weimar 1974.

Lukrez: De rerum natura. Übersetzung von Karl Büchner. Stuttgart 1977.

Lyrik des Barocks II: Hrsg. M. Szyrocki. Reinbek 1971.

Machiavelli, Niccolo: Gesammelte Schriften. München 1925.

Malinowski, Bronislaw: Geschlecht und Verdrängung in primitiven Gesellschaften. Reinbek 1962.

Marx, Karl: Grundrisse der Kritik der politischen Ökonomie. Berlin 1974.

Marx, Karl/Engels, Friedrich: Werke (MEW). Berlin (DDR) 1968 ff.

Mayer, Hans: Goethe. Frankfurt/Main 1973.

Meier, Christian: Entstehung des Begriffs Demokratie. Frankfurt/Main 1970.

Merleau-Ponty, Maurice: Das Auge und der Geist. Philosophische Essays. Reinbek 1967.

Merleau-Ponty, Maurice: Phänomenologie der Wahrnehmung. Berlin 1966.

Meyer, C. F.: Gesammelte Werke. München 1954.

Miller, Alice: Das Drama des begabten Kindes und die Suche nach dem wahren Selbst. Frankfurt/Main 1979.

Miller, Milton, L.: Balzacs Père Goriot. In: Psycho-Pathographien I. Schriftsteller und Psychoanalyse. Hrsg. Alexander Mitscherlich. Frankfurt/Main 1973.

Morungen, Heinrich von: Lieder. Stuttgart 1975.

Müller, Adam: Vom Geiste der Gemeinschaft. Leipzig 1931.

Mueller, Conrad: Mae Rudolph u. a., Licht und Sehen. Reinbek 1969.

Mumford, Lewis: The City in History. London 1961 (zit. nach der Ausgabe Harmondsworth 1973²).

Mumford, Lewis: Mythos der Maschine. Frankfurt/Main 1977.

Muschg, Adolf: Gottfried Keller. München 1977.

Naso, Publius Ovidius: Metamorphosen. Zürich 1958.

Natorp, Paul: Platons Ideenlehre. Eine Einführung in den Idealismus. Darmstadt 1975.

Neumann, Erich: The Great Mother. Princeton 1972.

Neumann, Erich: Ursprungsgeschichte des Bewußtseins. München 1974.

Nietzsche, Friedrich: Werke in drei Bänden. Hrsg. Karl Schlechta. München 1966.

Orwell, George: 1984. (Zit. nach Penguin Books.) Harmondsworth 1978.

Orwell, George: Coming up for Air. London 1939.

Panofsky, Erwin: Renaissance and Renascences in Western Art. London 1965, 1970.

Parin, Paul: Der Widerspruch im Subjekt. Frankfurt/Main 1978.

Parmenides: Vom Wesen des Seienden. Die Fragmente. Frankfurt/Main 1969.

Pascal, Blaise: Gedanken. Nr. 312. Bremen o. J.

Pearce, Howard, D.: A Phenomenological Approach to the Theatrum Mundi Metapher. In: PMLA, Nr. 1, Januar 1980.

Peters, Uwe Henrik: Hölderlin. Wider die These vom edlen Simulanten. Reinbek 1982.

Petrarca, Francesco: An Francesco Diongi die San Sepolcro in Paris. In: Dichtung und Prosa. Berlin (DDR) 1968.

Petrarca, Francesco: Africa. In: Rime, Trionfi e Poesie Latine. A cura die F. Neri u. a. Milan. Napoli 1951.

Pindar: Die Dichtungen. Leipzig 1942.

Platon: Sämtliche Werke. Reinbek 1957.

Plessner, Helmuth: Philosophische Anthropologie. Frankfurt/Main 1970.

Plotin: Schriften. Leipzig 1936.

Plutarch: Biographien des . . . Wien, Prag 1796.

Poe, Edgar Allan: The Man of the Crowd. The Works. New York 1914.

Politzer, Heinz: Franz Kafka der Künstler. Frankfurt/Main 1965.

Poliziano, Angelo: Poesie italiane. Milano 1976.

Pontalis, J.-B.: Hrsg. Objekte des Fetischismus. Frankfurt/Main 1972.

Popper, K. P.: The Open Society Vol. 1 Plato. London, Henley 1945, 1977[12].

Poulet, Georges: Metamorphosen des Kreises in der Dichtung. Frankfurt/Main 1961.

Rank, Otto: Das Inzestmotiv in Dichtung und Sage. Leipzig, Wien 1912.

Ranke-Graves, Robert von: Griechische Mythologie. Reinbek 1960.

Raphael, Max: Wiedergeburtsmagie in der Altsteinzeit. Zur Geschichte der Religion und religiöser Symbole. Hrsg. Shirley Chesney und Ilse Hirschfeld. Frankfurt/Main 1979.

Reid, Thomas: An Inquiry into the Human Mind on the Principles of Common Sense. Edinburgh 1801.

Reik, Theodor: Der unbekannte Mörder. Psychoanalytische Studien. Hamburg 1978.

Richter, Jean Paul: Werke in drei Bänden. München 1969.

Richter, Jean Paul: Selberlebensbeschreibung. Stuttgart 1971 (nach Sämtliche Werke. Weimar 1934).

Riesmann, David: Die einsame Masse. Hamburg 1958.

Riehl, W. H.: Kulturstudien aus drei Jahrhunderten. Stuttgart 1896.

Rilke, Rainer, Maria: Sämtliche Werke. Frankfurt/Main 1955.

Rimbaud, Jean Arthur: Briefe, Dokumente. Reinbek 1964.

Rohde, Peter, P.: Sören Kierkegaard in Selbstzeugnissen. Hamburg 1959.

Rossi-Landi, Ferrucio: Sprache als Arbeit und als Markt. München 1972.

Rousseau, Jean-Jacques: Emile oder von der Erziehung. München 1979.

Rousseau, Jean-Jacques: Bekenntnisse. Frankfurt/Main 1961.

Rousseau, Jean-Jacques: Contrat Social/Der Gesellschaftsvertrag. Stuttgart 1974.

Rousseau, Jean-Jacques: Discours sur L'Origine de l'Inégalité parmi les Hommes (1755). In: Schriften zur Kulturkritik. Hamburg 1971.

Rousseau, Jean-Jacques: Schriften. Hrsg. Henning Ritter. München 1978.

Rousseau, Jean-Jacques: La Nouvelle Héloïse. Deutsch: Julie oder die neue Heloise. (In der ersten Übertragung von Johann Gottfried Gellius.) München 1978.

Ruskin, John: Modern Painters. New York 1886.

Sambursky, Samuel: Das physikalische Weltbild der Antike. Zürich, Stuttgart 1965.

Sartre, Jean-Paul: Das Sein und das Nichts. Versuch einer phänomenologischen Ontologie. Hamburg 1952.

Schadewaldt, Wolfgang: Die Anfänge der Philosophie bei den Griechen I. Frankfurt/Main 1978.

Schaffner, Paul: Gottfried Keller als Maler. Stuttgart, Berlin 1924.

Schilder, Paul: Deskriptiv-psychologische Analyse der Depersonalisation (1914). In: Depersonalisation. Hrsg. Joachim-Ernst Meyer. Darmstadt 1968.

Schiller, Friedrich: Sämtliche Werke (Säkularausgabe), Stuttgart, Berlin MDCXL, XII.

Schmid, Wolfgang: Das Sokratesbild der Wolken. In: Philologus. Bd. 97, Heft 3, 1948.

Schmidt, Alfred: Emanzipatorische Sinnlichkeit. Feuerbachs anthropologischer Materialismus. München 1973.

Schmitt, Carl: Der Nomos der Erde. Berlin 1950.

Schopenhauer, Arthur: Sämtliche Werke. Leipzig o. J.

Sebeok, Thomas A.: Theorie und Geschichte der Semiotik. Reinbek 1979.

Seneca: Oedipus. Zit. nach der Ausgabe Stuttgart 1974.

Sennett, Richard: The Fall of Public Man. Cambridge 1977.

Servadio, Emilio: Die Angst vor dem bösen Blick. In: Imago 22, 1936.

Shakespeare, William: Complete Works. Oxford 1954[22].

Shakespeare, William: King Lear. In: Wege der Shakespeare-Forschung. Hrsg. Karl L. Klein. Darmstadt 1971.

Sidney, Philip Sir: The Prose Works. Cambridge 1968.

Smith, Adam: The Theory of Moral Sentiments. Oxford 1976.

Smith, Adam: An Inquiry into the Nature and Causes of the Wealth of Nations. London 1838.

Snell, Bruno: Die Entdeckung des Geistes. Studien zur Entstehung des europäischen Denkens bei den Griechen. Göttingen 1975.

Sohn-Rethel, Alfred: Geistige und körperliche Arbeit. Zur Theorie der gesellschaftlichen Synthesis. Frankfurt/Main 1971.

Sohn-Rethel, Alfred: Warenform und Denkform. Frankfurt/Main 1971.

Sokel, Walter, H.: Franz Kafka. Tragik und Ironie. München, Wien 1964. (Zit. nach der Taschenbuchausgabe Frankfurt/Main 1976.)

Sophokles: Die Tragödien. Deutsch: K. W. F. Solger (Berlin 1808). München 1977 (Übersetzung: W. Schadewaldt).

Speckenbach, Klaus: Handlungs- und Traumallegorese in der ›Gral-Queste‹. In: Formen und Funktionen der Allegorie. Stuttgart 1979.

Stange, Karl: Beatrice in Dantes Jugenddichtung. Göttingen 1959.

Stekel, Wilhelm: Der Fetischismus. Berlin, Wien 1923.

Stentzler, Friedrich: Versuch über den Tausch. Berlin 1979.

Stifter, Adalbert: Der Nachsommer. Zit. nach der Ausgabe München 1949, 1971.

Stork, Jochen: (Hrsg.) Fragen nach dem Vater. Freiburg im Breisgau, München 1974.

Storm, Theodor: Sämtliche Werke. Leipzig 1920.

Straub-Fischer, Esther: Die Farben und ihre Bedeutung im dichterischen Werk Gottfried Kellers. Bern, München 1973.

Tasso, Torquato: Werke und Briefe. Deutsch: Emil Staiger. München 1978.

Thomson, George: The First Philosophers. London 1955.

Tieck, Ludwig: Die Märchen. Aus dem Phantasus. Dramen. Darmstadt 1967.

Tribe, Keith: Labour and Economic Discourse. London, Henley, Boston 1978.

Vergil: Aeneis. Deutsch: R. S. Schröder. München 1952.

Vernant, Jean-Pierre: Vom Mythos zur Vernunft. Die Entstehung des positiven Denkens in Griechenland. In: M. Bloch, F. Braudel, L. Febvre u. a.: Schrift und Materie der Geschichte. Vorschläge zur systematischen Aneignung historischer Prozesse. Frankfurt/Main 1977. S. 335-367.

Vernon, M. D.: The Psychology of Perception. Hammondsworth 1962.

Vico, Giambattista: Die neue Wissenschaft über die gemeinschaftliche Natur der Völker (1744). Reinbek 1966.

Vitruvius: The Ten Books on Architecture. New York 1960.

Walter, Otto, F.: Die Götter Griechenlands. Frankfurt/Main 1947.

Weber, Max: Wirtschaft und Gesellschaft. Tübingen 1972.

Whitehead, Alfred North: Process and Reality. New York 1929.

Wilamowitz-Moellendorff, Ulrich von: Der Glaube der Hellenen. Darmstadt 1976.

Wilamowitz-Moellendorff, Ulrich von: Die griechische und lateinische Literatur und Sprache. Berlin und Leipzig 1907.

Will, Edouard: Die ökonomische Entwicklung und die antike Polis. Hrsg. Hans G. Kippenberg. Seminar: Die Entstehung der antiken Klassengesellschaft. Frankfurt/Main 1977.

Winterstein, Alfred von: Psychoanalytische Anmerkungen zur Geschichte der Philosophie. In: Imago, II, 1913.

Wittgenstein, Ludwig: Tractatus logico-philosophicus/Logisch-philosophische Abhandlung. Frankfurt/Main 1963.

Warner, Marina: Alone of All Her Sex. The Myth and the Cult of the Virgin Mary. London 1976.

Edition Akzente
Herausgegeben von
Michael Krüger

Bettina Blumenberg
Vor Spiegeln
Erzählung

Roger Caillois
Steine

Tankred Dorst
Der verbotene Garten
Fragmente über D'Annunzio

Lars Gustafsson
Eine Liebe zur Sache
Prosastücke

Dietmar Kamper
Das gefangene Einhorn
Texte aus der Zeit des Wartens

Jürgen Manthey
Wenn Blicke zeugen könnten
Eine psychohistorische Studie über das
Sehen in Literatur und Philosophie

Henri Michaux
Momente
Durchquerungen der Zeit

Oskar Pastior/Francesco Petrarca
33 Gedichte

Marleen Stoessel
Aura
Das vergessene Menschliche
Zu Sprache und Erfahrung
bei Walter Benjamin